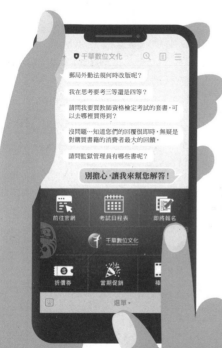

司法特考應試科目表

司法三等資訊

https://goo.gl/1cxWBp

司法三等

◆**普通科目**

一、國文（作文80%測驗20%）

二、法學知識與英文（包括中華民國憲法30%、法學緒論30%、英文40%）

◆**專業科目**

公證人		1.民法　2.公證法與非訟事件法　3.民事訴訟法　4.英文 5.商事法　6.強制執行法與國際私法
觀護人		1.刑法　2.刑事訴訟法與保安處分執行法 3.心理學（包括心理測驗） 4.（選試）少年事件處理法（包括少年及兒童保護事件執行辦法）／社會工作概論 5.諮商與輔導　6.犯罪學
行政執行官		1.民法　2.刑法與刑事訴訟法　3.民事訴訟法　4.訴願法與行政訴訟法 5.行政程序法與行政執行法　6.強制執行法與國際私法
法院書記官		1.民法　2.刑法　3.刑事訴訟法　4.民事訴訟法 5.行政法與法院組織法　6.強制執行法
檢察事務官	偵查實務組	1.智慧財產權法　2.刑法　3.刑事訴訟法　4.強制執行法 5.行政法　6.民法總則與債權、物權編
	財經實務組	1.證券交易法與商業會計法　2.刑法與刑事訴訟法　3.銀行實務 4.中級會計學　5.稅務法規　6.審計學
	電子資訊組	1.系統分析　2.刑法與刑事訴訟法　3.計算機網路 4.資通安全　5.電子學與電路學　6.程式語言
	營繕工程組	1.結構分析（包括材料力學與結構學）　2.刑法與刑事訴訟法 3.施工法（包括土木、建築施工法與工程材料） 4.結構設計（包括鋼筋混凝土設計與鋼結構設計）　5.營建法規 6.政府採購法
監獄官		1.監獄學　2.刑法　3.心理測驗　4.監獄行刑法 5.諮商與輔導　6.刑事政策與犯罪學
公職法醫師		1.基礎醫學與內外科學概論　2.法醫學（包括理論與實務） 3.刑事訴訟法
鑑識人員		1.法醫生物學　2.法醫學　3.法醫毒物學 4.生物化學　5.儀器分析

司法四等

司法四等資訊

https://goo.gl/QxgtNI

◆ **普通科目**

一、國文（作文與測驗）

二、法學知識與英文（包括中華民國憲法、法學緒論、英文）

◆ **專業科目**

法院書記官	1.民法概要 3.民事訴訟法概要與刑事訴訟法概要	2.刑法概要 4.行政法概要
法警	1.行政法概要 3.刑事訴訟法概要	2.刑法概要 4.法院組織法
執達員	1.民法概要 3.民事訴訟法概要與刑事訴訟法概要	2.刑法概要 4.強制執行法概要
執行員	1.民法概要 3.民事訴訟法概要與刑事訴訟法概要	2.行政法概要 4.強制執行法概要
監所管理員	1.監獄學概要 3.犯罪學概要	2.刑法概要 4.監獄行刑法概要

司法五等

司法五等資訊

https://goo.gl/KsHQEJ

◆ **普通科目**

一、國文總計45題，單選題35題；複選題10題，單複選題占分比為70：30。

二、公民與英文（公民70%、英文30%）

◆ **專業科目**

錄事	1.民事訴訟法大意與刑事訴訟法大意 2.法學大意
庭務員	1.民事訴訟法大意與刑事訴訟法大意 2.法院組織法大意 （包括法庭席位布置規則、法庭旁聽規則、臺灣高等法院以下各級法院或分院臨時開庭辦法、法庭錄音辦法、法院便民禮民實施要點）

~以上資訊請以正式簡章公告為準~

千華數位文化股份有限公司
新北市中和區中山路三段136巷10弄17號
TEL: 02-22289070 FAX: 02-22289076

目次

第2篇 行政組織與公務員法

第3篇 行政作用法

第2章 行政命令

第3章 行政處分

第4章 行政契約

第5章 行政事實行為及未定型化行政行為

第5篇 近年試題及解析

編寫特色與高分準備技巧

行政法一向為各類科國家考試之必考科目，考科名稱可能為「行政法」或「行政法概要」等。由於「行政法」本身並非一部成文法典，舉凡被劃定為公法範疇之法規，幾乎得作為行政法之法源，包含適用於各個行政法領域之一般行政法，例如行政程序法、組織法、公務員法、爭訟法等，以及適用於個別領域中的特別行政法，例如警察法、財稅法、環境法等，因此在學習上必須掌握最上位之基本觀念，以便在遇到千變萬化考題時處變不驚，此外勤練考古題，更能提升在考場上掌握考點的靈敏度。

行政法經常結合時事考點，因此縱然處於寒窗苦讀之中，也不能忘了要多關心時事，像是COVID-19疫情後，實務上不乏出現藥害救濟的行政案件，這時候就需要細品司法院大法官釋字第690、767號解釋中的論理分析；另外在113年度的上半年，最高行政法院有刊登「限期改善的連續處罰性質」、「行政處分的程序瑕疵補正」和「交通裁決循行政訴訟救濟」等裁判要旨；下半年「台灣大哥大合併台灣之星拒繳超額頻『聲請停止執行附款』裁定敗訴」之事件等，均有可能成為國考焦點。最後是113年憲判字第8號判決的「死刑是否合憲」，雖然在行政法考科成為考題機率不大，但如果是考試科目有憲法的夥伴，想來還是不能錯過的眾所矚目的案件。大家在閱讀時事的同時，不妨也可以思考一下這些案例可能涉及到哪些行政法考點喔！

本書於各章節中有時會特別標註該重點之考試年度與考科類型，並加上星號輔助，希望你透過這些加註迅速掌握重點，在考前方便針對熱門考點多加複習。申論題在準備上看似難度較選擇題高，但如果勤做考古題便會發現，申論題的考點往往集中在行政處分、行政命令、行政契約與行政爭訟等，因此建議你必須針對註記星號以及歷年考過的考點一定要熟讀再熟讀，像是畫上三顆星的幾乎是年年必考，勢必要好好掌握觀念，此外近期相關實務見解也是考試常客，千萬不可忽略。至於選擇題的部分，雖看似較申論題簡單，但其範圍之廣往往不易掌握，因此各位應多加提升法條的熟悉度，方便掌握重點。儘管如此，有時考選部往往會出其不意的考出冷門法條，因此就算是本書沒有特別加註的法條，建議各位至少也要瀏覽幾次留下印象才行，這樣在上考場時才不會慌亂無措，也能提升考試信心！

參考書目

吳庚，行政法之理論與實用，2017年9月，臺北市：三民書局。
陳敏，行政法總論，2019年11月。
湯德宗，行政程序法論，2003年10月，元照。
翁岳生，法治國家之行政法與司法，2009年1月，元照。
董保城，行政法講義，2011年。
李惠宗，行政法要義，2016年9月，元照。
李惠宗，訴願與行政訴訟最新實例解析。
陳志華，行政法概要，2014年9月，三民書局。
陳新明，行政法學總論，2015年9月。
蔡震榮，行政執行法，2013年11月，元照。
林錫堯，行政法要義，2016年8月，元照。
黃源銘，基礎行政法25講，2015年10月，新保成。
廖義男，國家賠償法，1998年9月。
林明鏘，警察臨檢與國家責任，2003年7月，台灣本土法學雜誌第48期，第109頁至117頁。
謝瑞智，行政法概論，2009年5月，臺灣商務。
林紀東，行政法（修訂版），1992年9月，三民書局。
劉昊洲，公務人員權義論，2017年12月，五南圖書。
李震山，行政法導論，2019年2月，三民書局。

112地特三四等及113高普考命題趨勢

行政法的準備範圍除了憲法、行政程序法、行政罰法、行政執行法、訴願法、行政訴訟法、地方制度法、國家賠償法和公務員三法以外，還有司法院大法官解釋以及憲法法庭判決。

因為連動法規範眾多，以題型區分的話，選擇題必然以法條題為主，涉及時事或實務判決等考點則會留待申論題考出；在考點上，司法院大法官解釋見解成為高普考考題的起手式，此外則是以行政救濟和公務員服務法考點為主。在一般法理法律原則方面：法律保留原則（釋字第443、723號）、比例原則（111年憲判第1號）、信賴保護原則（違法授益行政處分撤銷、合法授益行政處分廢止、廢止的信賴保護等）成為這波的主軸。

以司法特考為目標者，務必要保留法條複習時間給行政救濟的範圍（釋字第785號必讀），備考用的法典如有在條文後註明引用之實務判決，請撥出時間上網查閱，今（113）年書記官考試便有基於真實新聞案例的變化考題，至於實務見解可以近2年的憲法判決為準備方向，如針對課予義務訴訟可見111年憲判第20號判決、特別犧牲的損失補償則是111憲判第15號判決等。

第1篇

行政與行政法之基本概念

本篇主要探討行政法之基本概念，是學習行政法的重要基礎。在學習上必須了解何謂行政，以及行政法是甚麼，其法源以及規範、適用之原理原則有哪些。而在考試上較為重要之概念包含主觀公權利、不確定法律概念與行政裁量，都是國家考試的常客，請務必多花時間理解並練習相關題目。

第1章 行政之意義與種類

第一節 行政之意義

一 何謂行政

行政，原具有執行管理之意義，無論國家、社會、私人企業或個人，皆有執行管理，亦即行政之問題。惟行政法所討論之行政，為「公行政」，即「廣義之國家行政」。公行政無論在組織、功能以及在法律上，皆與其他領域之行政有所區別。

現今行政多指由公行政主體以實現公益為目的，就職權範圍內有關組織與業務事項，依法所做具有各種效果、性質以及形式，且受監督之公務行為，屬國家統治權作用之一環。

行政之具體特徵如下：

(一) 行政是廣泛、多樣、複雜且不斷形成社會生活之國家作用，具形成性、整體性及延續性。
(二) 行政是追求公共利益的國家作用。
(三) 行政是積極主動的國家作用。
(四) 行政應受法之支配。
(五) 行政之運作應注重配合及溝通。
(六) 行政係作成具體決定之國家作用。

二 各種意義下之行政

(一) **組織意義之行政**：行政係由行政主體、行政機關及其他行政機構所構成之行政整體組織。
(二) **形式意義之行政**：凡組織意義之行政所從事之各種活動皆屬之，而不問是否具有管理之行質。此種定義，係從權力分立原則下的行政機關之行為觀點而論，惟廣義來看，司法或立法機關亦得為行政行為，例如預算之編列。
(三) **實質意義之行政**：凡處理行政事務之國家活動即屬之。實質意義的行政，學說上又分為積極説與消極説，說明如後。

消極說（扣除說）	因行政所涉及之事項過於廣泛，不易定義，因此只作消極定義。即基於三權分立，於國家公權力作用中，不屬於司法與立法的其他作用者即屬行政。
積極說（國家目的實現說）	凡於法律之基礎，在個案中實現國家目的之作用即屬之。

一般行政之意義以採消極說為主，並輔以積極說及其他學說為補充。

第二節　行政之種類

有關行政之種類，以各種不同的區分標準說明如下表：

區分標準	行政種類
行政主體	直接行政、間接行政
行政手段對人民權利義務之影響	干涉行政、給付行政
適用法規	公權力行政、私經濟行政
行政受拘束程度	羈束行政、裁量行政

一　直接行政VS間接行政

行政行為依照實施之行政主體，可分為直接行政與間接行政。

(一) **直接行政**：國家之行政事務並由國家所設置之機關負責執行者，為直接行政。例如：直轄市國稅之徵收由財政部所屬國稅局為之。

(二) **間接行政**：國家行政事務委由地方政府之機關執行者，為間接行政，例如地方自治團體之委辦事項。若國家之事務委託公權力主體以外之私人或團體處理者（委託行使公權力），亦屬間接行政。

素養小教室

自治事項VS委辦事項

1. **自治事項**：係指地方自治團體依憲法或地方制度法規定，得自為立法並執行，或法律規定應由該團體辦理之事務，而負其政策規劃及行政執行責任之事項。
2. **委辦事項**：係指地方自治團體依法律、上級法規或規章規定，在上級政府指揮監督下，執行上級政府交付辦理之非屬該團體事務，而負其行政執行責任之事項。

(三) **如何區分直接行政與間接行政**：直接行政是指由國家所設置之機關執行其行政事務，間接行政則由地方政府機關執行之（在此先不討論受託行使公權力之個人或團體）。又地方政府之機關處理其自治事項與承中央主管機關之命辦理委辦事項不同，就自治事項而言，中央之監督僅能就其適法性為之，而委辦事項則得就適法性與合目的性實施全面監督。

二 干涉行政VS給付行政 ☆☆

依行政行為對人民權利義務之影響，可分為干涉行政與給付行政。

(一) **干涉行政**

1. 干涉行政又稱干預行政或侵害行政，指國家基於維持社會秩序，避免其他社會成員之自由遭受不法侵害，以及增進公共利益，所為干涉人民自由權利、限制人民之自由財產、課人民以義務或負擔等不利益之內容，直接限制人民自由或權利之行政行為，為公權力行政中常見之行為方式。例如：稽徵稅捐、徵收土地、徵招役男、勒令歇業、禁止通行、各種警察處分及行政執行之處置、行政執行等。
2. 干涉行政對外表現之方式，多屬**負擔處分**，如納稅或徵兵之處分，有時亦使用事實上之行為，如警察之即時強制。

   因干預行政侵害人民自由程度較高，故須有較嚴格之法律明文規定，受較高密度法律保留原則之拘束。

(二) 給付行政

給付行政係指有關社會保險、社會救助、生活必需品之供給、舉辦職業訓練、給與經濟補助及提供文化服務等措施而言。在現代國家之功能上包括對人民日常生活之照顧，形成「生存照顧」之國家義務。

給付行政之性質，有屬公權力之行使而屬公法事件者，其行為方式除授益處分外，尚有行政契約（公法契約），亦有屬私經濟活動而歸於私法範圍者，端視國家法制構造而定。

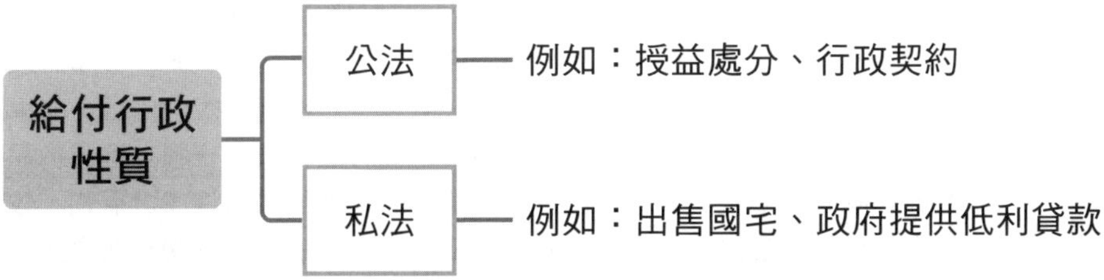

1. **給付行政之態樣例示如下**：

供給行政	提供國民日常生活不可或缺之工業技術性服務之行政。 例如：興辦公共事業、興建公共設施（公園、道路等）、普及文化建設（圖書館、美術館、文化機構等）、興辦公用事業（交通、水電、瓦斯、電信等）。
社會行政	提供國民社會生活最低限度之直接保障行政。 例如：實施社會保險（全民健康保險、勞工保險、國民年金保險等）與社會救助（生活扶助、老人津貼、醫療補助、急難救助及災害救助等）。
助長行政	指經由特殊目的所制定之社會經濟或文化政策，而予個人生計改善措施之行政。 例如：提供經濟輔助（中小企業貸款、公共資源借貸、購屋貸款）、實施行政指導（工業技術、農業輔導、財經政策）。
計畫行政	係指為達成行政上之預定目標（包括抽象的精神建設或具體的創設興事實狀態）於兼顧各種利益之調和以及斟酌一切相關情況下，準備或鼓勵將各項手段及資源作合理運用之一種行政作用。 例如：職業訓練、區域發展計畫、年度預算規劃及發展地區觀光等行政事務。而立法院通過之年度預算案為措施性法律，並非計畫行政。（釋字第391號參照）

知識補給站

司法院釋字第391號解釋理由書（節錄）

預算案亦有其特殊性而與法律案不同；法律案無論關係院或立法委員皆有提案權，預算案則衹許行政院提出，此其一；法律案之提出及審議並無時程之限制，預算案則因關係政府整體年度之收支，須在一定期間內完成立法程序，故提案及審議皆有其時限，此其二；除此之外，預算案、法律案尚有一項本質上之區別，即法律係對不特定人（包括政府機關與一般人民）之權利義務關係所作之抽象規定，並可無限制的反覆產生其規範效力，預算案係以具體數字記載政府機關維持其正常運作及執行各項施政計畫所須之經費，每一年度實施一次即失其效力，兩者規定之內容、拘束之對象及持續性完全不同，**故預算案實質上為行政行為之一種，但基於民主憲政之原理，預算案又必須由立法機關審議通過而具有法律之形式，故有稱之為措施性法律（Massnahmegesetz）者，以有別於通常意義之法律。**而現時立法院審議預算案常有在某機關之科目下，刪減總額若干元，細節由該機關自行調整之決議，亦足以證明預算案之審議與法律案有其根本之差異，在法律案則絕不允許法案通過，文字或條次由主管機關自行調整之情事。是立法機關審議預算案具有批准行政措施即年度施政計畫之性質，其審議方式自不得比照法律案作逐條逐句之增刪修改，而對各機關所編列預算之數額，在款項目節間移動增減並追加或削減原預算之項目，實質上變動施政計畫之內容，造成政策成敗無所歸屬，政治責任難予釐清之結果，有違立法權與行政權分立之憲政原理。

想一想

預算案經立法院通過及公佈後，即為法定預算，司法院大法官釋字第391號解釋曾引學術名詞如何稱之？ (A)措施性法律 (B)一般處分 (C)法規命令 (D)行政計畫。【民航特考】

答 (A)

2. 干涉行政與給付行政區別實益－受法律保留原則之程度不同：

在干涉行政與給付行政二者間之區別實益，在於二者受法律羈束程度強弱的不同。給付行政並非限制相對人之自由與權利，故法律保留原則之適用不若干涉行政嚴格（釋字第443號參照），通常情形給付行政只須有國會通過之預算為依據，其措施之合法性即無疑義，而在干涉行政範圍內則應有法律明文之依據，行政機關始能作成行政處分。

知識補給站

層級化法律保留—司法院釋字第443號解釋理由書（節錄）

憲法所定人民之自由及權利範圍甚廣，凡不妨害社會秩序公共利益者，均受保障。惟並非一切自由及權利均無分軒輊受憲法毫無差別之保障：關於人民身體之自由，憲法第8條規定即較為詳盡，其中內容屬於憲法保留之事項者，縱令立法機關，亦不得制定法律加以限制**（參照本院釋字第392號解釋理由書）**，而憲法第7條、第9條至第18條、第21條及第22條之各種自由及權利，則於符合憲法第23條之條件下，得以法律限制之。**至何種事項應以法律直接規範或得委由命令予以規定，與所謂規範密度有關，應視規範對象、內容或法益本身及其所受限制之輕重而容許合理之差異：諸如剝奪人民生命或限制人民身體自由者，必須遵守罪刑法定主義，以制定法律之方式為之；涉及人民其他自由權利之限制者，亦應由法律加以規定，如以法律授權主管機關發布命令為補充規定時，其授權應符合具體明確之原則；若僅屬與執行法律之細節性、技術性次要事項，則得由主管機關發布命令為必要之規範，雖因而對人民產生不便或輕微影響，尚非憲法所不許。又關於給付行政措施，其受法律規範之密度，自較限制人民權益者寬鬆，倘涉及公共利益之重大事項者，應有法律或法律授權之命令為依據之必要，乃屬當然。**

司法院釋字第614號解釋

憲法上之法律保留原則乃現代法治國原則之具體表現，不僅規範國家與人民之關係，亦涉及行政、立法兩權之權限分配。給付行政措施如未限制人民之自由權利，固尚難謂與憲法第23條規定之限制人民基本權利之法律保留原則有違，惟如涉及公共利益或實現人民基本權利之保障等重大事項者，原則上仍應有法律或法律明確之授權為依據，主管機關始得據以訂定法規命令**（本院釋字第443號解釋理由書參照）**。公務人員曾任公營事業人員者，其服務於公營事業之期間，得否併入公務人員年資，以為退休金計算之基礎，憲法雖未規定，立法機關仍非不得本諸憲法照顧公務人員生活之意旨，以法律定之。在此類法律制定施行前，主管機關依法律授權訂定之法規命令，或逕行訂定相關規定為合理之規範以供遵循者，因其內容非限制人民之自由權利，尚難謂與憲法第23條規定之法律保留原則有違。惟曾任公營事業人員轉任公務人員時，其退休相關權益乃涉及公共利益之重大事項，仍應以法律或法律明確授權之命令定之為宜，併此指明。

主管機關依法律授權所訂定之法規命令，其屬給付性質者，亦應受相關憲法原則，尤其是平等原則之拘束（本院釋字第542號解釋參照）。考試院依據公務人員退休法第17條授權訂定之施行細則，於中華民國87年11月13日修正發布該施行細則第12條第3項，就公營事業之人員轉任為適用公務人員退休法之公務人員後，如何併計其於公營事業任職期間年資之規定，與同條第2項就政務人員、公立學校教育人員或軍職人員轉任時，如何併計年資之規定不同，乃主管機關考量公營事業人員與適用公務人員退休法之公務人員及政務人員、公立學校教育人員、軍職人員之薪給結構、退撫基金之繳納基礎、給付標準等整體退休制度之設計均有所不同，所為之合理差別規定，尚難認係恣意或不合理，與憲法第7條平等原則亦無違背。

司法院釋字第542號解釋

人民有居住及遷徙之自由，憲法第10條設有明文。對此自由之限制，不得逾憲法第23條所定必要之程度，且須有法律之明文依據，業經本院作成釋字第443號、第454號等解釋在案。自來水法第11條授權行政機關得為「劃定公布水質水量保護區域，禁止在該區域內一切貽害水質與水量之行為」，主管機關依此授權訂定公告「翡翠水庫集水區石碇鄉碧山、永安、格頭三村遷村作業實施計畫」，雖對人民居住遷徙自由有所限制，惟計畫遷村之手段與水資源之保護目的間尚符合比例原則，要難謂其有違憲法第十條之規定。

行政機關訂定之行政命令，其屬給付性之行政措施具授與人民利益之效果者，亦應受相關憲法原則，尤其是平等原則之拘束。系爭作業實施計畫中關於安遷救濟金之發放，係屬授與人民利益之給付行政，並以補助集水區內居民遷村所需費用為目的，既在排除村民之繼續居住，自應以有居住事實為前提，其認定之依據，設籍僅係其一而已，上開計畫竟以設籍與否作為認定是否居住於該水源區之唯一標準，雖不能謂有違平等原則，但未顧及其他居住事實之證明方法，有欠周延。相關領取安遷救濟金之規定應依本解釋意旨儘速檢討改進。

三 公權力行政VS私經濟行政 ☆☆☆【110普考】

若以適用法規之性質區分，可將行政行為分為公權力行政與私經濟行政。公權力行政包含高權行政與單純高權行政，而私經濟行政亦可包含行政私法、行政營利、行政輔助。

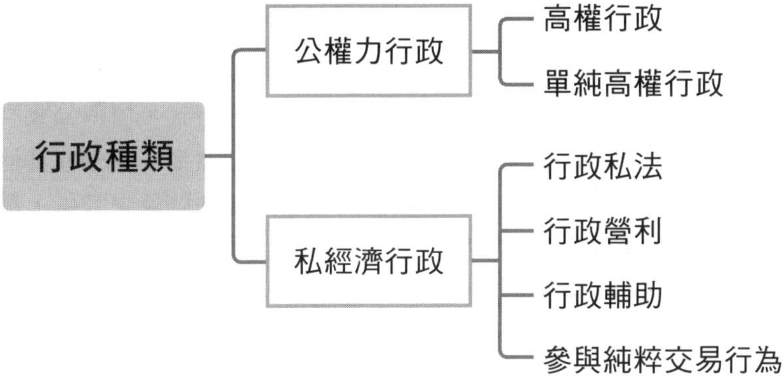

(一) 公權力行政

又稱為高權行政，係指國家居於統治權主體之法律地位，適用公法規定所為之行政行為。其範圍甚為廣泛，人民與國家或人民與地方自治團體間之權利義務關係事項，均屬公權力行政之對象。所使用的行政作用方式包括行政命令、行政處分、行政契約（公法契約）或地方自治規章等。舉凡土地徵收、拆除違建、繳稅通知、管理交通、衛生宣導、各地方政府以自治條例強制飼主為家犬植入識別晶片，皆有公權力的行使。

公權力行政依其對人民權利義務之影響，可分為以下類型：

對人民權利義務之影響	舉例
干預人民自由及權利之行為	警察為排除個人危害、保障社會秩序所為之強制行為、強制徵收人民財產之稅捐行政等。
提供服務、救濟、照顧等給付行為	實施社會強制保險、設置學校實施義務教育等以公法實現之給付行政等。

人民之權利如受公權力之行使而受損害，其救濟途徑為行政爭訟程序、國家賠償程序與行政強制執行程序等，與私法上之爭訟不同。

公權力行政一般認為可再細分為高權行政與單純高權行政，說明如下：

1. **高權行政**

係指國家居於統治主體地位，依公法規定行使公權力之行為，**具有一定的強制力與拘束力。**常採取之方式包含負擔處分（行政處分）、行政命令、行政契約、行政指導及地方自治規章等。

→國家高高在上的行政行為。

2. **單純高權行政**

又稱準高權行政或公法形式之給付行政，屬於給付行政之範圍，係指行政主體放棄權力性手段，改由提供給付服務、救濟照顧等方式，增進公共利益達成國家任務之行為。雖然仍適用公法之規定，但**並非如命令、處分或其他強制手段直接對人民發生拘束力，僅產生類似個人相互間私法關係之效果，甚或完全不發生任何外部法律效果**之各種行政作用而言。例如：行政機關興建大樓、市公所舉行世界宗教博覽會宗教藝術展、氣象預報、開闢道路或公共設施等。

→國家的行政行為對你我來說無關痛癢。

(二) **私經濟行政**

又稱為國庫行政，係指國家並非居於公權力主體地位行使其統治權，而是處於與私人相當之法律地位，並在私法支配下所為之各種行為，故當事人間通常立於平等地位，國家不具有優越地位。

私經濟行政可分為四大類，分述如後。

1. **行政私法** ☆☆☆

即國家以私法方式，和人民立於平等的地位，來達到行政目的之行為。例如公開標售國營事業之股權、出售或出租公有財產、為達扶助農業的目的，直接以優惠價格收購稻米、提供助學貸款、提供水電、瓦斯、出售國民住宅。

2. **行政營利**

指國家以私法組織型態或特設機構方式所從事之營利行為，藉此增加國庫收入。行政營利分為直接與間接兩種方式。

直接方式	係指行政主體直接經由其內部不具獨立法律主體資格之機關或單位從事之企業營利行為，例如成立菸酒公賣局。
間接方式	係指國家依特別法或公司法之規定，投資設立具有獨立法律主體資格之公司，而從事企業之營利行為，如台肥、台糖、中油、中鋼等。

3. **行政輔助**

指行政機關為推行行政事務所不可或缺之人員或物資，而與私人訂定私法契約之行為。例如行政所需之文具購買、辦公器材的採購、辦公大樓之修繕、僱用臨時性之工作人員等。

4. **參與純粹交易行為**

此類行為或多或少有其行政上之目的，基本上均受市場供需法則之支配，例如：為維持匯率而參與外匯市場之操作、為減低公營事業在各類企業中之比例，出售政府持股移轉民營、進口大宗物資出售以穩定價格、為汰舊換新或其他目的，出售公用物品等。無論其行為主體為行政機關本身或其所屬之公營事業，無疑均為私法上行為。

(三) **公權力行政與私經濟行政之區分**

1. **區別標準**

傳統認為，上下關係事項（亦即強制與服從關係事項），屬公權力行政；平等關係事項則為私經濟行政。惟隨行政事務多樣性之豐富，常出現難以判斷之情形，**如有疑義，應推定行政機關之作為係行使公權力之性質**，理由有二，一係國家機關或其他行政主體行使公權力畢竟為正規之行為方式；二係**公權力行政受較多之法律羈束，相對人亦受較多之法律保障**。

2. **區分實益**

區分實益	公權力行政	私經濟行政
救濟途徑	原則上以行政爭訟程序救濟。	循民事訴訟途徑救濟，不產生國家賠償問題。
適用原則	適用依法行政原則。	原則上不適用依法行政原則（詳見之後說明），應適用民法私法自治原則，但仍受行政機關自身組織法規限制。
損害賠償	適用國家賠償法。	適用民事賠償。
執行方式	適用行政法上強制執行。	適用民事法上之強制執行。

素養小教室

私經濟行政是否受憲法基本權利，尤其平等原則之拘束？

依法行政原則以公權力行政為適用對象，而私經濟行政則受民法上私法自治原則之支配，亦即行政機關從事私經濟行政時，享有較多之自由，但畢竟行政機關與私人仍有所不同，其從事私經濟活動仍應受組織法規之限制，縱然在私經濟範疇，行政機關仍然不能從事與本身職權無關之事務。公權力行政與私經濟行政同受組織法之羈束，在行為法方面，私經濟行政除受內部作業法規之規範外，顯然受較少之限制，如前所述。

由於私經濟行政在性質上仍屬行政，因此憲法課予行政機關應尊重人民之基本權利，並不因行政機關之行為方式而有根本之改變，一旦發生私法上行為與憲法義務不相符合時，自應以憲法義務之遵守為優先。故依照釋字第457號解釋，國家為達成公行政任務，以私法形式所為之行為，亦應遵循憲法之有關規定。質言之，**雖行政營利、行政輔助、參與純粹交易行為，不受憲法基本權之拘束，但行政私法行為仍受憲法基本權利，尤其平等原則之拘束。**

知識補給站

司法院釋字第457號解釋

中華民國人民，無分男女，在法律上一律平等；國家應促進兩性地位之實質平等，憲法第7條暨憲法增修條文第10條第6項定有明文。國家機關為達成公行政任務，以私法形式所為之行為，亦應遵循上開憲法之規定。行政院國軍退除役官兵輔導委員會發布之「本會各農場有眷場員就醫、就養或死亡開缺後房舍土地處理要點」，固係基於照顧榮民及其遺眷之生活而設，第配耕國有農場土地，為對榮民之特殊優惠措施，與一般國民所取得之權利或法律上利益有間。受配耕榮民與國家之間，係成立使用借貸之法律關係。配耕榮民死亡或借貸之目的使用完畢時，主管機關原應終止契約收回耕地，俾國家資源得合理運用。主管機關若出於照顧遺眷之特別目的，繼續使其使用、耕作原分配房舍暨土地，則應考量眷屬之範圍應否及於子女，並衡酌其謀生、耕作能力，是否確有繼續輔導之必要，依男女平等原則，妥為規劃。上開房舍土地處理要點第4點第3項：「死亡場員之遺眷如改嫁他人而無子女者或僅有女兒，其女兒出嫁後均應無條件收回土地及眷舍，如有兒子准由兒子繼承其權利」，其中規定限於榮民之子，不論結婚與否，均承認其所謂繼承之權利，與前述原則不符。主管機關應於本解釋公布之日起六個月內，基於上開解釋意旨，就相關規定檢討，妥為處理。

● 想一想

1. 下列何者屬於私經濟行政？　(A)警察之交通管制　(B)市政府經營公車系統　(C)機長之緊急處置　(D)私立大學之頒授學位。　**答 (B)**

2. 請問何謂「公權力行政」與「私經濟行政」？「私經濟行政」主要可分成那幾種類型？又「私經濟行政」受公法拘束之程度如何？　【高考三級】

四 「羈束行政」與「裁量行政」☆☆☆

(一) 羈束行政

係指行政機關作成行政行為受法律構成要件嚴格之拘束，並無裁量之空間。例如，依廢棄物清理法第50條之1規定：「違反第27條第1款之隨地吐檳榔汁、檳榔渣之規定者，應接受四小時之戒檳班講習。」主管機關只能作成四小時之戒檳班講習之決定，其受法律之拘束而無裁量權。

(二) 裁量行政

係指法律授權行政機關，可部份對法律構成要件之成就與否作判斷（即行政機關享有判斷餘地），或對法律結果之種類或是否給予有決定權限。例如，依道路交通管理處罰條例第12條第1項規定：「汽車有下列情形之一者，處汽車所有人新臺幣三千六百元以上一萬零八百元以下罰鍰，並禁止其行駛……」故行政機關於作成行政罰時，對於上開之決定享有處新臺幣三千六百元以上一萬零八百元以下罰鍰，並禁止其行駛之裁量權限。

經典範題

選擇題攻略

( ) **1** 關於委託行使公權力之概念，下列敘述何者錯誤？ (A)受託行使公權力之個人或團體，於委託範圍內，視為行政機關 (B)委託行使公權力得僅限於私經濟行政 (C)委託方式得以行政處分或行政契約為之 (D)行政機關得依法規將其權限之一部分，委託民間團體或個人辦理。【111法制】

( ) **2** 屏東縣為規範琉球鄉碼頭之使用管理，以維護遊客安全，制定發布相關自治條例，規定主管機關為縣政府，相關事項委由琉球鄉公所處理。下列敘述何者正確？ (A)琉球鄉公所應依據自治條例規定處理事務，並無另行訂定規則之權限 (B)琉球鄉公所對於碼頭使用管理之管轄權分配，無須經鄉民代表會同意 (C)屏東縣政府對於縣內碼頭之使用管理，須有法律依據，始得進行規劃與執行 (D)屏東縣政府對於琉球鄉公所就相關事務之執行成效，只能為適法性監督。【109法制】

( ) **3** 下列何者毋須以地方自治條例制定？ (A)關於地方自治團體及所營事業機構之組織 (B)經地方立法機關議決應以自治條例制定之事項 (C)地方自治團體為辦理上級機關委辦之事項 (D)創設、剝奪或限制地方自治團體居民之權利義務。【109法制】

( ) **4** 關於法律案與預算案之敘述，下列何者錯誤？ (A)預算案須由立法機關審議通過而具有法律之形式，故有稱為措施性法律 (B)法律案與預算案之拘束對象及持續性均不相同 (C)預算案須在一定期間內完成立法程序，故提案及審議皆有其時限 (D)預算案與法律案之提案權相同，無論各關係院或立法委員皆有提案權。【109法制】

( ) **5** 下列何者屬於行政機關之私經濟行政？ (A)指導符合要件民眾申請補助 (B)勸導當事人履行對鄰人之補償 (C)收取保證金出租公有市場攤位 (D)補償行政契約相對人調整契約損失。【102法制】

解答與解析

1 (B)。依法務部105年1月18日法律字10503501100號行政函釋，行政委託係以行政機關就事項具有權限為前提，且以公權力行為為限，不包含私經濟行為，如不涉及公權力行使之權限移轉，則不屬之。

2 (B)。本題屬委辦行為，受委辦者具相當權限得訂定委辦規則；另自治事項得為立法並執行，不須法律的依據；並縣政府可對鄉公所為適法性及適當性監督。

3 (C)。地方制度法第28條規定。

4 (D)。司法院大法官釋字第391號解釋，預算案與法律案之提案權不同，法律案依各業管權責院或立法委員皆有提案權，預算案僅行政院有提案權。

5 (C)。(A)、(B)均屬行政指導行為，(D)為行政契約行為。

NOTE

第2章 行政法之概念

第一節 行政法之意義

一 行政法之意義

行政法，顧名思義乃關於行政之法，係指規範行政行為，而非規範立法、審判、監察或統治行為之法，包含有關行政的組織、作用、職權、任務、爭訟及其他行政主體與人民間權利義務關係，另外尚包括人民相互間權利義務關係的公法法規。

二 行政法之分類

(一) **普通行政法與特別行政法**

普通行政法包括各種通常行**可適用於全部行政法領域之規定**、原則、概念及制度，主要包括**行政組織、行政作用、行政程序、行政補償及行政爭訟等。**

特別行政法包括各個行政作用領域之行政法，例如：警察法、建築法、租稅法、環保法、交通法、經濟法、社會法、教育法及公務人員法等。

質言之，在研究行政法學上，**普通行政法為行政法總論；特別行政法為行政法各論。**

(二) **外部法與內部法**

外部法所涉及者，為從事行政工作之**國家與人民或其他法律主體間之法律關係**。行政法總論所討論之事項，除行政組織外，皆為外部法的問題。

而國家係以一整體之地位與人民相對待，成立對外之法律關係。惟國家為組織體，其**內部係由行政主體、行政機關及機關成員（公務人員）所構成**，無論**行政主體與國家間、行政機關及其所屬行政主體間、行政機關相互間**，以及機關成員與所屬行政機關間，亦皆成立法律關係，應有法律之規範，此一意義之國家內部行政法，即內部法。惟具有內部法性質之「行政規則」，經由行政自我拘束原則。亦可產生間接對外之效力。

(三) **國際行政法**

係指規定行政機關與行政法院對行政事件如何適用本國法或外國法之法律，乃本國行政法與他國行政法相衝突時，就應如何適用法律為規範之「衝突法」，性質如同國際私法，為國內法。例如行政程序法第22條第3項規定：

「外國人依其本國法律無行政程序之行為能力，而依中華民國法律有行政程序之行為能力者，視為有行政程序之行為能力。」

第二節　公私法之區分與行政法之性質☆☆☆

一　公法與私法之區分理論

行政法為公法之一種，與公法相對者稱為私法。而公私法區分理論，有所謂利益說、從屬說、主體說、新主體說等，各自說明如下：

區分理論	說明
利益說	以**法律所保障之利益為公義或私益**作為區分，保障公共利益之法律為公法，保障私人或個人利益之法律則為私法。
	利益說之批評： 1. 公私益有時不易區分。 2. 公益與私益並非絕對相對立，私法亦具有公益性，公法規定亦在保障私人利益。
從屬說	又稱權力說或加值說，係以**法律的權力服從關係**為區分。規範上下隸屬關係者為公法；規範平等關係者為私法。
	從屬說之批評： 1. 私法亦有權力服從關係，例如親子關係、監護關係。 2. 公法亦有對等之權利義務關係，例如公法契約（行政契約）。 3. 公行政之事實行為亦非權力服從關係，例如提供資訊、清理垃圾之單純高權行為。
主體說	以**法律關係之主體**作區分。凡法律關係中有任何一方是行政主體或國家機關者為公法；反之，法律關係之主體均為私人者，為私法。
	主體說之批評： 1. 受託行使公權力之私人或團體並非行政主體，但仍受公法拘束。 2. 行政主體亦得從事私法行為，如私經濟行政行為。

區分理論	說明
新主體說	又稱特別法說、修正主體說、歸屬說或形式之特別法說，為德國多數學說所採。此說以**各法規之歸屬主體**作為區分標準，若僅國家或其他公權力主體得為法規之歸屬主體時，為公法；反之，無論是公權力主體或私人，均得適用某法規，則法規即為私法。因此有言「公法為國家之特別法，而私法則為人人之法。」
	新主體說之批評： 1. 作為歸屬主體之高權主體為何，並無法說明清楚。如認為高權是得依公法之標準而行為之能力，則陷入以所欲定義為定義之概念之錯誤。如以高權主體為國家依法設立之主體，因國家亦有依法設立私法主體之情形，例如國家依公司法設立公司，則規範私人（公司）指法律，豈不變成公法？並不合理。 2. 大部分之公法規定，同時以國家及個人為其規制對象及歸屬主體。 3. 因為歸屬說是以歸屬主體之存在為其前提，所以並不能說明據以成立高權主體（歸屬主體）之組織法之性質。 4. 就國家立於私法主體地位而為規定之法律，並不因其歸屬主體係國家而為公法。
實質的特別法說	因為新主體說未注意歸屬主體的實質意義，因此學說上予以修正，認為：**法律之歸屬主體至少有一方為高權主體，並就其所以為高權主體之地位而規定其權利、義務或組織者**，為公法。此一理論就「國家」（亦包括國家之下屬組織，以及經授予公權力之私人）此一主體添加「公權力」之實質要素，因此可稱之為「實質之特別法說」。反之，國家或其他高權主體，如立於私人地位而為財產主體或交易當事人，法律縱對其設有特別規定，亦應屬私法，例如民法第1185條有關無人繼承財產歸屬國庫之規定。

二 公法與私法之區別實益

(一) 區別實益

雖然法律究應定性為公法或私法通常不會有爭議，但在少數之事件仍有應適用之法律為公法（行政法）或私法規定之爭議情形，故此時即有運用上開學說來區分公法或私法的需求。

而公私法之區別實益可列表說明如下：

區別實益	公法	私法
基本權利之適用	直接適用	間接適用（基本權第三人效力適用）
爭訟途徑	原則上應提起訴願及向行政法院提起行政訴訟	向普通法院提起爭訟
損害賠償之請求權基礎	國家賠償與損失補償	民法侵權行為
強制執行	行政法上之強制執行	民事強制執行
法律解釋原則	依法行政	私法自治

其中，特別說明「基本權第三人效力」（間接之第三人效力）如下：
憲法基本權，本來是用來拘束國家不得任意限制甚至剝奪人民受憲法保障的基本權利，以免人民無端受到國家的侵害，如有限制必要，也必須透過立法機關以法律為明文規定，此種基於人民與國家間垂直關係所導出的防禦權，於私人之間的民事法律關係是否有其適用，就是所謂「基本權第三人效力」理論。學說上對此問題固然有不適用說、直接適用說與間接適用說等不同見解，但是，私人間是否可以主張基本權，仍應視該基本權的性質定之，如該基本權性質本不適宜於人民間主張，自然無法適用。**我國法制，並無基本權直接適用民事法律關係的相關規定，故尚難認為基本權可以直接適用於私人間的法律關係，然而基本權的保障是憲法的基本價值決定，尊重基本權本身就是一種「公共秩序」或「善良風俗」，對於基本權形成侵害效果的法律行為，應認為是違反「公序良俗」，而屬無效。故透過一般民事法律條款的規定，例如我國民法第71、72條，應認基本權可以間接適用於民事關係。**民法及憲法學者間也普遍承認此種基本權的第三人效力。（臺灣臺中地方法院106年度訴字第3237號判決參照）

(二) 公法與私法之關聯

1. 公法對私法之影響

公法對私法具有重大之影響，憲法有關人民基本權利之保障，可以經由基本權第三人效力，對私法之解釋及適用產生影響。而行政採用私法形式執行行政任務時，亦仍受公法之規範，產生「行政私法」之問題。此外，行政法對私法具有下列之拘束力或指引作用：

(1)行政法對私法之拘束力

行政法對違反其強制或禁止規定之私法法律行為，有時直接明文規定，排除其法律效力。此外，行政法對其所強制之事項，亦常以行政機關之「核准」或「許可」介入私法法律關係，成為其效力要件。

行政法對其規定事項之私法效力未明文規定時，如事關私法之法律行為，亦可能會構成民法第71條，導致該法律行為因違反法律之強制或禁止規定而無效；或可能構成民法第184條規定，故意或過失不法侵害他人權利，或故意以背於善良風俗方法加損害於他人，而應負侵權行為之損害賠償責任。

(2)行政法對私法之指引及限制作用

行政法之規定事項，有時僅具有訓示性之指引作用。符合行政法規之事項，通常亦不受私法之質疑。例如主管機關依環保法規設定有廢氣及噪音等環保標準，超過其標準者，固然構成民法第793條之相鄰地干擾侵入，而未超過其標準者，通常亦不構成民法第793條之相鄰地干擾侵入。

公法規定，有時亦對私法請求權生限制作用，例如對鄰地庭園蛙群之聒噪聲，不得在私法上請求以違反生態保育法之手段剷除。

2. 私法對公法之影響

(1)以私法說明公法之構成要件

公法之規定，常以私法法律關係為其規範標的，有時公法且以私法之概念及制度說明其構成要件。例如，對買賣房屋及土地之行為課徵契稅及土地增值稅，對贈與行為課徵贈與稅。

(2)以私法補充公法之適用

行政法亦有援用私法之規定，來補足行政法不足之情形，此時，行政係將私法之規定或制度，作為公法而適用之。

在公法內補充適用私法之方式有二，其一為一般法律原則之直接適用，其二為類推適用，在大多數之情形，係以類推之方式將私法規定援用於公法。有關適用之方式說明如下：

A. **直接適用**：法律內有所謂「一般法律原則」，雖然具體表現為民法之規定，但其性質如同各法律之總則規定，為各法律領域所共同適用，因此亦得直接適用於公法，例如誠實信用原則。

B.**類推適用**：對於特定事項，行政法並無可資依據之規定，而又無法以公法規定填補其缺漏時，則可比照適用法律評價上相似之私法規定，亦即類推適用私法之規定。

於類推適用私法規定時，必須注意有關之「行政法法律關係」究竟能否接受相當之私法制度？例如公法之租稅債務關係，雖與金錢之債務關係相近，惟基於租稅法定原則，即不容許稅捐稽徵機關類推適用民法第343條之規定免除人民之租稅債務。

在類推適用時，所**類推者為「法律效果」而非「法律原因」**。例如，因依法行事公權力，扣押人民之物品或拖吊違規停放車輛，而發生應如何保管及返還之問題，公法無特別規定時，自可類推適用民法第589條以下有關寄託之規定。反之，不能依據民法之寄託規定，成立公法之保管關係。

(三) **實務常見公私法判斷爭議**

1. **公私法在實務上有時不易區分，因此常見二種判斷規則**：

傳統說	亦即某一規定事項，傳統上以之為公法或私法之規定者，如無重大理由可據以認定已有改變，則仍應一如往昔，以之為公法或私法之規定。
事理關聯說	某一性質不明之法律規定，與另一規定在事理上有密切關聯，而後者可確定為公法或私法者，前者當亦為相同性質之公法或私法。

2. **實務常見之公私法事件認定**【111普考】

公私法事件認定類型	(1)事實行為。
	(2)單方法律行為。
	(3)契約。
	(4)公營造物及公共設施之利用。
	(5)放領公有耕地。
	(6)社會保險。
	(7)收回國有眷舍房地補助費。

(1) **事實行為**

A. **車輛之駕駛**：原則上，公務員為執行公務而駕駛車輛參加一般之道路交通，應為私法事件。惟公務員駕駛警車、消防車等情形，在外觀上可以辨識係行使公權力，且發生損害之行為與公權力之行使，有密切之內部及外部關聯時，則為公法事件。

B. **妨害名譽之發言**：公務員係為公行政作成私法行為而有不當發言，則應成立私法之撤回請求權，以私人為對象請求撤回。反之，如公務員係在作成公權力行為時有不當發言，則應成立公法之撤回請求權，以執行公務之公職人員為對象請求撤回。

C. **金錢給付之返還請求權**：原來之給付關係為私法性質者，應成立民法第179條以下之不當得利返還請求權；反之，原來之給付關係係為公法性質者，則應成立公法之返還請求權。如無原來之給付法律關係存在，則應就整體之關聯認定返還請求權之性質。

D. **相鄰地侵擾之防禦**：人民之財產權，無論在公法上或私法上接受有保障。對公行政事實行為之干涉，例如對公行政產生之氣體或振動之侵擾，人民可能根據民法規定，成立私法防禦請求權，亦可能成立公法之防禦請求權或結果除去請求權。私法之防禦請求權，依民法第767條及其他有關規定行使之。公法之防禦請求權，則類推適用民法第767條及其他有關規定，或直接由憲法之基本權利導出。

高權主體之利用或使用土地，如與公法之規劃及功能有關，應適用公法規定，公行政所採取之干涉或侵擾措施亦為公法性質，人民應對其採行公法之防禦請求權。反之，高權主體之利用或使用土地，如與公法之規劃及功能無關，所應適用者為具有一般拘束力之私法規定，公行政所採取之干涉或侵擾措施亦為私法性質，人民應對其主張私法之防禦請求權。

(2) **單方法律行為**

行政行為係以發生一定法律效力為目的，並以一定之法律方式為之（例如作成行政處分、發布法規命令），此時可以依據作成該法律行為之法規根據，或依該法律行為所建立之當事人法律關係，判斷其為公法或私法性質。

例如行政機關為執行行政任務，常向社會大眾以懸賞之方式尋求協助或激勵參與，如懸賞提供要犯消息、擇優懸賞草擬市徽，此等懸賞完成之事項，雖與行政任務有關，但通常並無公法依據，私人亦得為相同內容之懸賞。在此一情形，其性質應屬民法第164條所規定之「懸賞廣告」或民法第165條之1以下規定之「優等懸賞廣告」。發生爭議時，應循民事訴訟程序解決之。惟懸賞係依據公法規定為之，且僅行政機關得合法為該內容之懸賞，如不符合行政程序法第139條之書面要求，恐仍須以單獨行為視之。

(3)**契約**

契約公司法性質之認定，應依契約之目的及契約之整體性質判定。

例如，第三人為保證人而與稽徵機關締結保證契約，因現行公法並無保證契約之明文規定，因此保證契約應屬法律明確規範及有訴訟途徑之私法保證契約；公立學校之聘任教員、各機關以契約定期聘用或不定期僱用之行政人員，性質上則屬於行政契約。

(4)**公營造物及公共設施之利用**

公營造物及公共設施，得以公法或私法之形式供人民利用，公行政有選擇自由，得決定以何種性質之組織形態及法律關係供人民利用。因此，其利用關係之性質，應依公行政之意思定之，由**利用規則及其他個別情事**探求之。

依法律之規定，人民具有許可請求權時，該許可為公法性質，其利用關係通常亦為公法性質。在有疑問時，可以認定整體之利用關係為公法之性質。

依法律規定，國家始得經營之公用事業，且行使公權力之方式營運者，不僅其性質為公營造物，且與利用人間亦成立公法之法律關係。

法律並未限定國家機關始得經營之事業，國家無論以公法組織之機構（例如財政部印刷廠）或以私法組織之公司（例如中華電信公司、台灣電力公司）經營之，其與利用人間成立者，仍為私法之法律關係。

(5)**放領公有耕地**

參司法院釋字第89號解釋：「行政官署依臺灣省放領公有耕地扶植自耕農實施辦法，將公有耕地放領於人民，其因放領之撤銷或解除所生之爭執，應由普通法院管轄。」因此定性為私法事件。

(6)**社會保險**

應定型為公法性質事件，蓋全民健康保險法第6條第1項規定：「本保險保險對象、投保單位、扣費義務人及保險醫事服務機構對保險人核定案件有爭議時，應先申請審議，對於爭議審議結果不服時，得依法提起訴願或行政訴訟。」明示對爭議案件得提起訴願及行政訴訟。

此外，參司法院釋字第533號解釋：「中央健康保險局依其組織法規係國家機關，為執行其法定之職權，就辦理全民健康保險醫療服務有關事項，與各醫事服務機構締結全民健康保險特約醫事服務機構合約，約定由特約醫事服務機構提供被保險人醫療保健服務，以達促進國民健康、增進公共利益之行政目的，故此項合約具有行政契約之性質。**締約雙方如對契約內容發生爭議，屬於公法上爭訟事件**，依中華民國87年10月28日修正公布之行政訴訟法第2條：『公法上之爭議，除法律別有規定外，得依本法提起行政訴訟。』第8條第1項：『人民與中央或地方機關間，因公法上原因發生財產上之給付或請求作成行政處分以外之其他非財產上之給付，得提起給付訴訟。因公法上契約發生之給付，亦同。』規定，應循行政訴訟途徑尋求救濟。保險醫事服務機構與中央健康保險局締結前述合約，如因而發生履約爭議，經該醫事服務機構依全民健康保險法第5條第1項所定程序提請審議，對審議結果仍有不服，自得依法提起行政爭訟。」

最高行政法院90年裁字第485號裁定：「因『全民健康保險特約醫事服務機構合約』而產生之費用核刪之爭議。而上開合約係約定由該診所提供保險對象所需醫療服務，再依雙方議定之支付標準等向被告請求費用，其目的在於提供全民醫療服務，而全民健康保險乃社會強制保險，**性質上乃屬公法行為，核本件合約屬於公法契約**（行政契約），被告對於原告申請之診療費用，刪除部分未完全給付，乃拒絕給付之意思表示，其性質並非行政處分，揆諸首揭說明，自不合提起撤銷訴訟之要件。」

(7)**收回國有眷舍房地補助費**

最高行政法院99年度12月份第1次庭長法官聯席會議決議：「按中央各機關學校國有眷舍房地處理辦法或嗣後發布及修正之中央各機關學校國有眷舍房地處理要點，係行政院為推行輔助中央公教人員購置住宅政策，有效處理中央各機關學校國有眷舍房地所訂定之法規；其中關於眷舍合法現住人於一定期間內遷出者所為一次補助費之發給，乃有利該等房地騰空標售事項之進行，對合乎條件者所為具獎勵性質之給與，而於中央公務人員購置住宅貸款基金項下列支；可知，**此一次補助費之發給，並非本於任職獲准配住房屋之使用借貸關係而生，乃各機關學校基於上述法規規定所為對外直接發生法律效果之單方行政行為，而其所為否准發給之決定，性質上為行政處分，因此而生之爭議自屬行政法院權限之事件**。」因此定性為公法事件。

(四) 雙階理論

1. 雙階理論之意義：

雙階理論係由德國公法學者Hans P. Ipsen於1970年代所提出，用以解釋國家之經濟上補助行為之法律性質之理論。在國家提供經濟補助時，如補助勞工購置房屋、補助貧困學生獎助學金之案件中，國家決定「是否」應補助之部分，屬公法關係；而決定補助之後「如何」履行補助，如應以金錢為之或者借貸為之，則屬私法關係。

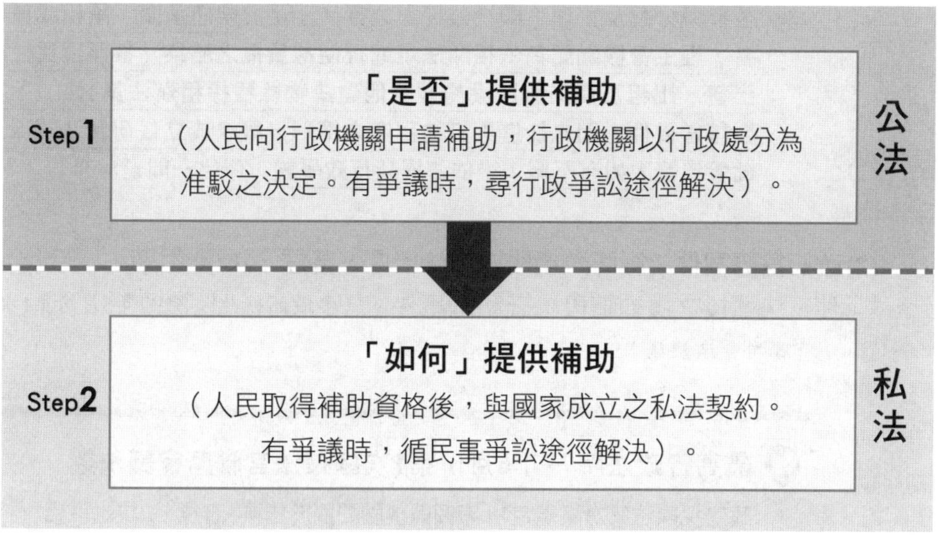

2. 雙階理論之運用

(1) 國民住宅租售之法律關係：

人民向國宅主管機關提出申請，主管機關所為准駁之決定屬於公法關係，准許後訂立之買賣或租賃契約屬於私法關係。（參釋字第540號）

知識補給站

司法院釋字第540號解釋理由書（節錄）

國民住宅條例係為統籌興建及管理國民住宅，以安定國民生活及增進社會福祉之目的而制定（該條例第1條），並由政府機關取得土地興建及分配住宅，以解決收入較低家庭之居住問題（同條例第2條、第6條），其具體之方法係由政府主管機關取得土地、籌措資金並興建住宅，以收入較低家庭為對象辦理出售、出租、貸款自行建築或獎勵民間投資興建（同條例第2條、第6條、第14條、第16條、第23條及第30

條等參照）。除其中獎勵民間投資興建之國民住宅，承購人與住宅興建業者屬於單純之私法關係，並無疑義外，主管機關直接興建及分配之住宅，先由有承購、承租或貸款需求者，向主管機關提出申請，經主管機關認定其申請合於法定要件，再由主管機關與申請人訂立私法上之買賣、租賃或借貸契約。**此等契約係為推行社會福利並照顧收入較低國民生活之行政目的，所採之私經濟措施，並無若何之權力服從關係。性質上相當於各級政府之主管機關代表國家或地方自治團體與人民發生私法上各該法律關係**，尚難逕謂政府機關直接興建國民住宅並參與分配及管理，即為公權力之行使。至於**申請承購、承租或貸款者，經主管機關認為依相關法規或行使裁量權之結果（參照國民住宅出售、出租及商業服務設施暨其他建築物標售標租辦法第4條）不符合該當要件，而未能進入訂約程序之情形，既未成立任何私法關係，此等申請人如有不服，須依法提起行政爭訟**，係另一問題。

(2)**政府採購案件**：廠商與機關間關於招標、審標、決標之決定，屬於公法事件；決標後之履約階段，屬私法事件。（參最高行政法院97年5月份第1次庭長法官聯席會議決議）

知識補給站

最高行政法院97年5月份第1次庭長法官聯席會議決議

政府採購法第74條規定：「廠商與機關間關於招標、審標、決標之爭議，得依本章規定提出異議及申訴。」採購申訴審議委員會對申訴所作之審議判斷，依同法第83條規定，視同訴願決定。準此，立法者已就政府採購法中廠商與機關間關於招標、審標、決標之爭議，規定屬於公法上爭議，其訴訟事件自應由行政法院審判。機關依政府採購法第50條第1項第5款取消廠商之次低標決標保留權，同時依據投標須知，以不同投標廠商間之投標文件內容有重大異常關聯情形，認廠商有同法第31條第2項第8款所定有影響採購公正之違反法令行為情形，不予發還其押標金。廠商對不予發還押標金行為如有爭議，即為關於決標之爭議，屬公法上爭議。廠商雖僅對機關不予發還押標金行為不服，而未對取消其次低標之決標保留權行為不服，惟此乃廠商對機關所作數不利於己之行為一部不服，並不影響該不予發還押標金行為之爭議，為關於決標之爭議之判斷。因此，廠商不服機關不予發還押標金行為，經異議及申訴程序後，提起行政訴訟，行政法院自有審判權。至本院93年2月份庭長法官聯席會議決議之法律問題，係關於採購契約履約問題而不予發還押標金所生之爭議，屬私權爭執，非公法上爭議，行政法院自無審判權，與本件係廠商與機關間關於決標之爭議，屬公法上爭議有間，附此敘明。

3. **修正式雙階理論**

鑒於雙階理論之前後階段有時區分不易，且過度割裂單一生活事實（分成前階段之公法事件與後階段之私法事件），因此學說上有提出所謂「修正式雙階理論」，亦即前階段人民取得與行政機關訂立行政契約資格與否仍屬公法事件；至於後階段人民與行政機關基於人民依法令所取得之責格而訂立之契約，屬行政契約，仍為公法關係。（臺中高等行政法院103年度訴字第291號判決參照）

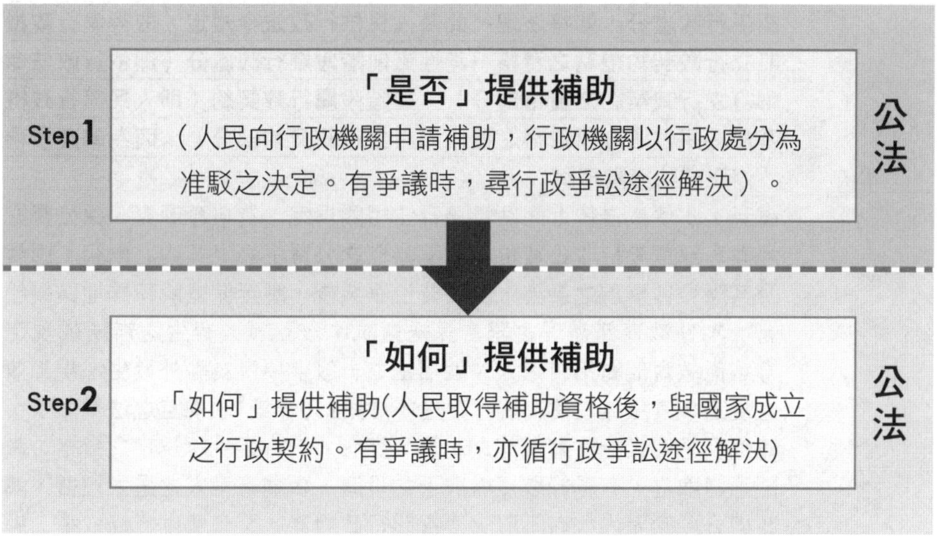
Step 1
「是否」提供補助
（人民向行政機關申請補助，行政機關以行政處分為准駁之決定。有爭議時，尋行政爭訟途徑解決）。
公法
Step2
「如何」提供補助
「如何」提供補助(人民取得補助資格後，與國家成立之行政契約。有爭議時，亦循行政爭訟途徑解決)
公法

知識補給站

臺中高等行政法院103年度訴字第291號判決（節錄）

按「本法所稱行政處分，係指行政機關就公法上具體事件所為之決定或其他公權力措施而對外直接發生法律效果之單方行政行為。」、「公法上法律關係得以契約設定、變更或消滅之。但依其性質或法規規定不得締約者，不在此限。」、「行政機關對於行政處分所依據之事實或法律關係，經依職權調查仍不能確定者，為有效達成行政目的，並解決爭執，得與人民和解，締結行政契約，以代替行政處分。」分別為行政程序法第92條第1項、第135條及第136條所規定。另有關行政契約之理論，行政機關為達成其行政目的，原則上享有選擇其行為形式之自由，此即學說上所稱之「行政行為選擇自由理論」。惟在行政行為中，行政契約與行政處分係處於競爭關係，亦即行政機關如選擇與相對人締結行政契約，則在行政契約關係中，除非法律另有規定或當事人另有約定，行政機關即無再以行政處分作為行使契約上權利之手段之餘地，此乃對行政機關行政行為選擇自由之限制。另人民依行政法令規定及作用，以一定之資格而取得與行政機關訂立行政契約之權利，而於行政契約存續中，因行政法令規定之要件實現合致，行政機關依該法令之規定，撤銷人民該資格，行政機關係行使於行政契約訂立前之法令規範，而非基於其與人民間行政契約之權利義務作用，**又人民依行政法令之規定，取得與行政機關訂立行政契約資格與否之爭議，得為行政救濟，則行政機關因行政法令規定之事由，撤銷其該資格之處置，影響其重大權益，亦應認係行政處分，始符法理，此為人民依行政法令規定，取得與行政機關訂立行政契約權利之資格，其性質前階段屬行政處分（即依行政法令取得訂立行政契約之資格部分），後階段屬行政契約（即人民與行政機關基於人民依法令所取得之責格而訂立行政契約部分），而為學理所稱之「修正式的雙階理論」。**

經查，本件被告依上開師資培育法相關規定，為培育師資，採公費方式經教育部實施招收公費生，並與錄取之公費生訂定契約之內容、應履行及其應遵循事項之義務，俟公費生畢業後，應至偏遠或特殊地區學校服務。本件教育部辦理之聯合保送甄試，該甄試公費生之辦法或規定本身，係教育部對不特定人，就招生之一般事項所為對外發生法規範效果之規定，其法律性質為屬行政程序法第150條第1項規定之法規命令，教育部及應考人雙方有遵守之義務，應考人符合招生所規定之資格，教育部應錄取之，有關錄取資格與否之爭議，事關應考人之重大權益，屬行政處分，應考人如有不服，得提起行政救濟。又公費生經錄取後，經分發至被告就學，被告與公費生之公法上權利及義務，則以行政契約規範雙方之法律關係，公費生就學後，如有符合行為時師資培育辦法第8條第1項第2款之規定，喪失公費生之資格，被告撤銷公費生之資格，等同取銷錄取該公費生之錄取資格，此措施足以改變公費生之身分，影響其重大權益，亦屬行政處分。至於公費生在學時因故喪失公費生資格，被告行使其契約上權利，即請求該喪失資格之公費生賠償在學期間費用，即不得以行政處分令公費生賠償，被告以書面向公費生求償，該書面僅為觀念通知，並非行政處分。（最高行政法院101年度判字第26號、102年度判字第201號判決意旨參照）

準此，本件原告向被告辦理第二次休學，被告以其第二次休學原因非行為時師資培育辦法第8條第1項第2款所規定重大疾病或事故辦理休學，以被告101年5月14日函原告其已喪失公費生資格，而請原告於101年6月1日前償還扣除學雜費減免後已受領之全部公費306,109元，該函關於原告已喪失公費生資格之部分，對於原告而言，已發生撤銷其錄取公費生資格之效力，係屬行政處分。

至於常見修正式雙階理論常見之運用為促進民間參與公共建設案件。（參臺北高等行政法院94年度訴字第752號判決）

知識補給站

臺北高等行政法院94年度訴字第752號判決（節錄）

按行政訴訟法第4條規定人民對機關之違法行政處分，認為損害其權利或法律上之利益，經訴願未獲救濟，得向高等行政法院提起撤銷訴訟，撤銷機關之違法處分及訴願決定機關之決定。撤銷訴訟與同法第6條第1項後段確認已執行完畢或因其他事由而消滅之行政處分違法訴訟，最大分野在於行政處分是否消滅？行政處分『消滅』，係指行政處分所規制之內容已因時間經過、相對人死亡、標的物滅失或其他事由而不存在而言。縱行政處分執行完畢，並不當然構成行政處分消滅之事由。只有當行政處分之執行所直接造成之不利益事實狀態亦同時因執行完畢而結束時，行政處分內涵之法律上負擔效果隨之消失，已無排除執行結果之必要與可能，始有進一步探討有無撤銷行政處分實益之問題，然行政處分消滅之情形，其範圍甚廣，通常係著眼於行政處分之廢棄是否「毫無實益」可言，至於廢棄實益之有無，則涉及解釋之問題，及取決於事實狀況，或從實體法上探求。

經查，**本件建置營運契約係行政契約**（詳細理由如本院94年度停字第122號裁定），則按行政程序法第141條第1項規定：「行政契約準用民法規定之結果為無效者，無效。」民法第71條規定：「法律行為違反強制或禁止之規定者，無效。」再按行政程序法第141條第2項規定：「行政契約違反第135條但書……之規定者，無效。」亦即依法規規定，不得締結行政契約者，為無效。再按促參法第45條第1項規定：「經評定為最優申請案件申請人，應自接獲主辦機關通知之日起，按評定規定時間籌辦，並與主辦機關完成投資契約之簽約手續，依法興建、營運。」**足見依促參法規定，僅有經評定為最優申請人方得與主辦機關完成投資契約之簽約手續並依法興建、營運。此為強制規定，違反者，建置營運契約自屬無效。此為行政程序法關於行政契約之解釋所當然之理，並無待促參法明文。**被告及參加人主張甄審公告之效力不及於後續之建置營運契約云云，殊有誤解。

▶▶▶ 時事觀覽

促參法屬公法或私法？學者：公共目的、公益關聯先講清楚

Date：2015/05/17

由促參法所引發的雙階理論與公私法區分問題

臺北市政府17日舉辦「BOT制度研討會」，重新檢討現行BOT制度，並將於近期公布新版的BOT作業流程。會中探討「促參案」適用公法抑或私法時，中正大學法律系副教授王韻茹表示，當前的《促進民間參與公共建設法》第12條傾向以私人的「民事契約」定性，但以臺北大巨蛋爭議為例，她認為，政府應回應巨蛋提供的公共目的為何、與公益的關聯，才能回應究竟該不該以公法解決履約爭議。

由於BOT**案屬於政府與民間私人訂定的契約，故在履約及爭議發生階段，究竟該以公法或私法規範始終不明。王韻茹提出相關見解，她表示，目前在《促參法》中，並沒有明確規範若在「履行投資契約」階段發生政府與民間糾紛時，該用行政契約或私法契約的概念來執行，現行是由行政機關自行決定**，她舉同為「公私協力」的「政府向民間採購案」比較，**政府採購採法律上的「雙階理論」，即決標階段以行政處分為之，締約階段為私法契約**。

王韻茹解釋，**「政府採購」的思考是政府有需求，向民間尋求一次性的服務提供；「促參案」則是政府為了達到有品質的公共建設，向民間尋求「夥伴」關係**，故就政府角色而言，似又與政府向民間採購的協力模式不同，**能否適用雙階理論，法律也尚未訂定。**

該將BOT案的契約定性為行政契約或私法契約？王韻茹認為要有2個層次的思考：首先，**一定要用通案的方式訂定嗎？**第二，**若要為此定性，要選公法或私法？**針對後者，她認為，政府應該要先確定契約標的是什麼？與民眾的關係又是什麼？以臺北大巨蛋爭議為例，政府應該正面回應巨蛋的目的、和公益的關聯性如何？政府該做解釋，才能決定要以公法或私法為之。

王韻茹也提到，目前造成促參案定性的困難，在於《促參法》第12條中提到「主辦機關與民間機構之權利義務，除本法另有規定外，依投資契約之約定；契約無約定者，適用民事法相關之規定」，明顯可見以「屬於民事契約性質」認定之，她認為應刪除第12條規定，未刪除前，仍回歸契約判斷標準。

（資料來源：風傳媒https://www.storm.mg/article/49584）

問題思考

1. 政府採購法適用雙階理論，那麼促進民間參與公共建設法呢？後階段的「履行投資契約」是行政契約還是私法契約呢？是公法關係還是私法關係呢？
2. 公法與私法究竟要怎麼區分？

經典範題

選擇題攻略

(　　) **1** 下列何者為獨立機關？　(A)行政院國家永續發展委員會　(B)中央選舉委員會　(C)中央廉政委員會　(D)總統府人權諮詢委員會。【110司律】

(　　) **2** 關於依法行政之敘述，下列何者正確？　(A)行政機關作成所有行政行為皆須有法律依據　(B)在裁量行政領域，行政機關不受法之拘束　(C)國家為達成給付行政之任務，於法規未明定時，得選擇以公法上行為或私法上行為作為實施之手段　(D)行政內部屬法外空間，行政主體所為內部行政行為不受法之拘束。【109司律】

(　　) **3** 下列何者非屬國家所作成之私法行為？　(A)高雄市政府因辦公廳舍之需要租賃房屋　(B)交通部臺灣鐵路管理局提供運輸服務　(C)勞動部勞工保險局提供失業給付　(D)臺北市政府因開市政會議訂購午餐便當。【109司律】

解答與解析

1 (B)。中華民國獨立機關：(1)中央選舉委員會。(2)公平交易委員會。(3)國家通訊傳播委員會。(4)國家運輸安全調查委員會。(5)不當黨產處理委員會。

2 (C)。(A)依層級化法律保留原則，對於細節性、技術性事項，也無需法律保留；(B)裁量之行使仍須遵守法律優位原則，並非不受法之拘束；(D)行政程序法159條有關行政規則之規定。

3 (C)。勞動部勞工保險局提供失業給付屬於高權行政行為。

第3章 行政法之法源【111普考、110普考】

所謂「法源」係指法律規範所產生之存在形式或表現形式，有認為係構成法律規範之材料者，亦即在解釋法律、適用法律時所引用之規範內容之意。而行政法之法源，以該法律的制定程序與形式區分，可分為成文法源與不成文法源，說明如下圖。

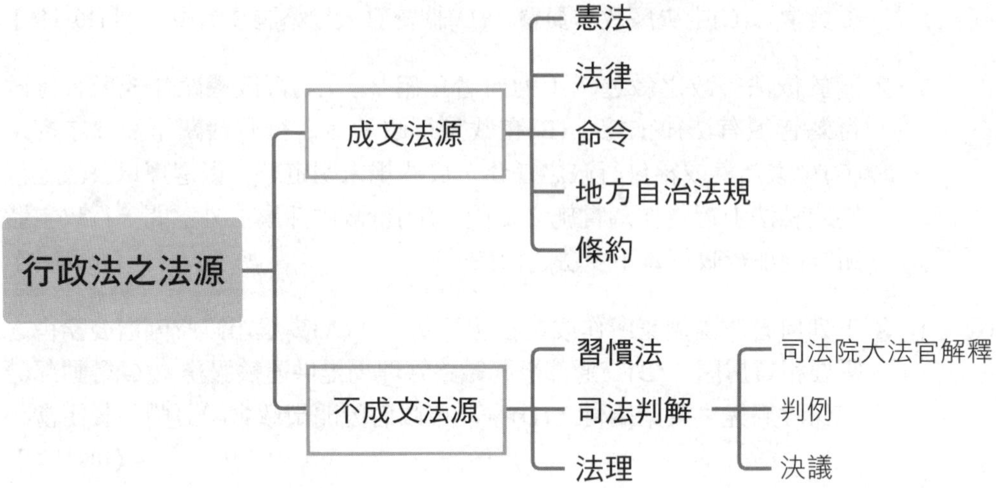

第一節 成文法源

一 憲法

憲法乃國家之根本大法，包括憲法本文、增修條文、憲政事項授權。憲法基本價值，如民主國原則、共和國原則、法治國原則、社會國原則及人性尊嚴等，均構成拘束行政法之原則。

二 法律

係指憲法第170條及中央法規標準法第2條所規定，由立法院通過並總統公布，被定名為「法、律、條例、通則」之成文規範。如具有「行政法總則」性質之行政程序法。

三 命令

即行政命令，係指由行政機關所制訂之一般性、抽象性規範。包含法規命令及行政規則。法規命令係指行政機關基於法律授權，對多數不特定人民就一般事項所作抽象之對外發生法律效果之規定。（參行政程序法第150條）

行政規則係指上級機關對下級機關，或長官對屬官，依其權限或職權為規範機關內部秩序及運作，所為非直接對外發生法規範效力之一般、抽象之規定。（行政程序法第159條）

四 地方自治法規【110高考三級】

係指由地方自治團體基於憲法所保障之地方自治權限，就自治事務所發布之抽象法規範。包含自治條例、自治規則、自律規則等。

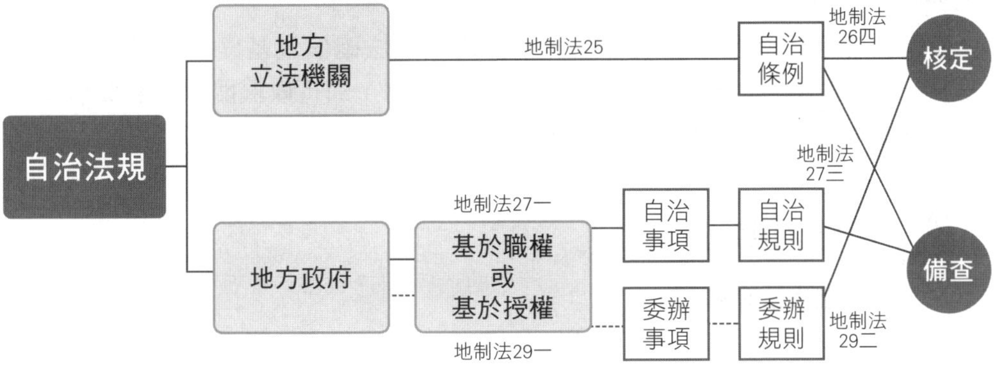

（資料來源：陳敏，行政法總論，102年9月八版，p.75）

五 條約

憲法所稱之條約係指中華民國與其他國家或國際組織所締結之國際書面協定，包括用條約或公約之名稱，或用協定等名稱而其內容直接涉及國家重要事項或人民之權利義務且具有法律上效力者而言（釋字第329號解釋）。立法院通過的條約，效力等同法律，一般而言，基於尊重國際平等原則，條約應優於法律適用。

知識補給站

司法院釋字第329號解釋

憲法所稱之條約係指中華民國與其他國家或國際組織所締結之國際書面協定，包括用條約或公約之名稱，或用協定等名稱而其內容直接涉及國家重要事項或人民之權利義務且具有法律上效力者而言。其中名稱為條約或公約或用協定等名稱而附有批准條款者，當然應送立法院審議，其餘國際書面協定，除經法律授權或事先經立法院同意簽訂，或其內容與國內法律相同者外，亦應送立法院審議。

第二節 不成文法源

一 習慣法

係指由社會成員長期實踐，以一般普通人之法確信為基礎，所構成之法源。另行政機關內部之習慣法，稱為行政慣例，即行政機關對於實際事務之處理方法，因對多數案件反覆遵行，成為先例。

二 司法判解

(一) 司法院大法官解釋

憲法第78條規定：「司法院解釋憲法，並有統一解釋法律及命令之權。」司法院釋字第185號：「司法院解釋憲法，並有統一解釋法律及命令之權，為憲法第78條所明定，其所為之解釋，自有拘束全國各機關及人民之效力，各機關處理有關事項，應依解釋意旨為之」故司法院大法官解釋亦為行政法之法源。

(二) 判例

即判決先例，倘法官於判決時受前判決拘束而為判決，則該前判決即為判例。判例是經由訴訟程序由法官創造而產生，因此也稱為「法官法」。其法理係基於相同案件，應作相同處理之平等法理。大陸法系國家採成文法，判例並無法律上拘束力，但法院就相同或相似之案件，應盡量避免作相互抵觸之判決。故判例仍具有輔助的地位而具有事實上的拘束力。

（註：過去被選為判例之判決，現與一般判決相同，不再具有拘束法院之類似法律之效力。）

(三) **決議**

即最高法院民刑庭總會決議及最高行政法院庭長法官聯席會議決議。最高行政法院在具體個案之外，表示其適用法律見解之決議，原僅供院內法官辦案之參考，並無必然之拘束力，雖不能與判例等量齊觀，惟決議之製作既有法令依據（行政法院組織法第30條及最高行政法院處務規程第28條），又為代表最高行政法院之法律見解，如經法官於裁判上援用時，自亦應認與命令相當（釋字第620號解釋）。因此決議亦得為行政法之法源。

知識補給站

司法院釋字第620號解釋理由書（節錄）

最高行政法院在具體個案之外，表示其適用法律見解之決議，原僅供院內法官辦案之參考，並無必然之拘束力，雖不能與判例等量齊觀，惟決議之製作既有法令依據（行政法院組織法第30條及最高行政法院處務規程第28條），又為代表最高行政法院之法律見解，如經法官於裁判上援用時，自亦應認與命令相當，許人民依司法院大法官審理案件法第5條第1項第2款之規定，聲請本院解釋，業經本院釋字第374號解釋闡釋有案，合先說明。

▶▶▶ 時事觀覽

統一法律見解「大法庭制度」取代「判例」

Date：2019/03/08

作為不成文法的「判例」走入歷史，此後不再做成判例！

有聲浪批評，台灣法律的判決就像月亮，初一、十五不一樣，為了**統一法律見解，今年七月四號起，最高法院、最高行政法院，將增設「大法庭制度」，取代行之有年的判例**。司法院形容這是審判制度，百年來最大變革。

法官、檢察官、律師齊聚一堂聽取說明會，因為「大法庭制度」將在七月四號上路，當最高法院審理案件，遇到**法律見解不一致，或判決的法律見解具有原則重要性**的時候，該承辦庭或當事人，都可以提案聲請，**大法庭受理後**，會讓兩造當事人進行言詞辯論，再**做出統一的法律見解**。

台灣高等法院刑事庭法官 吳勇毅表示，「可以解決目前每一個，最高法院的法官，可能對於特定案件，他都會有不一樣的看法，那在大法庭制度實施之後，自然而然可以因為大法庭制度的啟動，使得一定的案件才有一個標準，在審判的過程當中，也比較不會無所適從。」

過往最高法院會從多數的判決中，選出具有代表性的判決，將當中的法律見解，作為判例，當作審判的依據，而且可以依據判例，提再審或非常上訴。但司法院指出，判例有它為人詬病的地方，所以才會推行大法庭取代判例。

司法院祕書長呂太郎說，「現行這樣的判例制度，會讓實務界產生一種錯覺，認為在最高法院的判決當中，有比較重要，有比較不重要的，比較重要就變判例，比較不重要就變判決，判決好像就沒有人理你，判例大家就把他捧為金科玉律，可能在其他法官，他就未必會去深究，這個判例背後事實。」

大法庭制度施行後，判例將同步喪失法令性質、走入歷史，司法院形容這是審判制度，百年來的最大變革，而未來大法庭做出的裁判見解，對承辦法庭會產生約束力，但沒有通案的效力，如果來日審判庭受理他案，認為大法庭的見解已經不合時宜，依然可以再提案，提請大法庭裁判。

（資料來源：公視新聞網https://news.pts.org.tw/article/424938）

問題思考

1. 何謂「判例」？與「判決」有什麼不同？
2. 「判決」消失後，未來有如何統一見解？

三 成文法與不成文法的比較

	成文法	不成文法
適用國家	大陸法系國家為主。	英美法系國家為主。
說明	法律之制定程序與條文形式係經由立法機關依一定程序制定，並由國家按一定程序公布之。	法律之制定非經由立法機關依一定立法程序制定，也不必經國家按一定程序公布，僅須於具有法律效力時，由國家加以承認即可。
法源	條約、憲法、法律、命令、地方自治法規等。	習慣、法理、判例等。
優點	體系完整周密、具體明確，使人民較有所遵循。	隨時代適時變遷。
缺點	修正不易。	規範並非具體明確，爭議較多。

四 法理

即「法律之原理」，乃指為維持法秩序之和平，事物所本然或應然之原理，包含論理與經驗法則，及行政法之一般性原理原則。如行政行為之平等原則、明確性、信賴保護原則、比例原則、誠信原則等。

經典範題

選擇題攻略

( ) **1** 地方行政機關訂定自治規則，規定選物販賣機店應與特定文教及醫療社福機構保持最低設置距離者，下列敘述何者正確？ (A)得由中央目的事業主管機關授權地方自治團體訂定自治規則 (B)得由上級監督機關以命令授權地方自治團體訂定自治規則 (C)地方議會得依法律以自治條例授權行政機關訂定自治規則 (D)地方行政機關得依職權訂定相關自治規則，不需立法授權。【111司律】

( ) **2** 下列何者並非行政機關所訂定之規範？ (A)桃園市發展低碳城市自治條例 (B)低碳產品獎勵辦法 (C)溫室氣體階段管制目標及管制方法作業準則 (D)南投縣宗教場所低碳認證要點。【111司律】

( ) **3** 下列何者不直接對外發生法規範效力？ (A)行政訴訟法施行法 (B)高雄市山地原住民區改制辦法 (C)臺北市政府交通局利用道路舉辦臨時活動審議作業程序 (D)違反道路交通管理事件統一裁罰基準及處理細則。【110司律】

( ) **4** 依地方制度法規定及司法院大法官解釋意旨，針對下列何種爭議，得逕向司法院聲請解釋？ (A)直轄市議會就直轄市政府對直轄市議會之議決案未提起覆議而延不執行之爭議 (B)直轄市議會議員現有總額五分之一對於議會通過之決議案認為有牴觸憲法之疑義 (C)行政院就直轄市議會所制定之自治條例予以函告無效，直轄市議會認為有違背憲法之疑義 (D)直轄市政府就直轄市與縣（市）間之事權發生爭議，尚未請行政院解決者。【110司律】

( ) **5** A市政府為滿足市民交通需求，自設公車處，提供市區公共運輸服務，由乘客購票使用。下列敘述何者錯誤？ (A)此性質上屬於私經濟行政行為 (B)A市政府不得主張其基於私法自治，享有載運乘客之選擇權 (C)A市政府得訂定自治法規，規範乘客運送相關營運事項 (D)若乘客因司機駕駛不慎受傷，A市政府應負國家賠償責任。【109法制】

解答與解析

1 (C)。依地方制度法第27條第1項規定，直轄市政府、縣（市）政府、鄉（鎮、市）公所就其自治事項，得依其法定職權或法律、基於法律授權之法規、自治條例之授權，訂定自治規則。

2 (A)。依地方制度法第25條前段規定，直轄市、縣（市）、鄉（鎮、市）得就其自治事項或依法律及上級法規之授權，制定自治法規。自治法規經地方立法機關通過，並由各該行政機關公布者，稱自治條例。

3 (C)。依行政程序法第159條第1項規定，本法所稱行政規則，係指上級機關對下級機關，或長官對屬官，依其權限或職權為規範機關內部秩序及運作，所為非直接對外發生法規範效力之一般、抽象之規定。

4 (C)。依地方制度法第43條第5項規定，第一項至第三項議決自治事項與憲法、法律、中央法規、縣規章有無牴觸發生疑義時，得聲請司法院解釋之。

5 (D)。依法務部（73）法律字第14586號，政府委託民間執行運送業務，尚難認為係行使公權力之行為，屬私法上之運送契約，應依民法有關規定賠償。

NOTE

第4章 行政法之法律原則

第一節 依法行政原則

依法行政原則是支配法治國家立法權與行政權關係之基本原則，亦為一切行政行為必須遵循之首要原則，行政程序法第4條規定：「行政行為應受法律及一般法律原則之拘束。」即為依法行政原則。而依法行政原則的內容有二：法律優位原則與法律保留原則，分別說明如後。

原則	說明
法律優位原則	所有行政活動所依據之法規及行政機關所訂定之法規，均不得與上位階法規相牴觸。
法律保留原則	人民權利義務之限制須由立法機關以成文法律明定，不得由命令代替，若法律未明文授權或授權目的、內容及範圍不明確時，不得以行政機關訂定之行政命令限制人民之權利。 目前實務上採**層級化法律保留原則**，揭示於**司法院釋字第443號解釋**，分為**憲法保留**、**絕對法律保留**、**相對法律保留**，以及**毋庸法律保留**等四級。

一 法律優位原則（消極的依法行政原則）【106地特三等】

係指行政行為或其他一切行政活動，均不得與法律相牴觸，牴觸者不生效力。亦即行政行為應消極的不違反法律規定，故又稱為消極的依法行政原則。憲法第171條：「法律與憲法牴觸者無效」、憲法第172條：「命令與憲法或法律牴觸者無效」即為依法行政原則之規範。實務上討論法律優位原則之案例較少，但仍有所見，如釋字第598號解釋即認為土地登記規則授權登記機關逕為更正登記違反法律優位原則。

知識補給站

司法院釋字第598號解釋

土地法第69條規定：「登記人員或利害關係人，於登記完畢後，發見登記錯誤或遺漏時，非以書面聲請該管上級機關查明核准後，不得更正」；為執行本條更正登記之意旨，中華民國84年7月12日修正發布，同年9月1日施行之土地登記規則第122條第1項規定：「登記人員或利害關係人於登記完畢後，發見登記錯誤或遺漏時，應申請更正登記。登記機關於報經上級地政機關查明核准後更正之」；此一規定，符合母法意旨，且對於人民之財產權並未增加法律所無之限制，與憲法第15條及第23條之規定，均無牴觸。

上開土地登記規則第122條第2項規定：「前項登記之錯誤或遺漏，如純屬登記人員記載時之疏忽，並有原始登記原因證明文件可稽者，上級地政機關得授權登記機關逕行更正之」；同條第3項：「前項授權登記機關逕行更正之範圍，由其上級地政機關定之」；及同規則第29條第1項第1款：「依第122條第2項規定而為更正登記」者，「得由登記機關逕為登記」，無須報經上級機關之核准。**此等權限授予之規定，逾越64年7月24日修正公布之土地法第37條第2項之範圍，並牴觸同法第69條之規定，與憲法第23條法律保留及第172條法律優位原則有違**，均應自本解釋公布之日起，至遲於屆滿一年時，失其效力。

下列整理法位階（由最高位階依序往下排列）之順序：

憲法（含憲法增修條文）	
中央法規	法律（法、律、條例、通則）
	法規命令（規程、規則、細則、辦法、綱要、標準、準則） ※法規命令係指基於法律授權所發布之法規
地方法規	委辦規則
	上級自治團體**自治條例**（如直轄市法規／臺北市都市更新自治條例）
	下級自治團體**自治條例**（如縣市規章）
	下級自治團體**自治規則**（如縣市自治規則）

1. 下級機關之命令不得牴觸上級機關之命令。
2. 自律規則由**各該立法機關發布**，並**報各該上級政府備查**。
3. 自律規則與憲法、法律、中央法規或上級自治法規牴觸者，無效。
4. 僅地方就委辦事項所作之自治法規，始有牴觸中央法規之疑慮；而自治條例僅受法律監督並作框架性之規定，不宜授權以法規命令規範，故倘自治條例係針對自治事項所定，則與中央法令不生牴觸之問題。
5. 自治條例（地方自治法規）：非條例（中央法規），位階低於法律（法／律／條例／通則）及中央基於法律授權所發布之命令。
6. 自治法規係指自治條例與自治規則，不包括委辦規則。

二 法律保留原則（積極的依法行政原則）☆☆☆

【110高考三級、110司法四等、105關務三等、105關務四等】

(一) 概念

法律保留原則係指沒有法律授權，行政機關就不能合法作成行政行為，因為憲法已將某些事項保留給立法機關，必須由立法機關以法律規定。故在法律保留原則下，行政行為不能僅僅是消極的不牴觸法律，尚須有法律明文的依據，所以，法律保留原則，又稱為積極的依法行政原則。中央法規標準法第5條之規定：「左列事項應以法律定之：一、憲法或法律有明文規定，應以法律定之者。二、關於人民之權利、義務者。三、關於國家各機關之組織者。四、其他重要事項之應以法律定之者。」即為法律保原則之展現。

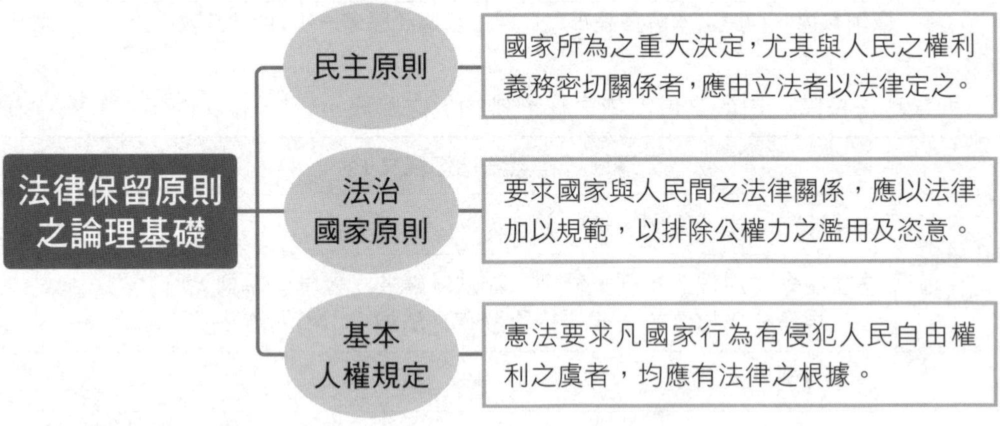
法律保留原則之論理基礎
民主原則
國家所為之重大決定，尤其與人民之權利義務密切關係者，應由立法者以法律定之。
法治國家原則
要求國家與人民間之法律關係，應以法律加以規範，以排除公權力之濫用及恣意。
基本人權規定
憲法要求凡國家行為有侵犯人民自由權利之虞者，均應有法律之根據。

(二) 法律保留之態様

1. **給付行政之法律保留**

干涉行政涉及對人民生命、自由及財產之保障，故應遵守法律保留原則，固無疑問。而給付行政依照傳統理論認為原則上並不受法律保留之拘束，惟近年則傾向亦應同受法律保留之拘束，下就給付行政如何應適用法律保留之理論說明之。

(1) **全部保留理論**：此說認為，不論是干涉行政或給付行政，皆有法律保留原則之適用。

(2) **重要性理論**：此說認為行政行為是否應適用法律保留原則，須視該行為是否具有「原則上之重要性」為斷，若涉及原則性的問題而屬於重要事項者，也應該有法律之依據，以防止行政機關之措施出於恣意，並應盡可能使行政機關之決策具有預測性。而重要性理論亦為釋字第614號所採。

知識補給站

司法院釋字第614號解釋理由書（節錄）

憲法上之法律保留原則乃現代法治國原則之具體表現，不僅規範國家與人民之關係，亦涉及行政、立法兩權之權限分配。給付行政措施如未限制人民之自由權利，固尚難謂與憲法第23條規定之限制基本權利之法律保留原則有違，**惟如涉及公共利益或實現人民基本權利之保障等重大事項者，原則上仍應有法律或法律明確之授權為依據，主管機關始得據以訂定法規命令。**

憲法第18條規定人民有服公職之權利，旨在保障人民有依法令從事公務，暨由此衍生享有之身分保障、俸給與退休金請求等權利。國家則對公務人員有給予俸給、退休金等維持其生活之義務。公務人員曾任公營事業人員者，其服務於公營事業之期間，得否併入公務人員年資，以為退休金計算之基礎，憲法雖未規定，立法機關仍非不得本諸憲法照顧公務人員生活之意旨，以法律定之。惟關於給付行政措施，其受法律規範之密度，自較限制人民權益者寬鬆（本院釋字第443號解釋理由書參照），在此類法律制定施行前，曾任公營事業人員無從辦理併計年資，主管機關自得發布相關規定為必要合理之規範，以供遵循。主管機關針對曾任公營事業之人員，於轉任公務人員時，其原服務年資如何併計，依法律授權訂定法規命令，或逕行訂定相關規定為合理之規範以供遵循者，因其內容非限制人民之自由權利，尚難謂與憲法第23條規定之法律保留原則有違（本院釋字第575號解釋參照）。**惟曾任公營事業人員轉任公務人員時，其退休相關權益乃涉及公共利益之重大事項，依現代法治國家行政、立法兩權之權限分配原則，仍應以法律或法律明確授權之命令定之為宜**，併此指明。

2. **法律保留與行政命令**

干涉人民自由與權利之措施，得以法規命令為之，但法規命令必須有法律之授權，且授權之內容，目的及範圍應於法律中加以規定，不得以習慣法或一般性法律原則為干預措施之法源。

3. **法律保留與特別權力關係**

傳統之特別權力關係理論認為公務員、學生、軍人及受刑人等與國家或其他行政主體間，僅屬內部關係，相較於人民與國家之外部關係，僅為「行政機器中之小齒輪」，不生權利侵害之問題，固排除法律保留原則之適用。惟該理論以不適用於今，舉凡公務員、學生等均屬權利主體，仍受憲法基本權之保障，固凡攸關其權利義務之行政行為，仍應受法律保留原則之限制。至於有關細節性事項，並不排除行政機關以命令對法律作必要之補充，其規範密度得依重要性理論決定之。

4. **法律保留在其他之行政領域**

諸如私經濟行政之行為及訂立公法契約，法律保留之要求程度較低；至於有關行政程序之規定與組織事項，有關法律保留之要求則有日趨嚴格之傾向。

(三) **本土化之法律保留—釋字第443號層級化法律保留** ☆☆☆

自上開法律保留之態樣可得出，不同的行政行為干涉強度會與法律保留原則之規範密度成正比，凡侵害人民權利義務之程度越高，所受之法律保留密度也越大，因此司法院釋字第443號解釋便建構出一套層級化法律保留之體系，說明如下：

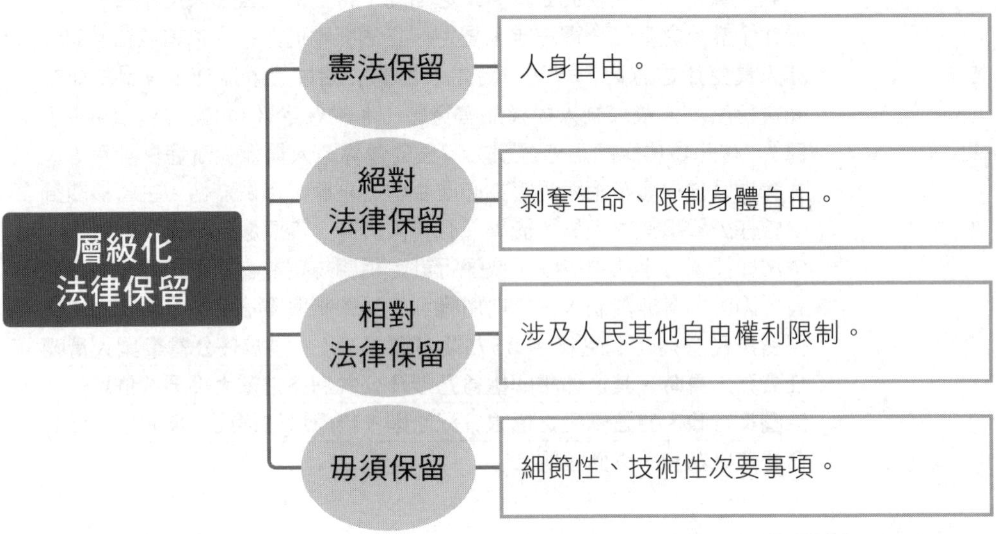

1. **憲法保留**

屬於憲法保留之事項者，縱令立法機關，亦不得制定法律加以限制。例如關於憲法第8條人民身體之自由，而釋字第588號解釋亦有詳加說明。

知識補給站

司法院釋字第588號解釋理由書（節錄）

人身自由乃人民行使其憲法上各項自由權利所不可或缺之前提，憲法第八條第一項規定所稱「法定程序」，係指凡限制人民身體自由之處置，不問其是否屬於刑事被告之身分，除須有法律之依據外，尚須分別踐行必要之司法程序或其他正當法律程序，始得為之（本院釋字第384號解釋參照）。**此項程序固屬憲法保留之範疇，縱係立法機關亦不得制定法律而遽予剝奪**；惟刑事被告與非刑事被告之人身自由限制，畢竟有其本質上之差異，是其必須踐行之司法程序或其他正當法律程序，自非均須同一不可。管收係於一定期間內拘束人民身體自由於一定之處所，雖亦屬憲法第8條第1項所規定之「拘禁」，然與刑事程序之羈押，目的上尚屬有間。羈押重在程序之保全，即保全被告俾其於整個刑事程序均能始終到場，以利偵查、審判之有效進行，以及判決確定後之能有效執行；管收則有如前述，目的在使其為金錢給付義務之履行，為間接執行方法之一種，並非在保全其身體，故其所踐行之司法程序自無須與羈押完全相同。然雖如此，其於決定管收之前，仍應踐行必要之司法程序則無二致，此即由中立、公正第三者之法院審問，並使法定義務人到場為程序之參與，除藉之以明管收之是否合乎法定要件暨有無管收之必要外，並使法定義務人得有防禦之機會，提出有利之相關抗辯以供法院調查，期以實現憲法對人身自由之保障。

2. **絕對法律保留**

係指必須以法律制定，而不能授權行政機關以命令訂定之事項，例如剝奪人民生命或限制人民身體自由之事項，必須遵守罪刑法定主義，以制定法律之方式為之。

3. **相對法律保留**

係指除得以法律規定之外，尚得授權行政機關以命令訂定之事項，例如涉及人民其他自由權利限制之事項，除應由法律加以規定外，如以法律授權主管機關發布命令為補充規定時，其授權應符合具體明確之原則。

4. **毋須保留**

係指毋須經由法律，而得由主管機關發布命令為必要之規範，例如僅屬與執行法律之細節性、技術性次要事項。

知識補給站

司法院釋字第443號解釋理由書（節錄）

憲法所定人民之自由及權利範圍甚廣，凡不妨害社會秩序公共利益者，均受保障。惟並非一切自由及權利均無分軒輊受憲法毫無差別之保障：關於人民身體之自由，憲法第八條規定即較為詳盡，其中內容屬於憲法保留之事項者，縱令立法機關，亦不得制定法律加以限制（參照本院釋字第三九二號解釋理由書），而憲法第七條、第九條至第十八條、第二十一條及第二十二條之各種自由及權利，則於符合憲法第二十三條之條件下，得以法律限制之。至何種事項應以法律直接規範或得委由命令予以規定，與所謂規範密度有關，應視規範對象、內容或法益本身及其所受限制之輕重而容許合理之差異：諸如剝奪人民生命或限制人民身體自由者，必須遵守罪刑法定主義，以制定法律之方式為之；涉及人民其他自由權利之限制者，亦應由法律加以規定，如以法律授權主管機關發布命令為補充規定時，其授權應符合具體明確之原則；若僅屬與執行法律之細節性、技術性次要事項，則得由主管機關發布命令為必要之規範，雖因而對人民產生不便或輕微影響，尚非憲法所不許。又關於給付行政措施，其受法律規範之密度，自較限制人民權益者寬鬆，倘涉及公共利益之重大事項者，應有法律或法律授權之命令為依據之必要，乃屬當然。

第二節 一般原理原則【110警特三等】

原則	說明
明確性原則	可分為法律明確性原則及授權明確性原則。 法律明確性原則係指立法者制定法律時，就法律之規範對象、規範行為及法律效果應具體明確。或法律雖以抽象概念表示，倘其**意義非難以理解**，且為**受規範者所能預見**，並**得透過司法審查加以確認**，則要難謂違反法律明確性原則（司法院釋字第432號解釋參照）。 授權明確性原則係指倘法律就其構成要件，授權以命令為補充規定者，**授權之內容及範圍應具體明確**，然後據以發布命令，始符憲法第23條以法律限制人民權利之意旨（司法院釋字第313號解釋參照）。
平等原則	平等原則並非指絕對、機械之形式上平等，而係保護人民法律上地位的實質平等，立法機關基於憲法價值體系及立法目的，尚得斟酌規範事務性質之差異而為合理之區別對待。
比例原則	乃行政法上重要原則，係指行政機關為達成某一目的而採取的行為必須符合比例原則，使當事人所受的損失達到最小，故又稱為禁止過當原則、損害最小原則。其內涵包括適當性原則、必要性原則、衡量性原則，適當性原則係指行政行為所採取之方法應有助於行政目的之達成；必要性原則係指行政行為有多種同樣能達成目的之方法時，應選擇對人民權益損害最少者；衡量性原則，又稱「狹義比例原則」、「衡平性原則」，係指國家所採取之侵害手段，與所欲達成之目的間，不能顯失均衡，須合乎比例，也就是「殺雞焉用牛刀」、「不能以大砲打小鳥」的概念。

原則	說明
誠信原則	係指一切法律關係，應各就其具體的情形，依正義衡平之理念加以調整，而求其妥適正當，乃指每個人對其所為承諾之信守，而形成所有人類關係所不可或缺之信賴基礎。
有利不利一體注意原則	係指行政機關就該管行政程序，除了對當事人不利的資訊應掌握外，對當事人有利的事實或法規範也應注意並採用。
不當連結禁止原則	係指行政機關行使裁量權，不得逾越法定之裁量範圍，並應符合法規授權之目的。
不溯及既往原則	學說上又將之分為「真正溯及」與「不真正溯及」兩種情形。前者係指將法規適用於該法規生效前業已終結的事實，後者則係指將法規適用於過去發生，但現在仍存續尚未終結之事實。而真正溯及既往原則應禁止；反之，不真正溯及既往原則應允許。
信賴保護原則	人民對公權力行使結果所生之合理信賴，法律自應予以適當之保護，此乃信賴保護之法理基礎。即國家機關之行為，若非基於保護或增進公共利益之必要，不得罔顧人民對行政行為之存續所產生之信賴，使其遭受不可預知之負擔或損害。 實務上認為須有一定行政行為所產生的**信賴基礎**、當事人基於該信賴基礎有**信賴表現**，並有**信賴值得保護**之情形，亦即公共利益之衡量，始有信賴保護原則之適用（司法院釋字第525號解釋參照）。

一　明確性原則【109司律】

行政程序法第5條規定：「行政行為之內容應明確。」即明確性原則之明文化規定。所謂明確性原則，係指行政行為干涉人民權益時，必須有法律的根據，除法律規範應該明確，行政行為更應該明確。其目的在於使人民對該干預性法律有可預見性、可量度性及可信賴性，並使執法者有法律適用之一致性，而形成法的安定性。

明確性原則尚可細分為法律明確性、授權明確性及行政行為明確性，見以下說明。

(一) 法律明確性

法律明確性原則，為依法行政原則之主要內涵，屬於憲法層次之原則。所謂法律明確性，並非要求立法規範完全具體明確，而是「立法使用抽象概念者，苟其意義非難以理解，且為受規範者所得預見，並可經由司法審查加以確認」。換言之，明確性的判斷標準在於「可理解、可預見、可審查」。上開法律明確性原則即是由釋字第432號解釋所詳加闡明。

知識補給站

司法院釋字第432號解釋

專門職業人員違背其職業上應遵守之義務，而依法應受懲戒處分者，必須使其能預見其何種作為或不作為構成義務之違反及所應受之懲戒為何，方符法律明確性原則。對於懲戒處分之構成要件，法律雖以抽象概念表示，不論其為不確定概念或概括條款，均須無違明確性之要求。**法律明確性之要求，非僅指法律文義具體詳盡之體例而言，立法者於立法定制時，仍得衡酌法律所規範生活事實之複雜性及適用於個案之妥當性，從立法上適當運用不確定法律概念或概括條款而為相應之規定。**有關專門職業人員行為準則及懲戒之**立法使用抽象概念者，苟其意義非難以理解，且為受規範者所得預見，並可經由司法審查加以確認，即不得謂與前揭原則相違。**會計師法第39條第6款規定：「其他違反本法規定者」，以違反會計師法為構成會計師之懲戒事由，其範圍應屬可得確定。同法第17條規定：「會計師不得對於指定或委託事件，有不正當行為或違反或廢弛其業務上應盡之義務」，係在確立會計師之行為標準及注意義務所為之規定，要非會計師作為專門職業人員所不能預見，亦係維護會計師專業素質，增進公共利益所必要，與法律明確性原則及憲法第15條保障人民工作權之意旨尚無違背。

(二) 授權明確性

授權明確性原則乃……範圍與立法精神」。此外，**授權條款之明確程度，應與所授權訂定之法規命令對人民權利之影響相稱**。比如說**刑罰法規**應依循**罪刑法定主義，以制定法律之方式為之，如法律授權主管機關發布命令為補充規定時，須自授權之法律規定中得預見其行為之可罰**，方符刑罰明確性原則【釋字522】。

知識補給站

司法院釋字第313號解釋理由書

對人民違反行政法上義務之行為科處罰鍰，涉及人民權利之限制，其處罰之構成要件及數額，應由法律定之。**若法律就其構成要件，授權以命令為補充規定者，授權之內容及範圍應具體明確，然後據以發布命令，始符合憲法第23條以法律限制人民權利之意旨。**民用航空運輸業管理規則雖係依據民用航空法第92條授權而訂定，惟其中第29條第1項：「民用航空運輸業不得搭載無中華民國入境簽證或入境證之旅客來中華民國」，係交通部於中華民國77年9月15日修正時，為因應解除戒嚴後之需要而增訂。民用航空業因違反此項規定而依同規則第46條適用民用航空法第87條第7款處罰部分，法律授權之依據，有欠明確，與前述意旨不符，應自本解釋公布日起，至遲於屆滿一年時，失其效力。至民用航空法第87條第7款規定：「其他違反本法或依本法所發布命令者」，一律科處罰鍰（同法第86條第7款亦同），對應受行政罰制裁之行為，作空泛而無確定範圍之授權，自亦應一併檢討，併此指明。

司法院釋字第394號解釋理由書（節錄）

對於人民違反行政法上義務之行為科處裁罰性之行政處分，涉及人民權利之限制，其處罰之構成要件及法律效果，應由法律定之。若法律就其構成要件，授權以命令為補充規定者，授權之內容及範圍應具體明確，然後據以發布命令，始符憲法第23條以法律限制人民權利之意旨，本院釋字第313號解釋可資參照。準此，凡與限制人民自由權利有關之事項，應以法律或法律授權命令加以規範，方與法律保留原則相符。故法律授權訂定命令者，如涉及限制人民之自由權利時，其授權之目的、範圍及內容須符合具體明確之要件；**若法律僅為概括授權時，固應就該項法律整體所表現之關聯意義為判斷，而非拘泥於特定法條之文字**；惟依此種概括授權所訂定之命令祇能就執行母法有關之細節性及技術性事項加以規定，尚不得超越法律授權之外，逕行訂定制裁性之條款，此觀本院釋字第367號解釋甚為明顯。

司法院釋字第522號解釋理由書（節錄）

立法機關得以委任立法之方式，授權行政機關發布命令，以為法律之補充，雖為憲法之所許，惟其授權之目的、內容及範圍應具體明確，始符憲法第二十三條之意旨，迭經本院解釋在案。至於**授權條款之明確程**

度，則應與所授權訂定之法規命令對人民權利之影響相稱。刑罰法規關係人民生命、自由及財產權益至鉅，自應依循罪刑法定主義，以制定法律之方式為之，如法律授權主管機關發布命令為補充規定時，須自授權之法律規定中得預見其行為之可罰，方符刑罰明確性原則。

(三) **行政行為明確性**：行政行為明確性原則即行政程序法第5條「行政行為之內容應明確」之明文化規定，亦即行政機關適用法律所作成之行政行為，該內容必須明確，以確保人民權利義務事項有明確範圍，使其可事先預見及考量。

二 平等原則 ☆☆【105司法四等】

行政程序法第6條規定：「行政行為，非有正當理由，不得為差別待遇。」即為平等原則之明文化規定。所謂平等原則，係指相同的事件應為相同的處理，不同的事件則應為不同的處理。

惟所謂平等，並非指絕對、機械之形式上平等，而係保障人民在法律上地位之實質平等，立法機關基於憲法之價值體系及立法目的，自得斟酌規範事物性質之差異而為合理之區別對待【釋字485】，除此之外則不得任意為差別待遇。

知識補給站

司法院釋字第485號解釋

憲法第7條平等原則並非指絕對、機械之形式上平等，而係保障人民在法律上地位之實質平等，立法機關基於憲法之價值體系及立法目的，自得斟酌規範事物性質之差異而為合理之區別對待。促進民生福祉乃憲法基本原則之一，此觀憲法前言、第1條、基本國策及憲法增修條文第10條之規定自明。立法者基於社會政策考量，尚非不得制定法律，將福利資源為限定性之分配。國軍老舊眷村改建條例及其施行細則分別規定，原眷戶享有承購依同條例興建之住宅及領取由政府給與輔助購宅款之優惠，就自備款部分得辦理優惠利率貸款，對有照顧必要之原眷戶提供適當之扶助，其立法意旨與憲法第七條平等原則尚無牴觸。

惟鑒於國家資源有限，有關社會政策之立法，必須考量國家之經濟及財政狀況，依資源有效利用之原則，注意與一般國民間之平等關係，就福利資源為妥善之分配，並應斟酌受益人之財力、收入、家計負擔及須照顧之必要性妥為規定，不得僅以受益人之特定職位或身分作為區別對待之唯一依據；關於給付方式及額度之規定，亦應力求與受益人之基本生活需求相當，不得超過達成目的所需必要限度而給予明顯過度之照顧。立法機關就上開條例與本解釋意旨未盡相符之部分，應通盤檢討改進。

至於平等原則在行政法上衍生出三個子原則，分別為禁止主張違法的平等、禁止恣意與行政自我拘束原則，以下分別說明之。

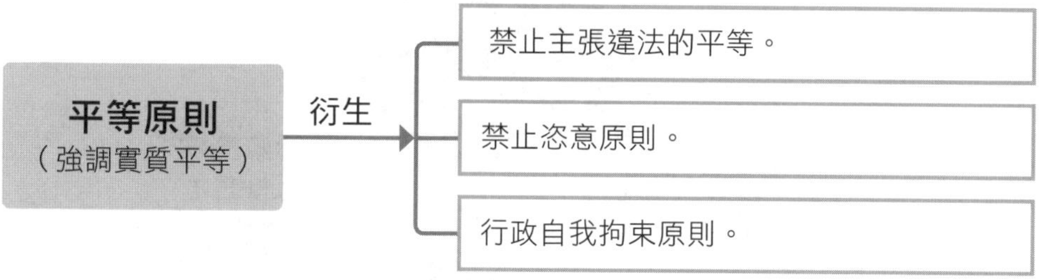

1. **禁止主張違法的平等**

   憲法之平等原則要求行政機關對於事物本質上相同之事件作相同處理，乃形成行政自我拘束，惟**憲法之平等原則係指合法之平等，不包含違法之平等**。故行政先例需屬合法者，乃行政自我拘束之前提要件，憲法之平等原則，並非賦予人民有要求行政機關重複錯誤之請求權。（最高行政法院93年度判字第1392號判決參照）

   讓我們舉個例子說明好了，比方說某甲騎機車未戴安全帽，被警察開罰單，這時某甲可不可以說：「剛剛我看到在我前方騎車的某乙也沒戴安全帽，為什麼他不用被罰，我就要被罰？既然都不罰他了，那也不能罰我！」答案是不行，應為某甲此時正主張「違法的不平等」；但如果某甲要求警察也要開罰某乙，此時就沒有主張違法的不平等問題囉，因為某乙未戴安全帽本來就該罰嘛！

2. **禁止恣意原則**

   所謂禁止恣意，係指舉凡行政機關之行為、運作，皆必須有法律的依據，而禁止行政機關的行為欠缺合理充分的實質理由，並且禁止任何客觀上違反基本精神及事物本質之行為。

3. **行政自我拘束原則** ☆☆

   係指行政機關於作成行政行為時，如無正當的理由，則應受合法之行政先例或行政慣例之所拘束。行政自我拘束原則之適用應符合三要件：

   (1)須有行政先例存在。

   (2)行政先例須合法。

   (3)行政機關本身具有裁量權。

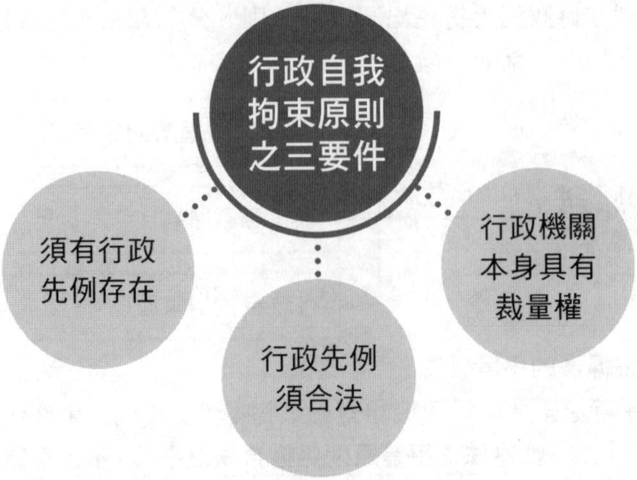

行政自我拘束原則常被用於具有間接外部效力之行政規則。行政規則雖僅於行政機關與公務員發生內部拘束力，而對於之一般人民並無外部效力（僅為反射作用），惟行政規則仍會因「行政自我拘束原則」而產生「事實上對外效力」。因此，行政機關所為之行政行為（例如行政處分），如違反該已有行政先例存在之行政規則，相對人或利害關係人得主張行政機關之作為違反「行政自我拘束原則」（注意，不是違反「行政規則」！）而提起行政救濟。

三 比例原則 ☆☆☆【107關務三等、105司法四等】

(一) 比例原則之概念

行政程序法第7條規定：「行政行為，應依下列原則為之：一、採取之方法應有助於目的之達成。二、有多種同樣能達成目的之方法時，應選擇對人民權益損害最少者。三、採取之方法所造成之損害不得與欲達成目的之利益顯失均衡。」為比例原則之明文規定。所謂比例原則，係指行政機於選擇達成行政目的之手段時，必須與其作成的行政行為相當。直言之，行政手段必須與所要達成的行政目的之間相當，也就是所謂「不可用大砲打小鳥」、「殺雞焉用牛刀」。

(二) 比例原則之實質要件

1	適當性原則	行政機關採取之方法應有助於目的之達成。
2	必要性原則	又稱為損害最小原則，當有多種同樣能達成目的之方法時，行政機關應選擇對人民權益損害最少者。
3	衡平性原則	行政機關採取之方法所造成之損害不得與欲達成目的之利益顯失均衡。

上開三要件代表不同的審查密度，適當性原則最為寬鬆，必要性原則居中，衡平性原則屬於最嚴格之審查。換言之，符合適當性原則未必符合必要性原則，符合必要性未必符合衡量性；若已符合衡平性，自然也會符合適當性及必要性原則。

練習1

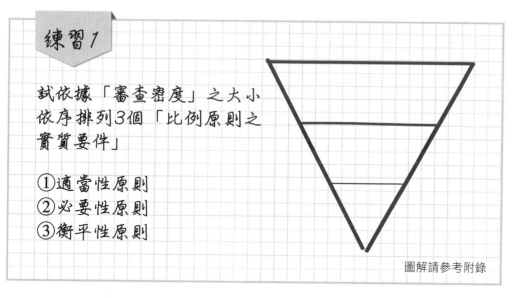

試依據「審查密度」之大小依序排列3個「比例原則之實質要件」

①適當性原則
②必要性原則
③衡平性原則

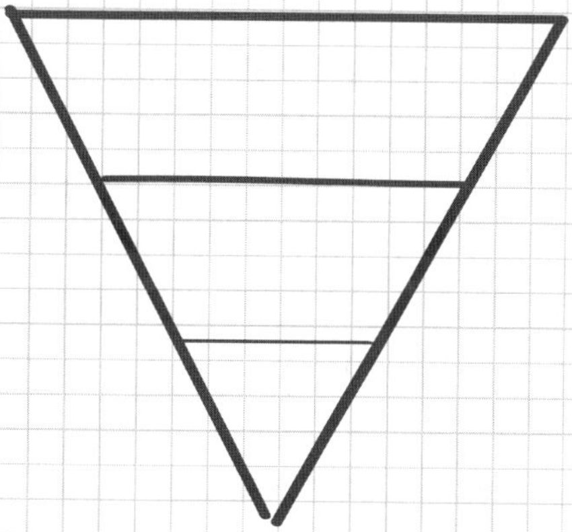

圖解請參考附錄

(三) 比例原則之實務操作

1. **司法院釋字第580號解釋理由書（節錄）**

減租條例第5條前段規定最低之租賃期限，藉由防止耕地出租人任意收回土地，提高承租人改良土地與改進農業生產技術之意願，以增加農地之生產力，並培植承租人經營及取得土地之能力；同條例第6條第1項規定租約以書面定之，租佃雙方應會同申請登記，用以杜絕口頭約定所經常導致之租權糾紛；同條例第16條第1項關於轉租禁止之規定，乃為進一步穩定租賃關係，使承租人履行耕作約定，避免耕地成為中間剝削之工具；同條例第17條第1項第1款規定之法定終止租約事由，僅適用於租賃期限內，承租人死亡而無人繼承耕作之情形，如承租人之繼承人不能自任耕作，出租人自得收回耕地，已保留出租人收回自耕之彈性。**上開規定皆有利於實現扶植自耕農及改善農民生活之基本國策，縱於出租人之契約自由及財產權有所限制，衡諸立法目的，其手段仍屬必要而且適當，亦兼顧承租人與出租人雙方之利益，與憲法第23條比例原則**、第22條契約自由、第15條財產權及第7條平等權之保障**並無違背**。

2. **最高行政法院98年12月份第2次庭長法官聯席會議決議（節錄）**

本件地方主管機關受理甲依據土石採取規則申請土石採取許可展限案件，在處理程序終結前，土石採取法於92年2月6日公布，92年2月8日生效，土石採取規則則於92年3月12日發布廢止。依中央法規標準法第18條規定之意旨，地方主管機關於92年9月25日許可甲採取土石時（許可有效期間溯及自92年1月14日起，至93年1月13日止），自應以處理程序終結時有效之土石採取法作為許可之法律依據。又經濟部依土石採取法第48條第2項之授權，於92年7月4日以經礦字第09202719100號公告「環境維護費收費基準」，並溯及自土石採取法生效之日即92年2月8日起施行（生效），此一溯及性行政立法，有其必要性及合理性，應予適用。是本件地方主管機關命甲繳交自92年2月8日起至93年1月13日止，依環境維護費收費基準計算之環境維護費，符合憲法增修條文第10條第2項及土石採取法第48條規定之意旨。

理由：

一、憲法增修條文第10條第2項規定：「經濟及科學技術發展，應與環境及生態保護兼籌並顧」，係課國家以維護生活環境及自然生態之義務，維護環境為上述義務中重要項目之一。92年2月6日制定公布之土石採取法第48條規定：「（第1項）直轄市、縣（市）主管機關於核發土石採取許可證時，應收取環境維護費，作為直轄市、縣（市）政府之水土保持、環境保護及道路交通等公共設施建設經費之財源。（第2項）前項環境維護費，得依其許可採取量收取；其收取基準，由中央主管機關定之。」依該法徵收之環境維護費，係本於土石採取人付費之原則，依其許可採取量，收取一定之費用，俾經由此種付費制度，達成合理開發土石資源，維護自然環境，健全管理制度，防止不當土石採取造成相關災害，以達致國家永續發展之目的（土石採取法第1條規定參照）；並以徵收所得之金錢，專供水土保持、環境保護及道路交通等公共設施建設經費之用途，符合上開憲法意旨。此項維護費既係國家為一定政策目標之需要，對於土石採取人所課徵之公法上負擔，並限定其課徵費用之用途，在學理上稱為特別公課，乃現代工業先進國家執行環境維護之措施（司法院釋字第426號解釋理由書參照）。

二、國家基於一定之公益目的，對特定人民課予繳納租稅以外之金錢義務，涉及人民受憲法第15條保障之財產權，其課徵目的、對象、額度、用途應以法律定之，或以法律具體明確之授權，由主管機關於授權範圍內以命令為必要之規範。所謂授權須具體明確，應就該授權法律整體所表現之關聯意義為判斷，而非拘泥於特定法條之文字（司法院釋字第394號、第426號及第593號解釋參照）。土石採取法第48條第1項已就環境維護費之收取目的、對象及用途予以明定；同條第2項並具體明確授權中央主管機關經濟部（下稱經濟部，同法第2條參照）訂定環境維護費之收取基準，且得依其許可採取量收取，是其授權之目的、範圍及內容均有明確之規定，與授權明確性原則並無不合。經濟部**基於上開授權，於92年7月4日以經礦字第09202719100號公告「環境維護費收費基準」第2點規定：「環境維護費採分年收取方式，收費基準依核定之土石採取計畫之分年採取數量核計，以每1立方公尺新臺幣10元計收，於每年1月收取。」尚未逾越土石採取法第48條之授權範圍，符合憲法第23條法律保留原則及比例原則之要求**。

四　誠信原則【107高考三級】

行政程序法第8條前段：「行政行為，應以誠實信用之方法為之。」即為誠信原則之明文規定。所謂誠信原則，係指一切法律關係，應各就其具體的情形，依正義衡平之理念加以調整，而求其妥適正當，乃指每個人對其所為承諾之信守，而形成所有人類關係所不可或缺之信賴基礎。例如環保主管機關通知工廠負責人應於限期三個月內改善汙染狀況，惟三個月期限尚未屆至，主管機關竟先行科處鉅額罰鍰，此時主管機關之作為便得被認為是違反誠信原則之行為。

五 有利不利一體注意原則

行政程序法第9條：「行政機關就該管行政程序，應於當事人有利及不利之情形，一律注意。」即為有利不利一體注意原則之明文規定。所謂有利不利一體注意，係指行政機關就該管行政程序，除了對當事人不利的資訊應掌握外，對當事人有利的事實或法規範也應注意並採用。

六 不當連結禁止原則

行政程序法第10條：「行政機關行使裁量權，不得逾越法定之裁量範圍，並應符合法規授權之目的。」即為不當連結禁止原則之明文規定。所謂不當連結禁止原則，係指行政行為對人民課予一定之義務或負擔，或造成人民其他不利益時，其所採取之手段，與行政機關所追求目的間，必須有正當合理之關聯，禁止行政機關將無實質內在關聯之事項與對人民所採取之行政手段相聯結（最高行政法院90年判字第1704號判決參照）。例如行政機關許可發給建築執照，但是卻要求建築人給付金錢改善市公園，或是行政機關要求人民出售一定之不動產給某公益團體，否則不供給自來水等，皆屬違反不當連結禁止原則之案例。

至於不當連結禁止原則，在行政程序法第94條：「前條之附款不得違背行政處分之目的，並應與該處分之目的具有正當合理之關聯。」與第137條第3款：「人民之給付與行政機關之給付應相當，並有正當合理之關聯。」亦有具體之規定。

知識補給站

最高行政法院90年判字第1704號判決（節錄）

行政法所謂「不當聯結禁止」原則，乃行政行為對人民課以一定之義務或負擔，或造成人民其他之不利益時，其所採取之手段，與行政機關所追求之目的間，必須有合理之聯結關係存在，若欠缺此聯結關係，此項行政行為即非適法。而汽車行車執照須在一定期限內換發，主要目的在於掌握汽車狀況，以確保汽車行駛品質進而維護人民生命、身體、財產法益；而罰鍰不繳納涉及者為行政秩序罰之執行問題，故換發汽車行車執照，與汽車所有人違規罰鍰未清繳，欠缺實質上之關聯，故二者不得相互聯結，前開道路交通安全規則第八條有關罰鍰繳清後始得發給行車執照之規定，亦有悖「不當聯結禁止」原則。

七 不溯及既往與信賴保護原則☆☆☆

(一) 不溯及既往原則

不溯及既往原則係指法規僅得就其公佈實施後所發生之事項發生拘束之效力，不得溯及適用法律實施前所發生之事實。原則上，法規之生效或變更將有不利於人民之情形下，即應禁止溯及既往，但如有利於人民時，則有時法規會規定得例外溯及既往，中央法規標準法第18條所即規定：「各機關受理人民聲請許可案件適用法規時，除依其性質應適用行為時之法規外，如在處理程序終結前，據以准許之法規有變更者，適用新法規。但舊法規有利於當事人而新法規未廢除或禁止所聲請之事項者，適用舊法規。」例如行政罰法第5條之規定：「行為後法律或自治條例有變更者，適用裁處時之法律或自治條例。但裁處前之法律或自治條例有利於受處罰者，適用最有利於受處罰者之規定。」（從新從輕原則）。

而溯及既往又可分為真正溯及既往與不真正溯及既往，分別說明如後。

1. **真正溯及既往**：係指新法規範過去已經完結，完全屬於過去的事實法律關係。對於不利於人民之負擔性法規，原則上應禁止溯及既往，否則有違信賴保護原則。
2. **不真正溯及既往**：係指法規對於現在正在進行的、尚未終結的事實及法律關係向將來發生作用（臺灣桃園地方法院102年度簡上字第51號判決參照）。因為該事實或法律關係尚未終結，因此原則上自應受變更、生效後之法規拘束，而無違反信賴保護原則之疑慮。

知識補給站

臺灣桃園地方法院102年度簡上字第51號判決

按行政法「法規不溯及既往原則」的時之效力，指行政法規不適用於該法規變更或生效前業已終結之事實或法律關係。**但對於所謂「不真正溯及既往」（指法規變更或生效時，爭執之法律關係或事實仍然存在進行當中，尚未終結），實質上該法規之效力係向後適用，該爭執之法律或事實關係，原則上自應受變更、生效後之法規拘束。**上訴人雖辯稱被上訴人所援引之事務管理規則及系爭管理要點有違法規不溯及既往原則云云，然今上訴人既非合法現住人，卻仍持續占有系爭房屋且拒絕返還予被上訴人，揆諸上開說明，本件即無法規不溯及既往原則之適用，是上訴人此部分所辯，要屬無據。從而，被上訴人自得適用行政院訂頒之「事務管理規則」

後所制定之系爭管理要點第19點及中央房地處理要點之規定對上訴人之退休後使用宿舍加以管理。從而，被上訴人依系爭管理要點第19點、民法第470條之規定請求上訴人返還系爭房屋，應屬有據。

以下將「真正溯及既往」與「不真正溯及既往」兩者差異性整理如表：

	真正溯及既往	不真正溯及既往
新法規之規範事件	事實於新法生效前已完結之事件	事實於新法生效前已發生，但於生效後始完結之事件
適用新法是否違反信賴保護原則	原則上違反信賴保護原則	原則上不違反信賴保護原則

「真正溯及既往」與「不真正溯及既往」在法律效力上的比較：

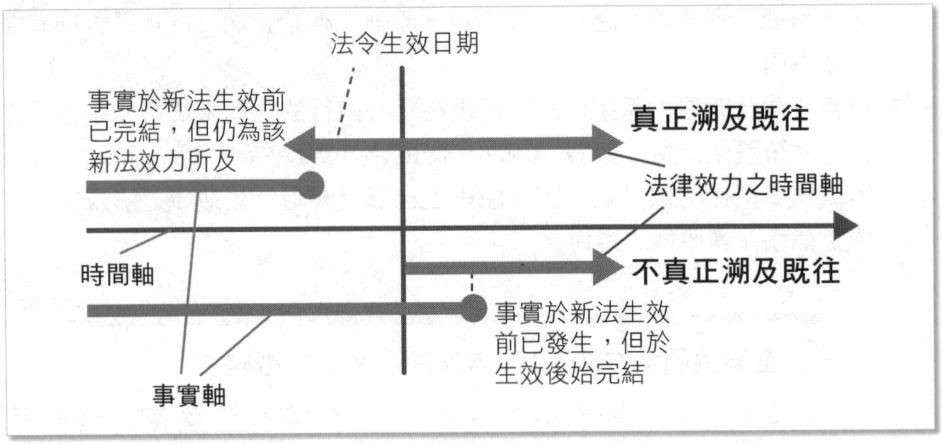

（資料來源：釋字605曾有田大法官協同意見書）

「不真正溯及既往」或「法律事實之回溯連結」之法律效力、事實關係與信賴利益保護時點之說明：

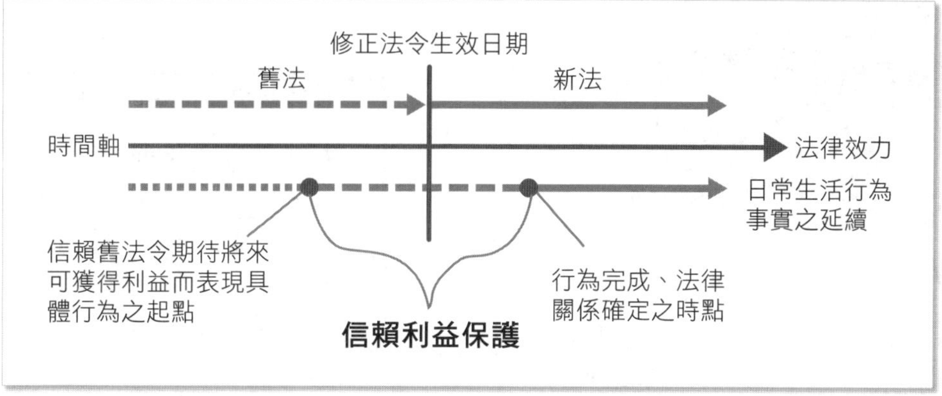

（資料來源：釋字605曾有田大法官協同意見書）

(二) **信賴保護原則**【107司法四等、105司法三等】

1. **信賴保護原則之概念**

行政程序法第8條規定：「**行政行為，應以誠實信用之方法為之，並應保護人民正當合理之信賴。**」後段即為信賴保護原則之明文化規定。所謂信賴保護原則，係指人民對於公權力的信賴應該給予保護。質言之，行政行為應保護人民正當合理的信賴，避免人民遭受不可預計的負擔或喪失可預期之利益。

2. **信賴保護原則之要件**（釋字525）

(1) **信賴基礎**：使人民產生信賴之行為，例如法規命令或行政處分。

(2) **信賴表現**：人民因信賴該行為，而展開的信賴行為，例如運用財產或其他具體表現之行為。

(3) **有值得保護之信賴利益**

A. **判斷方法一**：人民沒有以下情形（行政程序法第119條）：

(A) 以詐欺、脅迫或賄賂方法，使行政機關作成行政處分。

(B) 對重要事項提供不正確資料或為不完全陳述，致使行政機關依該資料或陳述而作成行政處分。

(C) 明知行政處分違法或因重大過失而不知。

B. **判斷方法二**：（釋字605）

視人民預期可以取得之利益，依舊法規所必須具備之重要要件是否已經具備，尚未具備之要件是否客觀上可以合理期待其實現，或經過當事人繼續施以主觀之努力，該要件有實現之可能等因素決定之。

練習2

請依據信賴保護原則之要件內容，填寫下列空格！

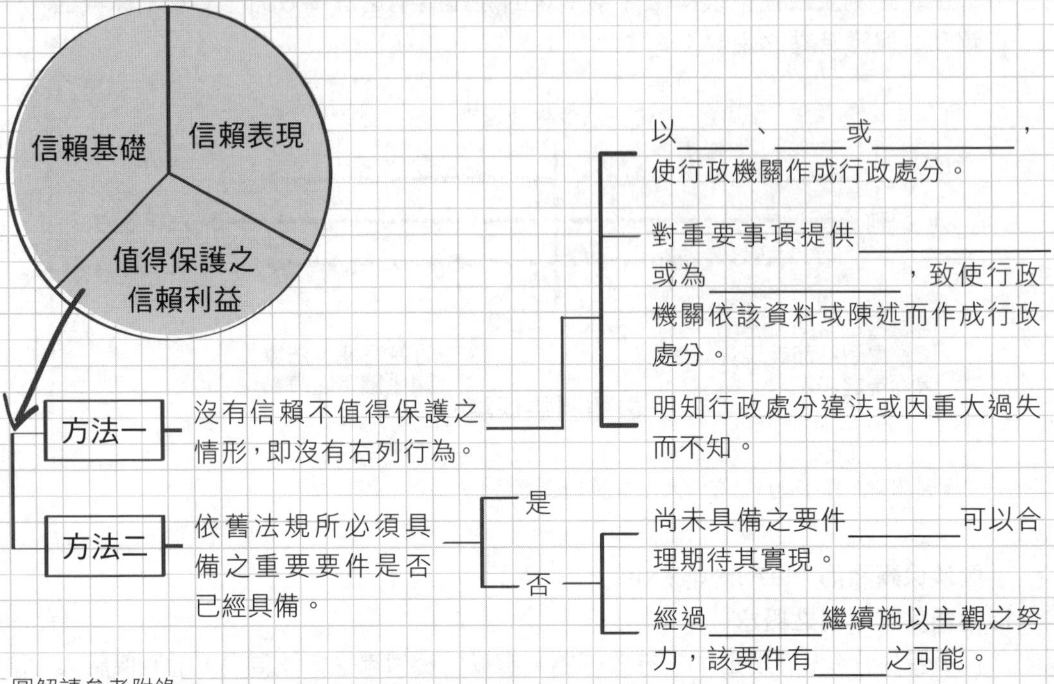
信賴基礎
信賴表現
值得保護之信賴利益
方法一
沒有信賴不值得保護之情形，即沒有右列行為。
以_____、_____或__________，使行政機關作成行政處分。
對重要事項提供____________或為____________，致使行政機關依該資料或陳述而作成行政處分。
明知行政處分違法或因重大過失而不知。
方法二
依舊法規所必須具備之重要要件是否已經具備。
是
否
尚未具備之要件________可以合理期待其實現。
經過________繼續施以主觀之努力，該要件有_____之可能。

圖解請參考附錄

知識補給站

司法院釋字第525號解釋理由書（節錄）

法治國為憲法基本原則之一，法治國原則首重人民權利之維護、法秩序之安定及誠實信用原則之遵守。人民對公權力行使結果所生之合理信賴，法律自應予以適當保障，此乃信賴保護之法理基礎，亦為行政程序法第119條、第120條及第126條等相關規定之所由設。行政法規（包括法規命令、解釋性或裁量性行政規則）之廢止或變更，於人民權利之影響，並不亞於前述行政程序法所規範行政處分之撤銷或廢止，故**行政法規除預先定有施行期間或經有權機關認定係因情事變遷而停止適用，不生信賴保護問題外，制定或發布法規之機關固得依法定程序予以修改或廢止，惟應兼顧規範對象值得保護之信賴利益，而給予適當保障**，方符憲法保障人民權利之意旨。

制定或發布法規之機關基於公益之考量，即社會整體利益優先於法規適用對象之個別利益時，自得依法定程序停止法規適用或修改其內容，若因此使人民出於信賴先前法規繼續施行，而有因信賴所生之實體法上利益受損害者，倘現有法規中無相關補救規定可資援用時（如稅捐稽徵法第48-3條等），基於信賴之保護，制定或發布法規之機關應採取合理之補救措施或訂定過渡期間之條款，俾減輕損害。**至有下列情形之一時，則無信賴保護原則之適用：一、經廢止或變更之法規有重大明顯違反上位規範情形者；二、相關法規（如各種解釋性、裁量性之函釋）係因主張權益受害者以不正當方法或提供不正確資料而發布，其信賴顯有瑕疵不值得保護者；三、純屬法規適用對象主觀之願望或期待而未有表現已生信賴之事實者**，蓋任何法規皆非永久不能改變，法規未來可能修改或廢止，受規範之對象並非毫無預見，故必須有客觀上具體表現信賴之行為，始足當之。至若並非基於公益考量，僅為行政上一時權宜之計，或出於對部分規範對象不合理之差別對待，或其他非屬正當之動機而恣意廢止或限制法規適用者，受規範對象之信賴利益應受憲法之保障，乃屬當然。

司法院釋字第605號解釋理由書（節錄）

任何行政法規皆不能預期其永久實施，然行政法規發布施行後，訂定或發布法規之機關依法定程序予以修改，應兼顧規範對象信賴利益之保護。其因公益之必要修正法規之內容，如人民因信賴舊法規而有客觀上具體表現信賴之行為，並因法規修正，使其依舊法規已取得之權益，與依舊法規預期可以取得之利益受損害者，應針對人民該利益所受之損害，採取合理之補救措施，或訂定合理之過渡條款，俾減輕損害，以符憲法保障人民權利意旨。惟**人民依舊法規預期可以取得之利益並非一律可以主張信賴保護，仍須視該預期可以取得之利益，依舊法規所必須具備之重要要件是否已經具備，尚未具備之要件是否客觀上可以合理期待其實現，或經過當事人繼續施以主觀之努力，該要件有實現之可能等因素決定之。**至經廢止或變更之法規有重大明顯違反上位規範情形，或法規（如解釋性、裁量性之行政規則）係因主張權益受害者以不正當方法或提供不正確資料而發布者，其信賴即不值得保護。（本院釋字第525號解釋意旨參照）

3. **信賴保護之方式**：

存續保障	係指維持其信賴基礎之法律效力。會產生存續保障往往是因為人民之私益大於公益，而此種類情形又以涉及非財產之處分居多，因此以存續保障為佳。例如資格之授予。
財產保障	係指基於公私益之衡量，認為公益大於私益時，基於信賴保護原則，而給予人民相應之金錢補償。

▶▶▶ 時事觀覽

113年憲判字第6號 【消防警察人員類別考試身高限制案】

Date：2024/05/31

把男女分開用不同的身高標準作為服公職限制，顯然是不合理的！

判決主文摘要：

1. 公務人員特種考試一般警察人員考試規則第8條第1款規定：「本考試體格檢查有下列情形之一者，為體格檢查不合格：一、身高：男性不及165.0公分，女性不及160.0公分。……」適用於消防警察人員類別之範圍內，其所設之身高標準，排除女性應考人之群體比例明顯高於男性，使女性應考試服公職權受不利之差別待遇，與憲法第7條保障平等權之意旨不符，自本判決宣示之日起，至遲於屆滿1年時失其效力。
2. 上開考試規則第7條第2項規定：「受訓人員報到後，必要時得經內政部或海洋委員會指定之公立醫院辦理體格複檢，不合格者函送公務人員保障暨培訓委員會廢止受訓資格。」所稱「必要時」與法律明確性原則尚無違背。
3. 最高行政法院109年度上字第928號判決違憲，廢棄並發回最高行政法院。

核心概念結論：

1. 系爭規定一所設定之身高標準，適用於消防警察人員類別之範圍內，實質上排除多數女性之應考資格，形成對女性應考試服公職權不利之差別待遇，與憲法第7條平等權之保障意旨不符。
2. 系爭規定一為用人機關基於實際需要，以身高作為消防警察人員類別考試之體格檢查項目，並考量男性及女性在生理上平均身高之差異，就男性與女性設定不同之身高標準，其目的在於追求重要之公共利益，均尚屬正當；但身高低於160公分的女性並不適合當消防員、或操作消防機具足以肇生消防任務中不可容忍的危險，皆未有合理之科學依據及理由，故該限制之手段與欲達成之目的上不具實質關聯性。

問題思考

關於身高限制，原住民也有不同的標準，依據的法理原則又是為何？會否因本判決見解有所影響？

111年憲判字第14號【農田水利會改制案】

Date：2022/08/12

國家未經徵收程序，概括承受農田水利會之財產，有無違反法律保留原則、權力分立原則、法律不溯及既往原則、信賴保護原則及比例原則，侵害農田水利會受憲法保障之結社權及財產權？

判決主文摘要：

1. 農田水利法第1條規定，與法律明確性原則尚無違背，且不生侵害憲法第14條保障人民結社自由之問題。
2. 農田水利法第18條第1項規定、第3項規定及第19條第3項規定，與憲法增修條文第3條第3項及第4項規定，均尚無牴觸。
3. 農田水利法第23條第1項規定，與法律明確性原則尚無違背，且不生侵害憲法第15條保障人民財產權之問題。
4. 農田水利法第23條第5項規定，不生侵害憲法第15條保障人民財產權之問題。
5. 農田水利法第34條第2項規定，不生侵害憲法第14條保障人民結社自由之問題，亦不生違反法律不溯及既往原則及信賴保護原則之問題。
6. 本件暫時處分之聲請駁回。

核心概念結論：

1. 結社自由，僅在保障人民是否成立私法上團體，以及參加或不參加此團體之自由，並不包括人民有組成得行使公權力之公法人之自由在內，農田水利會改制納入農田水利署，消滅其公法人之法人格，並無侵害憲法第14條所保障之結社自由問題。
2. 農田水利會之財產均係公有財產，無從主張憲法保障之財產權。
3. 國家對於公法人之設立、解散及其任務之擴張、限縮，自得本於其行政權整體運作之政策考量，予以適時調整。受調整之公法人，尚不得主張基本權利受有侵害而對抗之，亦不生違反法律不溯及既往原則或信賴保護原則之問題。故農田水利法不生違反法律不溯及既往原則及信賴保護原則之問題。

問題思考

公法人得否主張受基本權保障？

111年憲判字第12號【臺大法律學院教師評鑑案】

Date：2022/07/29

大學法授權各校訂定之教師評鑑制度，有無違反法律明確性原則？又以此對教師職業自由之限制是否違憲？

判決主文摘要：

國立臺灣大學法律學院教師評鑑辦法施行細則第5條至第8條規定與法律明確性原則無違，未違反正當法律程序原則之要求；對教師職業自由之限制，亦符合憲法第23條比例原則，尚不違反憲法第15條保障工作權之意旨。

核心概念：

1.大學教師評鑑涉及對教師職業自由之限制與工作權之保障，而教師評鑑之結果，尚不直接立即發生教師身分變動之結果，且為尊重大學自治規章之訂定自主權，其校、院、系（所）教師評鑑之規定是否符合憲法基本原則，於大學自治之範圍內，自應降低審查密度，故適用寬鬆標準予以審查。

2.教師評鑑辦法施行細則第5條至第8條對教師職業自由之限制規定，法規文義非一般受規範者難以理解，而受評教師就未達評鑑之基本門檻標準可能遭不予續聘或資遣等，亦屬可得預見，且上開規定尚得透過行政救濟等管道，經由司法審查加以確認，故與法律明確性原則、正當法律程序及比例原則無違。

3.評鑑委員基於系爭評鑑標準，根據其個人學識經驗所為專門學術上獨立公正之智識判斷，具有高度之專業性及屬人性，故為維護評鑑之客觀、公平及評鑑會委員所為之學術評價，評分適切性之問題，具判斷餘地，法院及其他行政爭訟機關應予以較高之尊重。

問題思考

在大學教師的評鑑過程中，不同階段可行使之救濟程序分別為何？

知識補給站

軍公教年改釋憲案

司法院釋字第781號解釋（陸海空軍軍官士官退除給與案）

陸海空軍軍官士官服役條例第3條、第26條第2項第1款、第2款、第3項、第4項前段及第46條第4項第1款規定，無涉法律不溯及既往原則，亦與信賴保護原則、比例原則尚無違背。

同條例第26條第4項規定，與憲法保障服公職權、生存權之意旨尚無違背。

同條例第29條第2項規定，無涉法律不溯及既往原則及工作權之保障，亦未牴觸比例原則，與憲法保障人民財產權之意旨尚無違背。

同條例第46條第5項規定，與憲法保障財產權之意旨尚無違背。

同條例第47條第3項規定，無違法律不溯及既往原則，與信賴保護原則及比例原則均尚無違背。

同條例第54條第2項規定，與受規範對象受憲法保障之財產權無涉。

同條例第34條第1項第3款規定：「支領退休俸或贍養金之軍官、士官，有下列情形之一時，停止領受退休俸或贍養金，至原因消滅時恢復之：……三、就任或再任私立大學之專任教師且每月支領薪酬總額超過公務人員委任第一職等本俸最高俸額及專業加給合計數額者。」與憲法保障平等權之意旨有違，應自本解釋公布之日起，失其效力。

同條例第39條第1項前段規定：「軍官、士官退伍除役後所支領退休俸、贍養金及遺族所支領之遺屬年金，得由行政院會同考試院，衡酌國家整體財政狀況、人口與經濟成長率、平均餘命、退撫基金準備率與其財務投資績效及消費者物價指數調整之」，與同條例第26條設定現階段合理俸率之改革目的不盡一致，相關機關應依本解釋意旨儘速修正，於消費者物價指數變動累積達一定百分比時，適時調整退休俸、贍養金及遺屬年金，俾符憲法上體系正義之要求。

本件暫時處分之聲請，應予駁回。

司法院釋字第782號解釋（公務人員退撫給與案）

公務人員退休資遣撫卹法第7條第2項規定無涉法律不溯及既往原則及工作權之保障，亦未牴觸比例原則，與憲法保障人民財產權之意旨尚無違背。

同法第4條第6款、第39條第2項規定，與憲法保障服公職權、生存權之意旨尚無違背。

同法第4條第4款、第5款、第18條第2款、第3款、第36條、第37條、第38條及第39條第1項規定，無涉法律不溯及既往原則，與信賴保護原則、比例原則尚無違背。

相關機關至遲應於按同法第92條為第1次定期檢討時，依本解釋意旨，就同法附表三中提前達成現階段改革效益之範圍內，在不改變該附表所設各年度退休所得替代率架構之前提下，採行適當調整措施，俾使調降手段與現階段改革效益目的達成間之關聯性更為緊密。

同法第67條第1項前段規定：「公務人員退休後所領月退休金，或遺族所領之月撫卹金或遺屬年金，得由考試院會同行政院，衡酌國家整體財政狀況、人口與經濟成長率、平均餘命、退撫基金準備率與其財務投資績效及消費者物價指數調整之」，與同法第36條至第39條設定現階段合理退休所得替代率之改革目的不盡一致，相關機關應依本解釋意旨儘速修正，於消費者物價指數變動累積達一定百分比時，適時調整月退休金、月撫卹金或遺屬年金，俾符憲法上體系正義之要求。

同法第77條第1項第3款規定：「退休人員經審定支領或兼領月退休金再任有給職務且有下列情形時，停止領受月退休金權利，至原因消滅時恢復之：……三、再任私立學校職務且每月支領薪酬總額超過法定基本工資。」與憲法保障平等權之意旨有違，應自本解釋公布之日起，失其效力。

本件暫時處分之聲請，應予駁回。

司法院釋字第783號解釋（公立學校教職員退撫給與案）

公立學校教職員退休資遣撫卹條例第8條第2項規定無涉法律不溯及既往原則及工作權之保障，亦未牴觸比例原則，與憲法保障人民財產權之意旨尚無違背。

同條例第4條第6款、第39條第2項規定，與憲法保障生存權及教育工作者生活之意旨尚無違背。

同條例第4條第4款、第5款、第19條第2款、第3款、第36條、第37條、第38條及第39條第1項規定，無涉法律不溯及既往原則，與信賴保護原則、比例原則尚無違背。

相關機關至遲應於按同條例第97條為第1次定期檢討時，依本解釋意旨，就同條例附表三中提前達成現階段改革效益之範圍內，在不改變該附表所設各年度退休所得替代率架構之前提下，採行適當調整措施，俾使調降手段與現階段改革效益目的達成間之關聯性更為緊密。

同條例第67條第1項前段規定：「教職員退休後所領月退休金，或遺族所領之月撫卹金或遺屬年金，得由行政院會同考試院，衡酌國家整體財政狀況、人口與經濟成長率、平均餘命、退撫基金準備率與其財務投資績效及消費者物價指數調整之」，與同條例第36條至第39條設定現階段合理退休所得替代率之改革目的不盡一致，相關機關應依本解釋意旨儘速修正，於消費者物價指數變動累積達一定百分比時，適時調整月退休金、月撫卹金或遺屬年金，俾符憲法上體系正義之要求。

同條例第77條第1項第3款規定：「退休教職員經審定支領或兼領月退休金再任有給職務且有下列情形時，停止領受月退休金權利，至原因消滅時恢復之：……三、再任私立學校職務且每月支領薪酬總額超過法定基本工資。」與憲法保障平等權之意旨有違，應自本解釋公布之日起，失其效力。

本件暫時處分之聲請，應予駁回。

八　公益原則

係指行政機關實施行政行為時，應考量公益。而法律上所稱公益，所謂公益並非指某一特定個人或群體之利益，更不是統治階層或行政機關之本位主義，蓋公益與私益並非全然處於對立之狀態，保障私益亦屬維護公益之一部分，此為行政法公益原則（最高行政法院99年度判字第475號判決參照）。公益判斷是否正確，不能任憑國家機關之主觀，而應以客觀公正避免錯誤之認知為之，在多元社會必要時尚須透過公開討論俾能形成共識。

知識補給站

最高行政法院99年度判字第475號判決（節錄）

次按檔案法第18條第7款：檔案有其他為維護公共利益或第三人之正當權益者，各機關得拒絕前條之申請。**所謂公益並非指某一特定個人或群體之利益，更不是統治階層或行政機關之本位主義，蓋公益與私益並非全然處於對立之狀態，保障私益亦屬維護公益之一部分，此為行政法公益原則。**

經典範題

選擇題攻略

( ) **1** 行政機關作成裁罰處分時，過度擴張解釋法定義務構成要件之範圍，違反下列何種法律原則？ (A)比例原則 (B)平等原則 (C)法律明確性原則 (D)處罰法定原則。【111司律】

( ) **2** 依司法院大法官解釋意旨，關於法律保留原則之適用範圍，下列敘述何者正確？ (A)憲法第8條規定之人身自由保障事項，屬憲法保留事項，法律不得為任何規範 (B)限制人民財產權之構成要件，法律得概括授權行政機關以施行細則為補充規範 (C)限制人民之言論自由，除以法律規定外，得由法律明確授權行政機關以命令為補充規範 (D)給付行政並未涉及人民自由權利之限制，故無法律保留原則之適用。【111司律】

( ) **3** 依司法院大法官解釋意旨，關於信賴保護原則，下列敘述何者錯誤？(A)經廢止或變更之法規命令有重大明顯違反上位規範之情形者，對其之信賴不值得保護 (B)人民對於公權力行使結果所生之主觀願望而未有表現已生信賴之事實者，欠缺信賴要件，不在保護範圍 (C)解釋性行政規則經有權機關認定因情事變遷而停止適用者，不生信賴保護問題 (D)裁量性行政規則因非直接對外發生規範效力，故其廢止或變更不生信賴保護問題。【109法制】

( ) **4** 藥害救濟法第13條第9款所定有關常見且可預期之藥物不良反應，不得申請藥害救濟。依司法院釋字第767號解釋意旨，下列敘述何者錯誤？(A)將常見且可預期之藥物不良反應完全排除於得申請藥害救濟範圍之外，與比例原則無違 (B)「常見」、「可預期」之意義，於個案中經由適當組成之機構依其專業知識加以認定及判斷，司法不再予以審查 (C)所謂「常見且可預期之藥物不良反應」，雖屬不確定法律概念，但依據一般人民日常生活與語言經驗，尚非難以理解，未違反法律明確性原則 (D)藥害救濟之給付對象、要件及不予救濟範圍之事項，屬社

會政策立法，立法者自得斟酌國家財力、資源之有效運用及其他實際狀況，為妥適規定，享有較大之裁量空間。【109司律】

(　　) **5** 關於依法行政之敘述，下列何者正確？ (A)行政機關作成所有行政行為皆須有法律依據 (B)在裁量行政領域，行政機關不受法之拘束 (C)國家為達成給付行政之任務，於法規未明定時，得選擇以公法上行為或私法上行為作為實施之手段 (D)行政內部屬法外空間，行政主體所為內部行政行為不受法之拘束。【109司律】

(　　) **6** A市政府環境保護局查獲B公司油槽滲漏污染地下水，命其於8月30日前改善，否則依法開罰。B公司正在改善中，卻於8月27日接獲A市政府環境保護局之罰單，對其污染地下水之行為處以鉅額罰鍰。A市政府環境保護局之罰鍰處分最可能因違反下列何一原則而違法？ (A)公益原則 (B)法律保留原則 (C)誠實信用原則 (D)法規不溯及既往原則。【108法制】

(　　) **7** 關於法律保留原則之敘述，下列何者錯誤？ (A)給付行政倘涉及人民基本權利之保障或公共利益之重大事項者，仍應有法律保留原則之適用 (B)行政機關得以與人民締結行政契約之方式，經契約相對人之同意而排除法律強制規定之適用 (C)國立大學辦理校內考試訂定之考試規則，未逾越大學自治之範疇者，不生法律保留原則之適用問題 (D)中央三級行政機關之設立，應有法律之依據。【108司律】

(　　) **8** 依行政程序法之規定，「不當聯結禁止」原則，除明文適用於行政處分之附款外，也明文適用於下列那一種行政行為？ (A)人民陳情時之不予受理 (B)行政處分之廢止 (C)締結行政契約中之雙務契約 (D)訂頒行政規則中之解釋性規定。【106司律】

(　　) **9** A公司於自有土地上申請設置加油站，經經濟部核發籌設許可。於開始施工構築時，因當地居民陳情，經濟部重行審酌後，以加油站設置恐影響附近國小學童健康為由，將原處分廢止。倘廢止許可為合法，A公司得為下列何者之主張？ (A)基於比例原則，請求國家賠償 (B)基於禁止不當聯結原則，請求國家賠償 (C)基於信賴保護原則，請求補償其損失 (D)基於明確性原則，請求補償其損失。【106司律】

(　　) **10** 雲林縣政府經古蹟、歷史建築、聚落及文化景觀審議委員會審議，公告台灣糖業股份有限公司（簡稱台糖公司）斗六糖廠登錄為「文化景觀」。所涉及之行政法一般原則，下列敘述何者正確？　(A)台糖公司之高雄橋仔頭及花蓮糖廠業已登錄為文化景觀，再將斗六糖廠登錄為文化景觀，已違反比例原則　(B)將斗六糖廠登錄為文化景觀，與雲林縣多年形成之工業景觀相異，違反信賴保護原則　(C)斗六糖廠已停產，以「具有產業文化景觀之文化與歷史價值」為由，將之登錄為文化景觀，違反不當聯結禁止原則　(D)斗六糖廠附近允許興建新式辦公大樓，斗六糖廠登錄為文化景觀，因建築各有獨立之文化意義，不會有違反平等原則之問題。　【105司律】

解答與解析

1 (D)。行政罰是為維持行政上之秩序，達成國家行政之目的，對違反行政上義務者，所科之制裁。行政罰法上之處罰法定主義，是法治國家基於法律保留、法律明確性原則及制度性保障，當然不可或缺的一環，行政罰法第4條即規定：『違反行政法上義務之處罰，以行為時之法律或自治條例有明文規定者為限。』所稱明文規定，包括處罰之構成要件、處罰對象與處罰種類；而不得溯及既往、不適用類推解釋、禁止擴張解釋等，都屬於處罰法定主義的內涵。

2 (C)。基於憲法上法律保留原則，政府之行政措施雖未限制人民之自由權利，但如涉及公共利益或實現人民基本權利之保障等重大事項者，原則上仍應有法律或法律明確之授權為依據，主管機關始得據以訂定法規命令。

3 (D)。依司法院大法官釋字525號解釋，行政法規（包括法規命令、解釋性或裁量性行政規則）之廢止或變更，於人民權利之影響，並不亞於前述行政程序法所規範行政處分之撤銷或廢止，故行政法規除預先定有施行期間或經有權機關認定係因情事變遷而停止適用，不生信賴保護問題外，制定或發布法規之機關固得依法定程序予以修改或廢止，惟應兼顧規範對象值得保護之信賴利益，而給予適當保障，方符憲法保障人民權利之意旨。

4 (B)。系爭規定所謂「常見且可預期之藥物不良反應」，係屬不確定法律概念。「常見」、「可預期」之意義，依據一般人民日常生活與語言經驗，尚非難以理解，而藥物「不良反應」於藥害救濟法第3條第4款亦已有明確定義。……是其意義於個案中並非不能經由適當組成之機構依其專業知識加以認定及判斷，且最終可由司法審查予以確認。綜上，系爭規定與法律明確性原則尚無不合。

5 (C)。國家為達成給付行政之任務，於法規未明定時，得選擇以公法上行為或私法上行為作為實施之手段，此為形式選擇自由。

6 (C)。行政程序法第8條規定，行政行為，應以誠實信用之方法為之，並應保護人民正當合理之信賴。

7 (B)。依司法院大法官釋字753號解釋，按法治國法律保留原則之範圍，原不以憲法第23條所規定限制人民權利之事項為限。政府之行政措施雖未直接限制人民之自由權利，但如屬涉及公共利益之重大事項者，仍應由法律加以規定，如以法律授權主管機關發布命令為補充規定時，其授權應符合具體明確之原則。

8 (C)。行政程序法第137條第1項第3款規定，行政機關與人民締結行政契約，互負給付義務者，應符合下列各款之規定：三、人民之給付與行政機關之給付應相當，並具有正當合理之關聯。

9 (C)。當事人對合法行政處分之存在，具有值得保護之信賴，並因廢止受有損失，自應給予補償。而補償之範圍，限定於該損失係因信賴授益處分之存在而發生，即損失與信賴須有相當因果關係存在。

10 (D)。依司法院大法官釋字553號解釋，本件既屬地方自治事項又涉及不確定法律概念，上級監督機關為適法性監督之際，固應尊重地方自治團體所為合法性之判斷，但如其判斷有恣意濫用及其他違法情事，上級監督機關尚非不得依法撤銷或變更。

NOTE

第5章 主觀公權利

第一節 主觀公權利之意義

主觀公權利係指基於保障個人利益為目的之強行性法規範，人民得援引該法規範向國家有所請求之法律上之力。與此相對之該念為「反射利益」，反射利益係指個人因行政機關之行政行為或其他相關法律之規定而獲得間接之事實上利益。兩者之區別在於凡法律賦予人民主觀公權利者，人民即得依該法律為自己之利益請求機關作成一定行政行為；反之，若僅有反射利益，則人民即無請求機關作為之權利。

其與「反射利益」的比較如下：

	主觀公權利	反射利益
意義	保障個人之強行規範	間接之事實上利益
人民是否具有公法上請求權	✔	✘

第二節 保護規範理論☆☆☆

【108關務三等】

保護規範理論乃判斷人民有無主觀公權利之方法，其目的在於判斷其人民是否為利害關係人，如果是，則人民自得依法提起訴願與行政訴訟。

所謂保護規範理論，係指法律之規定內容非僅屬授與國家機關推行公共事務之權限，而其目的係為了保障人民生命、身體及財產等法益，且法律對主管機關應執行職務行使公權力之事項規定明確。此時該受保護之人即具有主觀上之公權利，得據該規範據請求機關作成一定行政作為。

釋字第469號即針對保護規範理論作具體說明，認為判斷標準首先應視法律有無明確規定特定人得享有權利，或對符合法定條件而可得特定之人，授予向行政主體或國家機關為一定作為之請求權。若無，則應就**法律之整體結構、適用對象、所欲產生之規範效果及社會發展因素**等綜合判斷，倘可得知亦有保障特定人之意旨時，此時人民亦有該請求機關作為之主觀公權利。

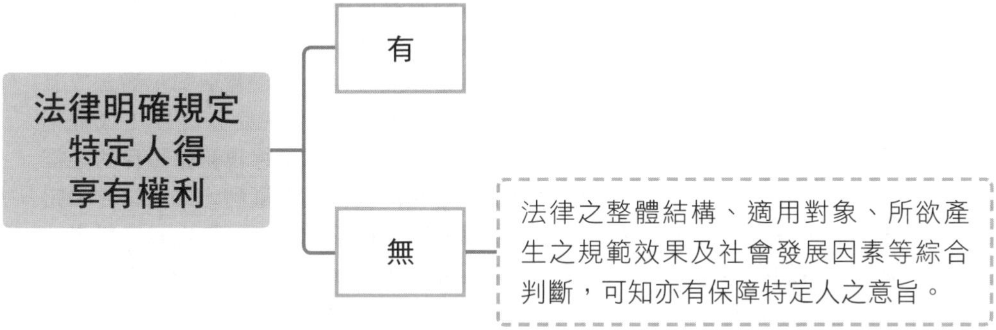

知識補給站

司法院釋字第469號解釋理由（節錄）

憲法第24條規定公務員違法侵害人民之自由或權利，人民得依法律向國家請求賠償，係對國家損害賠償義務所作原則性之揭示，立法機關應本此意旨對國家責任制定適當之法律，且在法律規範之前提下，行政機關並得因職能擴大，為因應伴隨高度工業化或過度開發而產生對環境或衛生等之危害，以及科技設施所引發之危險，而採取危險防止或危險管理之措施，以增進國民生活之安全保障。倘國家責任成立之要件，從法律規定中已堪認定，則適用法律時不應限縮解釋，以免人民依法應享有之權利無從實現。國家賠償法第2條第2項規定：「公務員於執行職務行使公權力時，因故意或過失不法侵害人民自由或權利者，國家應負損害賠償責任。公務員怠於執行職務，致人民自由或權利遭受損害者亦同」，凡公務員職務上之行為符合：行使公權力、有故意或過失、行為違法、特定人自由或權利所受損害與違法行為間具相當因果關係之要件，而非純屬天然災害或其他不可抗力所致者，被害人即得分就積極作為或消極不作為，依上開法條前段或後段請求國家賠償，該條規定之意旨甚為明顯，並不以被害人對於公務員怠於執行之職務行為有公法上請求權存在，經請求其執行而怠於執行為必要。惟法律之種類繁多，其規範之目的亦各有不同，有僅屬賦予主管機關推行公共事務之權限者，亦有賦予主管機關作為或不作為之裁量權限者，對於上述各類法律之規定，該管機關之公務員縱有怠於執行職務之行為，或尚難認為人民之權利因而遭受直接之損害，或性質上仍屬適當與否之行政裁量問題，既未達違法之程度，亦無在個別事件中因各種情況之考量，例如：斟酌人民權益所受侵害之危險迫切程度、公務員對於損害之發生是否可得預見、侵害之防止是否須仰賴公權力之行使始可達成目的而非個人之努力可能避免等因素，已致無可裁量之情事者，自無成立國家賠償之餘地。倘法律規範之目的係為保障人民生命、身體及財產等法益，且對主管機關應執行職務行使公權力之事項規定明確，該管機關公務員依此規定對可得特定之人負有作為義務已無不作為之裁量空間，猶因故意或過失怠於執行職務或拒不為職務上應為之行為，致特定人之自由或權利遭受損害，被害人自得向國家請求損害賠償。至前開**法律規範保障目的之探求，應就具體個案而定，如法律明確規定特定人得享有權利，或對符合法定條件而可得特定之人，授予向行政主體或國家機關為一定作為之請求權者，其規範目的在於保障個人權益，固無疑義；如法律雖係為公共利益或一般國民福祉而設之規定，但就法律之整體結構、適用對象、所欲產生之規範效果及社會發展因素等綜合判斷，可得知亦有保障特定人之意旨時，則個人主張其權益因公務員怠於執行職務而受損害者，即應許其依法請求救濟。**

經典範題

申論題破解

甲礦區位於某山坡地，總面積達500公頃，由A公司於民國（下同）65年取得採礦權，85年經申請核准展限20年。104年底，A公司向經濟部再度申請展限，經濟部於105年1月核准展限10年。居住於甲礦區下方200公尺處之原住民B，認為甲礦區位於原住民保留地，應依原住民族基本法（下稱原基法）第21條第1項等規定，另經原住民族或部落同意，始得核准展限；且A公司採礦面積已達環境影響評估法（下稱環評法）（83年12月制定公布）規定應實施環境影響評估（下稱環評）之規模，亦應另經環評審查通過，始得核准。B認為經濟部上述核准展限違法，依法提起行政爭訟。請問：如另有C環保團體認為經濟部在環評法制定公布之後，未經環評程序通過，仍繼續核准A公司於甲礦區採礦（包括85年之第一次展限及105年之第二次展限），明顯

違反環評法規定。C依環評法第23條第8項規定，向行政院環境部（下稱環境部）遞送陳情函，要求環境部應依環評法第22條規定，命A公司停止於甲礦區採礦。環保署於接到C之陳情函後3個月，仍置之不理，C能否對環境部提起行政訴訟？如可，其訴訟類型為何？又B是否亦得對環境部提起相同訴訟？

答題思考

本題的考點在於測驗對於公訴訟的理解及運作，包括公益訴訟的法定要件、訴訟類型和與其他訴訟之區別，擬答要點如下：

(一) 有關C能否對環境部提起行政訴訟、訴訟類型為何：

因環評法第23條第8項及第9項是行政訴訟法第9條所稱之「法律有特別規定」，故應從行政訴訟法第9條規定出發，分析環評法第23條第8項及第9項之規範意旨及構成要件，同時掌握C向環境部遞送陳情函之目的，以判斷C能否對環境部提起行政訴訟及其訴訟類型。

1. 依行政訴訟法第9條規定：「人民為維護公益，就無關自己權利及法律上利益之事項，對於行政機關之違法行為，得提起行政訴訟。但以法律有特別規定者為限。」故公益訴訟須有「法律有特別規定」，始得提起；另依環評法第23條第8項及第9項：「開發單位違反本法或依本法授權訂定之相關命令而主管機關疏於執行時，受害人民或公益團體得敘明疏於執行之具體內容，以書面告知主管機關。」、「主管機關於書面告知送達之日起六十日內仍未依法執行者，人民或公益團體得以該主管機關為被告，對其怠於執行職務之行為，直接向行政法院提起訴訟，請求判令其執行。」此二項規定應是行政訴訟法第9條所稱「法律有特別規定者」。
2. C向環境部遞送陳情函，要求環境部依環評法第22條規定命A公司立即停止採礦之開發行為，其法律性質係請求環境部應作成命A公司停止採礦開發行為之行政處分；C要求環境部依環評法第22條規定，命A公司停止於甲礦區採礦，即係請求環境部對A公司為停工處分。
3. 環境部於3個月後仍置之不理，未於60日內命A公司停工，屬於「主管機關疏於執行」、於法定期間內怠於作成行政處分之情形。C為「公益團體」，故得依環評法第23條第8項及第9項對環境部提起行政訴訟；訴訟類型為行政訴訟法第5條第1項規定「請求該機關應為行政處分或應為特定內容之行政處分」之課予義務訴訟，並環評法第23條第9項係規定「直接向行政法院提起訴訟」，故無須先經訴願程序。

(二)有關B是否亦得對環境部提起相同訴訟：

應先行界定B是否為環評法第23條第8項所定之受害人，以判斷B是否亦得依環評法第23條第8項及第9項對環境部提起相同訴訟，即向環境部提起「請求該機關應為行政處分或應為特定內容之行政處分」之課予義務訴訟。

1. 環評法第23條第8項所定之「受害人民」，是否指權利或法律上利益受有損害之人，解釋上不無疑問，實務上亦無統一之見解。從字面文義以解，似應指權利或法律上利益受有損害之人；惟若從規範體系與目的以論，似應與「公益團體」作相同或相近之解釋，而不以權利或法律上利益受有損害之人為限。若採後說，則B得依環評法第23條第8項及第9項對環境部提起相同訴訟。
2. 退步言之，如認為環評法第23條第8項所定之「受害人民」，應指權利或法律上利益受有損害之人，與非公益訴訟之第三人訴訟要件相同，則須依「保護規範理論」探討B是否因環境部怠於執行職務而為權利或法律上利益受有損害之人。按保護規範理論，指探求法規範之客觀目的，就法律之整體結構、適用對象、所欲產生之規範效果及社會發展因素等綜合判斷，可得知其兼有保障特定人之意旨時，即為保護規範（參考司法院釋字第469號解釋）。依目前實務與學說之見解，環評法有關開發行為須經環評程序始得核發許可之相關規定，其目的不僅在保護環境之公共利益，同時寓有保護當地居民生命、身體、財產等權利之規範意旨，應屬保護規範。
3. 本題B為居住在甲礦區下方200公尺之當地居民，其權利或法律上利益可能因環境部怠於執行職務而受有損害，故亦得依環評法第23條第8項及第9項對環境部提起相同課與義務訴訟。

第6章 不確定法律概念與行政裁量

☆☆☆

第一節 行政裁量【108高考三級、105司法四等】

一 行政裁量之意義

行政裁量係指行政機關在法律積極明示之授權或消極默許之範圍內，得基於行政目的自由斟酌，選擇是否作成行為或如何作成行為，而**不受司法審查**。故所謂行政裁量乃**法律效果的選擇**。

雖法律賦予行政機關裁量權，惟其真正目的係要求行政機關要作成「合義務性之裁量」。所謂合義務性之裁量旨在個案上實現法律之目的與個案分配正義。因此若行政機關所為之處分，違反法規授權之目的，即具有違法性。

判斷法規有無賦予行政機關裁量權，通常得從法規以觀，例如法條規定主管機關「得……」即為典型之裁量規定。至於其他判斷方式得從法律整體結構、體系與目的加以判斷。

二 行政裁量之種類

(一) 區分標準

區分標準	行政裁量之種類
行政機關是否應為特定法律效果之行為	羈束裁量與自由裁量
裁量之具體或抽象	一般裁量與個案裁量
法律授權內容	決定裁量與選擇裁量

(二) 種類

1. 羈束裁量與自由裁量

羈束裁量與自由裁量乃傳統之分類，所謂羈束裁量係指如法規之特定構成要件事實存在，行政機關即應為特定法律效果之行為，例如：稅務機關依法對納稅人課予法定比率的賦稅，使納稅人履行其義務。但「羈束裁量」本身在文義即有矛盾，既稱羈束，何來裁量？而自由裁量則係指雖特定構成要件存在，但行政機關仍有權選擇作為或不作為，或選擇作成不同法律效果之行為。

2. **一般裁量與個案裁量**

以裁量之具體或抽象為區分，可分為一般裁量與個案裁量。個案裁量係指行政機關基於個案正義之實現，所做之個案決定；一般裁量係指行政機關就常見之案型，所規定之裁量基準，通常為行政規則（行政程序法第159條第2項），例如為使辦理裁罰機關對違章案件之裁罰金額或倍數有一客觀之標準可資參考，故財政部訂定「稅務違章案件裁罰金額或倍數參考表」，即屬一般裁量。

3. **決定裁量與選擇裁量**

以法律授權內容之不同，可分為「決定裁量」與「選擇裁量」。決定裁量是行政機關決定「是否」採取措施的選擇。選擇裁量又稱為「手段裁量」，係指行政機關得在數個皆為法律所許可之措施中，決定採用何種措施或對何人實施措施。例如交通警察面對大批違規停車的情況，在決定是否取締時，屬決定裁量；至於決定應開罰單或直接拖吊，則屬於選擇裁量。

三 行政裁量之瑕疵與收縮【106關務三等】

如前所屬，行政裁量原則上不受司法之審查，惟倘行政有裁量之瑕疵或有裁量收縮至零之情形，即**應受司法之審查**。

(一) **裁量瑕疵**【108移民四等、105司法四等】

行政裁量只要依法而為，縱有不當，亦無違法的問題，因此原則上並不受司法之審查。然而，若行政裁量超出法律授權範圍，而違背授權目的或違反一般行政法原則，產生裁量瑕疵，此際即有違法之虞，而**得由司法介入審查**。裁量瑕疵有以下三種類型：

1. **裁量逾越**

係指行政機關之裁量在法律效果的選擇上，超出法律授權之範圍。例如集會遊行法第28條第1項規定：「集會、遊行，經該管主管機關命令解散而不解散者，處集會遊行負責人或其代理人或主持人新臺幣三萬元以上十五萬元以下罰鍰。」而主管機關竟處以二十萬元之罰鍰。

2. **裁量濫用**

係指裁量之結果與法律授權目的相牴觸，或係出於不相關之動機考量。例如基於政黨目的考量，禁止人民合法的集會活動。

3. **裁量怠惰**

行政機關依法有裁量之權限，但因故意或過失而消極的不行使裁量權。例如環保主管機關對於違反廢棄物清理法規定者，不分情節輕重，一律課予法定罰鍰最高數額之處罰。

(二) **裁量收縮至零**

又稱裁量萎縮，係指行政機關作成行政決定，本有多數不同之選擇，但因特殊情形，使得行政機關除採取某種措施之外，別無其他選擇。通常當一種法定職務與人民的生命、身體、財產等重要法益關係越密切時，行政裁量之權限則越限縮，限縮至零時，則非採取特定之措施不可。

釋字469認為行政機關權限符合下列各要件時，即有裁量限縮至零的問題：

1. **人民權益所受侵害之危險迫切程度高。**
2. **公務員對於損害之發生可得預見。**
3. **侵害之防止須仰賴公權力之行使始可達成目的而非個人之努力可能避免。**

而實務上最高行政法院104年度判字第388號判決對於裁量何時會收縮至零亦有相關見解，可參照以下之說明。

倘裁量收縮至零，此際行政機關即不得再主張其裁量權，司法即得對行政之裁量進行審查，審查是否有應不作為而作為或應作為而不作為之違法情事。

知識補給站

司法院釋字第469號解釋理由書（節錄）

憲法第24條規定公務員違法侵害人民之自由或權利，人民得依法律向國家請求賠償，係對國家損害賠償義務所作原則性之揭示，立法機關應本此意旨對國家責任制定適當之法律，且在法律規範之前提下，行政機關並得因職能擴大，為因應伴隨高度工業化或過度開發而產生對環境或衛生等之危害，以及科技設施所引發之危險，而採取危險防止或危險管理之措施，以增進國民生活之安全保障。倘國家責任成立之要件，從法律規定中已堪認定，則適用法律時不應限縮解釋，以免人民依法應享有之權利無從實現。國家賠償法第2條第2項規定：「公務員於執行職務行使公權力時，因故意或過失不法侵害人民自由或權利者，國家應負損害賠償責任。公務員怠於執行職務，致人民自由或權利遭受損害者亦同」，凡公務員職務上之行為符合：行使公權力、有故意或過失、行為違法、特定人自由或權利所受損害與違法行為間具相當因果關係之要件，而非純屬天然災害或其他不可抗力所致者，被害人即得分就積極作為或消極不作為，依上開法條前段或後段請求國家賠償，該條規定之意旨甚為明顯，並不以被害人對於公務員怠於執行之職務行為有公法上請求權存在，經請求其執行而怠於執行為必要。惟法律之種類繁多，其規範之目的亦各有不同，有僅屬賦予主管機關推行公共事務之權限者，亦有賦予主管機關作為或不作為之裁量權限者，對於上述各類法律之規定，該管機關之公務員縱有怠於執行職務之行為，或尚難認為人民之權利因而遭受直接之損害，或性質上仍屬適當與否之行政裁量問題，既未達違法之程度，亦無在個別事件中因各種情況之考量，例如：**斟酌人民權益所受侵害之危險迫切程度、公務員對於損害之發生是否可得預見、侵害之防止是否須仰賴公權力之行使始可達成目的而非個人之努力可能避免等因素，已致無可裁量之情事者**，自無成立國家賠償之餘地。倘法律規範之目的係為保障人民生命、身體及財產等法益，且對主管機關應執行職務行使公權力之事項規定明確，該管機關公務員依此規定對可得特定之人負有作為義務已無不作為之裁量空間，猶因故意或過失怠於執行職務或拒不為職務上應為之行為，致特定人之自由或權利遭受損害，被害人自得向國家請求損害賠償。至前開法律規範保障目的之探求，應就具體個案而定，如法律明確規定特定人得享有權利，或對符合法定條件而可得特定之人，授予向行政主體或國家機關為一定作為之請求權者，其規範目的在於保障個人權益，固無疑義；如法律雖係為公共利益或一般國民福祉而設之規定，但就法律之整體結構、適用對象、所欲產生之規範效果及社會發展因素等綜合判斷，可得知亦有保障特定人之意旨時，則個人主張其權益因公務員怠於執行職務而受損害者，即應許其依法請求救濟。

最高行政法院104年度判字第388號判決（節錄）

按依照裁量理論之傳統通説，裁量係指決策與否或多數法律效果之選擇而言，並非構成要件事實之裁量，而表現在法律條文構成要件部分之不確定法律概念，則屬於判斷餘地；新的見解則認為徵諸現實，裁量不限於法律效果始有存在，法律要件之層次也有裁量的可能，易言之，涉及構成要件事實之裁量者，必以其具有不確定性質者為限，對於此種不確定之判斷，稱之為「裁量」、「判斷餘地」或「不確定概念」，僅屬名稱問題，並無實質差異，誠屬的論。從而，所謂「裁量」，即存在有「要件裁量」與「效果裁量」，區分兩者之用意，在於趨向司法審查能按照各個階段審查行政機關作成處分之判斷過程，使其能更為精密；惟行政法院審查「要件裁量」之合法性時，對於傳統通説所主張行政機關享有「判斷餘地」之領域，並無更迭之必要，亦即司法審查對於具有高度屬人性之評定、高度科技性之判斷、計畫性政策之決定及獨立專家委員會之判斷，原則上，基於尊重其不可替代性、專業性及法律授權之專屬性，應承認行政機關就此等事項之決定，有「裁量餘地」，（即傳統通說所稱之「判斷餘地」），僅於行政機關之「要件裁量」有恣意濫用及其他違法情事時，得予撤銷或變更。其**可資審查之情形包括：1.行政機關所為之裁量，是否出於錯誤之事實認定或不完全之資訊。2.法律概念涉及事實關係時，其涵攝有無明顯錯誤。3.對法律概念之解釋有無明顯違背解釋法則或牴觸既存之上位規範。4.行政機關之裁量，是否有違一般公認之價值判斷標準。5.行政機關之裁量，是否出於與事物無關之考量，亦即違反不當聯結之禁止。6.行政機關之裁量，是否違反法定之正當程序。7.作成裁量之行政機關，其組織是否合法且有裁量之權限。8.行政機關之裁量，是否違反相關法治國家應遵守之原理原則。**次按所謂「裁量萎縮」，係指行政機關於作成裁量處分時，本有多數不同之選擇，若因為特殊之事實關係，致使行政機關除採取某種措施之外，別無其他選擇者，故所謂「裁量萎縮」係指針對「效果裁量」的唯一選擇或決定而言，故亦稱為「裁量萎縮至零」，並無「要件裁量」之裁量萎縮。而**「裁量收縮至零」通常發生於下列情形：(1)行政機關負有「結果除去義務」(2)在多面之法律關係上，發生結果除去請求權(3)受行政慣例之自我拘束(4)個人重要法益（如身體、生命、健康等）直接遭受危害(5)依法律規定，在通常情形下只有唯一法律效果，如同羈束處分。**又依行政機關對於法律構成要件之專業判斷，其只能選擇唯一之法律效果，始有所謂「裁量萎縮至零」之情形。

第二節 不確定法律概念與判斷餘地【106關務三等】

一 不確定法律概念之意義

所謂不確定法律概念係指**法律之構成要件**而言，即三段論法中的大前提。不確定法律概念是因為法律之構成要件，其法律用語可能因為有一般性、普遍性或抽象性，而不夠明確，因此屬於「不能定義，只能描述」之概念，從而只能從具體個案上判斷是否與該不確定法律概念合致。

素養小教室 法學三段論法

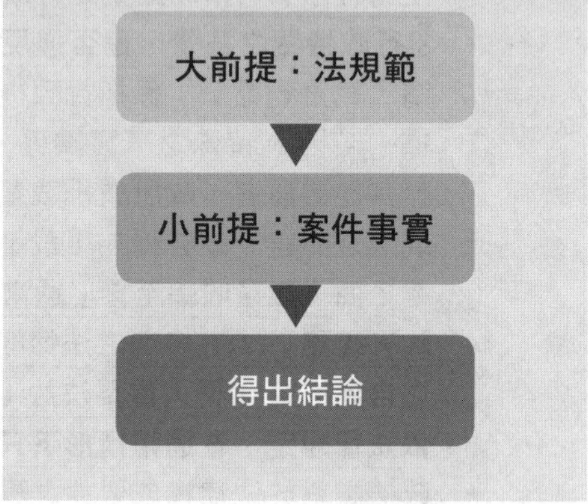

因為不確定法律概念係出現於法律構成要件中，針對事實如何涵攝於法律構成要件，本即屬法院認事用法的權限，因此針對行政機關適用不確定法律概念是否正確，**法院原則上有審查之權限**。

不確定法律概念又分為「經驗性不確定法律概念」與「規範性不確定法律概念」。經驗性不確定法律概念係指以具有可供一般人以經驗或感官判斷之客體為對象，例如專利法上之「可供產業上利用」之概念。而規範性不確定法律概念係指其並非單純以知覺、認識或推論判斷，而是須經由專門知識，或採取評價之態度，始能加以確定，例如刑事訴訟法第101條第1項第3款「有相當理由認為有逃亡、湮滅、偽造、變造證據或勾串共犯或證人之虞者。」之「相當理由概念」。經驗性不確定法律概念與規範性不確定法律概念可能同時併存，法律條文以「足以……」、「有……之虞」或「致生……危險」之規定模式，即屬此類型。

二 不確定法律概念與判斷餘地

所謂判斷餘地係指於不確定法律概念的核心領域中，行政機關享有自行判斷的餘地。倘行政機關享有判斷餘地時，法院應予尊重，不得介入審查。

也就是說，在行政機關享有判斷餘地時，法院就不可以審查，必須同意行政機關的判斷。

(一) 學說上承認行政機關適用不確定法律概念時，享有判斷餘地之情形，約有以下類型：

1. 關於考試成績之評定。
2. 具有「高度屬人性事項」之決定。
3. 由社會多元利益代表所為之決定。
4. 專家所為之判斷（例如環評委員會針對重大開發案作成的環境評估）。
5. 由獨立行使職權之委員會所為之決定。
6. 行政機關預測性或評估性之決定。
7. 具有高度政策或計畫性決定（例如某企業是否符合獨占標準、核子發電廠設立之許可與否）。
8. 高度專業之技術性決定。

(二) 實務上釋字第319、382、462、533號解釋等對於有關考試決定、學生成績評定、大學教師升等評鑑、地方自治事項（里長選舉）等，亦承認行政機關享有判斷餘地。

知識補給站

司法院釋字第319號解釋

考試機關依法舉行之考試，其閱卷委員係於試卷彌封時評定成績，在彌封開拆後，**除依形式觀察，即可發見該項成績有顯然錯誤者外，不應循應考人之要求任意再行評閱，以維持考試之客觀與公平**。考試院於中華民國75年11月12日修正發布之「應考人申請複查考試成績處理辦法」，其第8條規定「申請複查考試成績，不得要求重新評閱、提供參考答案、閱覽或複印試卷。亦不得要求告知閱卷委員之姓名或其他有關資料」，係為貫徹首開意旨所必要，亦與典試法第23條關於「辦理考試人員應嚴守秘密」之規定相符，與憲法尚無牴觸。惟考試成績之複查，既為兼顧應考人之權益，有關複查事項仍宜以法律定之。

司法院釋字第382號解釋理由書（節錄）

又受理學生退學或類此處分爭訟事件之機關或法院，**對於其中涉及學生之品行考核、學業評量或懲處方式之選擇，應尊重教師及學校本於專業及對事實真象之熟知所為之決定，僅於其判斷或裁量違法或顯然不當時，得予撤銷或變更**，併此指明。

司法院釋字第462號解釋理由書（節錄）

教師升等資格評審程序既為維持學術研究與教學之品質所設，其決定之作成應基於客觀專業知識與學術成就之考量，此亦為憲法保障學術自由真諦之所在。是以**各大學校、院、系（所）及專科學校教師評審委員會，本於專業評量之原則，應選任各該專業領域具有充分專業能力之學者專家先行審查，將其結果報請教師評審委員會評議。教師評審委員會除能提出具有專業學術依據之具體理由，動搖該專業審查之可信度與正確性，否則即應尊重其判斷**；評審過程中必要時應予申請人以書面或口頭辯明之機會；由非相關專業人員所組成之委員會除就名額、年資、教學成果等因素予以斟酌外，不應對申請人專業學術能力以多數決作成決定。受理此類事件之行政救濟機關及行政法院自得據以審查其是否遵守相關之程序，或其判斷、評量是否以錯誤之事實為基礎，是否有違一般事理之考量等違法或顯然不當之情事。現行有關各大學、獨立學院及專科學校教師資格及升等評審程序之規定，應本此解釋意旨通盤檢討修正。

司法院釋字第553號解釋理由書（節錄）

地方制度法第83條第1項所謂特殊事故得延期辦理改選或補選，在概念上無從以固定之事故項目加以涵蓋，而係泛指不能預見之非尋常事故，致不克按法定日期改選或補選，或如期辦理有事實足認將造成不正確之結果或發生立即嚴重之後果或將產生與實現地方自治之合理及必要之行政目的不符等情形者而言。又特殊事故不以影響及於全國或某一縣市全部轄區為限，即僅於特定選區存在之特殊事故如符合比例原則之考量時，亦屬之。上開法條使用不確定法律概念，即係賦予該管行政機關相當程度之判斷餘地，蓋地方自治團體處理其自治事項與承中央主管機關之命辦理委辦事項不同，前者中央之監督僅能就適法性為之，其情形與行政訴訟中之法院行使審查權相似（參照訴願法第79條第3項）；後者得就適法性之外，行政作業之合目的性等實施全面監督。**本件既屬地方自治事項又涉及不確定法律概念，上級監督機關為適法性監督之際，固應尊重地方自治團體所為合法性之判斷**，但如其判斷有恣意濫用及其他違法情事，上級監督機關尚非不得依法撤銷或變更。對此類事件之審查密度，揆諸學理有下列各點可資參酌：(一)事件之性質影響審查之密度，單純不確定法律概念之解釋與同時涉及科技、環保、醫藥、能力或學識測驗者，對原判斷之尊重即有差異。又其判斷若涉及人民基本權之限制，自應採較高之審查密度。(二)原判斷之決策過程，係由該機關首長單獨為之，抑由專業及獨立行使職權之成員合議機構作成，均應予以考量。(三)有無應遵守之法律程序？決策過程是否踐行？(四)法律概念涉及事實關係時，其涵攝有無錯誤？(五)對法律概念之解釋有無明顯違背解釋法則或牴觸既存之上位規範。(六)是否尚有其他重要事項漏未斟酌。又里長之選舉，固有例外情事之設計如地方制度法第59條第2項之遴聘規定，但里長之正常產生程序，仍不排除憲法民主政治基本原則之適用，解釋系爭事件是否符合「特殊事故」而得延辦選舉，對此亦應一併考量，方能調和民主政治與保障地方自治間之關係。本件因不確定法律概念之適用與上級監督機關撤銷之行政處分有不可分之關係，仍應於提起行政訴訟後，由該管行政法院依照本解釋意旨並參酌各種情狀予以受理審判。

▸▸▸ 時事觀覽

臺大美女教授論文造假案敗訴 法院駁回上訴

Date：2019/08/27

大專院校對所屬教師學術認定，可能涉及判斷餘地！

臺大醫學論文造假風暴，其中被網友封為「美女教授」的時任口腔生物科學研究所正教授張正琪**遭降等為副教授、解聘且2年內不得聘任為教師、5年內不再受理教師資格申請**。張女不服提告，一審兩案都判敗訴，她提上訴後卻因未繳納各6,000元裁判費，也未委任律師或合乎資格的訴訟代理人，臺北高等行政法院裁定駁回上訴，可抗告。

2016年11月，爆發臺大前生化所教授郭明良研究團隊論文造假，經詳細調查後，校方將張正琪解聘且2年內不得聘任為教師、5年內不再受理教師資格申請。張正琪否認論文造假，提告救濟。

一審指出，**大專院校教師是否涉及違反學術倫理情形，事涉學術能力及審查資格，有高度專業性，承認調查小組及校教評會有判斷餘地，法院應尊重其判斷**，認定撤銷其教授資格、5年內不受理其教師資格審定申請的原處分合法。

此外，經所、院、校三級教評會決議其違反學術倫理，已損及教師專業尊嚴，嚴重違反為人師表倫理規範，有違教師法相關規定且違反學術倫理情節重大，予以解聘且2年內不得聘任為教師，作成程序並無違法。

有關教育事務、解聘兩案，一審均判張正琪敗訴。張正琪不服提上訴，但她未依行政訴訟法相關規定繳交各6,000元裁判費，也未委任律師或合乎資格的訴訟代理人，且逾期未補正，北高行裁定駁回上訴，可抗告。

（資料來源：聯合新聞網https://udn.com/news/story/7321/4013164）

問題思考

1. 判斷餘地是什麼？
2. 只要事涉專業，行政機關就享有判斷餘地，而完全不容法院介入嗎？

● 想一想

國家考試閱卷委員評定應考人分數，依司法院解釋，下列敘述，何者正確？(A)屬於羈束行政　(B)原則上不受法院審查　(C)非屬法律問題　(D)應考人不得請求救濟。

答 (B)

三 行政裁量VS不確定法律概念

行政裁量與不確定法律概念雖係不同之法律概念，然而在實務運作上，二者往往不易區分。因此對於兩者之區別，學說上發展出以下見解：

(一) **無區別說**

此說從根本上否認「行政裁量與不確定法律概念」之區別，蓋兩者之區別毫無邏輯可言，所謂「行政裁量與不確定法律概念」均係強調法律授權行政機關在個案中有適當行使職權之權力，因此並無區別之必要。

(二) **質的區別說**

此說認為「行政裁量」與「不確定法律概念」，於本質上即為不同之概念。行政裁量係存在於法律效果中，不確定法律概念係存在於構成要件中，故兩者不能混為一談。此一為我國多數之見解。

「行政裁量」與「不確定法律概念」的比較如下：

	行政裁量	不確定法律概念
適用法規	公法	任何法規
所歸屬之法律層次	法律效果	法律之構成要件
司法審查	原則：不受司法審查 例外：於裁量瑕疵與裁量萎縮時受司法審查	原則：受司法審查 例外：行政機關享判斷餘地時不受司法審查

(三) **量的區別說**

此說認為二者本質並無不同，皆是立法者欲授權行政機關於適用法律時，有自行判斷之餘地，二者間之不同僅在於適用不確定法律概念時，較依行政裁量嚴格罷了。而目前我國實務對於行政裁量與不確定法律概念並未加以區別，似採量的區別說。

經典範題

選擇題攻略

( ) **1** 行政機關享有判斷餘地，除有明顯瑕疵外，行政法院應予尊重之情形，不包括下列何者？ (A)對於公務人員考試成績之評定 (B)對於公務人員考績之評定 (C)對於公務人員陞遷之評量 (D)對於公務人員退休金之核定。 【108法制】

( ) **2** 依行政法院之實務見解，下列何種不確定法律概念之認定，行政機關並無判斷餘地？ (A)二商標之「近似」與否 (B)地方制度法規定「特殊事故」得延期辦理改選或補選 (C)閱卷委員對國家考試申論題之評分 (D)學生品行考核。 【100法制】

( ) **3** 情況：國籍法第3條第1項第3款規定：「品性端正，無犯罪紀錄」者，得申請歸化。甲向主管機關請求歸化為中華民國國民，但主管機關以甲品性不端正為由，否准甲之歸化申請。對於品性是否端正之判斷，請問下列何者正確？ (A)此屬一般裁量 (B)此屬裁量逾越 (C)此屬裁量濫用 (D)此屬有判斷餘地之不確定法律概念。 【100法制】

解答與解析

1 (D)。司法院大法官釋字第319、491號解釋，考試成績的評定、公務員考績等第之評定與考核、陞遷評量等享有判斷餘地。

2 (A)。商標法第14條第1項，商標專責機關對於商標註冊之申請、異議、評定及廢止案件之審查，應指定審查人員審查之。

3 (D)。不確定法律概念指法律構成要件中抽象或概括之法律文字，但其含義不確定、或有多種解釋的可能性，以斟酌個案情形及複雜性而妥當適用法律；又不確定法律概念係屬法律解釋適用問題，故得由司法機關予以審查，但涉及高度屬人性、高度專業性事項判斷（即判斷餘地），法院應降低審查密度。

申論題破解

設某甲於民國（下同）105年7月間，依招生程序取得某軍事學校乙之大學教育入學資格，為受領公費待遇及津貼之軍費生，並於報到時填具入學志願書，其內容完全符合「軍事學校預備學校軍費生公費待遇津貼發給辦法」（下稱「發給辦法」）第4條、第7條及相關規定之入學志願書應記載事項。依其內容，甲承諾依招生簡章所定之修業期限，完成學業，及如違反應履行之義務及應遵守之事項者，願依「軍事學校預備學校軍費生公費待遇津貼賠償辦法」（下稱「賠償辦法」）有關規定，賠償所受領之公費待遇及津貼。嗣甲因學業成績不及格科目之學分數達該學期修習學分總數二分之一以上，於106年8月間，經軍事學校乙依國防部會同教育部發布之「軍事學校學生研究生學籍規則」（下稱「學籍規則」）第40條第3款予以退學，甲因未對之提起行政救濟而告確定。軍事學校乙乃依「賠償辦法」第4條1項前段及第6條等規定，核算甲在校期間所受領之公費待遇及津貼，並通知甲於三個月內一次繳納全數賠償金額。屆期未繳納，軍事學校乙乃依「賠償辦法」第8條第5項規定向管轄行政法院提起行政訴訟，請求判命甲給付在校期間所受領之公費待遇及津貼（下稱「系爭費用」）。基於上述事實及所附參考資料，請問：如甲又主張：依成績單計算，渠學業成績不及格科目之學分數根本未達該學期修習學分總數二分之一以上，軍事學校乙計算錯誤，且其中某一科目之分數，老師評分太低而有違一般公認之價值判斷標準，故該退學處分具有重大明顯之瑕疵，應屬無效，軍事學校乙自不得據以請求賠償「系爭費用」。爰請求法院依職權調查認定，據以駁回軍事學校乙之訴。法院應如何處理？理由何在？

答題思考

旨在了解能否說明行政處分之存續力及構成要件效力，以及如何判斷行政處分之無效，並進而說明法院是否就甲之主張依職權調查認定：

(一) 能否區分「退學處分」與「學業成績不及格」之異同，是否注意到「退學處分」已生形式確定力，討論甲能否再以「學業成績不及格」的認定有瑕疵，主張「退學處分」無效。

(二) 能否論述行政處分無效之判斷依據，並提及並闡述行政處分之違法性須屬「重大、明顯」始為無效。

(三) 關於甲主張依成績單計算，渠學業成績不及格科目之學分數根本未達該學期修習學分總數二分之一以上，軍事學校乙計算錯誤乙節：

1. 討論並判斷學業成績不及格科目之學分數是否達該學期修習學分總數二分之一以上，由無偏見、有理性之一般人就成績單一望即知，從而該退學處分亦有明顯違法。

2. 討論本案法院得依職權調查認定甲上述主張是否屬實及退學處分是否無效。

(四) 關於甲主張科目丙之分數老師評分太低，而有違一般公認之價值判斷標準：

1. 討論老師就評分享有判斷餘地，法院僅得對之作有限度之審查；以及評分是否有違一般公認之價值判斷標準，是否構成「重大、明顯」之違法瑕疵。

2. 討論本案法院得依職權調查認定甲上述主張是否屬實，及退學處分是否無效。

第2篇

行政組織與公務員法

本篇以學習行政組織為主，而公務員為組成行政組織之重要成員，因此一併加入本篇討論。在考試上，行政組織與公務員法雖較不會出現艱澀的理論探討題型，但也因此成為選擇題的常客，因此請務必理解並熟記各章節重要概念，包含行政組織之種類以及公務員的權利義務等。

第1章 行政組織

在了解行政組織前，可先從行政組織法所規範的架構來理解，如下圖所示：

行政組織法體系

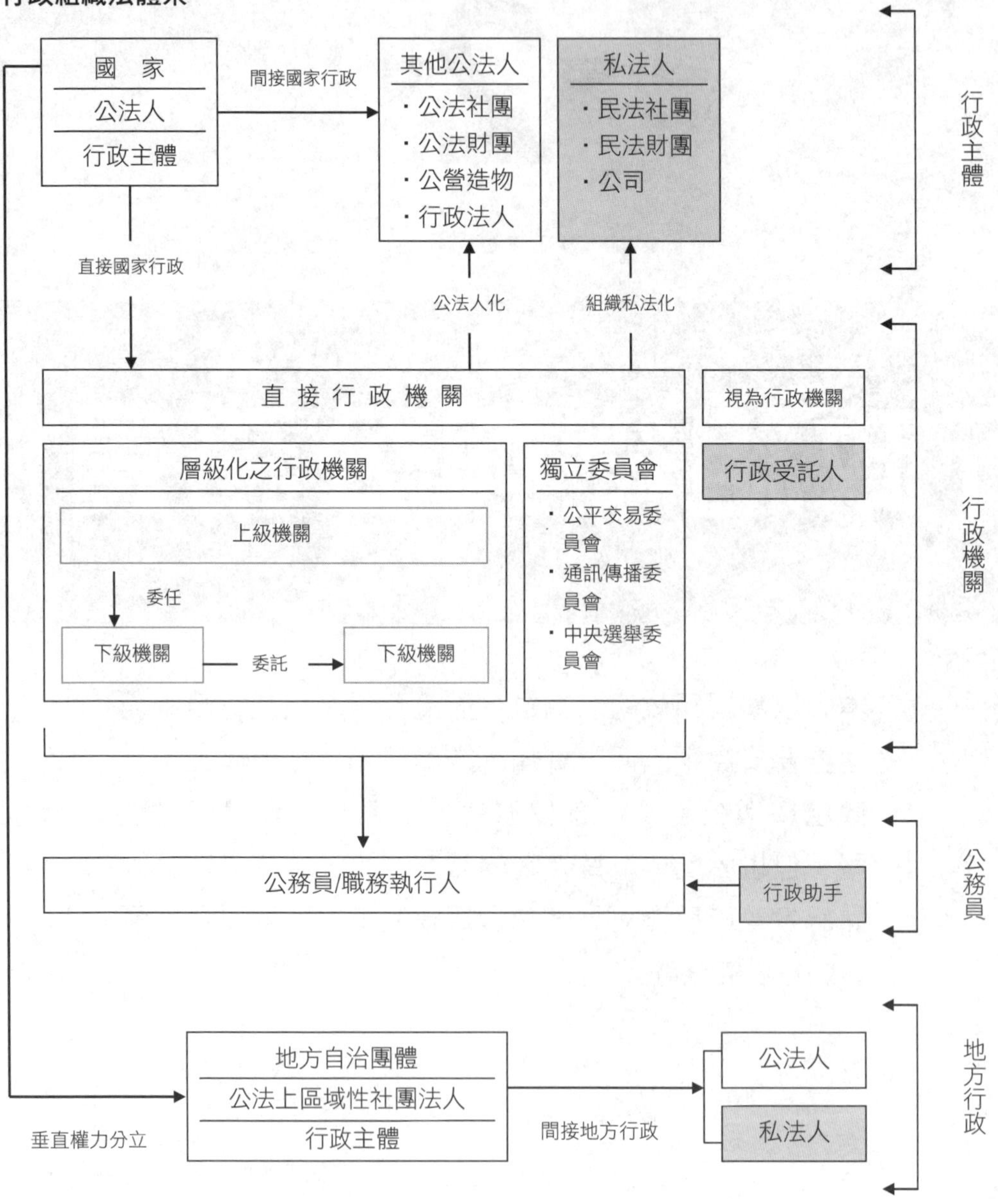

（資料來源：http://www.ccj.url.tw/VerwR/PDF/%E8%A1%8C%E6%94%BF%E7%B5%84%E7%B9%94%E6%B3%95/%E8%A1%8C%E6%94%BF%E7%B5%84%E7%B9%94%E6%B3%95%E9%AB%94%E7%B3%BB.pdf）

第一節 行政組織基本概念

一 行政組織之定義

行政組織係依公法設立，由行政職位與人員為基礎，所結成之層級節制行政機構系統，以達成行政目的並為國家監督。

行政組織一詞，就宏觀而言，指行使行政權限之各級組織之總稱。國家作為一個整體，係由許多次級組織集合而成。在公行政領域中，為完成各種行政目的，而透過不同的組織建置來達到行政目的，故事實上為管理國家事務之核心，經由政策規劃及執行以實現國家之目標，係社會各種組織中之組織，並具有監督與協調各種組織之功能。

二 行政組織之分類

(一) 分類標準

分類標準	行政組織種類
是否行使統治權	統治組織與非統治組織
是否具有法律上人格	法人組織與非法人組織
組織據以設立之準據法	公法組織與私法組織

(二) 種類

1. **統治組織與非統治組織**

   以是否行使統治權，可區分為統治組織與非統治組織，國家及各級地方自治團體屬前者；至於其他社會組織，縱然可能具有某些程度政治性，仍屬於後者，例如政黨。

2. **法人組織與非法人組織**

   以是否具有法律上人格，可區分為法人組織與非法人組織。前者具有法律上人格，得為權利義務主體，故又稱為權利能力組織。後者則相反，稱為非權利能力組織。

取得法人格之方法有三：

(1)依法律取得，例如國家表演藝術中心（依國家表演藝術中心設置條例）、地方自治團體（依地方制度法）。

(2)經主管機關許可並向法院登記。

(3)經主管機關登記取得，例如公司、銀行、合作社。

3. **公法組織與私法組織**

以組織據以設立之準據法，可區分為公法組織與私法組織。國家、地方自治團體為公法組織；公司、合夥、財團法人則為私法組織。公法人必為公法組織，但公法組織未必有公法人資格。例如屬於行政組織中關鍵地位之各級政府機關，即非公法人，私法組織與私法人之關係亦是如此。

三 行政組織之結構

(一) 行政主體

所謂行政主體，係指具有權利能力，而受託付完成行任務之組織及主體。狹義的行政主體系指在行政法上享有權利、負擔義務，得設置機關行使一定職權，藉此實現其行政上任務之組織體，故狹義的行政主體所指即為公法人；至於廣義的行政主體，則不以具有公法人地位為條件，凡公法上之獨立組織體，有特定職權得設立機關或置備人員以達成任務者，均屬之，包含公法人、行政機關及公營造物等。

行政主體因具有權利能力，而得為行政法權利義務之歸屬主體。國家與人民之行政法法律關係，形式上雖由行政機關出面，但實際上與人民相對待之法律主體為「行政主體」，而非行政機關。而「行政組織」即為行政主體之內部機關。

(二) 行政機關

詳細的內容將於本篇章的第二節介紹。

(三) 內部單位

基於分工原則，行政機關之內部通常分為若干小規模之分支組織，稱為內部單位。

機關係獨立之組織體，得以本身之名義作成決策表示於外，發生一定之法律效果；內部單位則非獨立之組織體，無單獨法定地位，僅分擔機關一部之執掌，一切對外行為原則上均以機關之名義為之，始生效力。

(四) 公營事業機構

1. 何謂公營事業機構

(1) 公營事業機構又稱公營事業，係指**由各級政府設置**或**控有過半數股份**，以從事私經濟活動為目的之組織體。

(2) 公營事業由國家設置或控股者，稱國營事業（國營事業管理法第3條）；由地方自治團體設置或控股者稱市營、縣（市）營事業。

(3) 公營事業通常採公司之組織形態，如公司形態之銀行。但亦有商號或類似之門市部者，如公營當鋪、公教福利中心等。公營事業雖然亦負有行政目的（參國營事業管理法第2條、公營事業移轉民營條例第3條），但其行為屬於私經濟範疇，原則上應受私法規範，惟在現行法制之下，其財務審計（審計法第47條以下）、人事行政（公務員服務法第2條及其他相關法規）仍受行政法規羈束。

2. 公營事業機構之形態

(1) 政府獨資經營之事業。

(2) 各級政府合營之事業。

(3) 以事業組織特別法之規定，由政府與人民合營之事業。

(4) 依公司法之規定，由政府與人民合資經營而政府資本超過百分之五十以上之事業（公營事業移轉民營條例第2條）。

3. 公營事業機構之種類

生產事業機構	如經濟部監督之多所國營公司。
金融事業機構	如各級政府設立或持股之公營銀行、公營保險公司等。
交通事業機構	如各級政府經營之汽車客運公司、輪船公司、電信公司、郵政公司等。
其他事業機構	如文化事業（出版公司）、消費事業（農產運銷公司）等。

知識補給站

國營事業管理法

第2條

國營事業以**發展國家資本**，促進經濟建設，便利人民生活為目的。

第3條

本法所稱國營事業如下：

一、**政府獨資經營者**。

二、依**事業組織特別法**之規定，由政府與人民合資經營者。

三、依公司法之規定，由**政府**與**人民**合資經營，政府資本超過**百分之五十**者。

其與外人合資經營，訂有契約者，依其規定。

政府資本未超過百分之五十，但由政府指派公股代表擔任董事長或總經理者，立法院得要求該公司董事長或總經理至立法院報告股東大會通過之預算及營運狀況，並備詢。

公營事業移轉民營條例

第3條

本條例所稱公營事業，指下列各款之事業：

一、**各級政府**獨資或合營者。

二、政府與人民合資經營，且政府資本超過**百分之五十**者。

三、政府與前二款公營事業或前二款公營事業投資於其他事業，其投資之資本合計超過該投資事業資本百分之五十者。

公務員服務法

第2條

本法適用於受有俸給之文武職公務員及公營事業機構純勞工以外之人員。

前項適用對象不包括中央研究院未兼任行政職務之研究人員、研究技術人員。

(五) **營造物**

詳細的內容將於本篇章的第四節介紹。

(六) **其他組織體及公權力之委託行使**【111高考三級、110司法三等、106司法三等】

其他組織體係指由政府捐助款項而成立之財團、基金會等，以達成行政上之目的。然此類組織體通常皆依附於行政機關，其管理及運用由各種該主管機關為之，其中具有法人地位者，皆係依民法辦理財團法人登記而取得，其服務人員與財務收支並無公務員法規或審計法令之適用，與公營事業機構亦不相同，可謂純粹之私法組織，並無行政主體之地位，須經主管機關就特定事項授與公權力，始具有與行政機關相同之地位（釋字269）。此時這類組織體及學理上所稱「受託行使公權力之私人或團體」（行政程序法第2條第3項、第16條）。受託者不限於私法人，非法人團體、個人皆可擔任。

實務上常見之委託行使公權力，例如國貿局委託紡拓會，辦理外銷紡織品配額分配；依證交法，證券交易所得對券商處以停業處分；依商品檢驗法，民間受委託檢驗單位，得核發合格證書；依海員法，國家委託商船船長行使公權力；依私立學校法，國家委託私立學校行使部分教育事項公權力（釋字382）；公私立大學教評會受託，得行使教師升等評審之部分公權力（釋字462）。

(七) **行政助手**

行政助手，又稱行政輔助人，係指在行政機關指示下，協助該機關處理行政事務之輔助人力，即**機關手足之延伸**，例如義消、義警、民間拖吊業者。行政助手**並非獨立之機關，不具有自主之地位**，行政助手亦非公務員。

知識補給站

司法院釋字第269號解釋理由書

人民對於中央或地方機關之行政處分，認為違法或不當，致損害其權利或利益者，得依法提起訴願、再訴願、行政訴訟，此觀訴願法第1條、行政訴訟法第1條第1項之規定自明。故行政爭訟之被告，原則上應為作成處分或決定之政府機關、行政訴訟法第9條亦有明文。政府機關以外之團體，原不得作為行政訴訟之被告。**惟依法設立之團體，如經政府機關就特定事項依法授與公權力者，在其授權範圍內，既有政府機關之功能，以行使該公權力為行政處分之特定事件為限，當有行政訴訟之被告當事人能力。**行政法院60年度裁字第232號判例謂：「依公司法規定設立之公營事業機構，既非官署，自無被告當事人能力，若對之提起行政訴訟，即為法所不許。」概認非官署之團體無被告當事人能力，與上述意旨不符部分，嗣後不再援用。至關於勞動基準法第84條之爭執，究應依行政訴訟程序或依民事訴訟程序解決，與上開判例無涉，不在本件解釋範圍內；其當事人如已另行提起民事訴訟經判決確定者，自無訴訟權受侵害之可言，併此說明。

行政程序法

第2條第3項

受託行使公權力之個人或團體，於委託範圍內，視為行政機關。

第16條

行政機關得依法規將其權限之一部分，委託民間團體或個人辦理。

前項情形，應將委託事項及法規依據公告之，並刊登政府公報或新聞紙。

第一項委託所需費用，除另有約定外，由行政機關支付之。

司法院釋字第382號解釋理由書（節錄）

公立學校係各級政府依法令設置實施教育之機構，具有機關之地位，而**私立學校係依私立學校法經主管教育行政機關許可設立並製發印信授權使用，在實施教育之範圍內，有錄取學生、確定學籍、獎懲學生、核發畢業或學位證書等權限，係屬由法律在特定範圍內授與行使公權力之教育機構，於處理上述事項時亦具有與機關相當之地位**（參照本院釋字第269號解釋）。是各級公私立學校依有關學籍規則或懲處規定，對學生所為退學或類此之處分行為，足以改變其學生身分及損害其受教育之機會，此種處分行為應為訴願法及行政訴訟法上之行政處分，並已對人民憲法上受教育之權利有重大影響。人民因學生身分受學校之處分，得否提起行政爭訟，應就其處分內容分別論斷。如學生所受處分係為維持學校秩序、實現教育目的所必要，且未侵害其受教育之權利者（例如記過、申誡等處分），除循學校內部申訴途徑謀求救濟外，尚無許其提起行政爭訟之餘地。反之，如學生所受者為退學或類此之處分，則其受教育之權利既已受侵害，自應許其於用盡校內申訴途徑後，依法提起訴願及行政訴訟。行政法院41年判字第6號判例：「學校與官署不同，學生與學校之關係，亦與人民與官署之關係有別，學校師長對於違反校規之學生予以轉學處分，如有不當情形，亦祗能向該管監督機關請求糾正，不能按照訴願程序，提起訴願。」與上開意旨不符部分，應不予援用，以符憲法保障人民受教育之權利及訴訟權之意旨。

司法院釋字第462號解釋（節錄）

各大學校、院、系（所）教師評審委員會關於教師升等評審之權限，係屬法律在特定範圍內授予公權力之行使，其對教師升等通過與否之決定，與教育部學術審議委員會對教師升等資格所為之最後審定，於教師之資格等身分上之權益有重大影響，均應為訴願法及行政訴訟法上之行政處分。受評審之教師於依教師法或訴願法用盡行政救濟途徑後，仍有不服者，自得依法提起行政訴訟，以符憲法保障人民訴訟權之意旨。行政法院51判字第398號判例，與上開解釋不符部分，應不再適用。

綜上所述，若國家以不具法人格的行政機關來完成行政目的，稱為**直接的國家行政**；若將行政任務交由其他權利主體完成者，則稱為**間接國家行政**，包含透過其他公法人以及將行政任務委由自然人或私法人執行的情況。

第二節　行政機關

一　行政機關之意義【110高考三級】

所謂機關，係由特定個人或一群人組成，事實上處理組織之事務，並有對外代表組織之權能。至於行政機關，則指國家或地方自治團體，所設置獨立之組織體，依行政權範圍內之管轄分工，有行使公權力並代表國家或地方自治團體為各種行為之權限，其**效果則歸屬於國家或該自治團體**。至於行政程序法將行政機關界定為：「本法所稱行政機關，係指代表國家、地方自治團體或其他行政主體表示意思，從事公共事務，具有單獨法定地位之組織。」尚欠周延。

行政機關之定義可分析如下：

(一) **行政機關乃獨立之組織體**，因此與不具獨立性質之內部分支單位等不同。又所謂獨立之組織體與「具有單獨法定地位之組織」意義相同。

(二) 行政機關乃國家與地方自治團體依權力分立原則所設置，**屬於行使行政權之機關**，因此與立法權之機關或司法權之機關不同。

(三) 行政機關**以行使公權力為其主要特徵**，但仍不排除私經濟行政。而不具有行使公權力之功能者，則非行政機關，例如公營事業或公營造物。

(四) **行政機關之權限即管轄上之分工**，國家或地方自治團體依事務或地域之不同，常設置各種機關，機關之權限規定乃彼此共存與合作之規範。

(五) **行政機關係行為主體而非權利義務主體**，故其在權限範圍內所為之行為，無論屬於公法行為或私法行為，其**結果最後均歸屬於權利義務主體之國家或地方自治團體**。

> **考點速攻**
>
> 「行政官署」為早期行政法院判例中慣稱，目前因為憲法條文用語為「行政機關」，故已全部更改為「行政機關」。

行政機關與內部單位的比較如下：

	行政機關	內部單位
有無獨立組織法規	✓	✗
有無編制預算（參最高行政法院94年6月份庭長法官聯席會議決議）	✓	✗
有無印信（得否以自身名義對外行文）	✓	✗
一般名稱（僅供參考用）	部、會、府、署等	司、組、科、室等

知識補給站

最高行政法院94年6月份庭長法官聯席會議決議（節錄）

所謂「組織」，須有單獨法定地位，固以具備獨立之人員編制及預算為原則。惟**實務上為避免政府財政過度負擔，及基於充分利用現有人力之考量，亦有由相關機關支援其他機關之人員編制，或由相關機關代為編列其他機關預算之情形，尚難因該其他機關之人員編制及預算未完全獨立，而否定其為行政機關。**

想一想

問 依據行政組織法之法理，新北市政府究係行政主體抑或行政機關？新北市中和區是？新竹縣竹北市是？

答 新北市政府是行政機關；新北市是行政主體；新北市中和區是行政機關；新竹縣竹北市是行政主體，其行政機關為新竹縣竹北市公所。

二 行政機關之分類

(一) 區分標準

區分標準	分類
中央或地方	中央機關與地方機關
組織成員	獨任制機關與合議制機關
設置依據	憲法機關、法律機關與命令機關
法制	獨立機關與附屬機關

(二) 類別

1. 中央機關與地方機關

(1) 中央機關之設置不限於中央政府所在地，中央機關以辦理國家行政事項為主，但在法律有明文規定時，亦可代辦地方行政事項，例如縣市議員、鄉鎮市民代表選舉之辦理。

(2) 地方機關為地方自治團體設置之機關，以辦理自治行政事項為主，包含直轄市、縣（市）政府、與鄉（鎮、市）公所。而其受委託辦理國家間接行政事項時，則具有國家行政機關之地位。

2. 獨任制機關與合議制機關

(1) 依組織成員區分，可分為獨任制機關與合議制機關。

(2) 獨任制，又稱首長制，獨任制機關係指由機關首長一人單獨決策並負其責任之行政機關，名稱為部、署、局、處等之機關，通常為獨任制機關，地方機關名為政府、公所者，亦為獨任制機關。

(3) 合議制，又稱委員制，合議制機關係由權限平等之成員組成，通常以多數決方式作成決定，並同負責任之行政機關。中央選舉委員會、公平交易委員會等即屬之。

3. 憲法機關、法律機關與命令機關

(1) 依設置依據，可區分為憲法機關、法律機關與命令機關。

(2) 憲法機關係指其權限於憲法有原則性之規定，非經修憲程序不得廢除或變更，例如總統、五院、大法官與審計長等。法律機關與命令機關則依此類推。

4. **獨立機關與附屬機關**

(1)依法制可區分為獨立機關、附屬機關與政策統合機關。

(2)所謂獨立機關，指依據法律獨立行使職權，自主運作，除法律另有規定外，不受其他機關指揮監督之合議制機關。（中央行政機關組織基準法第3條），例如中央選舉委員會、通訊傳播委員會（NCC）、公平交易委員會。

(3)所謂附屬機關，指基於處理技術性或專門性業務之需要，而劃出部分權限及職掌，所另成立隸屬之專責機關，例如國科會、核安會。

(4)至政策統合機關，如國家發展委員會即屬之。

第三節　公法人

一　公法人

公法人資格之取得，依我國制度甚為嚴格，釋字第467號將公法人分為兩類，一為地方自治團體，一為其他公法人。凡憲法上之各級地域團體符合下列條件者：其一，享有就自治事項制定規章並執行之權限，其二則是具有自主組織權，方得為地方自治團體性質之公法人。而其他依公法設立之團體，其構成員資格之取得具有強制性，而有行使公權力之權能，且得為權利義務主體者，亦有公法人之地位。

依現時制度，我國公法人指以下：

(一) **國家**

如中華民國。

(二) **地方自治團體**

依照地方制度法第2條，所謂地方自治團體，係指依地方制度法實施地方自治，具公法人地位之團體。因此地方自治團體包含直轄市、縣（市）與鄉鎮（市）。

(三) **行政法人**：如行政法人國立中正文化中心（因農田水利會已改制為行政機關，不再是公法人）。

（依據國立中正文化中心設置條例設立）

> **考點速攻**
> 「省」已改為官派，非自治團體。

> **考點速攻**
> 農田水利會過去為公法人，現已改制為「農田水利署」，屬行政機關。

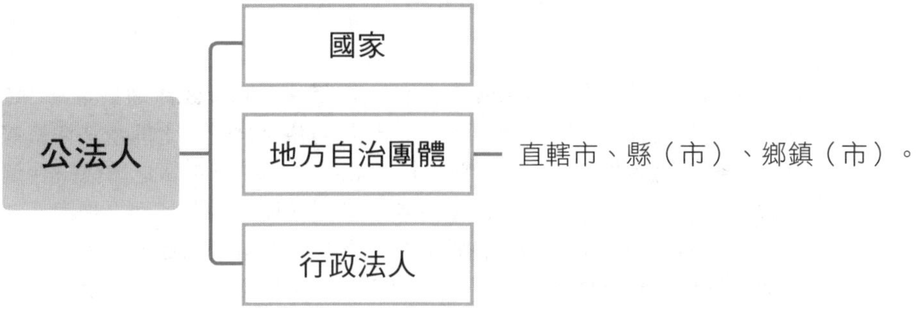

知識補給站

司法院釋字第467號解釋理由書（節錄）

中央與地方權限劃分係基於憲法或憲法特別授權之法律加以規範，凡憲法上之各級地域團體符合下列條件者：一、享有就自治事項制定規章並執行之權限，二、具有自主組織權，方得為地方自治團體性質之公法人。86年7月21日公布施行之憲法增修條文第9條第1項分別規定：「省、縣地方制度，應包括左列各款，以法律定之，不受憲法第一百零八條第一項第一款、第一百零九條、第一百十二條至第一百十五條及第一百二十二條之限制：一、省設省政府，置委員九人，其中一人為主席，均由行政院院長提請總統任命之。二、省設省諮議會，置省諮議會議員若干人，由行政院院長提請總統任命之。」「六、中央與省、縣之關係。七、省承行政院之命，監督縣自治事項。」同條第2項規定：「第十屆台灣省議會議員及第一屆台灣省省長之任期至中華民國八十七年十二月二十日止，台灣省議會議員及台灣省省長之選舉自第十屆台灣省議會議員及第一屆台灣省省長任期之屆滿日起停止辦理。」同條第3項規定：「台灣省議會議員及台灣省省長之選舉停止辦理後，台灣省政府之功能、業務與組織之調整，得以法律為特別之規定。」依上開規定，省為地方制度層級之地位仍未喪失，惟台灣省自87年12月21日起既不再有憲法規定之自治事項，亦不具備自主組織權，自非地方自治團體性質之公法人。

查因憲法規定分享國家統治權行使，並**符合前述條件而具有公法人地位之地方自治團體外，其他依公法設立之團體，其構成員資格之取得具有強制性，而有行使公權力之權能，且得為權利義務主體者，亦有公法人之地位。是故在國家、地方自治團體之外，尚有其他公法人存在**，早為我國法制所承認（參照國家賠償法第14條、農田水利會組織通則第1條第2項、87年10月2日立法院三讀通過之訴願法第1條第2項）。上開憲法增修條文第9條就省級政府之組織形態、權限範圍、與中央及縣之關係暨台灣省政府功能、業務與組織之調整等項，均授權以法律為特別之規定。立法機關自得本於此項授權，在省仍為地方制度之層級前提下，依循組織再造、提昇效能之修憲目標，妥為規劃，制定相關法律。符合上述憲法增修意旨制定之法律，其未劃歸國家或縣市等地方自治團體之事項，而屬省之權限且得為權利義務主體者，揆諸前開說明，省雖非地方自治團體，於此限度內，自得具有其他公法人之資格。

二 行政法人☆☆（107關務四等）

(一) 行政法人意義

行政法人，如上開說明，乃公法人之一種。又依照行政法人法第2條，所謂行政法人，係指國家及地方自治團體以外，由中央目的事業主管機關，為執行特定公共事務，依法律設立之公法人。至於所謂「特定公共事務」，須符合下列規定：

1. 具有專業需求或須強化成本效益及經營效能者。
2. 不適合由政府機關推動，亦不宜交由民間辦理者。
3. 所涉公權力行使程度較低者。

(二) 行政法人特徵

1. **法律人格**

   行政法人具有法律人格，得為權利義務之主體，此乃與機關最大不同之處。

2. **企業化營運**

   即行政法人法第2條所稱「具有專業需求或須強化成本效益及經營效能」，既不宜交由民間辦理，又不應採刻板之政府機關組織型態者，則改由行政法人以企業化方式營運。

3. **達成特定公共行政目的**

(三) 我國行政法人成立現況

1. 中央行政法人

行政法人	監督機關	立法進度
國家表演藝術中心（一法人多館所）	文化部	(1) 分階段施行：設置條例第6-11條103.3.14施行；其餘條文103.4.2施行。 (2) 館所包括：國家兩廳院（即國家戲劇院與國家音樂廳）（按：其前身為國立中正文化中心，原為我國第一個成立之行政法人，於103年4月併入「國家表演藝術中心」）、衛武營國家藝術文化中心及臺中國家歌劇院。
國家中山科學研究院	國防部	103.4.16設置條例施行
國家災害防救科技中心	國家科學及技術委員會	103.4.28設置條例施行
國家運動訓練中心	教育部	104.1.1設置條例施行
國家住宅及都市更新中心	內政部	107.8.1設置條例施行
文化內容策進院	文化部	108.2.12設置條例施行
國家電影及視聽文化中心	文化部	109.5.19設置條例施行
國家資通安全研究院	數位發展部	112.1.1設置條例施行
國家太空中心	國家科學及技術委員會	112.1.1設置條例施行
國家運動科學中心	教育部	112.8.1設置條例施行
國家原子能科技研究院	核能安全委員會	112.9.27設置條例施行

另有行政法人放射性廢棄物管理中心、雙語國家發展中心等，其設置條例（草案）業經行政院會通過，經由行政院審議中（2024/11/20）。

（資料來源：行政院人事行政總處 https://www.dgpa.gov.tw/mp/archive?uid=165&mid=148）

2. 地方行政法人

行政法人	成立機關	立法進度
高雄市專業文化機構	高雄市政府	105.6.30制定公布設置自治條例，105.8.15施行，為我國地方行政法人之首例。
臺南市美術館	臺南市政府	106.1.17制定公布設置自治條例，106.2.9施行。
高雄市立圖書館	高雄市政府	106.6.19制定公布設置自治條例，106.7.1施行。
高雄流行音樂中心	高雄市政府	106.6.19制定公布設置自治條例，106.8.1施行。（107.12.10更名為「高雄市高雄流行音樂中心」）
臺北流行音樂中心	臺北市政府	108.5.31制定公布設置自治條例，同日施行。
苗栗縣苗北藝文中心	苗栗縣政府	108.7.8制定公布設置自治條例，108.9.2施行。
桃園市社會住宅服務中心	桃園市政府	109.1.14制定公布設置自治條例，109.5.1施行。
臺北表演藝術中心	臺北市政府	109.5.20制定公布設置自治條例，109.6.5施行。
新北市住宅及都市更新中心	新北市政府	109.7.15制定公布設置自治條，110.1.1施行。
臺北市住宅及都市更新中心	臺北市政府	110.12.20制定公布設置自治條例，同日施行。
高雄市住宅及都市更新中心	高雄市政府	113.7.4制定公布設置條例，同日施行。
新北市美術館	新北市政府	113.7.17制定公布設置條例，同日施行。

（資料來源：行政院人事行政總處 更新日期：2022/07/09）

▶▶▶ 時事觀覽

數位部架構底定 首任人事預計7月底、8月初宣布

Date：2022/07/09

一起來看看行政法人的成立與實際運作！

熟悉數位發展部籌備事務人士指出，數位部架構大致底定，政院預計7月底、8月初宣布相關人事；目前籌備小組陸續向關心數位部未來業務的產學界説明架構，也正協助籌編明年度的預算編列。

各界關注數位發展部籌備進展，熟悉籌備事務人士向中央社記者表示，數位部架構已底定，包含2署、6司、1行政法人以及3統管的財團法人；籌備小組除進行整體架構安排外，也正在協助籌編民國112年度的數位部預算編列。

這位熟悉籌備事務人士説，產學界十分關心數位部未來業務職掌，因此數位部籌備小組召集人、政務委員唐鳳，目前陸續向產學界等説明架構。

數位部2署為數位產業署、資訊安全署，行政法人為資安研究院，預計年底成立；6司分別是數位策略司、韌性建設司、資源管理司、數位政府司、民主網絡司與多元創新司；統管的財團法人為資策會、電信技術中心與台灣網路資訊中心。

這名人士表示，民主網絡司將主責與民主國家在網際網路及數位經濟平台的業務合作，資源管理司涉及頻譜分配，數位政府司協助中央到地方政府的數位化，多元創業司面對民間，而數位策略司相當於其他部會的綜規司或研考司。

至於韌性建設司，這名人士説，是由NCC基礎處移轉而來，主因是俄烏戰爭開始，各界認為硬體不只要有備援概念，而是要有「韌性」；亦即，要撐得住傷害、縮短復原時間，如同韌性城市並非不能淹水，而是淹水後能盡速排除，別對生活造成太大影響。

（資料來源：中央社https://www.cna.com.tw/news/aipl/202207090235.aspx）

問題思考

1. 公法人有哪些種類？
2. 行政機關是什麼、與公法人區別是？
3. 文中所提到的各該組織，分別是何種行政組織概念？

第四節　營造物【106關務四等】

一　營造物之意義

營造物係行政主體為達成行政上特定目的，以制定法規作為組織依據，將人與物做功能上之結合，而與公眾或特定人間發生法律上利用關係的組織體。

二　營造物之概念特徵

(一) 營造物係行政主體為特定目的而設置。
(二) 營造物既非由成員組成之團體，亦非單純的供利用之物，與其他行政組織之不同在於**人與物功能上之結合。**
(三) 組織上之依據係**行政主體專為營造物所制定之法規**，故公營事業中依民法、公司法、銀行法、商業登記法等設立之法人或行號，皆不被包括於此所謂之營造物範圍。
(四) **營造物與利用人間之法律關係稱為營造物利用關係**。
(五) 營造物與行政法人之最主要區別在於法人資格之有無，**營造物並無法人資格**。

三　營造物種類

(一) **依有無權利能力區分**

此說為德國通說，由於營造物我國現行法制下多無權利能力，因此在理論上區分並無區分之必要。

(二) **依性質區分**

服務性營造物	機場、港口等。
文教性營造物	公立學校、博物館、圖書館、紀念堂、文化中心等。
保育性營造物	公立醫院、療養院、榮民之家、勒戒所等。
民俗性營造物	孔廟、忠烈祠、公立殯儀館等。
營業性營造物	公有果菜市場、漁市場等。

（上述所稱性質之區分僅為敘述方便之分類，並不具有絕對性。）

四 營造物利用關係☆☆【110地特四等】

(一) 營造物之成立

依設置機關所制定的法律為依據，此種法規稱為**營造物規章**，係營造物之組織法。用以決定營造物之目的、內部結構、服務人員、權限及可供支配之資源等。

(二) 營造物之利用關係

係指營造物對外所生之法律關係主要取決於營造物之利用關係。利用規則通常依其權限（營造物權力）由營造物設置機關或營造物自行訂定，但重要性或普遍適用於各個營造物者，亦可能由設置機關自行制訂。

營造物利用關係之法律性質究竟為公法或私法，固受營建物規章影響，惟通常情形，在法律無明文規定之場合，營造物利用關係之法律屬性，實**取決於利用規則**。例如學校、監獄、勒戒所、榮民之家為公法關係；郵政、電信、醫院、博物館、文化中心為私法關係。

有時營造物利用關係甚至可經由修改營造物利用規則之方式，變更原有利用關係之性質，例如向公有市場承租攤位，為租賃關係（私法關係）。嗣有關機關將市場管理規則（即營造物利用規則）修改以核准使用代替承租，以核准許可書取代租約，不收租金而徵收年費，採撤銷使用許可而非解除租約之方式來終止利用關係，則公有市場與利用人（攤位經營者）則變更為公法關係。

市場管理規則 **修改前**	承租、租約、租金、解除租約→私法關係。
市場管理規則 **修改後**	核准使用、許可書、年金、撤銷使用許可→公法關係。

行政法人與營造物的比較如下：

	行政法人	營造物
法人資格之有無	✔	✘
組織自主性	通常較高	通常較低
對外法律關係	皆取決於利用規則	

第五節　管轄權【111地特法制】

一　管轄權之意義

管轄權係指行政主體或行政機關執行特定任務之權利或義務，一方面為處理行政事務之權力；另方面為對屬於本身任務範圍之事項，有予以處理之職責。管轄權所涉及者，為特定行政任務，究竟由何一行政主體或行政機關執行之問題。

二　管轄權之種類

管轄權之種類	說明
事物管轄	事物（務）之類別劃分管轄權之歸屬，又分為個別管轄、一般管轄與總體管轄。 1. **個別管轄**：行政機關僅管轄單一事項或得以列舉之有限事項，例如衛生機關管理衛生事項、戶政機關戶政事項。 2. **一般管轄**：係指依概括條款之規定來規範行政機關之管轄事項，例如警察機關之管轄事項包含維持公共秩序、保護社會安全、防止一切危害、促進人民福利。 3. **總體管轄**：指在一定地域範圍內，除劃歸其他行政主體或機關掌管之事項外，就其餘一切事項均有管轄之權限。例如於直轄市境內，除國防、軍事、外交歸中央管轄外，其餘均屬該直轄市之管轄範圍。
土地管轄	指行政機關可以行使事物管轄之地域範圍。例如財政部臺北市國稅局對臺北市國稅之稽徵有土地管轄。 在法律邏輯上，應先有事務管轄而後有土地管轄。
層級管轄	係根據行政機關之層級結構，在上下級機關間為行政任務之分配，規定由何一層級之行政機關掌理。例如考選部為考試院之下級機關，掌理全國考選行政事宜。 在有所謂「緊急管轄權」或「介入權」時，則例外容許上級機關執行下級機關之管轄權，或由下級機關執行上級機關之管轄權。
功能管轄	原則上管轄權之規定僅涉及行政機關本身之管轄權，而不及於行政機關之內部分工。例如某一事項應由一機關之甲公務員或乙公務員處理，並不涉及該機關之管轄問題，惟在例外情形，法規直接規定某種行政事務應由某特定之機關成員為之，例如應由機關首長自行為之，則構成功能管轄。

三 管轄權之設定及喪失

管轄權通常是依據法律明文規定，故行政程序法第11條第1項及第5項分別明定，行政機關之管轄權，依其組織法規或其他行政法規定之。管轄權非依法規不得設定或變更。

行政程序進行中，行政機關依法規規定取得之管轄權，有時因法規或事實之變更而喪失。故行政程序法第18條明定：「行政機關因法規或事實之變更而喪失管轄權時，應將案件移送有管轄權之機關，並通知當事人。但經當事人及有管轄權機關之同意，亦得由原管轄機關繼續處理該案件。」

至於所謂依「法規變更」而喪失管轄權之情形，係指規定行政機關管轄權之組織法規或行政法規有變更。而行政程序法第11條第2至4項便規定：「行政機關之組織法規變更管轄權之規定，而相關行政法規所定管轄機關尚未一併修正時，原管轄機關得會同組織法規變更後之管轄機關公告或逕由其共同上級機關公告變更管轄之事項。行政機關經裁併者，前項公告得僅由組織法規變更後之管轄機關為之。前二項公告事項，自公告之日起算至第三日起發生移轉管轄權之效力。但公告特定有生效日期者，依其規定。」

而依「事實變更」而喪失管轄權之情形，係指原據以設定土地管轄之原因事實（如住居所、營業所）於事後發生變更之情形。

行政程序法第17條：「行政機關對事件管轄權之有無，應依職權調查；其認無管轄權者，應即移送有管轄權之機關，並通知當事人。人民於法定期間內提出申請，依前項規定移送有管轄權之機關者，視同已在法定期間內向有管轄權之機關提出申請。」乃行政機關對管轄權有無之處置方式，請一併注意。

四 管轄權之變動

(一) **原則**：管轄恆定

係指定所管轄之行政機關後，原則上即不許任意設定或變更，亦不允許當事人協議變更機關之管轄權。

(二) 例外

1. **干預（介入或代行處理）**：係指上級機關直接行使原屬下級機關之權限。
2. **權限授與**：又可分為委任與委託，而行政機關將其權限委託或委任其他機關時，應將委任或委託事項及法規依據公告之，並刊登政府公報或新聞紙。（行政程序法第15條第3項）
   (1) **委任**：係指上級機關將特定事項委由**有隸屬關係**之下級機關辦理。行政程序法第15條第1項即明定：「行政機關得依法規將其權限之一部分，委任所屬下級機關執行之。」
   (2) **委託**：係指行政機關將特定事項交由**無隸屬關係**之該他行政機關辦理。行政程序法第15條第2項即明定：「行政機關因業務上之需要，得依法規將其權限之一部分，委託不相隸屬之行政機關執行之。」
3. **委託行政**：又可分為委辦與公權力委託。
   (1) **委辦**：地方制度法第14條第1項規定：「轄市、縣（市）、鄉（鎮、市）為地方自治團體，依本法辦理自治事項，並執行上級政府委辦事項。」所謂「上級政府委辦事項」即為此處所稱之委辦，故委辦係指地方自治團體受國家之委託，以自己名義辦理國家之行政事務。
   (2) **公權力委託**：又稱行政委託，係指行政機關得依法規將其權限之一部分，委託民間團體或個人辦理。此時行政機關應將委託事項及法規依據公告之，並刊登政府公報或新聞紙。

   行政委託（公權力委託）與行政助手的比較如下：【107司法三等】

	行政委託（公權力委託）	行政助手
行使公權力之名義	受託行使公權力之私人或團體，非行政機關	行政機關
行政爭訟中是否具有當事人能力	✓（行政訴訟法第25條）	✗
是否受機關監督而不具有獨立性	✗	✓

4. **變更**：係指因法律或事實之變動所導致管轄權之變動。
5. **移轉**：係指管轄權之臨時性或個案性變動。

上述內容之相關比較內容，整理如下表：

	委任	委託	委辦	委託行使公權力
行使權限之名義	受委任之下級機關	受委託機關	自治團體	受託行使公權力之個人或團體
委託機關（人）與受託機關（人）有無隸屬關係	✓	✗	✗	✗

五 管轄權之爭議（管轄競合與權限爭議）☆☆

(一) 管轄競合

係指對同意事件，數行政機關依法均有管轄權之情形。為避免管轄競合之勞費及可能產生之矛盾，因此應選定其中一個行政機關單獨處理，行政程序法第13條規定：「同一事件，數行政機關依前二條之規定均有管轄權者，由受理在先之機關管轄，不能分別受理之先後者，由各該機關協議定之，不能協議或有統一管轄之必要時，由其共同上級機關指定管轄。無共同上級機關時，由各該上級機關協議定之。前項機關於必要之情形時，應為必要之職務行為，並即通知其他機關。」即行政機關管轄權競合時之解決方法。

行政程序法第13條管轄競合之處理

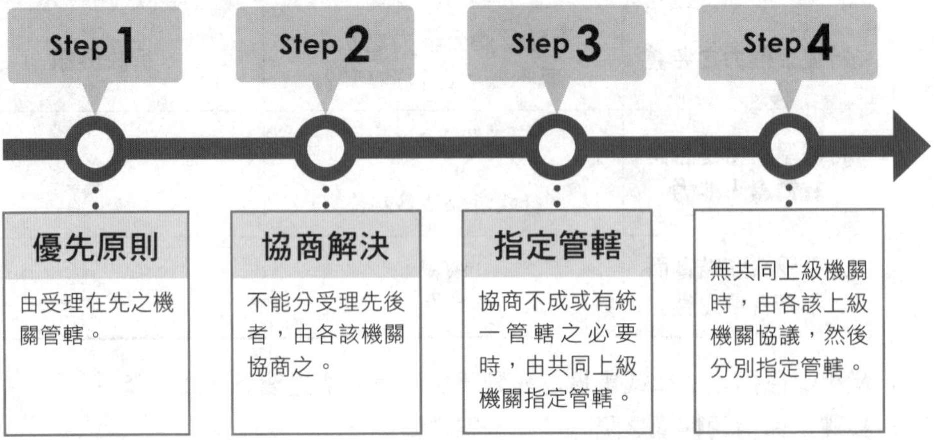

(二) 權限爭議

對同一事件，數機關皆主張有管轄權者，為「積極的權限爭議」；反之，有關皆主張自己並無管轄權者，為「消極的權限爭議」。

有關「消極的權限爭議」，行政程序法第14條規定：「數行政機關於管轄權有爭議時，由其共同上級機關決定之，無共同上級機關時，由各該上級機關協議定之。」如事涉人民所申請之事件，則申請人得向共同上級機關申請指定管轄，無共同上級機關者，得向各該上級機關之一為之。受理申請之機關應自請求到達之日起十日內決定之。申請人對行政機關所為指定管轄之決定，不得聲明不服。在權限爭議未經決定前，如有導致國家或人民難以回復之重大損害之虞時，該管轄權爭議之一方，應依當事人申請或依職權為緊急之臨時處置，並應層報共同上級機關及通知他方。

六 職務協助

職務協助係指行政機關為達成其任務，請求另一行政機關在後者權限範圍內，給予必要之協助，而未變更或移轉事件管轄權，故嚴格來說，與管轄權無涉。行政程序法第19條：「行政機關為發揮共同一體之行政機能，應於其權限範圍內互相協助。行政機關執行職務時，有下列情形之一者，得向無隸屬關係之其他機關請求協助：一、因法律上之原因，不能獨自執行職務者。二、因人員、設備不足等事實上之原因，不能獨自執行職務者。三、執行職務所必要認定之事實，不能獨自調查者。四、執行職務所必要之文書或其他資料，為被請求機關所持有者。五、由被請求機關協助執行，顯較經濟者。六、其他職務上有正當理由須請求協助者。前項請求，除緊急情形外，應以書面為之。被請求機關於有下列情形之一者，應拒絕之：一、協助之行為，非其權限範圍或依法不得為之者。二、如提供協助，將嚴重妨害其自身職務之執行者。被請求機關認有正當理由不能協助者，得拒絕之。被請求機關認為無提供行政協助之義務或有拒絕之事由時，應將其理由通知請求協助機關。請求協助機關對此有異議時，由其共同上級機關決定之，無共同上級機關時，由被請求機關之上級機關決定之。被請求機關得向請求協助機關要求負擔行政協助所需費用。其負擔金額及支付方式，由請求協助機關及被請求機關以協議定之；協議不成時，由其共同上級機關定之。」

故職務協助之原因可歸納為以下：

(一) **法律之原因**：例如任何機關對駐在外國之我國外交人員，應囑託外交部送達。

(二) **事實之原因**：例如主管機關執行職務遭遇反抗，而請求警察機關以武力協助。

經典範題

選擇題攻略

( ) **1** 有關管轄權變動之敘述，下列何者正確？ (A)行政程序法所規定之權限委任，亦包含下級機關將權限委由上級機關行使之情形 (B)內政部將某項職掌委由直轄市行使，性質上為權限委託 (C)就受託行使公權力而言，對外須以受託之私人團體或個人名義行文 (D)就受託行使公權力而言，行政機關僅得以行政處分之方式將權限授予私人。
【110司律】

( ) **2** 依司法院大法官解釋意旨，關於獨立機關之敘述，下列何者錯誤？ (A)承認獨立機關之存在，主要目的在法律規定範圍內，排除上級機關所為對其具體個案決定之指揮與監督 (B)立法院經由立法賦予獨立機關獨立性與自主性之同時，仍應保留行政院院長對獨立機關重要人事之一定決定權限 (C)立法院經由立法設置獨立機關，使其得依據法律獨立行使職權並自主運作，旨在強化行政一體及責任政治之要求 (D)行政院院長更迭時，獨立機關委員因享有任期保障，故毋庸與行政院院長同進退。
【109司律】

( ) **3** 甲公司有建地一筆，橫跨乙、丙兩直轄市，欲在其上興建房屋。甲公司申請建築執照，下列敘述何者錯誤？ (A)乙市政府有受理建築執照申請之管轄權 (B)丙市政府有受理建築執照申請之管轄權 (C)乙、丙市政府認有統一管轄之必要時，由其共同上級機關指定管轄 (D)應依建地坐落在乙、丙市內面積多寡，決定管轄權。
【109法制】

( ) **4** 直轄市政府（下稱市政府）成立由各相關業務主管機關組成之聯合稽查小組，針對特種行業等進行行政檢查。關於此種聯合稽查行為之敘述，下列何者錯誤？ (A)聯合稽查小組由業務不相隸屬之機關組成，不排除各組成機關間以行政協助方式進行檢查業務 (B)聯合稽查行為不涉及行政機關管轄權之移轉或變更 (C)聯合稽查中發現違章情事而為裁罰時，如涉及跨機關權限之行使，一律以市政府為原處分機關

(D)各機關執行聯合稽查，如參與之機關對管轄權歸屬有爭議時，由市政府決定之。【109司律】

(　) **5** 依行政程序法規定，下列何者非屬管轄權移轉之合法要件？ (A)權限移轉須有法規之依據 (B)須經上級機關核定後公告之 (C)須公告內容包括移轉之事項及法規依據 (D)須刊登政府公報或新聞紙。【107法制】

解答與解析

1 (B)。行政程序法第16條規定，行政機關得依法規將其權限之一部分，委託民間團體或個人辦理。

2 (C)。司法院大法官釋字第613號解釋，立法院如經由立法設置獨立機關，將原行政院所掌理特定領域之行政事務從層級式行政體制獨立而出，劃歸獨立機關行使，使其得依據法律獨立行使職權，自主運作，對行政一體及責任政治即不免有所減損。

3 (D)。地方制度法第21條規定，地方自治事項涉及跨直轄市、縣（市）、鄉（鎮、市）區域時，由各該地方自治團體協商辦理。

4 (C)。依訴願法第6條規定，聯合稽查中發現違章情事而為裁罰時，如涉及跨機關權限之行使，以各機關為原處分機關。

5 (B)。行政程序法第15條規定，行政機關得依法規將其權限之一部分，委任所屬下級機關執行之。行政機關因業務上之需要，得依法規將其權限之一部分，委託不相隸屬之行政機關執行之。前二項情形，應將委任或委託事項及法規依據公告之，並刊登政府公報或新聞紙。

第2章 公務員法

第一節 公務員之概念

承前所述，行政機關乃行政主體的意思表示機關，並以自己名義與人民發生法律關係。然而機關為一組織體，本身無法直接作為，須要透過「人」，而此處所謂的「人」即是公務員，為行政機關執行職務之代理人。例如，機關本身無法作成公文，須要由該機關的公務員來作成；而公文的效力則是以該機關的名義為準，以機關名義對外發生效力。

一 學理上之公務員

學理上之公務員謂「經國家或地方自治團體任用，並與國家或地方自治團體發生公法上職務及忠實關係之人員。」就此定義而言，包含以下要件：

(一) **公務員須經任用程序**，因此民選之地方政府首長及各級民意代表僅屬公職人員而非公務員。

(二) **公務員係與國家或地方自治團體發生公法上職務關係**，與其他僱傭關係不同，蓋公務員所執行者為職務，而非經濟性質之工作，其任職之目的並非換取酬勞，而係取得與身分相當之生活照顧。因此依契約所僱用之聘僱人員，或屬擔任體力勞動性質之技工、工人，均非公務員。

(三) **公務員負有忠實義務**，即公務員履行國家（或地方自治團體）所賦予之職責時，應盡其所能，採取有利於國家之行為。

二 法律上之公務員【110地特四等】

我國各該法規範對於公務員之定義皆不相同，就此從最廣義到最狹義之定義個別說明：

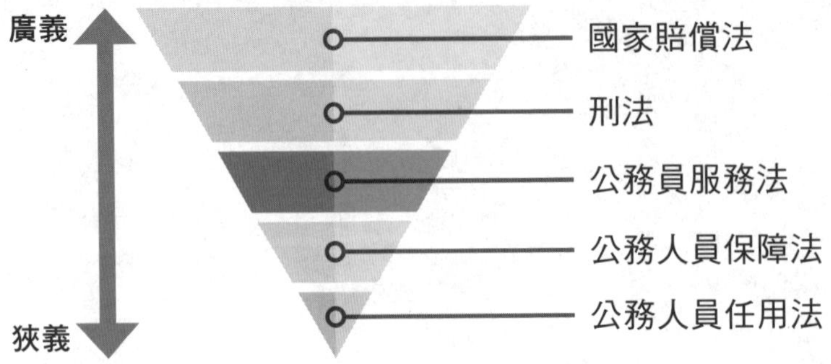

(一) 國家賠償法（最廣義）

1. 國家賠償法第2條第1項規定：「本法所稱公務員者，謂依法令從事於公務之人員。」
2. 國家賠償法對公務員的定義最為寬鬆，只要是依法令從事公務者即為公務員。因此不論是否經任用程序、是否領有俸給、有無職權皆非所問。就國家賠償法的定義，國營事業、公立醫院之醫師、受委託行使公權力之人等，與各級行政機關、行政附屬組織之服務人員皆屬之。

(二) 刑法（廣義）

1. 刑法第10條第2項規定：「稱公務員者，謂下列人員：一、依法令服務於國家、地方自治團體所屬機關而具有法定職務權限，以及其他依法令從事於公共事務，而具有法定職務權限者。二、受國家、地方自治團體所屬機關依法委託，從事與委託機關權限有關之公共事務者。」
2. 上開刑法對於公務員的定義相對國家賠償法略為限縮。其相異之處在於，刑法所稱之公務員除依法令從事公務之外，尚需具備法定職權。

(三) 公務員服務法

1. 公務員服務法第2條規定：「本法適用於受有俸給之文武職公務員及公營事業機構純勞工以外之人員。前項適用對象不包括中央研究院未兼任行政職務之研究人員、研究技術人員。」
2. 其適用範圍包括政府機關、公營事業人員，亦不問其文職或武職，其判別標準為是否受有俸給，所稱之俸給，不僅指現行文官官等官俸表所定級俸而言，其他法令所定國家公務員之俸給亦屬之。又同條所稱之俸給，不以由國家預算內開支者為限，國家公務員之俸給由縣市或鄉鎮自治經費內開支者亦包括在內。（司法院院解字第3159號解釋）
3. 釋字第24號認為，國營事業之董事、監察人、總經理若有領受俸給者，也屬於本法所稱之公務員；依地方制度法第85條，各級地方首長及縣市議員適用公務人員俸給法。因此，亦為本法所稱之公務員。
4. 又依立法委員行為法第13條：「立法委員待遇之支給，比照中央部會首長之標準。」並不適用公務人員俸給法，故立法委員不屬於公務人員服務法所謂依法受有俸給之公務員。
5. 按照釋字第305號，依公司法設立之公營事業，與其人員間，除董事長、總經理等負責人或經依法任用並有官等之人事及會計等人員係公法關係外，其餘皆屬私法上之契約關係。

知識補給站

司法院釋字第305號解釋理由書（節錄）

公營事業之組織形態不一。如決策上認某種公營事業應採公司組織之形態，則係基於該種公營事業，適於以企業理念經營之判斷，自應本於企業自主之精神及企業所有與企業經營分離之原則為之。而在法律上，**公營事業依公司法規定設立公司者，雖可簡稱為公營公司，但其性質仍為私法人，具有獨立之人格，自為權利義務之主體，享受權利，負擔義務。因之，公營公司與其人員間，係以私法人地位依其人事規章，經由委任（選任、聘任或僱用）之途徑，雙方成立私法上之契約關係，其對於人員之解任行為，並非行使公權力之結果，而係私法上終止契約之意思表示，契約關係因而消滅。**縱令公營公司人員之任免考核事項，法令定為應由政府機關參與決定，此種內部行為亦係政府機關與公營公司間之另一監督關係，並不影響公營公司與其人員間契約關係之存在。倘雙方就此契約關係已否消滅有爭執，自應循民事訴訟途徑解決，而不屬行政法院之權限範圍。行政法院60年度裁字第232號判例，認此種公營公司，無行政訴訟之被告當事人能力，係本於以往僅中央或地方機關，始有行政訴訟被告當事人能力之見解，此種見解，與本院釋字第269號解釋意旨不符部分，已不再援用，其實質意義，為此種事件不屬行政法院之權限範圍，既未限制人民民事訴訟之救濟途徑，與憲法尚無牴觸。至於依公司法第27條經國家或其他公法人指派在公司代表其執行職務或依其他法律逕由主管機關任用、定有官等、在公司服務之人員，與其指派或任用機關之關係，仍為公法關係，合併指明。

(四) 公務人員保障法

依公務人員保障法第3條：「本法所稱公務人員，係指法定機關（構）及公立學校依公務人員任用法律任用之有給專任人員。」

(五) 公務人員任用法（最狹義）

依公務人員任用法施行細則第2條：「本法所稱公務人員，指各機關組織法規中，除政務人員及民選人員外，定有職稱及官等、職等之人員。前項所稱各機關，指下列之機關、學校及機構：一、中央政府及其所屬各機關。二、地方政府及其所屬各機關。三、各級民意機關。四、各級公立學校。五、公營事業機構。六、交通事業機構。七、其他依法組織之機關。」其範圍與學理上之常業文官相當。

第二節　公務員之分類

一　普通職公務員與特別職公務員

依公務員任用之法律依據，可分為普通職公務員與特別職公務員。普通職公務員係依公務人員任用法所任用之人員；特別職公務員係依特別法律任用之人員，包含公務人員任用法第32、33、36條之人員：司法人員、審計人員、主計人員、關務人員、外交領事人員、警察人員、教育人員、醫事人員、交通事業人員、公營事業人員及各機關以契約定期聘用之專業或技術人員。

知識補給站

公務人員任用法

第32條

司法人員、審計人員、主計人員、關務人員、外交領事人員及警察人員之任用，均另以法律定之。但有關任用資格之規定，不得與本法牴觸。

第33條

教育人員、醫事人員、交通事業人員及公營事業人員之任用，均另以法律定之。

第36條

各機關以契約定期聘用之專業或技術人員，其聘用另以法律定之。

二　任命人員與民選人員

依產生方式可分為任命人員係指依法經總統任命之公務人員，包括政務官與事務官，例如經濟部部長、教育部高教司長；民選人員係指經由選舉產生之公職人員，例如總統、立法委員與縣市議員、縣市長等地方各機關首長。

三 政務官與事務官

政務官係指機關政策之決定與策劃者，參與國家大政方針之制定，並隨政策或政黨而進退之公務員，例如行政院長、國防部長、經濟部政務次長等；事務官係指機關政策之執行者，常任文官須經國家考試及格與任用，身分與基本權利受到法律的保障，例如內政部的常務次長、總務司長或教育部國教司長。

政務官原則上無任用資格之限制，且不適用公務人員退休法之規定，但事務官則相反。

四 行政官與司法官

行政官係指隸屬於行政院及其所屬機關之公務員，職掌行政權之行使，例如內政部長、衛生福利部長。檢察官本質上屬於行政官，隸屬於法務部最高檢察署之下的各級檢察署，依法院組織法第60條之規定，檢察官有實施偵查、提起公訴、實行公訴、協助自訴、擔當自訴及指揮刑事裁判之執行等職權。因此檢察官非屬憲法上依法獨立審判之法官，但因其考試與訓練與法官相同，故稱為廣義之司法官；司法官則是指依法獨立審判，隸屬於各級法院的法官，又稱為狹義的司法官。又行政法院評事（法官）與公務員懲戒委員會委員，就行政訴訟或公務員懲戒案件，分別依據法律，獨立行使審判或審議之職權，不受任何干涉，均應認係憲法上所稱之法官。（釋字162參照）

知識補給站

司法院釋字第162號解釋

一、行政法院院長、公務員懲戒委員會委員長，均係綜理各該機關行政事務之首長，自無憲法第81條之適用。

二、行政法院評事、公務員懲戒委員會委員，就行政訴訟或公務員懲戒案件，分別依據法律，獨立行使審判或審議之職權，不受任何干涉，依憲法第77條、第80條規定，均應認係憲法上所稱之法官。其保障，應本發揮司法功能及保持法官職位安定之原則，由法律妥為規定，以符憲法第81條之意旨。

五 文官與武官

武官係指擔任戰鬥職務之公務員，例如陸軍司令部司令、各級軍事機關之部隊長官；至於武官以外之公務員則均屬於文官。

第三節　公務員之權利義務

一 特別權力關係☆☆☆【110地特四等】

(一) 何謂特別權力關係？

特別權力關係是一種特別的公法法律關係，當人民為某種特定角色時，不得完全主張自己的公法上權利，此時人民被視為和行政機關一樣之內部關係，而非一般人民與行政機關間之外部關係。因特別權力關係下之人民是國家高權的一部，不再被視為一般的人民，因此有服從的義務。在此前提之下，人民即不再享有以往的基本權利保障，也不會有法律保留、正當程序等法治國一般原理原則的保障，亦不得救濟，換言之，國家內部的上命下從權力關係取代了一般人民與國家間的權利義務關係。

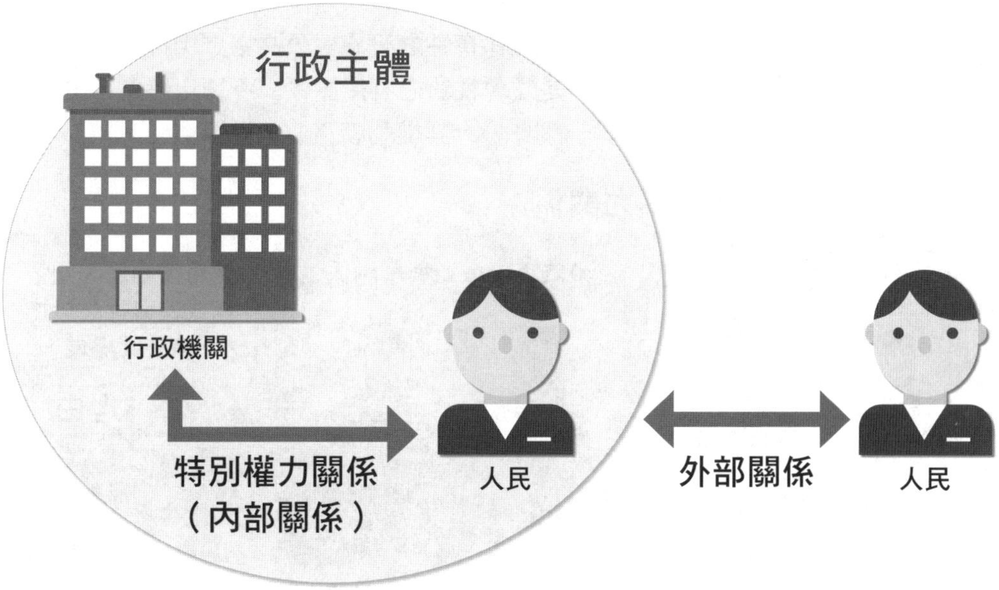

(二) **特別權力關係之特徵**

1. **當事人地位不對等**：具有服從關係與隸屬性。
2. **義務不確定**：隸屬於特別權力關係之相對人，其義務無確定分量，係包括的權力服從關係。
3. **有特別規則規範**：不適用一般法律，而是適用專法，且無須法律授權。
4. **有懲戒法**：對違反義務者，得加以懲罰，例如公務人員的懲戒罰。
5. **不得爭訟**：基本權遭受侵害時不得救濟，抑或不得循外部管道（司法系統）救濟，僅得依內部程序為之。

(三) **特別權力關係之種類**

1. **公法上勤務關係**：例如公務員關係。
2. **公法上營造物利用關係**：例如學生與學校之關係。
3. **公法上特別監督關係**：凡國家與公共團體(即地方自治團體)、國家與特許企業、國家與委託處理行政事務者及國家與受特別保護者間，均屬特別監督關係。

(四) **特別權力關係之演變與突破**

1. **傳統之特別權力關係，在戰後所建立之民主、自由基本秩序及嚴格的法治國原則下，傳統之理論勢必有所更迭，此種改變表現為三方面：**

   (1) **特別權力關係範圍縮小：**

   有關公法上勤務關係，包含公務員關係及軍事勤務關係，其範圍仍維持不變；至於營造物利用關係，現時僅限於學校及刑罰執行關係（監獄與犯人），而使用博物館、圖書館或保育性之設施等公共場域均排除在特別權力關係之外，理由有二，一是短暫性質之利用關係，不應以特別權力關係規範，二是利用者係居於一般身分，其權利義務並未受影響。

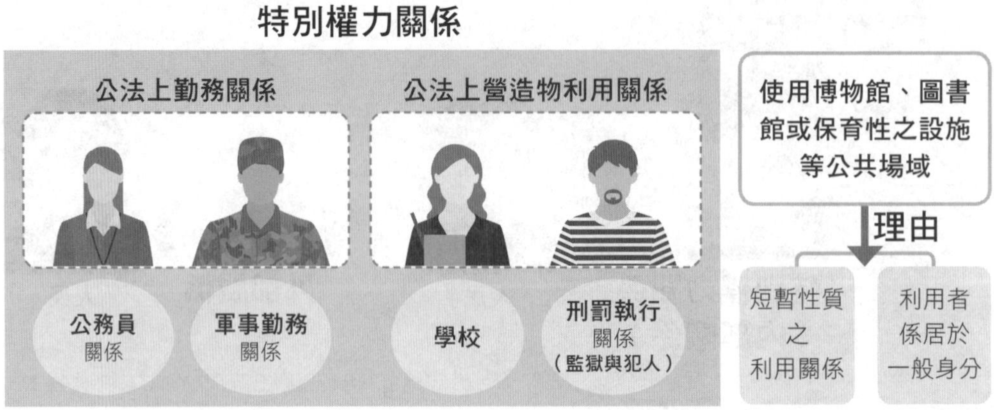

(2)**涉及基本權利限制者，亦應有法律之依據（即適用法律保留原則）**

若涉及具有重要性之基本權時，個人仍應受法律之保障，而不再受特別權力關係之限制。所謂「重要性」之重點在於「與基本權利之實現具有重要性」。

(3)**許可提起行政爭訟**【105關務四等、105司法三等、105司法四等】

倘相關措施將產生某種法律效果，而該法律效果足以影響個人之地位時，例如調職顯有差別對待之情形，在有行政處分存在之前提下，應許其爭訟；至於職位平調，薪水未減，則不得視為可提起行政爭訟之事件。（相關見解可參最高行政法院104年8月份第2次庭長法官聯席會議(一)、(二)之決議）

知識補給站

最高行政法院104年8月份第2次庭長法官聯席會議決議(一)

憲法第18條所保障人民服公職之權利，包括公務人員任職後依法律晉敘陞遷之權，為司法院釋字第611號解釋所揭示。而**公務員年終考績考列丙等**之法律效果，除最近1年不得辦理陞任外（公務人員陞遷法第12條第1項第5款參照），未來3年亦不得參加委任升薦任或薦任升簡任之升官等訓練（公務人員任用法第17條參照），**於晉敘陞遷等服公職之權利影響重大。基於憲法第16條有權利即有救濟之意旨，應無不許對之提起司法救濟之理。**

最高行政法院104年8月份第2次庭長法官聯席會議決議(二)

甲**由主管人員調任為同一機關非主管人員**，**但仍以原官等官階任用並敘原俸級及同一陞遷序列**，雖使其因此喪失主管加給之支給，惟基於對機關首長統御管理及人事調度運用權之尊重，且依公務人員俸給法第2條第5款規定，主管加給係指本俸、年功俸以外，因所任「職務」性質，而另加之給與，並非本於公務人員身分依法應獲得之俸給，故應認該職務調任，**未損及既有之公務員身分、官等、職等及俸給等權益，不得提起行政訴訟請求救濟。**

2. **我國特別權力關係之突破**☆☆☆【108高考三級】

(1)**公法勤務關係**

依照司法院之解釋，認為立於公法上勤務關係之相對人（例如公務員、軍人），得否就行政處分提起行政爭訟，應視處分內容是否影響其身分或於身分有重大影響而定，足以影響其公法上財產請求權者亦同。以下列相關解釋說明之：

A.**公務員**

(A) **公務員公法上財產請求權**

a. **司法院釋字第187號解釋：**

公務人員依法辦理退休請領退休金，乃行使法律基於憲法規定所賦予之權利，應受保障。**其向原服務機關請求核發服務年資或未領退休金之證明，未獲發給者，在程序上非不得依法提起訴願或行政訴訟。**本院院字第339號及院字第1285號解釋有關部分，應予變更。行政法院50年判字第98號判例，與此意旨不合部分，應不再援用。

→請求核發服務年資或退休金之證明，未獲發給者，得提起行政爭訟。

b. **司法院釋字第266號解釋：**

依公務人員考績法所為之免職處分，因改變公務員身分關係，直接影響人民服公職之權利，依本院釋字第243號解釋，得許受處分之公務員提起行政訴訟。對於未改變公務員身分之其他考績結果有所不服，仍不許以行政訴訟請求救濟。惟**公務人員基於已確定之考績結果，依據法令規定為財產上之請求而遭拒絕者，影響人民之財產權**，參酌本院釋字第187號及第201號解釋，**尚非不得依法提起訴願或行政訴訟**，行政法院48年判字第11號判例與上述意旨不符部分，應不再援用。至是否係基於已確定之考績結果所得為之財產上請求，係事實問題，應就具體事件依法認定，不在本件解釋範圍，併予說明。

→基於已確定之考績結果，依據法令規定為財產上之請求而遭拒絕者，得依法提起訴願或行政訴訟。

c. **司法院釋字第312號解釋：**

公務人員之公法上財產請求權，遭受損害時，得依訴願或行政訴訟程序請求救濟。**公務人員退休，依據法令規定請領福利互助金，乃為公法上財產請求權之行使，如有爭執，自應依此意旨辦理。**本院釋字第187號、第201號及第266號解釋應予補充。

→請領福利互助金之爭執事項得循行政爭訟救濟。

(B) **影響公務員身分事項**

a. **司法院釋字第243號解釋**

中央或地方機關依公務人員考績法或相關法規之規定，對公務員所為之**免職處分，直接影響其憲法所保障之服公職權利，受處分之公務員自得行使憲法第16條訴願及訴訟之權。**該公務員已依法向該管機關申請復審及向銓敘機關申請再復審或以類此之程序謀求救濟者，相當於業經訴願、再訴願程序，如仍有不服，應許其提起行政訴訟，方符有權利即有救濟之法理。行政法院51年判字第398號、53年判字第229號、54年裁字第19號、57年判字第414號判例與上開意旨不符部分，應不再援用。至**公務人員考績法之記大過處分，並未改變公務員之身分關係，不直接影響人民服公職之權利，上開各判例不許其以訴訟請求救濟，與憲法尚無牴觸。**

行政法院40年判字第19號判例，係對公務員服務法第2條及第24條之適用，所為之詮釋，此項由上級機關就其監督範圍內所發布之職務命令，並非影響公務員身分關係之不利益處分，公務員自不得訴請救濟，此一判例，並未牴觸憲法。

→(a)免職處分，得循行政爭訟救濟。

(b)記大過處分，不得循行政爭訟救濟。

b. **司法院釋字第298號解釋：**

憲法第77條規定，公務員之懲戒屬司法院掌理事項。此項懲戒得視其性質於合理範圍內以法律規定由其長官為之。但**關於足以改變公務員身分或對於公務員有重大影響之懲戒處分，受處分人得向掌理懲戒事項之司法機關聲明不服，由該司法機關就原處分是否違法或不當加以審查，以資救濟。**有關法律，應依上述意旨修正之。本院釋字第243號解釋應予補充。至該號解釋，許受免職處分之公務員提起行政訴訟，係指受處分人於有關公務員懲戒及考績之法律修正前，得請求司法救濟而言。

→關於足以改變公務員身分或對於公務員有重大影響之懲戒處分，得循行政爭訟救濟。

c. **司法院釋字第323號解釋：**

各機關擬任之公務人員，經人事主管機關任用審查，認為不合格或降低原擬任之官等者，於其憲法所保障服公職之權利有重大影響，如經依法定程序申請復審，對復審決定仍有不服時，自得依法提起訴願或行政訴訟，以謀求救濟。行政法院59年度判字第400號判例，與上開意旨不符部分，應不再援用。

→針對人事任用結果不合格或遭降低原擬任之官等者，得循行政爭訟救濟。

d. **司法院釋字第483號解釋：**

公務人員依法銓敘取得之官等俸級，非經公務員懲戒機關依法定程序之審議決定，不得降級或減俸，此乃憲法上服公職權利所受之制度性保障，亦為公務員懲戒法第1條、公務人員保障法第16條及公務人員俸給法第16條之所由設。

公務人員任用法第18條第1項第3款前段規定：「經依法任用人員，除自願者外，不得調任低一官等之職務；在同官等內調任低職等職務者，仍以原職等任用」，有任免權之長官固得據此將高職等之公務人員調任為較低官等或職等之職務；惟一經調任，依公務人員俸給法第13條第2項及同法施行細則第7條之規定，此等人員其所敘俸級已達調任職等年功俸最高級者，考績時不再晉敘，致高資低用人員縱於調任後如何戮力奉公，成績卓著，又不論其原敘職等是否已達年功俸最高級，亦無晉敘之機會，則**調任雖無降級或減俸之名，但實際上則生類似降級或減俸之懲戒效果**，與首開憲法保障人民服公職權利之意旨未盡相符，主管機關應對上開公務人員任用法、公務人員俸給法及附屬法規從速檢討修正。

→公務員受單純之調職處分固不得提起爭訟，若調職而生降低官等或級俸之效果，自得循行政爭訟救濟。

e. **司法院釋字第491號解釋：**

憲法第18條規定人民有服公職之權利，旨在保障人民有依法令從事於公務之權利，其範圍不惟涉及人民之工作權及平等權，國家應建立相關制度，用以規範執行公權力及履行國家職責之行為，亦應兼顧對公務人員之權益之保護。公務人員之懲戒乃國家對其違法、失職行為之制裁。此項懲戒得視其性質，於合理範圍內，以法律規定由其長官為之。中央或地方機關依公務人員考績法或相關法規之規定對公務人員所為免職之懲處處分，為限制人民服公職之權利，實質上屬於懲戒處分，其構成要件應由法律定之，方符憲法第23條之意旨。公務人員考績法第12條第1項第2款規定各機關辦理公務人員之專案考績，一次記二大過者免職。同條第2項復規定一次記二大過之標準由銓敘部定之，與上開解釋意旨不符。又懲處處分之構成要件，法律以抽象概念表示者，其意義須非難以理解，且為一般受規範者所得預見，並可經由司法審查加以確認，方符法律明確性原則。**對於公務人員之免職處分既係限制憲法保障人民服公職之權利，自應踐行正當法律程序，諸如作成處分應經機關內部組成立場公正之委員會決議，處分前並應給予受處分人陳述及申辯之機會，處分書應附記理由，並表明救濟方法、期間及受理機關等，設立相關制度予以保障。復依公務人員考績法第18條規定，服務機關對於專案考績應予免職之人員，在處分確定前得先行停職。受免職處分之公務人員既得依法提起行政爭訟，則免職處分自應於確定後方得執行。**相關法令應依本解釋意旨檢討改進，其與本解釋不符部分，應自本解釋公布之日起，至遲於屆滿二年時失其效力。

→免職處分應踐行正當法律程序。

(C) **完全突破特別權力關係**

司法院釋字第785號解釋：【110司法四等】

本於憲法第16條有權利即有救濟之意旨，人民因其公務人員身分，與其服務機關或人事主管機關發生公法上爭議，認其權利遭受違法侵害，或有主張權利之必要，自得按相關措施與爭議之性質，依法提起相應之行政訴訟，並不因其公務人員身分而異其公法上爭議之訴訟救濟途徑之保障。中華民國92年5月28日修正公布之公務人員保障法第77條第1項、第78條及第84條規定，並不排除公務人員認其權利受違法侵害或有主張其權利之必要時，原即得按相關措施之性質，依法提起相應之行政訴訟，請求救濟，與憲法第16條保障人民訴訟權之意旨均尚無違背。

素養小教室

公務員保障法所定復審及申訴等事項範圍調整

隨著司法院釋字第785號公布，保訓會隨即依照解釋意旨，於109年10月5日發布函釋（公保字第1091060302號），通盤檢討保障法所定復審及申訴、再申訴救濟範圍，並公布「人事行政行為一覽表」，針對各該行政行為進行定性。（「109保訓會函釋」之相關內容請參附錄）

B. 軍人－影響軍人身分重大事項

(A) 司法院釋字第430號解釋：

憲法第16條規定人民有訴願及訴訟之權，人民之權利或法律上利益遭受損害，不得僅因身分或職業關係，即限制其依法律所定程序提起訴願或訴訟。因公務員身分受有行政處分得否提起行政爭訟，應視其處分內容而定，迭經本院解釋在案。**軍人為廣義之公務員，與國家間具有公法上之職務關係，現役軍官依有關規定聲請續服現役未受允准，並核定其退伍，如對之有所爭執，既係影響軍人身分之存續，損及憲法所保障服公職之權利，自得循訴願及行政訴訟程序尋求救濟**，行政法院48年判字第11號判例與上開意旨不符部分，應不予援用。

→現役軍官依有關規定聲請續服現役未受允准，並核定其退伍，得循訴願及行政訴訟程序尋求救濟。

(B) 司法院釋字第459號解釋：

兵役體位之判定，係徵兵機關就役男應否服兵役及應服何種兵役所為之決定而對外直接發生法律效果之單方行政行為，此種決定行為，對役男在憲法上之權益有重大影響，應為訴願法及行政訴訟法上之行政處分。受判定之役男，如認其判定有違法或不當情事，自得依法提起訴願及行政訴訟。司法院院字第1850號解釋，與上開意旨不符，應不再援用，以符憲法保障人民訴訟權之意旨。至於兵役法施行法第69條係規定免役、禁役、緩徵、緩召應先經主管機關之核定及複核，並未限制人民爭訟之權利，與憲法並無牴觸；其對複核結果不服者，仍得依法提起訴願及行政訴訟。

→受兵役體位判定之役男，如認其判定有違法或不當情事，得依法提起訴願及行政訴訟。

(2)**營造物利用關係**

A.**學生**

(A) **司法院釋字第382號解釋**：

各級學校依有關學籍規則或懲處規定，對學生所為退學或類此之處分行為，足以改變其學生身分並損及其受教育之機會，自屬對人民憲法上受教育之權利有重大影響，此種處分行為應為訴願法及行政訴訟法上之行政處分。受處分之學生於用盡校內申訴途徑，未獲救濟者，自得依法提起訴願及行政訴訟。行政法院41年判字第6號判例，與上開意旨不符部分，應不予援用，以符憲法保障人民受教育之權利及訴訟權之意旨。

→學生受退學或類此之處分，得依法提起訴願及行政訴訟。

(B) **司法院釋字第684號解釋**：

大學為實現研究學術及培育人才之教育目的或維持學校秩序，對學生所為行政處分或其他公權力措施，如侵害學生受教育權或其他基本權利，即使非屬退學或類此之處分，本於憲法第16條有權利即有救濟之意旨，仍應許權利受侵害之學生提起行政爭訟，無特別限制之必要。在此範圍內，本院釋字第382號解釋應予變更。

→大學對學生所為行政處分或其他公權力措施，如侵害學生受教育權或其他基本權利，即使非屬退學或類此之處分，仍應許權利受侵害之學生提起行政爭訟。

(C) **司法院釋字第784號解釋**：

本於憲法第16條保障人民訴訟權之意旨，各級學校學生認其權利因學校之教育或管理等公權力措施而遭受侵害時，即使非屬退學或類此之處分，亦得按相關措施之性質，依法提起相應之行政爭訟程序以為救濟，無特別限制之必要。於此範圍內，本院釋字第382號解釋應予變更。

B.**受刑人**

(A) **司法院釋字第653號解釋**：

羈押法第6條及同法施行細則第14條第1項之規定，不許受羈押被告向法院提起訴訟請求救濟之部分，與憲法第16條保障人民訴訟權之意旨有違，相關機關至遲應於本解釋公布之日起二年內，依本解釋意旨，檢討修正羈押法及相關法規，就受羈押被告及時有效救濟之訴訟制度，訂定適當之規範。

→受羈押被告得向法院尋求救濟。

(B) **司法院釋字第720號解釋**：

羈押法第6條及同法施行細則第14條第1項之規定，不許受羈押被告向法院提起訴訟請求救濟之部分，業經本院釋字第653號解釋，以其與憲法第16條保障人民訴訟權之意旨有違，宣告相關機關至遲應於解釋公布之日起二年內，依解釋意旨，檢討修正羈押法及相關法規，就受羈押被告及時有效救濟之訴訟制度，訂定適當之規範在案。在相關法規修正公布前，受羈押被告對有關機關之申訴決定不服者，應許其準用刑事訴訟法第416條等有關準抗告之規定，向裁定羈押之法院請求救濟。本院釋字第653號解釋應予補充。

(C) **司法院釋字第756號解釋理由書（節錄）**

法律使受刑人入監服刑，目的在使其改悔向上，適於社會生活（監獄行刑法第1條參照），並非在剝奪其一切自由權利。**受刑人在監禁期間，除因人身自由遭受限制，附帶造成其他自由權利（例如居住與遷徙自由）亦受限制外，其與一般人民所得享有之憲法上權利，原則上並無不同。**受刑人秘密通訊自由及表現自由等基本權利，仍應受憲法之保障。除為達成監獄行刑目的之必要措施（含為維護監獄秩序及安全、對受刑人施以相當之矯正處遇、避免受刑人涉其他違法行為等之措施）外，不得限制之。受死刑判決確定者於監禁期間亦同。

▶▶▶ 時事觀覽

徐國堯釋憲案判決出爐：爭取消防員權益遭記兩大過，大法官認定免職處分合憲

Date：2022/06/24

特別權力關係的限制有哪些？該如何權衡？

我們想讓你知道的是

前消防員徐國堯10年前為爭取消防人員勞動權益，隨後卻遭高市消防局連記42支申誡，累計兩大過後遭到免職。憲法法庭判決認定，牽涉記過處分的《警察人員人事條例》與憲法與憲法第7條、第18條保障人民平等服公職權等規定尚無牴觸。

前消防員徐國堯10年前曾發起全台第一場「守護消防大遊行」，為消防人員爭取勞動權益。隨後卻被任職的高雄市消防局**以值勤懈怠、無故未參加訓練等由，累計兩大過遭到免職**。今（24）日憲法法庭對徐國堯提起的釋憲案作出判決，認定《警察人員人事條例》合憲，指出當事人記過次數達標解職並無違誤。

《公民行動》報導，徐國堯免職案起因於2012年他發起全台第一場「守護消防大遊行」，提出合理工時、非消防專業業務回歸、制訂消防人員人事制度法規三項訴求。不料徐國堯卻在短短3個月裡被懲處42申誡，2014年徐國堯考績相抵後，因累計2大過遭到高雄市府免職。

徐國堯於行政法院接連敗訴確定後，以《警察人員人事條例》第31條第1項第11款，以及《公務人員保障法》是否有效保障公務員的訴訟權、是否違反憲法平等與服公職權為由聲請大法官釋憲。

聲請人怎麼想？

《警察人員人事條例》指出倘若警察人員同一考績年度中，「平時考核」獎懲互相抵銷後累積已達二大過者，其遴任機關或授權之機關、學校應予以免職。然而對比一般公務人員適用的《公務人員考績法》，公務人員的考核與獎懲進行「年度總計」，獎懲互相抵銷後累積兩大過者才會予以免職處分。

徐國堯律師邵允亮指出，傳統的特別權力關係思維，在過去已不幸使得軍人及警消體系成為人權保障的化外之地。並認為因軍人或警消身分導致的差別待遇，必須至少以中度或嚴格標準加以審查才合理。

徐國堯則表示，自己是現行制度下的犧牲品，並控訴過往法院最終只是審查申訴處分加減計算有無錯

誤，而無實質審查申誡理由是否真實存在。「長官要用各種理由來處分基層，簡直易如反掌，屆時將有類似的訴訟案件，對法院來說絕對是增加負擔。放任行政機關權力獨大，最終就是絕對權力絕對腐敗。」

內政部、銓敘部如何回應？

內政部律師李元德回應，消防員處理火場必須有團隊的協調合作，才能發揮救災的功能，因此有高度紀律要求。主管機關發現有不適任的警消人員時，以斷然、及時汰除的手段處理是維持紀律的必要手段。**不同的身分職務性質，為不同的人事規範處理，其手段與目的之間具有合理實質的關聯**。

此外，憲法第18條雖然保障人民有依法擔任公務的權利，卻也包含從事公務者須依法接受考評義務。釋字764號解釋也承認公務人員性質不同得為不同的制度設計，當然也涵蓋不同的考評制度的設計。

銓敘部律師補充，如果公務員表現不好，影響的不只自己，而是整個行政體系的順暢運作。公務員若不適任，長官卻沒有讓該公務員離職的權力，所拖累的不是一個機關，而是整個政府的效能。

內政部長徐國勇表示，將《警察人員人事條例》免職規定用在消防員上並無不當。他指出消防員雖然沒有武裝，但他們在救災時是一個紀律團隊，任何一個消防員的疏忽都有可能危及自己和整個團隊的生命。因此，對警消的規範必須作出一個衡平的處置，而非完全的公平。

大法官最後怎麼判？

首先，**判決指明《警察人員人事條例》與憲法與憲法第7條、第18條保障人民平等服公職權及第77條司法院掌理公務員懲戒規定均尚無牴觸**。

其次，大法官說明服公職權所為的**差別待遇如果涉及公務人員免職**，原則上應以**中度標準**予以審查，]，與憲法保障平等服公職權之意旨相符。

面對一般公務人員考績以年作為單位

計算，警消卻是以平時考核作為基準，大法官認為，對於違紀已達法定免職標準的警察及時淘汰，以避免人民生命、身體、自由、財產及社會秩序受到威脅或危害，目的自屬追求重要公益，並無牴觸憲法。

《警察人員人事條例》第31條第1項第11款：

警察人員有下列各款情形之一者，遴任機關或其授權之機關、學校應予以免職：……十一、同一考績年度中，其平時考核獎懲互相抵銷後累積已達二大過。

（資料來源：The News Lens關鍵評論）

問題思考

1. 特別權力關係是什麼？當具有哪些身分時會受到特別權力關係的限制？
2. 之特別權力關係依照大法官解釋及相關實務見解，做了哪些突破？
3. 警消人員與一般公務員的差異為何？試分析本案例憲法法庭如何做出區分標準？

(3)教師

A.司法院釋字第462號解釋理由書（節錄）

大學、獨立學院、專科學校教師分教授、副教授、助理教授及講師，有關教師之升等，由各該學校設校、院、系（所）教師評審委員會評審，大學法第18條、第20條及專科學校法第8條、第24條定有明文。教育人員任用條例就公立各級學校教師之任用資格有所規定，同法第14條並授權教育部訂定「大學、獨立學院及專科學校教師資格審查辦法」，該辦法第7條及第9條規定，教師資格之審查，由學校教師評審委員會審核通過後，送教育部提交學術審議委員會審議決定，經審查合格者，始發給教師證書。至私立學校教師之任用資格及其審查程序，依教育人員任用條例第41條，亦準用前開條例之規定。是**各大學校、院、系（所）及專科學校教師評審委員會關於教師升等之評審，係屬法律授權範圍內為公權力之行使，其對教師之資格等身分上之權益有重大影響，均為各該大學、院、校所為之行政處分。受評審之教師於依教師法或訴願法等用盡行政救濟途徑後，仍有不服者，自得依法提起行政訴訟**，以符憲法保障人民訴訟權之意旨。行政法院51年判字第398號判例：「依訴願法第1條規定，提起訴願，唯人民對於中央或地方官署所為不當或違法之處分致損害其權利或利益者，始得為之。至各級公務人員以公務員身分所受主管官署之懲戒處分，則與以人民身分因官署處分而受損害者有別，自不得對之提起訴願。」其與上開解釋不符部分，應不再適用。按憲法第15條規定，人民之工作權應予保障，是以凡人民作為謀生職業之正當工作，均應受國家之保障，對於職業自由之限制，應具有正當之理由，並不得逾越必要程度。大學教師升等資格之審查，關係大學教師素質與大學教學、研究水準，並涉及人民工作權與職業資格之取得，除應有法律規定之依據外，主管機關所訂定之實施程序，尚須保證對升等申請人專業學術能力及成就作成客觀可信、公平正確之評量，始符合憲法第23條之比例原則。教師升等資格評審程序既為維持學術研究與教學之品質所設，其決定之作成應基於客觀專業知識與學術成就之考量，此亦為憲法保障學術自由真諦之所在。是以各大學校、院、系（所）及專科學校教師評審委員會，本於專業評量之原則，應選任各該專業領域具有充分專業能力之學者專家先行審查，將其結果報請教師評審委員會評議。

教師評審委員會除能提出具有專業學術依據之具體理由，動搖該專業審查之可信度與正確性，否則即應尊重其判斷；評審過程中必要時應予申請人以書面或口頭辯明之機會；由非相關專業人員所組成之委員會除就名額、年資、教學成果等因素予以斟酌外，不應對申請人專業學術能力以多數決作成決定。受理此類事件之行政救濟機關及行政法院自得據以審查其是否遵守相關之程序，或其判斷、評量是否以錯誤之事實為基礎，是否有違一般事理之考量等違法或顯然不當之情事。現行有關各大學、獨立學院及專科學校教師資格及升等評審程序之規定，應本此解釋意旨通盤檢討修正。又行政法院57年判字第414號判例，業經本院釋字第338號解釋不予適用在案，併此指明。

→各大學校、院、系（所）及專科學校教師評審委員會關於教師升等之評審，係屬法律授權範圍內為公權力之行使，其對教師之資格等身分上之權益有重大影響，受評審之教師於依教師法或訴願法等用盡行政救濟途徑後，仍有不服者，自得依法提起行政訴訟。

B. 司法院釋字第736號解釋理由書（節錄）

憲法第16條保障人民訴訟權，係指人民於其權利或法律上利益遭受侵害時，有請求法院救濟之權利。基於有權利即有救濟之憲法原則，人民權利或法律上利益遭受侵害時，必須給予向法院提起訴訟，請求依正當法律程序公平審判，以獲及時有效救濟之機會，不得僅因身分或職業之不同即予以限制。（本院釋字第430號、第653號解釋參照）

教師法第33條規定：「教師不願申訴或不服申訴、再申訴決定者，得按其性質依法提起訴訟或依訴願法或行政訴訟法或其他保障法律等有關規定，請求救濟。」僅係規定教師權利或法律上利益受侵害時之救濟途徑，並未限制公立學校教師提起行政訴訟之權利，與憲法第16條保障人民訴訟權之意旨尚無違背。**教師因學校具體措施（諸如曠職登記、扣薪、年終成績考核留支原薪、教師評量等）認其權利或法律上利益受侵害時，自得如一般人民依行政訴訟法或民事訴訟法等有關規定，向法院請求救濟，始符合有權利即有救濟之憲法原則。**至受理此類事件之法院，對於學校本於專業及對事實真象之熟知所為之判斷，應予以適度之尊重，自屬當然。（本院釋字第382號、第684號解釋參照）

→教師因學校具體措施（諸如曠職登記、扣薪、年終成績考核留支原薪、教師評量等）認其權利或法律上利益受侵害時，得向法院請求救濟。

C. **最高行政法院108年3月份第1次庭長法官聯席會議決議**

依司法院釋字第736號解釋理由書意旨，教師因學校具體措施認其權利或法律上利益受侵害時，自得如一般人民依行政訴訟法或民事訴訟法等有關規定，向法院請求救濟。公立學校與所屬教師間雖屬行政契約關係，惟為促進協助教師專業成長、增進教師專業素養、提升教學品質，以增進學生學習成果等立法目的，高級中等教育法第33條及國民教育法第18條第2項明定應對公立高級中等以下學校（下稱「公立高中以下學校」）教師辦理成績考核，並授權訂定公立高級中等以下學校教師成績考核辦法（下稱「教師成績考核辦法」），以資規範。公立高中以下學校應依該辦法第8條及第9條組成考核會，遵循同辦法第10條至第14條之法定程序，依據同辦法第4條第1項及第6條第1項之法定事由，辦理所屬教師之年終成績考核及平時考核獎懲，並報請主管機關依同辦法第15條第2項或第6項核定或視為核定，且直接發生教師得否晉級、給與多少考核獎金及獎懲之法律效果。況與教師間無契約關係存在之主管機關，尚得依同辦法第15條第3項至第5項規定逕行核定或改核。顯見公立高中以下學校或主管機關對所屬（轄）教師所為之年終成績考核或平時考核獎懲，並非基於契約關係所為之意思表示，而係行政機關依公法上之強制規定，就具體事件所為之公權力措施而對外直接發生法律效果之單方行政行為，核屬行政程序法第92條第1項所定之行政處分。**又因公立高中以下學校對所屬教師年終成績考核考列為教師成績考核辦法第4條第1項第2款之決定，或依同辦法第6條第1項第6款規定所為申誡之懲處，將對教師之考核獎金、名譽、日後介聘或升遷調動等權利或法律上利益產生不利之影響，均屬侵害教師權益之具體措施。從而，教師因學校上開具體措施認其權利或法律上利益受侵害，自得以同辦法第16條第3項規定之考核機關為被告，依法向行政法院提起撤銷訴訟**，以落實首揭解釋理由書所揭示有權利即有救濟之憲法原則。

→公立高中以下學校對所屬教師年終成績考核考列為教師成績考核辦法第4條第1項第2款之決定，或依同辦法第6條第1項第6款規定所為申誡之懲處，得循行政爭訟救濟。

二 公務員之權利

所謂權利，係指依據法律規定，人民應該享有的財物或金錢上的利益，也就是當事人在法律關係上所得合法主張的利益。權利是可以主張的，但不能強迫他人非接受不可，所以說權利的概念是平行的、任意的、個人的、通常可依個人意願行使或拋棄。權利的主要內涵是私權的，偏重利益的，權利的相對關係是義務，必盡義務乃能享受權利，權利義務關係必須藉助法律規範始臻明確。

人民經由國家考試進入公務體系，成為正式任用之公務員，自到職之日起，即依法享有公務員之權利，同時應履行公務員之義務。權利與義務具對應性，有權利即應負擔義務；違反義務，即應擔負責任。而公務人員之權利、義務與責任均於公務員人事法令中有所規範，以下將逐一說明。

(一) 身分上之權利

所謂身分上之權利，基本上指其權利的內涵與職務密切相關，而與金錢財物無直接關聯的權利，亦即所謂非經濟的權利。

身分之保障	取得公務人員身分，即擁有身分保障權，非有法定原因，並經法定程序，不受撤職、免職或其他處分。（參公務人員保障法）
應考試	依公務人員考試法第12條規定，中華民國國民，年滿18歲，具有本法所定應考資格者，且無本法規定不得應考之情事者，得應本法之考試。
健康維護權	關於公務員健康之維護，雖法令並未明文規定，然於公務人員保障法中有相關之規定，例如第18條，各機關應提供公務人員執行職務必要之機具設備及良好工作環境。此外例如為期加強維護全體公務人員身心健康，行政院於民國97年11月28日院授人給字第0970027595號通函各機關對於未滿40歲公務人員自費參加健康檢查者，得以每2年一次公假登記一天前往受檢。

(二) 經濟上之權利

1. 俸給保障

俸給保障為公務員最基本，也是最重要的經濟權利，乃國家按公務員職務與工作情形，按月核給其薪資待遇之權利。不僅為勞務報酬，亦提供其生活費用，主要依職務等級定其俸給數額。

依公務人員俸給法及公務人員加給給與辦法規定，公務人員俸給分為本俸（年功俸）及加給，加給又分為職務加給、技術或專業加給及地域加給3種。其中職務加給係衡酌主管職務、職責繁重或工作危險程度訂定；技術或專業加給係衡酌職務之技術或專業程度、繁簡難易、所需資格條件及人力市場供需狀況訂定；地域加給則係衡酌服務處所之地理環境、交通狀況、艱苦程度及經濟條件訂定。我國一般公務人員每月支領之俸給包括本俸（年功俸）及專業加給2項，主管人員另加計主管職務加給1項。

有關公務人員起薪，參加高普考錄取人員參加基礎訓練與實務訓練時，係依「公務人員考試錄取人員訓練辦法」第26條規定發給津貼：

	考試錄取者級別	俸給比照對應內容
1	高等考試一級考試或特種考試一等考試	比照薦任第八職等本俸四級俸給。
2	高等考試二級考試或特種考試二等考試	比照薦任第六職等本俸三級俸給。
3	高等考試三級考試或特種考試三等考試	比照委任第五職等本俸五級俸給。
4	普通考試或特種考試四等考試	比照委任第三職等本俸一級俸給。
5	初等考試或特種考試五等考試	比照委任第一職等本俸一級俸給。

2. **撫卹金**

所謂撫卹金，乃國家為酬謝公務員生前在職期間服務之辛勞及保障遺族經濟生活之安全，於其因病故或意外死亡、或因公死亡時，對其遺族所提供的金錢給付。依《公務人員退休資遣撫卹法》規定，其遺族得依公務人員任職年資之長短，給與一次撫卹金或月撫卹金。

3. **參加考績**

依公務人員考績法規定，考績區分如下：

年終考績	指各官等人員，於每年年終考核其當年1至12月任職期間之成績。
另予考績	指各官等人員，於同一考績年度內，任職不滿1年，而連續任職已達6個月者辦理之考績。
專案考績	指各官等人員，平時有重大功過時，隨時辦理之考績。

服務機關應依公務人員考績法相關規定，對於考績考列乙等以上者給予半個月至2個月的考績獎金，其中年終考績考列乙等以上者，除得領取考績獎金外，並應晉敘俸級。另對於一次記二大功者辦理之專案考績，亦給與考績獎金，以激勵士氣。

4. **保險金給付請求**

公務員於任職後，如其所任職務係法定機關編制內之有給職務，即有參加公務員保險之權利與義務。而依公教人員保險法規定，被保險人在保險有效期間，發生殘廢、養老、死亡、眷屬喪葬等4項保險事故時，給與現金給付。

5. **退休金請求**

依公務人員退休資遣撫卹法規定，符合該法所定退休條件者，得依其服務年資之長短，核給一次退休金或月退休金或兼領一次退休金及月退休金。

(三) **結社上之權利**

結社權為公務員得組成及參與代表其利益之團體之權利，相關法規如公務人員協會法。

依該法之規定，協會之宗旨係加強為民服務、提昇工作效率、維護公務人員權益、改善工作條件、促進聯誼合作。

協會之種類分為全國僅一個之全國公務人員協會，與總統府、國安會、五院、各部及同層級機關、各直轄市、縣（市）機關各一個之機關公務人員協會。

協會之功能包括提出建議、提出協商及辦理福利事項、調處協助事項、交流互訪等活動。

(四) **救濟上之權利**【107關務四等、106移民四等】

所謂有權利即有救濟，公務員的各種基本權利，必待救濟權的配合，始能有效保障。

依公務人員保障法規定，公務人員對於服務機關或人事主管機關（原處分機關）所為之**行政處分**，認為違法或顯然不當，致損害其權利或利益者，得繕具復審書經由原處分機關向公務人員保障暨培訓委員會提起**復審**。

至於公務人員對於服務機關所為之**管理措施**或有關**工作條件**之處置認為不當，致影響其權益者，得向服務機關提起**申訴**，對申訴函復如再有不服，則得向公務人員保障暨培訓委員會提起**再申訴**（公務人員保障法第77、78條）。

茲列表整理如下：

標的	違法或顯然不當之**行政處分**	**管理措施或有關工作條件**之處置
救濟機關	經由原處分機關向**公務人員保障暨培訓委員**會提出救濟	**服務機關**、**公務人員保障暨培訓委員會**
救濟方式	提起**復審**	服務機關→**申訴** 公務人員保障暨培訓委員會→**再申訴**

三 公務員之義務

所謂義務，係乃法律為保障特定利益，課其相對人以一定作為或不作為的拘束力。義務的相對關係是權利，雖然個人的許多權利可以自由行使或拋棄，但義務卻因具有拘束力，不得任意變更或免除。故當事人必須履行義務，否則違反義務，即應負法律責任，受法律之制裁。

為保障大多數人民的利益，促使公務員達成國家交付的任務，自有課公務員一定之義務之必要。公務員較諸一般人民負有更多的義務，主要是因其真有「國家任用的人員」身分之故。公務員之義務主要規定於公務員服務法、公務人員保障法、公務員懲戒法等有關法令，說明如下：

(一) **忠實義務**

公務員對國家負有忠實的義務，在執行職務之際或相關場合，應根據一己判斷，為最有利於國家之行動。

例如，公務員服務法第1條：公務員應恪守誓言；公務人員任用法第4、28條，各機關任用公務人員，應注意其對國家之忠誠；雙重國籍不得任用為公務人員。

(二) **執行職務的義務**

所謂執行職務，係指公務員依法令規定或長官指示，執行其分派之工作之謂。公務員執行職務除應注意忠實執行外，並應注意應依法定時間辦公，不得遲到早退；應親自執行職務，非依法令不得委託或委請他人代為行使；不得擅離職守；不得兼營其他事業。

(三) **服從義務**

行政組織具有層級節制的特色，上級機關或人員有指揮監督下及機關或人員之權。在公務員中，除法官應依據法律獨立審判，考試委員、監察委員及其他依法應獨立行使職權之職務，不受任何干涉外，一般公務員執行職務，在隸屬關係之下，在職務範圍之內，均須接受上級之指揮監督，負擔服從命令的義務。

公務員服務法第3條規定，公務員對於長官監督範圍內所發之命令有服從義務，如認為該命令違法，應負報告之義務；該管長官如認其命令並未違法，而以書面署名下達時，公務員即應服從；其因此所生之責任，由該長官負之。但其命令有違反刑事法律者，公務員無服從之義務。

公務人員保障法第17條規定，公務人員對於長官監督範圍內所發之命令有服從義務，如認為該命令違法，應負報告之義務；該管長官如認其命令並未違法，而以書面下達時，公務人員即應服從；其因此所生之責任，由該長官負之。但其命令有違反刑事法律者，公務人員無服從之義務。上開情形，該管長官非以書面下達命令者，公務人員得請求其以書面為之，該管長官拒絕時，視為撤回其命令。

(四) **嚴守秘密義務**

政府機關辦理之各種業務，往往涉及國家利益、人民權益或隱私，因此在決策及執行過程中不宜對外公開，以免發生不良影響與後果。公務員服務法第5條即明定，公務員對於機密事件，無論是否主管事務，均不得洩漏；離職後亦同，且不得以私人或代表機關名義，任意發表有關職務之談話。

(五) **保持品格的義務**

公務員直接或間接代表國家執行公務，其形象足以影響政府威信，故應有保持品格之義務。

公務員服務法第6條明定，公務員應誠實清廉，謹慎勤勉，不得有損害公務員名譽及政府信譽之行為。公務員服務法第17條亦規定公務員有隸屬關係者，無論涉及職務與否，不得贈受財物。公務員於所辦事件，不得收受任何餽贈。同法第18條則規定公務員不得利用視察調查等機會，接受地方官民之招待或餽贈。

(六) **不為一定行為的義務**【106移民四等】

公務員因職務關係，享有一定之公權力，為避免公務員利用職權，發生違法舞弊情事，或從事有悖於公務員關係特性的活動，因此要求公務員負有下列不為一定行為之義務：

1. **經商限制**

公務員服務法第14條第1項規定，公務員不得經營商業。

前項經營商業，包括依公司法擔任公司發起人或公司負責人、依商業登記法擔任商業負責人，或依其他法令擔任以營利為目的之事業負責人、董事、監察人或相類似職務。但經公股股權管理機關（構）指派代表公股或遴薦兼任政府直接或間接投資事業之董事、監察人或相類似職務，並經服務機關（構）事先核准或機關（構）首長經上級機關（構）事先核准者，不受前項規定之限制。

2. **兼職與兼課之限制**【111高考】

公務員服務法第15條之第4項規定，公務員兼任教學或研究工作或非以營利為目的之事業或團體職務，應經服務機關（構）同意；機關（構）首長應經上級機關（構）同意。但兼任無報酬且未影響本職工作者，不在此限。

3. 不得假借權力而圖自身或他人之利益，亦不得利用職務上之機會，加害於他人。

4. **關說或請託之禁止**

公職人員利益衝突迴避法第13條，公職人員之關係人不得向公職人員服務或受其監督之機關團體人員，以請託關說或其他不當方法，圖其本人或公職人員之利益。

5. **利益迴避**

公務員服務法第19條，公務員執行職務時，遇有涉及本身或其家族之利害事件，應行迴避。同法第22條公務員對於與其職務有關係者，不得私相借貸，訂立互利契約，或享受其他不正利益。

6. **離職就業限制**

公務員服務法第16條，公務員於其離職後三年內，不得擔任與其離職前五年內之職務直接相關之營利事業董事、監察人、經理、執行業務之股東或顧問。

(七) **其他義務**

1. **財產申報**

公職人員財產申報法第2、3條規定，各級政府機關之首長、副首長及職務列簡任第十職等以上之幕僚長、主管應依法申報財產。應申報之公務人員，應於就（到）職三個月內申報財產，每年並定期申報一次。

2. **行政中立**

公務人員行政中立法第3、4條規定，公務人員應嚴守行政中立，依據法令執行職務，忠實推行政府政策，服務人民。公務人員應依法公正執行職務，不得對任何團體或個人予以差別待遇。

公務人員行政中立法第5、6條規定，公務人員得加入政黨或其他政治團體。

但不得兼任政黨或其他政治團體之職務。公務人員不得利用職務上之權力、機會或方法介入黨派紛爭。公務人員不得兼任公職候選人競選辦事處之職務。公務人員不得利用職務上之權力、機會或方法，使他人加入或不加入政黨或其他政治團體；亦不得要求他人參加或不參加政黨或其他政治團體有關之選舉活動。

第四節　公務員之責任

依憲法第24條，「凡公務員違法侵害人民之自由或權利者，除依法律受懲戒外，應負刑事及民事責任。被害人民就其所受損害，並得依法律向國家請求賠償」準此以觀，「當公務人員於處理公共事務發生違失時，將負擔刑事及民事責任」。

此外，政府效能有賴監督指揮之有效運作，故公務人員受有公務人員考績法及其他相關之規範。而我國係五權分立國家，固除行政、立法監督外，亦可透過監察權之行使，對政府部門或公務人員進行糾舉、糾正或彈劾，因此公務人員亦將承擔「懲戒責任」。以下就公務員之責任説明之。

一　刑事責任

係指公務員之行為違反刑事法律而應受刑事制裁之責任，可包含職務犯與準職務犯。職務犯專指因公務員身分所成立之犯罪行為，例如瀆職罪、貪污罪；準職務犯係指犯罪之成立雖與公務員之身分無關，一般人民亦可能觸犯，惟倘由公務員為之，應加重其刑之罪，例如公務員縱放或便利脫逃罪。

二　民事責任

公務員常見之民事責任有二：

(一) 因私經濟行為故意過失侵害他人權利者，適用民法之規定。

(二) 公務員於執行職務行使公權力時，因故意或過失不法侵害人民自由或權利者，國家應負損害賠償責任。其怠於執行職務，致人民自由或權利遭受損害者亦同。即所謂「國家賠償責任」。

三 行政責任☆☆【110高考三級、106司法四等、105司法四等】

(一) 懲處

行政責任係指公務員違反行政法規所訂義務，由行政機關依法予以處罰，使公務員負擔之責任，例如平時考核之獎懲及考績處分。又公務人員行為如違背行政規定所訂事項，情節雖未觸犯刑法條款，但仍應負行政懲處責任，即使已受刑事責任，仍可依相關法規追究其行政責任，兩者並行不悖。公務員服務法第22條即規定，公務員有違反公務員服務法之規定者，應按情節輕重，分別予以懲處。至於公務人員考績法則規定，平時考核懲處包含申誡、記過、記大過；專案考績懲處包含一次記兩大過者，免職；年終考績、另予考績懲處包含考列丁等者，免職。

(二) 懲戒

懲戒乃司法權及行政權之運用，且於一定範圍內僅得由司法權最終決定。依公務員懲戒法第2條應受懲戒事由包含違法執行職務、怠於執行職務或其他失職行為，以及非執行職務之違法行為，致嚴重損害政府信譽之行為。依同法第9條，懲戒處分種類包含免除職務、撤職、剝奪、減少退休（職、伍）金、休職、降級、減俸、罰款、記過、申誡。

懲處與懲戒常容易混淆，兩者比較如下：

	懲處	懲戒
目的	使公務員勇於任事，發揮行政效率，乃積極面的制度。	使公務員遵守法律規定，乃消極面制度。
法規依據	公務人員考試法、公務人員保障法。	公務員懲戒法。
處分原因	法律並未明文規定，包含一切違法失職行為。	1. 違法執行職務、怠於執行職務或其他失職行為。 2. 非執行職務之違法行為，致嚴重損害政府之信譽。

	懲處	懲戒
處分機關	公務員服務機關。	懲戒法院。
處分相對人	限於現職公務員，且不含政務官。	除現職公務員外，尚含已離職之公務員以及政務官。
處分種類	免職、記大過、記過、申誡。	免除職務、撤職、剝奪、減少退休（職、伍）金、休職、降級、減俸、罰款、記過、申誡等九種。
處分程序	送銓敘機關核定，至於免職處分於作成前，應給當事人陳述及申辯之機會。	1. 各院、部、會首長，省、直轄市、縣（市）行政首長或其他相當之主管機關首長，認為所屬公務員有公務員懲戒法第二條所定情事者，應由其機關備文敘明事由，連同證據送請**監察院**審查。**監察院**認為公務員有第二條所定情事，應付懲戒者，應將彈劾案連同證據，**移送懲戒法院**審理。 2. 對於所屬**薦任第九職等或相當於薦任第九職等以下**之公務員，得逕送懲戒法院審理。
得否功過相抵	屬平時考核者，得在年度內為功過相抵；屬專案考績者不得與平時考核功過相抵。	不可。

	懲處	懲戒
救濟方式	經由原處分機關向保訓會提起復審；不服保訓會復審決定者，得提起行政訴訟。	**上訴**懲戒法庭第二審、**再審之訴**。
停職	考績應予免職人員，自確定之日起免職；未確定前，應先行停職。	1. 當然停職事由： (1) 依刑事訴訟程序被通緝或羈押。 (2) 依刑事確定判決，受褫奪公權之宣告。 (3) 依刑事確定判決，受徒刑之宣告，在監所執行中。 2. 職權停職： (1) 懲戒法庭對於移送之懲戒案件，認為情節重大，有先行停止職務之必要者，得通知被付懲戒人之主管機關，先行停止其職務。 (2) 主管機關對於所屬公務員，依公務員懲戒第24條規定送請監察院審查或懲戒法院審理而認為有免除職務、撤職或休職等情節重大之虞者，亦得依職權先行停止其職務。

112年憲判字第3號【公職年資併社團年資案】

Date：2023/03/17

接續釋字793號意旨，轉型正義是憲法上「特別重要之公共利益」！

判決主文摘要：

1. 公職人員年資併社團專職人員年資計發退離給與處理條例將救國團與其他社團併列，與憲法第7條平等原則尚無違背。
2. 關於退職政務人員應連帶返還溢領退離給與部分，與憲法第15條保障財產權之意旨、法律不溯及既往原則及信賴保護原則，均尚無違背。
3. 關於社團應連帶返還退職政務人員溢領之退離給與部分，及第2款規定，與憲法第15條保障財產權之意旨、法律不溯及既往原則及信賴保護原則，均尚無違背。
4. 第7條規定，與法治國原則法安定性之要求，尚無違背。

核心概念結論：

1. 不論救國團之性質為何，公職人員相關規定之適用與否，應以是否為各機關編制內依規定任用者的為斷；因此以考試院特別函令許可之專職人員任職於救國團期間之年資，依法為不得計算。
2. 因轉型正義為特別重要之公共利益，故雖為真正溯及性之法規範，然仍非憲法所當然不許；另考試院先前發布採計社團年資之函令或年資互相採計要點，具明顯違反上位規範之重大瑕疵，依該函令或要點而取得退離給與者，自無值得保護之信賴。
3. 人民因權利行使期間經過而確定之法律關係或權利，應受憲法相關基本權之保障，此為法治國原則法安定性之要求。惟立法者倘為追求特別重要之公共利益，且其目的非排除既有權利行使期間之規定不能達成，遂制定排除之規範，亦非憲法所當然不許。

問題思考

本案相關當事人中，有無例外可主張信賴保護原則之身分？

111年憲判字第14號【農田水利會改制案】

Date：2022/08/12

國家未經徵收程序，概括承受農田水利會之財產，有無違反法律保留原則、權力分立原則、法律不溯及既往原則、信賴保護原則及比例原則，侵害農田水利會受憲法保障之結社權及財產權？

判決主文摘要：

1. 農田水利法第1條規定，與法律明確性原則尚無違背，且不生侵害憲法第14條保障人民結社自由之問題。
2. 農田水利法第18條第1項規定、第3項規定及第19條第3項規定，與憲法增修條文第3條第3項及第4項規定，均尚無牴觸。
3. 農田水利法第23條第1項規定，與法律明確性原則尚無違背，且不生侵害憲法第15條保障人民財產權之問題。
4. 農田水利法第23條第5項規定，不生侵害憲法第15條保障人民財產權之問題。
5. 農田水利法第34條第2項規定，不生侵害憲法第14條保障人民結社自由之問題，亦不生違反法律不溯及既往原則及信賴保護原則之問題。
6. 本件暫時處分之聲請駁回。

核心概念結論：

1. 結社自由，僅在保障人民是否成立私法上團體，以及參加或不參加此團體之自由，並不包括人民有組成得行使公權力之公法人之自由在內，農田水利會改制納入農田水利署，消滅其公法人之法人格，並無侵害憲法第14條所保障之結社自由問題。
2. 農田水利會之財產均係公有財產，無從主張憲法保障之財產權。
3. 國家對於公法人之設立、解散及其任務之擴張、限縮，自得本於其行政權整體運作之政策考量，予以適時調整。受調整之公法人，尚不得主張基本權利受有侵害而對抗之，亦不生違反法律不溯及既往原則或信賴保護原則之問題。故農田水利法不生違反法律不溯及既往原則及信賴保護原則之問題。

問題思考

公法人得否主張受基本權保障？

111年憲判字第12號【臺大法律學院教師評鑑案】

Date：2022/07/29

大學法授權各校訂定之教師評鑑制度，有無違反法律明確性原則？又以此對教師職業自由之限制是否違憲？

判決主文摘要：

國立臺灣大學法律學院教師評鑑辦法施行細則第5條至第8條規定與法律明確性原則無違，未違反正當法律程序原則之要求；對教師職業自由之限制，亦符合憲法第23條比例原則，尚不違反憲法第15條保障工作權之意旨。

核心概念：

1. 大學教師評鑑涉及對教師職業自由之限制與工作權之保障，而教師評鑑之結果，尚不直接立即發生教師身分變動之結果，且為尊重大學自治規章之訂定自主權，其校、院、系（所）教師評鑑之規定是否符合憲法基本原則，於大學自治之範圍內，自應降低審查密度，故適用寬鬆標準予以審查。
2. 教師評鑑辦法施行細則第5條至第8條對教師職業自由之限制規定，法規文義非一般受規範者難以理解，而受評教師就未達評鑑之基本門檻標準可能遭不予續聘或資遣等，亦屬可得預見，且上開規定尚得透過行政救濟等管道，經由司法審查加以確認，故與法律明確性原則、正當法律程序及比例原則無違。
3. 評鑑委員基於系爭評鑑標準，根據其個人學識經驗所為專門學術上獨立公正之智識判斷，具有高度之專業性及屬人性，故為維護評鑑之客觀、公平及評鑑會委員所為之學術評價，評分適切性之問題，具判斷餘地，法院及其他行政爭訟機關應予以較高之尊重。

問題思考

在大學教師的評鑑過程中，不同階段可行使之救濟程序分別為何？

● 想一想

公務員受何種懲戒處分於執行完畢前離職者，於其再任職時，依其再任職之級俸繼續執行之？ (A)減俸 (B)記過 (C)申誡 (D)休職。

解答與解析

A 公務員懲戒法第21條規定：「受降級或減俸處分而在處分執行前或執行完畢前離職者，於其再任職時，依其再任職之級俸執行或繼續執行之。」

經典範題

選擇題攻略

( ) **1** 甲縣政府發現其所屬薦任六職等公務人員乙之行為違反政府採購法相關規定，依公務人員考績法規定記一大過懲處。依現行司法實務見解，乙應如何救濟？ (A)向甲縣政府提起申訴，未獲救濟時，再向公務人員保障暨培訓委員會提起再申訴 (B)向公務人員保障暨培訓委員會提起申訴，未獲救濟時，再向行政法院提起訴訟 (C)向公務人員保障暨培訓委員會提起復審，未獲救濟時，再向行政法院提起訴訟 (D)向甲縣政府提起訴願，未獲救濟時，再向行政法院提起訴訟。 【111司律】

( ) **2** 有關對公務人員甲作成一次記二大過專案考績免職處分，下列敘述何者正確？ (A)免職處分作成前應通知甲陳述意見，使其對免職事由有答辯機會，免職處分應對甲為合法送達 (B)經檢察官起訴之案件，因檢察官起訴書所載犯罪事實，均屬「客觀上明白足以確認之事實」，服務機關一律無須通知當事人陳述意見 (C)免職處分作成前無須通知甲陳述意見，於免職處分中載明免職事由及法令依據即為已足 (D)免職處分作成前應通知甲陳述意見，但若免職處分送達時由甲親收，免職處分不因未給予甲陳述意見而違法。 【110司律】

( ) **3** 依司法院大法官解釋意旨，有關公務員免職構成要件之規定，下列敘述何者正確？ (A)得由公務人員考績法施行細則定之 (B)得由服務機關

以職權命令定之　(C)應由法律定之，方符合憲法意旨　(D)得由各機關以獎懲基準定之。【110司律】

(　　) **4** 依司法院大法官解釋意旨，關於受刑人不服監獄處分或其他管理措施時之救濟制度，下列敘述何者正確？　(A)均不得向法院提起訴訟請求救濟　(B)立法機關得基於立法形成自由，視相關措施侵害受刑人權利之程度，設計屬機關內部自我省查糾正之申訴程序　(C)監獄處分或其他管理措施乃刑事判決之執行，自屬刑事訴訟審判權範圍　(D)相關案件，因侵害受刑人之基本權利尚屬輕微，故適用行政訴訟法簡易訴訟程序，但應經言詞辯論。【109司律】

(　　) **5** 公務人員發生下列何種情事，得依公務人員保障法請求救濟？　(A)使用市立公園運動設施受傷請求國家賠償　(B)經服務機關調查性騷擾成立予以記大過懲處　(C)申報綜合所得稅子女教育學費特別扣除額遭剔(D)因調職而遭原服務機關要求返還宿舍。【109司律】

解答與解析

1 (C)。公務人員保障法第25條第1項，公務人員對於服務機關或人事主管機關（以下均簡稱原處分機關）所為之行政處分，認為違法或顯然不當，致損害其權利或利益者，得依本法提起復審。

2 (A)。司法院大法官釋字第491號解釋，對於公務人員免職處分是限制人民憲法上服公職之權利，自應踐行正當法律程序，因此應給予申辯之機會。

3 (C)。司法院大法官釋字第491號解釋，中央或地方機關依公務人員考績法或相關法規之規定對公務人員所為免職之懲處處分，為限制人民服公職之權利，實質上屬於懲戒處分，其構成要件應由法律定之，方符憲法第二十三條之意旨。

4 (B)。司法院大法官釋字第755號解釋，該申訴制度使執行監禁機關有自我省察、檢討改正其所為決定之機會，並提供受刑人及時之權利救濟，其設計固屬立法形成之自由，惟仍不得因此剝奪受刑人向法院提起訴訟請求救濟之權利。

5 (B)。司法院大法官釋字第785號解釋，保訓會通盤檢討保障法所定復審及申訴、再申訴救濟範圍，並以109年10月5日公保字第1091060302號函所附人事行政行為一覽表函知中央及地方各主管機關人事機構，就公務人員對於機關作成之記一大過、記過、申誡及記一大功、記功、嘉獎等獎懲結果，認屬行政處分，對該等處分不服者，均改依保障法所定復審程序請求救濟。

第3篇

行政作用法

在行政作用的考試裡，以行政命令、行政處分、行政契約與行政罰占大宗，尤其行政處分更幾乎是每年申論題與實例題必考，有許多重要概念必須多花心思理解、記憶。又因本篇的相關考題題型多元，經常結合時事，所以考前如果剩餘時間不多，就好好複習相關考點吧。

第1章 行政程序

在進入行政程序的正式內容前，必須了解各種行政作用，整理如下：

行政作用之種類		定義	是否具有強制力
行政處分		行政機關就公法上具體事件所為之決定或其他公權力措施而對外直接發生法律效果之單方行政行為。（行政程序法第92條第1項）	✓
行政契約		用以設定、變更或消滅公法上法律關係之契約。（行政程序法第135條）	✓
行政命令	緊急命令	總統為避免國家或人民遭遇緊急危難或應付財政經濟上重大變故，而經行政院會議之決議所發布之命令。（憲法增修條文第2條第3項）	✓
行政命令	法規命令	行政機關基於法律授權，對多數不特定人民就一般事項所作抽象之對外發生法律效果之規定。（行政程序法第150條第1項）	✓
行政命令	行政規則	上級機關對下級機關，或長官對屬官，依其權限或職權為規範機關內部秩序及運作，所為非直接對外發生法規範效力之一般、抽象之規定。（行政程序法第159條第1項）	✓（但不直接對外發生效力）
行政命令	職權命令	行政機關本於法定職權，基於執行業務需要，並且未經法律授權所發之命令。（中央法規標準法第7條）	✓
行政計畫		行政機關為將來一定期限內達成特定之目的或實現一定之構想，事前就達成該目的或實現該構想有關之方法、步驟或措施等所為之設計與規劃。（行政程序法第163條）	✗
行政指導		行政機關在其職權或所掌事務範圍內，為實現一定之行政目的，以輔導、協助、勸告、建議或其他不具法律上強制力之方法，促請特定人為一定作為或不作為之行為。（行政程序法第165條）	✗
事實行為		行政行為僅直接發生事實上效果之行為。	✗

行政作用之種類	定義	是否具有強制力
行政罰	為維持行政上之秩序，達成國家行政之目的，對違反行政法上義務者所加之制裁，屬裁罰性之不處分。	✓
行政執行	行政機關為了確保義務人之履行以達到公行政目的，而施加實力於人民，使其實現行政上必要之作為。	✓

第一節 行政程序之概念【108關務三等】

一、有關行政程序主要規範於行政程序法，其立法目的參行政程序法第1條：「為使行政行為遵循公正、公開與民主之程序，確保依法行政之原則，以保障人民權益，提高行政效能，增進人民對行政之信賴，特制定本法。」

二、又同法第2條第1項明定：「本法所稱行政程序，係指行政機關作成行政處分、締結行政契約、訂定法規命令與行政規則、確定行政計畫、實施行政指導及處理陳情等行為之程序。」故行政程序之概念可歸納如下：

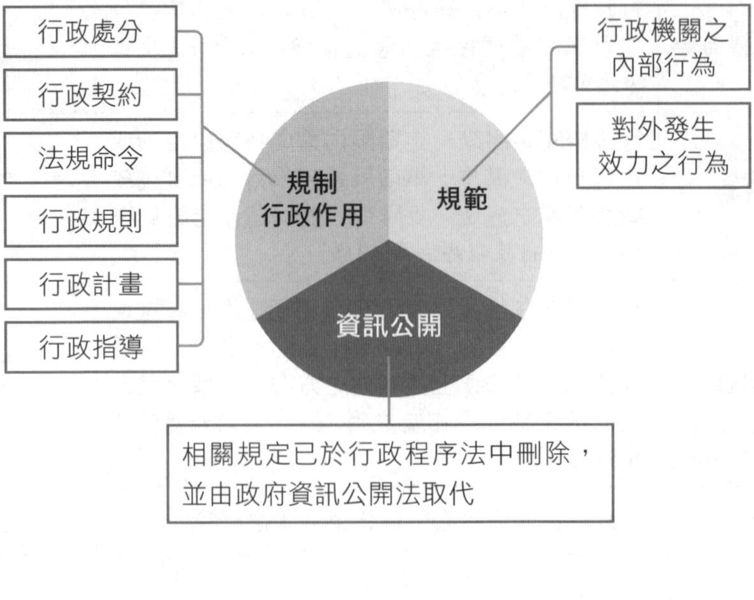

簡言之，行政程序法旨在規範行政機關作成行政行為所應遵守之正當程序。而本章僅就程序部分詳加說明，實體部分如行政處分、行政契約、行政指導等事實行為及行政計畫等，將於第二章以下說明。

第二節　行政程序之適用範圍【111普考、110地特四等】

一、**行政機關**為**行政行為**時，除法律另有規定外，應依行政程序法之規定為之，故行政程序法之適用範圍得歸納如下：（行政程序法第3條）

行政機關		行政行為（公權力行為）
代表**國家**、**地方自治團體**或其他**行政主體**表示意思，從事公共事務，**具有單獨法定地位**之組織。（行政程序法第2條第2項）	特色（若僅為行政機關之**內部單位**，則無下列特色）： 1. 有**獨立組織法規。** 2. 有**獨立編制及預算**（但基於國家資源有限，固有部分行政機關縱無獨立編制及預算，仍不該其為行政機關之性質）。 3. 有**印信。**	行政處分、締結行政契約、訂定法規命令與行政規則、確定行政計畫、實施行政指導及處理陳情等行為。（故不含國庫行為。）
受託行使公權力之**個人**或**團體**，於委託範圍內，亦視為行政機關。（行政程序法第2條第3項）	1. 行政機關對個人或團體有**委託行為。** 2. 有**法規依據。** 3. 將上述事項**公告**之。	

知識補給站

有關機關獨立編制及預算部分，最高行政法院94年6月份庭長法官聯席會議認為（節錄）

「所謂『組織』，須有單獨法定地位，固以具備獨立之人員編制及預算為原則。惟實務上為避免政府財政過度負擔，及基於充分利用現有人力之考量，亦有由相關機關支援其他機關之人員編制，或由相關機關代為編列其他機關預算之情形，尚難因該其他機關之人員編制及預算未完全獨立，而否定其為行政機關。」

關於受託行使公權力之個人或團體，於行政程序法第16條

「行政機關得依法規將其權限之一部分，委託民間團體或個人辦理。前項情形，應將委託事項及法規依據公告之，並刊登政府公報或新聞紙。第一項委託所需費用，除另有約定外，由行政機關支付之。」設有明文之規定。

想一想

下列情境，是否適用行政程序法之規範？

1. 私立學校錄取學生、確定學籍、獎懲學生、核發畢業或學位證書。
2. 民間驗車廠之定期驗車行為。
3. 財政部國有財產署就人民申請讓售國有非公用財產類不動產之准駁決定。

答 1. **是**。司法院釋字第382號：各級學校依有關學籍規則或懲處規定，對學生所為退學或類此之處分行為，足以改變其學生身分並損及其受教育之機會，自屬對人民憲法上受教育之權利有重大影響，此種處分行為應為訴願法及行政訴訟法上之行政處分。受處分之學生於用盡校內申訴途徑，未獲救濟者，自得依法提起訴願及行政訴訟。行政法院四十一年判字第六號判例，與上開意旨不符部分，應不予援用，以符憲法保障人民受教育之權利及訴訟權之意旨。

2. **是**。交通工具排放空氣污染物檢驗處理及委託辦法第5條第2項：「各級主管機關得依本法第四十四條第三項所定辦法規定，委託經認可之汽車代檢驗廠商辦理汽車排放空氣污染物定期檢驗，並支付委託費用。」

3. **是**。司法院釋字第772號解釋：財政部國有財產局（於中華民國102年1月1日起更名為財政部國有財產署）或所屬分支機構，就人民依國有財產法第52-2條規定，申請讓售國有非公用財產類不動產之准駁決定，屬公法性質，人民如有不服，應依法提起行政爭訟以為救濟，其訴訟應由行政法院審判。

二、**下列機關**之**行政行為**，不適用行政程序法之程序規定：

(一) 各級**民意**機關。

(二) **司法**機關。

(三) **監察**機關。

三、**下列事項**，不適用行政程序法之程序規定：

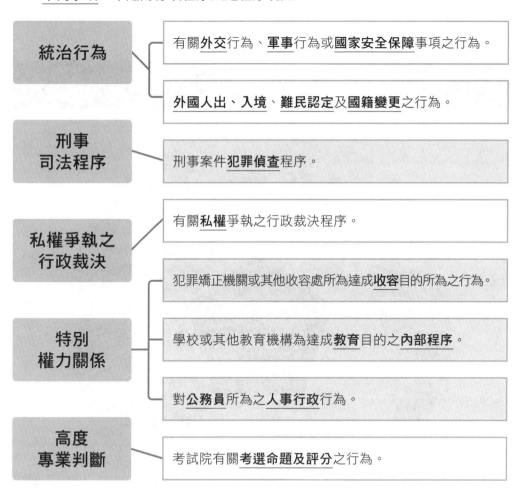

- **統治行為**
  - 有關**外交**行為、**軍事**行為或**國家安全保障**事項之行為。
  - **外國人出、入境**、**難民認定**及**國籍變更**之行為。
- **刑事司法程序**
  - 刑事案件**犯罪偵查**程序。
- **私權爭執之行政裁決**
  - 有關**私權**爭執之行政裁決程序。
- **特別權力關係**
  - 犯罪矯正機關或其他收容處所為達成**收容**目的所為之行為。
  - 學校或其他教育機構為達成**教育**目的之**內部程序**。
  - 對**公務員**所為之**人事行政**行為。
- **高度專業判斷**
  - 考試院有關**考選命題及評分**之行為。

素養小教室

考試院有關考選命題及評分之行為

有關「考試院有關考選命題及評分之行為」，實務上認為依照文義解釋，應僅限於考試院所為之有關考選命題及評分行為（法務部89律字第007649號含參照）；學說則採擴張解釋，認為不限於考試院所為命題評分行為，凡涉及考試專業事項、公平性等即屬之。

第三節 行政程序之一般原則

行政程序之一般原則
01
以適用於公權力行政為原則，故排除私經濟行政。
02
職權主義
行政程序之發動與終結，取決於行政機關，不受當事人意思拘束。
03
自由心證主義
04
當事人參與原則
例：聽審、陳述意見。
05
效能原則
例：免除言詞審理、對人民要求閱覽進行適當之限制。

第四節　行政程序之當事人

一　當事人

(一) **申請人**及**申請之相對人**。

(二) 行政機關所為**行政處分之相對人**。

(三) 與行政機關締結**行政契約之相對人**。

(四) 行政機關實施**行政指導之相對人**。

(五) 對行政機關**陳情之人**。

(六) 其他依本法規定**參加行政程序之人**（例如利害關係人）。

二　利害關係人

因程序之進行而**權利或法律上利益受影響**者。

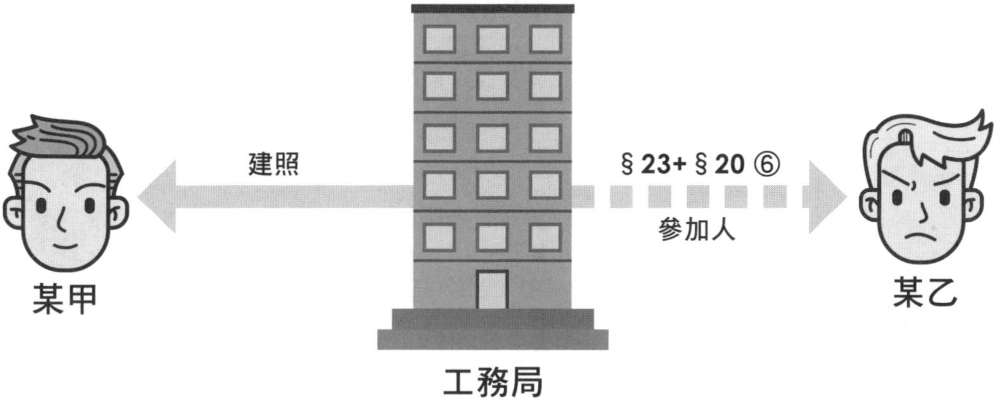

1. 某乙主張某甲所建之建物侵害其日照權。
2. 此時某乙符合行政程序法第20條第6項及第23條利害關係人之要件，就工務局發給某甲建照之行政程序進行參加。

第五節 行政程序之開始與進行 ☆☆☆

【111法制、110司律、107地特三等、107高考三級、107普考、106關務三等、106移民四等、105地特三等】

有關行政程序之開始與進行，規範於行政程序法第34條至第47條，其流程可簡化為圖示如下：

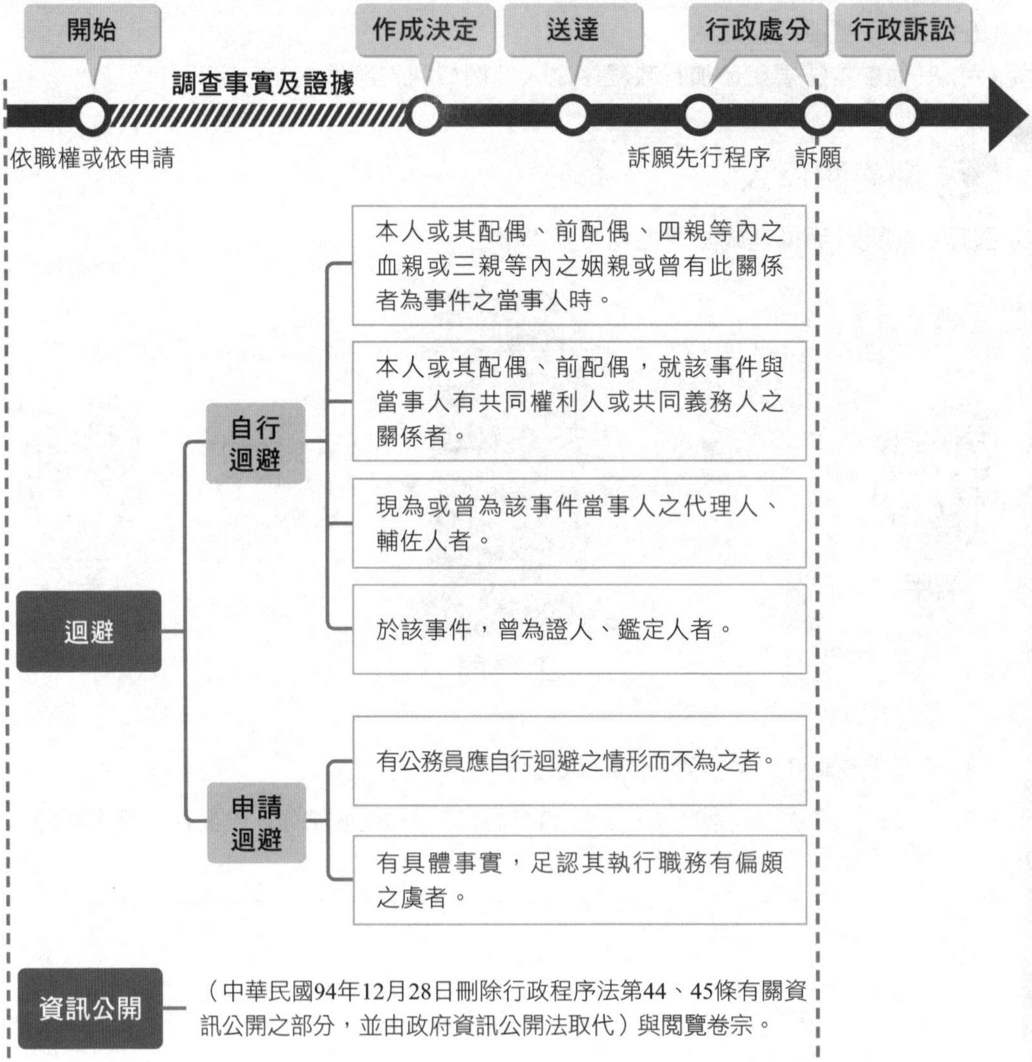

重點歸納如下：

實行階段	原則	方式
調查事實及證據	1. 採職權調查主義，當事人亦得自行提出證據。 2. 自由心證主義。	1. 就當事人申請調查之事實及證據，行政機關認為無調查之必要者，得不為調查，並敘明理由。 2. 行政機關於**必要時**得據實製作**書面紀錄**。 3. 必要時，行政機關得以**書面通知相關之人陳述意見**。 4. 必要時，行政機關得要求**當事人**或**第三人**提供必要之**文書、資料或物品**。 5. 得實施鑑定與勘驗。
資訊公開與閱覽卷宗 註：閱覽卷宗之目的在於實現「當事人公開原則」與「當事人武器平等原則」 ☆☆☆	1. 以資訊公開為原則，不公開為例外。 2. 程序外接觸禁止原則。	1. 政府資訊屬於下列各款情形之一者，應**限制公開或不予提供**之（政府資訊公開法第18條第1項）： (1) 經依法核定為國家**機密**或其他法律、法規命令規定應秘密事項或限制、禁止公開者。 (2) 公開或提供有礙**犯罪之偵查、追訴、執行**或足以妨害刑事被告受公正之裁判或有危害他人生命、身體、自由、財產者。 (3) 政府機關作成意思決定前，**內部單位之擬稿或其他準備作業**。但對公益有必要者，得公開或提供之。 (4) 政府機關為實施監督、管理、檢（調）查、取締等業務，而取得或製作監督、管理、檢（調）查、取締對象之相關資料，其公開或提供將對實施目的造成困難或妨害者。 (5) 有關**專門知識、技能或資格**所為之考試、檢定或鑑定等有關資料，其公開或提供將影響其公正效率之執行者。 (6) 公開或提供有侵害**個人隱私**、**職業上秘密**或著作權人之公開發表權者。但對公益有必要或為保護人民生命、身體、健康有必要或經當事人同意者，不在此限。 **法規一點靈** 政府資訊公開法

實行階段	原則	方式
資訊公開與閱覽卷宗 註：閱覽卷宗之目的在於實現「當事人公開原則」與「當事人武器平等原則」 ☆☆☆		(7) 個人、法人或團體**營業上秘密**或經營事業有關之資訊，其公開或提供有侵害該個人、法人或團體之權利、競爭地位或其他正當利益者。但對公益有必要或為保護人民生命、身體、健康有必要或經當事人同意者，不在此限。 (8) 為**保存文化資產**必須特別管理，而公開或提供有滅失或減損其價值之虞者。 (9) 公營事業機構經營之有關資料，其公開或提供將妨害其**經營上之正當利益**者。但對公益有必要者，得公開或提供之。 2. 但以主張或維護其法律上利益有必要者為限。行政機關對當事人或利害關係人為閱覽、抄寫、複印或攝影有關資料或卷宗之申請，除有下列情形之一者外，不得拒絕：（行政程序法第46條） (1) **行政決定前**之擬稿或其他準備作業文件。 (2) 涉及**國防、軍事、外交**及一般**公務機密**，依法規規定有保密之必要者。 (3) 涉及**個人隱私、職業秘密、營業秘密**，依法規規定有保密之必要者。 (4) 有**侵害第三人權利**之虞者。 (5) 有嚴重妨礙有關**社會治安、公共安全或其他公共利益**之職務正常進行之虞者。
送達 【111普考、110警特三等】	1. **送達方式**： (1) 職權送達。 (2) 自行送達。 (3) 郵政送達。 (4) 補充送達。☆ (5) 留置送達。 (6) 寄存送達。 (7) 公示送達。 (8) 囑託送達。 2. **送達人及送達對象**：（參行政程序法第67條至第91條） (1) **送達人**：文書由行政機關**自行送達**者，以**承辦人員**或**辦理送達事務人員**為送達人；其交**郵政機關送達**者，以**郵務人員**為送達人。 註：釋字第797號解釋，有關行政程序法第74條寄存送達於依法送達完畢時即生送達效力之程序規範，大法官認為尚屬正當，與憲法正當法律程序原則之要求無違。	

<table>
<tr><th>實行階段</th><th>原則</th><th>方式</th></tr>
<tr><td>送達</td><td colspan="2">(2) 送達對象：
A. 無行為能力人：向法定代理人送達。
B. 機關、法人或非法人之團體：向代表人或管理人送達。
C. 無行政程序之行為能力人，未向行政機關陳明其法定代理人：向該無行為能力人送達。
D. 在中華民國有事務所或營業所之外國法人或團體：向其在中華民國之代表人或管理人送達。
E. 行政程序之代理人受送達之權限未受限制者：向該代理人送達。
F. 當事人或代理人經指定送達代收人：向該代收人送達。
G. 現役軍人：囑託該管軍事機關或長官為之。
H. 駐外人員為送達：囑託外交部為之。
I. 在監所人：囑託該監所長官為之。
J. 有治外法權人：囑託外交部為之。
3. 送達處所：
(1) 自然人：住居所、事務所、營業所、會晤所、就業處所。
(2) 機關、法人或非法人之團體之代表人或管理人：機關所在地、事務所營業所、會晤所、住居所。
4. 送達證書之製作及附件：送達人因證明之必要，得製作送達證書，記載下列事項並簽名：一、交送達之機關。二、應受送達人。三、應送達文書之名稱。四、送達處所、日期及時間。五、送達方法。除電子傳達方式之送達外，送達證書應由收領人簽名或蓋章；如拒絕或不能簽名或蓋章者，送達人應記明其事由。送達證書，應提出於行政機關附卷。
5. 對第三人送達：送達係由當事人向行政機關申請對第三人為之者，行政機關應將已為送達或不能送達之事由，通知當事人。
6. 送達時間：送達，除第六十八條第一項規定<u>交付郵政機關</u>或依第二項（行政機關之文書依法規以<u>電報交換、電傳文件、傳真或其他電子文件</u>行之）之規定辦理者外，<u>不得於星期日</u>或其他<u>休息日</u>或<u>日出前、日沒後</u>為之。但應受送達人不拒絕收領者，不在此限。
7. 不能送達：不能為送達者，送達人應製作記載該事由之報告書，提出於行政機關附卷，並繳回應送達之文書。</td></tr>
</table>

<table>
<tr><th>實行階段</th><th>原則</th><th>方式</th></tr>
<tr><td>期日期間</td><td colspan="2">
1. 期間計算
<table>
<tr><th>以時計算者</th><th>即時起算</th></tr>
<tr><td>以日、星期、月或年計算者。</td><td>始日不計算在內。</td></tr>
<tr><td>不以星期、月或年之始日起算者。</td><td>1. 以最後之星期、月或年與起算日相當日之前一日為期間之末日。
2. 但以月或年定期間，而於最後之月無相當日者，以其月之末日為期間之末日。</td></tr>
<tr><td>期間之末日為星期日、國定假日或其他休息日者。</td><td>1. 以該日之次日為期間之末日。
2. 期間之末日為星期六者，以其次星期一上午為期間末日。</td></tr>
<tr><td>期間涉及人民之處罰或其他不利行政處分者。</td><td>其始日不計時刻以一日論。</td></tr>
<tr><td>其末日為星期日、國定假日或其他休息日者。</td><td>照計。</td></tr>
</table>
2. 郵遞期間扣除：基於法規之申請，以掛號郵寄方式向行政機關提出者，以交郵當日之郵戳為準。
3. 期間之回復原狀：因天災或其他不應歸責於申請人之事由，致基於法規之申請不能於法定期間內提出者，得於其原因消滅後十日內，申請回復原狀。如該法定期間少於十日者，於相等之日數內得申請回復原狀。
4. 處理期間：
(1) 行政機關對於人民依法規之申請，除法規另有規定外，應按各事項類別，訂定處理期間公告之。
(2) 未訂定處理期間者，其處理期間為二個月。
(3) 行政機關未能於所定期間內處理終結者，得於原處理期間之限度內延長之，但以一次為限。
(4) 因天災或其他不可歸責之事由，致事務之處理遭受阻礙時，於該項事由終止前，停止處理期間之進行。
</td></tr>
</table>

實行階段	原則	方式
費用		1. 行政程序所生之費用，由**行政機關負擔**。但專為當事人或利害關係人利益所支出之費用，不在此限。 2. 因**可歸責於當事人或利害關係人**之事由，致程序有顯著之延滯者，其因延滯所生之費用，由其負擔。 3. 證人或鑑定人得向行政機關請求法定之日費及旅費，鑑定人並得請求相當之報酬。

素養小教室

送達方式

1. **補充送達**：於應送達處所不獲會晤應受送達人時，得將文書付與有辨別事理能力之**同居人**、**受雇人**或**應送達處所之接收郵件人員**。（行政程序法第73條第1項）
2. **寄存送達**：不能依補充送達或留置送達為之者，得將文書寄存送達地之地方自治或警察機關，並作送達通知書兩份，一份黏貼於應受送達人住居所、事務所、營業所或其就業處所門首，另一份交由鄰居轉交或置於該送達處所信箱或其他適當位置，以為送達。（行政程序法第74條）
3. **囑託送達**：適用於對外國或境外為送達，行政程序法第86條規定：「於外國或境外為送達者，應囑託該國管轄機關或駐在該國之中華民國使領館或其他機構、團體為之。不能依前項規定為送達者，得將應送達之文書交郵政機關以雙掛號發送，以為送達，並將掛號回執附卷。」

茲將「資訊公開」與「閱覽卷宗」內容差異整理如下表：

	資訊公開	閱覽卷宗
權利主體	我國及互惠國民	個案關係人及利害關係人
請求目的	無任何目的或用途限制	**為主張或維護權利或利益**
請求客體	機關保有之紀錄內所有資訊	系爭個案有關資訊
期間限制	無期間限制	個案程序中
權利性質	**實體權利**	**程序權利**
准駁性質	行政處分	非行政處分

● 想一想

人民甲因為開車超速，經照相測速器拍攝而被告發受處罰。甲懷疑該測速器本身未經過檢定合格，請求裁罰機關准予閱覽該測速器是否有經過檢定合格的卷宗。請問，甲應依行政程序法或依政府資訊公開法請求閱覽卷宗？如果該機關不予許可閱覽，甲可否直接提起訴訟？其理由為何？

解題架構

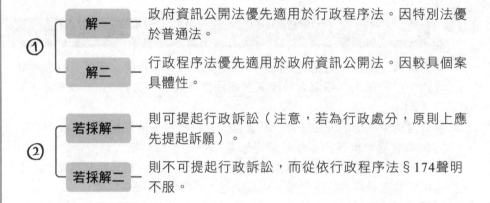

①
- 解一：政府資訊公開法優先適用於行政程序法。因特別法優於普通法。
- 解二：行政程序法優先適用於政府資訊公開法。因較具個案具體性。

②
- 若採解一：則可提起行政訴訟（注意，若為行政處分，原則上應先提起訴願）。
- 若採解二：則不可提起行政訴訟，而從依行政程序法§174聲明不服。

第六節　聽證程序 ☆☆【111普考、109法制、105司法三等】

有關聽證程序，規範於行政程序法第54條至第66條，相關規範可簡化如下圖：

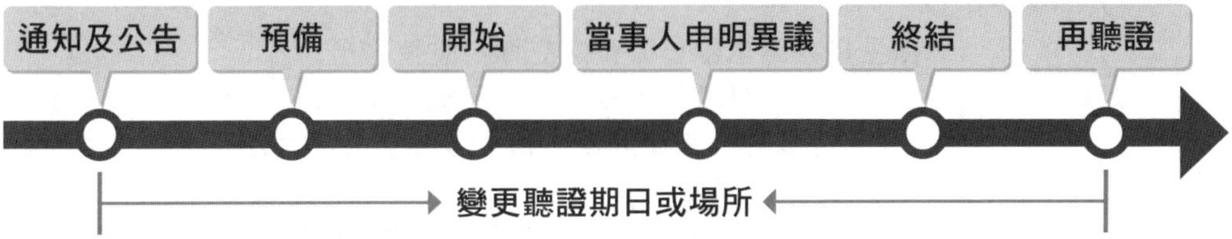

有關聽證之細部規定：

程序名稱	說明
聽證之主持人	由行政機關首長或其指定人員為主持人，必要時得由律師、相關專業人員或其他熟諳法令之人員在場協助之。
變更聽證期日或場所	得依職權或當事人之申請，變更聽證期日或場所，但以有正當理由為限。
聽證之預備程序	1. 行政機關為使聽證順利進行，認為必要時，得於聽證期日前，舉行預備聽證。 2. 預備聽證得為下列事項： (1) 議定聽證程序之進行。 (2) 釐清爭點。 (3) 提出有關文書及證據。 (4) 變更聽證之期日、場所與主持人。
聽證公開原則	1. 聽證應公開以言詞為之。 2. 有下列情形之一者，主持人得依職權或當事人之申請，決定全部或一部不公開： (1) 公開顯然有違背公益之虞者。 (2) 公開對當事人利益有造成重大損害之虞者。

程序名稱	說明
聽證當事人之權利 ☆☆	當事人於聽證時，得**陳述意見**、**提出證據**，經主持人同意後並得對機關指定之人員、證人、鑑定人、其他當事人或其代理人**發問**。
聽證主持人之職權	1. 主持人應本中立公正之立場，主持聽證。 2. 主持人於聽證時，得行使下列職權： (1) 就事實或法律問題，詢問當事人、其他到場人，或促其提出證據。 (2) 依職權或當事人之申請，委託相關機關為必要之調查。 (3) 通知證人或鑑定人到場。 (4) 依職權或申請，通知或允許利害關係人參加聽證。 (5) 許可當事人及其他到場人之發問或發言。 (6) 為避免延滯程序之進行，禁止當事人或其他到場之人發言；有妨礙聽證程序而情節重大者，並得命其退場。 (7) 當事人一部或全部無故缺席者，逕行開始、延期或終結聽證。 (8) 當事人曾於預備聽證中提出有關文書者，得以其所載內容視為陳述。 (9) 認為有必要時，於聽證期日結束前，決定繼續聽證之期日及場所。 (10) 如遇天災或其他事故不能聽證時，得依職權或當事人之申請，中止聽證。 (11) 採取其他為順利進行聽證所必要之措施。
當事人聲明異議	1. 當事人認為主持人於聽證程序進行中所為之處置違法或不當者，得即時聲明異議。 2. 主持人認為異議有理由者，應即撤銷原處置，認為無理由者，應即駁回異議。
聽證之終結	主持人認當事人意見業經充分陳述，而事件**已達可為決定之程度**者，應即終結聽證。
再聽證	聽證終結後，**決定作成前**，行政機關認為**必要時**，得再為聽證。

公聽會與聽證比較如下：

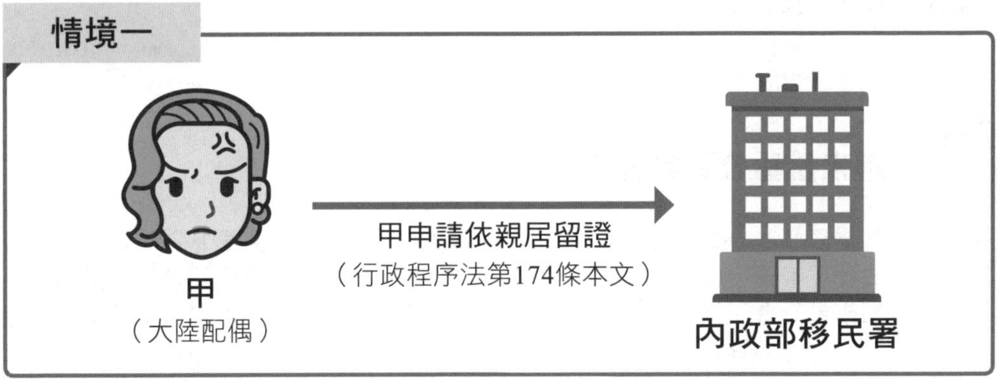

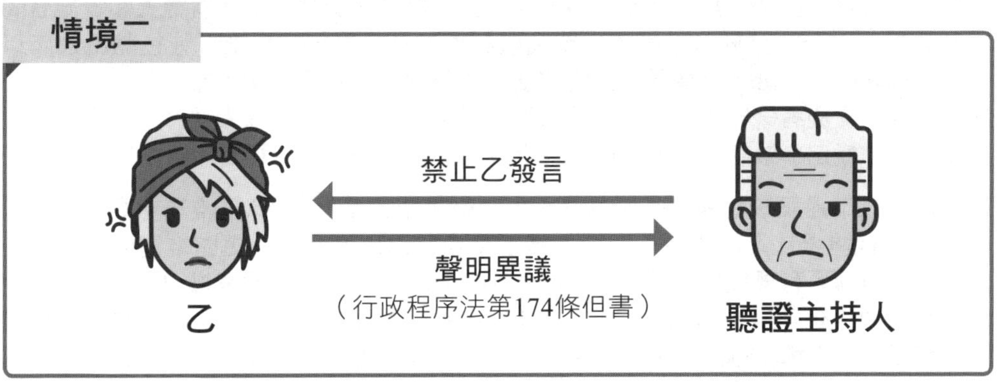

	公聽會	聽證
拘束力	**弱** 公聽會為一種**非正式**的程序，利害關係人於公聽會中所陳述的意見，僅提供主管機關參考，主管機關既**不受約束**，也**無答辯說明的義務**。	**強** 聽證結果**具有約束主管機關的效力**，聽證紀錄則需載明利害關係人陳述或發問的內容，以及其提出的文書、證據及聲明異議的事由。主管機關對於利害關係人所有的陳述，有說明採納或不採納的義務。
對象	**不特定** 多數之利害關係人與一般人。	**特定** 通常限定在較狹隘之相對人或利害關係人。

▶▶▶ 時事觀覽

屋齡20年大樓中央提供都更整維補助 先要80%區權人同意

Date：2022/07/05

一起來看看公聽會是什麼！

高雄市都發局表示，為加速推動老舊社區改善居住環境，111年度中央都更基金整維補助已開放受理申請，屋齡20年以上合法建築物得申請擬訂都市更新事業計畫規畫及工程費，都市更新會、依法成立的管委會或都市更新事業機構，可向都發局申請整建維護事業補助，提供專人專線服務。

都發局長吳文彥表示，都市更新包括重建、整建維護，重建涉及所有權人和實施者間權利變換，從委託實施者、擬定事業及權利變換計畫到核定實施，往往動輒10年以上。如是朝整建維護，改善既有建物機能、內外部公共景觀環境等方向著手，可省去所有權人與實施者談判重建權利變換分配的時間，只要80%區權人同意，並完成規畫補助申請、擬定事業計畫、工程補助申請後，最快1至2年即可核定開始施工。

輔導團高雄市建築學會執行長廖慧萍表示，高雄市目前已有4棟整維成功案例，今年4月起已辦理4場社區說明會，邀請大樓管委會幹部出席了解都更整維補助規定，後續接洽已有社區有意提出申請。中央補助要求立面屋突修繕，招牌鐵窗違建拆除及空調外部管線美化等3項，為必須施作項目，其中最困難是管委會說服住戶願意配合辦理，將投入人力積極協助。除了中央補助之外，大樓也必須負擔一半以上的經費。

都發局表示，規畫費依總樓地板面積級距計算額度，約可補助50至100萬，工程費依建築物地上層總樓地板面積每平方公尺1000元，補助上限45%，**都更工作實施須以辦理事業計畫方式來推動，公聽、聽證及審議等必要程序費時，急迫性的修繕，管委會仍需自行處理，或透過市府其他機關如工務局公寓大廈共用部分修繕補助等多元管道因應**。都發局設有專人專線服務，平假日都接受洽詢，服務專線07-3368333轉5427或0963-433441輔導團建築學會梁小姐。

（資料來源：聯合新聞網https://udn.com/news/story/7327/6438633）

問題思考

1. 公聽會與聽證的差異為何？
2. 文中提到公聽、聽證及審議等程序，在都市計畫中哪些是依法所必需的？又應如何進行？

第七節　訂定法規命令之程序【107普考】

一　有關訂定法規命令之程序

規範於行政程序法第151條至第158條，相關規範可簡化如下圖：

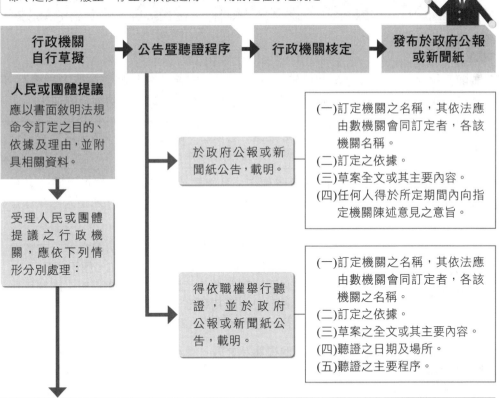

行政機關訂定法規命令，除關於軍事、外交或其他重大事項而涉及國家機密或安全者外，應依本法所定程序為之。但法律另有規定者，從其規定。法規命令之修正、廢止、停止或恢復適用，準用訂定程序之規定。

行政機關自行草擬 → **公告暨聽證程序** → **行政機關核定** → **發布於政府公報或新聞紙**

人民或團體提議

應以書面敘明法規命令訂定之目的、依據及理由，並附具相關資料。

↓

受理人民或團體提議之行政機關，應依下列情形分別處理：

↓

(一)非主管之事項，依第十七條之規定予以移送。
(二)依法不得以法規命令規定之事項，附述理由通知原提議者。
(三)無須訂定法規命令之事項，附述理由通知原提議者。
(四)有訂定法規命令之必要者，著手研擬草案。

公告暨聽證程序：

→ 於政府公報或新聞紙公告，載明。
(一)訂定機關之名稱，其依法應由數機關會同訂定者，各該機關名稱。
(二)訂定之依據。
(三)草案全文或其主要內容。
(四)任何人得於所定期間內向指定機關陳述意見之意旨。

→ 得依職權舉行聽證，並於政府公報或新聞紙公告，載明。
(一)訂定機關之名稱，其依法應由數機關會同訂定者，各該機關之名稱。
(二)訂定之依據。
(三)草案之全文或其主要內容。
(四)聽證之日期及場所。
(五)聽證之主要程序。

二 法規命令無效之情形（行政程序法第158條）

(一) 牴觸憲法、法律或上級機關之命令者。
(二) 無法律之授權而剝奪或限制人民之自由、權利者。
(三) 其訂定依法應經其他機關核准，而未經核准者。
(四) 法規命令之一部分無效者，其他部分仍為有效。但除去該無效部分，法規命令顯失規範目的者，全部無效。

第八節 其他程序

一 陳情

有關陳情程序，規範於行政程序法第168條至第173條。由於陳情並非考試重點，在歷屆試題中出題頻率低，故在學習上稍有基本概念即可，不必刻意鑽研。

陳情之定義	人民對於行政興革之建議、行政法令之查詢、行政違失之舉發或行政上權益之維護，得向主管機關陳情。
陳情之方式	陳情得以書面或言詞為之；其以言詞為之者，受理機關應作成紀錄，並向陳情人朗讀或使閱覽後命其簽名或蓋章。陳情人對紀錄有異議者，應更正之。
陳情案件之處理原則	行政機關對人民之陳情，應訂定作業規定，指派人員迅速、確實處理之。人民之陳情有保密必要者，受理機關處理時，應不予公開。受理機關認為人民之陳情有理由者，應採取適當之措施；認為無理由者，應通知陳情人，並說明其意旨。受理機關認為陳情之重要內容不明確或有疑義者，得通知陳情人補陳之。
行政機關的告知義務	人民之陳情應向其他機關為之者，受理機關應告知陳情人。但受理機關認為適當時，應即移送其他機關處理，並通知陳情人。陳情之事項，依法得提起訴願、訴訟或請求國家賠償者，受理機關應告知陳情人。
對人民陳情案件得不處理之情形	1. 無具體之內容或未具真實姓名或住址者。 2. 同一事由，經予適當處理，並已明確答覆後，而仍一再陳情者。 3. 非主管陳情內容之機關，接獲陳情人以同一事由分向各機關陳情者。

二 不服行政程序之救濟

當事人或利害關係人不服行政機關於行政程序中所為之決定或處置，**僅**得於對實體決定聲明不服時**一併聲明**之。但行政機關之決定或處置得強制執行或本法或其他法規另有規定者，不在此限。（行政程序法第174條）

(一) **情境一（行政程序法第174條本文）**：申請來臺依親居留證事件

甲申請依親居留證期間，洽請內政部移民署進行面談遭拒。

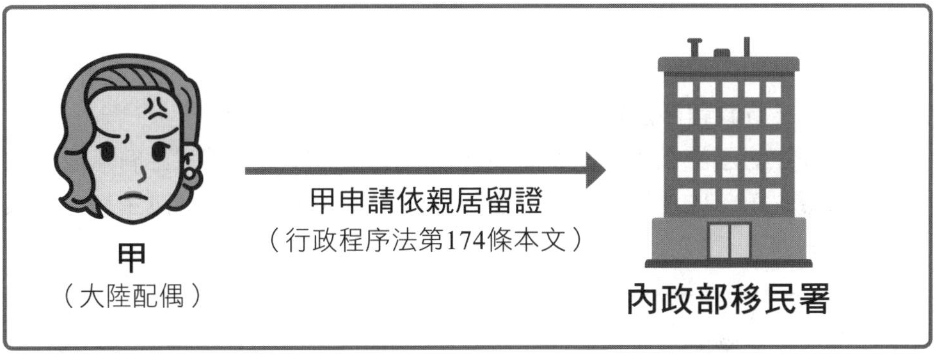

問：甲如何救濟？

答：辦理面談一事，屬准否團聚、居留或定居處分之準備行為一部分，並非行政處分，故甲僅得於就實體決定（即遭拒核發依親居留證時）不服時，於訴願程序中，對洽請內政部移民署進行面談遭拒一事，一併聲明。

素養小教室

情境一：原始判決→外籍配偶聲請依親案

本題由最高行政法院101年度判字第476號判決改編，其實際情形為某甲與某乙於97年1月31日在大陸地區結婚，97年4月1日辦理結婚登記完竣（下稱原婚姻），申經內政部許可來臺依親居留，99年1月28日並發給依親居留證。嗣內政部以某甲與某乙於99年3月25日兩願離婚，乃依大陸地區人民在臺灣地區依親居留長期居留或定居許可辦法（下稱居留定居許可辦法）第

13條第1項第1款及第44條第1款規定，以99年8月9日內授移服北市杰字第0990911394號處分書（下稱原處分）廢止某甲依親居留許可，並註銷99年1月28日核發之依親居留證，及請某甲於收到原處分之翌日起10日內申請出境證件出境，未依規定申請出境或逾期未出境者，得強制出境。某甲不服，循序提起行政訴訟，訴請撤銷訴願決定及原處分（於100年8月18日原審行言詞辯論時追加「請求內政部作成通過面談憑辦結婚登記之處分」之聲明）。

(二) **情境二（行政程序法第174條但書）**：聽證中聲明異議

財政部欲對乙課徵反傾銷稅，於作成初步及最後調查認定乙有無危害國內產業決議之前，依法實施聽證。詎料聽證主持人因乙公然辱罵主持人而禁止乙發言。

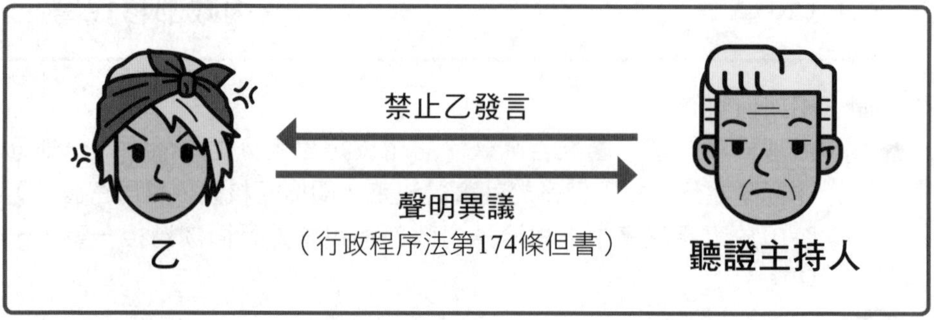

問：乙得否於財政部為課徵反傾銷稅處分前，就其遭聽證主持人禁止發言一事進行救濟？

答：可，依行政程序法第63條第1項，乙認為主持人於聽證程序進行中所為之處置違法或不當者，得即時聲明異議。亦即乙毋庸待財政部為課徵反傾銷稅處分時始得就遭禁發言一事，與該課稅處分一併提起救濟。

經典範題

選擇題攻略

(　　) **1** 現行法關於人民申請政府資訊公開之規定，下列敘述何者正確？(A)行政程序法屬於一般性的資訊公開；檔案法屬於特定個案的資訊公開　(B)為滿足人民知的權利，任何人得依政府資訊公開法規定之程序，無償申請資訊公開　(C)對於法定限制公開之資訊，仍應依資訊分離原則，就可公開之部分提供申請人　(D)機關所為之准駁決定，申請人不服，得逕提起行政訴訟。【111司律】

(　　) **2** 甲向政府機關請求公開有關對外貿易談判之資訊，遭拒絕，請問甲應如何尋求救濟？　(A)甲得提起訴願，若未獲救濟，得提起課予義務之訴　(B)甲得不經訴願逕行提起確認不公開之決定係屬違法之訴訟　(C)甲得提起確認有政府資訊公開請求權之訴　(D)甲得提起訴願，若未獲救濟，得提起撤銷之訴。【110司律】

(　　) **3** 依行政程序法規定，公務員在行政程序中，非基於職務上之必要，若與當事人非以書面為行政程序外接觸者，下列敘述何者正確？　(A)該公務員應將所有往來之書面文件附卷，並主動對外公開　(B)該公務員應作成書面紀錄，載明接觸對象、時間、地點及內容　(C)該公務員應將所有往來之書面文件附卷，但不對其他當事人公開　(D)該公務員應與接觸對象作成錄音檔案，還原接觸時間、地點及內容。【110司律】

(　　) **4** 依行政程序法規定，關於閱覽卷宗之敘述，下列何者錯誤？　(A)行政程序中對於當事人閱覽卷宗之申請，原則上應予准許，例外方得拒絕之　(B)閱覽卷宗之申請，僅限於由行政程序之當事人及利害關係人提出　(C)當事人對於卷宗中所載內容及資料，縱與其自身無關，亦可檢具事證，請求更正　(D)閱覽卷宗之申請，以主張或維護申請人法律上利益之必要者為限。【110司律】

(　) **5** 關於政府資訊公開法規定之資訊公開，下列敘述何者正確？　(A)關於外國人之申請資格，政府資訊公開法係採平等互惠原則　(B)人民所申請之資訊，縱使只有部分涉及國家機密，仍應全部不予提供，不得分離處理　(C)行政機關得公開之資訊，以該機關自行作成者為限　(D)基於個人學術研究之目的而申請提供政府資訊，須提出證據資料，行政機關始得同意提供。【110司律】

解答與解析

1 (C)。政府資訊公開法第18條第2項，政府資訊含有前項各款限制公開或不予提供之事項者，應僅就其他部分公開或提供之。

2 (A)。司法院大法官釋字第499號解釋，法治國家之國家行為應符合公開透明原則，由此可推論人民應享有請求政府資訊公開之權利，且政府資訊公開法既然明文賦予人民可向行政機關請求資訊公開，顯然承認此權利。因此，行政機關拒絕人民依法提出之申請的回函，性質上應屬於行政處分。

3 (B)。行政程序法第47條，公務員與當事人或代表其利益之人為行政程序外之接觸時，非以書面為之者，應作成書面紀錄，載明接觸對象、時間、地點及內容。

4 (C)。行政程序法第46條第4項，當事人就第一項資料或卷宗內容關於自身之記載有錯誤者，得檢具事實證明，請求相關機關更正。

5 (A)。政府資訊公開法第9條規定，外國人以其本國法令未限制中華民國國民申請提供其政府資訊者為限，亦得依本法申請之。

第2章 行政命令

第一節 行政命令之概念

一、行政命令為行政機關行使公權力單方面訂定，具有抽象及一般性拘束力之規範。由於國家職能日益增加，而制定法律之程序繁雜，法律之數量恆有不足，行政機關為處理行政事務，而發布之各種命令不計其數，命令遂成為法條之外，最重要之法源。其與法律之不同，固可從兩方面而言，在實質上命令通常僅能規定非屬法律保留事項，換言之，國家生活中重要之事項，保留予法律加以規定，命力僅就未保留之次要事項予以規範；在形式上命令係行政機關訂定，法律則為立法機關制定，依現行中央法規第3條之規定，命令之名稱為規程、規則、細則、辦法、綱要、標準或準則，以示有別於同法第2條所規定之法律名稱：法、律、條例或通則，惟檢視各類命令，其與法律未必在實質上均有明顯之區別，故分辨命令與法律毋寧應著重於兩者形式上之差異。

二、行政命令依其性質，可區分如下：

行政命令之種類	定義	是否具有強制力
緊急命令	總統為避免國家或人民遭遇緊急危難或應付財政經濟上重大變故，而經行政院會議之決議所發布之命令。（憲法增修條文第2條第3項）	✓
法規命令	行政機關基於法律授權，對多數不特定人民就一般事項所作抽象之對外發生法律效果之規定。（行政程序法第150條第1項）	✓
行政規則	上級機關對下級機關，或長官對屬官，依其權限或職權為規範機關內部秩序及運作，所為非直接對外發生法規範效力之一般、抽象之規定。（行政程序法第159條第1項）	✓ （但不直接對外發生效力）
職權命令	行政機關本於法定職權，基於執行業務需要， 並且未經法律授權所發之命令。（中央法規標準法第7條）	✓

第二節 緊急命令

一、緊急命令係總統為應付緊急危難或重大變故，直接依憲法授權所發布，具有暫時替代或變更法律效力之命令。

二、有關緊急命令之相關規範參見憲法增修條文第2條第3項，因緊急命令屬憲法之規範範疇，以下，本書將簡單介紹其概念，相關細節可多詳閱法條。

第三節 法規命令☆☆☆

【110法制、107普考、106高考三級、106地特三等、106地特四等】

一 性質

(一) **法規範層面**：法規命令得設定、變更或消滅人民之權利義務。

(二) **行政手段層面**：公行政為適用法律及執行任務，對於涉及地域遼闊、人數眾多以及時間長久事項，以法規命令予以規定，從事行政之形成。

二 要件

(一) **形式要件**

1. **具有授權依據**

(1) 法規命令之內容應明列其法律授權之依據，並不得逾越法律授權之範圍與立法精神。（行政程序法第150條第2項）

(2) 法律就其構成要件，授權以命令為補充規定者，其授權之內容及範圍應具體明確，然後據以發布命令。（司法院釋字第313解釋）

亦即法規命令應依據授權明確之法律訂定，倘法律就法規命令所規範之內容及範圍並非具體明確，則該所訂定之法規命令即欠卻授權依據。

例如：

空氣污染防制法第38條	汽車於一定場所、地點、氣候條件以怠速停車時，其怠速時間應符合中央主管機關之規定。前項汽車之種類、一定場所、地點、氣候條件與停車怠速時間及其他應遵行事項之辦法，由中央主管機關定之。
勞動基準法第83條	為協調勞資關係，促進勞資合作，提高工作效率，事業單位應舉辦勞資會議。其辦法由中央主管機關會同經濟部訂定，並報行政院核定。

2. **發布主體為行政機關**

機關**內部之單位**並無訂定法規命令之權能。如有以單位名義公布（或廢止）法規命令者，其公布（或廢止）行為應視為不生效力。

故下列情形即不符合「發布主體為行政機關」之要件：

營造物	營造物得訂立營造物（利用）規則，此類規則應屬行政程序法第92條第2項之「屬物性一般處分」。其與法規命令並不易界分，惟仍有若干差異： 1. 法規命令的對象，原則上為全然之不特定人，並沒有一特定的群體可供認知；而營造物規則雖說規範的對象，原則上亦有可能是不特定人，惟雖說「不特定」，但仍有一特定的群體可供認知，例如圖書館管理規則，要規範的是欲使用該圖書館之不特定人。 2. 營造物規則所形成之法律關係，可能為公法關係，亦可能為私法關係；法規命令則以形成公法關係為原則。
公營事業	公營事業通常採私法上之組織形態（如股份有限公司），非政府機關，亦無權發布法規命令，例如電力公司所定營業規則及收費辦法，均非法規命令，毋寧較接近附合契約之性質。
受託行使公權力團體	除非團體之公權力行使係由法律所直接授與，該受託團體始得發布法規命令。否則應認為受託之團體並無發布法規命令之權限。

3. **發布機關具有權限發布法規命令的主體以具有權限之行政機關為限。**

Q 下列情形是否合於本要件？

1. 有權限之機關不自行訂定，交由下級機關擬定，發布時仍以該有權限之上級機關名義為之。（O）
2. 有權限之機關不自行訂定，交由下級機關擬定，發布時以該下級機關名義為之。（X）

（註：「有權限之機關不自行訂定，交由下級機關擬定，發布時以該下級機關名義為之」，即學理上所謂「禁止再委任原則」，可參司法院釋字第443號、第524號解釋。）

4. **踐行有關程序**：應踐行行政程序法第151條至第157條之程序，詳參本書第三篇第一章第七節之內容，茲不贅述。
5. **不得牴觸上位規範**

法規命令不得有下列情事之一，否則無效：

(1)牴觸憲法、法律或上級機關之命令者。

(2)無法律之授權而剝奪或限制人民之自由、權利者。

(3)其訂定依法應經其他機關核准，而未經核准者。

※法規命令之一部分無效者，其他部分仍為有效。但除去該無效部分，法規命令顯失規範目的者，全部無效。（行政程序法第158條）

(二) **實質要件**

1	具有授權依據（法律保留原則）	1. 法規命令之內容應明列其法律授權之依據，並不得逾越法律授權之範圍與立法精神。（行政程序法第150條第2項） 2. 法律就其構成要件，授權以命令為補充規定者，其授權之內容及範圍應具體明確，然後據以發布命令。（司法院釋字第313解釋） 3. 亦即授權明確性原則，法規命令應依據授權明確性原則，之法律訂定，倘法律就法規命令所規範之內容及範圍並非具體明確，則該所訂定之法規命令即欠缺授權依據。

1	具有授權依據	4. 例如： (1) **空氣污染防制法第38條**：汽車於一定場所、地點、氣候條件以怠速停車時，其怠速時間應符合中央主管機關之規定。前項汽車之種類、一定場所、地點、氣候條件與停車怠速時間及其他應遵行事項之辦法，由中央主管機關定之。 (2) **勞動基準法第83條**：為協調勞資關係，促進勞資合作，提高工作效率，事業單位應舉辦勞資會議。其辦法由中央主管機關會同經濟部訂定，並報行政院核定。
2	不得牴觸上位規範（法律優位原則）	法規命令不得有下列情事之一，否則無效： 1. 牴觸憲法、法律或上級機關之命令者。 2. 無法律之授權而剝奪或限制人民之自由、權利者。 3. 其訂定依法應經其他機關核准，而未經核准者。 ※法規命令之一部分無效者，其他部分仍為有效。但除去該無效部分，法規命令顯失規範目的者，全部無效。 （憲法第172條、中央法規標準法第11條、行政程序法第158條）

三 再授權（再委任、轉委任）

所謂再授權（或稱再委任、轉委任），係指在法律保留原則下，法律授權行政機關以法規命令定之。我國目前係採「再授權禁止原則」，也就是說，除法律明示得再授權之外，原則上被授權之行政機關即不得再委由所屬機關發布相關法規命令。（參釋字524）

知識補給站

司法院釋字第524號解釋（節錄）

全民健康保險為強制性之社會保險，攸關全體國民之福祉至鉅，故對於因保險所生之權利義務應有明確之規範，並有法律保留原則之適用。**若法律就保險關係之內容授權以命令為補充規定者，其授權應具體明確，且須為被保險人所能預見。又法律授權主管機關依一定程序訂定法規命令以補充法律規定不足者，該機關即應予以遵守，不得捨法規命令不用，而發布規範行政體系內部事項之行政規則為之替代。倘法律並無轉委任之授權，該機關即不得委由其所屬機關逕行發布相關規章。**

第四節 行政規則 ☆☆☆

【110司法三等、110法制、108關務四等、108司法三等、107高考三級、107司法三等、107地特三等、107地特四等、106關務四等、105關務四等、105司法四等】

一 意義

所謂行政規則係指上級機關對下級機關，或長官對屬官，依其權限或職權為規範機關內部秩序及運作，所為非直接對外發生法規範效力之一般、抽象之規定。（行政程序法第159條第1項）

二 分類

<table>
<tr><th>名稱</th><th colspan="2">說明</th><th>生效方式</th></tr>
<tr><td>作業性行政規則</td><td colspan="2">關於機關內部之組織、事務之分配、業務處理方式、人事管理等一般性規定。
例如：機關內部之單位分設、組織辦法、業務分配。</td><td>下達下級機關或屬官。</td></tr>
<tr><td>☆☆
解釋性行政規則</td><td>解釋性行政規則，係指主管機關基於職權因執行特定法律之規定，得為必要之釋示，以供本機關或下級機關所屬公務員行使職權時之依據。</td><td rowspan="2">由於具有間接外部效力，故受行政自我拘束原則之拘束。</td><td rowspan="2">由其首長簽署，並登載於政府公報發布。</td></tr>
<tr><td>☆☆
裁量性行政規則</td><td>為協助下級機關或屬官行使裁量權，而訂頒之規定。</td></tr>
</table>

素養小教室 行政自我拘束原則

係指行政機關於作成行政處分時，若法律或命令對此情形應如何處理，並未作明確、具體之規定者，則此時行政機關如無正當理由，應受其**行政先例**或**行政慣例**之拘束，**對於相同或具有同一性之事件，應為相同之處理**，否則即違反平等原則，而構成違法。

● 想一想

行政自我拘束原則與下列那一項法律原則最具關連性？　(A)比例原則　(B)明確性原則　(C)公益原則　(D)平等原則。【103身障四等】

答 (D)

三 法規命令與行政規則之比較：【110高考三級、110地特四等】

	法規命令	行政規則
規定事項	有關人民權利義務事項	行政體系內部事項
適用對象	一般人民	本機關、下級機關、所屬公務員（行政程序法第161條）
有無訂定前之草案公告程序	✓	✕
是否直接對外發生效力	✓	✕ （僅有間接對外發生效力）
發布後是否應送立法機關審查	✓	✕

第五節　職權命令

一 職權命令之概念

職權命令係指行政機關在職權範圍內為執行法律，未經法律授權，而逕依職權制定頒布之命令。中央法規標準法第7條規定各機關依其法定職權訂定之命令，即所謂之職權命令。

二 職權命令之合法性

行政程序法第174-1條：「本法施行前，行政機關依中央法規標準法第七條訂定之命令，須以法律規定或以法律明列其授權依據者，應於本法施行後二年內，以法律規定或以法律明列其授權依據後修正或訂定；逾期失效。」

故行政程序法民國90年開始實施後，行政機關依中央法規標準法第七條所訂定之職權命令，應自民國92年失效，惟中央法規標準法第7條仍有職權命令之存在，故其存否之容許性尚有爭議，惟參釋字第367號、443號、479號、570號等解釋，若職權命令之內容僅限於執行法律有關之**技術性、細節性事項**，則尚非法所不許。

想一想

1. 關於行政規則之敘述，下列何者正確？ (A)須有法律之明確授權 (B)具有直接外部法效性 (C)包括機關內部組織之一般性規定 (D)得為處罰之直接依據。 【107地特四等】

2. 下列何者屬於行政規則？ (A)社會救助法施行細則 (B)地方稅法通則 (C)中央行政機關法制作業應注意事項 (D)土地登記規則。 【107地特三等】

3. 總統為避免國家或人民遭遇緊急危難或應付財政經濟上重大變故，依憲法增修條文第2條第3項所發布之命令稱為？ (A)緊急命令 (B)法規命令 (C)行政規則 (D)職權命令。 【107地特三等】

4. 關於行政規則之效力，下列敘述何者正確？ (A)具有拘束訂定機關、其下級機關及屬官之內部效力 (B)法官於審判時，應受各機關所訂行政規則之拘束 (C)行政規則對人民發生直接法拘束力 (D)所有行政規則均須登載政府公報與發布才生效。 【107高考三級】

解答與解析

1. **C** 行政程序法第159條：「本法所稱行政規則，係指上級機關對下級機關，或長官對屬官，依其權限或職權為規範機關內部秩序及運作，所為非直接對外發生法規範效力之一般、抽象之規定。」故本題應選(C)，(A)(B)(D)所述為法規命令。

2. **C** 中央法規標準法第2條：「法律得定名為法、律、條例或通則。」、第3條「各機關發布之命令，得依其性質，稱規程、規則、細則、辦法、綱要、標準或準則。」故(A)(D)為法規命令，(B)為法律，至於(C)注意事項則為行政規則常用之名稱，故答案應選(C)。

3. **A**　憲法增修條文第2條第3項參照。

4. **A**　參行政程序法第159條，行政規則僅具有拘束訂定機關、其下級機關及屬官之內部效力，不具有外部效力，故(C)敘述錯誤。又法官於審判時，所行使者乃司法權，依法獨立審判，故自不受各機關鎖定行政規則之拘束，(B)錯誤。至於行政規則，除性質上屬解釋性及裁量性者，應由其首長簽署，並登載於政府公報發布外，原則上僅需下達下級機關或屬官即可，故(D)敘述錯誤，本題答案應選(A)。

經典範題

選擇題攻略

(　　) **1** 有關行政規則之敘述，下列何者錯誤？　(A)解釋性行政規則自登載於政府公報之次日起生效，不適用於之前的事件　(B)關於機關內部組織之行政規則，自下達之日起生效　(C)解釋性行政規則有間接對外效力　(D)關於機關內部組織之行政規則無須登載於政府公報。　【111司律】

(　　) **2** 關於行政命令之效力，下列敘述何者正確？　(A)法規命令由訂定機關發布，並經立法院審查確認合法性後，始發生效力　(B)行政規則自有效下達下級機關或屬官時起，發生效力　(C)法規命令無法律之授權而剝奪或限制人民之自由或權利者，非當然無效　(D)廢止解釋性規定之行政規則，只須經原機關為之，無須刊登政府公報。　【110司律】

解答與解析

1 (A)。行政程序法第160條，行政規則應下達下級機關或屬官。行政機關訂定前條第二項第二款之行政規則，應由其首長簽署，並登載於政府公報發布之。

2 (B)。行政程序法第161條，有效下達之行政規則，具有拘束訂定機關、其下級機關及屬官之效力。

NOTE

第3章 行政處分

☆☆☆

第一節 行政處分之概念

【110高考三級、110司法四等、107關務四等、106司法四等、106移民四等、106高考三級、105關務三等、105司法三等、105司法四等】

行政處分係指行政機關就公法上具體事件所為之決定或其他公權力措施而對外直接發生法律效果之單方行政行為。（行政程序法第92條第1項）

一 有關行政處分之成立要件的歸納

(一) **行為**

1. 「行為」乃行政機關在**公法上之意思表示**。
2. 行政程序法第92條第1項所謂其他公權力「措施」，倘措施之本身外觀上雖僅為動作，但**具有表達內心決議**者，亦應以行為視之，故諸如交通警察以手勢指揮車輛，通說即認為係屬行政處分之性質；至於雖同為行政機關之行為，但**不具備意思表示**之特徵者，或為單純之動作，即屬典型之**事實行為**；或為認知表示，即為純粹之觀念通知。
3. 近年因行政契約成為行政作用方式之一種，日益增多，行政機關之意思表示，雖行使公權力性質，若被判定為契約之表意行為即不屬於行政處分範疇。故公立學校基於聘任契約而通知解聘、停聘或不續聘，僅屬基於行政契約而為之意思通知，尚非行政處分。惟應注意者係，公立學校教師因具有法定事由，經該校教評會依法定組織及法定程序決議通過予以解聘、停聘或不續聘，並由該公立學校依法定程序通知當事人者，應係該公立學校依法律明文規定之要件、程序及法定方式，立於機關之地位，就公法上具體事件，所為得對外發生法律效果之單方行政行為，具有行政處分之性質。

知識補給站

最高行政法院98年7月份第1次庭長法官聯席會議決議

公立學校係各級政府依法令設置實施教育之機構，具有機關之地位（司法院釋字第382號解釋理由書第2段參照）。公立學校教師之聘任，為行政契約。惟在行政契約關係中，並不排除立法者就其中部分法律關係，以法律特別規定其要件、行為方式、程序或法律效果，俾限制行政契約當事人之部分契約自由而維護公益。公立學校教師於聘任後，如予解聘、停聘或不續聘者，不僅影響教師個人權益，同時亦影響學術自由之發展與學生受教育之基本權利，乃涉及重大公益事項。是教師法第14條第1項規定，教師聘任後，除有該項各款法定事由之一者外，不得解聘、停聘或不續聘，乃為維護公益，而對公立學校是否終止、停止聘任教師之行政契約，以及是否繼續簽訂聘任教師之行政契約之自由與權利，所為公法上限制。除該項教師解聘、停聘或不續聘法定事由之限制外，該法另定有教師解聘、停聘或不續聘之法定程序限制（教師法第14條第2、3項、同法施行細則第16條各款參照）。是公立學校教師因具有教師法第14條第1項各款事由之一，經該校教評會依法定組織（教師法第29條第2項參照）及法定程序決議通過予以解聘、停聘或不續聘，並由該公立學校依法定程序通知當事人者，應係該公立學校依法律明文規定之要件、程序及法定方式，立於機關之地位，就公法上具體事件，所為得對外發生法律效果之單方行政行為，具有行政處分之性質。

(二) 行政機關

行政機關係指代表國家、地方自治團體或其他行政主體表示意思，從事公共事務，具有單獨法定地位之組織。（詳細說明可參本篇第一章「行政程序」第二節「行政程序之適用範圍」。）

(三) 公權力

典型之公權力行使乃源於統治之特性，表現為命令與服從關係，惟現代國家功能擴張，行政機關不以私人地位所為之行為，並非均屬命令與服從性質，故此所謂行使公權力實為**公法領域之各種作為或不作為**。至於其有無法律依據？是否逾越職權範圍？則屬確定為行政處分後進一步探究其合法性之問題。

茲就較具爭議性之公權力行政與私經濟行政之區分，分列如下：

公物關係 【111普考】	1. **確認公物關係存在**或**重新宣示公物關係**之行為係屬行政處分，例如：土地因長期供公眾通行而成立公用地役權關係者，土地所有權人擅自將繼承道路廢止，改為農田，主管機關自得以行政處分予以糾正並恢復原來道路（45年判字第8號判例）；又公物關係因已無公用之必要而由主管機關予以廢止，亦屬行政處分。（53年判字第157號判例） 2. **公物之利用關係**，例如：河川地之使用及工地之採取土石，分別依台灣省河川管理規則、經濟部發布之土石採取規則均應經主管機關之許可，此種許可即屬行政處分。 3. 惟土地所有權人申請發還原捐獻公墓用地事件，行政法院認係土地產權歸屬問題，非公法事件。（58年判字第447號判例）

營造物利用關係	例如學校與學生之關係、監獄與受刑人之關係。
公法上金錢給付義務	1. 勞工保險主管機關對勞保給付請求之准駁。（司法院釋字第466號解釋） 2. 公務員退休金請求事件（司法院釋字第187號、第201號解釋）、拒絕公務員請求給付考績獎金事件、公務員福利互助金爭議（司法院釋字第266號解釋）。 3. 醫療給付、老人年金事件均屬公法上給付。 4. 惟社會保險機構（勞保局）與雇主間因雇主歇業、破產等原因積欠工資，由勞保局動用工資墊償基金償付後，代位向雇主求償（即承受勞工對原雇主之債權）則屬私法事件。
土地事件	1. 依實施耕者有其田條例，主管機關所為徵收及放領行為，以及附帶徵收計算地價之行為，實務上向來認為皆屬行政處分。（43年判字第21號、46年判字第11號、51年判字第479號判決、司法院釋字第115號解釋） 2. 土地登記事件：此類事件與私權之關係密切，惟行政法院認為登記行為屬行政處分（56年判字第97號判例），登記錯誤之更正亦同（100年判字第571號判決）。 3. 公地放領事件：依台灣省放領公有耕地扶植自耕農實施辦法規定，將公地放與農民承領「為私上解除契約之法律行為」（46年判字第20號判例、司法院釋字第89號解釋），惟行政官署依土地法規定，對公有荒地辦理招墾（土地法第126條以下），行政法院又認為「係屬其公法上職權事項，其不許承墾之表示，應屬公法行為之處分性質」（46年判字第95號判例）。 4. 依耕地三七五減租條例第6條規定，辦理租約登記等有關事項，行政法院認係公法上單方行政行為（56年判字第377號判例）。

(四) **單方性**

1. 單方性與上述公權力要素密切相關，乃行政處分與私法上法律行為或公法契約（行政契約）區別之所在。
2. 行政處分基於公權力產生片面之權威性的羈束力，相對人應受行政機關此一片面行為的約束，必要時行政機關尚得以強制手段實現行政處分所欲達成之目標，而私法上法律行為之當事人並不能自行實現，必須取得法院判決或類似名義，由法院強制執行。

3. 公法契約（行政契約）雖亦屬公權力行政，但公法契約之成立須經雙方（通常一方為行政機關他方為人民）意思表示互相一致，與行政處分僅為行政機關單方的意思行為依然有別。行政處分有須經相對人同意者，或稱須當事人協力之處分，例如須申請之處分或受領之處分，前者與公法契約之要約，後者與公法契約之承諾，不可相互混淆，蓋申請及受領並不影響行政機關片面作成處分之性質。晚近各國行政程序立法，賦予當事人參與行政處分作成之過程，目的即在減輕行政處分片面裁斷的色彩。

(五) **個別性**

1. **行政處分與法規命令（法規範）之比較**

相當於行政程序法第92條第1項所稱「具體事件」，換言之，行政處分乃規制個別事件之行政行為，此一特徵構成行政處分與法規命令之重要區別。行政行為之對象為不特定之多數人，其內容為一般（抽象）性規範者，為法規命令；若行政行為之對象為特定人，內容為具體事實關係者，乃典型之行政處分。從上述之基本特徵之差異延伸，尚能得出另一區別標準，即是否具有長效，法規命令含有反覆實施之作用，而行政處分通常係一次完成。

【106司法四等】

<table>
<tr><th colspan="2" rowspan="2"></th><th colspan="2">事件</th></tr>
<tr><th>具體</th><th>抽象</th></tr>
<tr><td rowspan="3">相對人</td><td rowspan="2">個別</td><td>行政處分</td><td rowspan="2">行政處分</td></tr>
<tr><td>一般處分</td></tr>
<tr><td>普通</td><td>通說：一般處分法規範？（有爭議）</td><td>法規範</td></tr>
</table>

2. **一般處分**【108高考三級】

「**一般處分**」乃傳統意義下行政處分之變體，係指行政機關就公法上具體事件所為之決定或其他公權力措施，其**相對人雖非特定**，而**依一般性特徵可得確定**其範圍者，或**有關公物之設定、變更、廢止**或其一般使用者（行政程序法第92條第2項）。故一般處分可歸納如下：

(1) **對人的一般處分**：行政處分之相對人雖非特定人，但為確定或可得確定之多數人，例如因地層危險命某一村落居民立刻遷移、對參與某一事為活動之多數人命解散、警察以手勢或號誌指揮車輛駕駛人。

(2)**對物的一般處分**：例如將某一建築列為古蹟保護、開放公共設施供公共眾使用、指定私有通路為公眾通行之道路，上述對物之行政處分其相對人並不特定，僅能謂包括因物之公法性質或共同使用關係而權利義務受影響之不特定人。

Q 禁止停車等相關標線之設置為對人之一般處分或對物之一般處分？

法規命令說：
設置標線之規範對象不特定，具有反覆發生規範效力之特性，故為法規命令。

對人之一般處分說：
該標線之規範對象為使用該道路之用路人，故相對人係屬可得特定，應屬對人之一般處分。

對物之一般處分說：
標線之設置係用來規範特定道路（公物）之一般使用，應屬對物之一般處分。

(六) **法效性**

1. 即行政處分具有**對外發生法律上效力**之特性。所謂法律效力並不限於公法上之效果，亦包含私法上之效果，例如主管機關核准專利則發生創設智慧財產權之效果。
2. 若行政行為並未對外發生法律效果，則應排除於行政處分之外，例如機關內各單位之會辦意見、行文等。

至於其他有關行政處分法效性等較具重要性之內容，容後說明。

● 想一想

1. 判斷一個行政組織是否為機關，或者僅為一個機關的內部單位，其基準為何？我國新近學說與司法實務，有何看法？

破題架構

(一) 中央行政機關組織基準法之相關規範。
(二) 學說見解：
1. 有獨立組織法規。　2. 有獨立之編制及預算。　3. 有印信。
(三) 實務見解：94年6月分庭長法官聯席會議決議。

2. 請就下列所舉行政行為，分析說明其屬何種行政作用之性質：
(一)縣政府交通局於市區交通易壅塞路段劃設禁止臨時停車之標線。
(二)交通警察於該路段以手勢指揮交通之行為。
(三)交通警察對違規臨時停車者，逕行開單舉發。
(四)公路主管機關針對違規人裁處罰鍰。
(五)因該路段壅塞，警察勸導駕駛人改道行駛。

破題架構

(一) 法規命令說或對人之一般處分說or對物之一般處分說。
(二) 對人之一般處分。
(三) 單純事實通知。
(四) 行政處分。
(五) 行政指導。

3. 依據行政程序法相關規定，一般處分與法規命令應如何區別？請分別詳述並舉例說明之。

破題架構

可參上開重點精要。

二 有關行政處分法效性之常考重點 ☆☆☆

(一) 是否對法發生法律效果應採實質判斷

行政機關行使公權力，就特定具體之公法事件所為對外發生法律上效果之單方行政行為，皆屬行政處分，不因其**用語**、**形式**以及**是否有後續行為**或**記載不得聲明不服之文字**而有異。

知識補給站

司法院釋字第423號解釋（節錄）

行政機關行使公權力，就特定具體之公法事件所為對外發生法律上效果之單方行政行為，皆屬行政處分，不因其用語、形式以及是否有後續行為或記載不得聲明不服之文字而有異。若行政機關以通知書名義製作，直接影響人民權利義務關係，且實際上已對外發生效力者，如以仍有後續處分行為，或載有不得提起訴願，而視其為非行政處分，自與憲法保障人民訴願及訴訟權利之意旨不符。行政法院四十八年判字第九六號判例僅係就訴願法及行政訴訟法相關規定，所為之詮釋，與憲法尚無牴觸。

常見情形如下：

1. 行政機關以通知書名義製作，直接影響人民權利義務關係，且實際上已對外發生效力者，縱仍有後續處分行為，或載有不得提起訴願，仍不應排除其為行政處分之可能。

   例如：

   某甲向行政機關提出某種證照之申請，假定獲得之答覆分別為：

   情形A：「台端申請案件，尚缺下列文件，希於文到七日內補齊，以憑辦理。」

   情形B：「台端申請案件，尚缺下列文件，希於文到七日內補齊，逾期視為銷案並不予退件。」

   →情形A通常尚有駁回之公文或退件之文書，故得視此答覆為先行政處分而到達之觀念通知或意思通知；情形B顯已無後續處置，應即以該答覆為行政處分。

   （註：表意行為究為行政處分抑或觀念通知發生爭議時，此一爭議之本身即得為行政爭訟之標的。）

2. 兵役體位判定，係徵兵機關就役男應否服兵役及應服何種兵役所為之決定而對外直接發生法律效果之單方行政行為，此種判定役男為何種體位之決定行為，不問其所用名稱為何，對役男在憲法上之權益有重大影響，應為訴願法及行政訴訟法上之行政處分。（司法院釋字第459號解釋）

(二) 法律效果是否具有「對外性」之認定

行政處分係法律人格者間之公權力措施，對一自然人或法人，以其為一法律人格者之地位，就其權利義務所為之規制，具有對外之性質。反之，僅存在一公行政主體組織內部之規制，其如對公務員以其為行政組織之部分而為之指令，則欠缺對外之性質。

例：下列情形是否具有對外性？

1. **上級政府對地方自治團體所為之監督措施（O）**

   →原則上，同一行政主體之行政機關相互間所為之公權力措施，因欠缺對外效力，應不成立行政處分。反之，對**其他行政主體**或其行政機關所採取公權力措施，則具有對外效力，有可能成立行政處分。

2. **地方自治團體執行上級政府之委辦事項（X）**

   →地方自治團體執行上級政府之委辦事項，為上級政府之延伸，故上級政府就委辦事項所為之指示，不具對外效力。

素養小教室

判斷是否具有「對外性」之例外

實務上認為，公權力主體或行政機關如**居於與人民相同之地位**，而應服從另一行政機關之公權力時，後者亦得對前者行使公權力作成行政處分，並不問是否屬另一行政主體，倘若上級政府對地方自治團體所為之決定，該地方自治團體非立於人民之地位，則該決定即非行政處分。（司法院釋字第553號解釋、76年度判字第643號、77年判字第2268號、78年判字第2222號、88年判字第4081號判決參照）

(三) **多階段行政處分**【107關務四等】

1. **概念**

多階段行政處分係指行政處分之作成，須二個以上機關本於各自職權共同參與而言。此際具有行政處分性質者，亦即直接對外生效力之部分，乃最後階段之行為，至於先前階段之行為，僅為非對外發生效立之內部意見交換，並非行政處分；具有行政處分性質者，原則上為最後階段機關之行政行為，即直接對外發生法律效果部分。例如營利事業或個人欠稅達一定金額者，依「限制欠稅人或欠稅營利事業負責人出境實施辦法」，由財政部通知內政部入出國及移民署限制出境，後者限制出境處分係以前者通知行為為依據，構成多階段行政處分；或內政部核准縣市政府對土地徵收之決定亦屬之。

知識補給站

稅捐稽徵法第24條第3項

在中華民國境內居住之個人或在中華民國境內之營利事業，其已確定之應納稅捐逾法定繳納期限尚未繳納完畢，所欠繳稅款及已確定之罰鍰單計或合計，個人在新臺幣一百萬元以上，營利事業在新臺幣二百萬元以上者；其在行政救濟程序終結前，個人在新臺幣一百五十萬元以上，營利事業在新臺幣三百萬元以上，得由財政部函請內政部移民署限制其出境；其為營利事業者，得限制其負責人出境，並應依下列規定辦理。但已提供相當擔保者，或稅捐稽徵機關未實施第一項第一款前段或第二款規定之稅捐保全措施者，不適用之：

一、財政部函請內政部移民署限制出境時，應同時以書面敘明理由並附記救濟程序通知當事人，依法送達。

二、限制出境之期間，自內政部移民署限制出境之日起，不得逾五年。

稅捐稽徵法第24條第3項第2款

財政部函請內政部入出國及移民署限制出境時，應同時以書面敘明理由並附記救濟程序通知當事人，依法送達。

2. 救濟方式

有關多階段行政處分之救濟上，學說及實務各有其見解，茲分析如下：

學說	1. 原則上，對一多階段行政處分之救濟，因發生法效性者為後階段之行政行為，前階段行為僅為行政內部行為，故原則上應以後階段之行為為行政處分，對之提起救濟。 2. 惟最後對外作成處分之機關往往對事實不甚了解，其所作成之行政處分往往受前階段行政行為認定事實之拘束，故於例外情形應肯定行政處分之相對人得就前階段行為加以救濟，分析如下： 有認為於符合下列三要件者，得例外對前階段行為提起救濟： (1) 前階段行為已送達當事人或以他法使當事人知悉，例如國稅局於發公文通知移民署時，另以「副本」之形式送達當事人。 (2) 前階段行為已具備行政處分之其他法定要件（僅欠缺顯名要件）。 (3) 後階段行為受前階段行為之拘束，亦即不得變更前階段行為機關之決定。 亦有認為，若法規明定參與機關應獨立直接向相對人為之，則該參與行為自當定性為行政處分，而不再是機關間的內部行為。因此多階段行政處分之參與行為是否為行政處分，須依法規及個案情節判定，未可一概而論。
實務	1. 行政法院83年3月份庭長、評事聯席會議：「營利事業欠稅其負責人（原告）是否有限制出境之必要，係由財政部決定，內政部入出境管理局無從審查財稅機關決定之當否，是於財政部函請該局限制出境同時將副本送達原告時，應認為已發生法律上之效果，即為行政處分，得對之請求行政救濟。」此行政法院之見解，似與上開學說認為於例外情形下，得對前階段行為提起救濟之見解相同。

實務	2. 惟參最高行政法院91年判字第2319號判例：「行政處分之作成，須二個以上機關本於各自職權先後參與者，為多階段行政處分。此際具有行政處分性質者，原則上為最後階段之行政行為，即直接對外發生法律效果部分。人民對多階段行政處分如有不服，固不妨**對最後作成行政處分之機關提起訴訟**，惟**行政法院審查之範圍，則包含各個階段行政行為是否適法**。」認為仍應以後階段之行為作為提起救濟之標的。並有學者補充道，於訴願程序中，訴願機關仍得依訴願法第28條第2項之規定通知前階段行為之機關表示意見；於訴願程序中，亦得依行政訴訟法第41條以下之規定命前階段行為之機關參加訴訟。

● 想一想

何謂多階段行政處分？試就我國現行法、實務見解以及主要學說分析多階段行政處分之特色，以及多階段行政處分作成之後的救濟程序。（解答請詳參上開有關多階段行政處分之重點精要）

(四) 重覆處分與第二次裁決

	重覆處分	第二次裁決
意義	重覆處分顧名思義，指先前已作成並對外生效之行政處分，即所謂第一次裁決後，又重為內容與之相同之處分。因其未為實質決定，故不生任何法律效果，其性質僅屬觀念通知，並非行政處分，不得提起行政爭訟。	「第二次裁決」係指行政機關已作成行政處分，依職權或依當事人之申請，重新審查並有所處置，但未改變先前行政處分之內容。亦即原行政處分發生形式上之存續力後，行政機關依職權或經當事人異議，就原行政處分於未變更原有行政處分之事實及法律狀態，重新為實體上審查，另為裁決而言。因第二次裁決發生公法上效果，是以仍為一新的行政處分，得提起行政爭訟。（法務部98年4月20日法律字第0970031856號函參照）

		重覆處分	第二次裁決
比較	性質	觀念通知	行政處分
	是否經重新實體審查	✗	✓
	主文（旨）是否變更	✗	✓
	是否變更理由或教示救濟	✗	✓
	是否附加附款	✗	✓
	救濟期間之計算（區別實益）	1. 救濟期間仍以第一次裁決起算為準。 2. 例外： (1) 拒絕重開行政程序之處分，本質上也是重覆處分，但仍獨立計算法定救濟期間。 (2) 在第三人效力處分之情形，假定原處分未送達該第三人，而重覆處分則送達，該第三人提起爭訟期間自應從收受送達時起算。	自該第二次裁決時生效。
實例		營業人A申請營業許可被駁回，A於逾訴願期間後，仍致函主管機關請求重新審查。主管機關函復以該案件已經終結，其主張理由亦不可採，則該表視為重覆處分，A不得對之提起訴願。	行政程序法第50條設有回復原狀程序、回復原狀補行程序後之處分便是一例；行政機關主動適用同法第117條及第123條撤銷或廢止原處分之意思表示，則屬依職權之第二次裁決。

(五) **重要相關實務見解**

1. 最高行政法院99年度6月份庭長法官聯席會議決議：公平會所為**「檢舉不成立」之函文非屬行政處分**，檢舉人如對之向行政法院提起撤銷訴訟者，行政法院得以不合法裁定駁回其訴。【108移民四等】
2. 最高行政法院104年11月份第1次庭長法官聯席會議決議（節錄）本件催告函僅在通知甲申請撤銷登記，如逾期仍不申請，將依法逕為登記。查100年5月25日修正公布之戶籍法第48條第4項第7款所定之撤銷登記事項，依同法第23條規定，於法定事由發生時人民即有申請登記之義務，並非因戶政機關催告始創設之新義務，尚難謂該催告對受催告者產生有容忍戶政機關逕為登記之義務，足見該**催告函尚未發生獨立之法律規制效力，自難認為行政處分**。
3. 最高行政法院107年7月份第1次庭長法官聯席會議決議（節錄）**違章建築拆除通知單**（下稱拆除通知單）雖係接續補辦通知單的行政行為，但其內容既係認定B逾期未補辦申請建造執照手續，構成拆除要件，並表示「依違章建築處理辦法第5條規定應執行拆除」係屬違章建築之甲房屋，即含有命B自行拆除，否則逕為強制執行之意思，自應認該**拆除通知單屬於確認及下命性質之行政處分**。

知識補給站

最高行政法院99年度6月份庭長法官聯席會議決議

所謂「行政處分」，依訴願法第3條第1項及行政程序法第92條第1項規定，係指中央或地方行政機關就公法上具體事件所為之決定或其他公權力措施而對外直接發生法律效果之單方行政行為而言。公平交易法第26條：「公平交易委員會對於違反本法規定，危害公共利益之情事，得依檢舉或職權調查處理。」乃明定任何人對於違反該法規定，危害公共利益之情事，均得向公平會檢舉，公平會則有依檢舉而為調查處理行為之義務。至於對檢舉人依法檢舉事件，主管機關依該檢舉進行調查後，所為不予處分之復函，僅在通知檢舉人，主管機關就其檢舉事項所為調查之結果，其結果因個案檢舉事項不同而有不同，法律並未規定發生如何之法律效果。縱使主管機關所為不予處分之復函，可能影響檢舉人其他權利之行使，乃事實作用，而非法律作用。系爭復函既未對外直接發生法律效果，自非行政處分。檢舉人如對該復函向行政法院提起撤銷訴訟，行政法院得以其並非行政處分，而以不合法裁定駁回其訴。另查「法律規定之內容非僅屬授予國家機關推行公共事務之權限，而其目的係為保護人民生命、身體及財產等法益，且法律對主管機關應執行職務行使公權力之事項規定明確，該管機關公務員依此規定對可得特定之人所負作為義務已無不作為之裁量餘地」，則該「可得特定之人」得向該管機關請求為特定行為（「保護規範理論」），司法院釋字第469號解釋足資參照。查「檢舉人」本非「可得特定之人」；而行為時公平交易法第19條、第22條及第24條規定，縱有保護人民生命、身體及財產等法益之目的，惟各該法律對主管機關應執行職務行使公權力之事項，並未明確規定，難謂該管機關依此規定對人民負有特定作為義務而無不作為之裁量餘地。是檢舉人以第三人違反公平交易法第19條、第22條及第24條規定，而依同法第26條規定向公平會檢舉者，本非主管機關應依檢舉、以檢舉人與被檢舉人為處分對象、作成有個案規制效力之行政處分以及作成如何內容之行政處分之規定，又縱依前開司法院釋字第469號解釋意旨（「保護規範理論」），亦難認定該檢舉人得請求主管機關為特定有利於自己而不利於第三人之行政處分。是檢舉人如依行政訴訟法第5條之規定，向高等行政法院提起請求主管機關應為行政處分或應為特定內容之行政處分之訴訟，其起訴亦不備訴訟之要件，應裁定駁回其訴，併予指明。

最高行政法院104年11月份第1次庭長法官聯席會議決議

法律問題：甲有應撤銷戶籍登記事由，但未於30日之法定期間內，向戶政事務所辦理戶籍登記。戶政事務所遂於民國103年6月間，依行為時（100年5月25日修正施行）之戶籍法第48條第3項定期催告甲前來申請登記，逾期仍不申請者，將依同條第4項逕為登記。該催告是否為行政處分？

決議：甲說（否定說）

該催告僅在通知甲辦理撤銷登記，否則將依法逕為登記，並未就甲申請之具體事件有所准駁，或對其權利或利益發生任何法律效果，自非行政處分。

所謂行政處分，依訴願法第3條第1項及行政程序法第92條第1項規定，係指中央或地方行政機關就公法上具體事件所為之決定或其他公權力措施而對外直接發生法律效果之單方行政行為而言。故行政機關如係以作成終局決定為目的前所為之指示或催告，因不發生規制效力，自非行政處分。本件催告函僅在通知甲申請撤銷登記，如逾期仍不申請，將依法逕為登記。查100年5月25日修正公布之戶籍法第48條第4項第7款所定之撤銷登記事項，依同法第23條規定，於法定事由發生時人民即有申請登記之義務，並非因戶政機關催告始創設之新義務，尚難謂該催告對受催告者產生有容忍戶政機關逕為登記之義務，足見該催告函尚未發生獨立之法律規制效力，自難認為行政處分。又依行政程序法第174條本文規定，受催告人對系爭催告函之事由得於逕為登記之終局決定一併聲明不服，當不致有對當事人行政救濟權保護不週之虞。

最高行政法院107年7月份第1次庭長法官聯席會議決議

法律問題：A縣政府認定B所有之甲房屋為程序違建，乃於民國93年2月9日以違章建築補辦手續通知單（下稱補辦通知單）請B於文到30日內依建築法令規定檢齊文件申請補辦建造執照，逾期未補辦，依違章建築處理辦法第5條規定，將通知工程隊拆除。B逾期未補辦，A縣政府又於93年3月15日以違章建築拆除通知單（下稱拆除通知單）通知B應執行拆除係屬違章建築之甲房屋。B對拆除通知單不服，循經訴願程序後，向行政法院提起撤銷訴訟。問：上開拆除通知單是否為行政處分？

決議：採乙說（肯定說）之結論

按行政程序法第92條第1項規定：「所稱行政處分，係指行政機關就公法上具體事件所為之決定或其他公權力措施而對外直接發生法律效果之單方行政行為。」又內政部依建築法第97條之2授權訂定之違章建築處理辦法第5條、第6條分別規定：「直轄市、縣（市）主管建築機關，應於接到違章建築查報人員報告之日起5日內實施勘查，認定必須拆除者，應即拆除之。認定尚未構成拆除要件者，通知違建人於收到通知後30日內，依建築法第30條之規定補行申請執照。違建人之申請執照不合規定或逾期未補辦申領執照手續者，直轄市、縣（市）主管建築機關應拆除之。」「依規定應拆除之違章建築，不得准許緩拆或免拆。」準此，直轄市、縣（市）主管建築機關對於符合拆除要件的違章建築，自應作成行政處分，課予違建人拆除之作為義務，於違建人未履行時，逕為強制執行。本件違章建築補辦手續通知單（下稱補辦通知單）僅係確認B所有之甲房屋為程序違建及通知其補辦建造執照，並未命B拆除其所有之甲房屋，尚難以此作為執行拆除之名義。而違章建築拆除通知單（下稱拆除通知單）雖係接續補辦通知單的行政行為，但其內容既係認定B逾期未補辦申請建造執照手續，構成拆除要件，並表示「依違章建築處理辦法第5條規定應執行拆除」係屬違章建築之甲房屋，即含有命B自行拆除，否則逕為強制執行之意思，自應認該拆除通知單屬於確認及下命性質之行政處分。

▶▶▶ 時事觀覽

娃娃機台店未停業被罰6萬元 打官司仍得繳

Date：2018/05/08

行政處分的爭議誰對誰錯？

去年防疫三級警戒期間偷營業的八大行業，南投縣府開罰養生館和娃娃機台店，其中1家娃娃機台店業者提訴願被駁回，再提行政訴訟，**指未收到縣府停止營業通知，且縣府未給緩衝期，要求撤銷原處分和訴願決定。南投地院法官認為，縣府去年兩度公告縣內八大行業及各類高風險場所**，自即日起停止營業，應關閉的休閒娛樂場包含自助選物販賣機商店（娃娃機台店），**行政處分即有法律效力，駁回業者告訴，6萬元罰款仍得繳**。

去年5月20日起中央宣布全台進入防疫三級警戒，南投縣府在去年5月16日、19日分別公告縣內八大行業及各類高風險場所，自即日起停止營業，而應關閉的行業中包含娃娃機台店，經警方稽查查到7家養生館和9間娃娃機台店，未停止營業，養生館每家開罰30萬元，娃娃機台店則各6萬元，

娃娃機台店業者有多家向衛福部提起訴願，其中有一家馬姓業者不服訴願決定，再向南投地院提起行政訴訟，馬姓業者認為，南投縣沒有用相關函文或簡訊通知業者，且南投縣府也未像彰化縣政府給予3天緩衝期，而自己因有10多家店，需要花時相當時間關閉，南投警方卻在5月20日晚間就去拉封鎖線並移送裁罰。況且衛福部公告的防疫措施中，應關閉的休閒娛樂場所未包含自助選物販賣機商店。

南投縣府答辯強調，去年5月16日、19日就兩度公告南投縣八大行業及各類高風險場所應停止營業，且應關閉之休閒娛樂場包含自助選物販賣機商店。一般處分之送達，得以公告代替之，無須另行發函、簡訊通知。

南地院法官也認定，行政處分對外直接發生法律效果，南投縣府以馬姓業違反傳染病防治法第37條第1項第2款及縣府公告之規定，並依傳染病防治法第67條第1項第2款規定裁處罰鍰6萬元的處分並無違誤，訴願決定予以維持，亦無不合。

（資料來源：自由時報https://news.ltn.com.tw/news/society/breakingnews/3925067）

問題思考

1. 行政處分的合法生效要件為何？
2. 文中的行政處分類型為何？是否為一般處分？如為肯定，其是對人的一般處分抑或對物的一般處分？理由為何？

第二節 行政處分之種類

一 以處分之內容區分

種類	說明
下命處分	下命處分指命相對人為特定之作為、不作為或忍受之處分。例如納稅處分、徵兵處分及警察機關為維護秩序之各種處分均屬之。下命處分所課予之義務，相對人未履行時，即生強制執行之問題，各種處分之中僅下命處分具有強制執行之可能性及必要性。
形成處分	形成處分指行政處分之內容係設定、變更或撤銷（廢止）法律關係者而言，故給予特許、撤銷特許、對公務員之任命或免職、核准歸化、准許專利以及關於物的一般處分等，皆屬形成處分之性質。
確認處分	確認處分包括對法律關係存否之確認，以及對人之地位或物之性質在法律上具有重要意義事項的認定。所謂在法律上具有重要意義事項的認定，係指此種認定直接影響行政法上法律效果者而言。例如自耕能力證明之發給、地價或改良物補償之估定等。

二 以對相對人之效果區分

種類	說明
負擔處分	行政處分之效果係課予相對人義務或產生法律上之不利益者，稱為負擔處分。徵兵、課稅或免職處分，為典型之負擔處分。
授益處分	行政處分之效果係對相對人設定或確認權利或法律上之利益，稱為授益處分。准許商標註冊、核准專利、任命為公務員、發給執照等係屬設定權利或法律上利益性質之授益處分；確認相對人具有某種身分如本國國籍或公職候選人資格等，亦屬於授益處分之一種。

三 以受法律羈束程度區分

種類	說明
裁量處分	當構成要件具備時，行政機關就是否作成、應如何作成，有一定程度自由裁量空間之行政處分。
羈束處分	當構成要件具備時，行政機關即有作成義務之行政處分。

四 以有無法定方式區分

種類	說明
要式處分	行政處分以書面作成為原則，例外始為口頭或其他方式，但書面並非此之所謂要式，必須法規規定以特定格式為處分行為者，始足相當。
不要式處分	以普通公文書，口頭等方式表達之行政處分均屬不要式處分。依行政程序法之通例，以書面以外方式所為之行政處分，其相對人或利害關係人有正當理由要求作成書面時，處分機關不得拒絕。

五 第三人效力處分☆☆☆

行政處分，除相對人外，並且對第三人發生效力者，即所謂「第三人效力處分」。例如主管機關核准甲汽車客運公司行駛路線延長，致影響原本單獨行駛該延長路線之乙汽車客運公司，使乙公司之營運權益受損害，該核准甲汽車客運公司行駛路線延長即屬一第三人效力處分。（改編自最高行政法院67年判字第119號判決。）

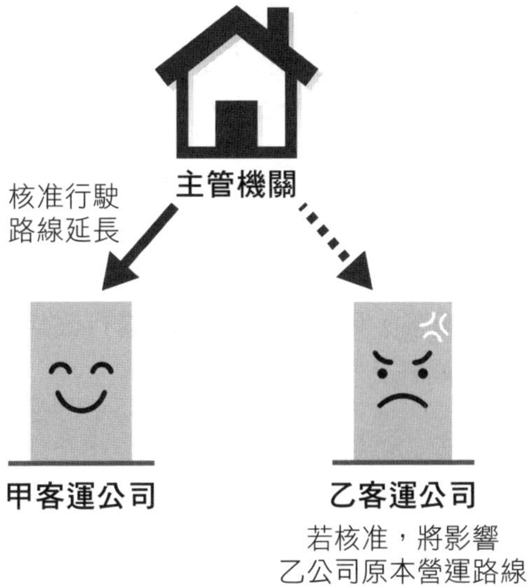

第三人效力處分，如對相對人授益而**對第三人造成負擔**者，既干涉第三

人之權益，自應保障該第三人。故因不服中央或地方機關之行政處分而循訴願或行政訴訟程序謀求救濟之人，包括利害關係人，非專以受處分人為限，惟所謂利害關係乃指**法律上之利害關係**而言。又「法律上利害關係」之判斷，係以「**新保護規範理論**」為界定利害關係第三人範圍之基準。如法律已明確規定特定人得享有權利，或對符合法定條件而可得特定之人，授予向行政主體或國家機關為一定作為之請求權者，其規範目的在於保障個人權益，固無疑義；如法律雖係為公共利益或一般國民福祉而設之規定，但就法律之整體結構、適用對象、所欲產生之規範效果及社會發展因素等綜合判斷，可得知亦有保障特定人之意旨時，即應許其依法請求救濟。

知識補給站

有關保護規範理論，實務上於釋字第469號解釋理由書附有說明，如下：

至前開法律規範保障目的之探求，應就具體個案而定，如法律明確規定特定人得享有權利，或對符合法定條件而可得特定之人，授予向行政主體或國家機關為一定作為之請求權者，其規範目的在於保障個人權益，固無疑義；如法律雖係為公共利益或一般國民福祉而設之規定，但就**法律之整體結構、適用對象、所欲產生之規範效果及社會發展因素等綜合判斷**，可得知亦有保障特定人之意旨時，則個人主張其權益因公務員怠於執行職務而受損害者，即應許其依法請求救濟。

故非處分相對人起訴主張其所受侵害者，若可藉由保護規範理論判斷為其法律上利益受損害，即可認為具有訴訟權能，而得透過行政訴訟請求救濟；反之，若非法律上利益，而僅係單純政治、經濟、感情上等反射利益受損害，則不許提起訴願或行政訴訟。（參最高行政法院99年度判字第1023號判決）

第三節　行政處分之附款【111一般警三、111司律】

一　附款之概念

「附款」係指行政機關以期限、條件、負擔、保留行政處分之廢止權、保留負擔之事後附加或變更等方式附加於行政處分之主要內容的意思表示，對於行政處分的主要規制內容加以限制或補充。行政程序法第93條第1項規定，行政機關作成行政處分有裁量權時，得為附款。無裁量權者，以法律有明文規定或為確保行政處分法定要件之履行而以該要件為附款內容者為限，始得為之。

二　附款之限制與附款之容許性與合法性

(一) 附款之限制

行政程序法第94條：「附款不得違背行政處分之目的，並應與該處分之目的具有正當合理之關聯。」可知為附款時應注意「比例原則」與「禁止不當關聯原則」，後者係指行政行為所採取之手段與其所追求之目的間，必須有合理之聯結關係存在。

(二) 附款之容許性與合法性

1. 容許性

容許性係指行政處分得否為附款者而言。

行政程序法第93條第1項：「行政機關作成行政處分有裁量權時，得為附款。無裁量權者，以法律有明文規定或為確保行政處分法定要件之履行而以該要件為附款內容者為限，始得為之。」

故行政處分得否為附款，應視其為裁量處分或羈束處分，說明如下：

裁量處分	原則上皆得為附款。
羈束處分	原則上不得為附款，除有下列二種情形，始得例外得為附款。 1. 法律另有明文得為附款之規定。 2. 為確保行政處分法定要件之履行而以該要件為附款內容。

2. **合法性**

有關行政處分附款之合法性，除應符合一般法律原理原則，不得違反法律明文之規定外，行政程序法第94條更規定附款之設置不得違反不當連結禁止原則。

三 附款之種類與救濟方式

<table>
<tr><th>種類</th><th>說明</th><th>與行政處分
是否獨立可分</th><th>附款違法
之救濟方式
（行政訴訟類型）</th></tr>
<tr><td>期限</td><td>係指由於行政權的意思表示，行政處分特別規定從一定之時日開始（始期）、終止（終期）或僅於一定之期間內（期間），給予人民利益或課予負擔。
例如：內政部警政署出入境管理局對於曾經逾期居留之外國人不予申請許可居留之期間。</td><td>✕</td><td rowspan="2">課予義務訴訟</td></tr>
<tr><td>條件</td><td>係指行政處分規定給予人民利益或課予負擔之發生或消滅，繫於將來不確定之事實；行政處分的效果尚在不定的狀態，必其條件成就時，行政處分始完全發生效果（停止條件），或當然失其效果（解除條件）。
行政處分之效力繫於將來不確定事實者，可分為停止條件及解除條件。前者，於條件成就時，行政處分發生效力。後者，於條件成就時，失其效力。
例如：營業許可附應設置停車場之條件，與設置停車場後，發生效力（停止條件）；對某外國人以為特定雇主工作為條件，准許居留，如離職，則居留之核准失效（解除條件）</td><td>✕</td></tr>
</table>

種類	說明	與行政處分是否獨立可分	附款違法之救濟方式（行政訴訟類型）
負擔	係指於授益處分中附加相對人須盡一定之義務，命其為一定之作為、不作為或忍受為一種對相對人不利之內容；在本質上應可單獨作成行政處分，亦具有較強之獨立性，例如：准許外國人居留，但附加不得在台就業之限制。處分之附款可視為其獨立之意思，即當事人也能對機關之處分附款提撤銷之訴或課與義務之訴。 例如：起造人向建管單位申請核發建造執照，主管機關許可之同時，課予起造人必須開放一定數量之停車位供大眾使用（作為義務）。	✓	撤銷訴訟
廢止權之保留	保留行政處分之廢止權：係指行政處分在附有特定情形下，或在原處分機關所選定之任何時間，得予廢止之表示者，如授益處分中，行政機關得於行政處分所規定之特別情形下，將行政處分全部或一部予以廢止，使其效力終止。 例如：主管建築機關於建築物在施工中，認有建築法第58條所列各款情形，於必要時得強制拆除。	✗	課予義務訴訟
負擔之保留	保留負擔之事後附加或變更：係指行政機關於作成行政處分時，即保留得於事後對行政處分為附加、變更或補充負擔之權限。 例如：核准設立工廠，但對是否足以影響鄰人之噪音尚不確定，因此保留日後應設置防止噪音裝置之負擔。	✓	撤銷訴訟

在這裡一般常容易對「條件」和「負擔」產生混淆，整理如下表：

	條件	負擔
是負擔處分或授益處分	皆有可能	必為授益處分
行政處分生效時點	附停止條件者，行政處分待條件成就時生效	立即生效
與行政處分間是否獨立不可分（是否不得單獨提起救濟）	✓	✗
得否強制履行	✗	✓
若附款有違法不當之情形，是否會影響受益處分	✓	✗

素養小教室

對各種附款之救濟

目前學界與通說認為，「負擔」與「負擔保留」與行政處分之主要內容各自獨立，固可獨立於行政處分外，對「負擔」或「負擔保留」提出救濟，行政訴訟之類型應為撤銷訴訟；至於「期限」、「條件」、「廢止權保留」則不具獨立性，故如有違法之情，應連同行政處分本身一同提起救濟，若為行政訴訟，則提起「請求作成無附款之行政處分」課予義務訴訟。

▶▶▶ 時事觀覽

中廣2頻道遭收回不服提行政訴訟 敗訴定讞原因曝光

Date：2022/02/17

明明已經給的行政處分，為什麼還可以收回呀？

國家通訊傳播委員會NCC，2016年收回中廣音樂網、寶島網兩頻率，中廣提出行政訴訟，最高行政法院維持原審判決，認定電波頻率本為國家所有，NCC有收回頻率的權力，判決駁回中廣的訴訟，全案定讞。

NCC2016**年**6**月**30**日，通過中廣公司配合「遏制匪播」政策使用的音樂網及寶島網頻率的換照許可，並附加負擔及保留廢止權附款，要求中廣在**NCC**通知繳回頻率時，應配合停止播送且無條件繳回，且不得請求補償**。中廣提告。

台北高等行政法院更審駁回後，中廣提上訴，最高行政法院認為，電波頻率本為國家所有，該頻率既然是因「遏制匪播」政策而核配予中廣，則當政策終止後，原核配頻率的目的已不存在，NCC有收回頻率的權力，中廣負有繳回的義務。

合議庭認為，NCC處分附加附款並未侵害中廣的信賴利益，另中廣也無要求NCC須將所有閒置頻道核配完畢，才能收回頻率的請求權依據或法理上正當性，判決中廣敗訴確定。

（資料來源：中時新聞網https://www.chinatimes.com/realtimenews/20220217004687-260402?chdtv）

問題思考

1. 行政處分在何種情況下得做成附款？
2. 試從行政程序法第92～94條等相關規定，分析文中法院判決中廣敗訴之可能理由為何？

第四節 行政處分之效力【107司法三等、107移民四等】

一 行政處分效力之基本概念

(一) 發生效力之要件

1. 具備行政處分之要素(如欠缺則可能為私法行為)。
2. 須使相對人知悉(以告知、送達或公告等方法,參行政程序法第110條第1項)。

(1)**行政處分**

書面之行政處分	自送達相對人及已知之利害關係人起發生效力。
書面以外之行政處分	自以其他適當方法通知或使其知悉時起,依送達、通知或使知悉之內容對其發生效力。

(2)**一般處分**:自公告日或刊登政府公報、新聞紙最後登載日起發生效力。(但處分另訂不同日期者,從其規定)

3. 須非當然無效之行政處分。(若非無效而僅屬得撤銷者,在未經撤銷前對其效力不生影響)

(二) 發生效力之內容

1. 構成要件效力。
2. 確認效力。
3. 拘束力。
4. 存續力。
5. 執行力。

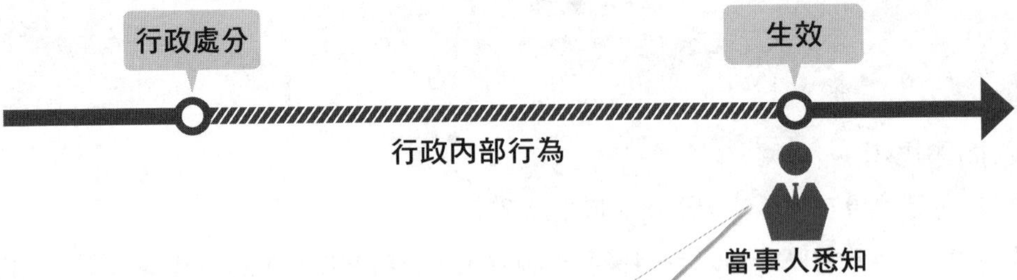

1. 在有多數相對人之場合,其知悉之時間不同,故行政處分之效力亦非同時發生。但也有例外情形,例如稅務文書在對財產公同共有人中之一人送達,效力並及於全體。(稅捐稽徵法第19條)
2. 一般處分則以公告或刊登公報等方式代替送達。

二 行政處分之效力

有關行政處分之效力，規定於行政程序法第110條。一般認為行政處分主要有五大效力，分別為存續力、構成要件效力、確認效力、拘束力、執行力，並可簡化為表格如下：

效力種類	說明
存續力 （亦稱為確定力，參行政程序法第110條第3項：「行政處分未經撤銷、廢止，或未因其他事由而失效者，其效力繼續存在」）【107司法三等】	1. **形式存續力（不可撤銷性）** 係指行政處分之相對人或利害關係人已**不能再以通常之救濟途徑**（訴願及行政訴訟）請求變更或撤銷行政處分時，該處分即具有**不可爭力**，此即為形式上之存續力。 行政處分雖拘束原處分機關，然原處分機關為維護公益或基於法律規定或於一定之要件下，得撤銷或廢止行政處分，使該行政處分失效。換言之，若行政處分之效力已無存續之必要，行政機關得予以撤銷或廢止。（此時應注意人民信賴利益之保護，亦即在因行政處分而產生權利之情形（即授益處分），基於公益以及排除重大災害之考慮，行政機關雖得將處分變更撤銷或廢止，使其確定之效果歸於消滅，但行政機關採取上述措施時，應盡可能保護既得之權利） 知識補給站 **最高行政法院61年裁字第73號判例** 訴願法第九條所稱行政處分書，包括行政機關對於特定事件所為發生公法上權義效果之一切文書在內，並不以送達之處分通知書為限，此與訴訟文書必須送達之情形，不盡相同，故縣市政府就特定農地所為重劃及開闢農事水路之公告，自屬行政處分書之一種。此項公告如經人民閱覽，其意思表示（行政處分）即已發生達到之效力，**人民如不服公告之行政處分而欲提起訴願，應自公告期滿之次日起三十日內為之。逾期行攻處分即告確定，無再事爭訟之餘地**。 2. **實質存續力** 行政處分就其內容對**相對人、關係人及原處分機關發生拘束之效力**，隨行政處分之宣示（送達或公告）而發生，非先有形式上之不可撤銷性而後出現。

效力種類	說明
構成要件效力	行政處分內容無論為下命、形成或確認，均有產生一種行政法上法律關係之可能，不僅應受其他國家機關之尊重，抑且在其他行政機關或法院有所裁決時，倘若涉及先前由行政處分所確認或據以成立之事實（先決問題），即應予以承認或接受，此即所謂構成要件效力，亦即**作成行政處分所認定之事實，會成為其他機關裁決之既定的構成要件**。 例如：外國人經內政部許可歸化者，依國籍法第2條第1項規定取得我國國籍，直接發生法律效果；其他行政機關即受此歸化許可之拘束，而應准予戶籍登記。
確認效力	行政處分有產生行政法關係之可能，應受其他國家機關之尊重，其他行政機關甚至法院有所裁決時，若涉及先前由行政處分所確認或據以成立之事實（通常表現為先決問題），即應予承認及接受。 一般認為確認效力**以法規有特別規定者為限**，亦即必須所適用之法律明文承認確認效力之存在，始有確認效力之適用。 例如：華僑及原住民身分於法律上享有若干優惠，其身分認定係分別由僑務及原住民主管機關為之；經主管機關認定具華僑或原住民身分者，其他機關或法院於行為時即應受其拘束，像刑事訴訟法第31條第1項第4款規定。
拘束力	係指行政處分發生效力後，相對人、利害關係人及行政機關均應受其拘束，亦即該**行政處分就個案之處置所形成之法律狀況（包括作用），應受到第三人、其他機關及法院之尊重**。當然此處之行政處分係指有效之行政處分，若為無效之行政處分，因自始不生效力（行政程序法第110條第4項），縱使通知相對人或利害關係人，亦不生拘束力。
執行力	係指**下命處分**一旦生效，即具有**執行力**。於人民不履行時，**行政機關不必經由法院之協助**，即得**以行政處分為執行名義**，由原處分機關或該管行政機關執行之。（行政執行法第4條第1項） 欲停止行政處分執行力通常應循爭訟途徑提起救濟。依照我國之制度，提起訴願和行政訴訟均不能停止其執行，但原處分機關、訴願決定之機關或行政法院，得依職權或申請而停止原處分（決定）之執行。（訴願法第93條、行政程序法第116條參照）

知識補給站

構成要件效力vs確認效力

行政處分之效力中，**對原處分機關以外之機關**，若係**行政處分之法律效果拘束其他機關**者，稱為**構成要件效力**，基於對有管轄權行政機關行政處分之尊重，除有法律明文規定者外，否則均應拘束其他機關；若係**行政處分之作成理由拘束其他機關**者，則稱作**確認效力**，則**必須有法律明文規定**時始發生。

存續力vs構成要件效力、確認效力

存續力所指涉者為**原處分機關及行政處分之相對人（或關係人）間**之關係；**構成要件效力及確認效力**所指涉者為行政處分對**其他機關、法院或第三人**之拘束效果而言。

第五節　行政處分之合法要件

行政處分之合法要件，亦即行政處分免於瑕疵所須具備之基本條件，故行政處分合法性與瑕疵，乃一事之兩面。行政機關作成一項行政處分所須遵循之事項甚多，首先應先注意是否屬於其本身之職權範圍；其次應遵守無數之相關法律、命令、以及司法解釋、判例，甚至禮俗及正義原則，其中有屬於實體上之規範者，亦有基於程序規定者；最後尚須考慮是否符合行政上所欲達成之目標。行政機關日常所作成之行政處分可謂不計其數，絕大多數均不發生合法性之問題，合法條件有欠缺者所佔比例甚少。但行政法著作對行政處分之瑕疵所作之理論探討，較諸對行政處分合法性正面敘述者為深入及詳盡，此毋寧為正常現象，瑕疵則似疾病，醫生耗費與病理之研究者，自多於健康之常人也。

行政處分之合法要件，可歸納為五大類，說明如下：

一　管轄權

(一) 說明

作成行政處分之機關必須屬於在地域管轄及事務（物）管轄上之有權官署，原本無管轄權之機關所為行為，除非因委任或委託之關係，從上級或平行之機關獲得授權，否則即屬有瑕疵之處分行為。

法律上強制遵守機關權限劃分，其主要理由有二：

1. 貫徹憲法上之權力分立原則以及設置部會之制度。
2. 維護人民審級救濟之利益，假使行政機關違背管轄所作成行政處分，行政爭訟之審級救濟必陷於紊亂。

(二) **欠缺合法要件之效力**

行政程序法第111條第6款：「行政處分有未經授權而違背法規有關專屬管轄之規定或缺乏事務權限者，無效。」

二 機關組成

(一) **說明**

行政處分應由合法之機關（構）作成，始為有效。

下列情形與即此項要件相違背，學理上認為構成撤銷之原因：

1. 應行迴避之公務員，未迴避而做成行政處分。
2. 有決定性影響之公務員如機關首長或代為決行之主管，其任命不合法或精神狀態不健全。
3. 依法應由合議作成之處分，未經合議程序。

（註：若組織形態上雖屬合議制機關，但其組織法規並未規定行政處分之作成須經合議程序者，其首長單獨決策而對外作成之處分，效力毋庸置疑。例如勞動部依其組織條規定，委員會亦之職權限於勞工政策、計畫及法規等審議事項，並不包括具體行政行為之議決。又如僅供機關首長或上級機關諮詢之委員會，其是否參與並不影響行政處分之效力。但作成行政處分依法應經機關內部之委員會調查評估者，如未踐行此項程序，其處分則有瑕疵。）

(二) **欠缺合法要件之效力**

學說上認為機關之組成不合法，構成行政處分**得撤銷**之原因。

三 處分方式

(一) **說明**

1.行政處分必須送達、公告或以他法使相對人知悉，始生效力。

2. 方式自由原則

(1)行政處分除法規另有要式之規定者外，得以書面、言詞或其他方式為之。（行政程序法第95條第1項）

(2)行政處分通常以公文書之方式對外表現，符合公文製作之方式者，可謂已符合本要件，縱使文書有輕微瑕疵（如文字記載錯誤或數字計算有誤等情形），於效力不生影響，亦毋庸以爭訟手段請求撤銷，逕行更正即可。

(3)目前只有於訴願或相類似之程序，必須依法定格式製作決定書，其以命令或通知為之者，實務上不認為有效。

3. 記明理由：原則上書面作成之行政處分應記明理由，惟**有下列各款情形之一者，得不記明理由**：

(1)**未限制人民之權益**者。

(2)處分相對人或利害關係人**無待處分機關之說明已知悉或可知悉**作成處分之理由者。

(3)**大量作成之同種類行政處分**或以自動機器作成之行政處分依其狀況無須說明理由者。

(4)**一般處分**經公告或刊登政府公報或新聞紙者。

(5)有關**專門知識、技能或資格所為之考試、檢定或鑑定**等程序。（這就是為什麼參加國考分數往往一翻兩瞪眼，尤其作文、申論題題型，考生完全搞不清楚自己的分數是怎麼形成的……）

(6)依法律規定無須記明理由者。

4. 行政處分應有救濟之教示（因為人民未必皆熟悉法律，故行政機關應於行政處分內主動告知人民救濟期間及救濟方式）

(二) **欠缺合法要件之效力**

1. **有關處分程序或方式補正之情形**（行政程序法第114條）

違反程序或方式規定之行政處分，除依第111條規定而無效者外，因下列情形而**補正**：

(1)須經申請始得作成之行政處分，當事人已於事後提出者。

(2)必須記明之理由已於事後記明者。

(3)應給予當事人陳述意見之機會已於事後給予者。

(4)應參與行政處分作成之委員會已於事後作成決議者。

(5)應參與行政處分作成之其他機關已於事後參與者。

前項第二款至第五款之補正行為，僅得於訴願程序終結前為之；得不經訴願程序者，僅得於向行政法院起訴前為之。當事人因補正行為致未能於法定期間內聲明不服者，其期間之遲誤視為不應歸責於該當事人之事由，其回復原狀期間自該瑕疵補正時起算。

2. **救濟教示錯誤之救濟**（行政程序法第98條、99條）：

(1)處分機關告知之救濟期間有錯誤時，應由該機關以通知更正之，並自通知送達之翌日起算法定期間。

(2) 處分機關告知之救濟期間較法定期間為長者，處分機關雖以通知更正，如相對人或利害關係人信賴原告知之救濟期間，致無法於法定期間內提起救濟，而於原告知之期間內為之者，視為於法定期間內所為。

(3) 處分機關未告知救濟期間或告知錯誤未為更正，致相對人或利害關係人遲誤者，如自處分書送達後一年內聲明不服時，視為於法定期間內所為。

(4) 對於行政處分聲明不服，因處分機關未為告知或告知錯誤致向無管轄權之機關為之者，該機關應於十日內移送有管轄權之機關，並通知當事人。並視為人民自始向有管轄權之機關聲明不服。

四 處分程序

(一) 說明

1. 行政處分之做成應踐行一定手續，屬於處分程序要件之範圍。
2. 下列情形為具有瑕疵之情形：

(1) 須當事人或須其他機關協力之處分，未經協力者。

(2) 陳述意見：做成行政處分前依法應聽取相對人之陳述，而未能聽取者（行政程序法第102條：行政機關作成限制或剝奪人民自由或權利之行政處分前，除已依第39條規定，通知處分相對人陳述意見，或決定舉行聽證者外，應給予該處分相對人陳述意見之機會。但法規另有規定者，從其規定。）

(3) 法規定有特別之手續，而未遵守者。例如：依礦業法第20條，申請設定礦業權者出現以下情形，「未依指定日期導往勘查，經限期催告仍未到場」、「勘查時不能指明其申請地」或「勘查時所指定之區域與礦區圖完全不符」，主管機關便應駁回其申請。如缺乏勘查紀錄仍作成核准之處分，自屬程序有瑕疵之情形。

(二) 倘程序欠缺，若屬得以補正者，一經補正即無瑕疵。

五 處分內容

法律行為之內容須合法、確定及可能，行政處分亦然，惟行政處分之內容要件其涵義範圍更廣，凡有下列情形均不能認為已具備此項要件，原則上構成得撤銷之原因：

(一) 意思欠缺

行政機關基於錯誤、受詐欺或脅迫所為意思表示。

(二) **違法**

1. 如缺乏積極之法律授權而作成限制人民權益之干涉行政處分、所根據之行政命令本身牴觸上級規範、裁量處分之作成違反合目的性及合義務性之判斷、裁量逾越、裁量濫用、違背禁止不當聯結原則等。

2. 適用法規錯誤

(1)積極的適用錯誤：應適用甲法規而誤用乙法規，或應引用子條文而誤引用丑條文。

(2)消極的適用錯誤：應適用某法規而不適用。

(3)錯誤解釋法規。

(4)將法規適用於不該當之事實（涵攝錯誤）。

(三) **內容不確定。**

(四) **認定事實（闡明事實關係之過程）錯誤。**

(五) **違反法令以外之其他規範**

除不得違反法律、命令之外，亦不得與解釋例、判例、國際法及一般法律原則牴觸。

知識補給站

缺乏事務權限

所謂「缺乏事務權限」，係指已達同條第7款重大而明顯之程度，諸如違反權力分立之情形而言。除此之外，其違反土地管轄或事務管轄，均屬得撤銷而非無效，甚至不生影響於行政處分之效力，此及同法第115條所指：行政處分違反土地管轄之規定者，除依第一百十一條第六款規定而無效者外，有管轄權之機關如就該事件仍應為相同之處分時，原處分無須撤銷。

無須給予相對人陳述意見之情形（行政程序法第103條）

一、大量作成同種類之處分。
二、情況急迫，如予陳述意見之機會，顯然違背公益者。
三、受法定期間之限制，如予陳述意見之機會，顯然不能遵行者。
四、行政強制執行時所採取之各種處置。
五、行政處分所根據之事實，客觀上明白足以確認者。
六、限制自由或權利之內容及程度，顯屬輕微，而無事先聽取相對人意見之必要者。
七、相對人於提起訴願前依法律應向行政機關聲請再審查、異議、復查、重審或其他先行程序者。
八、為避免處分相對人隱匿、移轉財產或潛逃出境，依法律所為保全或限制出境之處分。

第六節 行政處分之無效、撤銷及廢止【107移民四等】

一 行政處分瑕疵態樣分級及其法律效果

行政處分常見之瑕疵態樣如下：

<table>
<tr><th>種類</th><th>瑕疵態樣</th></tr>
<tr><td>非行政處分
及
未完成之處分</td><td>非行政處分：從任何角度判斷，均非行政機關之處分行為。例如：冒充公務員所為之行政處分、公務員在類似狂歡節日上所為之虛妄意思表示。
<table>
<tr><th colspan="3">非行政處分vs無效之行政處分</th></tr>
<tr><th></th><th>非行政處分</th><th>無效之行政處分</th></tr>
<tr><td>是否為行政機關所為之行政處分</td><td>✗</td><td>✓</td></tr>
<tr><td>是否具備行政處分形式外觀（法律外觀）</td><td>✗</td><td>✓</td></tr>
<tr><td>得否成為爭訟客體</td><td>✗</td><td>✓
（必須透過確認訴訟加以確認其是否無效）</td></tr>
<tr><td>舉例</td><td>冒充公務員所為之行政處分</td><td>內容違背公序良俗的行政處分</td></tr>
</table>
未完成之處分：尚在行政機關草擬中具有處分性質之公文書，或雖已經過判行手續但仍未對外發文，無論對行政機關或任何人均不生拘束效果。</td></tr>
<tr><td>書寫錯誤之處分</td><td>以公文書方式製作之書面處分，有誤寫誤算之顯然錯誤，得由有利害關係之人隨時申請更正，或由行政機關依職權更正。</td></tr>
<tr><td>不合目的之處分</td><td>係指瑕疵未達違法程度之裁量處分而言，亦即訴願程序中之不當處分。得由當事人申請或行政機關依職權，予以撤銷並重為合目的之處分。</td></tr>
</table>

而行政處分按其瑕疵程度，有所謂「非行政處分」、「違法行政處分」，違法行政處分按其瑕疵程度有得補正、撤銷、廢止、無效等，並得列表加以說明：

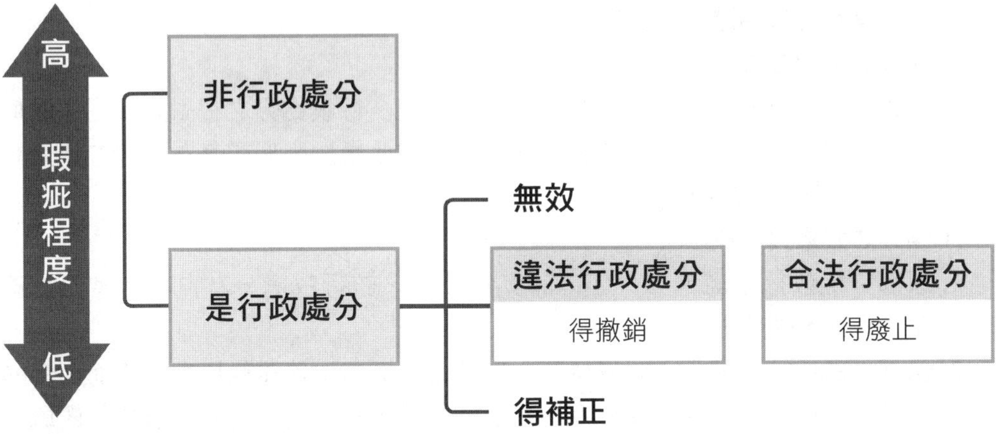

本書將按上開表格之區分，一一就上開瑕疵之行政處分說明如後。

二 行政處分之無效

(一) 無效之意義

行政處分係指行政機關雖已在外觀上作成行政處分，惟在實質上因處分的內容具有瑕疵，或未具備必要形式，或未踐行法定程序，因而欠缺有效條件，以致無法發生效力。

無效之行政處分，不對任何人發生拘束力，係**自始完全無效**，行政機關及普通法院均得以獨立之見解，作無效之判斷。

(二) 無效之原因

行政處分之成立應具備一定要件，如有所欠缺，即形成有瑕疵之行政處分。構成行政處分「自始無效」之瑕疵程度必極為嚴重，始屬無效。針對構成行政處分無效之原因，行政程序法第111條第1～6款採列舉之方式，並以第7款概括條款，將行政無效之原因限於具有明顯而重大之瑕疵，若無，為維法律之秩序應盡可能讓其得撤銷而非無效。以下羅列行政處分無效之原因：

1. 不能由書面處分中得知處分機關者。
2. 應以證書方式作成而未給予證書者。
3. 內容對任何人均屬不能實現者。

4. 所要求或許可之行為構成犯罪者。
5. 內容違背公共秩序、善良風俗者。
6. 未經授權而違背法規有關專屬管轄之規定或缺乏事務權限者。
7. 其他具有重大明顯之瑕疵者。

(三) **無效之確認方式**

行政處分之無效，行政機關得依職權確認之。行政處分之相對人或利害關係人有正當理由請求確認行政處分無效時，處分機關應確認其為有效或無效。（行政程序法第113條）

(四) **無效之效果與治療**

1. **原則**：無效行政處分，一經確認其無效後，該行政處分為自始、當然、確定、絕對不生效力。
2. **例外**：由於行政處分有效或無效，對社會生活與法律關係比有廣泛而深切的影響，基於法律關係的穩定及社會公益考量，學理上有所謂「無效行政處分之治療」一詞，不輕易將瑕疵處分判定為無效，透過法律規定轉換或補正，使行政處分由無效變為有效，其方式依據現行行政程序法之規定說明如下：

(1)**補正**：即將違法之行政處分，在程序與形式上之欠缺，予以補足，使其成為合法之行政處分，規範於行政程序法第114條：

「違反程序或方式規定之行政處分，除依第111條規定而無效者外，因下列情形而補正：

A.須經申請始得作成之行政處分，當事人已於事後提出者。

B.必須記明之理由已於事後記明者。

C.應給予當事人陳述意見之機會已於事後給予者。

D.應參與行政處分作成之委員會已於事後作成決議者。

E.應參與行政處分作成之其他機關已於事後參與者。（第1項）

前項第2款至第5款之補正行為，僅得於訴願程序終結前為之；得不經訴願程序者，僅得於向行政法院起訴前為之。（第2項）

當事人因補正行為致未能於法定期間內聲明不服者，其期間之遲誤視為不應歸責於該當事人之事由，其回復原狀期間自該瑕疵補正時起算。（第3項）」

(2)**轉換**：行政程序法第116條規定，行政機關得將違法行政處分轉換為與原處分具有相同實質及程序要件之其他行政處分。但有下列各款情形之一者，不得轉換：

A.違法行政處分，依第一百十七條但書規定，不得撤銷者。
B.轉換不符作成原行政處分之目的者。
C.轉換法律效果對當事人更為不利者。（第1項）
羈束處分不得轉換為裁量處分。（第2項）
行政機關於轉換前應給予當事人陳述意見之機會。但有第103條之事由者，不在此限。（第3項）

(3)**有權機關為相同之處分**：行政程序法第115條規定，行政處分違反土地管轄之規定者，除依第111條第6款規定而無效者外，有管轄權之機關如就該事件仍應為相同之處分時，原處分無須撤銷。

(4)**一部有效**：行政程序法第112條規定，**行政處分一部分無效者，其他部分仍為有效**，因為行政處分乃高權行為之一種，所以原則上應受有效之推定。但除去該無效部分，行政處分不能成立者，全部無效。相反的，若除去無效部分，其他部分有效者，即使其他部分發生效力。

三 行政處分之撤銷☆☆☆

【110司法四等、108關務三等、108關務四等、106司法三等、106司法四等】

(一) 撤銷之意義

所謂行政處分的撤銷是就**已有效成立（亦即一度發生效力）的行政處分**，因其具有撤銷原因，由具正當權限機關依聲請或依職權另以行政行為予以撤銷，使其全部或一部，溯及既往或只對將來失效者而言，回復至未為處分前的狀態。

一般認為，違法的行政處分，除非其瑕疵明顯而重大，且有無效之事由（如行政程序法第111條），而無法轉換或補正（行政程序法第114條、第116條），並違反土地管轄之規定（行政程序法第115條），應為無效外，否則，基於行政處分為高權行政而不得任意解為無效，原則上僅得撤銷而已。

(二) 撤銷之原因

行政處分撤銷之原因，理論不一，大致上係基於無效處分以外的一切瑕疵在內，其瑕疵在外觀上較不明顯重大，大致上可歸納出以下原因：

意思瑕疵	即行政機關在做成該意思表示時，如有錯誤、被詐欺、脅迫等情事，構成意思上的瑕疵，並非當然無效，為得撤銷之原因。
違法不當	係指行政機關作成行政處分時，就權限的事項在解釋或適用法規上有違法不當情事，至當事人或關係人的權益受損害，此種瑕疵，與逾越權限者不同，是為單純違法，行政處分非當然無效，僅得予以撤銷。
違反公益	係指行政機關以自由裁量所作行政處分，違背國家社會公益，構成不當處分，所得行為僅得予以撤銷。
程序不合	行政處分未依法定程序作成，既欠缺合法要件，構成得撤銷之原因，得在補正之後，成為合法有效的行政處分。

(三) **得否撤銷行政處分之情形**

1. **得撤銷之情形**

行政程序法第117條規定，**違法行政處分**於**法定救濟期間經過後，原處分機關得依職權為全部或一部之撤銷**；其上級機關，亦得為之，但行政程序法第121條第1項明定，此撤銷權應自原處分機關或其上級機關**知有撤銷原因時起2年內**為之，以避免法律關係之不確定。

知識補給站

最高行政法院83年判字第151號判例

行政機關於審酌是否撤銷授予利益之違法行政處分時，除受益人具有：一、以詐欺、脅迫或賄賂方法使行政機關作成行政處分；二、對重要事項提供不正確資料或為不完全陳述，致使行政機關依該資料或陳述而作成行政處分；三、明知行政處分違法或因重大過失而不知等信賴不值得保護之情形之一者外，依行政法上信賴保護原則，為撤銷之行政機關固應顧及該受益人之信賴利益。但為撤銷之行政機關**行使裁量權之結果，倘認為撤銷該授予利益之違法行政處分所欲維護之公益顯然大於受益人之信賴利益者，該機關仍非不得依職權為全部或一部之撤銷。**

所以依行政機關行使裁量權之結果，倘認為撤銷行政處分所欲維護之公益顯然大於受益人之信賴利益時，此時機關即得為一部或全部之撤銷。

2. **不得撤銷之情形**

有下列各款情形之一，不得撤銷違法之行政處分：

(1) 撤銷**對公益有重大危害**者。

(2) 受益人無行政程序法第119條所**列信賴不值得保護之情形**，而信賴授予利益之行政處分，其**信賴利益顯然大於撤銷所欲維護之公益**者。

知識補給站

信賴不值得保護之情形（行政程序法第119條）

1. 以詐欺、脅迫或賄賂方法，使行政機關作成行政處分者。
2. 對重要事項提供不正確資料或為不完全陳述，致使行政機關依該資料或陳述而作成行政處分者。
3. 明知行政處分違法或因重大過失而不知者。

(四) **撤銷之類型**

類型	說明
授益處分之撤銷 ☆☆☆	依循兩項原則相互支配： 1. **依法行政原則**：處分既屬違法自應撤銷。 2. **信賴保護原則**：人民因信賴行政處分以取得特定身分或某種權益，即不應再予剝奪。
負擔處分之撤銷	1. 因行政處分本對人民不利，故其撤銷通常不生既得權或信賴保護之問題。 2. 行政機關對違法之負擔處分，**得不問其是否已屬確定，隨時加以撤銷**，以便恢復合乎法律之狀態。 3. 撤銷違法行政處分**性質上是行政機關裁量之事項**，行政機關主觀上不為違法者，毋庸撤銷，即使有可疑為違法，亦不屬非撤銷不可，可聽任相對人尋救濟途徑達到撤銷目的。 4. 當然，如法律另有規定，限制或禁止撤銷者，從其規定。

類型		說明
第三人效力處分之撤銷 ☆☆	對相對人造成授益，第三人造成負擔	1. 撤銷之限制與一般授益處分同。 2. 若撤銷係**由第三人循爭訟程序提起**，則**處分之相對人自無主張信賴保護之餘地**，蓋原處分尚未產生確定效果。
	對相對人造成負擔，第三人造成授益	第三人既非處分之相對人，當無主張信賴保護之可能，適用負擔處分撤銷之法理即可。

(五) **撤銷之效果**

1. **原則**：經有權限機關撤銷以後，其效力與無效行政處分相同，**溯及既往失其效力，歸於無效**。
2. **例外**：行政程序法第118條規定，違法行政處分經撤銷後，溯及既往失其效力。但為維護公益或為避免受益人財產上之損失，為撤銷之機關得另定失其效力之日期，以排除其溯及既往之效力。
3. **行政機關撤銷行政處分後，仍應注意下列特別規定**：

(1)**給予合理補償**：

行政程序法第120條規定，授予利益之違法行政處分經撤銷後，如受益人無第119條所列信賴不值得保護之情形，其因信賴該處分致遭受財產上之損失者，為撤銷之機關應給予合理之補償。且補償額度不得超過受益人因該處分存續可**得之利益**。

素養小教室

補償額度不得超過受益人因該處分存續可得之利益

所謂「補償額度不得超過受益人因該處分存續可得之利益」，即補償之範圍**以受益人因信賴違法之行政處分有效而存在之利益為限（消極利益）。至於積極利益的部分（即因行政處分有效而獲得之利益）則不得請求補償**。而補償金額由原處分機關確定之，處分機關於確定之前，亦得與受益人協商，若達成協議，此即為**公法契約**，雙方均應受拘束。若受益人對補償之爭議及金額有不服者，得向行政法院提起給付之訴。（行政程序法第120條第3項）

補償請求權依據行政程序法第121條第2項規定，**自行政機關告知其事由時起**，因**2年**間不行使而消滅；**自處分撤銷時起逾5年**者，亦同。

(2) **受益人所受利益之返還**☆☆☆：（107司法四等、106司法三等、105關務四等、105司法四等）

行政程序法第127條規定，授予利益之行政處分，其內容係提供一次或連續之金錢或可分物之給付者，經撤銷而有溯及既往失效之情形時，受益人應返還因該處分所受領之給付。受益人應依民法不當得利規定返還因該處分所受領之給付。行政機關依前述規定請求返還時，應以書面行政處分確認返還範圍，並限期命受益人返還之。行政處分未確定前，不得移送行政執行。

素養小教室

行政程序法第127條新舊法比較

舊法	現行法（104年12月30日開始施行）
授予利益之行政處分，其內容係提供一次或連續之金錢或可分物之給付者，經撤銷、廢止或條件成就而有溯及既往失效之情形時，受益人應返還因該處分所受領之給付。其行政處分經確認無效者，亦同。（第1項） 前項返還範圍準用民法有關不當得利之規定。（第2項）	授予利益之行政處分，其內容係提供一次或連續之金錢或可分物之給付者，經撤銷、廢止或條件成就而有溯及既往失效之情形時，受益人應返還因該處分所受領之給付。其行政處分經確認無效者，亦同。（第1項） 前項返還範圍準用民法有關不當得利之規定。（第2項） **行政機關依前2項規定請求返還時，應以書面行政處分確認返還範圍，並限期命受益人返還之**。（第3項） **前項行政處分未確定前，不得移送行政執行**。（第4項）

立法理由：
1. 原條文第1項及第2項未修正。
2. 增訂第3項規定行政機關應**以書面行政處分**確認返還範圍，並限期命受益人返還不當得利。
3. 惟考量受益人或有對前開命返還之處分不服而提起行政救濟之情形，**為避免行政機關於上開處分未確定前，即移送行政執行**，惟**行政處分因救濟而被撤銷**，**致受益人權益遭受損害**，爰增訂第4項，以保障其權益。（本為違法之行政處分，在提起行政爭訟請求撤銷原處分前，因為該違法之行政處分仍屬有效，所以仍會被行政機關執行。為避免直到處分被撤銷後，受益人之權益早已受到行政執行之損害，所以修法新增第4項以保障受益人權益。）

4. **返還證書或物品**：行政程序法第130條規定，行政處分經撤銷確定後，而有收回因該處分而發給之證書或物品之必要者，行政機關得命所有人或占有人返還之。但所有人或占有人得請求行政機關將該證書或物品作成註銷之標示後，再予發還。惟依物之性質不能作成註銷標示，或註銷標示不能明顯而持續者，不在此限。

(六) **「無效之行政處分」與「得撤銷之行政處分」之比較如下：**

	無效之行政處分	得撤銷之行政處分
性質	皆為違法之行政處分	
瑕疵程度	重大且明顯	較無效之行政處分輕微而不明顯
效力	**自始當然無效**	原則上，行政處分違法，其仍發生效力，但得撤銷而已。換言之，違法之行政處分**在未撤銷之前，仍屬有效。**

四 行政處分之廢止☆☆☆

(一) **廢止之意義**

所謂行政處分之廢止，係就原已成立且生效之**合法**行政處分，基於法律上，政策上或事實上之原因，決定將其廢棄，使其自將來喪失效益之行為，對於行政處分之廢止，亦有稱為「撤回」者。

(二) **廢止之原因**

行政處分之廢止，並非係因本身存有瑕疵，行政處分本身仍屬合法，而是由於以下原因而必須廢止：

1. 基於情事變遷，政策需要（行政配合政策之改變）。
2. 依據法律變更，或因法律修訂。
3. 行政處分本來就有保留廢止權。☆

(三) **廢止之限制**

行政處分類型	限制
非授與利益之行政處分	因其廢止並未使相對人蒙受不利，故得由原處分機關**依職權為全部或一部廢止**。 但廢止後仍應為同一內容之處分或依法不得廢止者，則不得廢止之（行政程序法第122條）。例如：應為羈束處分者，於廢止後，仍應為相同之處分，故為避免人民混淆而不知所措，應予以禁止。
授予利益之行政處分	合法授益處分之廢止與違法行政處分之撤銷相同，均**應顧及人民信賴利益之保護**，故須於一定之法律要件下始得廢止，該處分之廢止應限於以下情形，始得由原處分機關依職權為全部或一部之廢止： 1. 法規准許廢止者。 2. 原處分機關保留行政處分之廢止權者。 3. 附負擔之行政處分，受益人未履行該負擔者。 4. 行政處分所依據之法規或事實事後發生變更，致不廢止該處分對公益將有危害者。 5. 其他為防止或除去對公益之重大危害者。 惟有以上廢止原因者，依行政程序法第124條，應**於廢止原因發生後2年內**廢止之。

(四) **廢止之效果**

1. **原則**：依行政程序法第125條規定，合法行政處分廢止後，**自廢止時或自廢止機關所指定較後之日時起，失其效力**。
2. **例外**：因受益人**未履行負擔致行政處分受廢止**者，得**溯及既往失其效力**。
3. **行政機關撤銷行政處分後，仍應注意下列特別規定**：

(1) **給予合理補償**：原處分機關依**行政程序法第123條第4款、第5款**規定廢止**授予利益**之合法行政處分者，對受益人因信賴該處分致遭受財產上之損失，應給予合理之補償。補償額度不得超過受益人因該處分存續可得之利益。關於補償之爭議及補償之金額，相對人有不服者，得向行政法院提起給付訴訟。

補償請求權，自**行政機關告知其事由時起**，因**2年**間不行使而消滅；**自處分撤銷時起逾5年**者，亦同。

素養小教室

違法授益處分之撤銷

違法授益處分之撤銷，發生了依法行政與信賴保護二個利益之衝突。而合法授益處分之廢止，反而使依法行政與信賴保護二者，利益相結合。故**信賴保護原則於合法授益處分廢止之情形下，比違法授益處分之撤銷，更顯得有重要之意義。**

(2) **受益人所受利益返還**☆☆☆【110司法四等】：行政程序法第127條規定，授予利益之行政處分，其內容係提供一次或連續之金錢或可分物之給付者，經廢止而有溯及既往失效之情形時，返還因該處分所受領之給付。行政機關依前述規定請求返還時，應以書面行政處分確認返還範圍，並限期命受益人返還之。行政處分未確定前，不得移送行政執行。（注意行政程序法第127條之修法歷程，詳細內容可參前揭行政處分撤銷之內容。）

(3) **返還證書或物品**：行政程序法第130條規定，行政處分經廢止確定後，而有收回因該處分而發給之證書或物品之必要者，行政機關得命所有人或占有人返還之。但所有人或占有人得請求行政機關將該證書或物品作成註銷之標示後，再予發還。惟依物之性質不能作成註銷標示，或註銷標示不能明顯而持續者，不在此限。

(五) **「行政處分之撤銷」與「廢止」比較如下表：**

	撤銷	廢止
標的	違法的行政處分	合法的行政處分
目的	糾正行政處分之瑕疵	調和目前的事實或法律狀態
效力	原則上溯及既往失效	原則上向將來失效
有權機關	原處分機關、上級機關、其他機關或行政法院皆可	原則上限於原處分機關

五 行政處分之補正及轉換【111一般警三】

(一) 補正

違法之行政處分，其瑕疵僅係程序或方式之違反而非重大，尚未達無效或得撤銷之程度時，為提高行政效能，自應准行政機關事後予以補正。

故行政程序法第114條第1項之規定，違反程序或方式規定之行政處分，除依第111條規定而無效者外，因下列情形而補正：

1. 須經申請始得作成之行政處分，當事人已於事後提出者。
2. 必須記明之理由已於事後記明者。
3. 應給予當事人陳述意見之機會已於事後給予者。
4. 應參與行政處分作成之委員會已於事後作成決議者。
5. 應參與行政處分作成之其他機關，已於事後參與者。

違反程序或方式之行政處分，為免該行政處分因得補正而處於不確定之狀態，故就前開第2～5點得補正之情形，應於訴願程序終結前為之。若不經訴願程序者，僅得於向行政法院起訴前為之。

(二) 轉換

行政程序法第116條第1項規定，行政機關得將違法行政處分轉換為與原處分具有相同實質及程序要件之其他行政處分。但有下列各款情形之一者，不得轉換：

1. 違法行政處分，依第117條但書規定，不得撤銷者。
2. 轉換不符作成原行政處分之目的者。
3. 轉換法律效果對當事人更為不利者。

此外，**羈束處分不得轉為裁量處分**，而轉換前除有行政程序法第103條之情形外，**必須給予當事人陳述意見之機會**。

第七節　行政程序重開【111普考、106司法三等】

作成行政處分之程序與作成裁判之訴訟程序相似，均應具備一種開啟已終結之程序的手續規定，此在訴訟法稱之為再審，於行政程序則稱重新進行。程序之重新進行即是除前述撤銷或廢止之外，足以改變行政處分效力之一種途徑，構成行政處分形式存續力之例外。

下就行政程序法有關行政程序重開之規定說明如下：

一　申請撤銷、廢止或變更處分之要件

行政處分於法定救濟期間經過後，具有下列各款情形之一者，相對人或利害關係人得向行政機關申請撤銷、廢止或變更之。但相對人或利害關係人因重大過失而未能在行政程序或救濟程序中主張其事由者，不在此限：

(一) 具有持續效力之行政處分**所依據之事實事後發生有利於相對人或利害關係人之變更**者。

(二) 發生**新事實**或發現**新證據**者，但以如經斟酌可受較有利益之處分者為限。

素養小教室　何謂「新事實、新證據」？

過去在法無明文之情形下，依照最高行政法院一貫之見解……之事實及證據。但在110年1月20日，行政程序法修正公布之第128條，已新增第3項「第一項之**新證據，指處分作成前已存在或成立而未及調查斟酌，及處分作成後始存在或成立之證據。**」因此所謂「新事實」仍是依照最高行政法院之見解，但是「**新證據**」在第128條第3項已有明文規定之情形下，除了指處分作成前已存在或成立而未及調查斟酌，並**包括處分作成後始存在或成立之證據**。

(三) 其他具有**相當於行政訴訟法所定再審事由**且足以影響行政處分者。

二 申請撤銷、廢止或變更處分之期間

申請程序重開者，應**自法定救濟期間經過後3個月內**為之；其事由發生在後或知悉在後者，自發生或知悉時起算。但**自法定救濟期間經過後已逾5年者，不得申請**。

素養小教室

法定救濟期間經過後

何謂「法定救濟期間經過後」？是否包含「窮盡救濟途徑」？亦即「經法院駁回而確定之行政處分」得否行程序重開之程序？

1. 最高行政法院107年度判字第597號判決認為，行政程序法第128條雖是針對已發生形式確定力之行政處分所設之特別救濟程序，然該條既明文規定適用之對象為「於法定救濟期間經過後」之行政處分，則**如果於法定救濟期間內，曾對行政處分循序提起撤銷訴訟**，經行政法院以實體判決**駁回**其訴**確定者**，該行政處分並非因法定救濟期間經過而確定，**即無前揭程序**（行政程序法第128條）**之適用**。
2. 學說上則認有為基於**依法行政、平等原則**，「法定救濟期間經過後」應與「窮盡救濟途徑」作相同之解釋，故**縱使未窮盡救濟途徑**，亦即縱使係未經法院駁回而確定之行政處分，**亦有行政程序法第128條程序重開之適用**。

三 申請撤銷、廢止或變更原處分之處置

行政機關認前條之申請為有理由者，應撤銷、廢止或變更原處分；認申請為無理由或雖有重新開始程序之原因，如認為原處分為正當者，應駁回之。

第八節 公法上消滅時效

公法上請求權時效，以往通說皆主張應類推民法之相關規定，係鑑於行政法欠缺通則性之規定可資適用，而行政程序法典化之完成，已足以彌補此項缺失，故關於時效期間、請求權消滅時效之結果、中斷事由及如何重行起算，均有行政法序法或其他相關法律之規定足以依循（參行政程序法第131條至134條），下就行政程序法公法上之消滅時效加以說明：

一 公法上之請求權時效，其請求權人為……☆☆

行政機關	除法律另有規定外，因**5年**間不行使而消滅。
人民	除法律另有規定外，因**10年**間不行使而消滅。

二 時效不中斷

行政處分因撤銷、廢止或其他事由而溯及既往失效時，自該處分失效時起，已中斷之時效視為不中斷。

三 時效之重行起算

因行政處分而中斷之時效，自行政處分不得訴請撤銷或因其他原因失其效力後，重行起算。

四 重行起算之時效期間

因行政處分而中斷時效之請求權，於行政處分不得訴請撤銷後，其原有時效期間不滿5年者，因中斷而重行起算之時效期間為5年。

經典範題

選擇題攻略

( ) **1** 有關公物之敘述，下列何者錯誤？ (A)公有公共用物不適用民法取得時效之規定 (B)未開放一般人民利用之管制山區，不屬於公共用物 (C)准許民眾在公用道路搭建戲台酬神演戲，為公物之特別使用 (D)為防止疫情擴散，市立國民小學禁止該校師生以外之人進入，為公物警察權之行使。【111司律】

( ) **2** 公平交易委員會於所核發之事業結合許可中附記：「A股份有限公司取得B、C等股份有限公司之股份，仍應符合有線廣播電視法第9條第4項規定所定外國人持有股份之限制，如有違反，中央主管機關得依該法第58條第1項第1款規定廢止其經營許可。」該段文字之性質為何？ (A)負擔之附款 (B)保留行政處分廢止權之附款 (C)保留負擔事後附加之附款 (D)法定義務之註記。【111司律】

( ) **3** 關於無效行政處分，下列敘述何者錯誤？ (A)無效行政處分自始不生效力，無須經有權機關宣告或撤銷 (B)無效行政處分，不因事後之追認或時間之經過而治癒變為有效 (C)行政處分是否無效，發生爭議時，得透過課予義務訴訟以求解決 (D)如下命處分無效，而行政機關據以執行，將產生國家賠償責任。【111司律】

( ) **4** 某專業技術證照的發給，依相關法規規定，係由相關領域學者專家就各項實作考試予以評分，後續再組成委員會決定及格分數與及格人數後，主管機關據以核發證照。經主管機關通知某甲，其為不及格而未發證照。甲不服而提起行政爭訟，下列何者非屬行政法院得據以撤銷該處分之事由？ (A)委員會為決定時，實際出席之委員人數低於法定應出席人數 (B)學者專家於實作考試評分過程中未給予甲陳述意見之機會 (C)為實作考試評分之專家有應迴避事由而未迴避 (D)委員會就有關及格分數與人數的重要事項漏未斟酌。【111司律】

(　　) **5** A機關核准補助B協會新臺幣50萬元，並已全額匯入B帳戶。嗣A機關因故廢止該補助處分，效力溯及既往。依行政程序法規定，關於A機關得請求B返還補助款之消滅時效，下列敘述何者正確？　(A)自核准補助B時起10年　(B)自補助款匯入B帳戶時起5年　(C)自通知B廢止補助時起5年　(D)自補助款匯入B帳戶時起10年。【111司律】

(　　) **6** 依行政程序法規定，關於行政處分之敘述，下列何者錯誤？　(A)立法院亦有可能作成行政處分　(B)限制人民之權利乃行政處分之概念要素　(C)行政處分既可以用書面或言詞作成，甚至也可以用手勢作成　(D)行政機關依職權撤銷行政處分，該撤銷本身亦為行政處分。【111司律】

(　　) **7** 某電視台於被處分停播期間，擅自播送節目，遭主管機關吊銷電視執照。此吊銷屬於下列何種行為之性質？　(A)行政處分之撤銷　(B)行政處分之廢止　(C)行政處分之轉換　(D)行政處分之確認無效。【110司律】

(　　) **8** 甲經A市政府社會局審核為低收入戶，並以低收入戶身分向該府都市發展局申請限低收入戶承租之社會住宅。都市發展局雖對於核列甲低收入戶處分之合法性有所懷疑，惟仍不得否認甲之低收入戶身分。此乃因行政處分具有何種效力之故？　(A)既判力　(B)形式存續力　(C)構成要件效力　(D)執行力。【110司律】

(　　) **9** 書面行政處分有下列何種情形者無效？　(A)送達不合法　(B)未踐行意見陳述程序　(C)理由不備　(D)不能得知處分機關。【110司律】

(　　) **10** 關於公物之敘述，下列何者正確？　(A)公共用物除通常使用外，亦可能為特別使用　(B)公物之利用，皆為公法關係　(C)自然形成之河川地無法成為公物　(D)公物之成立僅能透過法律行為。【110司律】

(　　) **11** 行政機關於原先得通行車輛之橋樑兩側設置告示牌，公告自民國110年1月1日起限腳踏車及行人通行。依司法實務見解，此公告之性質為何？　(A)事實行為　(B)法規命令　(C)行政處分　(D)行政規則。【110司律】

(　　) **12** 下列何者為直接對外發生法律效果之行政行為？　(A)行政規則　(B)陳情之答覆　(C)行政指導　(D)一般處分。【110司律】

解答與解析

1 (D)。公物之警察權，係指為維護公物之公共使用秩序而為必要行為之權限行使，因具有限制人民權利情形，故須符合法律保留原則依法律為之。

2 (D)。附款係對於行政處分之主要內容有所限制及設定，計有期限、條件、負擔、保留行政處分廢止、負擔事後變更追加等種類。如僅為現存法律之重複性揭示，自不屬之。

3 (C)。行政程序法第113條，行政處分之無效，行政機關得依職權確認之。故救濟應依行政訴訟法第6條為之。

4 (B)。行政程序法第102條，行政機關作成限制或剝奪人民自由或權利之行政處分前，除已依第三十九條規定，通知處分相對人陳述意見，或決定舉行聽證者外，應給予該處分相對人陳述意見之機會。

5 (C)。行政程序法第131條，公法上之請求權，於請求權人為行政機關時，除法律另有規定外，因五年間不行使而消滅；於請求權人為人民時，除法律另有規定外，因十年間不行使而消滅。

6 (B)。行政程序法第92條第1項，本法所稱行政處分，係指行政機關就公法上具體事件所為之決定或其他公權力措施而對外直接發生法律效果之單方行政行為。並無限制之必然。

7 (B)。行政程序法第125條，合法行政處分經廢止後，自廢止時或自廢止機關所指定較後之日時起，失其效力。但受益人未履行負擔致行政處分受廢止者，得溯及既往失其效力。

8 (C)。臺灣臺北地方法院101年度簡字第179號行政判決要旨，所謂行政處分之「構成要件效力」，係指行政機關之行政處分應為其他機關所尊重，並以之為既存之構成要件事實，作為其他機關決定時之基礎。又行政處分之「確認效力」，係指行政處分所依據之事實或法律上之認定，對其他機關產生之拘束力。學理上認為，構成要件效力係行政機關管轄分權後當然發生，不待法律明文，而確認效力則以法律有特別規定為限，始得予以承認。

9 (D)。行政程序法第111條，行政處分有下列各款情形之一者，無效：一、不能由書面處分中得知處分機關者。二、應以證書方式作成而未給予證書者。三、內容對任何人均屬不能實現者。四、所要求或許可之行為構成犯罪者。五、內容違背公共秩序、善良風俗者。六、未經授權而違背法規有關專屬管轄之規定或缺乏事務權限者。七、其他具有重大明顯之瑕疵者。

10 (A)。公物依其使用目的，可分為：公共用物、行政用物、特別用物、營造物用物等四種。

11 (C)。於原先得通行車輛之橋樑兩側設置告示牌，限腳踏車及行人通行之公告，相對人雖非特定，而依一般性特徵可得確定其範圍者，依行政程序法第92條第2項為一般處分。

12 (D)。行政程序法第92條第1項。

NOTE

談「行政程序重開」的失能與不為

Date：2022/07/06

行政程序重開要注意什麼？

有關稅務爭訟案件之非常救濟，對於最高行政法院的確定判決，可以提起「再審」，而目前再審門檻過高，再審事由之限縮性解釋，5年時效限制等，納稅義務人很難得到有效的救濟。另外一途為申請「行政程序重開」（行政程序法第117條規定）。

按行政程序法第117條規定，違法行政處分於法定救濟期間經過後，原處分機關得依職權為全部或一部之撤銷；其上級機關，亦得為之。

最高行政法院部分法官在行政訴訟法第18次研討會中曾明白表示，行政法院確定判決既判力給予行政機關之利益，行政機關若自覺有違法理虧，行政機關可以將之放棄，依職權另為合法之處分。此項見解與林紀東教授（曾任27年大法官）在1996年10月出版《訴願及行政訴訟》第165~169頁探討行政法院判決的「確定力」所指稱，「……，但如係使私人負擔義務，或使其發生不利益結果的行為，則不具實質的確定力。」極為類似，亦即行政法院的確定判決不是「鐵板」一塊，是可以將其撤銷變更的，如此才合乎法治國精神。

再者，財政部101年2月9日台財訴字第10113000840號訴願決定略謂：「……行政程序法第117條所明定。依該規定可知，原處分機關對於違法行政處分於法定救濟期間經過後，在沒有該條但書之情形下，本得依職權為全部或一部之撤銷。……」此項具有突破性、前瞻性的見解，更值得重視。

2016年9月出版《明白 蒙冤二十年 人權奮鬥史》第249~251頁刊載前立法委員許添財發表『用最低智慧與最低謙卑解決冤錯假案』一文指出，「一個案子（按即太極門稅務案件）纏訟20年，台灣經濟如何補救？台灣擁有充滿努力、有企圖心、有成就感的人民，卻獨獨缺一個能夠解決問題，真正讓人民放心的政府。國稅局行政權獨大到無法無天，總統沒有看到，行政院長沒有看到？竟然沒有人敢說他，為什麼？」

又指出，「嚴刑峻法沒辦法解決問題，真正要轉型一定要正義，而真正的正義來自愛心，太極門案冤錯的案例，真相沒有水落石出，絕對會在未來繼續發生。期待推行轉型正義的新政府，不要變成壓迫人民的幫兇，解決太極門稅務案件，是轉型正義中最小、最容易解決的案件，只需要最低智慧、最低謙卑；如果連簡單的太極門冤錯假案，都處理不了，轉型正義是零分，將造成台灣經濟繼續停滯、國家無法進步。」

平心而論，「太極門稅務冤案」發生25年了，迄今仍未完全平反，令人遺憾。當時侯寬仁檢察官將卷證移送台北國稅局、國稅局未依職責調查所得性質，僅憑不實起訴書及不實金額即對80至85年度營業稅及綜所稅開立稅單，歷經多次訴願撤銷、行政訴訟，81年度綜所稅案件於刑案判決前先行判決確定，其餘年度經最高行政法院撤銷，最後於108年台北、中區國稅局更正課稅處分數額為0，然行政執行署新竹分署仍於109年就81年度綜所稅及營業稅部分強制執行，拍賣太極門掌門人名下財產，如此「強奪民產」侵害人權甚鉅，而由於「行政程序重開」的失能與不為，冤案受害人追求真相與公平正義，只有走上「憲法法庭」救濟之途了。（文章僅代表作者觀點，不代表Newtalk新聞立場。）

（資料來源：Newtalk新聞https://newtalk.tw/citizen/view/58227）

問題思考

1. 行政程序重開在我國行政程序法中有何相關規定？
2. 對於經法院判決確定後的行政處分，試分析如依照我國實務與學說見解，行政機關可以再撤銷、變更或廢止嗎？

☆☆☆

第4章 行政契約

第一節 行政契約之概念

【107司法四等、106司法三等、105關務三等、105地特三等】

一 何謂行政契約？

行政契約係指兩個以上之法律主體，以設定、變更或消滅公法上法律關係為目的，所為意思表示合致而成立之法律關係。

行政契約之締結，可使行政作用之方式更為靈活，而有助於行政目的之實現。此外，因為行政契約之締結，人民不再是單純的統治客體，而是與行政機關立於對等之地位，因此使得行政個案因人民之參與，而減少阻礙，有利於行政目的之達成。

我國行政程序法第三章雖以「行政契約」為名，惟並未就行政契約為定義之規定。僅於我國行政程序法第135條明文規定，公法上法律關係得以契約設定、變更或消滅之。但依其性質或法規規定不得締約者，不在此限。而自行政程序法第2條第1項之規定，本法所稱行政程序，係指行政機關作成行政處分、締結行政契約、訂定法規命令與行政規則、確定行政計畫、實施行政指導及處理陳情等行為之程序。準此而觀，行政機關為上開行政行為時，均得以行政契約之方式為之。

二 「行政契約」與「須當事人（人民）」申請之行政處分 ☆☆☆

	行政契約	須當事人（人民）申請之行政處分
人民之意思表示對內容之影響	人民作為契約一造當事人時，其**意思表示影響內容之形成**。	處分相對人之申請**僅為行政程序之發動**，對內容之形成不生影響。
是否須雙方意思表示一致	必須契約雙方意思表示一致，契約始生效。	僅須行政機關單方之意思表示即生效。

	行政契約	須當事人（人民）申請之行政處分
作成方式	必須以**書面**為之，並由締約人雙方簽署。	若為書面處分，僅須由作成機關簽署即可。
內容	契約內容**可能包括作成內部行為或事實行為。**	因行政處分須對外發生法律效果，故**無論內部行為或事實行為均不得作為處分之內容。**
得否片面廢止	合法之契約除有得調整或終止之原因者外，**通常不得以片面之意思表示予以廢止**，如有主張，亦應循訴訟途徑為之。	合法之行政處分於不違背羈束行政及信賴保護原則之前提下，**原處分機關得隨時片面廢止。**
無效之原因	除具有**與行政處分相同之無效原因**外，若具有**民法上契約無效之原因**，亦有準用之餘地而認為無效。	行政處分無效之原因限於有**重大明顯**或類此之瑕疵。

第二節 行政契約之要件【108司法四等】

一 構成行政契約之要件（行政契約與私法契約之區別）

(一) 契約主體

1. 行政契約之主體，**至少必須有一方為行政主體**。
2. 機關與機關之間，雖得立於對等之地位締結行政契約，然此二機關，必須分別隸屬二個不同之行政主體，因契約至少以二個獨立之權利主體存在為必要。

(二) 契約內容

行政契約必須以**設定、變更或消滅公法上之法律關係**，為其契約內容，至於何謂「公法上之法律關係」，如何與私法契約作區別，通説係以**契約標的輔以契約目的**作為判斷，其判斷方式如下：

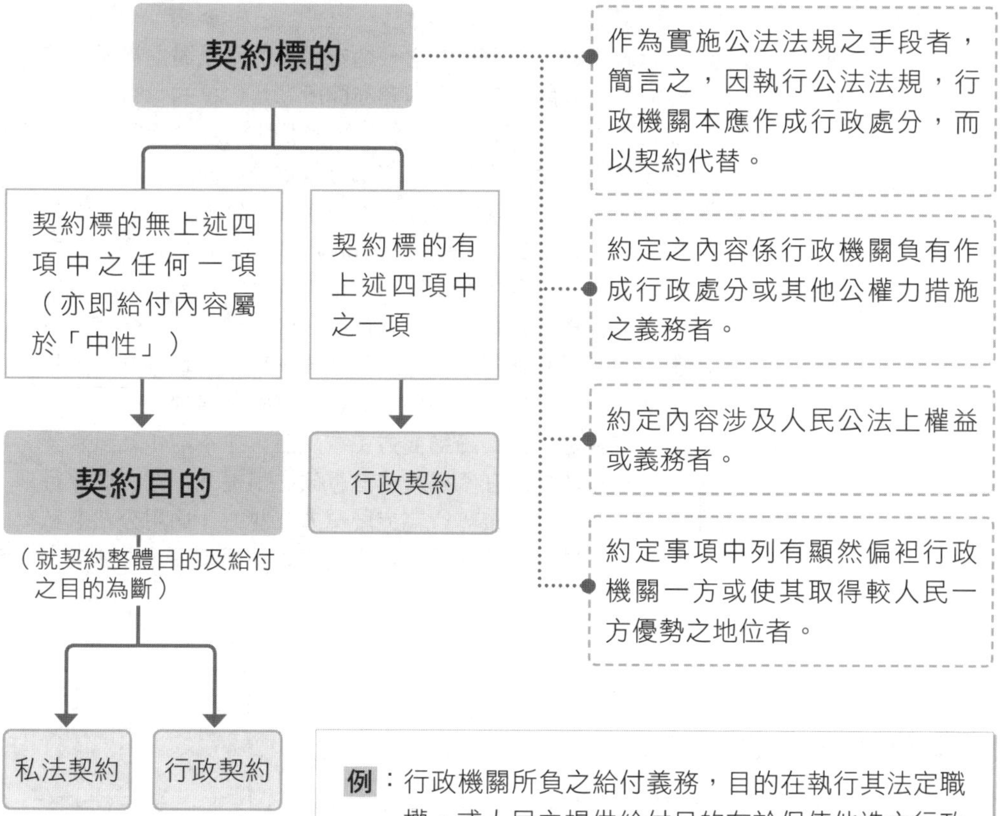

例：行政機關所負之給付義務，目的在執行其法定職權，或人民之提供給付目的在於促使他造之行政機關承諾依法作成特定之職務上行為者。

知識補給站

司法院釋字第533號吳庚大法官協同意見書（節錄）

「本件解釋意旨認為依全民健康保險法，中央健康保險局與醫事服務機構締結之『全民健康保險特約醫事服務機構合約』係屬行政程序法第137條之雙務契約，俾解決相關之審判權爭議，對如何判別行政契約、如何使其與私法契約加以分辨未多加論斷，就此而言，當屬一次一案的司法極簡主義（One Case at a Time:Judicial Minimalism）之表現，本席自亦贊同。惟鑑於行政契約作為行政作用方式之一種，既可避免行政處分單方及片面決定的色彩，又可相當程度滿足相對人之參與感，未來將日益普遍，爰對行政主體與人民間行政契約（行政主體相互間或私人間之行政契約暫不討論）之判斷基準，作扼要敘述，以供各方參考。歸納目前通說，辨別此類行政契約，首須契約之一造為代表行政主體之機關，其次，凡行政主體與私人締約，其約定內容亦即所謂契約標的，有下列四者之一時，即認定其為行政契約：(一)作為實施公法法規之手段者，質言之，因執行公法法規，行政機關本應作成行政處分，而以契約代替，(二)約定之內容係行政機關負有作成行政處分或其他公權力措施之義務者，(三)約定內容涉及人民公法上權益或義務者，(四)約定事項中列有顯然偏袒行政機關一方或使其取得較人民一方優勢之地位者。若因給付內容屬於『中性』，無從據此判斷契約之屬性時，則應就契約整體目的及給付之目的為斷，例如行政機關所負之給付義務，目的在執行其法定職權，或人民之提供給付目的在於促使他造之行政機關承諾依法作成特定之職務上行為者，均屬之。至於締約雙方主觀願望，並不能作為識別契約屬性之依據，因為行政機關在不違反依法行政之前提下，雖有選擇行為方式之自由，然一旦選定之後，行為究屬單方或雙方，適用公法或私法，則屬客觀判斷之問題，由此而衍生之審判權之歸屬事項，尤非當事人之合意所能變更。」

二 行政契約之合法要件

行政契約之合法要件，原則上與私法契約之合法要件相同，以下僅就行政契約特有之要件進行說明：

合法要件	說明
締約機關具有權限	無權限之機關不得逾越權限訂定行政契約，例如甲縣政府不得代乙縣政府與人民或其他機關訂約。
須依一定法定方式	私法契約以不要式為原則，而行政契約因涉及公權力之行使，並由公務員參與作成，故在通常情形應以書面為之。如當事人約定在書面之外另約定須具備其他方式者（例如以公開儀式締結），從其約定。
契約內容不得牴觸法律	行政契約中有因性質特殊，須受特別條件限制者，如和解契約即雙務契約，故應遵守；而在法律無特別規定之情形時，似有民法第71條「法律行為不得違反法律強制或禁止之規定」的適用。 又此處所謂「不牴觸法律」解釋上並不限於形式意義之法律，尚包括實質意義之法律如法規命令或判例在內。

合法要件	說明
須符合法律程序	如行政程序法之規定有所欠缺時，關於行政契約之程序問題，應准用民法之規定，例如有關要約、承諾之到達、生效或變更等。 另行政程序法第138條規定，行政契約當事人之一方為人民，依法應以甄選或其他競爭方式決定該當事人時，行政機關應事先公告應具之資格及決定之程序。決定前，並應予參與競爭者表示意見之機會。

第三節　行政契約之種類【106高考三級】

一 依當事人間之關係區分

契約類型	說明
對等契約	當事人雙方地位平等，常見於當事人雙方均為行政主體之情形。 例如：新北市所屬之新店區、中和區、永和區，協議在新店區安坑地區設置焚化爐，共同使用及分攤經費。
隸屬契約	締約之雙方當事人具有上下之隸屬關係，常見於當事人為行政主體與私人間之情形，但若行政主體相互間，其中一方對他方本即得就協議之標的作單方規制時，亦得締結隸屬契約。 例如：中央機關對地方政府之都市計畫，以作成行政契約之方式來代替行政處分之核可。

二 依契約內容區分

契約類型	說明
和解契約	行政機關對於行政處分所依據之事實或法律關係，經依職權調查仍不能確定者，為有效達成行政目的，並解決爭執，得與人民和解，所締結者即為行和解契約，用以代替行政處分。 例如：租稅協議協談、國家徵收土地補償金之協議、環境保護協議書。

契約類型	說明
雙務契約 （交換契約）	1. 行政機關與人民締結行政契約，互負給付義務者，即為雙務契約。 2. 為雙務契約之締結，應符合下列各款之規定： (1) 契約中應約定人民給付之特定用途。 (2) 人民之給付有助於行政機關執行其職務。 (3) 人民之給付與行政機關之給付應相當，並具有正當合理之關聯。 3. 並應注意以下之規定： (1) 行政契約應載明人民給付之特定用途及僅供該特定用途使用之意旨。 (2) 行政處分之作成，於行政機關無裁量權時，代替該行政處分之行政契約所約定之人民給付，應以依行政程序法第93條第1項規定得為附款者為限。

知識補給站

學者吳庚認為，坊間教科書所為之分類未盡妥適，乃就理論上或實務上以承認之行政契約事件，分項說明如下：

稅法上之行政契約	例如： 一、納稅義務人與稅捐稽徵機關簽具切結書，約定由納稅義務人於一定期間內，將遺失之免稅文件找回繳銷，如屆期不能找回繳銷，納稅義務人願依規定辦理補稅，此項切結，即屬公法上之行政契約。 二、廠商因外銷品退貨運回，於進口時向主管機關（海關）出具保證書，言明於六個月內復運出口，逾限則應繳稅捐，願由海關在其所繳保證金中扣抵之契約。 三、廠商報運進口設備，因其未能及時檢具免稅證明文件，具結由海關先行押款放行，於四個月內補具上述文件等之契約。
☆☆ 委託行使公權力之協議	由於國家機關或地方自治團體委託私人或民間機構辦理行政事務，日漸增多，此種委託是否均屬行政契約，應視不同情形而定：

☆☆ 委託行使公權力之協議	原則上，委託之事項如涉及公權力行使，並且直接影響人民之權利義務者，委託之協議屬於行政契約；若委託辦理純粹事務性或低層次之技術性工作，則仍應以一般私法契約視之。 例如： 一、行政機關委託廠商印製文件為私法契約，若法律明文規定，行政機關得以委託法人團體辦理事務，且受託之工作人員以執行公務論，則不妨視之為行政契約。 二、行政院大陸委員會與海峽交流基金會監所簽訂之契約，內容涉及管轄權即機關權限之行使，性質上當然為行政契約。
行政主體間有關營造物或公務之協議	例如： 一、新北市與台北市，協議在新店之安坑設置垃圾焚化爐，由兩市共同使用及分擔經費。 二、高雄市政府改制為直轄市時，由台灣省政府將省屬之財產或營造物移轉於高雄市政府接管。 上述協議或移轉，無論以公文書往來方式，或正式訂立契約，皆屬行政法上之契約關係。
訴訟法上之保證關係	依刑事訴訟法規定，檢察官或法院得命被告具保或責付，而代替羈押。此際具保人或被責付人與檢察官或法院間，即成立公法上之保證契約。具保人或被責付人所負之義務為「如經傳喚應保證被告隨時到庭」，指定金額無非作為履行義務之心理強制。被告嗣後逃匿者，得憑檢察官或法官單方之意思表示，沒入保證金，由足顯示其公法契約之特性。
損失補償或損害賠償之協議	行政主體執行職務行使公權力而致人民受損害者，應予補償。**合法行為所造成者稱損失補償，違法行為所致者稱為損害賠償**。 前者如：拆除違章建築時，主管機關與房屋所有人間之補償協議。 後者如：國家賠償法第10條第2項之協議。

公法上之抵銷關係	例如： 原告之土地八筆，經台中市政府徵收，應給付原告土地補償費，但原告依法該年度應繳納工程受益費，遂由原告、台中市政府、台中市稅捐稽徵處三方達成協議，將應給付原告之土地補償扣繳工程受益費後發給，如不足扣抵，由稅捐稽徵處發單補繳。此項就客觀上屬於已確定之兩筆公法上金錢給付，約定互相抵銷，即屬行政契約。
社會保險關係	司法院釋字第533號解釋確認：「中央健保局依其組織法係國家機關，為執行其法定之職權，就辦理全民健康保險醫療服務有關事項，與各醫事服務機關締結全民健康保險特約醫事服務機構合約，約定由特約醫事服務機構提供被保險人醫療保健服務，以達促進國民健康、增進公共利益之行政目的。故此項合約具有行政契約之性質。」 就全民健康保險而言，依上開解釋及全民健康保險法第5條之意旨，健保局與醫療院所間成立公法契約關係，與被保險人間屬單方面行政行為所發生之關係，至於醫療院所與保險人間純屬私法關係。
其他屬於種契約事項	其他諸如與政府機關成立公法上之關係： 一、行政機關依聘用條例聘雇之人員。 二、領取公費之學生與學校或教育主管機關之關係。 三、委託興建公共設施或勞工住宅。 四、補助民營社會福利機構之約定。 五、推廣風力發電之合約。 六、依照志願服務法，擔任義工之約定。 七、市政府與動物醫院約定執行犬貓絕育之合約。 此外，尚有若干事件主管機關或雙方當事人將合約性質定位為行政契約，**但這種主觀意思並不能拘束行政法院之判斷，故公辦醫院委託民間經營之契約，公有市場攤位出租均視為私法契約。**

第四節　行政契約之瑕疵與法律效果

【106普考、106地特四等】

一　瑕疵之概說

基於依法行政原則，以行政法律關係為標的之行政契約，亦不得違反法律及其他法規範，在有違反時，自亦不得聽任其違法性之存在而不予制裁。雖然行政契約係經由當事人之協議而締結，法律所設定之限制較小，發生瑕疵的可能性亦隨之降低，但不能因此而過於強化行政契約之存續力，在立法政策上，對罹有重大瑕疵之行政契約，仍應以無效為其法律效果。

二　行政契約無效之原因

適用之契約類型	無效原因
隸屬契約	**代替行政處分之契約**，有下列各款情形之一者，無效： 1. 與其內容相同之行政處分為無效者。 2. 與其內容相同之行政處分，有得撤銷之違法原因，並為締約雙方所明知者。 →換言之，行政契約有下列行政程序法第111條所定瑕疵之情形時，應為無效： (1) 不能由書面處分中得知處分機關者。 (2) 應以證書方式作成而未給予證書者。 (3) 內容對任何人均屬不能實現者。 (4) 所要求或許可之行為構成犯罪者。 (5) 內容違背公共秩序、善良風俗者。 (6) 未經授權而違背法規有關專屬管轄之規定或缺乏事務權限者。 (7) 其他具有重大明顯之瑕疵者。 3. 締結之和解契約，未符合第行政程序法第136條之規定者。 4. 締結之雙務契約，未符合行政程序法第137條之規定者。

適用之契約類型	無效原因
對等契約 與隸屬契約	1. 契約準用民法規定之結果為無效者，無效，例如： (1) 契約當事人之一方無行為能力（民法第75條）。 (2) 有真意保留（民法第86條）或通謀虛偽意思表示（民法第87條）情形。 (3) 違反法定方式。（民法第73條） (4) 違反公序良俗。（民法第72條） (5) 代理人無代理權。（民法第103、110條） (6) 以不能之給付為內容。（民法第246條） (7) 因錯誤（民法第88條）、傳達錯誤（民法第89條）、詐欺或脅迫（民法第92條），而撤銷締結行政契約意思表示（民法第114條）之情形。 2. 依其性質或法規規定不得締約契約者，所締結之契約無效。 3. 行政契約當事人之一方為人民，依法應以甄選或其他競爭方式決定該當事人時，行政機關應事先公告應具之資格及決定之程序。決定前，並應予參與競爭者表示意見之機會。違反上述規定者，所締結之契約無效。

三 行政契約無效之法律效果

(一) 無效部分

行政契約之一部無效者，全部無效。但如可認為欠缺該部分，締約雙方亦將締結契約者，其他部分仍為有效。

(二) 給付之返還請求權

依照行政程序法第149條，行政契約，本法未規定者，準用民法相關之規定。故依無效之契約所受領之給付，應準用民法不當得利之規定返還之。

(三) 履行處分之無效或廢棄

行政機關為履行雙務契約所做成之行政處分，未必伴隨行政契約之無效而得撤銷或廢止，此時基於誠信原則，當事人之一方不能一方面要求他方返還自己之給付，而另一方面又繼續保留他方之對待給付，因此，應視情形為下列之處置：

1. 為契約當事人之人民，在該無效之行政契約之外，另有作成該行政處分之請求權者，行政機關應返還當事人所為之給付。
2. 行政機關對履行契約之行政處分，具有裁量權者，為契約相對人之人民，通常有履行給付之義務，對已履行之給付，不得請求返還。

(四) **損害賠償請求權**

依照行政程序法第149條，行政契約，本法未規定者，準用民法相關之規定。故行政契約無效時，得準用下列民法之規定或法理請求損害賠償：

1. 因內容錯誤（民法第88條）或傳達錯誤（民法第89條）而撤銷所締結行政契約之意思表示，致行政契約不能成立時，對信其意思表示為有效而受損害之相對人，應負損害賠償責任（民法第91條）。
2. 行政契約因以不能之給付為標的而無效者，有過失之當事人，對因之而受損害之無過失他方當事人，應負損害賠償責任。（民法第247條第1項）
3. 依民法締約過失，有過失者對他方應負損害賠償責任。（民法第245-1條）

素養小教室

一部無效，全部無效／其餘有效？

1. **行政處分**：行政處分一部分無效者，其他部分仍為有效。但除去該無效部分，行政處分不能成立者，全部無效（行政程序法第112條）。
2. **法規命令**：法規命令之一部分無效者，其他部分仍為有效。但除去該無效部分，法規命令顯失規範目的者，全部無效（行政程序法第158條第2項）。
3. **行政契約**：行政契約之一部無效者，全部無效。但如可認為欠缺該部分，締約雙方亦將締結契約者，其他部分仍為有效（行政程序法第143條）。

所以**只有行政契約是一部無效，全部無效**，其他無論是行政處分或是法規命令，都是一部無效，其他部分仍屬有效的喔！

第五節 行政契約關係之進展

【107普考、106高考三級】

一 契約履行之指導與協助

行政契約當事人之一方為人民者，行政機關得就相對人契約之履行，依書面約定之方式，為必要之指導或協助。

二 契約外公權力行使之損失補償

行政契約當事人之一方為人民者，其締約後，因**締約機關所屬公法人之其他機關於契約關係外行使公權力，致相對人履行契約義務時，顯增費用或受其他不可預期之損失**者，相對人得向締約機關請求補償其損失（補償之請求，應自相對人知有損失時起一年內為之）。但公權力之行使與契約之履行無直接必要之關聯者，不在此限。

締約機關應就人民關於上開之損失補償請求，以書面並敘明理由決定之。關於補償之爭議及補償之金額，相對人有不服者，得向行政法院提起給付訴訟。

三 行政機關基於公益單方調整或終止契約之權利☆☆

(一) 行政契約當事人之一方為人民者，行政機關**為防止或除去對公益之重大危害**，得於必要範圍內**調整**契約內容**或終止**契約。
→是可知於防止或除去對公益之重大危害之情形下，行政機關得**單方**決定**調整或終止契約**。

(二) 上開契約之調整或終止，非補償相對人因此所受之財產上損失，不得為之。

(三) 有關上述契約之調整或終止及補償之決定，應以書面敘明理由為之。相對人對契約之調整難為履行者，得以書面敘明理由終止契約；對補償金額不同意時，得向行政法院提起給付訴訟。

四 情事變更之契約調整或終止☆☆

(一) 行政契約締結後，因**①有情事重大變更，非當時所得預料**，**②而依原約定顯失公平者**，當事人之一方得請求他方適當調整契約內容。

(二) **如不能調整，得終止契約**。

是可知契約有上述①與②之情形時，必須先以當事人之一方請求他方調整契約內容，如契約內容不能配合變更之狀態調整，或調整之內容對當事人之任一方為無期待可能時，始得終止契約，與上開基於公益得任意選擇調整或終止契約有所不同，應予注意！

(三) 若行政契約當事人之一方為人民時，行政機關為維護公益，得於補償相對人之損失後，命其繼續履行原約定之義務。

(四) 有關上述請求契約之調整或終止，以及補償之決定，應以書面敘明理由為之。相對人如對補償金額不同意時，得向行政法院提起給付訴訟。

五 自願接受執行之約定

(一) 行政契約約定自願接受執行時，債務人不為給付時，**債權人得以該契約為強制執行之執行名義**。至於該強制執行，準用行政訴訟法有關強制執行之規定。

(二) 上開自願接受執行之約定，締約之一方為中央行政機關時，應經主管院、部或同等級機關之認可；締約之一方為地方自治團體之行政機關時，應經該地方自治團體行政首長之認可；契約內容涉及委辦事項者，並應經委辦機關之認可，始生效力。

六 行政契約準用民法之相關規定

行政契約，於行政程序法未規定時，準用民法相關之規定。

經典範題

選擇題攻略

( ) **1** 有關行政契約與須經申請之行政處分間之差異，下列敘述何者錯誤？(A)在行政契約中，人民之要約或承諾構成契約內容的一部分；須經申請之行政處分，人民之申請係發動行政程序之行為 (B)行政契約原則上應以書面為之；須經申請之行政處分，原則上不須以書面為之 (C)行政契約得依約定而撤銷；須經申請之行政處分，僅於法律有明文規定時，始得撤銷 (D)行政契約之無效，得準用民法相關之規定；須經申請之行政處分，限於有重大明顯瑕疵始為無效。【111司律】

( ) **2** 行政院A部會所屬B訓練機關與學員甲簽訂教育訓練行政契約，約定甲如擅自退訓，應賠償相關之訓練費用，並自願接受強制執行。下列敘述何者正確？ (A)該自願接受執行之約款，非經行政院之認可，不生效力 (B)甲如擅自退訓，且拒不償還訓練費用，B機關得將案件逕行移送法務部行政執行署該管分署強制執行 (C)甲如擅自退訓，且拒不償還訓練費用，B機關得向地方法院行政訴訟庭聲請強制執行 (D)強制執行過程，甲如有不服，得向A部會聲明異議。【111司律】

( ) **3** 依行政法院裁判見解，下列何者非屬行政契約？ (A)交通部臺灣鐵路管理局與旅客間之運送契約 (B)交通部觀光局依聘用人員聘用條例與聘用人員之聘用契約 (C)交通部高速公路局與廠商間之高速公路電子收費系統建置及營運契約 (D)交通部公路總局臺北區監理所委託民間汽車修理業者辦理汽車定期檢驗合約。【110司律】

解答與解析

1 (C)。行政程序法第149條，行政契約，本法未規定者，準用民法相關之規定。而對合法行政處分，行政機關得基於公益考量將其廢止；對違法行政處分，則基於依法行政原則得將其撤銷。

2 (C)。行政程序法第148條第1項，行政契約約定自願接受執行時，債務人不為給付時，債權人得以該契約為強制執行之執行名義。（地方法院行政訴訟庭自民國112年8月15日起，經修法改制，原受理之事件整併至臺北、臺中、高雄三所高等行政法院設置之「地方行政訴訟庭」審理之）

3 (A)。依法務部（73）法律字第14586號，政府委託民間執行運送業務，尚難認為係行使公權力之行為，屬私法上之運送契約。

第5章 行政事實行為及未定型化行政行為

第一節 行政事實行為之概念與種類

一 行政事實行為之概念【110關務三等】

(一) 事實行為係指**行政主體直接發生事實上效果之行為**，其與行政處分或其他基於表意行為不同者，在於後者以對外發生法律效果或以意思表示為要素。

(二) **廣義的事實行為**包羅甚廣，舉凡行政機關之內部行為，對外所作之報導、勸告、建議等所謂行政指導行為、興建公共設施，實施教育及訓練等均屬其範圍。以物理上之強制力為手段的執行行為及與行政處分不易分辨之觀念通知，亦應歸之於事實行為。

(三) **狹義之事實行為**僅指**單純高權行為**如實施教育、訓練、興建公共設施等，以及執行行為和強制措施。至於其他涉及表意行為者均列入後述之未定型化行為。

二 行政事實行為之種類【107高考三級】

(一) 基本種類

分類	說明與實例
單純高權行為	1. 如**實施教育**、**舉辦職業訓練**，但不排除取得入學或受訓資格者與行政機關發生某種行政法律關係（可能基於行政處分或行政契約）。 2. **興建公共設施**亦屬於這類，視其為事實行為是著重於「實施」、「舉辦」、「興建」之舉動。 3. **軍隊遂行戰鬥之行為**。
實施行為	1. 通常指**實施行政處分或行政計畫之行為**，例如課稅處分確定，稽徵機關**收受稅款**之繳納，或**溢繳稅款**由稽徵機關**退還**之行為。 2. 實施行政處分行為：行政執行程序中，依行政處有作為或不作為義務之人，主管機關所之**執行行為**或**代履行行為**。（行政執行法第29條） 3. 實施行政計畫行為：農地重劃計畫書公告確定（農地重劃條例第7條），主管機關所從事之**重劃工程**（同條例第30條以下）；依都市計畫法第23條規定，細部計畫核定實施後，應**豎立樁誌、作標、辦理測量**等工作；道路建設計畫確定後，**整地及施工**。

分類	說明與實例
強制措施	1. 指行政機關（**尤其警察機關**）運用物理之強制力，以實現行政處分之內容，或逕行執行法令之行為。 2. **行政執行程序**中之**直接強制**（指以實力直接實現行政處分內容之方法）、**即時強制**（包含對人的管束、對物之扣留、使用及處分等、對家宅及處所之侵入）。 3. 依**集會遊行法**對不服從解散命令者之**強制驅離**。（集會遊行法第25條第2項） 4. 依交通法規對車輛所為之**拖吊移置**。（道路交通管理處罰條例第57條） 5. 對電影片映演業者違反規定放映電影片所實施之扣押。（電影法第45條第2項、第46條） 6. 對違反廣播電視法架設頻道者扣押其器材之行為。（廣播電視法第45條之1第1項） 7. **拆除違章建築**。（違章建築處理辦法第5條） 8. 除去徵收土地上之改良物或農作物。（土地法第215條第3項） 9. 對運輸工具、場所、貨物、或人身之檢查及搜索。（海關緝私條例第8條至第11條、國家安全法第5條） 10. 武器之使用。（警械使用條例第4條） 11. 對犯罪嫌疑人或違警人之傳喚、逮捕、拘提及強制到案。（刑事訴訟法第78條、第88條） 12. 對榮民之教育訓導。（國軍退除役官兵生活指導管理辦法第2條、第15條）

(二) 特殊種類

分類	說明與實例
公權力侵權行為	公行政基於公權力經營之設施，亦可能產生影響相鄰地之聲響、氣味及震動等之「侵擾」。 例如： 1. 軍隊靶場之試炮產生聲響及震動。 2. 環保機關所屬垃圾掩埋場產生聲響與氣味。

分類	說明與實例
機關警告	在行政實務上，政府或行政機關常基於職權或法律上之授權，對特定之農工業產品或對其他事項，向民眾以公開說明或其他發布方式提出之警告。 例如： 1. 衛生主管機關，對菸、酒、檳榔等物質有害健康，而依職權提出公開之警告。 2. 食品衛生主管機關，對抽樣檢驗不合格之食品及食品容器等，依食品安全衛生管理辦法第52條第4項，公布該食品業之商號、地址、負責人姓名、商品名稱及違法情節。 3. 直轄市或縣（市）政府，於企業經營者提供之商品或服務，對消費者已發生重大損害，或有發生重大損害之虞，而情況緊急時，依消費者保護法第37條，應即在大眾傳播媒體公告企業經營者之名稱、地址商品、服務或為其他必要之處置。

第二節　行政事實行為之合法性與救濟

一　合法性

合法性標準	內容
管轄權	行政機關係基於公權力而行為，無論作成行政行為或事實行為，均應有管轄權。
程序	對於事實行為之作成，法律規定應依循依定程序者，自應依該規定之程序為之。如依行政執行法為執行時，原則上不得於夜間、星期日或其他休息日為之。（行政程序法第5條）
法律優位原則	行政事實行為雖不直接發生法律效果，但仍應受到法律優位原則之拘束，不得違反實體法與程序法之規定。

合法性標準	內容
法律保留原則	行政事實行為若干涉人民之自由及財產者，自應有法律保留原則之適用，須經法律之授權始得為之。
比例原則	為達特定目的所作成之行政事實行為，於該事實行為在干涉人民自由權利時，應符合比例原則之要求，不得逾越必要之限度。此一要求為一般法律原則，並見於行政程序法第7條、警械使用條例第5條、第6條等。

二 救濟☆☆

(一) 國家賠償

對於違法事實行為，若符合國家賠償法第2條之要件，當事人即可主張國家賠償。該條「行使公權力」不限於法律行為，因此不論是新法或舊法時代，對於不具法律效果之事實行為，當事人應可主張國家賠償。

(二) 一般給付訴訟

人民請求作成防禦或防禦之行政事實行為

Q：人民對於行政事實行為，得否提起課予義務訴訟？

A：X，蓋課予義務訴訟之訴訟標的為行政處分，倘訴訟標的為行政事實行為，則應提起一般給付訴訟。

(三) 結果除去請求權（一般給付訴訟）☆☆☆

1. **是否應肯認「結果除去請求權」之存在？**

(1)採**否定說**者認為於公務員違法執行職務，致人民權利受損時，基於**特別法優先於普通法**，**應優先適用國家賠償法**之規定，依國家賠償法第7條第1項但書之規定請求回復原狀，而排除結果除去請求權所應適用行政訴訟法一般給付之訴。

(2)採**肯定說**者認為「結果除去請求權」**與「公法上不當得利請求權」之法理相同**，皆以回復原狀為目的，故在公法上應有其適用之餘地，而肯認當事人得依行政訴訟法提起一般給付訴訟，主張其結果除去請求權。（參最高行政法院97年度判字第374號判決）

2. **法律根據**：結果除去請求權在我國行政法實體規範中，並無明文規定，而係由**民法第767條及第962條**所導出之公法上請求權。

素養小教室

結果除去請求權的法律依據是行政訴訟法第196條第1項嗎？

雖行政訴訟法第196條第1項規定：「行政處分已執行者，行政法院為撤銷行政處分判決時，經原告聲請，並認為適當者，得於判決中命行政機關為回復原狀之必要處置。」授權法院得命行政機關為「回復原狀之必要處置」，惟因該規定乃程序法之範疇，而非一般所認為權利之依據應由實體法明定，故行政訴訟法第196條第1項之規定得否作為結果除去請求權之依據，仍有爭議。

3. **構成要件**：（出自最高行政法院98年度判字第334號判決）
   (1) 須被告機關之**行政行為**（包括行政處分或其他高權行為）**違法**，或行為時合法，嗣因法律變更而成為違法者。
   (2) **直接侵害人民之權益。**
   (3) 該侵害之狀態繼續存在，且**有除去回復**至行政行為前狀態**之可能。**
   (4) **被害人**對於損害之發生**無重大過失。**
4. **訴訟類型**：**一般給付之訴。**

第三節　未定型化行政行為

一　未定型化行政行為之概念

未定型化契約行為亦可稱為非正式行政行為，係指行政程序法所明定之行為型態（行政處分、行政命令、行政契約、行政計畫、行政指導）以外，含有意思表示因素之行為。

二　未定型化行政行為之分類

(一) 內部行為及通知行為

1. **內部行為**：**機關之間往來之公文**（其中若有下級公務員對長官簽呈報告或長官之批示等。商定成立行政契約或屬於多階段行為中之前階段行為者，均未發生法效，故包括在內）。

2. **通知行為**：**機關對外所有通知、報告、勸說**（如公告要求居民施打疫苗）。
3. 實務上對此類未發生法律效力之意思表示，均通稱為**觀念通知**。內部行為及通知行為常**未發生影響人民權利義務之效果**，無從發動司法程序以審查其合法性。但並非謂內部行為及通知行為係不受法規支配之放任行為，其所**受法律**（如各機關組織法、公務員服務法、公文程式條例等）**及行政規則**（處務規程、辦事細則及其他作業性規則）**之拘束**，**與發布命令或作成行政處分幾無二致**，並經由行政內部之層級而受到監督。

(二) **提供資訊行為**

政府功能日益增加，政府之提供資訊行為乃**維護當代社會生活**所必需。這類未定型化行政行為本質上雖未發生法律效力，但有時仍有其影響效果，例如某種商品經檢驗認為含有致癌或其他有害物質，則製造廠商之損失難予估計。

例如：從發布天然災害之預測、傳染病來襲疫情、發表景氣環境之指標、某類商品或食品之檢驗結果，到特定事件之鑑定報告等**非關個人資訊權之提供行為**都屬於這一類。

(三) **行政機關與人民間所成立之未定型化行政行為**

諒解、協議或同意等在日常行政中常見的君子協定：

(1) 例如：申請遊行路線，警察機關與申請者達成協議，不使用擴音設備，以免影響附近正參加升學考試之學生。
(2) 申請在風景區內設置紀念碑，風景區管理所復以：「原則同意：請貴會提送相關細部設計書圖、施工計畫（含水保計畫）及施工交通維持計畫等至本所審查，審核通過後始准予動工」，這項公文書，對申請事項看似准許，但是否核准興建完全未予確答或允諾，不外君子協定而已。
(3) 若干大型開發計畫，主關機關與業者先開會協商，希望業者先做環評或連外道路，再正式申請開發，縱作成紀錄，仍屬未定型化行為。
(4) 在稅捐實務上常見稅捐協談，稽徵機關與納稅義務人達成之協談結論，有時亦視為非正式行政行為。

素養小教室

協議與行政契約之比較

1. 協議與行政契約皆為當事人之意思合致，但兩者仍有不同，行政契約是受法律規制（行政程序法第135條以下），並具有一定法律拘束力；而協議則無一定法律形式，其拘束力係基於當事人間之善意，故拘束力較為薄弱。
2. 有時實務上為簡化法律概念，俾案件易於達到可供裁判之程度，會將協議視同行政契約，如有將稅捐協談結論，視同正式行為，即行政契約類型中之和解契約。

(四) **特別法律關係**

基於管理或紀律而採之措施，未達行政處分之程度者，例如：

1. **在學關係**中，於**不影響學生就學權利**（非退學、開除學籍）之紀律行為，如警告、申斥、記過等。
2. 在**公務員關係**中亦有類似行為，現時均視為不得提起行政訴訟之行政處分。
3. 於**營造物關係**中，為維護秩序及對公共設施之上善良管理，依營造物利用規則採取之管理措施。

知識補給站

性平會之校園性騷擾事件調查報告不屬行政處分

111年度高等行政法院法律座談會提案第2號

依性平法第31條第2項、第3項、第32條第1項、第34條第5款、第35條第1項及校園性侵害性騷擾或性霸凌防治準則（下稱防治準則）第29條第1項等規定，足見性平法係採調查權與懲處權分離原則，學校對於校園性侵害、性騷擾或性霸凌案件，應交由學校依性平法設立之性平會進行調查，性平會於調查完成後，應提出調查報告及處理建議；學校應依據調查報告之事實認定，依性平法及相關法令規定議處，並將處理結果通知申請人、檢舉人及行為人。是以，學校就校園性侵害、性騷擾或性霸凌事件，始為最終作成具體決定而對外發生法律規制效力之行政機關，性平會作成之調查報告及處理建議，非屬行政處分，不得對之提起行政救濟及行政訴訟。行為人對於調查報告認定之事實或學校之處理結果不服者，應以學校作成處理結果之行政處分，提起申復及依性平法第34條規定提起行政救濟。

三 未定型化行政行為之救濟

未定型化行政行為有兩大特徵：一是有表意行為，二是未因意思表示而受拘束，在通常情形之下，並不發生影響人民權益關係，故原則上並無正式之法律救濟途徑（尤其行政訴訟）。諸如行政機關提供氣象報告，無論準確與否，皆無爭訟之餘地；又如主管機關對食品檢驗所作之報告，亦不得以之為爭訟對象。但若該管公務員故意過失違法作成之報告，致食品生產者遭受損失時，受害廠商尚非不得提起國家賠償訴訟。至於公務員對非重大影響之紀律措施實務上不許提起行政訴訟，只得依申訴或複審程序請求救濟，學生身分亦有類似情形。最後應注意者：若涉及個人隱私或個人資訊自主範圍之事項，因該個人請求而提供，因屬非正式之行為，反之拒絕提供則申請人得依行政訴訟法第8條就行政處分以外非財產上給付提起「一般給付訴訟」，其情形與事實行為相同。惟遇有法律另設規定許其訴願及行政訴訟者，自應從其規定，而改提行政訴訟法第5條第2項之「課予義務訴訟」，蓋拒絕提供資訊之公文書，視為行政處分之故。

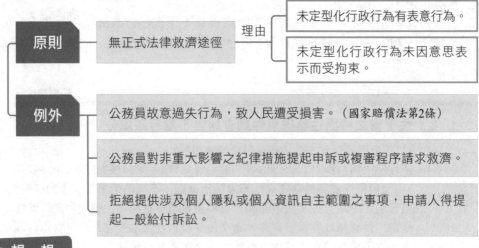

- **原則**：無正式法律救濟途徑
  - 理由：
    - 未定型化行政行為有表意行為。
    - 未定型化行政行為未因意思表示而受拘束。
- **例外**：
  - 公務員故意過失行為，致人民遭受損害。（國家賠償法第2條）
  - 公務員對非重大影響之紀律措施提起申訴或複審程序請求救濟。
  - 拒絕提供涉及個人隱私或個人資訊自主範圍之事項，申請人得提起一般給付訴訟。

● 想一想

下列公路上標誌或警員舉牌的內容，何者不是行政事實行為？ (A)標誌內容「小心行人」 (B)標誌內容「連續彎路」 (C)警員在路口舉牌，內容「山上停車場已滿」 (D)標誌內容「速限時速60公里」。 【111司律】

答 (D)。 限速標誌為行政處分，具有強制性法律效果，超過速限（違反）會受到罰鍰等裁罰處分。

第6章 行政指導【105關務三等】

意義	行政指導乃行政事實行為之一部，係指行政機關在其職權或所掌事務範圍內，**為實現一定之行政目的**，以輔導、協助、勸告、建議或其他**不具法律上強制力**之方法，促請**特定人**為一定作為或不作為之行為。（行政程序法第165條）	
原則	1. 行政機關為行政指導時，應注意有關法規規定之目的，不得濫用。 2. 相對人明確拒絕指導時，行政機關應即停止，並不得據此對相對人為不利之處置。（行政程序法第166條）	
特性	行政指導為**實現行政目的**之行政手段	行政指導係行政機關在其職權或所掌事務範圍，為實現一定之行政目的，促請特定人為一定作為或不作為之行為。因此，行政指導不僅為一種實現行政目的之行政手段，且為行政機關在**公法**上所採取之行政手段。故行政機關為私法上之行為諸如採購行為等，對相對人之履約雖有所指示或要件，亦非行政指導。
	行政指導**不具有法律上之強制力**	行政指導為事實行為之一種，其不具有法律上之拘束力，故行政指導不得對相對人設定、變更其法律義務，倘相對人不接受或違反行政指導者，亦不僅因之而受制裁或其他法律上之不利益，故行政程序法第166條第2項明定：「相對人明確拒絕指導時，行政機關應即停止，並不得據此對相對人為不利之處置。」
	行政指導係對**特定之相對人**為之	行政指導係促請特定人為一定作為或不作為之行為，其相對人雖無須單一，但須為特定，故行政程序法第167條第1項明定：「行政機關對相對人為行政指導時，應明示行政指導之目的、內容、及負責指導者等事項。」相對人得依同條第2請求交付文書，或依同法第166條第2項拒絕指導。行政機關對民眾所為提供資訊、機關警告或政令宣導等，雖亦為達成一定行政目的之表示行為，惟其相對人並非特定，故並非行政指導。
方法	1. 行政機關對相對人為行政指導時，應**明示**行政指導之**目的**、**內容**、及**負責指導者**等事項。 2. 明示得以書面、言詞或其他方式為之。如相對人請求交付文書時，除行政上有特別困難外，應以書面為之。 （行政程序法第167條）	

經典範題

選擇題攻略

( ) 1 有關行政指導之敘述，下列何者正確？ (A)對不服從行政指導之人民，雖不能裁罰，仍可以行政執行 (B)人民因行政指導卻受到損害，皆不能請求國家賠償 (C)行政指導係行政機關之任意性事實行為，不須遵守比例原則與平等原則 (D)不服違法行政指導者，符合法定要件時，得提起一般給付訴訟救濟。 【109高考】

( ) 2 下列何者為行政指導？ (A)直轄市政府主管機關對販賣經稽查或檢驗為偽藥、禁藥者，依法登報公告其商號及負責人姓名 (B)稅捐稽徵機關調查人員為調查課稅資料，依法要求納稅義務人提示有關文件 (C)主管機關函請有線電視系統業者配合政策規劃時程將有線電視系統數位化 (D)直轄市環境保護機關於空氣品質有嚴重惡化之虞時，依空氣污染防制法規定發布空氣品質化警告。 【108法制】

( ) 3 下列有關行政指導之敘述，何者正確？ (A)行政指導係以具法律上強制力之方法，促請特定人為一定作為或不作為之行為 (B)對不服從行政指導者，得課予行政罰 (C)行政指導不受比例原則之拘束 (D)為行政指導時，得以書面、言詞或其他方式明示行政指導之目的、內容、及負責指導者等事項。 【104法制】

解答與解析

1 (D)。最高行政法院98年度判字第147號判決，人民請求國家為一定之行為時，國家應為之行為，可能是法律行為，也可能是事實行為。如屬法律行為，可能為行政處分，亦可能為行政處分以外之其他法律行為。如屬行政處分者，人民固應依行政訴訟法第5條之規定，提起課予義務訴訟。如屬行政處分以外之法律行為或事實行為，則得依行政訴訟法第8條規定提起給付訴訟。

2 (C)。行政程序法第165條，本法所稱行政指導，謂行政機關在其職權或所掌事務範圍內，為實現一定之行政目的，以輔導、協助、勸告、建議或其他不具法律上強制力之方法，促請特定人為一定作為或不作為之行為。

3 (D)。行政程序法第167條，行政機關對相對人為行政指導時，應明示行政指導之目的、內容、及負責指導者等事項；該明示得以書面、言詞或其他方式為之。如相對人請求交付文書時，除行政上有特別困難外，應以書面為之。

NOTE

第7章 行政計畫

我國行政程序法就行政計畫僅做原則性之規定，基本上分為兩類；**土地利用計畫**及**重大公共設施設置**，此類計畫通常皆涉及多數人之利益及不同行政機關之權限，故應經公開聽證程序，作成確定計畫之裁決，俾收集中事權之效果，但如何實施則概括授權行政院以命令定之。

定義	為行政機關為將來一定期限內達成特定之目的或實現一定之構想，事前就達成該目的或實現該構想有關之方法、步驟或措施等所為之設計與規劃。（行政程序法第163條）
適用範圍及程序	1. 適用範圍：有關一定地區土地之特定利用或重大公共設施之設置。 2. 程序：凡涉及多數不同利益之人及多數不同行政機關權限者，確定其計畫之裁決，應經公開及聽證程序，並得有集中事權之效果。 3. 行政計畫之擬訂、確定、修訂及廢棄之程序，由行政院另定之。 （行政程序法第164條）

（註：以行政計畫之外衣包裹而成的非行政計畫）

無論係政府施政方針、行政處分、個別指示抑或事實行為中，經常存在各種計畫，因此在區別政府之行政行為係行政計畫抑或其他具有法律效力之特定行政行為，即屬各位應特別注意之處，茲就常見易混淆之非行政計畫類型說明如下：

本質	說明
法律	1. 租稅優惠或租稅特別負擔表現誘導之計畫。 2. 國家預算：國家預算係以中央預算表現之財政計畫，經國會以法律案之程序三讀通過，具有形式意義之法律性質。
法規命令	區域計畫： 依區域計畫法擬定之區域計畫，對計畫範圍內之土地及建物所有人，具有一定之拘束力，故區域計畫具有法規命令之性質。
自治法規	都市計畫： 各級地方政府依都市計畫法及區域計畫法擬定發布之都市計畫及區域計畫，對計畫範圍內之土地及建物所有人，具有一定之拘束力，該都市計畫及區域計畫具有地方自治法規之性質。

本質	說明
行政處分	都市計畫✩✩： 1. 主管機關變更都市計畫，係公法上之單方行政行為，如**直接限制一定區域內人民之權利、利益或增加其負擔，即具有行政處分之性質**，其因而致特定人或可得確定之多數人之權益遭受不當或違法之損害者，自應許其提起訴願或行政訴訟以資救濟。（司法院釋字第156號解釋） 2. 都市計畫擬定計畫機關依規定所為定期通盤檢討，對原都市計畫作必要之變更，屬法規性質，並非行政處分。惟如其中**具體項目**有**直接限制一定區域內特定人或可得確定多數人**之權益或增加其負擔者，基於有權利即有救濟之憲法原則，**應許其就該部分提起訴願或行政訴訟以資救濟**，始符憲法第16條保障人民訴願權與訴訟權之意旨。（司法院釋字第772號解釋） 3. 都市計畫**個別變更範圍外之人民**，如因都市計畫個別變更致其權利或法律上利益受侵害，**基於有權利即有救濟之憲法原則，應許其提起行政訴訟以資救濟**，始符憲法第16條保障人民訴訟權之意旨。（司法院釋字第774號解釋）

想一想

下列關於行政計畫的敘述，何者錯誤？　(A)「預算書」是具有直接拘束國家各機關及人民效力的行政計畫　(B)依據都市計畫法擬定的「特定區計畫」，為命令性、強制性的行政計畫　(C)各級地方政府得自行通過具有自治規章性質的行政計畫　(D)不服確定行政計畫裁決者，不得逕行提起撤銷訴訟。　【101法制】

解答與解析

D　依行政程序法第164條第1項，行政計畫有關一定地區土地之特定利用或重大公共設施之設置，涉及多數不同利益之人及多數不同行政機關權限者，確定其計畫之裁決，應經公開及聽證程序，並得有集中事權之效果。再依同法第109條法律效果，不服依前條作成經聽證之行政處分者，其行政救濟程序，免除訴願及其先行程序。

☆☆

第8章 行政罰

第一節 行政罰之概念與種類

一 行政罰之意義

有關行政罰之概念，有廣義說與狹義說之區分，各自說明如下：

廣義說	除「行政秩序罰」以外，尚包括違反行政法上義務，而科以刑法上所定刑名制裁之「行政刑罰」。 **→廣義說：行政罰＝行政秩序罰＋行政刑罰**
狹義說	僅包含「行政秩序罰」，而不包含「行政刑罰」，蓋行政刑罰乃特別刑法之一種，應屬刑法之範疇，而不包含在行政法研究之內。 **→狹義說：行政罰＝行政秩序罰**

一般所謂「行政罰」係採**狹義說**之概念，亦即所謂行政罰乃為維持行政上之秩序，達成國家行政之目的，對違反行政上義務者，所科之制裁，故行政罰又稱**行政秩序罰**。行政罰之制裁對象為一般人民，亦即所謂一般權力關係下之個人；科處行政罰之機關為行政機關，僅在若干例外情形，如依社會秩序維護法規定，影響人民權益較為重大之制裁如拘留及勒令歇業等，由地方法院之簡易庭裁罰。

以下所稱「行政罰」皆指「狹義說」之行政罰。

二 行政罰本質為「裁罰性不利處分」

【111地特法制、106司法四等、105關務三等】

(一) **「單純不利處分」與「裁罰性不利處分」**☆☆

處分種類／比較	單純不利處分	裁罰性不利處分
定義	行政處分之作成與人民義務之違反無涉。 例如：課稅處分、徵兵處分	行政處分之作成涉及人民義務之違反。 例如：命令歇業

處分種類 / 比較	單純不利處分	裁罰性不利處分
適用法規	行政程序法	行政程序法＋行政罰法
種類	1. 除去違法狀態或停止違法行為之處分。 2. 行政處分之撤銷或廢止。 3. 行政上之保全措施。 4. 行政執行行為。 5. 預防性之不利處分。	1. 限制或禁止行為之處分。 2. 剝奪或消滅資格、權利之處分。 3. 影響名譽之處分。 4. 警告性處分。
權利性質	請求權	裁處權（形成權）
時效期間	行政機關：5年 人民：10年	3年

知識補給站

最高行政法院106年4月份庭長法官聯席會議決議

106年1月4日修正公布前公路法第77條第2項後段「……其非法營業之車輛牌照並得吊扣2個月至6個月，或吊銷之」規定，依其73年1月23日增訂時「至於未經申請核准而經營公路經營業、汽車運輸業……除處以罰鍰並勒令停業外，並增訂吊扣非法營業之汽車牌照或吊銷汽車牌照之規定，以利執行」及106年1月4日修正時「……為達到遏止非法之效果，復提高吊扣非法營業車輛牌照之期限，……」之立法理由，參諸條文內容亦未以所吊扣或吊銷之車輛牌照為同條項前段之違規行為人所有者為限。考其意旨當係基於「使該車輛無法再繼續供作違規使用」並利於主管機關執行健全公路營運制度之目的，賦與主管機關得為吊扣或吊銷車輛牌照之處分，故其性質應認屬管制性行政處分。

因此，觀上開實務見解可知，實務上認為吊扣或吊銷車輛牌照之處分為「單純不利處分」，而非「裁罰性不利處分」

(二) **僅「裁罰性不利處分」適用於行政罰法**

行政罰法第1條及第2條明定，違反行政法上義務而受罰鍰、沒入或其他種類行政罰之處罰時，適用行政罰法。其他種類行政罰，指下列裁罰性之不利處分：

1. **限制或禁止行為之處分**：限制或停止營業、吊扣證照、命令停工或停止使用、禁止行駛、禁止出入港口、機場或特定場所、禁止製造、販賣、輸出入、禁止申請或其他限制或禁止為一定行為之處分。
2. **剝奪或消滅資格、權利之處分**：命令歇業、命令解散、撤銷或廢止許可或登記、吊銷證照、強制拆除或其他剝奪或消滅一定資格或權利之處分。
3. **影響名譽之處分**：公布姓名或名稱、公布照片或其他相類似之處分。
4. **警告性處分**：警告、告誡、記點、記次、講習、輔導教育或其他相類似之處分。

故可知適用**僅「裁罰性不利處分」適用於行政罰法**，而行政罰法之行政罰種類可整理如下：

(1) 罰鍰。
(2) 沒入。
(3) 限制或禁止行為之處分：限制或停止營業、吊扣證照、命令停工或停止使用、禁止行駛、禁止出入港口、機場或特定場所、禁止製造、販賣、輸出入、禁止申請或其他限制或禁止為一定行為之處分。
(4) 剝奪或消滅資格、權利之處分：命令歇業、命令解散、撤銷或廢止許可或登記、吊銷證照、強制拆除或其他剝奪或消滅一定資格或權利之處分。
(5) 影響名譽之處分：公布姓名或名稱、公布照片或其他相類似之處分。
(6) 警告性處分：警告、告誡、記點、記次、講習、輔導教育或其他相類似之處分。

知識補給站

行政罰法第2條立法理由（節錄）

本法所稱「其他種類行政罰」，僅限於本條各款所定「裁罰性之不利處分」，並以「違反行政法上之義務」而應受「裁罰性」之「不利處分」為要件，**如其處分係命除去違法狀態或停止違法行為者，因與行政罰之裁罰性不符，非屬裁罰性之不利處分**，無本法之適用。此外，行政機關對違法授益行政處分之撤銷及合法授益行政處分之廢止，**是否屬本法所規範之「裁罰性之不利處分」，而有本法規定之適用，應視其撤銷或廢止之原因及適用之法規而定，未可一概而論。**例如證券交易法第59條第

1項規定：「證券商自受領證券業務特許證照，或其分支機構經許可並登記後，於三個月內未開始營業，或雖已開業而自行停止營業連續三個月以上時，主管機關得撤銷其特許或許可。」之「撤銷」，即不屬本法所規範的裁罰性之不利處分。又依稅捐稽徵法第24條規定所為限制納稅義務人之財產不得移轉或設定他項權利、限制其減資或註銷登記及限制出境之處分，及依海洋污染防治法第35條規定所為限制船舶及相關船員離境之處分，均**屬保全措施，不具裁罰性，亦非屬「裁罰性之不利處分」**，無本法規定之適用。

地方制度法所規範之行政罰種類

地方制度法第26條：「自治條例應分別冠以各該地方自治團體之名稱，在直轄市稱直轄市法規，在縣（市）稱縣（市）規章，在鄉（鎮、市）稱鄉（鎮、市）規約。**直轄市法規、縣（市）規章**就違反地方自治事項之行政業務者，得規定處以**罰鍰**或**其他種類之行政罰**。但法律另有規定者，不在此限。其為罰鍰之處罰，逾期不繳納者，得依相關法律移送強制執行。前項罰鍰之處罰，**最高以新臺幣十萬元為限**；並得規定連續處罰之。其他行政罰之種類限於**勒令停工**、**停止營業**、**吊扣執照**或**其他一定期限內限制或禁止為一定行為之不利處分**。自治條例經各該地方立法機關議決後，如規定有罰則時，應分別報經行政院、中央各該主管機關核定後發布；其餘除法律或縣規章另有規定外，直轄市法規發布後，應報中央各該主管機關轉行政院備查；縣（市）規章發布後，應報中央各該主管機關備查；鄉（鎮、市）規約發布後，應報縣政府備查。」

簡言之，於地方自治法規中：

1. 僅有**直轄市法規**與**縣（市）規章**得規定行政罰，鄉（鎮、市）規約則不可規定行政罰。
2. 行政罰種類原則上限於**罰鍰**或**其他種類之行政罰**。
3. 行政罰為罰鍰者，最高以新臺幣十萬元為限，並得規定連續處罰之。
4. 其他行政罰之種類限於勒令停工、停止營業、吊扣執照或其他一定期限內限制或禁止為一定行為之不利處分，而不得為剝奪或消滅資格、權利之處分，如命令歇業、命令解散、撤銷或廢止許可或登記、吊銷證照、強制拆除或其他剝奪或消滅一定資格或權利之處分。

想一想

試說明「裁罰性不利處分」及「單純不利處分」兩概念在我國現行行政法制下有何區分之實益？【100司法三等】

三 行政罰與其他處罰區辨

(一)「行政罰」與「行政執行罰」之比較

	行政罰	行政執行罰
定義	行政罰則是對於過去人民違反行政法上義務之懲罰	行政執行係對未來人民應履行之行政法上義務強制執行
適用法規	行政罰法及其他行政法規	行政執行法
裁罰種類	罰鍰、沒入或其他種類行政罰	金錢給付義務之執行、直接強制、間接強制及即時強制
裁罰次數	原則上以一次為限	得反覆為之

(二)「行政罰」與「刑罰」之比較☆☆

行政不法與刑事不法的區別有二說，分別為質的區別說與量的區別說：

質的區別說	行政罰不具倫理的非難性；行政罰與社會道德普世價值完全對立，具倫理的非難性。
量的區別說	為通說所採（如釋字517），此說認為行政不法只是較刑事不法的非難性低罷了，兩者皆對法益有所侵害，且觀行政罰法體系仿刑法體系，彼此間只有量的區別，而非質的區別，故擇一重評價即可。 例如： 汽機車駕駛人酒後駕車，經檢測酒精濃度達一定標準者……處新臺幣一萬五千元以上、十二萬元以下罰鍰……處三年以下有期徒刑，得併科三十萬元以下罰金（刑罰）。

知識補給站

司法院司法院釋字第517號解釋理由書（量的區別說）

按違反行政法上義務之制裁究採行政罰抑刑事罰，本屬立法機關衡酌事件之特性、侵害法益之輕重程度以及所欲達到之管制效果，所為立法裁量之權限，苟未逾越比例原則，要不能遽指其為違憲。**即對違反法律規定之行為，立法機關本於上述之立法裁量權限，亦得規定不同之處罰，以不依規定入出境而言，入出國及移民法第五十九條固以罰鍰作為制裁方法，但同法第五十四條基於不同之規範目的，亦有刑罰之規定，並非謂對行政法上義務之違反，某法律一旦採行政罰，其他法律即不問保護法益有無不同，而不得採刑事罰。**本此，關於妨害兵役之行為，立法機關自得審酌人民服兵役應召集之國防重要性、違背兵役義務之法益侵害嚴重性，以及其處罰對個人權益限制之程度，分別依現役或後備役兵員於平時或戰時之各種徵集、召集類型，為適切之規範。妨害兵役治罪條例第十一條第一項第三款規定後備軍人「居住處所遷移，無故不依規定申報者」，處一年以下有期徒刑、拘役或三百元以下罰金；同條第三項規定後備軍人犯第一項之罪，致使召集令無法送達者，以意圖避免召集論，分別依第六條、第七條科刑，乃因後備軍人於相當期間內實際居住處所與戶籍登記不符，所涉兵役法規立法目的下之公共利益，與入出國及移民法僅涉及一般國民之入出國管理部分者並不相同，故立法機關考量管制後備軍人動態之需要、違反申報義務之法益侵害，為確保國防兵員召集之有效實現、維護後備軍人召集制度之必要，採取抽象危險犯刑事制裁手段，可謂相當。且法院於個案審理中，仍得斟酌該後備軍人違反義務之各種情狀，於法定刑範圍內為適當之量刑，是無立法嚴苛情形，與憲法第二十三條規定之比例原則尚無不合。至妨害兵役治罪條例第十一條第三項雖規定致使召集令無法送達者，以意圖避免召集論，但仍不排除責任要件之適用，乃屬當然。

(三) 行政罰與懲戒罰

懲戒罰著重於某一**職業內部秩序**之維護，係針對具備**特定身分之人**，故行政罰之規定並非全然適用於懲戒罰。

例如：

律師法第39條：「律師有左列情事之一者，應付懲戒：一、有違反第二十條第三項、第二十一條、第二十二條、第二十四條、第二十六條、第二十八條至第三十七條之行為者。二、有犯罪之行為，經判刑確定者。但因過失犯罪者，不在此限。三、有違背律師倫理規範或律師公會章程之行為，情節重大者。」

會計師法第64條：「會計師應付懲戒者，由會計師懲戒委員會處理之。會計師懲戒委員會應將交付懲戒事件，通知被付懲戒之會計師，並命其於通知送達之次日起二十日內，提出答辯或到會陳述；屆期未提出答辯或到會陳述時，得逕行決議。會計師依前項規定提出答辯時，應將答辯書稿抄送原移送懲戒之全國聯合會及業務事件主管機關。」

第二節 行政罰之成立

一 行政罰法之特色【110地特三等】

屬行政罰總則性之規定	行政罰法第1條即明定，違反行政法上義務而受罰鍰、沒入或其他種類行政罰之處罰時，適用本法。但其他法律有特別規定者，從其規定。故可知行政罰法適用於一切行政罰，至於何種行為構成行政罰之處罰要件，則仰賴其他各別法律（含法律及自治條例）加以規定。易言之，行政罰法乃「總則性」之規定，其他個別法律則為「分則性」之規定。 其他個別法律例如： 違反主管機關有關一般廢棄物回收之規定者，依**廢棄物清理法**第50條，處新臺幣1,200元以上6,000元以下罰鍰。 無照駕駛者，依**道路交通管理處罰條例**第12條，處汽車所有人新臺幣3,600元以上10,800以下罰鍰，並禁止其行駛。
兼具實體法與程序法功能	行政罰法既是各種行政罰總則性之規定，當然屬實體法；又行政罰之科處涉及人民財產、名譽甚至人身自由，故相關程序自應以法律加以定之，故有關程序部分亦於行政罰法中加以規定。 例如： 行政罰法第33條規定，行政機關執行職務之人員，應向行為人出示有關執行職務之證明文件或顯示足資辨別之標誌，並告知其所違反之法規。

二 行政罰法之原理原則

處罰法定主義【111高考三級】	行政罰法第4條明定：「違反行政法上義務之處罰，以行為時之法律或自治條例有明文規定者為限。」乃處罰法定原則之規定。 實務上認為，違反自治事項之行政義務者，雖得以自治條例規定罰則，但該罰則不得擴張至實體事項以外之行政調查程序，故對於行政調查或要求提供資料規避、妨礙或拒絕者，而處以罰緩之自治條例，行政法院則認為有違反法律保留之虞，而拒予適用。
從新從優原則	行政罰法第5條明定：「行為後法律或自治條例有變更者，適用裁處時之法律或自治條例。但裁處前之法律或自治條例有利於受處罰者，適用最有利於受處罰者之規定。」
屬地原則	行政罰法第6條明定：「在中華民國領域內違反行政法上義務應受處罰者，適用本法。在中華民國領域外之中華民國船艦、航空器或依法得由中華民國行使管轄權之區域內違反行政法上義務者，以在中華民國領域內違反論。違反行政法上義務之行為或結果，有一在中華民國領域內者，為在中華民國領域內違反行政法上義務。」
有責主義	所謂「無責任即無行政罰」，而行政罰法第7條第1項明定：「違反行政法上義務之行為非出於故意或過失者，不予處罰。」正揭示行政罰之有責主義。
便宜原則	於符合法定處罰之構成要件者，行政機關即應作成該當法律效果之處罰。此乃依法行政之當然理解。為緩和上開嚴格之依法行政原則，在基於各種合理考量下，如違反情節、行為人之經濟能力、處罰所付出之社會成本等，而認不予除罰為是當者得免予處罰，即所謂「便宜原則」。行政罰法第19條第1項明定：「違反行政法上義務應受法定最高額新臺幣三千元以下罰鍰之處罰，其情節輕微，認以不處罰為適當者，得免予處罰。」正是便宜原則之展現。

三 行為人與行為☆☆【110司法三等】

行政罰法第3條規定，本法所稱行為人，係指實施違反行政法上義務行為之自然人、法人、設有代表人或管理人之非法人團體、中央或地方機關或其他組織。

故下列分就行政罰法上各種行為人及其行為之規定整理如下：

	自然人	☆☆ 法人	☆☆ 設有代表人或管理人之非法人團體	中央或地方機關或其他組織
行為	除積極行為外，對於違反行政法上義務事實之發生，依法有防止之義務，能防止而不防止者，與因積極行為發生事實者同。因自己行為致有發生違反行政法上義務事實之危險者，負防止其發生之義務。（行政罰法第10條）			
共同違法及併同處罰	1. **故意共同實施**違反行政法上義務之行為者，依其行為情節之輕重，**分別處罰之**。 2. 前項情形，因身分或其他特定關係成立之違反行政法上義務行為，其無此身分或特定關係者，仍處罰之。 3. 因身分或其他特定關係致處罰有重輕或免除時，其無此身分或特定關係者，仍處以通常之處罰。 （行政罰法第14條）	1. 私法人之**董事**或**其他有代表權之人**，因執行其職務或為私法人之利益為行為，致使私法人違反行政法上義務應受處罰者，**該行為人如有故意或重大過失**時，除法律或自治條例另有規定外，**應並受同一規定罰鍰之處罰**。 2. 私法人之**職員**、**受僱人**或**從業人員**，因執行其職務或為私法人之利益為行為，致使私法人違反行政法上義務應受處罰者，私法人之**董事**或**其他有代表權之人**，如對該行政法上義務之違反，因**故意**或**重大過失**，**未盡其防止義務**時，除法律或自治條例另有規定外，**應並受同一規定罰鍰之處罰**。 3. 前二項並受同一規定處罰之罰鍰，不得逾新臺幣一百萬元。但其所得之利益逾新臺幣一百萬元者，得於其所得利益之範圍內裁處之。 4. 上開規定，於設有代表人或管理人之非法人團體，或法人以外之其他私法組織，違反行政法上義務者，準用之。 （行政罰法第15、16條）		中央或地方機關或其他公法組織違反行政法上義務者，依各該法律或自治條例規定處罰之。（行政罰法第17條）

<table>
<tr><th></th><th>自然人</th><th>☆☆
法人</th><th>☆☆
設有代表人
或管理人之
非法人團體</th><th>中央
或地方機關
或其他組織</th></tr>
<tr><td>故意過失之認定</td><td>故意過失責任：違反行政法上義務之行為非出於故意或過失者，不予處罰。（行政罰法第7條第1項）</td><td colspan="3">法人、設有代表人或管理人之非法人團體、中央或地方機關或其他組織違反行政法上義務者，其代表人、管理人、其他有代表權之人或實際行為之職員、受僱人或從業人員之故意、過失，推定為該等組織之故意、過失。（行政罰法第7條第2項）</td></tr>
<tr><td>阻卻違法事由
（106關務三等、106地特三等）</td><td colspan="4">1. 職務命令：依法令之行為，不予處罰。依所屬上級公務員職務命令之行為，不予處罰。但明知職務命令違法，而未依法定程序向該上級公務員陳述意見者，不在此限。（行政罰法第11條）
2. 正當防衛或防衛過當：對於現在不法之侵害，而出於防衛自己或他人權利之行為，不予處罰。但防衛行為過當者，得減輕或免除其處罰。（行政罰法第12條）
3. 緊急避難：因避免自己或他人生命、身體、自由、名譽或財產之緊急危難而出於不得已之行為，不予處罰。但避難行為過當者，得減輕或免除其處罰。（行政罰法第13條）</td></tr>
<tr><td>其他責任能力規範</td><td colspan="4">1. 排除卸責藉口：不得因不知法規而免除行政處罰責任。但按其情節，得減輕或免除其處罰。（行政罰法第8條）（106地特三等）
2. 責任能力：
(1) 未滿14歲人之行為，不予處罰。14歲以上未滿18歲人之行為，得減輕處罰。
(2) 行為時因精神障礙或其他心智缺陷，致不能辨識其行為違法或欠缺依其辨識而行為之能力者，不予處罰。行為時因前項之原因，致其辨識行為違法或依其辨識而行為之能力，顯著減低者，得減輕處罰。
(3) 上開(1)、(2)之規定，於因故意或過失自行招致者，不適用之。
（行政罰法第9條）</td></tr>
</table>

知識補給站

最高行政法院95年1月份庭長法官聯席會議決議（行政罰以處罰行為人為原則，處罰行為人以外之人為例外）

依84年8月2日修正公布之建築法第90條第1項（相當於現行建築法第91條第1項第1款）之規定，對於違反同法第73條後段（相當於現行建築法第73條第2項）規定擅自變更使用者，其處罰之對象為建築物所有權人或使用人。建築主管機關究應對建築物所有權人或使用人處罰，應就其查獲建築物違規使用之實際情況，於符合建築法之立法目的為必要裁量，並非容許建築主管機關恣意選擇處罰之對象，擇一處罰，或兩者皆予處罰。又行政罰係處罰行為人為原則，處罰行為人以外之人則屬例外。建築主管機關如對行為人處罰，已足達成行政目的時，即不得對建築物所有權人處罰。於本題情形，擅自變更使用者為乙，如建築主管機關已對乙處罰，並已足達成行政目的時，即不得對甲處罰。

行政罰法第14條第1項規定，故意共同實施違反行政法上義務之行為者，依其行為情節之輕重，分別處罰之

而上開所謂「共同實施」之主體，應限於得獨立對外為行為之主體，例如自然人與自然人、自然人與法人、法人與法人，故法人與其內部成員並不會構成「共同實施」。

這樣說明各位可能還是覺得很抽象，故以下就違反行政法義務之行為，所應受行政罰之處罰方式，簡單圖示說明如下：

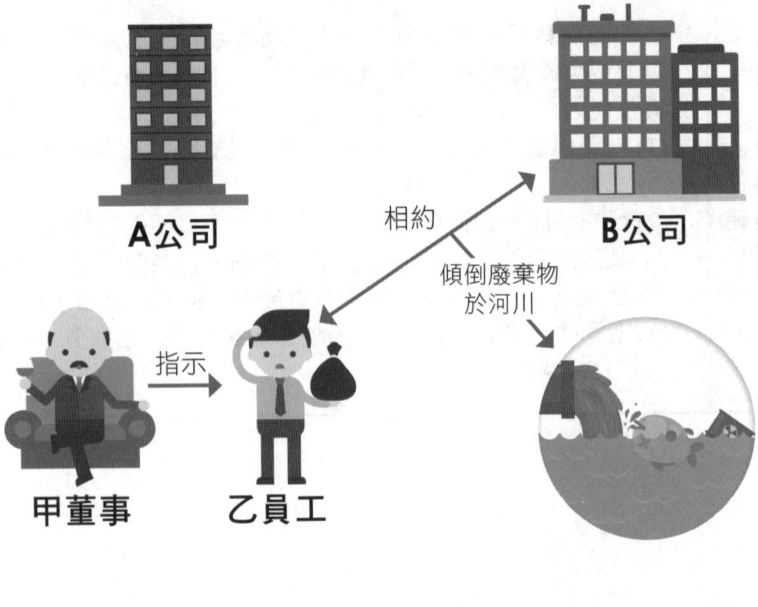

A公司之甲董事與B公司說好，一起私下傾倒廢棄物某河川，因此乙員工受甲董事之指示，而與B公司某職員約好日子一起傾倒。

問 A公司、甲董事、乙員工應如何依行政罰法負責？

答

A公司部分	1. **A公司與乙員工**：應依行政罰法§7II，乙員工之故意應推定為A公司之故意，故A公司應負行政罰之責。（此時不會有§14I之適用，因為乙員工乃A公司之內部成員） 2. **A公司與B公司**：應依行政罰法§14I，與B公司共同負責。
甲董事部分	1. **A公司與甲董事**：甲董事應依行政罰法§15I與A公司負責。 2. **甲董事與乙員工**：甲董事應依行政罰法§15 II與乙員工負責。
乙員工部分	**乙員工與B公司**：應依行政罰法§14I，與B公司共同負責。

司法院釋字第275號解釋（推定過失）

人民違反法律上之義務而應受行政罰之行為，法律無特別規定時，雖不以出於故意為必要，仍須以過失為其責任條件。但**應受行政罰之行為，僅須違反禁止規定或作為義務，而不以發生損害或危險為其要件者，推定為有過失，於行為人不能舉證證明自己無過失時，即應受處罰。**行政法院六十二年度判字第三〇號判例謂：「行政罰不以故意或過失為責任條件」，及同年度判字第三五〇號判例謂：「行政犯行為之成立，不以故意為要件，其所以導致偽報貨物品質價值之等級原因為何，應可不問」，其與上開意旨不符部分，與憲法保障人民權利之本旨牴觸，應不再援用。

讀到這裡，各位不曉得是否覺得自己根本就是在讀刑法呢？這樣是否就可以理解為什麼刑法與行政罰法有質的區別說與量的區別說了吧！因為如果不加以區別，則根本就無從得知一個違法行為該用刑法亦或行政罰法加以規範了不是嗎？

第三節 裁處之審酌加減及擴張

罰鍰	審酌加減及擴張	1. 裁處罰鍰，應審酌違反行政法上義務行為應受責難程度、所生影響及因違反行政法上義務所得之利益，並得考量受處罰者之資力。 2. 前項**所得之利益超過法定罰鍰最高額者**，**得於所得利益之範圍內酌量加重**，不受法定罰鍰最高額之限制。 3. 依本法規定減輕處罰時，裁處之罰鍰**不得逾法定罰鍰最高額之二分之一**，亦**不得低於法定罰鍰最低額之二分之一**；同時有免除處罰之規定者，不得逾法定罰鍰最高額之三分之一，亦不得低於法定罰鍰最低額之三分之一。但法律或自治條例另有規定者，不在此限。（行政罰法第18條）
	不處罰之要件及處理	1. 違反行政法上義務應受法定最高額新臺幣三千元以下罰鍰之處罰，其情節輕微，認以不處罰為適當者，得免予處罰。 2. 前項情形，得對違反行政法上義務者施以糾正或勸導，並作成紀錄，命其簽名。 （行政罰法第19條）
其他種類行政罰		處罰定有期間者，準用上開罰鍰審酌加減及擴張之規定。（行政罰法第18條第4項）
不當得利之追繳		1. 為他人利益而實施行為，致使他人違反行政法上義務應受處罰者，該行為人因其行為受有財產上利益而未受處罰時，得於其所受財產上利益價值範圍內，酌予追繳。 2. 行為人違反行政法上義務應受處罰，他人因該行為受有財產上利益而未受處罰時，得於其所受財產上利益價值範圍內，酌予追繳。 3. 前二項追繳，由為裁處之主管機關以行政處分為之。 （行政罰法第20條）
沒入	沒入物之所有人	沒入之物，除本法或其他法律另有規定者外，以屬於受處罰者所有為限。（行政罰法第21條）

沒入	裁處	1. 不屬於受處罰者所有之物，因所有人之故意或重大過失，致使該物成為違反行政法上義務行為之工具者，仍得裁處沒入。 2. 物之所有人明知該物得沒入，為規避沒入之裁處而取得所有權者，亦同。 （行政罰法第22條）
	沒入物價額或減損差額之追徵	1. 得沒入之物，受處罰者或前條物之所有人於受裁處沒入前，予以處分、使用或以他法致不能裁處沒入者，得裁處沒入其物之價額；其致物之價值減損者，得裁處沒入其物及減損之差額。 2. 得沒入之物，受處罰者或前條物之所有人於受裁處沒入後，予以處分、使用或以他法致不能執行沒入者，得追徵其物之價額；其致物之價值減損者，得另追徵其減損之差額。 3. 前項追徵，由為裁處之主管機關以行政處分為之。 （行政罰法第23條）

第四節　時效

一　行政罰裁處權之時效（行政罰法第27條）

(一) 行政罰之裁處權，因三年期間之經過而消滅。

(二) 前項期間，自違反行政法上義務之行為終了時起算。但行為之結果發生在後者，自該結果發生時起算。

(三) 前條第二項之情形，第一項期間自不起訴處分、緩起訴處分確定或無罪、免訴、不受理、不付審理、不付保護處分、免刑、緩刑之裁判確定日起算。

(四) 行政罰之裁處因訴願、行政訴訟或其他救濟程序經撤銷而須另為裁處者，第一項期間自原裁處被撤銷確定之日起算。

二 裁處權時效之停止

(一) 裁處權時效，因天災、事變或依法律規定不能開始或進行裁處時，停止其進行。

(二) 前項時效停止，自停止原因消滅之翌日起，與停止前已經過之期間一併計算。（行政罰法第28條）

第五節 行政罰與其他處罰之競合 ☆☆

【110司律、107關務三等、106司法四等】

一 一行為不二罰

「一行為不二罰原則」，又稱「禁止雙重處罰原則」，顧名思義，指就人民同一違法行為，禁止國家為多次之處罰，其不僅禁止於一行為已受到處罰後，對同一行為再行追訴、處罰，也禁止對同一行為同時作多次之處罰。我國憲法固然沒有「一行為不二罰原則」的明文，惟從法治國家所要求之法安定原則、信賴保護原則以及比例原則均不難導出一行為不能重複處罰之要求。是「一行為不二罰原則」具有憲法位階，應無疑義。（摘錄自司法院自第604號解釋許宗力大法官協同意見書）

行政罰法就一行為不二罰之原則體現於該法第24條及第26條，將於後續說明。

知識補給站

實務上有關一行為不二罰之相關見解

釋字第808號

社會秩序維護法第38條規定：「違反本法之行為，涉嫌違反刑事法律……者，應移送檢察官……依刑事法律……規定辦理。**但其行為應處……罰鍰……之部分，仍依本法規定處罰。」其但書關於處罰鍰部分之規定，於行為人之同一行為已受刑事法律追訴並經有罪判決確定者，構成重複處罰，違反法治國一罪不二罰原則，於此範圍內，應自本解釋公布之日起，失其效力。**

釋字第754號（填具進口報單逃漏稅捐併合處罰案）

最高行政法院100年度5月份第2次庭長法官聯席會議有關：「……進口人填具進口報單時，需分別填載進口稅、貨物稅及營業稅相關事項，向海關遞交，始完成進口稅、貨物稅及營業稅之申報，故**實質上為3個申報行為，而非一行為**。如未據實申報，致逃漏進口稅、貨物稅及營業稅，合於海關緝私條例第37條第1項第4款、貨物稅條例第32條第10款暨營業稅法第51條第7款規定者，應併合處罰，不生一行為不二罰之問題」之決議，與法治國一行為不二罰之原則並無牴觸。

釋字第751號（命應履行負擔之緩起訴處分確定後再處罰鍰案）

行政罰法第26條第2項規定：「前項行為如經……緩起訴處分確定……者，得依違反行政法上義務規定裁處之。」及財政部中華民國96年3月6日台財稅字第09600090440號函，就**緩起訴處分確定後，仍得依違反行政法上義務規定裁處之釋示，其中關於經檢察官命被告履行刑事訴訟法第253條之2第1項第4款及第5款所定事項之緩起訴處分部分，尚未牴觸憲法第23條，與憲法第15條保障人民財產權之意旨無違。**

同法第45條第3項規定：「本法中華民國100年11月8日修正之第26條第3項至第5項規定，於修正施行前違反行政法上義務之行為同時觸犯刑事法律，經緩起訴處分確定，應受行政罰之處罰而未經裁處者，亦適用之……。」其中關於適用行政罰法第26條第3項及第4項部分，未牴觸法治國之法律不溯及既往及信賴保護原則，與憲法第15條保障人民財產權之意旨無違。

統一解釋部分，95年2月5日施行之行政罰法第26條第2項雖未將「緩起訴處分確定」明列其中，惟緩起訴處分實屬附條件之便宜不起訴處分，故經緩起訴處分確定者，解釋上自得適用95年2月5日施行之行政罰法第26條第2項規定，依違反行政法上義務規定裁處之。

司法院釋字第604號解釋（違規停車之行為數認定）

道路交通管理處罰條例係為加強道路交通管理，維護交通秩序，確保交通安全而制定。依中華民國八十六年一月二十二日增訂公布第八十五條之一規定，係對於汽車駕駛人違反同條例第五十六條第一項各款而為違規停車之行為，**得為連續認定及通知其違規事件之規定，乃立法者對於違規事實一直存在之行為，考量該違規事實之存在對公益或公共秩序確有影響，除使主管機關得以強制執行之方法及時除去該違規事實外，並得藉舉發其違規事實之次數，作為認定其違規行為之次數，從而對此多次違規行為得予以多次處罰，並不生一行為二罰之問題**，故與法治國家一行為不二罰之原則，並無牴觸。（解釋文節錄）

道路交通管理處罰條例係為加強道路交通管理，維護交通秩序，確保交通安全而制定（同條例第一條）。依八十六年一月二十二日增訂公布第八十五條之一規定，汽車駕駛人違反同條例第五十六條規定，經舉發後，不遵守交通勤務警察或依法令執行交通稽查任務人員責令改正者，得連續舉發之；其無法當場責令改正者，亦同。此乃對於汽車駕駛人違反同條例第五十六條第一項各款而為違規停車之行為，得為連續認定及通知其違規事件之規定。又九十年一月十七日修正公布之同法第九條第一項規定：「本條例所定罰鍰之處罰，行為人接獲違反道路交通管理事件通知單後，於十五日內得不經裁決，逕依規定之罰鍰標準，向指定之處所繳納結案；不服舉發事實者，應於十五日內，向處罰機關陳述意見或提出陳述書。其不依通知所定限期前往指定處所聽候裁決，且未依規定期限陳述意見或提出陳述書者，處罰機關得逕行裁決之。」故行為人如接獲多次舉發違規事件通知書者，即有發生多次繳納罰鍰或可能受多次裁決罰鍰之結果。按**違規停車，在禁止停車之處所停車，行為一經完成，即實現違規停車之構成要件，在車輛未離開該禁止停車之處所以前，其違規事實一直存在**。立法者對於違規事實一直存在之行為，如考量該違規事實之存在對公益或公共秩序確有影響，除使主管機關得以強制執行之方法及時除去該違規事實外，並**得藉舉發其違規事實之次數，作為認定其違規行為之次數，即每舉發一次，即認定有一次違反行政法上義務之行為發生而有一次違規行為，因而對於違規事實繼續之行為，為連續舉發者，即認定有多次違反行政法上義務之行為發生而有多次違規行為**，從而對此多次違規行為得予以多次處罰，並不生一行為二罰之問題，故與法治國家一行為不二罰之原則，並無牴觸。（解釋理由書節錄）

司法院釋字第503號解釋（行為併符行為罰及漏稅罰要件時得重複處罰？）

納稅義務人違反作為義務而被處行為罰，僅須其有違反作為義務之行為即應受處罰；而逃漏稅捐之被處漏稅罰者，則須具有處罰法定要件之漏稅事實方得為之。二者處罰目的及處罰要件雖不相同，惟其行為如同時符合行為罰及漏稅罰之處罰要件時，除處罰之性質與種類不同，必須採用不同之處罰方法或手段，以達行政目的所必要者外，不得重複處罰，乃現代民主法治國家之基本原則。是違**反作為義務之行為，同時構成漏稅行為之一部或係漏稅行為之方法而處罰種類相同者，如從其一重處罰已足達成行政目的時，即不得再就其他行為併予處罰**，始符憲法保障人民權利之意旨。本院釋字第三五六號解釋，應予補充。

最高行政法院108年4月份第2次庭長法官聯席會議決議（違規廢棄物清理法之行為數認定）【110司法三等】

主管機關依廢棄物清理法第61條授權訂定之違反廢棄物清理法按日連續處罰執行準則第3條第2項：「本法所稱改善完成，指完成前項改善行為，並檢齊證明文件報請處分機關查驗，經處分機關查驗符合規定者。」據此規定，依同法第50條或第51條第2項受限期改善處分之相對人，如未檢齊證明文件報請處分機關查驗，處分機關未查驗，則處分相對人是否已完成改善之事實未明，然所得出之法律效果乃「未完成改善」，處分機關得按日連續處罰之。該規定即為處分相對人就是否完成改善負客觀舉證責任之規定。因此，於改善期限屆滿後，處分相對人未檢齊證明文件報請處分機關查驗，處分機關毋庸經查驗其是否確實未完成改善，即得處罰。

處分相對人受同法第50條或第51條第2項**限期改善處分發生依期完成改善之單一行政法上義務，在其完成改善前，此違反行政法上義務狀態持續中，於處分機關處罰後（處分書送達後）始切斷其單一性，之後如仍未完成改善者，方構成另一違反行政法上義務行為。**再者，上開法律規定屆期仍未完成改善者，得按日連續處罰之目的，係督促處分相對人依期改善，處分機關以處分相對人未完成改善而處罰之，如果不即時送達處分書，使其知悉連續處罰之壓力而儘速改善，反而便宜行事，僅按日裁罰合併送達，即無法達到督促處分相對人完成改善之目的，與按日連續處罰之立法目的有違。因此，處分機關必須於處分書送達後始得再為處罰。

最高行政法院105年10月份第1次庭長法官聯席會議決議（藥物廣告行為數認定）

藥事法第65條：「非藥商不得為藥物廣告。」違反此規定者，應依同法第91條規定裁罰。因此，藥事法第65條係課非藥商不得為藥物廣告之行政法上不作為義務。又同法第24條規定：「本法所稱藥物廣告，係指利用傳播方法，宣傳醫療效能，以達招徠銷售為目的之行為。」而「廣告」乃集合性概念，一次或多次利用傳播方法為宣傳，以達招徠銷售為目的之行為，均屬之。非藥商多次重複地利用傳播方法，宣傳醫療效能，以達招徠銷售為目的之行為，如係出於違反藥事法第65條之不作為義務之單一意思，則為違反同一行政法上義務之接續犯。**該多次違規行為在法律上應評價為一行為，於主管機關裁處後，始切斷違規行為之單一性。**依題意，甲係出於同一招徠銷售「遠紅外線治療儀」之目的，在民國103年2月11日至3月23日共41日期間，擅自刊播該藥物廣告達76次，核其時間密集、行為緊接，如無其他相反事證，應可認為是出於違反藥事法第65條行政法上義務之單一意思，該當於一個違反藥事法第65條行政法上義務之行為，為一行為而非數行為。

最高行政法院98年11月份第2次庭長法官聯席會議決議（投遞郵件行為數認定）

按「除中華郵政公司及受其委託者外，無論何人，不得以遞送信函、明信片或其他具有通信性質之文件為營業。」「有下列情形之一者，處新臺幣10萬元以上50萬元以下罰鍰，並通知其停止該等行為；未停止者，得按次連續處罰：一、違反第6條第1項規定，以遞送信函、明信片或其他具有通信性質文件為營業者。」為郵政法第6條第1項、第40條第1款所明定。

本件A公司自92年6月起所為持續違反郵政法第6條第1項規定之遞送信函、繳費通知單之營業行為，經交通部於93年4月28日依郵政法第40條第1款處以罰鍰及通知其停止該行為（即第1次處分），該第1次處分書所載違規行為時間，雖僅載為92年6月至10月間，惟**A公司自92年6月起所為之遞送信函、繳費通知單之營業行為，為違規事實持續之情形，該持續之違規事實因行政機關介入而區隔為一次違規行為**，交通部應不得再就A公司於接獲第1次處分書前所為之其他遞送信函、繳費通知單之營業行為予以處罰。嗣交通部於93年9月14日通知A公司就其另於93年5、6月間所為遞送信函、繳費通知單之營業行為陳述意見，並於93年12月24日處以罰鍰並通知其停止該行為（即前處分），此乃處罰A公司於接獲第1次處分書後之持續營業行為，該前處分亦有切斷A公司於接獲前處分書前之違規行為單一性之效力。交通部既已對於A公司於接獲第1次處分書後至接獲前處分書前所為遞送信函、繳費通知單之營業行為予以處罰，自不得再就A公司於此期間之任何時段所為違規行為，予以處罰。乃交通部嗣又於94年2月21日對A公司93年7月所為營業行為予以處罰（即原處分），有違按次連續處罰之本旨，核與首開法律規定意旨不符，應認原處分係屬違法。

理由：

1. 「除中華郵政公司及受其委託者外，無論何人，不得以遞送信函、明信片或其他具有通信性質之文件為營業。」「有下列情形之一者，處新臺幣10萬元以上50萬元以下罰鍰，並通知其停止該等行為；未停止者，得按次連續處罰：一、違反第6條第1項規定，以遞送信函、明信片或其他具有通信性質文件為營業者。」郵政法第6條第1項、第40條第1款定有明文。故行為人如有違反郵政法第6條第1項之行為，而依同法第40條第1款規定接獲多次罰鍰處分者，即有發生多次繳納罰鍰或可能受多次裁決罰鍰之結果。按以遞送信函、明信片或其他具有通信性質之文件為營業者，以反復實施遞送行為為構成要件，在停止營業以前，其違規事實一直存在。立法者對於違規事實一直存在之行為，如考量該違規事實之存在對公益或公共秩序確有影響，除使主管機關得以強制執行之方法及時除去該違規事實外，並得藉裁處罰鍰之次數，作為認定其違規行為之次數，即每裁處罰鍰一次，即認定有一次違反行政法上義務之行為發生而有一次違規行為，因而對於違規事實持續之行為，為按次連續處罰者，即認定有多次違反行政法上義務之行為發生而有多次違規行為，從而對此多次違規行為得予以多次處罰，並不生一行為二罰之問題，與法治國家一行為不二罰之原則，並無牴觸。惟以按次連續處罰之方式，對違規事實持續之違規行為，評價及計算其法律上之違規次數，並予以多次處罰，其每次處罰既然各別構成一次違規行為，則按次連續處罰之間隔期間是否過密，以致多次處罰是否過當，仍須審酌是否符合憲法上之比例原則，司法院釋字第604號解釋足資參照。又按次連續處罰既以違規事實持續存在為前提，而使行政機關每處罰一次即各別構成一次違規行為，顯以合理且必要之行政管制行為，作為區隔違規行為次數之標準，除法律將按次連續處罰之條件及前後處罰之間隔及期間為明確之特別規定，或違規事實改變而非持續存在之情形者外，則前次處罰後之持續違規行為，即為下次處罰之違規事實，始符所謂「按次連續處罰」之本旨。行政機關如適用按次連續處罰之規定，而於罰鍰處分書僅記載裁處前任意部分時段之違規行為，使「時段」在行政機關具體實施之管制行為外，構成另一種任意區隔連續違規行為次數之標準，致行政機關「按次連續」裁處罰鍰之處分書未記載部分時段之裁處前違規行為，可能成為另一次罰鍰處分之違規事實，而行為人則在法律以行政機關之具體裁處行為所區隔之一次違規行為之範圍內，有受重複處罰之虞，此即與按次連續處罰之立法本旨不符而於法有違。

2. 另依行政程序法第102條、第103條之規定，主管機關於對行為人之違規行為作成罰鍰處分前通知其陳述意見，其時，主管機關對行為人是否有違規行為，非必已產生確信並已為明確之認定；況法律規定陳述意見程序之目的，係為使主管機關得知行為人之意見，而非提供主管機關以通知行為人停止違規行為之機會，自不得據通知行為人到場陳述意見之事實，切斷違規行為之單一性。
3. A公司自92年6月起所為持續違反郵政法第6條第1項規定之遞送信函、繳費通知單之營業行為，經交通部於93年4月28日依郵政法第40條第1款處以罰鍰及通知其停止該行為（即第1次處分），該第1次處分書所載違規行為時間，雖僅載為92年6月至10月間，惟A公司自92年6月起所為之遞送信函、繳費通知單之營業行為，為違規事實持續之情形，揆諸前開說明，該持續之違規事實因行政機關介入而區隔為一次違規行為，交通部應不得再就A公司於接獲第1次處分書前所為之其他遞送信函、繳費通知單之營業行為予以處罰。嗣交通部於93年9月14日通知A公司就其另於93年5、6月間所為遞送信函、繳費通知單之營業行為陳述意見，並於93年12月24日處以罰鍰並通知其停止該行為（即前處分），此乃處罰A公司於接獲第1次處分書後之持續營業行為，該前處分亦有切斷A公司於接獲前處分書前之違規行為單一性之效力。交通部既已對於A公司於接獲第1次處分書後至接獲前處分書前所為遞送信函、繳費通知單之營業行為予以處罰，自不得再就A公司於此期間之任何時段所為違規行為，予以處罰。乃交通部嗣又於94年2月21日對A公司93年7月所為營業行為予以處罰（即原處分），有違按次連續處罰之本旨，核與首開法律規定意旨不符，應認原處分係屬違法。

最高行政法院94年6月份庭長法官聯席會議決議（建築法與商業登記法併罰問題）

按「一行為不二罰」乃現代民主法治國家之基本原則，此係避免因法律規定之錯綜複雜，致人民之同一行為，遭受數個不同法律之處罰，而承受過度不利之後果。查**建築法第91條第1項第1款及商業登記法第33條第1項規定，係以未經核准變更使用或經營其登記範圍以外之業務行為為處罰條件**。亦即單純不申辦之不作為尚未該當於構成要件，而須俟其有變更使用之作為時，始得加以處罰。**本件行為人並未改變建築物結構，僅有一未經許可擅將系爭建物變更營業而使用之行為（如僅擺放電子遊戲機），而同時符合建築法第91條第1項第1款及商業登記法第33條第1項之處罰規定，應擇一從重處斷。**

▸▸▸ 時事觀覽

假冒律師收費接案 輔大博士生遭開除學籍

Date：2022/07/01

刑法VS行政罰一行為同時違反刑事法律與行政法上義務規定之處罰及適用範圍

原就讀輔仁大學博士班的男子，**涉嫌自103年間至106年間假冒律師招攬訴訟並收取費用，遭法院判刑確定。輔大將男子開除學籍**。男子不服提行政訴訟。北高行判決男子敗訴。

判決指出，沒有取得律師資格的這名男子在補習班教授法律課程，並在多位議員服務處提供法律諮詢。檢方查出，男子於民國103年至106年間多次假冒律師，為不知情民眾辦理訴訟事件並收取費用，高雄高分院判決男子有罪確定。

由於男子當時正就讀輔大法律系博士班3年級，校方獲悉男子涉刑案判刑後，召開學生獎懲委員會，決議將男子開除學籍。男子申訴後遭駁回，向教育部提起訴願，仍遭駁回，提起行政訴訟。

男子主張，他因誤觸法律而**被判決有罪，並於繳納罰金後執行完畢，但校方卻再以行政罰撤銷他學籍，處分有違一行為不二罰原則**，實屬違法。校方處分屬於對於受國民教育以外教育權利之侵害，且違反比例原則，請求撤銷校方處分。

台北高等行政法院認為，男子的行為符合校方學生獎懲辦法規定要件，校方經召開學生獎懲委員會後，決議予以開除學籍的處分，判斷並無違法或失當，裁量亦無濫用或逾越等情形，判決駁回。全案可上訴。

（資料來源：中央社https://www.cna.com.tw/news/asoc/202207010048.aspx）

問題思考

1. 試說明行政罰法一行為不二罰之概念。
2. 一行為同時違反刑事法律與行政法上義務規定時，應如何處罰？

二 行政罰與行政罰、刑罰等其他處罰之競合

(一) 一行為違反數個行政法上義務規定而應處罰鍰之法律效果

1. **一行為違反數個行政法上義務規定而應處罰鍰**者，依**法定罰鍰額最高**之規定裁處。但裁處之額度，不得低於各該規定之罰鍰最低額。
2. 前項違反行政法上義務行為，除應處罰鍰外，另**有沒入或其他種類行政罰之處罰者，得依該規定併為裁處**。但其處罰種類相同，如從一重處罰已足以達成行政目的者，不得重複裁處。
3. 一行為違反社會秩序維護法及其他行政法上義務規定而應受處罰，如**已裁處拘留者，不再受罰鍰之處罰**。（行政罰法第24條）

(二) 分別處罰

數行為違反同一或不同行政法上義務之規定者，分別處罰之。（行政罰法第25條）

(三) 一行為同時違反刑事法律及行政法上義務規定之處罰及適用範圍

1. 一行為同時觸犯刑事法律及違反行政法上義務規定者，**依刑事法律處罰之**。但其行為應處以**其他種類行政罰**或**得沒入之物而未經法院宣告沒收**者，**亦得裁處之**。
2. 前項行為如經不起訴處分、緩起訴處分確定或為無罪、免訴、不受理、不付審理、不付保護處分、免刑、緩刑之裁判確定者，得依違反行政法上義務規定裁處之。
3. 第一項行為經緩起訴處分或緩刑宣告確定且經命向公庫或指定之公益團體、地方自治團體、政府機關、政府機構、行政法人、社區或其他符合公益目的之機構或團體，支付一定之金額或提供義務勞務者，其所支付之金額或提供之勞務，應於依前項規定裁處之罰鍰內**扣抵**之。
4. 前項勞務扣抵罰鍰之金額，按最初裁處時之每小時基本工資乘以義務勞務時數核算。
5. 依第二項規定所為之裁處，有下列情形之一者，由主管機關依受處罰者之申請或依職權撤銷之，已收繳之罰鍰，無息退還：
   (1) 因緩起訴處分確定而為之裁處，其緩起訴處分經撤銷，並經判決有罪確定，且未受免刑或緩刑之宣告。
   (2) 因緩刑裁判確定而為之裁處，其緩刑宣告經撤銷確定。（行政罰法第26條）

第六節　管轄及程序進行

一　管轄種類【105司法四等】

地域管轄	1. 違反行政法上義務之行為，由行為地、結果地、行為人之住所、居所或營業所、事務所或公務所所在地之主管機關管轄。 2. 在中華民國領域外之中華民國船艦或航空器內違反行政法上義務者，得由船艦本籍地、航空器出發地或行為後在中華民國領域內最初停泊地或降落地之主管機關管轄。 3. 在中華民國領域外之外國船艦或航空器於依法得由中華民國行使管轄權之區域內違反行政法上義務者，得由行為後其船艦或航空器在中華民國領域內最初停泊地或降落地之主管機關管轄。 4. 在中華民國領域外依法得由中華民國行使管轄權之區域內違反行政法上義務者，不能依前三項規定定其管轄機關時，得由行為人所在地之主管機關管轄。 （行政罰法第29條）
共同管轄	故意共同實施違反行政法上義務之行為，其行為地、行為人之住所、居所或營業所、事務所或公務所所在地不在同一管轄區內者，各該行為地、住所、居所或所在地之主管機關均有管轄權。 （行政罰法第30條）

二　管轄競合☆☆☆

管轄競合	1. **一行為違反同一行政法上義務**，數機關均有管轄權者，由**處理在先之機關**管轄。不能分別處理之先後者，由各該機關協議定之；不能協議或有統一管轄之必要者，由其共同上級機關指定之。 2. **一行為違反數個行政法上義務**而應處**罰鍰**，數機關均有管轄權者，由**法定罰鍰額最高之主管機關**管轄。法定罰鍰額相同者，依前項規定定其管轄。 3. **一行為違反數個行政法上義務**，應受**沒入或其他種類行政罰**者，由各該主管機關**分別裁處**。但其處罰種類相同者，如從一重處罰已足以達成行政目的者，不得重複裁處。

管轄競合	4. 第一項及第二項情形，原有管轄權之其他機關於必要之情形時，應為必要之職務行為，並將有關資料移送為裁處之機關；為裁處之機關應於調查終結前，通知原有管轄權之其他機關。 （行政罰法第31條）
案件移送	1. 一行為同時觸犯刑事法律及違反行政法上義務規定者，應將涉及刑事部分移送該管司法機關。 2. 前項移送案件，司法機關就刑事案件為不起訴處分、緩起訴處分確定或為無罪、免訴、不受理、不付審理、不付保護處分、免刑、緩刑、撤銷緩刑之裁判確定，或撤銷緩起訴處分後經判決有罪確定者，應通知原移送之行政機關。 3. 前二項移送案件及業務聯繫之辦法，由行政院會同司法院定之。 （行政罰法第32條）

三 裁處程序

(一) 行政機關執行職務時應有之作為

行政機關執行職務之人員，應向行為人出示有關執行職務之證明文件或顯示足資辨別之標誌，並告知其所違反之法規。（行政罰法第33條）

(二) 現行違反行政法上義務之行為人得為之處置

1. 行政機關對現行違反行政法上義務之行為人，得為下列之處置：
   (1) 即時制止其行為。
   (2) 製作書面紀錄。
   (3) 為保全證據之措施。遇有抗拒保全證據之行為且情況急迫者，得使用強制力排除其抗拒。
   (4) 確認其身分。其拒絕或規避身分之查證，經勸導無效，致確實無法辨認其身分且情況急迫者，得令其隨同到指定處所查證身分；其不隨同到指定處所接受身分查證者，得會同警察人員強制為之。
2. 前項強制，不得逾越保全證據或確認身分目的之必要程度。（行政罰法第34條）

(三) 行為人對強制到指定處所處置之救濟

行為人對於行政機關依前條所為之強制排除抗拒保全證據或強制到指定處所查證身分不服者，得向該行政機關執行職務之人員，當場陳述理由表示異議。行政機關執行職務之人員，認前項異議有理由者，應停止或變更強制排除抗拒保全證據或強制到指定處所查證身分之處置；認無理由者，得繼續執行。經行為人請求者，應將其異議要旨製作紀錄交付之。（行政罰法第35條）

(四) 可為證據之物之扣留

得沒入或可為證據之物，得扣留之。前項可為證據之物之扣留範圍及期間，以供檢查、檢驗、鑑定或其他為保全證據之目的所必要者為限。（行政罰法第36條）

(五) 強制扣留

對於應扣留物之所有人、持有人或保管人，得要求其提出或交付；無正當理由拒絕提出、交付或抗拒扣留者，得用強制力扣留之。（行政罰法第37條）

(六) 扣留紀錄及收據

扣留，應作成紀錄，記載實施之時間、處所、扣留物之名目及其他必要之事項，並由在場之人簽名、蓋章或按指印；其拒絕簽名、蓋章或按指印者，應記明其事由。扣留物之所有人、持有人或保管人在場或請求時，應製作收據，記載扣留物之名目，交付之。（行政罰法第38條）

(七) 扣留物之安全、拍賣、毀棄

扣留物，應加封緘或其他標識，並為適當之處置；其不便搬運或保管者，得命人看守或交由所有人或其他適當之人保管。得沒入之物，有毀損之虞或不便保管者，得拍賣或變賣而保管其價金。易生危險之扣留物，得毀棄之。（行政罰法第39條）

(八) 扣留物之發還

扣留物於案件終結前無留存之必要，或案件為不予處罰或未為沒入之裁處者，應發還之；其經依前條規定拍賣或變賣而保管其價金或毀棄者，發還或償還其價金。但應沒入或為調查他案應留存者，不在此限。扣留物之應受發還人所在不明，或因其他事故不能發還者，應公告之；自公告之日起滿六個月，無人申請發還者，以其物歸屬公庫。（行政罰法第40條）

(九) **扣留之救濟程序**

1. 物之所有人、持有人、保管人或利害關係人對扣留不服者，得向扣留機關聲明異議。
2. 前項聲明異議，扣留機關認有理由者，應發還扣留物或變更扣留行為；認無理由者，應加具意見，送直接上級機關決定之。對於直接上級機關之決定不服者，僅得於對裁處案件之實體決定聲明不服時一併聲明之。但第一項之人依法不得對裁處案件之實體決定聲明不服時，得單獨對第一項之扣留，逕行提起行政訴訟。
3. 第一項及前項但書情形，不影響扣留或裁處程序之進行。（行政罰法第41條）

(十) **不給予陳述意見機會之例外情形**

行政機關於裁處前，應給予受處罰者陳述意見之機會。但有下列情形之一者，不在此限：

1. 已依行政程序法第39條規定，通知受處罰者陳述意見。
2. 已依職權或依第43條規定，舉行聽證。
3. 大量作成同種類之裁處。
4. 情況急迫，如給予陳述意見之機會，顯然違背公益。
5. 受法定期間之限制，如給予陳述意見之機會，顯然不能遵行。
6. 裁處所根據之事實，客觀上明白足以確認。
7. 法律有特別規定。（行政罰法第42條）

(十一) **舉行聽證及其例外情形**

行政機關為第2條第1款及第2款之裁處前，應依受處罰者之申請，舉行聽證。但有下列情形之一者，不在此限：

1. 有前條但書各款情形之一。
2. 影響自由或權利之內容及程度顯屬輕微。
3. 經依行政程序法第104條規定，通知受處罰者陳述意見，而未於期限內陳述意見。（行政罰法第43條）

(十二) **裁處書之送達**

行政機關裁處行政罰時，應作成裁處書，並為送達。（行政罰法第44條）

經典範題

選擇題攻略

(　　) **1** 關於地方法規，下列敘述何者錯誤？　(A)鄉（鎮、市）之自治條例，不得規定罰鍰之處罰　(B)未訂有罰則之自治條例，應報監督機關備查　(C)未訂有罰則之委辦規則，應報委辦機關備查　(D)自治條例及自治規則，均應冠以各該地方自治團體之名稱。【111司律】

(　　) **2** 下列何者得作為裁處居民違反地方自治事項之罰鍰依據？　(A)臺東市自治條例　(B)嘉義市自治條例　(C)彰化市自治條例　(D)屏東市自治條例。【111司律】

(　　) **3** A機關核准補助B協會新臺幣50萬元，並已全額匯入B帳戶。嗣A機關因故廢止該補助處分，效力溯及既往。依行政程序法規定，關於A機關得請求B返還補助款之消滅時效，下列敘述何者正確？　(A)自核准補助B時起10年　(B)自補助款匯入B帳戶時起5年　(C)自通知B廢止補助時起5年　(D)自補助款匯入B帳戶時起10年。【111司律】

(　　) **4** 道路交通管理處罰條例第90條前段規定：「違反本條例之行為，自行為成立之日起；行為有連續或繼續之狀態者，自行為終了之日起，逾二個月不得舉發。」依最高行政法院大法庭裁定意旨，應以何時點作為認定舉發是否已逾2個月之依據？　(A)以舉發通知單合法送達予受舉發人之時點　(B)以舉發通知單作成之時點　(C)以舉發通知單付郵發出之時點　(D)以處罰機關受理舉發機關移送舉發事件之時點。【111司律】

(　　) **5** 甲於民國111年（下同）3月初為違法行為，依當時法規規定應處以新臺幣（下同）3,000元至7,000元之罰鍰，該規定於同年5月時修訂罰鍰額度為3,500元至6,000元，7月時罰鍰額度再度修訂為4,000元至8,000元。主管機關於8月作成裁罰處分時，關於裁罰額度，下列敘述何者正確？(A)應依3月初為違法行為時之規定　(B)應依5月第一次修訂罰則後之規

定 (C)應依7月第二次修訂罰則後之規定 (D)罰鍰額度應為最低3,000元，最高6,000元。 【111司律】

( ) **6** 依司法實務見解，下列何者為行政罰法所定之裁罰性不利處分？(A)衛生主管機關命廠商甲將抽驗不合格之食品下架回收 (B)金融主管機關撤銷未於期限內開始營業之證券商乙之證照 (C)招標機關對冒用他人名義投標者作成不予開標之決定 (D)招標機關通知以偽造證件投標之廠商丁將刊登政府採購公報，停權3年。 【110司律】

( ) **7** 依司法院大法官解釋意旨，關於行政主管機關就行政法規所為之釋示，下列敘述何者錯誤？ (A)行政釋示自法規生效之日起有其適用 (B)行政釋示對於法官無法律上拘束力 (C)行政機關變更函釋，前函釋並非當然錯誤 (D)行政機關變更函釋，關於新舊函釋之適用，採從新從優原則。 【109司律】

解答與解析

1 (C)。地方制度法第29條第2項，委辦規則應函報委辦機關核定後發布之；其名稱準用自治規則之規定。即無論有沒有訂罰則，委辦規則都應函報委辦機關核定後，始得發布。

2 (B)。地方制度法第26條第2項，直轄市法規、縣（市）規章就違反地方自治事項之行政業務者，得規定處以罰鍰或其他種類之行政罰。本條規定之權限主體未有鄉（鎮、市）。

3 (C)。行政程序法第131條第1項，公法上之請求權，於請求權人為行政機關時，除法律另有規定外，因五年間不行使而消滅；於請求權人為人民時，除法律另有規定外，因十年間不行使而消滅。

4 (D)。最高行政法院110大字第2號裁定，道路交通管理處罰條例第90條所定之舉發期限，就同條例第8條第1項第1款之汽車違規行為，應以處罰機關受理（收到）舉發機關移送舉發違反道路交通管理事件之時點，作為認定舉發是否已逾舉發期限之準據。

5 (B)。行政罰法第5條，行為後法律或自治條例有變更者，適用裁處時之法律或自治條例。但裁處前之法律或自治條例有利於受處罰者，適用最有利於受處罰者之規定。

6 (D)。最高行政法院101年度6月份第1次庭長法官聯席會議決議，機關因廠商有政府採購法第101條第1項各款情形，依同法第102條第3項規定刊登政府採購公報，即生同法第103條第1項所示於一定期間內不得參加投標或作為決標對象或分包廠商之停權效果，為不利之處分。……違反行政法上義務之行為，予以不利處分，具有裁罰性，自屬行政罰。

7 (D)。司法院大法官釋字第287號解釋，行政主管機關就行政法規所為之釋示，係闡明法規之原意，固應自法規生效之日起有其適用。惟在後之釋示如與在前之釋示不一致時，在前之釋示並非當然錯誤，於後釋示發布前，依前釋示所為之行政處分已確定者，除前釋示確有違法之情形外，為維持法律秩序之安定，應不受後釋示之影響。

NOTE

第9章 行政執行

第一節 行政執行之概念

行政執行指**行政機關**對於不履行義務之相對人（或稱義務人），以強制手段使其履行義務，或產生與履行義務相同之事實狀態而言。

一 以執行相對人因行政處分所負擔之義務為原則

形成處分及確認處分，無待強制執行，隨行政處分之生效而當然產生效力，有待執行者僅限於相對人下命處分而負有作為、不作為或忍受義務之情形。行政處分通常於確定後，方始執行，但情況急迫或有其他必要情事，不待確定亦可先行執行，而行政爭訟之提起，並無阻斷執行之效力，復為法律所明定。除行政處分所課予之義務外。直接依法令產生之義務及法院裁定所生之義務（限於金錢給付），亦屬行政機關得以強制手段促其實現之範疇。

二 係行政機關自行實施之強制執行程序

國家之行政行為係基於公權力之意思表示，與私人間之意思表示不同；私人間所為之各種意思表示或法律行為，如他造不願履行其義務，除符合自助行為（民法第151條）之要件外，必須經由國家機關之公權力介入方可實現，換言之，須取得法院之確定判決，並請求法院依民事強制執行程序予以實現。**行政機關得以本身之公權力，實現行政行為之內容，無須借助於民事法院之執行程序**，此乃行政執行之特質所在。

三 以他法產生與履行義務同一之事實狀態

行政執行除強制相對人（即義務人）履行其義務外，亦包括以其他方法產生與履行義務同一之事實狀態在內。

相對人所負義務如係無可替代性質，除強制履行外，別無他法；如相對人之義務性質上可由他人代為履行，則執行機關自可使他人代其履行義務，然後再向該相對人取償，此在舊法稱為代執行，新法仿外國立法例改稱為**代履行**。

行政執行vs行政訴訟法之強制執行

	行政執行	行政訴訟法之強制執行
法規依據	行政執行法	行政訴訟法
執行名義	行政處分、行政契約等	依行政訴訟法作成之撤銷判決、給付判決、和解及科處罰鍰之裁定或其他裁定
執行機關	行政機關	高等行政法院地方行政訴訟庭（得囑託地方法院民事執行處或行政機關代為執行）

第二節　行政執行之一般規定

一　法治國家對行政執行之拘束

法律保留原則	行政執行，依本法之規定；本法未規定者，適用其他法律之規定。（行政執行法第1條） →在一般情形，無論行政執行之執行方法或執行程序，皆應依行政執行法之規定行之。僅於其他法律就執行方法，尤其就執行程序，為配合該立法目的之達成，確實有特別規定時，始適用該其他法律之規定。
比例原則	行政執行，應依公平合理之原則，兼顧公共利益與人民權益之維護，以適當之方法為之，不得逾達成執行目的之必要限度。（行政執行法第3條）

比例原則	包含： 1. 採取之執行方法須有助於執行目的之達成。 2. 有多種同樣能達成執行目的之執行方法時，應選擇對義務人、應受執行人及公眾損害最少之方法為之。 3. 採取之執行方法所造成之損害不得與欲達成執行目的之利益顯失均衡。 →行政強制執行方法，強制義務人履行義務，或實現其履行義務相同之狀態，構成義務人自由權利之干涉，自應符合比例原則之要求，行政執行法第3條即展現此種比例原則。
救濟方式 【110地特四等、106司法四等、105司法四等】	義務人或利害關係人對執行命令、執行方法、應遵守之程序或其他侵害利益之情事，得於執行程序終結前，向執行機關聲明異議。 前項聲明異議，執行機關認其有理由者，應即停止執行，並撤銷或更正已為之執行行為；認其無理由者，應於十日內加具意見，送直接上級主管機關於三十日內決定之。 行政執行，除法律另有規定外，不因聲明異議而停止執行。但執行機關因必要情形，得依職權或申請停止之。 （行政執行法第9條） →為確保法治國家之拘束，在一般之行政執行中，除須有明確之行政處分作為執行名義，並遵守嚴格之程序外，作為強制執行要件之行政處分以及強制執行之實施，皆應受行政法院之審查，始符合憲法第16條保障人民訴願權及訴訟權之意旨。以往囿於行政執行概屬事實行為之見解，而訴願及行政訴訟又僅能對行政處分提起，以致對行政執行措施不能請求法律救濟，與有權利即有救濟之法理不合，因此行政執行法第9條，特別設有聲明異議之程序。

知識補給站

有關行政執行法第9條之重要決議

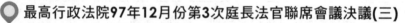

最高行政法院97年12月份第3次庭長法官聯席會議決議(三)

行政執行法第9條規定：「義務人或利害關係人對執行命令、執行方法、應遵守之程序或其他侵害利益之情事，得於執行程序終結前，向執行機關聲明異議。前項聲明異議，執行機關認其有理由者，應即停止執行，並撤銷或更正已為之執行行為；認其無理由者，應於10日內加具意見，送直接上級主管機關於30日內決定之。行政執行，除法律另有規定外，不因聲明異議而停止執行。但執行機關因必要情形，得依職權或申請停止之。」旨在明定義務人或利害關係人對於執行命令、執行方法、應遵守之程序或其他侵害利益之情事，如何向執行機關聲明異議，以及執行機關如何處理異議案件之程序，並無禁止義務人或利害關係人於聲明異議而未獲救濟後向法院聲明不服之明文規定，自不得以該條規定作為限制義務人或利害關係人訴訟權之法律依據，是**在法律明定行政執行行為之特別司法救濟程序之前，義務人或利害關係人如不服該直接上級主管機關所為異議決定者，仍得依法提起行政訴訟**，至何種執行行為可以提起行政訴訟或提起何種類型之行政訴訟，應依執行行為之性質及行政訴訟法相關規定，個案認定。其具行政處分之性質者，應依法踐行訴願程序，自不待言。

最高行政法院107年4月份第1次庭長法官聯席會議決議

行政執行依其性質貴在迅速，如果對具行政處分性質之執行命令提起撤銷訴訟，必須依行政執行法第9條之聲明異議及訴願程序後始得為之，則其救濟程序，反較對該執行命令所由之執行名義行政處分之救濟程序更加繁複，顯不合理。又行政執行法第9條規定之聲明異議，並非向行政執行機關而是向其上級機關為之，此已有由處分機關之上級機關進行行政內部自我省察之功能。是以立法者應無將行政執行法第9條所規定之聲明異議作為訴願前置程序之意。再者，司法院釋字第243號解釋認為公務人員受免職處分，經依當時（民國75年7月11日制定公布）公務人員考績法第17條規定，向上級機關（無上級機關者向本機關）申請復審，及向銓敘機關申請再復審，或類此之程序謀求救濟者，相當於業經訴願及再訴願程序；依司法院釋字第755號解釋意旨，對具行政處分性質之監獄處分及其他管理措施而言，向監督機關提起申訴，亦相當於已經訴願程序。據此可知，就法律所規定之行政內部自我省察程序，是否解釋為相當於訴願程序，並不以該行政內部自我省察程序之程序規定有如同訴願程序規定為必要，仍應視事件性質而定。因此，**對具行政處分性質之執行命令不服，經依行政執行法第9條之聲明異議程序，應認相當於已經訴願程序，聲明異議人可直接提起撤銷訴訟。本院97年12月份第3次庭長法官聯席會議(三)決議末句：「其具行政處分之性質者，應依法踐行訴願程序」，應予變更。**

二 行政執行之基礎事項

執行機關	1. 行政執行，由原處分機關或該管行政機關為之。但公法上金錢給付義務逾期不履行者，移送法務部行政執行署所屬行政執行處執行之。 2. 法務部行政執行署及其所屬行政執行處之組織，另以法律定之。 （行政執行法第4條）
執行時間之限制	1. 行政執行不得於夜間、星期日或其他休息日為之。但執行機關認為情況急迫或徵得義務人同意者，不在此限。 2. 日間已開始執行者，得繼續至夜間。 3. 執行人員於執行時，應對義務人出示足以證明身分之文件；必要時得命義務人或利害關係人提出國民身分證或其他文件。 （行政執行法第5條）
執行機關得請求其他機關協助之情形	1. 執行機關遇有下列情形之一者，得於必要時請求其他機關協助之： (1) 須在管轄區域外執行者。 (2) 無適當之執行人員者。 (3) 執行時有遭遇抗拒之虞者。 (4) 執行目的有難於實現之虞者。 (5) 執行事項涉及其他機關者。 2. 被請求協助機關非有正當理由，不得拒絕；其不能協助者，應附理由即時通知請求機關。 3. 被請求協助機關因協助執行所支出之費用，由請求機關負擔之。 （行政執行法第6條）
執行期間之限制	1. 行政執行，自處分、裁定確定之日或其他依法令負有義務經通知限期履行之文書所定期間屆滿之日起，**五年內未經執行**者，不再執行；其於五年期間屆滿前已開始執行者，仍得繼續執行。但**自五年期間屆滿之日起已逾五年尚未執行終結**者，不得再執行。 2. 前項規定，法律有特別規定者，不適用之。 3. 第一項所稱已開始執行，如已移送執行機關者，係指下列情形之一： (1) 通知義務人到場或自動清繳應納金額、報告其財產狀況或為其他必要之陳述。 (2) 已開始調查程序。 4. 第三項規定，於本法中華民國96年3月5日修正之條文施行前移送執行尚未終結之事件，亦適用之。 （行政執行法第7條）

得終止執行之情形	1. 行政執行有下列情形之一者，執行機關應依職權或因義務人、利害關係人之申請終止執行： (1) 義務已全部履行或執行完畢者。 (2) 行政處分或裁定經撤銷或變更確定者。 (3) 務之履行經證明為不可能者。 2. 行政處分或裁定經部分撤銷或變更確定者，執行機關應就原處分或裁定經撤銷或變更部分終止執行。 （行政執行法第8條）
涉國家賠償情事得請求賠償	行政執行，有國家賠償法所定國家應負賠償責任之情事者，受損害人得依該法請求損害賠償。（行政執行法第10條）

第三節　行政執行之類型【110司法四等】

行政執行法第2條明定，行政執行，指公法上金錢給付義務、行為或不行為義務之強制執行及即時強制。茲就上開三種執行類型說明如下：

一　公法上金錢給付義務之強制執行

(一) 執行機關

公法上金錢給付義務之執行事件，由行政執行處之行政執行官、執行書記官督同執行員辦理之，不受非法或不當之干涉。（行政執行法第12條）

※行政執行法有關行政處分之權責事項，自101年1月1日起改由「行政執行分署」管轄。

(二) 執行要件

1. 義務人依法令或本於法令之行政處分或法院之裁定，負有公法上金錢給付義務，有下列情形之一，逾期不履行，經主管機關移送者，由行政執行處就義務人之財產執行之：

(1) 其處分文書或裁定書定有履行期間或有法定履行期間者。

(2) 其處分文書或裁定書未定履行期間，經以書面限期催告履行者。

(3) 依法令負有義務，經以書面通知限期履行者。

2. 法院依法律規定就公法上金錢給付義務為假扣押、假處分之裁定經主管機關移送者，亦同。（行政執行法第11條）

準此以言，公法上金錢給付義務之強制執行有五大要件：

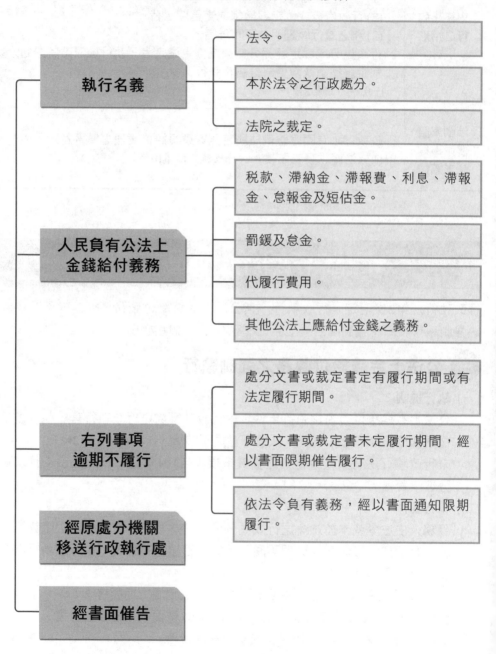

- **執行名義**
  - 法令。
  - 本於法令之行政處分。
  - 法院之裁定。
- **人民負有公法上金錢給付義務**
  - 稅款、滯納金、滯報費、利息、滯報金、怠報金及短估金。
  - 罰鍰及怠金。
  - 代履行費用。
  - 其他公法上應給付金錢之義務。
- **右列事項逾期不履行**
  - 處分文書或裁定書定有履行期間或有法定履行期間。
  - 處分文書或裁定書未定履行期間，經以書面限期催告履行。
  - 依法令負有義務，經以書面通知限期履行。
- **經原處分機關移送行政執行處**
- **經書面催告**

(三) 執行標的

1. 義務人之財產。
2. 擔保人於擔保書狀載明義務人逃亡或不履行義務由其負清償責任者，行政執行處於義務人逾一定之限期（行政執行法第17條第1項）仍不履行時，得逕就擔保人之財產執行之。（行政執行法第15條）
3. 義務人死亡遺有財產者，行政執行處得逕對其遺產強制執行。（行政執行法第18條）

知識補給站

司法院釋字第621號解釋（罰鍰處分具執行力後義務人死亡，得強制執行？）

解釋文：

行政執行法第15條規定：「義務人死亡遺有財產者，行政執行處得逕對其遺產強制執行」，係就負有公法上金錢給付義務之人死亡後，行政執行處應如何強制執行，所為之特別規定。罰鍰乃公法上金錢給付義務之一種，**罰鍰之處分作成而具執行力後，義務人死亡並遺有財產者**，依上開行政執行法第15條規定意旨，該基於罰鍰處分所發生之公法上金錢給付義務，**得為強制執行，其執行標的限於義務人之遺產。**

解釋理由書：

行政罰鍰係人民違反行政法上義務，經行政機關課予給付一定金錢之行政處分。行政罰鍰之科處，係對受處分人之違規行為加以處罰，**若處分作成前，違規行為人死亡者，受處分之主體已不存在，喪失其負擔罰鍰義務之能力，且對已死亡者再作懲罰性處分，已無實質意義，自不應再行科處**。本院院字第1924號解釋「匿報契價之責任，既屬於死亡之甲，除甲之繼承人仍應照章補稅外，自不應再行處罰」，即係闡明此旨。（※編按：處分作成前，已死亡者→不應再作成處分）

罰鍰處分後，義務人未繳納前死亡者，其罰鍰繳納義務具有一身專屬性，至是否得對遺產執行，於法律有特別規定者，從其規定。蓋國家以公權力對於人民違反行政法規範義務者科處罰鍰，其處罰事由必然與公共事務有關。而處罰事由之公共事務性，使罰鍰本質上不再僅限於報應或矯正違規人民個人之行為，而同時兼具制裁違規行為對國家機能、行政效益及社會大眾所造成不利益之結果，以建立法治秩序與促進公共利益。行為人受行政罰鍰之處分後，於執行前死亡者，究應優先考量罰鍰報應或矯正違規人民個人行為之本質，而認罰鍰之警惕作用已喪失，故不應執行；或應優先考量罰鍰制裁違規行為外部結果之本質，而認罰鍰用以建立法治秩序與促進公共利益之作用，不因義務人死亡而喪失，故應繼續執行，立法者就以上二種考量，有其形成之空間。

（※編按：具「一身專屬性」（例如罰鍰）之處分作成後，始死亡者→若法有明文得作成處分，始可作成處分）

行政執行法第2條規定：「本法所稱行政執行，指公法上金錢給付義務、行為或不行為義務之強制執行及即時強制」，第15條規定：「義務人死亡遺有財產者，行政執行處得逕對其遺產強制執行」，行政執行法施行細則基於該法第43條之授權，於第2條規定：「本法第二條所稱公法上金錢給付義務如下：一、稅款、滯納金、滯報費、利息、滯報金、怠報金及短估金。二、罰鍰及怠金。三、代履行費用。四、其他公法上應給付金錢之義務」，明定罰鍰為公法上金錢給付義務之一種，並未違背法律授權之意旨。揆諸公法上金錢給付之能否實現，攸關行政目的之貫徹與迅速執行。是義務人死亡遺有財產者，行政執行處得逕對其遺產強制執行，尚屬合理必要。故依現行法規定，罰鍰之處分作成而具執行力後義務人死亡並遺有財產者，依上開行政執行法第15條規定意旨，該基於罰鍰處分所發生之公法上金錢給付義務，得為強制執行，並無不予強制執行之法律依據。惟上開行政執行法第15條規定，係針對行政執行處所為強制執行之特別規定，其執行標的僅以義務人死亡時所留遺產為限。至本院院解字第2911號解釋前段所謂「法院依財務法規科處罰鍰之裁定確定後，未執行前，被罰人死亡者，除法令有特別規定外，自不能向其繼承人執行」，係指如無法令特別規定，不能向其繼承人之固有財產執行而言；罰鍰處分生效後、繳納前，受處分人死亡而遺有財產者，**依行政執行法第15條規定，該遺產既得由行政執行處強制執行，致對其繼承人依民法第1148條規定所得繼承之遺產，有所限制，自應許繼承人以利害關係人身分提起或續行行政救濟**（訴願法第14條第2項、第18條，行政訴訟法第4條第3項、第186條，民事訴訟法第168條及第176條等參照）；又本件解釋範圍，不及於罰鍰以外之公法上金錢給付義務，均併予指明。

(四) 執行程序及方法

1. 執行程序細部規範

移送行政執行處應檢附之文件	1. 移送機關於移送行政執行處執行時，應檢附下列文件： (1) 移送書。 (2) 處分文書、裁定書或義務人依法令負有義務之證明文件。 (3) 義務人之財產目錄。但移送機關不知悉義務人之財產者，免予檢附。 (4) 義務人經限期履行而逾期仍不履行之證明文件。 (5) 其他相關文件。 2. 前項移送書應載明義務人姓名、年齡、性別、職業、住居所，如係法人或其他設有管理人或代表人之團體，其名稱、事務所或營業所，及管理人或代表人之姓名、性別、年齡、職業、住居所；義務發生之原因及日期；應納金額。 （行政執行法第13條）
為辦理執行事件得為之行為	行政執行處為辦理執行事件，得通知義務人到場或自動清繳應納金額、報告其財產狀況或為其他必要之陳述。 （行政執行法第14條）
執行費用	有關金錢給付義務之執行，不徵收執行費。但因強制執行所支出之必要費用，由義務人負擔之。（行政執行法第25條）

2. 執行方法 ✩✩

(1) 查封、變賣、拍賣

A. 公法上金錢給付義務之強制執行，係以義務人財產變價所得抵償。因此，執行機關首先須以「查封」之方式，剝奪義務人對特定財產之處分權，並自行取得其處分權。其次則以拍賣或變賣之方式，將所查封之執行標的轉換為金錢價值，是為「變價」。所查封之財產，無論動產或不動產，皆可以公開競價，亦即以「拍賣」之方式出售（強制執行法第45條、第75條），惟動產亦可不經拍賣程序，逕以相當之價格變賣（強制執行法第45條）。如拍賣物無人應買，執行機關可作價交移送機關承受，如移送機關不為承受，則應撤銷查封或再行拍賣（強制執行法第71條、第91條）。

B. 基於比例原則，執行查封時，應盡先就義務人輕便及易於變價之動產為之，無動產可供執行時，始得查封其不動產。

C.基於債權人平等原則，債務人以其全部財產為其全部債務清償之擔保，行政執行法及強制執行法，皆不採先行扣押優先受償之立法例。經查封之財產，以一次為已足，故行政執行法第16條明定：「執行人員於查封前，發見義務人之財產業經其他機關查封者，不得再行查封。行政執行處已查封之財產，其他機關不得再行查封。」

(2)**命供擔保、限制住居、拘提、管收**（行政執行法第17條）

命供擔保與限制住居	1. 義務人有下列情形之一者，行政執行處得**命其提供相當擔保，限期履行，並得限制其住居**： (1)顯有履行義務之可能，故不履行。 (2)顯有逃匿之虞。 (3)就應供強制執行之財產有隱匿或處分之情事。 (4)於調查執行標的物時，對於執行人員拒絕陳述。 (5)經命其報告財產狀況，不為報告或為虛偽之報告。 (6)經合法通知，無正當理由而不到場。 2. 惟義務人有下列情形之一者，不得限制住居： (1)滯欠金額合計**未達新臺幣十萬元**。但義務人已出境達二次者，不在此限。 (2)已按其法定應繼分繳納遺產稅款、罰鍰及加徵之滯納金、利息。但其繼承所得遺產超過法定應繼分，而未按所得遺產比例繳納者，不在此限。
裁定拘提	1. 義務人**經行政執行處命其提供相當擔保，限期履行，屆期不履行亦未提供相當擔保**，有下列情形之一，而有強制其到場之必要者，行政執行處得聲請法院裁定拘提之： (1)顯有逃匿之虞。 (2)經合法通知，無正當理由而不到場。 2. **法院**對於前項聲請，應於**五日內裁定**；其情況急迫者，應即時裁定。義務人經拘提到場，行政執行官應即訊問其人有無錯誤，並應命義務人據實報告其財產狀況或為其他必要調查。 3. 拘提之聲請，應向行政執行處所在地之地方法院為之。 4. 行政執行處或義務人不服法院關於拘提之裁定者，得於十日內提起抗告；其程序準用民事訴訟法有關抗告程序之規定。 5. 抗告不停止拘提之執行。但准拘提或管收之原裁定經抗告法院裁定廢棄者，其執行應即停止，並將被拘提或管收人釋放。 6. 拘提除本法另有規定外，準用強制執行法、管收條例及刑事訴訟法有關訊問、拘提、羈押之規定。

裁定管收	1. 行政執行官**訊問義務人後，認有下列各款情形之一，而有管收必要**者，行政執行處應**自拘提時起二十四小時內**，聲請法院裁定管收之： (1) 顯有履行義務之可能，故不履行。 (2) 顯有逃匿之虞。 (3) 就應供強制執行之財產有隱匿或處分之情事。 (4) 已發見之義務人財產不足清償其所負義務，於審酌義務人整體收入、財產狀況及工作能力，認有履行義務之可能，別無其他執行方法，而拒絕報告其財產狀況或為虛偽之報告。 2. 義務人經通知或自行到場，經行政執行官訊問後，認有前項各款情形之一，而有聲請管收必要者，行政執行處得將義務人暫予留置；其訊問及暫予留置時間合計不得逾二十四小時。 3. 管收之聲請，應向行政執行處所在地之地方法院為之。 4. 法院受理管收之聲請後，應即訊問義務人並為裁定，必要時得通知行政執行處指派執行人員到場為一定之陳述或補正。 5. 行政執行處或義務人不服法院關於管收之裁定者，得於十日內提起抗告；其程序準用民事訴訟法有關抗告程序之規定。 6. 抗告不停止管收之執行。但准拘提或管收之原裁定經抗告法院裁定廢棄者，其執行應即停止，並將被拘提或管收人釋放。 7. 管收，除本法另有規定外，準用強制執行法、管收條例及刑事訴訟法有關訊問、拘提、羈押之規定。

前面有關命供擔保、限制住居、拘提及管收的規定，是否讓大家覺得看得霧煞煞的呢？所以就讓我們以圖示來簡單說明他們的步驟是什麼吧！

step 1 **命供擔保，並得限制住居**

經行政執行處命其提供相當擔保，限期履行，屆期不履行亦未提供相當擔保。

事由

1. 顯有履行義務之可能，故不履行。
2. 顯有逃匿之虞。
3. 就應供強制執行之財產有隱匿或處分之情事。
4. 於調查執行標的物時，對於執行人員拒絕陳述。
5. 經命其報告財產狀況，不為報告或為虛偽之報告。
6. 經合法通知，無正當理由而不到場。

例外不得限制住居

事由

1. 滯欠金額合計未達新臺幣十萬元。（但義務人已出境達二次者，仍得限制住居）
2. 已按其法定應繼分繳納遺產稅款、罰鍰及加徵之滯納金、利息。（但其繼承所得遺產超過法定應繼分，而未按所得遺產比例繳納者，仍得限制住居）

step 2 **裁定拘提**

24小時內

事由

1. 顯有逃匿之虞。
2. 經合法通知，無正當理由而不到場。

step 3 **裁定管收**

事由

1. 顯有履行義務之可能，故不履行。
2. 顯有逃匿之虞。
3. 就應供強制執行之財產有隱匿或處分之情事。
4. 已發見之義務人財產不足清償其所負義務，於審酌義務人整體收入、財產狀況及工作能力，認有履行義務之可能，別無其他執行方法，而拒絕報告其財產狀況或為虛偽之報告。

知識補給站

司法院釋字第588號解釋（98年4月29日所公布施行之行政執行法拘提管收事由相關規定違憲爭議）

立法機關基於重大之公益目的，藉由限制人民自由之強制措施，以貫徹其法定義務，於符合憲法上比例原則之範圍內，應為憲法之所許。行政執行法關於「管收」處分之規定，係在貫徹公法上金錢給付義務，於法定義務人確有履行之能力而不履行時，拘束其身體所為間接強制其履行之措施，尚非憲法所不許。惟行政執行法第十七條第二項依同條第一項規定得聲請法院裁定管收之事由中，除第一項第一、二、三款規定：「顯有履行義務之可能，故不履行者」、「顯有逃匿之虞」、「就應供強制執行之財產有隱匿或處分之情事者」，難謂其已逾必要之程度外，其餘同項第四、五、六款事由：「於調查執行標的物時，對於執行人員拒絕陳述者」、「經命其報告財產狀況，不為報告或為虛偽之報告者」、「經合法通知，無正當理由而不到場者」，顯已逾越必要程度，與憲法第二十三條規定之意旨不能謂無違背。

行政執行法第十七條第二項依同條第一項得聲請拘提之各款事由中，除第一項第二款、第六款：「顯有逃匿之虞」、「經合法通知，無正當理由而不到場」之情形，可認其確係符合比例原則之必要條件外，其餘同項第一款、第三款、第四款、第五款：「顯有履行義務之可能，故不履行者」、「就應供強制執行之財產有隱匿或處分之情事者」、「於調查執行標的物時，對於執行人員拒絕陳述者」、「經命其報告財產狀況，不為報告或為虛偽之報告者」規定，顯已逾越必要程度，與前揭憲法第二十三條規定意旨亦有未符。

人身自由乃人民行使其憲法上各項自由權利所不可或缺之前提，憲法第八條第一項規定所稱「法定程序」，係指**凡限制人民身體自由之處置，不問其是否屬於刑事被告之身分，除須有法律之依據外，尚須分別踐行必要之司法程序或其他正當法律程序，始得為之。**此項程序固屬憲法保留之範疇，縱係立法機關亦不得制定法律而遽予剝奪；惟刑事被告與非刑事被告之人身自由限制，畢竟有其本質上之差異，是其必須踐行之司法程序或其他正當法律程序，自非均須同一不可。**管收係於一定期間內拘束人民身體自由於一定之處所，亦屬憲法第八條第一項所規定之「拘禁」，其於決定管收之前，自應踐行必要之程序、即由中立、公正第三**

者之法院審問，並使法定義務人到場為程序之參與，除藉之以明管收之是否合乎法定要件暨有無管收之必要外，並使法定義務人得有防禦之機會，提出有利之相關抗辯以供法院調查，期以實現憲法對人身自由之保障。行政執行法關於管收之裁定，依同法第十七條第三項，法**院對於管收之聲請應於五日內為之，亦即可於管收聲請後，不予即時審問，其於人權之保障顯有未週，該「五日內」裁定之規定難謂周全，應由有關機關檢討修正。**又行政執行法第十七條第二項：「義務人逾前項限期仍不履行，亦不提供擔保者，行政執行處得聲請該管法院裁定拘提管收之」、第十九條第一項：「法院為拘提管收之裁定後，應將拘票及管收票交由行政執行處派執行員執行拘提並將被管收人逕送管收所」之規定，其於行政執行處合併為拘提且管收之聲請，法院亦為拘提管收之裁定時，該被裁定拘提管收之義務人既尚未拘提到場，自不可能踐行審問程序，乃法院竟得為管收之裁定，尤有違於前述正當法律程序之要求。另依行政執行法第十七條第二項及同條第一項第六款：「經合法通知，無正當理由而不到場」之規定聲請管收者，該義務人既猶未到場，法院自亦不可能踐行審問程序，乃竟得為管收之裁定，亦有悖於前述正當法律程序之憲法意旨。

憲法第八條第一項所稱「非經司法或警察機關依法定程序，不得逮捕、拘禁」之「警察機關」，並非僅指組織法上之形式「警察」之意，凡法律規定，以維持社會秩序或增進公共利益為目的，賦予其機關或人員得使用干預、取締之手段者均屬之，是以行政執行法第十九條第一項關於拘提、管收交由行政執行處派執行員執行之規定，核與憲法前開規定之意旨尚無違背。

上開行政執行法有違憲法意旨之各該規定，均應自本解釋公布之日起至遲於屆滿六個月時失其效力。

因此94年6月22日行政執行法第17條作出符合上開解釋意旨之修正。

▶▶▶ 時事觀覽

白銀進口商拒繳4千萬稅 遭管收進了台北看守所

Date：2022/06/15

行政執行方法之 — 管收

白銀進口商匠品企業前負責人**李姓男子，經台北國稅局補課本稅、罰鍰高達6千多萬元，李男只繳了2千多萬，拒繳4千多萬稅款，士林地方法院6月14日裁准管收，李男已入台北看守所附屬管收所管收**。

行政執行署士林分署指出，65歲李男遭查獲利用海外空殼公司，墊高進口白銀成本，低報2006年至2011年，5年間應繳納的稅捐，國稅局補課稅捐並罰緩共計6038萬2083元，匠品公司逾期未繳稅，移送士林分署執行，但僅徵得約2千萬元，匠品移轉、隱匿處分財產高達2億9千多萬元，欠稅4068萬1228元。

李男堅稱，海外公司是用來避險，沒有不繳稅，認為國稅局算錯了，才會拒絕繳剩下的4千多萬元。

士林分署調查，李男把匠品公司資產，拿來繳卡費，女兒購屋頭期款，還有領出3374萬元現金。該海外公司1999年設立在美國德拉瓦州後，未曾陳報年度報告，也沒繳過稅，推定海外公司未實際營運，顯為空殼公司。

行政執行官認為，李男符合管收要件，向士林地院聲請管收，雖被駁回，但士林分署不屈不饒提抗告，台灣高等法院駁回裁定發回士院，李男不服再抗告，經最高法院駁回全案確定。

士林地院昨天開庭審理，裁定管收李男，李男沒提出具體清償方案，士林分署送李男至台北看守所附設管收所，執行管收。

士林分署呼籲，公司負責人應誠實繳納各項公法上債務，切勿心存僥倖、置之不理，或輕忽行政執行人員辦案的決心與毅力，應自動繳清欠款，以免遭受限制出境及拘提、管收之強制處分。

（資料來源：聯合新聞網https://udn.com/news/story/7321/6390971）

問題思考

1. 文中提及「管收」之法律依據為何？
2. 行政機關在何種情形下可以對義務人進行管收？又應該踐行什麼樣的程序？
3. 裁定管收與執行管收的機關為何？

(3) **禁奢條款**（行政執行法第17-1條）

A. 義務人為自然人，其滯欠合計達一定金額，已發現之財產不足清償其所負義務，且生活逾越一般人通常程度者，行政執行處得依職權或利害關係人之申請對其核發下列各款之禁止命令，並通知應予配合之第三人：

(A) 禁止購買、租賃或使用一定金額以上之商品或服務。

(B) 禁止搭乘特定之交通工具。

(C) 禁止為特定之投資。

(D) 禁止進入特定之高消費場所消費。

(E) 禁止贈與或借貸他人一定金額以上之財物。

(F) 禁止每月生活費用超過一定金額。

(G) 其他必要之禁止命令。

B. 前項所定一定金額，由法務部定之。

C. 行政執行處依第一項規定核發禁止命令前，應以書面通知義務人到場陳述意見。義務人經合法通知，無正當理由而不到場者，行政執行處關於本條之調查及審核程序不受影響。

D. 行政執行處於審酌義務人之生活有無逾越一般人通常程度而核發第一項之禁止命令時，應考量其滯欠原因、滯欠金額、清償狀況、移送機關之意見、利害關係人申請事由及其他情事，為適當之決定。

E. 行政執行處於執行程序終結時，應解除第一項之禁止命令，並通知應配合之第三人。

F. 義務人無正當理由違反第一項之禁止命令者，行政執行處得限期命其清償適當之金額，或命其報告一定期間之財產狀況、收入及資金運用情形；義務人不為清償、不為報告或為虛偽之報告者，視為其顯有履行義務之可能而故不履行，行政執行處得依前條規定處理。

※有關公法上金錢給付義務之強制執行，除行政執行法另有規定外，**準用強制執行法**之規定。（行政執行法第26條）

二 行為或不行為義務之強制執行

執行標的	義務人之行為或不行為義務。
執行機關	由原處分機關或該管行政機關為之。（行政執行法第4條第1項）
執行要件	1. 依法令或本於法令之行政處分，負有行為或不行為義務。 2. 於處分書或另以書面限定相當期間履行。 3. 逾期仍不履行。 （行政執行法第27條）
執行方法 【106司法四等】	1. 間接強制 (1) 代履行：行為能由他人代為履行者，執行機關得委託第三人或指定人員代履行之。 (2) 怠金：行為不能由他人代為履行者，依其情節輕重處新臺幣五千元以上三十萬元以下怠金。經處以怠金，仍不履行其義務者，執行機關得連續處以怠金。 →代履行費用或怠金，逾期未繳納者，移送行政執行處依第二章公法上金錢給付義務執行之規定執行之。 2. 直接強制：經間接強制不能達成執行目的，或因情況急迫，如不及時執行，顯難達成執行目的時，執行機關得依直接強制方法執行之。直接強制之方法如下： (1) 扣留、收取交付、解除占有、處置、使用或限制使用動產、不動產。 (2) 進入、封閉、拆除住宅、建築物或其他處所。 (3) 收繳、註銷證照。 (4) 斷絕營業所必須之自來水、電力或其他能源。 (5) 其他以實力直接實現與履行義務同一內容狀態之方法。 （行政執行法第28～32條）

※關於物之交付義務之強制執行，依本章行為或不行為義務執行之規定。（行政執行法第33條）

※強制執行法第三章、第四章之規定於本章行為或不行為義務之執行準用之。（行政執行法第35條）

三 即時強制【109司律】

執行機關	該管行政機關
執行要件	行政機關為阻止犯罪、危害之發生或避免急迫危險，而有即時處置之必要時，得為即時強制。(行政執行法第36條第1項)
執行方法	1. 對於人之管束 對於人之管束，以合於下列情形之一者為限，且不得逾24小時： (1) 瘋狂或酗酒泥醉，非管束不能救護其生命、身體之危險，及預防他人生命、身體之危險者。 (2) 意圖自殺，非管束不能救護其生命者。 (3) 暴行或鬥毆，非管束不能預防其傷害者。 (4) 其他認為必須救護或有害公共安全之虞，非管束不能救護或不能預防危害者。 2. 對於物之扣留、使用、處置或限制其使用： (1) 軍器、凶器及其他危險物，為預防危害之必要，得扣留之。 (2) 扣留之物，除依法應沒收、沒入、毀棄或應變價發還者外，其扣留期間不得逾三十日。但扣留之原因未消失時，得延長之，延長期間不得逾兩個月。 (3) 扣留之物無繼續扣留必要者，應即發還；於一年內無人領取或無法發還者，其所有權歸屬國庫；其應變價發還者，亦同。 3. 對於住宅、建築物或其他處所之進入： (1) 遇有天災、事變或交通上、衛生上或公共安全上有危害情形，非使用或處置其土地、住宅、建築物、物品或限制其使用，不能達防護之目的時，得使用、處置或限制其使用。 (2) 對於住宅、建築物或其他處所之進入，以人民之生命、身體、財產有迫切之危害，非進入不能救護者為限。 4. 其他依法定職權所為之必要處置： 例如主管機關為避免危害之發生，而對於交通之管制。 (行政執行法第36～40條)
損失補償	1. 人民因執行機關依法實施即時強制，致其生命、身體或財產遭受特別損失時，得請求補償。但因可歸責於該人民之事由者，不在此限。 2. 前項損失補償，應以金錢為之，並以補償實際所受之特別損失為限。 3. 對於執行機關所為損失補償之決定不服者，得依法提起訴願及行政訴訟。 4. 損失補償，應於知有損失後，二年內向執行機關請求之。但自損失發生後，經過五年者，不得為之。(行政執行法第41條)

素養小教室　對違法的即時強制還是可以請求國家賠償

行政執行法所定之其他直接或間接強制措施，多屬事實行為，因行使公權力之事實行為違法造成人民之權利受損害，其符合國家賠償之要件者，人民自得依法請求國家賠償。行政執行法第41條係專就適法之即時強制措施，所生之損失補償而為規定，但並非謂行政機關如有違法之即時強制措施，亦免負國家賠償責任。上開第3項所定，得提起行政爭訟，係指對損失補償之決定有所不服之情形而言。

「即時強制」與「強制執行」的比較如下：

	即時強制	強制執行
行政法學之規範類型	兩者皆屬「行政強制」之一種	
性質	兩者皆屬行政主體基於權力作用，以自力抑制行政客體之意志，必要時並排除其抵抗，而實現行政上之必要狀態，以達行政目的之作用	
目的	阻止犯罪、危害之發生，或避免急迫之危險	強制義務人履行義務
是否以義務預先存在為必要	✗	✓

「行政罰」與「行政執行」的比較如下：

	行政罰	行政執行
法規依據	行政罰法	行政執行法
目的	以制裁違法為目的	強制當事人履行義務（例如以斷水斷電方式強制當事人繳費）
性質	是當事人對違法行為的「贖罪」，木質為制裁	是一種強制手段，並非制裁

	行政罰	行政執行
程序	不必預為告誡	應先行告誡 （如強制工廠改善環境設備，須先告誡）
裁量性	裁處罰鍰依法就責難程度及違法所得利益等為審酌，其加減擴張依法律規定。	如何履行義務，履行之程度及反覆強制執行次數具高度裁量性。
關係	處罰在先	強制在後 （第二次以後之連續處罰具有強制性）

知識補給站

行政處分之受處分人，於行政機關以該行政處分為執行名義之強制執行程序終結前，以有消滅或妨礙債權人請求之事由發生，向行政法院提起債務人異議之訴，其所得主張之異議事由是否以執行名義「成立後」之事由為限？

最高行政法院107年10月份第2次庭長法官聯席會議決議：

現行行政訴訟體系下之債務人異議之訴，係由債務人於強制執行程序終結前向行政法院提起，旨在排除執行名義之執行力。至於作為執行名義之行政處分本身是否違法之爭議，則係由受處分人向行政法院提起撤銷訴訟，對未形式確定之行政處分，尚得依法聲請停止執行，以為救濟，二者之制度目的及規範功能均屬有別。在行政處分是否違法之爭議，已有撤銷訴訟及停止執行制度作為權利保護方式下，當無再許受處分人以行政處分之違法事由提起債務人異議之訴，以免混淆並破壞行政訴訟權利保護機制。從而，**行政處分之受處分人，於行政機關以該行政處分為執行名義之強制執行程序終結前，主張有消滅或妨礙債權人請求之事由發生，而向行政法院提起債務人異議之訴，其所得主張之異議事由應以執行名義「成立後」之事由為限。**本院97年5月份第1次庭長法官聯席會議(一)決議應予補充。

經典範題

選擇題攻略

(　　) 1 下列何者非屬行政執行法第2條所稱之公法上金錢給付義務？　(A)主管機關通知繳納之工程受益費新臺幣10萬元　(B)衛生福利部中央健康保險署通知健保特約醫院返還虛報之醫療費用新臺幣50萬元　(C)主管機關委託第三人代義務人拆除違章建築之費用新臺幣24萬元　(D)主管機關通知繳納之空氣污染防制費新臺幣10萬元。　【111司律】

(　　) 2 依行政執行法及行政訴訟法之規定，下列何者非屬公法上金錢給付義務之強制執行機關？　(A)稅捐稽徵機關　(B)法務部行政執行署執行分署　(C)受囑託執行之地方法院民事執行處　(D)地方法院行政訴訟庭。　【111司律】

(　　) 3 軍費生甲與軍事學校乙締結有關公費待遇津貼發給與賠償之行政契約，約定甲若不適服現役願一次繳納賠償金額，並自願接受強制執行。甲經乙通知應限期繳納新臺幣10萬元賠償金，甲屆期未繳納，乙如何強制執行？　(A)移送該管法務部行政執行署各分署強制執行　(B)向該管地方法院行政訴訟庭聲請強制執行　(C)向該管高等行政法院聲請強制執行　(D)向該管地方法院行政訴訟庭提起一般給付訴訟，取得勝訴判決後聲請強制執行。　【110司律】

解答與解析

1 (B)。健保特約醫院虛報醫療費用屬於公法上之不當得利，不屬於行政執行法第11條所稱之公法上金錢給付義務。

2 (A)。行政執行法第4條第1項，行政執行，由原處分機關或該管行政機關為之。但公法上金錢給付義務逾期不履行者，移送法務部行政執行署所屬行政執行處執行之。

3 (B)。依現行行政程序法第148條第3項準用行政訴訟法第305條聲請地方行政法院強制執行。

NOTE

第4篇

行政救濟法

行政救濟法也是國家考試一大重點，尤以訴願法及行政訴訟法為主。訴願法之重點在於訴願種類、如何提起、管轄機關以及訴願決定；行政訴訟法之重點則在於提起行政訴訟之種類，務必加以區別。而國家賠償法之考試重點則以第2條公務員國家賠償責任，與第3條公有公共設施國家賠償責任為主，並請注意第3條之相關法條修正。

第1章 行政爭訟法

行政救濟乃國家權力分立而制衡的具體化。權力制衡機制下的規範審查程序旨在實現「客觀的憲政秩序」，使國家權力運作不至流於主觀與恣意，以擔保憲法所創造出來的秩序「合法」（正確）及「正當」地運作。透過訴願及行政法院所進行的行政救濟，旨在透過客觀化的行政行為違法性之審查，以鞏固憲政秩序。行政救濟在行政法中的功能旨在保障人民權益及確認人民與國家依法行政的「法律制度」。

行政救濟內容有狹義、廣義的不同意涵。狹義的行政救濟係指人民因行政機關違法或不當之行政行為，致其權益受損，而向國家請求予以補救之法律制度。此一概念下之行政救濟制度，可稱之為「行政行為審查制度」。在此概念下，只有個案的審查，沒有抽象法規審查問題。屬於此種概念的制度，包括「訴願」、前置於訴願之「異議程序」及「行政訴訟」。廣義的行政救濟，從人民權利之保護及國家與人民之公法關係的確認為出發點，除狹義的行政救濟外，並包括所有「公法爭議」解決的制度。此一概念置重在「公法爭議的解決」，故其爭議可能涉及機關行使職權的抽象爭議。我國在2000年7月1日之前所採行的行政救濟制度係採狹義的行政救濟制度。在此之後，緣新訴願法及新行政訴訟法的施行，擴大行政訴訟的範圍，而改採廣義的行政訴訟制度。

在我國現行法制下，人民向國家請求行政救濟之方式共有多種，如申訴、聲明異議、請願、訴願及行政訴訟等均是。此外，尚可依民事訴訟程序，請求對因不法行政所致損害予以賠償，或因行政機關的適法行為所致損失，請求予以補償。然大陸法系國家大多以訴願及行政訴訟為主要方式，兩者結合而為我國正規的行政爭訟制度。

第一節 訴願法

訴願係人民因中央或地方機關，違法或不當之處分，致其權利或利益受損害時，請求該機關或其上級機關審查該處分是否合法、適當，並為決定之救濟制度。行政法雖是以規制公權力的作用為出發點，但其本質仍具有「官權構造」之基本性格，惟基於行政民主與法治之原理，行政機關作成之行政處分，如對人民有增加負擔或有不利之情形時，應讓人民有表示不服之機會。同時透過此種機制，亦使人民有另一種形式之行政參與。亦即，人民不服行政機關之違法或不當處分時，訴請法院訴訟救濟以前，應讓行政機關有再予審查或自我反省之機會。

訴願之功能如下：

修正行政統制的機能	訴願係基於行政司法兩權彼此的尊重，於提起訴訟以前，預由行政權先就行政處分之適法性及妥當性自行審查，以發揮行政自體監督之機制。苟原處分違法或不當，透過其直接上級機關之再審查，即得予以撤銷或變更，適足貫徹法令之執行，並了解下級機關執行之成果，於行政階段有自行解決問題之機會。
國民權益保護的機能	行政訴訟之審理僅及原處分之違法性，訴願則兼及審查原處分之不當。行政訴訟「依法」保護國民權利機能，訴願則更應可兼及「依情理」保護國民權利。
分擔司法的機能	行政訴訟採訴願前置主義之理由，無非以先經訴願程序，於訴願過程中，就事實上或法律上之爭點先予整理，使其明確化，自可減輕法院之負擔，是以訴願基本上是一個「準司法程序」。倘機關作成之大量行政處分，人民對之逕向法院提起行政訴訟，法院自難負擔。

一 訴願之提起

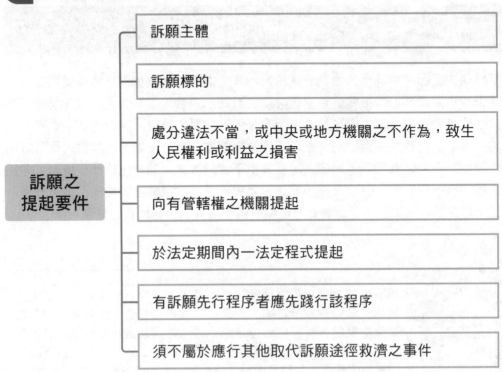

訴願之提起要件

- 訴願主體
- 訴願標的
- 處分違法不當，或中央或地方機關之不作為，致生人民權利或利益之損害
- 向有管轄權之機關提起
- 於法定期間內一法定程式提起
- 有訴願先行程序者應先踐行該程序
- 須不屬於應行其他取代訴願途徑救濟之事件

(一) 訴願主體

訴願法第18條規定，自然人、法人、非法人之團體或其他受行政處分之相對人及利害關係人得提起訴願。故訴願主體包含自然人、法人、非法人之團體及其他受行政處分之相對人及利害關係人。

1. **「被害者訴願」與「地方自治監督訴願」**：

訴願法第1條規定：「人民對於中央或地方機關之行政處分，認為違法或不當，致損害其權利或利益者，得依本法提起訴願。但法律另有規定者，從其規定。各級地方自治團體或其他公法人對上級監督機關之行政處分，認為違法或不當，致損害其權利或利益者，亦同。」第2條規定：「人民因中央或地方機關對其依法申請之案件，於法定期間內應作為而不作為，認為損害其權利或利益者，亦得提起訴願。前項期間，法令未規定者，自機關受理申請之日起為二個月。」

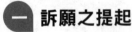

故依上開規定，訴願有兩個基本類型，「被害者訴願」與「地方自治監督訴願」，說明如下：

<table>
<tr><td rowspan="2">被害者訴願
【106地特三等】</td><td colspan="2">所謂被害人民係指「權」「益」受到侵害之人民，包括自然人、法人、非法人之團體、其他受行政處分之相對人及利害關係人，獨資商號、合夥商號、工廠，以及立於與人民同一地位之中央或地方機關在內，能透過訴願（及行政訴訟）獲得救濟者。</td></tr>
<tr><td>訴願適格
（訴願權能）
【105司法三等】</td><td>非權益被害者，其提起訴願，除法律特別容許之「公眾訴訟」外，即無「當事人適格」。當事人訴願適格有無之判斷，依訴願人之主張其是否為「被害人民」，即是否具有權利保護要件而定。訴願法第18條：「自然人、法人、非法人之團體或其他受行政處分之相對人及利害關係人得提起訴願」之規定，即指訴願適格而言。
至於訴願適格之認定（得否作為適格訴願人），一般係以訴願人是否符合「保護規範理論」之要件而定。大法官釋字第469號解釋就保護規範理論說明道：「如法律明確規定特定人得享有權利，或對符合法定條件而可得特定之人，授予向行政主體或國家機關為一定作為之請求權者，其規範目的在於保障個人權益，固無疑義；如法律雖係為公共利益或一般國民福祉而設之規定，但就法律之整體結構、適用對象、所欲產生之規範效果及社會發展因素等綜合判斷，可得知亦有保障特定人之意旨時，則個人主張其權益因公務員怠於執行職務而受損害者，即應許其依法請求救濟。」故倘就法律之整體結構、適用對象、所欲產生之規範效果及社會發展因素等綜合判斷，可得知亦有保障特定人之意旨時，此時應肯定訴願主體之訴願權能。</td></tr>
</table>

被害者訴願 【106地特三等】	訴願利益 （權利保護必要）	倘訴願無利益時，即欠缺權利保護必要。然**訴願是否有利益，不以該次提起訴願為判斷之唯一標準，若本次訴願縱無實益，對將來仍有意義者，仍應視為具有權利保護必要**，故大法官釋字第546號解釋即稱：「提起行政爭訟，須其爭訟有權利保護必要，即具有爭訟之利益為前提，倘對於當事人被侵害之權利或法律上利益，縱經審議或審判之結果，亦無從補救，或無法回復其法律上之地位或其他利益者，即無進行爭訟而為實質審查之實益。惟所謂被侵害之權利或利益，經審議或審判結果，無從補救或無法回復者，並不包括依國家制度設計，性質上屬於重複發生之權利或法律上利益，人民因參與或分享，得反覆行使之情形。是人民申請為公職人員選舉候選人時，因主管機關認其資格與規定不合，而予以核駁，申請人不服提起行政爭訟，雖選舉已辦理完畢，但人民之被選舉權，既為憲法所保障，且性質上得反覆行使，若該項選舉制度繼續存在，則審議或審判結果對其參與另次選舉成為候選人資格之權利仍具實益者，並非無權利保護必要者可比，此類訴訟相關法院自應予以受理。」
地方自治監督訴願		其訴願主體為公法人。地方自治團體如直轄市、縣（市）、鄉（鎮、市）均為公法人，一方面係次級或初級之統治團體，分享國家統治權之行使，另分面具有法律上之人格，乃權利義務主體，倘因國家（或縣市）行政機關之處分損害其權益時，並無不准其訴願之理。（司法院34年院解字第2990號解釋參照）

Q「行政機關」本身得否作為訴願主體？

肯定說：

持肯定見解認為，中央或地方機關**立於與人民同一之地位**而受行政處分，亦得提起訴願。此次訴願法修正草案第18條第2項即採肯定說之見解，為立法院於審查時未予通過。

否定說：

否定者認為行政機關本身並非法人，並無獨立享受權利負擔義務之能力，難謂立於與人民同一之地位而受行政處分，故不應准許行政機關提起訴願。大法官釋字第40號解釋即似採否定說之見解。

知識補給站

司法院釋字第546號解釋理由書（節錄）

人民依憲法規定有應考試、服公職之權。其中應考試之權，係指具備一定資格之人民有報考國家所舉辦公務人員任用資格暨專門職業及技術人員執業資格考試之權利；服公職之權，則指人民享有擔任依法進用或選舉產生之各種公職、貢獻能力服務公眾之權利。人民倘主張上開權利遭受公權力之侵害，自應許其提起爭訟，由法院依法審判，方符有權利即有救濟之法理。

本院院字第2810號解釋：「依考試法舉行之考試，對於應考資格體格試驗，或檢覈經決定不及格者，此項決定，自屬行政處分。其處分違法或不當者，依訴願法第1條之規定，應考人得提起訴願。惟為訴願決定時，已屬無法補救者，其訴願為無實益，應不受理，依訴願法第7條應予駁回。」旨在闡釋提起行政爭訟，須其爭訟有權利保護必要，即具有爭訟之利益為前提，倘對於當事人被侵害之權利或法律上利益，縱經審議或審判結果，亦無從補救，或無法回復其法律上之地位或其他利益者，即無進行爭訟而為實質審查之實益。惟所謂被侵害之權利或利益，經審議或審判結果，無從補救或無法回復者，並不包括依國家制度設計，性質上屬於重複發生之權利或法律上利益，諸如參加選舉、考試等，人民因參與或分享，得反覆行使之情形。是當事人所提出之爭訟事件，縱因時間之經過，無從回復權利被侵害前之狀態，然基於合理之期待，未來仍有同類情事發生之可能時，即非無權利保護必要，自應予以救濟，以保障其權益。人民申請為公職人員選舉候選人，因主管機關認其資格與規定不合而予核駁處分，申請人不服而提起行政爭訟時，雖選舉已辦理完畢，但其經由選舉而擔任公職乃憲法所保障之權利，且性質上得反覆行使，除非該項選舉已不復存在，則審議或審判結果對其參與另次選舉成為候選人資格之權利仍具實益，並非無權利保護必要者可比。受理爭訟之該管機關或法院，仍應為實質審查，若原處分對申請人參選資格認定有違法或不當情事，應撤銷原處分或訴願決定，俾其後申請為同類選舉時，不致再遭核駁處分。

司法院釋字第469號解釋理由書（節錄）

憲法第24條規定公務員違法侵害人民之自由或權利，人民得依法律向國家請求賠償，係對國家損害賠償義務所作原則性之揭示，立法機關應本此意旨對國家責任制定適當之法律，且在法律規範之前提下，行政機關並得因職能擴大，為因應伴隨高度工業化或過度開發而產生對環境或衛生等之危害，以及科技設施所引發之危險，而採取危險防止或危險管理之措施，以增進國民生活之安全保障。倘國家責任成立之要件，從法律規定中已堪認定，則適用法律時不應限縮解釋，以免人民依法應享有之權利無從實現。國家賠償法第二條第二項規定：「公務員於執行職務行使公權力時，因故意或過失不法侵害人民自由或權利者，國家應負損害賠償責任。公務員怠於執行職務，致人民自由或權利遭受損害者亦同」，凡公務員職務上之行為符合：行使公權力、有故意或過失、行為違法、特定人自由或權利所受損害與違法行為間具相當因果關係之要件，而非純屬天然災害或其他不可抗力所致者，被害人即得分就積極作為或消極不作為，依上開法條前段或後段請求國家賠償，該條規定之意旨甚為明顯，並不以被害人對於公務員怠於執行之職務行為有公法上請求權存在，經請求其執行而怠於執行為必要。惟法律之種類繁多，其規範之目的亦各有不同，有僅屬賦予主管機關推行公共事務之權限者，亦有賦予主管機關作為或不作為之裁量權限者，對於上述各類法律之規定，該管機關之公務員縱有怠於執行職務之行為，或尚難認為人民之權利因而遭受直接之損害，或性質上仍屬適當與否之行政裁量問題，既未達違法之程度，亦無在個別事件中因各種情況之考量，例如：斟酌人民權益所受侵害之危險迫切程度、公務員對於損害之發生是否可得預見、侵害之防止是否須仰賴公權力之行使始可達成目的而非個人之努力可能避免等因素，已致無可裁量之情事者，自無成立國家賠償之餘地。倘法律規範之目的係為保障人民生命、身體及財產等法益，且對主管機關應執行職務行使公權力之事項規定明確，該管機關公務員依此規定對可得特定之人負有作為義務已無不作為之裁量空間，猶因故意或過失怠於執行職務或拒不為職務上應為之行為，致特定人之自由或權利遭受損害，被害人自得向國家請求損害賠償。至前開法律規範保障目的之探求，應就具體個案而定，如法律明確規定特定人得享有權利，或對符合法定條件而可得特定之人，授予向行政主體或國家機關為一定作為之請求權者，其規範目的在於保障個人權益，固無疑義；如法律雖係為公共利益或一般國民福祉而設之規定，但就法律之整體結構、適用對象、所欲產生之規範效果及社會發展因素等綜合判斷，可得知亦有保障特定人之意旨時，則個人主張其權益因公務員怠於執行職務而受損害者，即應許其依法請求救濟。

司法院院解字第2990號解釋

鄉鎮對省縣政府關於公有財產之行政處分。能否提起訴願。應視其處分之內容分別情形定之。省縣政府對於鄉鎮獨有之處分。例如縣政府依鄉鎮組織暫行條例第25條。就鄉鎮民代表會關於鄉鎮公有財產決議案覆議結果所為核辦之處分。鄉鎮公所或鄉鎮財產保管委員會雖有不服。不得提起訴願。若其處分不獨對於鄉鎮為之。對於一般人民具有同一情形亦為同一之處分者。則鄉鎮係以與一般人民同一之地位而受處分。不能以其為公法人。遂剝奪其提起訴願之權。例如省政府為核准徵收鄉鎮公有土地之違法處分時（參照土地法第388條）。鄉鎮如有不服。自得提起訴願。

司法院釋字第40號解釋

行政訴訟法第1條規定，人民因中央或地方官署之違法處分致損害其權利者，得依法定程序提起行政訴訟，是僅人民始得為行政訴訟之原告。臺灣省物資局依其組織規程係隸屬於臺灣省政府之官署，與本院院解字第2990號解釋所稱之鄉鎮自治機關不同，自不能類推適用此項解釋。至海關緝私條例第32條對於提起行政訴訟之原告，並無特別規定，要非官署所得引為提起行政訴訟之根據。

想一想

本國人民甲與外國人民乙在國外結婚後，該外籍配偶乙以依親為由，向我國駐外使領館、代表處、辦事處、其他外交部授權機構（下稱駐外館處）申請居留簽證遭駁回，本國配偶甲得否認為其有權利或法律上利益受損害，而得作為適格之訴願主體提起訴願？

答 參最高行政法院103年8月份第1次庭長法官聯席會議決議，決議文如下：

行政訴訟法第5條第2項：「人民因中央或地方機關對其依法申請之案件，予以駁回，認為其權利或法律上利益受違法損害者，經依訴願程序後，得向行政法院提起請求該機關應為行政處分或應為特定內容之行政處分之訴訟。」人民根據此項規定提起課予義務訴訟，係以依其所主張之事實，法令上有賦予請求主管機關作成行政處分或特定內容行政處分之公法上請求權，經向主管機關申請遭駁回為其要件。如果對於人民依法申請遭駁回之事件，法令上並未賦予第三人有為其申請之公法上請求權，第三人即不可能因主管機關之駁回該項申請而有權利或法律上利益受損害之情形。外國護照簽證條例第11條：「居留簽證適用於持外國護照，而擬在我國境內作長期居留之人士。」第12條：「外交部及駐外館處受理簽證申請時，應衡酌國家利益、申請人個別情形及其國家與我國關係決定准駁；……」同條例施行細則第6條：「外交部及駐外館處應審酌申請人身分、申請目的、所持外國護照之種類、效期等條件，核發適當種類之簽證。」據此等規定可知，得以外國護照申請居留簽證者，限於持外國護照之外國國民，該外國國民之本國配偶，並無為其申請居留簽證之公法上請求權。又公民與政治權利國際公約（下稱公政公約）及經濟社會文化權利國際公約（下稱經社文公約）所揭示保障人權之規定，固具有國內法律之效力，然其得否直接發生人民對國家機關請求作成一定行為之請求權，仍應視此兩公約之各別規定，對如何之請求權內容及要件有無明確之規定而定。有明確規定者，例如公政公約第24條第3項兒童之出生登記及取得名字規定，及經社文公約第13條第2項第1款義務免費之初等教育規定，始得作為人民之請求權依據。至公政公約第23條第1項：「家庭為社會之自然基本團體單位，應受社會及國家之保護。」經社文公約第10條第1款前段：「家庭為社會之自然基本團體單位，應儘力廣予保護與協助，其成立及當其負責養護教育受扶養之兒童時，尤應予以保護與協助。」就如何之請求權內容及要件，並未明確規定，不得據以認為本國配偶有為其外籍配偶申請居留簽證之公法上請求權。因此，**外籍配偶申請居留簽證經主管機關駁回，本國配偶主張此事實，不可能因主管機關否准而有權利或法律上利益受損害之情形**，其提起課予義務訴訟，行政法院應駁回其訴。

→最高行政法院認為本國配偶無法律上之利益，欠缺訴願權能，故不得作為適格之訴願當事人。

2. **訴願能力**

提起訴願者，故應以具備訴願能力者為限。訴願法第19條，能獨立以法律行為負義務者，有訴願能力。

又訴願法第20條，無訴願能力人應由其法定代理人代為訴願行為。地方自治團體、法人、非法人之團體應由其代表人或管理人為訴願行為。關於訴願之法定代理，依民法規定。

3. **其他參與訴願程序之人**

(1) **訴願參加**

A. **參加人種類**

與訴願人利害關係相同者之參加	與訴願人利害關係相同之人，經受理訴願機關允許，得為訴願人之利益參加訴願。受理訴願機關認有必要時，亦得通知其參加訴願。（訴願法第28條第1項）
訴願決定足以影響第三人權益之參加	訴願決定因撤銷或變更原處分，足以影響第三人權益者，受理訴願機關應於作成訴願決定之前，通知其參加訴願程序，表示意見。（訴願法第28條第2項）

B. **參加方式及參加效果**

(A) 申請參加訴願，應以書面向受理訴願機關為之，並應記載：

a. 本訴願及訴願人。

b. 參加人與本訴願之利害關係。

c. 參加訴願之陳述。

（訴願法第29條）

(B) 通知參加訴願：通知參加訴願，應記載訴願意旨、通知參加之理由及不參加之法律效果，送達於參加人，並副知訴願人。受理訴願機關為前項之通知前，得通知訴願人或得參加訴願之第三人以書面陳述意見。（訴願法第30條）

(C) 訴願決定對參加人亦有效力：訴願決定對於參加人亦有效力。經受理訴願機關通知其參加或允許其參加而未參加者，亦同。（訴願法第31條）

(2) **共同訴願**

訴願法第21條規定，二人以上得對於同一原因事實之行政處分，共同提起訴願。但共同訴願之提起，以同一機關管轄者為限。第22條規定，共同提起訴願，得選定其中一人至三人為代表人。選定代表人應於最初為訴願行為時，向受理訴願機關提出文書證明。第23條規定，共同提起訴願，未選定代表人者，受理訴願機關得限期通知其選定；逾期不選定者，得依職權指定之。

訴願法第24條規定，代表人經選定或指定後，由其代表全體訴願人為訴願行為。但撤回訴願，非經全體訴願人書面同意，不得為之。第25條規定，代表人經選定或指定後，仍得更換或增減之。但代表人之更換或增減，非以書面通知受理訴願機關，不生效力。第26條規定，代表人有二人以上者，均得單獨代表共同訴願人為訴願行為。第27條規定，代表人之代表權不因其他共同訴願人死亡、喪失行為能力或法定代理變更而消滅。

(3) **訴願代理人**

訴願人或參加人，如欠缺訴願程序所需之事，或因其他不客自理，應許委任訴願代理人進行訴願，故訴願法第33條明定：「左列之人，得為訴願代理人：一、律師。二、依法令取得與訴願事件有關之代理人資格者。三、具有該訴願事件之專業知識者。四、因業務或職務關係為訴願人之代理人者。五、與訴願人有親屬關係者。前項第三款至第五款之訴願代理人，受理訴願機關認為不適當時，得禁止之，並以書面通知訴願人或參加人。」

(4) **訴願輔佐人**

訴願法第41條規定：「訴願人、參加人或訴願代理人經受理訴願機關之許可，得於期日偕同輔佐人到場。受理訴願機關認為必要時，亦得命訴願人、參加人或訴願代理人偕同輔佐人到場。前二項之輔佐人，受理訴願機關認為不適當時，得廢止其許可或禁止其續為輔佐。」

(二) **訴願標的**【106關務四等】

訴願法第1條規定，人民對於中央或地方機關之行政處分，認為違法或不當，致損害其權利或利益者，得依本法提起訴願。但法律另有規定者，從其規定。各級地方自治團體或其他公法人對上級監督機關之行政處分，認為違法或不當，致損害其權利或利益者，亦同。又同法第3條規定：「本法所稱行政處分，係指中央或地方機關就公法上具體事件所為之決定或其他公權力措施而對外直接發生法律效果之單方行政行為。前項決定或措施之相對人雖非特定，而依一般性特徵可得確定其範圍者，亦為行政處分。有關公物之設定、變更、廢止或一般使用者，亦同。」此一規定與行政程序法第92條完全相同。

同法第2條另規定：「人民因中央或地方機關對其依法申請之案件，於法定期間內應作為而不作為，認為損害其權利或利益者，亦得提起訴願。前項期間，法令未規定者，自機關受理申請之日起為二個月。」是以，訴願之標的，包括作為及不作為。

訴願標的	法規依據
行政處分	人民對於中央或地方機關之行政處分，認為違法或不當，致損害其權利或利益者，得依本法提起訴願。但法律另有規定者，從其規定。各級地方自治團體或其他公法人對上級監督機關之行政處分，認為違法或不當，致損害其權利或利益者，亦同。（訴願法第1條）
作為及不作為	人民因中央或地方機關對其依法申請之案件，於法定期間內應作為而不作為，認為損害其權利或利益者，亦得提起訴願。前項期間，法令未規定者，自機關受理申請之日起為二個月。（訴願法第2條）

素養小教室

不得作為訴願標的之事件

探討訴願之標的時，亦應同時處理不得作為訴願標的之事件，以下為不屬行政事件者，故亦不得作為訴願之標的：

1. 非行政機關之行為者。
2. 不適用行政程序法之行政行為。
3. 行政機關之私法行為。
4. 行政事實行為（非行政處分之行政，如：調查證據）。
5. 頒佈法規命令或行政規則行為。
6. 損害賠償事件。
7. 訴願標的消失。

(三) 處分違法不當，或中央或地方機關之不作為，致生人民權利或利益之損害

1. **須該行政處分違法或不當，中央或地方機關對人民依法申請之案件不作為：**

   訴願法第1條，人民對於中央或地方機關之行政處分，認為違法或不當，致損害其權利或利益者，得依本法提起訴願。故提起訴願之當事人須主張該行政處分具有違法性或不當。

   所謂「違法」，從法律適用上的三段論法以論，包括大前提的規範解釋及涵攝錯誤，未依證據法則認定事實或行政處分本身違反法律一般原則或有濫用裁量權的情事。所謂「不當」，係指行政機關於公益與私益間未盡充分衡量，對當事人有利部分未予充分之注意，其行政處分雖未至違法，但仍有更佳的處理方式而言。

   訴願法第2條，人民因中央或地方機關對其依法申請之案件，於法定期間內應作為而不作為，認為損害其權利或利益者，亦得提起訴願。故對於行政機關之不作為，亦得提起訴願。

2. **行政處分或行政機關之不作為，與損害間有因果關係：**

   對權利或利益無直接損害事件，行政機關之違法或不當行政處分，或對人民依法申請之案件，依法應作為而不作為，致損害人民之權利或利益者，始得提起訴願。亦即須該行政處分或不作為與人民權益直接受到損害間，有相當因果關係時，方可訴願。

▶▶▶ 時事觀覽

日月潭孔雀園旅館BOT案 邵族族人提行政訴訟敗訴

Date：2019/09/19

受理訴願機關的審查範圍

原民會公告南投縣魚池鄉三分之二土地劃入邵族傳統領域，影響日月潭孔雀園觀光旅館BOT開發案，南投縣政府、孔雀園公司等單位不服，向行政院訴願獲勝，引起邵族民族議會議長毛隆昌等人不滿提告。台北高等行政法院審理後認為，行政院訴願結果無誤，今判毛隆昌等人敗訴，可上訴。

本案源於2016年12月20日，南投縣就魚池鄉水社段的孔雀園土地，與「孔雀園觀光股份有限公司」簽訂「日月潭孔雀園土地觀光遊憩重大設施BOT案」興建營運契約書，並設定地上權契約，2017年7月20日將孔雀園土地設定地上權登記予孔雀園公司。

魚池鄉邵族文化發展協會後來為劃設原住民族傳統領域，依「原住民族土地或部落範圍土地劃設辦法」組成劃設小組，並將成果提請部落會議議決通過，交由魚池鄉公所報請南投縣政府辦理書面審查。

但南投縣政府和孔雀園公司、南投縣魚池鄉公所不服公告，提起訴願，行政院今年1月25日決定撤銷，由原民會另為適法處理；然而，毛隆昌等邵族原住民不服訴願決定，提起行政訴訟要求撤銷。

北高行稍早公布新聞稿指出，行政院為受理訴願機關，除原處分違法可撤銷外，若認定原處分「不妥當」，同樣可撤銷，而本案行政院認為應使公告範圍內全部公有土地管理機關表示意見，方為妥當，才撤銷原處分，完全合法。

再者，本件傳統領域爭議，既未經中央主管機關即原民會組成劃設小組會商協調完畢，就逕行公告邵族傳統領域範圍，並刊登政府公報，即有違誤，因此行政院訴願決定撤銷，並無不當，判毛隆昌等人敗訴。

（資料來源：自由時報https://news.ltn.com.tw/news/society/breakingnews/2920667）

問題思考

1. 訴願的訴願標的是什麼？
2. 訴願審查範圍為何？

(四) **向有管轄權之機關提起**

「原處分機關之認定」採顯名主義，訴願法第13條：「原行政處分機關之認定，以實施行政處分時之名義為準。但上級機關本於法定職權所為之行政處分，交由下級機關執行者，以該上級機關為原行政處分機關。」即屬顯明主義之規定。

若核准僅屬內部監督之程序，而非「交由下級機關執行者」，即不得以上級行政機關為原處分機關，例如縣政府之土地徵收雖奉內政部核定，但該核准僅為多階段行政處分中之一部分，故徵收仍屬縣政府之處分。

1. **層級管轄**【110高考三級】

   (1) **依訴願法第4條規定，係以事務的層級管轄為準，在已經「精省」的情形下其訴願管轄如下：**

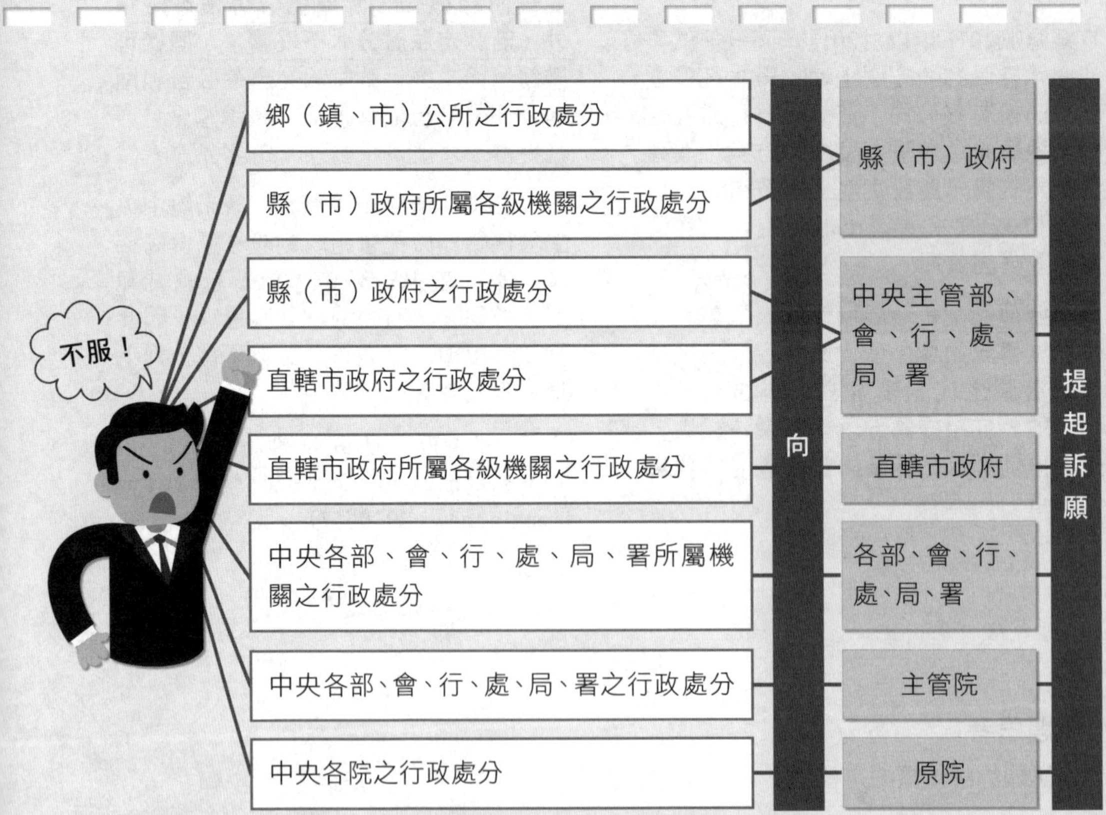

【反正向作成行政處分之**上級機關或監督機關**提起訴願就對了，至於中央各院之行政處分，因為已經沒有上級機關了，所以只好向原院提起訴願囉！然後要注意，鄉（鎮、市）公所之行政處分，是向縣（市）政府而非縣（市）政府所屬各級機關提起訴願喔！】

知識補給站

獨立機關之訴院管轄機關為何？以國家通訊傳播委員會（NCC）為例

最高行政法院97年12月份第3次庭長法官聯席會議(一)

司法院解釋有拘束全國各機關及人民之效力，各機關處理有關事項，應依解釋意旨為之，業經司法院釋字第185號、第188號解釋有案。本院就人民不服國家通訊傳播委員會（以下稱通傳會）之行政處分所提之訴願，應由行政院或由通傳會管轄？發生見解歧異，並於依法行使統一法令見解之職權時，就其是否涉及處理與釋字第613號解釋「有關事項」，發生適用釋字第613號解釋之疑義，爰依法聲請司法院大法官就釋字第613號解釋之適用範圍，為補充解釋。案經司法院大法官97年12月26日大法官第1333次會議議決不受理案件第12案決議「有關不服通傳會行政處分之訴願管轄問題，並不在本院釋字第613號解釋之解釋範圍內，自不生就此聲請補充解釋之問題」，故不受理。是釋字第613號解釋理由2第2段雖謂「承認獨立機關之存在，其主要目的僅在法律規定範圍內，排除上級機關在層級式行政體制下所為對具體個案決定之指揮與監督」等語，但並非有關不服通傳會行政處分之訴願管轄問題所為之釋示。故本院就人民不服通傳會之行政處分所提訴願應如何定其管轄機關，依法行使統一法令見解之職權時，並非處理與釋字第613號解釋「有關事項」，故不發生應依釋字第613號解釋意旨為之問題，合先敘明。**人民不服通傳會作成之行政處分提起訴願時，因通傳會組織法及其他法規就其訴願管轄並無特別規定，而通傳會係行政院所屬之行政機關，其層級相當於部會等之二級機關，故應依訴願法第4條第7款規定，由行政院管轄之。**

(2) **提起訴願應按管轄等級為之**

依訴願法第5條，人民對於第4條以外之中央或地方機關之行政處分提起訴願時，應按其管轄等級，比照前條之規定為之。訴願管轄，法律另有規定依其業務監督定之者，從其規定。

(3) **對共為行政處分之不同機關提起訴願**

依訴願法第6條，對於二以上不同隸屬或不同層級之機關共為之行政處分，應向其共同之上級機關提起訴願。

(4) **向承受業務機關提起訴願**

依訴願法第11條，原行政處分機關裁撤或改組，應以承受其業務之機關視為原行政處分機關，比照前七條之規定，向承受其業務之機關或其直接上級機關提起訴願。

(5) **管轄權爭議之確定**

依訴願法第12條，數機關於管轄權有爭議或因管轄不明致不能辨明有管轄權之機關者，由其共同之直接上級機關確定之。無管轄權之機關就訴願所為決定，其上級機關應依職權或依申請撤銷之，並命移送於有管轄權之機關。

2. **權限授與事務之訴願管轄**

權限委任執行	權限委任係將法定的機關權限移轉至下級機關執行之謂。行政程序法第15條規定：「行政機關得依法規將其權限之一部分，委任所屬下級機關執行之。」此種權限委任係制度性的委託，非個案化的承攬，故仍應依法律定之或由法律授權為之，故同法第3項規定，此種委任應「將委任事項及法規依據公告之，並刊登政府公報或新聞紙。」委任執行之效果，乃由受任之下級機關，以自己之名義，作成行政決定。故此種有隸屬關係之下級機關依法辦理上級機關委任事件所為之行政處分，為受委任機關之行政處分，其訴願之管轄，比照第4條之規定，向受委任機關或其直接上級機關提起訴願。（訴願法第8條）
權限委託執行	權限委託執行係指「行政機關因業務上之需要，得依法規將其權限之一部分，委託不相隸屬之行政機關執行之。」（行政程序法第15條第2項）權限委託執行係個案上的委託，故**受委託者，仍須以委託人的名義為之**。 委託的原因，可能因突發事故或業務需要。例如甲鄉對垃圾問題一籌莫展，縣政府即得就近委託他縣之子鎮代為清運。此時，無隸屬關係之子鎮公所辦理受託事件所為之行政處分，視為委託機關（縣政府）之行政處分，其訴願之管轄，比照第4條之規定，向原委託機關或其直接上級機關提起訴願。（訴願法第7條） 又例如鄉鎮公所徵收「工程受益費」係委託各縣市稅捐稽徵處代徵，此時對工程受益費之徵收有不服者，應向縣政府訴願會提出訴願。

☆☆ **公權力委託之訴願管轄**	依法受中央或地方機關委託行使公權力之團體或個人，以其團體或個人名義所為之行政處分，其訴願之管轄，向原委託機關提起訴願（訴願法第10條）。此之所謂「委託」，屬行政程序法第16條第1項「行政機關得依法規將其權限之一部分，委託民間團體或個人辦理」辦理之情形，稱之為「委任行政」

(五) 於法定期間內依法定程式提起

訴願期間	**提起期間**	訴願之提起，應自行政處分達到或公告期滿之次日起**<u>三十日</u>**內為之。利害關係人提起訴願者，自知悉時起算三十日之期間。但自行政處分達到或公告期滿後，已逾三年者，不得提起。訴願之提起，以原行政處分機關或受理訴願機關收受訴願書之日期為準。訴願人誤向原行政處分機關或受理訴願機關以外之機關提起訴願者，以該機關收受之日，視為提起訴願之日。 至於所謂「達到」係指將處分書送達應受送達人而言，若未經<u>**合法送達，**</u>或雖曾送達而無法證明應受送達人係於何時收受，則訴願期間，即無從起算。（最高法院55年判字第159號判決參照）
	回復原狀	訴願人因天災或其他不應歸責於己之事由，致遲誤前條之訴願期間者，於其原因消滅後十日內，得以書面敘明理由向受理訴願機關申請回復原狀。但遲誤訴願期間已逾一年者，不得為之。申請回復原狀，應同時補行期間內應為之訴願行為。（訴願法第15條）
	在途期間之扣除	訴願人不在受理訴願機關所在地住居者，計算法定期間，應扣除其在途期間。但有訴願代理人住居受理訴願機關所在地，得為期間內應為之訴願行為者，不在此限。前項扣除在途期間辦法，由行政院定之。（訴願法第16條）
訴願方式	**訴願書載明事項**	1. 訴願應具訴願書，載明左列事項，由訴願人或代理人簽名或蓋章：一、訴願人之姓名、出生年月日、住、居所、身分證明文件字號。如係法人或其他設有管理人或代表人之團體，其名稱、事務所或營業所及管理人或代表人之姓名、出生年月日、住、居所。二、有訴願代理

訴願方式	訴願書載明事項	人者，其姓名、出生年月日、住、居所、身分證明文件字號。三、原行政處分機關。四、訴願請求事項。五、訴願之事實及理由。六、收受或知悉行政處分之年、月、日。七、受理訴願之機關。八、證據。其為文書者，應添具繕本或影本。九、年、月、日。 2. 訴願應附原行政處分書影本。 3. 依第二條第一項規定提起訴願者，第一項第三款、第六款所列事項，載明應為行政處分之機關、提出申請之年、月、日，並附原申請書之影本及受理申請機關收受證明。 （訴願法第56條）
	補送訴願書	訴願人在第十四條第一項所定期間向訴願管轄機關或原行政處分機關作不服原行政處分之表示者，視為已在法定期間內提起訴願。但應於三十日內補送訴願書。（訴願法第57條）
	訴願書之補正	受理訴願機關認為訴願書不合法定程式，而其情形可補正者，應通知訴願人於二十日內補正。（訴願法第62條）
	提起訴願程序	1. 訴願人應繕具訴願書經由原行政處分機關向訴願管轄機關提起訴願。 2. 原行政處分機關對於前項訴願應先行重新審查原處分是否合法妥當，其認訴願為有理由者，得自行撤銷或變更原行政處分，並陳報訴願管轄機關。 3. 原行政處分機關不依訴願人之請求撤銷或變更原行政處分者，應儘速附具答辯書，並將必要之關係文件，送於訴願管轄機關。 4. 原行政處分機關檢卷答辯時，應將前項答辯書抄送訴願人。 （訴願法第58條）
	訴願人向受理訴願機關提起訴願	訴願人向受理訴願機關提起訴願者，受理訴願機關應將訴願書影本或副本送交原行政處分機關依前條第二項至第四項規定辦理。（訴願法第59條）

訴願方式	**撤回訴願**	訴願提起後，於決定書送達前，訴願人得撤回之。訴願經撤回後，不得復提起同一之訴願。（訴願法第60條）
	訴願人誤向管轄機關以外之機關提起訴願	1. 訴願人誤向訴願管轄機關或原行政處分機關以外之機關作不服原行政處分之表示者，視為自始向訴願管轄機關提起訴願。 2. 前項收受之機關應於十日內將該事件移送於原行政處分機關，並通知訴願人。 （訴願法第61條）

(六) **有訴願先行程序者應先踐行該程序**【111普考】

訴願本身在我國係提起行政訴訟之先行程序，稱為「訴願前置主義」，但基於長期以來專制行政的慣性以及行政內部省察的必要性，我國在許多特殊案件類型上，另外**在訴願之前**，定有異議或類似之訴願先行程序，其受理機關原則上為原處分機關，且其救濟提起之期限亦任意訂定。凡此類事件，當事人應用盡先行程序之救濟途徑，仍有不符始得提起訴願，若不經此一程序，受理訴願機關將予以駁回。先行程序之種類名稱繁多，不勝枚舉，約有下列幾種名稱：

1. 商標法為「異議」或「評定」。
2. 稅捐稽徵法及各種稅法上為「復查」。
3. 海關緝私條例及貿易法為「異議」。
4. 全民健康保險法為「審議」。
5. 專利法為「再審查」。
6. 藥事法及兵役法施行法為「復（複）核」。

【投書】政府、官員與人民的距離？

Date：2019/08/19

訴願先行？訴願前置？傻傻分不清楚！

近日媒體解析，喧騰一時的私菸案，府院聯手拆彈，朝「輕輕放下」處理，財政部關務署竟開罰華航旗下華膳空廚，將私運免稅菸品問題轉化成「擅自移動貨物」，罰鍰更從最高1000萬瞬間縮水成15萬元，此舉與蔡總統先前「超買說」的意圖一致，無異府院傾全力為華航除罪。

法界痛批，如果這都能硬拗，未來台灣「走私」一詞將徹底消失，因為都叫「擅自移動貨物」！私菸案是華航與華膳主動提供倉庫存放私菸，華航高層絕對知情，但財政部卻主動漠視走私意圖，改以貨物移動輕罪轉移焦點，罰金降幅近百倍，說沒有縱放華航，實難杜全民悠悠之口！

財政部擅長利用自創的解釋函令來曲解法令，為了官官相護，將「走私」曲解成「擅自移動貨物」，但面對小百姓可就完全不同了，財政部為了多收稅金，多領稅務獎勵金，卻將「技術入股」、「專利入股」等「股票」通通解釋為「金錢收入」，未等股票售出變成所得，馬上就要課所得稅，但人民回應要用該股票繳稅時，財政部卻又說「股票」不等於「金錢」，自相矛盾，都是財政部說了算！連填補損失的「賠償金」都能硬拗成人民增加的「所得」，人民常被苛稅折磨，吃盡苦頭。雖學者屢屢公開批判，但財政部始終利用查稅特權操縱立法院，通過對其有利的法案，如「人民要申請複查，要先繳稅單1/2金額才能提出」，此法雖早已經大法官解釋違憲而失效，但財政部又動員立委們藉屍還魂置入訴願法，再度犧牲人民的稅務救濟權利。

依稅捐稽徵法第39條：「納稅義務人應納稅，於繳納期間屆滿三十日後仍未繳納者，由稅捐稽徵機關移送強制執行」。所以人民對稅單不服時，若無法提起稅務救濟，財產很快就會被拍賣（強制執行），**但我國目前行政訴訟採「訴願先行」主義，沒先訴願，無法進入行政訴訟**，但要訴願，卻須先繳稅單1/2金額擔保，無法繳納或無法提供同額擔保者，財產馬上就被拍賣，即使你有能力繳納，也進入了救濟程序，但我國法律明顯護航行政單位，訴願法第93條第1項及行政訴訟法第116條第1項都規定「行政處分之執行，不因提起訴願或行政訴訟而停止」，所以人民縱然已進入行政救濟程序，案件仍在法院爭訟是非過程中，卻時刻面臨財產隨時會被拍賣的威脅，因此許多民眾為財產不被拍賣，或不願進入訟累，不得不屈從稅務單位協商，多少繳一點，稅務員因可而多得稅務獎勵金，惡性循環也更樂此不疲，因此國內外資金逐漸撤資，長期拖垮經濟，但稅收卻能年年超收，豈不怪哉！

憲法第15條規定：「人民之財產權應予保障」，我國民事強制執行法也規定，須有符合法律所訂各項執行名義時，才能強制執行，而各執行名義皆有司法介入與認定，但為何官民爭議的稅務問題，行政單位片面開立稅單，竟可不經司法確認，就可以具有執行力？這明顯不符憲法保障人民財產權之意旨！前台南縣長蘇煥智律師就認為，若納稅人對稅單的內容有異議，依三權分立原則，稅捐機關的角色地位，應該定位為只是國家稅捐債權代表人（類似檢察官站在提起公訴者的角色），向法院提出訴訟，而由法院來仲裁，這樣稅捐機關跟人民，才能真正站在對等的司法地位。

小英政府為官員犯法，刻意曲解法令，強力為其脫罪，但對國家侵害人民財產權的不合理稅制，卻視若無睹，還集全黨力量，在立法院護航，通過財政部無法源依據的稅務獎勵金1.3億，無異鼓勵稅務員超徵民產拿獎金，而人民有異議的稅單，竟未經法院審理，即可強制執行，各種違法亂紀的縱容下，更是助長稅務員的濫稅惡習，致民怨日深，當總統的，若能體察民意，盡速改善缺失，何愁無法連任？

（資料來源：蕃薯藤yam News https://n.yam.com/Article/20190819899320）

問題思考

1. 訴願先行與訴願前置的區分？
2. 上開新聞稿的內容有無錯誤？
3. 稅捐稽徵法及各種稅法上的「復查」性質為何？是訴願先行或是訴願前置？

(七) **須不屬於應行其他取代訴願途徑救濟之事件**

取代訴願之程序與訴願先行程序應予以區別。取代訴願程序性質上屬於不服行政處分，本得提起訴願，**因法律另有規定應依其他途徑救濟**，但**最後均得提起行政訴訟**而言。

現行法制取代訴願之途徑約有以下：

1. 公務人員復審程序。
2. 教師申訴程序。（參最高行政法院98年7月份第1次庭長法官聯席會議決議）
3. 會計師懲戒覆審程序。（釋字第295號）
4. 政府採購爭議審議判斷程序。

知識補給站

最高行政法院98年7月份第1次庭長法官聯席會議決議

公立學校係各級政府依法令設置實施教育之機構，具有機關之地位**（司法院釋字第382號解釋理由書第2段參照）**。公立學校教師之聘任，為行政契約。惟在行政契約關係中，並不排除立法者就其中部分法律關係，以法律特別規定其要件、行為方式、程序或法律效果，俾限制行政契約當事人之部分契約自由而維護公益。公立學校教師於聘任後，如予解聘、停聘或不續聘者，不僅影響教師個人權益，同時亦影響學術自由之發展與學生受教育之基本權利，乃涉及重大公益事項。是教師法第14條第1項規定，教師聘任後，除有該項各款法定事由之一者外，不得解聘、停聘或不續聘，乃為維護公益，而對公立學校是否終止、停止聘任教師之行政契約，以及是否繼續簽訂聘任教師之行政契約之自由與權利，所為公法上限制。除該項教師解聘、停聘或不續聘法定事由之限制外，該法另定有教師解聘、停聘或不續聘之法定程序限制**（教師法第14條第2、3項、同法施行細則第16條各款參照）**。是公立學校教師因具有教師法第14條第1項各款事由之一，經該校教評會依法定組織**（教師法第29條第2項參照）**及法定程序決議通過予以解聘、停聘或不續聘，並由該公立學校依法定程序通知當事人者，應係該公立學校依法律明文規定之要件、程序及法定方式，立於機關之地位，就公法上具體事件，所為得對外發生法律效果之單方行政行為，具有行政處分之性質。

公立學校依法作成解聘、停聘或不續聘之行政處分，其須報請主管教育行政機關核准者，在主管機關核准前，乃法定生效要件尚未成就之不利益行政處分，當事人以之作為訴訟對象提起撤銷訴訟，其訴訟固因欠缺法定程序要件而不合法。惟鑑於上開解聘、停聘或不續聘之行政處分影響教師身分、地位及名譽甚鉅，如俟主管教育行政機關核准解聘、停聘或不續聘之行政處分後始得救濟，恐失救濟實益，而可能影響學術自由之發展與學生受教育之基本權利，故法律如另定其特別救濟程序，亦屬有據。查教師法第29條第1項規定：「教師對主管教育行政機關或學校有關其個人之措施，認為違法或不當，致損其權益者，得向各級教師申訴評議委員會提出申訴。」第31條第1項規定：「教師申訴之程序分申訴及再申訴二級。」同條第2項前段規定：「教師不服申訴決定者，得提起再申訴。」是教師得提起申訴、再申訴之對象，依教師法第29條第1項規定為「主管教育行政機關或學校有關其個人之措施」，而公立學校解聘、停聘或不續聘之行政處分，在主管機關核准前，應屬學校有關教師個人措施之一種，故公立學校教師得對法定生效要件尚未成就之不利益行政處分提起申訴、再申訴以資救濟，乃上開法律所為特別規定。另查教師法第33條規定：「教師不願申訴或不服申訴、再申訴決定者，得按其性質依法提起訴訟或依訴願法或行政訴訟法或其他保障法律等有關規定，請求救濟。」其中所謂「按其性質」，首應區分學校與教師間之聘約關係屬私法契約或行政契約。公立學校教師之聘任屬行政契約，自不適用普通法院救濟途徑，相關爭議自應「依訴願法或行政訴訟法或其他保障法律等有關規定，請求救濟。」又由於**上開第33條前段規定「教師不願申訴或不服申訴、再申訴決定者」，得按其性質依訴願法或行政訴訟法請求救濟。是公立學校教師就學校有關教師個人之措施不服，得按其性質選擇循申訴、再申訴（視為訴願）、行政訴訟途徑；或按其性質逕提訴願、行政訴訟，以資救濟，乃法律特別規定之救濟途徑及當事人就不同救濟途徑間之自由選擇權。**公立學校教師得對法定生效要件尚未成就之不利益行政處分提起申訴、再申訴以資救濟，乃教師法第29條第1項所為特別規定，已如前述，則作為法律明定之另一救濟途徑選項（即按其性質逕提訴願、行政訴訟），其具行政處分性質者之爭議，自無限制解釋為須俟法定生效要件成就後始得提起之理，否則即與教師法第33條前段明定申訴、再申訴（視為訴願）、行政訴訟，與逕提訴願、行政訴訟，乃當事人得依其意願自由選擇救濟途徑之意旨不符。故公立學校教師得對法定生效要件尚未成就之不利益行政處分提起訴願、行政訴訟以資救濟，乃教師法第33條所為之特別規定。至當事人循序提起行政訴訟時，其被告機關之記載與訴訟類型，應與法定生效要件成就後之不利益行政處分之救濟程序相同，即以學校為被告，提起撤銷訴訟，俾於教師法在一般救濟程序外另定特別救濟途徑，且明定當事人有救濟途徑自由選擇權之現制下，使個案救濟程序不致愈趨複雜，以符有效法律保護之法治國家基本原則。

公立學校教師對生效要件尚未成就之解聘、停聘或不續聘處分所進行之行政救濟程序進行中，各該不利益行政處分因經主管教育行政機關核准而發生完全效力者，當事人之前已依法進行之行政救濟程序即轉正為一般行政救濟程序，故不生單獨對主管教育行政機關之核准進行行政救濟問題；至當事人不服公立學校解聘、停聘或不續聘之行政處分，但未利用法定特別程序救濟（或遲誤法定特別救濟程序相關期限），而俟主管教育行政機關核准該行政處分後，始依教師法第29條第1項、第31條第2項前段及第33條規定提起申訴、再申訴（視為訴願）或依法逕提訴願後，再以學校為被告依法提起撤銷訴訟者，亦無不合，於此情形，當事人如以教育行政主管機關為被告者，法院應妥為行使闡明權，使當事人改以學校為被告，以資保障當事人權益，均併予指明。

司法院釋字第295號解釋

財政部會計師懲戒覆審委員會對會計師所為懲戒處分之覆審決議，實質上相當於最終之訴願決定，不得再對之提起訴願、再訴願。被懲戒人如因該項決議違法，認為損害其權利者，應許其逕行提起行政訴訟，以符憲法保障人民訴訟權之意旨。

想一想

行政執行法第9條之「聲明異議」其性質為何？（參最高行政法院107年4月份第1次庭長法官聯席會議決議）

二 訴願之審議及決定

(一) 審查方式與內容

為發揮訴願程序賦予原處分機關重新審查原處分之合法妥當性功能，並便於就近調查事證，以提高行政效率，訴願法第58條明定原行政處分機關對於訴願案件，應先行重新審查原處分是否合法妥當，如認訴願為有理由者，得自行撤銷或變更原行政處分，並陳報訴願管轄機關。如不予救濟，始得檢具答辯書將訴願案件移送訴願管轄機關審理。

1. **程序審查**

訴願審議委員會於受理訴願案件後，其審理方式首先須適用「先程序、後實體」原則。程序合法後，始得為實體之審究。程序審查通常審查四項內容：

(1) 訴願內容之記載與文件，是否合乎規定。

(2) 訴願管轄是否合乎規定。

(3) 訴願案合乎法規規定否。如果不合乎訴願要件，如當事人不適格、訴願提起逾限、訴願人無訴願能力而未由法定代理人代為訴願行為，經通知補正逾期不補正者，應不予受理。

(4) 須先經過異議先行程序者，須踐行該等程序，如對稅務案件，須先提起申請復查等。

訴願不合乎上開要件者，應不予受理，依訴願法第77條之規定，以程序駁回之。

2. **實質審查**

訴願案件的實質審查，以訴願法第1條為例，有兩個重點：

(1) **行政處分是否違法或不當**

判斷時點一行政處分作成時	訴願係就行政處分違法性或不當性予以確認的程序，其判斷時點，應以**「行政處分作成時」**為準。（最高行政法院84年判字第443號、75年判字第2225號、85年判字80號、85年判字第685判決參照） 若行政處分有階段性，須經監督機關核准後，始生效力者，則以核准時之法規狀態為準。（最高行政法院79年判字第1590號判決參照）
判斷標準	行政處分的違法性係指行政處分「不正確的適用現行有效的法律原則」，或稱為行政處分「不合乎法秩序要求者」。在訴願或行政訴訟上，訴願決定機關或行政法院須站在客觀的第三者角度，以總體國家行為作為判斷的標的。值得一提者，行政處分之違法性，並無阻卻違法的問題。 行政處分的不當，係指整體而言，行政處分雖未至於違法，但未有充分的衡量，或有更佳的方案，卻疏未採行之謂。
舉證責任	行政處分的合法性與適當性，原則上應由行政機關負舉證責任。

行政處分違法態樣	1. 行政管轄權限之欠缺： (1) 機關權限認定錯誤。 (2) 多階段行政處分欠缺其他機關協力。 2. 行政處分引據之規範具違法性： (1) 行政處分所依據規範違反法律保留原則： A. 直接以行政命令代替法律限制人民基本權利。 B. 雖有授權，但不合乎授權明確性原則。 (2) 行政處分所依據規範違反法律優越原則。 (3) 規範內容解釋之錯誤。 3. 對不確定法律概念之判斷錯誤。 4. 確認事實之程序違法： (1) 認定事實不依證據。 (2) 違反經驗法則之證據取捨。 (3) 行政機關未盡舉證責任之違法。 5. 未遵循法定程序。 6. 行政處分本身之錯誤： (1) 因對法規範效力認知錯誤所導致之違法行政處分： A. 增加法律所無之程序。 B. 違反一事不兩罰原則。 C. 處罰性質的誤認。 (2) 新舊法之適用之選擇錯誤。 (3) 錯誤的法律適用方法。 (4) 對行政處分性質的誤認。 (5) 行政處分之作成罹於消滅時效。 (6) 行政裁量違法。 (7) 違反信賴保護原則。

知識補給站

最高行政法院79年度判字第1590號判決

核准土地征收處分之是否違法，其判別之基準時，應以核准機關於核准時所依據之法律以為斷縱核准當時所依據之法律事後變更，除法律有特別規定外，尚不因該項變更而受影響。

(2) **行政處分是否侵害人民之權利或利益**

此一要件之判斷，應審查行政機關作為與不作為的行政行為與「權」「益」損害間是否具有相當因果關係。**因果關係之存在，原則上應由訴願人負舉證責任。**

(二) 訴願審議進行

訴願就書面審查決定（書面審理原則）	1. 訴願就書面審查決定之。 2. 受理訴願機關必要時得通知訴願人、參加人或利害關係人到達指定處所陳述意見。 3. 訴願人或參加人請求陳述意見而有正當理由者，應予到達指定處所陳述意見之機會。 （訴願法第63條）
聽取訴願人等之陳述	訴願審議委員會主任委員得指定委員聽取訴願人、參加人或利害關係人到場之陳述。 （訴願法第64條）
言詞辯論	受理訴願機關應依訴願人、參加人之申請或於必要時，得依職權通知訴願人、參加人或其代表人、訴願代理人、輔佐人及原行政處分機關派員於指定期日到達指定處所言詞辯論。 （訴願法第65條）
言詞辯論之程序	言詞辯論之程序如下： 1. 受理訴願機關陳述事件要旨。 2. 訴願人、參加人或訴願代理人就事件為事實上及法律上之陳述。 3. 原行政處分機關就事件為事實上及法律上之陳述。 4. 訴願或原行政處分機關對他方之陳述或答辯，為再答辯。 5. 受理訴願機關對訴願人及原行政處分機關提出詢問。 辯論未完備者，得再為辯論。 （訴願法第66條）

實施調查（職權探知主義）	1. 受理訴願機關應依職權或囑託有關機關或人員，實施調查、檢驗或勘驗，不受訴願人主張之拘束。 2. 受理訴願機關應依訴願人或參加人之申請，調查證據。但就其申請調查之證據中認為不必要者，不在此限。 3. 受理訴願機關依職權或依申請調查證據之結果，非經賦予訴願人及參加人表示意見之機會，不得採為對之不利之訴願決定之基礎。 （訴願法第67條）
提出證據或證物	訴願人或參加人得提出證據書類或證物。但受理訴願機關限定於一定期間內提出者，應於該期間內提出。（訴願法第68條）
交付鑑定	1. 受理訴願機關得依職權或依訴願人、參加人之申請，囑託有關機關、學校、團體或有專門知識經驗者為鑑定。 2. 受理訴願機關認無鑑定之必要，而訴願人或參加人願自行負擔鑑定費用時，得向受理訴願機關請求准予交付鑑定。受理訴願機關非有正當理由不得拒絕。 3. 鑑定人由受理訴願機關指定之。 4. 鑑定人有數人者，得共同陳述意見。但意見不同者，受理訴願機關應使其分別陳述意見。 （訴願法第69條）
鑑定書	鑑定人應具鑑定書陳述意見。必要時，受理訴願機關得請鑑定人到達指定處所說明。（訴願法第70條）
鑑定所需資料之利用	1. 鑑定所需資料在原行政處分機關或受理訴願機關者，受理訴願機關應告知鑑定人准其利用。但其利用之範圍及方法得限制之。 2. 鑑定人因行鑑定得請求受理訴願機關調查證據。 （訴願法第71條）
鑑定費用	鑑定所需費用由受理訴願機關負擔，並得依鑑定人之請求預行酌給之。依第六十九條第二項規定交付鑑定所得結果，據為有利於訴願人或參加人之決定或裁判時，訴願人或參加人得於訴願或行政訴訟確定後三十日內，請求受理訴願機關償還必要之鑑定費用。（訴願法第72條）

文書或物件之調取	1. 受理訴願機關得依職權或依訴願人、參加人之申請，命文書或其他物件之持有人提出該物件，並得留置之。 2. 公務員或機關掌管之文書或其他物件，受理訴願機關得調取之。 3. 前項情形，除有妨害國家機密者外，不得拒絕。 （訴願法第73條）
實施勘驗	1. 受理訴願機關得依職權或依訴願人、參加人之申請，就必要之物件或處所實施勘驗。 2. 受理訴願機關依前項規定實施勘驗時，應將日、時、處所通知訴願人、參加人及有關人員到場。 （訴願法第74條）
提出據以處分之證據資料	1. 原行政處分機關應將據以處分之證據資料提出於受理訴願機關。 2. 對於前項之證據資料，訴願人、參加人或訴願代理人得請求閱覽、抄錄或影印之。受理訴願機關非有正當理由，不得拒絕。 3. 第一項證據資料之閱覽、抄錄或影印，受理訴願機關應指定日、時、處所。 （訴願法第75條）
訴願人等對訴願程序處置不服	訴願人或參加人對受理訴願機關於訴願程序進行中所為之程序上處置不服者，應併同訴願決定提起行政訴訟。 （訴願法第76條）

素養小教室

法規適用原則

訴願程序進行中，有關法規之適用，除法律另有規定外，原則上應採「實體從舊、程序從新」作為行政處分適法與否之判斷基礎。但如行政機關之解釋函令嗣後發生變更，依釋字第287號解釋，訴願機關對於尚未處分確定之訴願事件，可適用新的解釋函令以作成決定。

知識補給站

司法院釋字第287號解釋理由書

行政機關基於法定職權，就行政法規所為之釋示，係闡明法規之原意，性質上並非獨立之行政命令，固應自法規生效之日起有其適用。惟對同一法規條文，先後之釋示不一致時，非謂前釋示當然錯誤，於後釋示發布前，主管機關依前釋示所為之行政處分，其經行政訴訟判決而確定者，僅得於具有法定再審原因時依再審程序辦理；其未經訴訟程序而確定者，除前釋示確屬違法，致原處分損害人民權益，由主管機關予以變更外，為維持法律秩序之安定，應不受後釋示之影響。財政部中華民國七十五年三月二十一日臺財稅字第七五三０四四七號函說明四：「本函發布前之案件，已繳納營利事業所得稅確定者，不再變更，尚未確定或已確定而未繳納或未開徵之案件，應依本函規定予以補稅免罰」，符合上述意旨，與憲法並無牴觸。又稅捐稽徵法第二十八條之規定，係指適用法令錯誤或計算錯誤溢繳稅款者，納稅義務人得於五年之法定期間內，申請退還。故課稅處分所依據之行政法規釋示，如有確屬違法情形，其已繳稅款之納稅義務人，自得依此規定申請退還。惟若稽徵機關作成課稅處分時，適用當時法令並無錯誤，則已確定之課稅處分，自不因嗣後法令之改變或適用法令之見解變更而受影響，應無上開規定之適用，乃屬當然。至財政部中華民國六十九年三月二十八日發布之臺財稅字第三二五五二號函，並非本件確定終局裁判所適用之法律或命令，聲請人當時繳納稅款，亦因未請求行政救濟，行政法院無從就該函為應否適用之判斷，故不在本件解釋範圍。

(三) 訴願決定

1. 訴願之決定限期

訴願之決定，自收受訴願書之次日起，應於三個月內為之；必要時，得予延長，並通知訴願人及參加人。延長以一次為限，最長不得逾二個月。前項期間，於依第五十七條但書規定補送訴願書者，自補送之次日起算，未為補送者，自補送期間屆滿之次日起算；其依第六十二條規定通知補正者，自補正之次日起算；未為補正者，自補正期間屆滿之次日起算。（訴願法第85條）

2. **訴願決定的種類☆☆☆**【108司法四等】

決定種類		內容
程序面	**不受理決定**	提起訴願，如有**程序上不合法**之處，應以不受理為理由駁回訴願。其中程序不合法之事由包含： 1. 訴願書不合法定程式不能補正或經通知補正逾期不補正者。 2. 提起訴願逾法定期間或未於第五十七條但書所定期間內補送訴願書者。 3. 訴願人不符合第十八條之規定者。 4. 訴願人無訴願能力而未由法定代理人代為訴願行為，經通知補正逾期不補正者。 5. 地方自治團體、法人、非法人之團體，未由代表人或管理人為訴願行為，經通知補正逾期不補正者。 6. 行政處分已不存在者。 7. 對已決定或已撤回之訴願事件重行提起訴願者。 8. 對於非行政處分或其他依法不屬訴願救濟範圍內之事項提起訴願者。 （訴願法第77條） ※提起訴願因**逾法定期間而為不受理決定**時，**原行政處分顯屬違法或不當者，原行政處分機關或其上級機關得依職權撤銷或變更之**。但有左列情形之一者，不得為之： 1. 其撤銷或變更對公益有重大危害者。 2. 行政處分受益人之信賴利益顯然較行政處分撤銷或變更所欲維護之公益更值得保護者。 （訴願法第80條第1項）
實體面	**訴願無理由（駁回決定）**	訴願無理由者，受理訴願機關應以決定駁回之。原行政處分所憑理由雖屬不當，但依其他理由認為正當者，應以訴願為無理由。訴願事件涉及地方自治團體之地方自治事務者，其受理訴願之上級機關僅就原行政處分之合法性進行審查決定。（訴願法第79條）

決定種類		內容
實體面	訴願有理由 （撤銷決定）	1. **撤銷原處分決定**：【107關務三等、106高考三級】 訴願法第81條規定：「訴願有理由者，受理訴願機關應以決定撤銷原行政處分之全部或一部，並得視事件之情節，逕為變更之決定或發回原行政處分機關另為處分。**但於訴願人表示不服之範圍內，不得為更不利益之變更或處分。**前項訴願決定撤銷原行政處分，發回原行政處分機關另為處分時，應指定相當期間命其為之。」並應注意，**訴願委員會之決定**受到「不利益變更禁止原則」之限制**（最高行政法院105年8月份第1次庭長法官聯席會議決議參照最高行政法院101年度2月份庭長法官聯席會議決議）**。 2. **命機關為一定處分**：人民因中央或地方機關對其依法申請之案件，於法定期間內應作為而不作為，認為損害其權利或利益而提起之訴願，受理訴願機關認為有理由者，應指定相當期間，命應作為之機關速為一定之處分。但受理訴願機關未為前項決定前，應作為之機關已為行政處分者，受理訴願機關應認訴願為無理由，以決定駁回之。（訴願法第82條） 原行政處分經撤銷後，原行政處分機關須重為處分者，應依訴願決定意旨為之，並將處理情形以書面告知受理訴願機關。（訴願法第96條）
	訴願有理由 （情況決定）	1. 受理訴願機關發現原行政處分雖屬違法或不當，但其撤銷或變更於公益有重大損害，經斟酌訴願人所受損害、賠償程度、防止方法及其他一切情事，認原行政處分之撤銷或變更顯與公益相違背時，得駁回其訴願。但此種情形，訴願決定應於決定主文中載明原行政處分違法或不當。（訴願法第83條） 所以所謂「情況決定」，就是指雖屬違法的狀態，但因謂基於維持公益的關係，所以人民必須容忍。 2. 受理訴願機關為情況決定時，得斟酌訴願人因違法或不當處分所受損害，於決定理由中載明由原行政處分機關與訴願人進行協議。此種協議，與國家賠償法之協議有同一效力。（訴願法第84條）

	決定種類	內容
情況決定	訴願有理由（情況決定）	3. 另訴願法第80條第1項第2款規定，提起訴願因逾法定期間而為不受理決定時，原行政處分顯屬違法或不當者，「行政處分受益人之信賴利益顯然較行政處分撤銷或變更所欲維護之公益更值得保護者」，上級行政機關及訴願審議委員會亦不得撤銷該違法的行政處分，亦即，訴願人的信賴基礎值得保護時，訴願審議委員會仍應予以「就地合法」（存續保護）的決定。此種情形通常發生在原處分之行政機關依法撤銷原授益的違法行政處分，此時訴願標的乃是請求「撤銷該撤銷的行政處分」，以維持值得信賴的違法狀態。例如未經環境影響評估而取得使用許可的建築物（違法許可），該許可被撤銷後，透過訴願請求撤銷該撤銷處分，以回復可使用的狀態。

知識補給站

最高行政法院105年8月份第1次庭長法官聯席會議決議

法律問題

原行政處分經訴願決定撤銷，原行政處分機關重為更不利處分，是否違反訴願法第81條第1項但書之規定？

決議

訴願法第81條第1項：「訴願有理由者，受理訴願機關應以決定撤銷原行政處分之全部或一部，並得視事件之情節，逕為變更之決定或發回原行政處分機關另為處分。但於訴願人表示不服之範圍內，不得為更不利益之變更或處分。」此項本文規定係規範受理訴願機關於訴願有理由時，應為如何之決定。其但書明文規定「於訴願人表示不服之範圍內」，顯係限制依本文所作成之訴願決定，不得為更不利益之變更或處分，自是以受理訴願機關為規範對象，不及於原處分機關。本項規定立法理由雖載有「受理訴願機關逕為變更之決定或原行政處分機關重為處分時，均不得於訴願人表示不服之範圍內，為更不利益之變更或處分」之文字。然其提及參考之民國69年5月7日訂定之「行政院暨所屬各級行政機關訴願審議委員會審議規則」第15條，僅規定受理訴願機關認訴願為有理由時之處理方法，並未規定原行政處分機關於行政處分經撤銷發回後重為處分時，不得為更不利於處分相對人之處分。在法無明文時，尚不得以立法理由所載文字，限制原行政處分機關於行政處分經撤銷發回後重為處分時，於正確認事用法後，作成較原行政處分不利於處分相對人之行政處分，否則不符依法行政原則。因此，**原行政處分經訴願決定撤銷，原行政處分機關重為更不利處分，並不違反訴願法第81條第1項但書之規定。**惟原行政處分非因裁量濫用或逾越裁量權限而為有利於處分相對人之裁量者，原行政處分機關重為處分時，不得為較原行政處分不利於處分相對人之裁量，否則有違行政行為禁止恣意原則。

最高行政法院101年度2月份庭長法官聯席會議決議

法律問題

訴願人依訴願法第2條規定提起訴願，受理訴願機關未為決定前，應作為之機關已作成行政處分，而訴願人仍不服時，受理訴願機關逕依訴願法第82條第2項規定駁回訴願，是否適法？

決議

自程序之保障及訴訟經濟之觀點，**訴願法第82條第2項所謂「應作為之機關已為行政處分」，係指有利於訴願人之處分而言**，至全部或部分拒絕當事人申請之處分，應不包括在內。**故於訴願決定作成前，應作為之處分機關已作成之行政處分非全部有利於訴願人時，無須要求訴願人對於該處分重為訴願，訴願機關應續行訴願程序，**對嗣後所為之行政處分併為實體審查，如逕依訴願法第82條第2項規定駁回，並非適法。

3. **訴願決定之準據**

依訴願法第86條，訴願之決定以他法律關係是否成立為準據，而該法律關係在訴訟或行政救濟程序進行中者，於該法律關係確定前，受理訴願機關得停止訴願程序之進行，並即通知訴願人及參加人。受理訴願機關依前項規定停止訴願程序之進行者，前條所定訴願決定期間，自該法律關係確定之日起，重行起算。

4. **訴願決定效力**

訴願程序本質上係行政程序，故訴願決定本質為行政處分，其效力，如訴願法無特別規定，依行政程序法之規定。

又訴願法第95條規定，訴願之決定確定後，就其事件，有拘束各關係機關之效力；就其依第10條提起訴願之事件，對於受委託行使公權力之團體或個人，亦有拘束力。此即所謂「訴願決定之拘束力」。

而上開所謂「確定訴願拘束力」，係指：

(1) 原處分或原決定機關不得任意變更或撤銷，亦不得任意執行或不執行。

(2) 該訴願爭議結果為作成行政處分前提的其他行政機關，亦須受此訴願決定之拘束，例如人民向地政機關申請以時效取得地上權申請登記，經地政事務所拒絕，提起訴願，如經訴願審議委員會決定，原處分撤銷，由原處分機關另為適法之處分，則地政事務所，即不得以相同理由再拒絕訴願人之請求。

(3) 原決定機關之直接上級機關，除認為原處分違法另為撤銷外，亦不得本其監督權作用命原決定機關更為決定。惟訴願法第95條所謂之拘束力，係指提起訴願之事實業經決定者而言，若另發生新事實，當然得由該管官署另為處分，倘僅發現新證據，原處分及原決定官署，自仍應受其拘束。（司法院院字第1461號參照）

知識補給站

司法院院字第1461號

訴願之決定確定後，就其事件，有拘束各關係機關之效力；就其依第十條提起訴願之事件，對於受委託行使公權力之團體或個人，亦有拘束力。

5. 訴願決定書

(1) 訴願決定書應載事項（訴願法第89條）

訴願決定書，應載明下列事項：

A. 訴願人姓名、出生年月日、住、居所、身分證明文件字號。如係法人或其他設有管理人或代表人之團體，其名稱、事務所或營業所，管理人或代表人之姓名、出生年月日、住、居所、身分證明文件字號。

B. 有法定代理人或訴願代理人者，其姓名、出生年月日、住、居所、身分證明文件字號。

C. 主文、事實及理由。其係不受理決定者，得不記載事實。

D. 決定機關及其首長。

E. 年、月、日。

訴願決定書之正本，應於決定後十五日內送達訴願人、參加人及原行政處分機關。

(2)附記不服決定之處理

依訴願法第90條，訴願決定書應附記，如不服決定，得於決定書送達之次日起二個月內向行政法院提起行政訴訟。

(3)訴願決定機關附記錯誤之處理

依訴願法第91條，對於得提起行政訴訟之訴願決定，因訴願決定機關附記錯誤，向非管轄機關提起行政訴訟，該機關應於十日內將行政訴訟書狀連同有關資料移送管轄行政法院，並即通知原提起行政訴訟之人。有前述規定之情形，行政訴訟書狀提出於非管轄機關者，視為自始向有管轄權之行政法院提起行政訴訟。

(4)附記提起行政訴訟期間錯誤之通知更正

依訴願法第92條，訴願決定機關附記提起行政訴訟期間錯誤時，應由訴願決定機關以通知更正之，並自更正通知送達之日起，計算法定期間。訴願決定機關未依第90條規定為附記，或附記錯誤而未依前項規定通知更正，致原提起行政訴訟之人遲誤行政訴訟期間者，如自訴願決定書送達之日起一年內提起行政訴訟，視為於法定期間內提起。

(5)訴願決定書之送達

送達方式
- 職權送達（訴願法§43）
- 向法定代理人送達（訴願法§44）
- 外國法人或團體為送達者（訴願法§45）
- 向訴願代理人送達（訴願法§46）
- 囑託送達（訴願法§47）

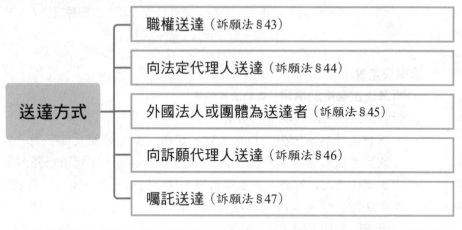

職權送達	送達除別有規定外，由受理訴願機關依職權為之。
向法定代理人送達	對於無訴願能力人為送達者，應向其法定代理人為之；未經陳明法定代理人者，得向該無訴願能力人為送達。 對於法人或非法人之團體為送達者，應向其代表人或管理人為之。 法定代理人、代表人或管理人有二人以上者，送達得僅向其中一人為之。

外國法人或團體為送達者	對於在中華民國有事務所或營業所之外國法人或團體為送達者，應向其在中華民國之代表人或管理人為之。 前項代表人或管理人有二人以上者，送達得僅向其中一人為之。
向訴願代理人送達	訴願代理人除受送達之權限受有限制者外，送達應向該代理人為之。但受理訴願機關認為必要時，得送達於訴願人或參加人本人。
囑託送達	訴願文書之送達，應註明訴願人、參加人或其代表人、訴願代理人住、居所、事務所或營業所，交付郵政機關以訴願文書郵務送達證書發送。 訴願文書不能為前項送達時，得由受理訴願機關派員或囑託原行政處分機關或該管警察機關送達，並由執行送達人作成送達證書。 訴願文書之送達，除前二項規定外，準用行政訴訟法第67條至第69條、第71條至第83條之規定。 因此可以準用行政訴訟法第67至69條，71至83條之規定，為寄存送達、留置送達、公示送達等囑託送達方式。

三 訴願之停止、承受、再審等

(一) 訴願停止☆☆【108司法三等、105司法三等】

原行政處分之執行不因提起訴願而停止	原行政處分之執行，除法律另有規定外，**不因提起訴願而停止**。 原行政處分之合法性顯有疑義者，或原行政處分之執行將發生難以回復之損害，且有急迫情事，並非為維護重大公共利益所必要者，**受理訴願機關**或**原行政處分機關**得依職權或依申請，就原行政處分之全部或一部，停止執行。 前項情形，**行政法院**亦得依聲請，停止執行。 （訴願法第93條） 故於訴願程序中，如原處分機關或受理訴願機關不給予停止執行時，行政法院亦得依聲請裁定停止執行，以資救濟。此係考量人民權利侵害之保護實效性，以緩和行政救濟不停止執行原則，以及行政訴訟採強制訴願前置主義所生之法院延遲權利保護之弊端，核屬暫時權利保護之必要措施，避免人民求訴無門之現象發生。

停止執行之原因消滅，得撤銷停止執行之裁定	停止執行之原因消滅，或有其他情事變更之情形，受理訴願機關或原行政處分機關得依職權或依申請撤銷停止執行。 前項情形，原裁定停止執行之行政法院亦得依聲請，撤銷停止執行之裁定。 （訴願法第94條）

※形成處分與確認處分之停止執行：

在訴願標的為**形成處分**之情形，例如吊銷駕駛執照、廢止居留許可、廢止公務員之任命處分以及公務員之免職等，除法律另有規定外，其形成效果應自形成處分生效時即發生，不受訴願之影響。但在商標事件，我國實務認為，商標主管機關依商標法規定撤銷商標專用權之處分，必須其處分確定時，方能發生撤銷而使該商標專用權消滅之效果。民國82年修正商標法第33條亦規定：「商標專用權經撤銷處分確定者，自撤銷處分之日起失效。但因第31條第1項第4款事由經撤銷者，溯自註冊之日起失效。」又如評定註冊商標無效之評決處分，須待其評決處分確定時，方生無效而使該商標專用權消滅之效果，故於此情形，**對於形成處分提起訴願，即可阻止其形成力之發生**。

而在訴願標的為**確認處分**之情形，除法律另有規定外，其**確認效果亦應於確認處分送達生效時即發生，不受訴願之影響**。

(二) **訴願承受**

1. **承受訴願**：依訴願法第87條，訴願人死亡者，由其繼承人或其他依法得繼受原行政處分所涉權利或利益之人，承受其訴願。法人因合併而消滅者，由因合併而另立或合併後存續之法人，承受其訴願。承受訴願者，應於事實發生之日起三十日內，向受理訴願機關檢送因死亡繼受權利或合併事實之證明文件。
2. **受讓證明文件**：依訴願法第88條，受讓原行政處分所涉權利或利益之人，得檢具受讓證明文件，向受理訴願機關申請許其承受訴願。

(三) **再審**

民國87年修正訴願法之前，實務上認為訴願決定確定後，若發現原處分當時已存在之新證據，因當時訴願法並無再審之規定，故訴願決定及原處分機關仍應受確定訴願決定之拘束，且由於訴願法並無當事人發見有利益之新證據而得為再審之規定，故當事人不得向原處分機關提起再審。因此，除於訴願決定確定後另生與原處分不同之事實外，不得以發見訴願決定確定前已存在之新證據，請求變更原處分或更為新處分。

為訴願決定之性質為行政處分，其效力不應比行政法院判決效力強，當事人對於法院確定判決既可提起再審之訴，則於有相當法院裁判之再審事由，依舉重明輕之法理，自應許人民向訴願機關申請再審以資救濟，故新法修正後，參照民事訴訴法第496條、就行政訴訟法第28、29條之規定，增列訴願決定之再審制度。

訴願法第97條規定，於有下列各款情形之一者，訴願人、參加人或其他利害關係人得對於確定訴願決定，向原訴願決定機關申請再審。但訴願人、參加人或其他利害關係人已依行政訴訟主張其事由或知其事由而不為主張者，不在此限：

1. 適用法規顯有錯誤者。
2. 決定理由與主文顯有矛盾者。
3. 決定機關之組織不合法者。
4. 依法令應迴避之委員參與決定者。
5. 參與決定之委員關於該訴願違背職務，犯刑事上之罪者。
6. 訴願之代理人，關於該訴願有刑事上應罰之行為，影響於決定者。
7. 為決定基礎之證物，係偽造或變造者。
8. 證人、鑑定人或通譯就為決定基礎之證言、鑑定為虛偽陳述者。
9. 為決定基礎之民事、刑事或行政訴訟判決或行政處分已變更者。
10. 發見未經斟酌之證物或得使用該證物者。

至於聲請再審，應於三十日內提起。其期間，自訴願決定確定時起算。但再審之事由發生在後或知悉在後者，自知悉時起算。

(四) 訴願程序終結

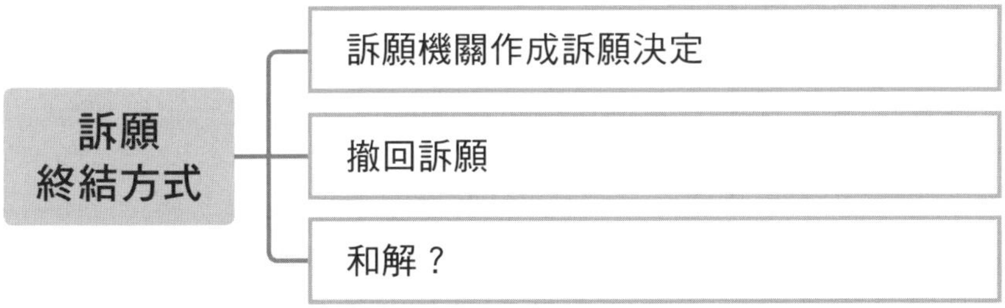

訴願程序通常之情形，由受理訴願機關由審議作成訴願決定而告終結，其次為訴願人依訴願法第60條撤回訴願。

除此之外，訴願程序可否和解以終結訴之？有肯否兩說，說明如下：

1. **肯定說**：訴願和解仍不失為行政程序法第136條和解契約之性質。且依照舉重以明輕之法理，既行政訴訟程序中當事人得進行和解，則訴願程序中之和解亦無限制之必要。而實務上透過私下和解使訴願人撤回訴願之情形亦有所見。惟成立和解應符合以下三要件：
   (1) 訴願經合法提起。
   (2) 和解之兩造當事人限於訴願人及原處分機關。
   (3) 和解之內容限於兩造有處分權能之事項。
2. **否定說**：訴願法無和解之明文規範，且基於訴願制度乃依法行政之重要機制，如容許訴願和解，將導致是非不明進而影響訴願制度之功能。

訴願法20年來大翻修
蘇貞昌：強化保障人民救濟權利

Date：2022/05/19

我的行政救濟權利保障是否變得更完善了呢？

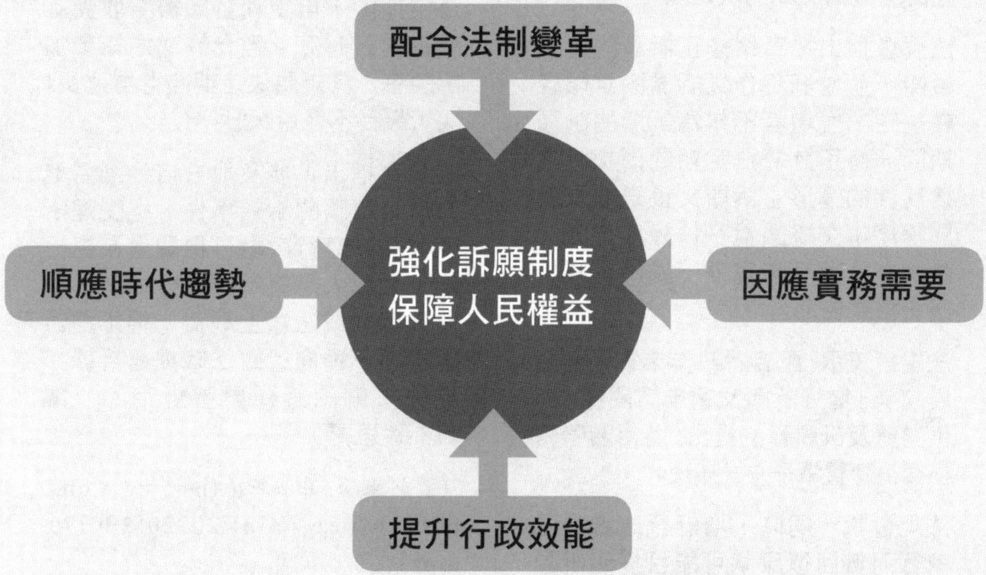

行政院會19日上午通過「訴願法修正草案」將函請立法院審議。（行政院提供）

行政院會今天通過訴願法修正草案，行政院長蘇貞昌說，訴願法已逾20年未全面檢討，這次配合行政程序法、行政訴訟法及實務所需全案修正，有助強化訴願制度功能，周延保障人民救濟權利。

行政院會上午通過「訴願法」修正草案，將函請立法院審議。行政院發言人羅秉成在院會後記者會轉述，蘇貞昌說，現行訴願法已超過20年未全面檢討，這次是配合行政程序法、行政訴訟法等法律及實務所需，進行全案修正，有助強化訴願制度功能，周延保障人民救濟權利。

蘇貞昌說，草案送請立法院審議後，請法規會積極與立法院朝野各黨團溝通協調，早日完成修法程序。感謝法規會主委林秀蓮過去這段時間以來，不論是就萊豬案、日本福島食品案，對於地方自治條例函告無效或不予核定的事項等，都盡心盡力完成任務，是非常好的典範。

行政院法規會表示，為配合相關法律規定，並使訴願制度更為完備，訴願法修正重點包括：修正訴願類型，分為撤銷訴願與課予義務訴願，包含不作為訴願及反否准訴願，以及各類型訴願有理由時，受理訴願機關應為的決定內容。

法規會指出，草案修正訴願的管轄機關，並增訂不作為訴願的訴願管轄規定，並增訂不作為訴願的訴願期間、修正計算法定期間應扣除在途期間的情形；訴願文書送達及訴願程序中文書閱覽、抄錄等事宜，除訴願法另有規定外，適用行政程序法相關規定。

法規會表示，配合行政作業電子化發展趨勢，增訂訴願文書申請閱覽、提供閱覽及訴願書的提出，各訴願管轄機關得建置電子方式辦理。

法規會說，同時，增訂行政處分已執行而無回復原狀可能且提起訴願無實益，或因其他事由而消滅者，及對不作為提起訴願，應作為之機關已為行政處分者，受理訴願機關應為不受理之決定；對該應作為機關所為的行政處分不服者，應另提起訴願救濟。

法規會表示，草案也明定，訴願的決定期間，自受理訴願機關收受訴願書次日起算；經允許或通知參加訴願者，其訴願決定期間得再延長1次，最長不得逾2個月。

法規會指出，涉及地方自治團體地方自治事務的訴願事件，經受理訴願機關命原行政處分機關重為處分後，訴願人認重為的處分違法，侵害其權利或法律上利益，得不經訴願程序，逕向行政法院提起訴訟。另外，刪除訴願再審規定。（編輯：翟思嘉）

（資料來源：中央社https://www.cna.com.tw/news/aipl/202205190176.aspx）

問題思考：

1. 現行訴願法有何缺失？
2. 本次訴願法修正草案，與現行訴願法有何差異？

第二節 行政訴訟法

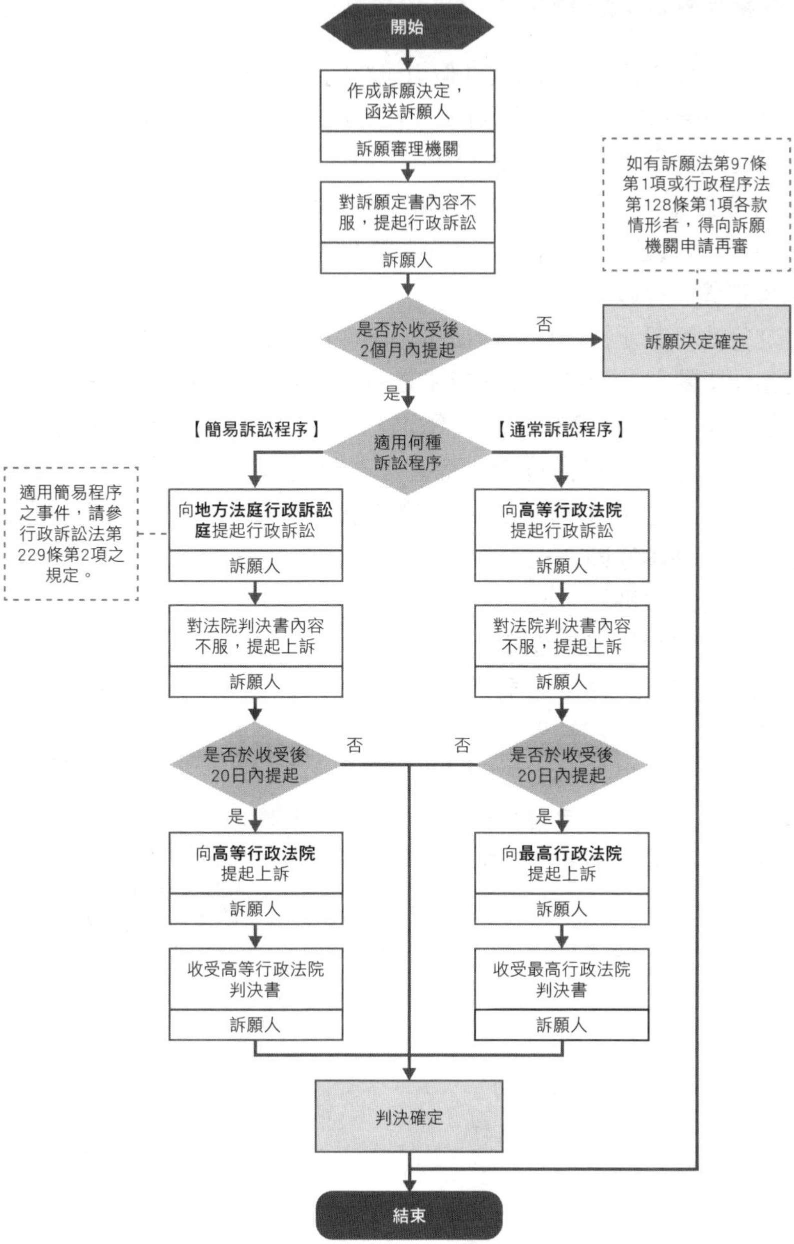

行政訴訟流程圖

（資料來源：行政院環境保護署）

一 行政訴訟之基本概念

行政訴訟係指由「司法機關」對「公法關係」而具有「成熟性」之「法律」「爭議」予以「審理解決」的程序。

新行政訴訟法仍維持訴願前置主義，但以一次為限，行政訴訟則改採二級二審，且第一審之行政訴訟須進行言詞辯論（行政訴訟法第188條）。採訴願前置主義是行政爭訟制度採概括主義的一種限縮，因各級訴願審議委員會的組成，已擴大其公正性的基礎，即「訴願審議委員會委員，由本機關高級職員及遴聘社會公正人士、學者、專家擔任之；其中社會公正人士、學者、專家人數不得少於二分之一。」（訴願法第52條）

(一) 廣義與狹義之行政訴訟

廣義之行政訴訟泛指一切行政法爭議事件司法訴訟，無論係由行政法院或普通法院審理皆屬之。因此在現制中，由普通法院審理之公職人員選舉罷面訴訟、國家賠償訴訟、違反道路交通管理處罰條例事件之爭訟，皆為廣義之行政訴訟。

狹義之行政訴訟係指由行政法院審理裁判之行政法爭議。行政訴訟法第2條即明定公法上之爭議，除法律別有規定外，得依本法提起行政訴訟。

(二) 行政訴訟之基本原則

1. 無利益不訴訟原則

「無利益，不訴訟」係就當事人適格的問題而言，意指如果不是法律上之權利或利益受到侵害，則不具有提起行政訴訟的資格。但行政訴訟與民事訴訟雖都具有「被害者訴訟」的性質，但不同的是，行政訴訟尚具有「法規維持」的目的，故新行政訴訟法不嚴格堅持「無利益，不訴訟原則」，容許有公眾訴訟，但為避免司法之過度負荷，以法律有明文規定為限。（參行政訴訟法第9條）

2. **訴訟程序職權進行主義**

訴訟程序以「開始及其後之進行與終結之程序」為準，有「當事人進行主義」與「職權進行主義」兩種基本模式。凡是訴訟之開啟及進行，均委之於當事人之意思者，稱為當事人進行主義，不問當事人意思如何，純由法院依其職權進行者，為職權進行主義。職權進行主義包括「訴訟程序的職權進行主義」與「訴訟標的的職權進行主義」，行政訴訟在訴訟程序上，基本上係採職權進行主義。（行政訴訟法第125條）

3. **處分主義**

訴訟程序若以「訴訟裁判之決定」為標準，則有「處分主義」與「干涉主義」之別。依處分主義，法院僅能依當事人之聲請而發動訴訟權，且當事人得自由處分訴訟標的的權利。處分主義又稱為辯論主義或不干涉主義，法院之裁判，凡當事人所未聲明之利益，不得歸當事人，當事人所未提出之事實及證據，不得斟酌；當事人所不爭之事實；無需得有心證，即得作為裁判之基礎。反之，則為干涉主義，亦稱職權主義，法院得不受當事人主張之拘束而為程序之進行者。

行政訴訟大部分採取處分主義，例如第4至第8條之訴之提起；訴之變更（行政訴訟法第111條）；反訴之提起（行政訴訟法第112條）；訴之撤回（行政訴訟法第114條）；訴訟標的的捨棄及認諾效力（行政訴訟法第202條）；訴外裁判之禁止（行政訴訟法第218條準用民事訴訟法第388條）；和解之容許（行政訴訟法第219條）；上訴之捨棄（行政訴訟法第240條）等。

但處分主義並非沒有限制，行政訴訟法第202條規定：「當事人於言詞辯論時為訴訟標的之捨棄或認諾者，以該當事人具有處分權及不涉及公益者為限，行政法院得本於其捨棄或認諾為該當事人敗訴之判決。」

4. **言詞主義**

以「訴訟標的之辯論」為準，可分為「言詞主義」與「書狀主義」。當事人之辯論及主張，必須於公開的法庭以言詞方式提供資料於法官，否則該資料不得作為裁判基礎，稱為言詞主義。若當事人之辯論，必向法院提供書狀或記載於筆錄始為有效，稱為書狀主義。行政訴訟採言詞主義。（行政訴訟法第188條第1項）

5. **兩造審理主義**

以「裁判前是否令兩造當事人陳述」為準之區分。裁判前，兩造當事人在法院前皆有陳述機會者，稱為兩造審理主義；僅有一造之陳述即可作為裁判基礎，稱為一造審理主義。行政訴訟基本上採「兩造審理主義」（行政訴訟法第188條），例外在公益訴訟採「一造審理主義」（行政訴訟法第194條）。

6. **自由順序主義**

以「訴訟標的之辯論及證據調查之順序」為準，若定有一定順序，未依一定順序而進行，其辯論視為無效；不依循此順序所為之辯論，仍屬有效者，稱為自由順序主義。行政訴訟採自由順序主義（行政訴訟法第120條以下）。

7. **直接審理主義**

以「裁判基礎資料之取得」而言，法官應以其自行認識所得資料作為裁判基礎者，稱為直接審理主義；反之，雖非法院直接取得，仍得作為裁判依據者，稱為間接審理主義。行政訴訟採直接審理主義。（行政訴訟法第188條第2項）

8. **自由心證主義**

以「證據之證明力」為標準，凡是各種證據之證明力須由法律規定，法院判斷事實之真偽，必須依此規定認定，稱為法定證據主義；反之，法官得本於其確信以判斷事實的真偽，稱為自由心證主義。

法定證據主義係以積極的規則要求法官如何判斷證據的證明力，固可防止法官之專橫，但流於死板；自由心證主義則以消極規則排除不合法則之證據證明力，較易獲得事實之真相，但相對的，有不易控制法官濫權之虞。行政訴訟法第189條第1項：「行政法院為裁判時，應斟酌全辯論意旨及調查證據之結果，依論理及經驗法則判斷事實之真偽。但別有規定者，不在此限」，即採自由心證主義。唯須注意者，自由心證並非恣意的代名詞，就事實之認定與法律之適用進行自由心證主義時，應符合論理法則與經驗法則。（參行政程序法第43條）

9. **公開主義**

凡訴訟程序須公開，允許公眾旁聽者為公開主義，否則為密行審判主義。行政訴訟採公開主義。

10. **情況裁判之採用**

行政訴訟第198條第1項：「行政法院受理撤銷訴訟，發現原處分或決定雖屬違法，但其撤銷或變更於公益有重大損害，經斟酌原告所受損害、賠償程度、防止方法及其他一切情事，認原處分或決定之撤銷或變更顯與公益相違背時，得駁回原告之訴。」此條規定係公益與私益的調和所採取的情況判決。

二 行政法院之審判權及管轄權【108司法三等、106司法三等】

(一) 審判權

1. **二元化的司法爭議體制**

我國基於公法與私法區分的理論，將具體法上的爭議，分別歸由普通法院與行政法院管轄，是為「二元化的訴訟制度」（參釋字448號）。此種制度上的設計，同於德、法、奧的體制，而異於美、日，有專業解決取向的意味，但實務上因為行政訴訟體制較不成熟，故仍有許多本質上屬於公法的案件，仍歸由普通法院審理。

知識補給站

司法院釋字第448號解釋理由書

司法院為國家最高司法機關，掌理民事、刑事、行政訴訟之審判及公務員之懲戒，憲法第七十七條定有明文，可知民事與行政訴訟之審判有別。又依憲法第十六條人民固有訴訟之權，惟訴訟應由如何之法院受理及進行，應由法律定之，業經本院釋字第二九七號解釋在案。**我國關於行政訴訟與民事訴訟之審判，依現行法律之規定，係採二元訴訟制度，行政訴訟與民事訴訟分由不同性質之行政法院及普通法院審理。關於因公法關係所生之爭議，由行政法院審判，因私法關係所生之爭執，則由普通法院審判，各有所司，不容混淆。**行政機關代表國庫出售或出租公有財產，並非行使公權力對外發生法律上效果之單方行政行為，即非行政處分，而屬私法上契約行為，當事人若對之爭執，自應循民事訴訟程序解決。行政法院五十八年判字第二七0號判例謂：「行政機關代表國庫處分官產，係私法上契約行為，人民對此有所爭執，無論主張租用抑或主張應由其優先承購，均應提起民事訴訟以求解決，不得藉行政爭訟程序，請求救濟」；又同院六十一年裁字第一五九號判例謂：「查行政官署依臺灣省公有耕地放租辦法，將公地放租與人民，雖係基於公法為國家處理公務，但其與人民間就該公有土地所發生之租賃關係，仍屬私法上之契約關係，如被告官署因查明原告未自任耕作，經以通知撤銷原告承租權，解除原租賃契約，即係基於私法關係以出租人之地位向原告所為之意思表示，並非基於公法關係以官署地位向原告所為之行政處分，不得循行政爭訟程序以求救濟」，均旨在說明行政機關代表國庫出售或出租公有財產所發生之爭議，應由普通法院審判，符合現行法律劃分審判權之規定，無損於人民訴訟權之行使，與憲法並無牴觸。

而現行制度採廣泛的特殊公法事件管轄，其本質上屬公法上爭議，並非概由行政法院管轄，而係由普通法院管轄，茲略述如下：

(1) **國家賠償訴訟**

國家賠償事件，依國家賠償法第12條規定，原則上應適用民事訴訟法之規定，核係屬行政訴訟法第2條所稱法律別有規定之情形。是以，國家賠償事件，若非行政訴訟法第7條所定得合併提起之一般給付訴訟，而係獨立之國家賠償事件，依現行法律之規定，則應歸由普通法院審判之，尚不得依同法第8條規定，單獨提起損害賠償訴訟。（高雄高等行政法院103年度訴字第545號行政判決參照）

知識補給站

高雄高等行政法院103年度訴字第545號行政判決（節錄）

按「行政法院認其無受理訴訟權限者，應依職權以裁定將訴訟移送至有受理訴訟權限之管轄法院。」「公法上之爭議，除法律別有規定外，得依本法提起行政訴訟。」行政訴訟法第12條之2第2項前段及第2條分別定有明文。次按「憲法第16條規定人民有訴訟之權，旨在確保人民得依法定程序提起訴訟及受公平之審判。至於訴訟救濟究應循普通訴訟程序抑或依行政訴訟程序為之，則由立法機關依職權衡酌訴訟案件之性質及既有訴訟制度之功能等而為設計。我國關於民事訴訟與行政訴訟之審判，依現行法律之規定，分由不同性質之法院審理，係採二元訴訟制度。除法律別有規定外，關於因私法關係所生之爭執，由普通法院審判；因公法關係所生之爭議，則由行政法院審判之。」亦經司法院釋字第466號解釋在案。準此，當事人起訴所爭執之事項，必須為公法上爭議，且法律無別有規定審判法院時，始得依法提起行政訴訟，由行政法院審理之。又所謂公法上之爭議，係指人民與行政機關間，因公法關係（包括公法上法律關係或公權力措施）所生之爭議。另國家賠償事件，依國家賠償法第12條規定，原則上應適用民事訴訟法之規定，核係屬行政訴訟法第2條所稱法律別有規定之情形。是以，國家賠償事件，若非行政訴訟法第7條所定得合併提起之一般給付訴訟，而係獨立之國家賠償事件，依現行法律之規定，則應歸由普通法院審判之，尚不得依同法第8條規定，單獨提起損害賠償訴訟。至於本質上即屬私法爭議之民事訴訟事件，並非公法上之爭議事件，行政法院對之並無審判權限，自應歸由普通法院審理之。

(2)選舉訴訟

依公職人員選舉罷免法第126條規定：「選舉、罷免訴訟之管轄法院，依下列之規定：一、第一審選舉、罷免訴訟，由選舉、罷免行為地之該管地方法院或其分院管轄，其行為地跨連或散在數地方法院或分院管轄區域內者，各該管地方法院或分院俱有管轄權。二、不服地方法院或分院第一審判決而上訴之選舉、罷免訴訟事件，由該管高等法院或其分院管轄。」故「選舉或罷免無效」、「當選無效」、「罷免案通過或否決無效」等訴訟，由普通法院管轄。

▶▶▶ 時事觀覽

民事、行政審判權分不清
司法院擬修法確認由「終審法院」定奪

Date：2021/05/06

我的案子究竟該何去何從？普通法院？行政法院？傻傻分不清！

人民遇到與政府機關之間的訴訟，經常不知道要告民事或行政訴訟，即便告了，普通法院與行政法院有時也搞不清楚這類案件的審判權究竟歸誰，**過去只能交給大法官統一解釋，但因「大法官審理案件法」即將走入歷史，明年將改由「憲法訴訟法」接手，屆時大法官將不再負責這類案件，故司法院決定修法，規定若發生審判權爭議時，應由「終審法院」裁定**。

司法院指出，本次修正主要是配合「憲法訴訟法」新制，以及日前函送立法院審議的「法院組織法」修正草案，就「行政訴訟法」有關審判權爭議解決規範，做配套的修正。

司法院解釋，由於**我國目前是採二元訴訟制度，除法律別有規定外，關於因私法關係所生的爭議，原則上由普通法院審判；因公法關係所生的爭議，原則上由行政法院審判**。

若同一事件，普通法院與行政法院發生消極的審判權爭議時，依現行「行政訴訟法」相關規定，是交由大法官作成統一解釋，但明年1月4日公布施行的「憲法訴訟法」已刪除機關就歧異見解聲請統一解釋的規定，法院組織法為此已擬具修正草案因應，**經司法院會銜行政院於4月28日函請立法院審議，將審判權爭議解決規範，明定於法院組織法，以利統合普通法院與各專業法院間審判權爭議的處理，將審判權爭議交由「終審法院」作終局判斷，以明快解決法院間審判權爭議**。

司法院強調，未來，行政法院與普通法院間審判權爭議的處理，即藉由「行政法院組織法」準用法院組織法的規定，準用於各行政法院。

簡言之，普通法院收案後，若認為案件屬性屬於行政訴訟，而非民事訴訟，裁定移轉給行政法院審判；行政法院收案後，若認為案件是民事訴訟，應回到普通法院，舊制需聲請大法官解釋，新制則是先停止審判，由法官向「最高行政法院」聲請確認審判權歸屬。

若案件被最高行政法院駁回，則行政法院就要乖乖認份審理，若最高行政法院裁定審判權屬於普通法院，則案件就要移回普通法院審理，且不得再有異議。

本次先修「行政訴訟法」，接下來「民事訴訟法」也會配合修正。

司法院說明本次修正草案要點如下：

一、因應憲法訴訟法、法院組織法修正草案的修正，刪除有關審判權衝突解決規範的條文（修正條文第12條之1至第12條之5、第178條）。

二、配合法院組織法修正草案，酌作文字修正，統一法律用語，以杜適用法律的爭議（修正條文第107條、第24條、第259條）。

三、配合法院組織法修正草案關於審判權歸屬爭議儘速確定的規範，增訂排除判決違背法令的規定（修正條文第243條）。

（資料來源：自由時報https://news.ltn.com.tw/news/politics/breakingnews/3522486

問題思考

1. 公司法區分理論與審判權的劃分有何關聯？
2. 我國有哪些公法事件是交由普通法院審理？

(3) **社會秩序維護法案件**

參社會秩序維護法第二編第五章之救濟章節，有關社會秩序維護法案件，係由普通法院管轄。

(4) **律師懲戒事件**

律師懲戒委員會之決議即為終審之司法救濟，故不得再向行政法院提起訴訟。

(5) **公務員懲戒事件**

參釋字第396號，公務員懲戒委員會之性質與法院相當，故對公務員懲戒委員會之決議，即不得再向行政法院提起訴訟救濟。

練習3

試填寫五項非由行政法院管轄之公法事件。

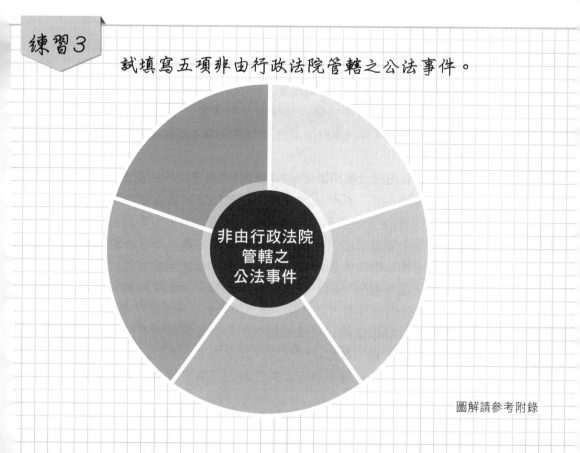

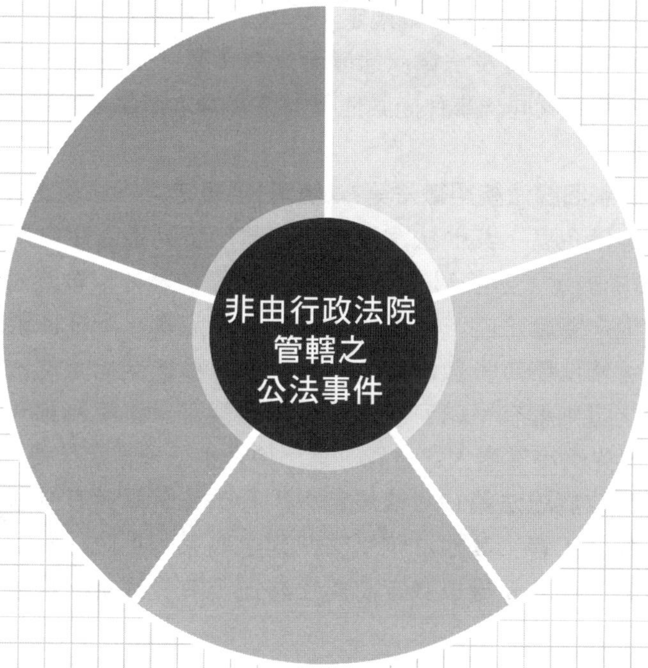

圖解請參考附錄

知識補給站

司法院釋字第396號解釋

憲法第16條規定人民有訴訟之權，惟保障訴訟權之審級制度，得由立法機關視各種訴訟案件之性質定之。公務員因公法上職務關係而有違法失職之行為，應受懲戒處分者，憲法明定為司法權之範圍；**公務員懲戒委員會對懲戒案件之議決，公務員懲戒法雖規定為終局之決定，然尚不得因其未設通常上訴救濟制度，即謂與憲法第16條有所違背。**懲戒處分影響憲法上人民服公職之權利，懲戒機關之成員既屬憲法上之法官，依憲法第82條及本院釋字第162號解釋意旨，則其機關應採法院之體制，且懲戒案件之審議，亦應本正當法律程序之原則，對被付懲戒人予以充分之程序保障，例如採取直接審理、言詞辯論、對審及辯護制度，並予以被付懲戒人最後陳述之機會等，以貫徹憲法第16條保障人民訴訟權之本旨。有關機關應就公務員懲戒機關之組織、名稱與懲戒程序，併予檢討修正。

2. **行政法院與其他法院之審判權關係**

(1)**一事不再理**：

A.**現行法制回歸法院組織法第7-2條第2項規定**：「訴訟已繫屬於法院者，當事人不得就同一事件向不同審判權之法院更行起訴。」

B.**舊制行政訴訟法第12-1條規定**：「起訴時法院有受理訴訟權限者，不因訴訟繫屬後事實及法律狀態變更而受影響。訴訟繫屬於行政法院後，當事人不得就同一事件向其他不同審判權之法院更行起訴。」

(2)**訴訟權限**：

A.**現行法制回歸法院組織法第7-2條第3項規定**：「法院認其有審判權而為裁判經確定者，其他法院受該裁判關於審判權認定之羈束。以及同法第7-3條規定，法院認其無審判權者，應依職權以裁定將訴訟移送至有審判權之管轄法院。但其他法律另有規定者，不在此限。前項有審判權之管轄法院為多數而原告有指定者，移送至指定之法院。當事人就法院之審判權有爭執者，法院應先為裁定。法院為第一項及前項裁定前，應先徵詢當事人之意見。第一項及第三項裁定，得為抗告。」

B.**舊制行政訴訟法第12-2條規定**：「行政法院認其有受理訴訟權限而為裁判經確定者，其他法院受該裁判之羈束。行政法院認其無受理訴訟權限者，應依職權以裁定將訴訟移送至有受理訴訟權限之管轄法院。

數法院有管轄權而原告有指定者，移送至指定之法院。移送之裁定確定時，受移送之法院認其亦無受理訴訟權限者，應以裁定停止訴訟程序，並聲請司法院大法官解釋。受移送之法院經司法院大法官解釋無受理訴訟權限者，應再行移送至有受理訴訟權限之法院。當事人就行政法院有無受理訴訟權限有爭執者，行政法院應先為裁定。前項裁定，得為抗告。行政法院為第二項及第五項之裁定前，應先徵詢當事人之意見。」

(二) 管轄【111普考】

行政訴訟法第17條，定行政法院之管轄以**起訴時**為準，此即所為管轄恆定原則。而行政訴訟之定管轄方式如下：

法人、機關及團體	1. 對於公法人之訴訟，由其公務所所在地之行政法院管轄。其以公法人之機關為被告時，由該機關所在地之行政法院管轄。 2. 對於私法人或其他得為訴訟當事人之團體之訴訟，由其主事務所或主營業所所在地之行政法院管轄。 3. 對於外國法人或其他得為訴訟當事人之團體之訴訟，由其在中華民國之主事務所或主營業所所在地之行政法院管轄。 （行政訴訟法第13條）
自然人	1. 前條以外之訴訟，由被告住所地之行政法院管轄，其住所地之行政法院不能行使職權者，由其居所地之行政法院管轄。 2. 被告在中華民國現無住所或住所不明者，以其在中華民國之居所，視為其住所；無居所或居所不明者，以其在中華民國最後之住所，視為其住所；無最後住所者，以中央政府所在地，視為其最後住所地。 3. 訴訟事實發生於被告居所地者，得由其居所地之行政法院管轄。 （行政訴訟法第14條）
不動產徵收徵用或撥用之訴訟	1. 因不動產徵收、徵用或撥用之訴訟，專屬不動產所在地之行政法院管轄。 2. 除前項情形外，其他有關不動產之公法上權利或法律關係涉訟者，得由不動產所在地之行政法院管轄。 （行政訴訟法第15條）
關於公務員職務關係之訴訟	關於公務員職務關係之訴訟，得由公務員職務所在地之行政法院管轄。 （行政訴訟法第15-1條）

因公法上之保險事件涉訟	1. 因公法上之保險事件涉訟者，得由為原告之被保險人、受益人之住居所地或被保險人從事職業活動所在地之行政法院管轄。 2. 前項訴訟事件於投保單位為原告時，得由其主事務所或主營業所所在地之行政法院管轄。 （行政訴訟法第15-2條）
指定管轄	1. 有下列各款情形之一者，直接上級行政法院應依當事人之聲請或受訴行政法院之請求，指定管轄： (1) 有管轄權之行政法院因法律或事實不能行審判權者。 (2) 因管轄區域境界不明，致不能辨別有管轄權之行政法院者。 (3) 因特別情形由有管轄權之行政法院審判，恐影響公安或難期公平者。 2. 前項聲請得向受訴行政法院或直接上級行政法院為之。 （行政訴訟法第16條）
準用之規定	民事訴訟法第3條、第6條、第15條、第17條、第20條至第22條、第28條第1項、第3項、第29條至第31條之規定，於本節（管轄）準用之。 （行政訴訟法第18條）

三 行政訴訟之種類及該實體判決要件暨判決效力☆☆☆

【111司律、110司律、111高考法制、107關務三等】

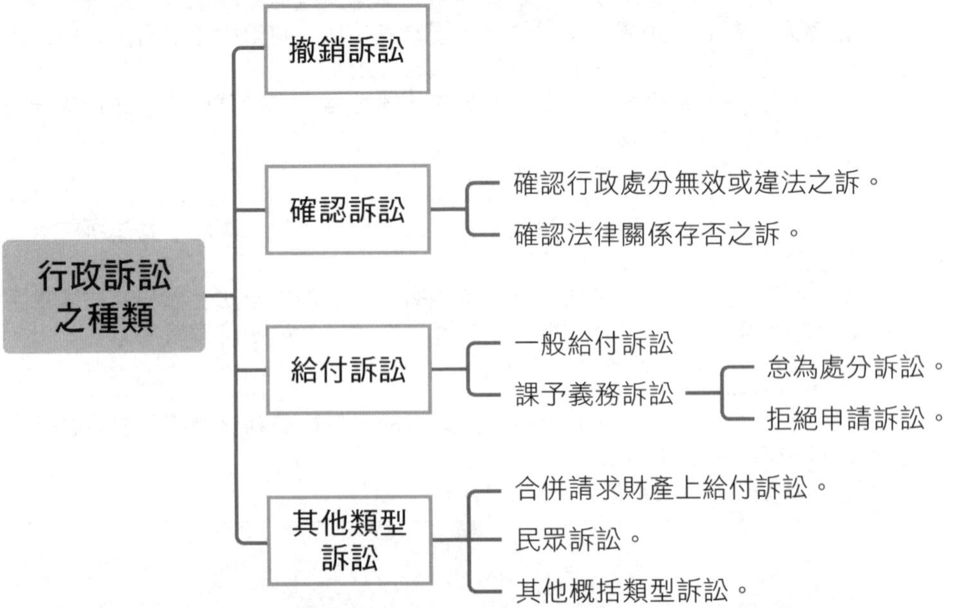

行政訴訟法於第2條規定：「公法上之爭議，除法律別有規定外，得依本法提起行政訴訟」，係採概括的權利保護，將行政訴訟的範圍擴大，以擔保人民權利之救濟。同法第3條規定：「前條所稱之行政訴訟，指撤銷訴訟、確認訴訟及給付訴訟。」故行政訴訟類型上有三，說明如下：

(一) **撤銷訴訟**【108高考三級、106地特三等】

行政訴訟法第4條規定：「人民因中央或地方機關之違法行政處分，認為損害其權利或法律上之利益，經依訴願法提起訴願而不服其決定，或提起訴願逾三個月不為決定，或延長訴願決定期間逾二個月不為決定者，得向行政法院提起撤銷訴訟。逾越權限或濫用權力之行政處分，以違法論。訴願人以外之利害關係人，認為第一項訴願決定，損害其權利或法律上之利益者，得向行政法院提起撤銷訴訟。」

故針對一般違法行政處分，人民得提起撤銷之訴。撤銷訴訟之目的即在藉行政法院之司法審查權限，進行權力分立之制衡作用。一般撤銷訴訟之要件如下：

1. **須有行政處分**

(1) 對非屬行政處分之行政行為即不得提起撤銷之訴。但是否為行政處分應依行政程序法第92條之規定認定，而非依當事人之主張，亦非以行政機關之用語為準，例如行政機關對人民之申請，通知「緩議」，在行政慣例上，已可認定為拒絕之意思表示，而屬行政處分，細節可參釋字第423號解釋。

知識補給站

司法院釋字第423號解釋理由書（節錄）

我國現行行政訴訟制度以撤銷訴訟為主，得提起撤銷訴訟之事項則採概括條款之立法形式，凡人民對於行政處分認為違法或不當致損害其權利或利益者，均得依法提起訴願或行政訴訟。**所謂行政處分係指行政機關行使公權力，就特定具體之公法事件所為對外發生法律上效果之單方行為，不因其用語、形式以及是否有後續行為或記載不得聲明不服之文字而有異。**若行政機關以通知書名義製作，直接影響人民權利義務關係，且實際上已對外發生效力者，諸如載明應繳違規罰款數額、繳納方式、逾期倍數增加之字樣，倘以仍有後續處分行為或載有不得提起訴願，而視其為非行政處分，自與憲法保障人民訴願及訴訟權利之意旨不符。遇有行政機關依據法律製發此類通知書，相對人亦無異議而接受處罰時，猶不認其為行政處分性質，於法理尤屬有悖。行政法院四十八年判字第九六號判例：「訴願法第一條所稱官署之處分，損害人民之權利或利益者，限於現已存在之處分，有直接損害人民權利或利益之情形者，始足當之。如恐將來有損害其權利或利益之行政處分發生，遽提起訴願，預行請求行政救濟，則非法之所許。僅係就訴願法及行政訴訟法相關規定，所為之詮釋，與憲法尚無牴觸。

(2)行政處分如有可分之部分組成，或附有可分離之獨立附款者，亦得對其中之一部分或附款提起爭訟。

2. **須原告有訴訟利益**

原告提起撤銷之訴時，該原因事實之行政處分必須具有存續力，原告之訴始有訴之利益。如原行政處分已經失效，即不必提起行政訴訟。釋字第546號解釋就權利保護必要理論亦有多加著墨，可一併注意。

知識補給站

司法院釋字第546號解釋理由書（節錄）

本院院字第2810號解釋：「依考試法舉行之考試，對於應考資格體格試驗，或檢覈經決定不及格者，此項決定，自屬行政處分。其處分違法或不當者，依訴願法第1條之規定，應考人得提起訴願。惟為訴願決定時，已屬無法補救者，其訴願為無實益，應不受理，依訴願法第7條應予駁回。」旨在闡釋提起行政爭訟，須其爭訟有權利保護必要，即具有爭訟之利益為前提，倘對於當事人被侵害之權利或法律上利益，縱經審議或審判結果，亦無從補救，或無法回復其法律上之地位或其他利益者，即無進行爭訟而為實質審查之實益。惟所謂被侵害之權利或利益，經審議或審判結果，無從補救或無法回復者，並不包括依國家制度設計，性質上屬於重複發生之權利或法律上利益，諸如參加選舉、考試等，人民因參與或分享，得反覆行使之情形。是**當事人所提出之爭訟事件，縱因時間之經過，無從回復權利被侵害前之狀態，然基於合理之期待，未來仍有同類情事發生之可能時，即非無權利保護必要，自應予以救濟，以保障其權益**。人民申請為公職人員選舉候選人，因主管機關認其資格與規定不合而予核駁處分，申請人不服而提起行政爭訟時，雖選舉已辦理完畢，但其經由選舉而擔任公職乃憲法所保障之權利，且性質上得反覆行使，除非該項選舉已不復存在，則審議或審判結果對其參與另次選舉成為候選人資格之權利仍具實益，並非無權利保護必要者可比。受理爭訟之該管機關或法院，仍應為實質審查，若原處分對申請人參選資格認定有違法或不當情事，應撤銷原處分或訴願決定，俾其後申請為同類選舉時，不致再遭核駁處分。

3. **原告須主張行政處分違法**

(1)原告須主張行政處分有客觀上之違法。行政處分之違法性，基本上源自行政機關對法定義務的違反，包括違反行政法之一般原則（行政程序法第4條以下）。行政處分是否有違法性，須由原告主張，但基本上不必由原告就行政處分之違法性負舉證責任，反而應由被告行政機關就行政處分之合法性負舉證責任，最後由行政法院依優勢證據原則審查判斷之。至於如何判斷行政處分之違法性，則應注意「保護規範理論」之運用（釋字第469號參照），以及採客觀主義及整體關聯性之體系解釋方法（釋字第394號參照）。

知識補給站

司法院釋字第394號解釋理由書（節錄）

對於人民違反行政法上義務之行為科處裁罰性之行政處分，涉及人民權利之限制，其處罰之構成要件及法律效果，應由法律定之。若法律就其構成要件，授權以命令為補充規定者，授權之內容及範圍應具體明確，然後據以發布命令，始符憲法第23條以法律限制人民權利之意旨，本院釋字第313號解釋可資參照。準此，凡與限制人民自由權利有關之事項，應以法律或法律授權命令加以規範，方與法律保留原則相符。故法律授權訂定命令者，如涉及限制人民之自由權利時，其授權之目的、範圍及內容須符合具體明確之要件；**若法律僅為概括授權時，固應就該項法律整體所表現之關聯意義為判斷，而非拘泥於特定法條之文字**；惟依此種概括授權所訂定之命令祇能就執行母法有關之細節性及技術性事項加以規定，尚不得超越法律授權之外，逕行訂定制裁性之條款，此觀本院釋字第367號解釋甚為明顯。

(2)**行政訴訟法第4條第2項規定**：「逾越權限或濫用權力之行政處分，以違法論」，此為「擬制違法」，此項規定特別係針對裁量處分而言，但同法第201條規定：「行政機關依裁量權所為之行政處分，以其作為或不作為逾越權限或濫用權力者為限，行政法院得予撤銷。」用以表明**司法審查僅為合法性的控制，不及於適當性的審查**，此一規定亦具有限制行政法院權限之意。

4. **原告須主張行政處分違法致其權利或法律上利益受有損害**

行政訴訟原告須主張行政處分違法致其**「權利」**或**「法律上利益」**受有損害，可謂擴大其保護範圍，並得依釋字第469號**「保護規範理論」**加以解釋。至於所謂「權利」，乃指人民得對行政機關所主張之公權利，「法律上利益」係指訴訟上值得保護的實質利益，至原告之主張應達於何種程度，始可認為「權利受有侵害」，向有「主張理論」、「可能性理論」與「正當性理論」之別。「主張理論」完全以原告之主張為訴訟是否合法之依據；「可能性理論」則假設原告所主張之事實為真實，有「可能」違法而侵害原告之權利者，該訴訟之提起即具有合法性。「正當性理論」則要求行政處分或行政不作為經證明具有客觀違法性時，權利即會受到侵害。行政訴訟法第4條規定「認為損害其權利」，得提起行政訴訟，解釋上或應採主張說，但理論上以「可能性理論」較妥。蓋單純以「主張說」為準，行政訴訟易流於浮濫。惟上開理論之區分在實務上並無太大實益，蓋具體上如何判斷原告所主張之「利益狀態」究為權利或法律上利益，以及是否有理由，均須由行政法院作實體上之審查判斷。

5. **須經訴願程序未獲救濟結果**

行政訴訟法第4條第1項規定「經依訴願法提起訴願而不服其決定」，始得提起行政訴訟，是仍採訴願前置主義。例外不以不服訴願決定，或根本不必經訴願程序即可提起行政訴訟者，有下列情形：

(1) 提起訴願逾三個月不為決定，或延長訴願決定期間逾二個月不為決定。（行政訴訟法第4條第1項後段）

(2) 訴願以外之利害關係人認為訴願決定損害其權利或法律上利益。（行政訴訟法第4條第3項）

(3) 已用盡其他相當於訴願之程序而不服其決定者，例如教師經申訴，再申訴，不服再申訴決定者；公務員權利之保障事件，經復審決定者（公務人員保障法第72條）；會計師經財政部會計師懲戒覆審委員會所為之懲戒決定等。但依律師法第41條及第43條所設之律師懲戒委員會及律師懲戒覆審委員會性質上相當於設在高等法院及最高法院之初審與終審職業懲戒法庭，與會計師懲戒委員會等其他專門職業人員懲戒組織係隸屬於行政機關者不同。律師懲戒覆審委員會之決議即屬法院之終審裁判，並非行政處分或訴願決定，自不得再行提起行政爭訟（釋字第378號）。

知識補給站

司法院釋字第378號解釋

依律師法第41條及第43條所設之律師懲戒委員會及律師懲戒覆審委員會，性質上相當於設在高等法院及最高法院之初審與終審職業懲戒法庭，與會計師懲戒委員會等其他專門職業人員懲戒組織係隸屬於行政機關者不同。律師懲戒覆審委員會之決議即屬法院之終審裁判，並非行政處分或訴願決定，自不得再行提起行政爭訟，本院釋字第295號解釋應予補充。

(4) **提起確認訴訟之訴**：行政訴訟第6條第2項規定：「確認行政處分無效之訴訟，須已向原處分機關請求確認其無效未被允許，或經請求後於三十日內不為確答者，始得提起之。」是可推知確認訴訟不必經過訴願程序。但應提起撤銷訴訟、課予義務訴訟，誤為提起確認行政處分無效之訴訟，其未經訴願程序者，行政法院應以裁定將該事件移送於訴願管轄機關，並以行政法院收受訴狀之時，視為提起訴願。（行政訴訟法第6條第4項）

(5) **經聽證程序作成之行政處分**：因聽證程序具有取代訴願之功能，故毋庸再經訴願程序。（行政程序法第109條）

(6) **獨立訴訟參加**：行政訴訟法第41條規定：「訴訟標的對於第三人及當事人一造必須合一確定者，行政法院應以裁定命該第三人參加訴訟。」此時該第三人雖未經過訴願程序，亦得直接進入行政訴訟程序，以增進訴訟經濟。

6. **須於法定期間內起訴**

原則上應於訴願決定書送達後二個月內提起之（訴願法第90條及行政訴訟法第106條），如係利害關係人提起訴訟，因未收受訴願決定書，故行政訴訟法第106條第1項但書規定，其期間自知悉時起算。但因教示錯誤致遲誤起訴期間，另依行政程序法第98條規定。為維持法律秩序之安定，撤銷訴訟自訴願決定書送達後，已逾三年者，不得提起（行政訴訟法第106條第2項）。

另是否合乎於法定期間內起訴之要件，應以**提起行政訴訟時**之情況判斷，故如果訴願機關逾期仍不為決定，人民已先行向行政法院提起行政訴訟者，其後該訴願機關雖已為駁回決定者，原提起之行政訴訟仍不失其合法性。但若訴願審議機關在當事人提起行政訴訟後，另撤銷原處分，而高等行政法院尚未進行言詞辯論者，應以訴不合法而裁定駁回之（行政訴訟法第107條第1項第10款）。若因不知而作成實體判決，其結果不同者，應以高等行政法院判決結論為準。

知識補給站

撤銷訴訟之最新實務見解

最高行政法院108年3月份第1次庭長法官聯席會議決議

依司法院釋字第736號解釋理由書意旨，教師因學校具體措施認其權利或法律上利益受侵害時，自得如一般人民依行政訴訟法或民事訴訟法等有關規定，向法院請求救濟。公立學校與所屬教師間雖屬行政契約關係，惟為促進協助教師專業成長、增進教師專業素養、提升教學品質，以增進學生學習成果等立法目的，高級中等教育法第33條及國民教育法第18條第2項明定應對公立高級中等以下學校（下稱「公立高中以下學校」）教師辦理成績考核，並授權訂定公立高級中等以下學校教師成績考核辦法（下稱「教師成績考核辦法」），以資規範。公立高中以下學校應依該辦法第8條及第9條組成考核會，遵循同辦法第10條至第14條之法定程序，依據同辦法第4條第1項及第6條第1項之法定事由，辦理所屬教師之年終成績考核及平時考核獎懲，並報請主管機關依同辦法第15條第2項或第6項核定或視為核定，且直接發生教師得否晉級、給與多少考核獎金及獎懲之法律效果。況與教師間無契約關係存在之主管機關，尚得依同辦法第15條第3項至第5項規定逕行核定或改核。顯見公立高中以下學校或主管機關對所屬（轄）教師所為之年終成績考核或平時考核獎懲，並非基於契約關係所為之意思表示，而係行政機關依公法上之強制規定，就具體事件所為之公權力措施而對外直接發生法律效果之單方行政行為，核屬行政程序法第92條第1項所定之行政處分。又因公立高中以下學校對所屬教師年終成績考核考列為教師成績考核辦法第4條第1項第2款之決定，或依同辦法第6條第1項第6款規定所為申誡之懲處，將對教師之考核獎金、名譽、日後介聘或升遷調動等權利或法律上利益產生不利之影響，均屬侵害教師權益之具體措施。從而，**教師因學校上開具體措施認其權利或法律上利益受侵害，自得以同辦法第16條第3項規定之考核機關為被告，依法向行政法院提起撤銷訴訟**，以落實首揭解釋理由書所揭示有權利即有救濟之憲法原則。

既然提到教師得否對考核與獎懲對學校提起撤銷訴訟，那學校能否對教師提起行政訴訟？一起來看看……

最高行政法院106年6月份第2次庭長法官聯席會議決議

教師法第29條、第31條、第33條規定教師對有關其個人措施得提出申訴、再申訴及循序提起行政訴訟之程序，係為糾正主管教育行政機關或學校違法或不當損害教師權益行為所設之特別行政救濟制度。大學對所屬教師不予續聘決定，教師不服而提起申訴、再申訴，其程序標的為不予續聘之措施，**大學則為作成該措施之主體，除法律別有規定外，大學自不得就再申訴之結果復行循序提起行政訴訟，方符該特別行政救濟制度之設立本旨。**參酌教師法第33條僅規定「教師」得對再申訴決定按其性質循序提起行政訴訟，此與同法第31條第2項後段特別規定「學校」亦得對申訴決定提起再申訴之情形顯不相同；又綜觀教師法第33條規定之立法歷程，立法者係基於立法裁量而有意不將學校納入得對再申訴決定提起行政訴訟之範圍，並非立法上有所疏漏。從而，**大學自不得針對不予維持其不予續聘決定之再申訴決定循序提起行政訴訟**。

練習4

回頭想一想，撤銷訴訟法之要件有哪些？

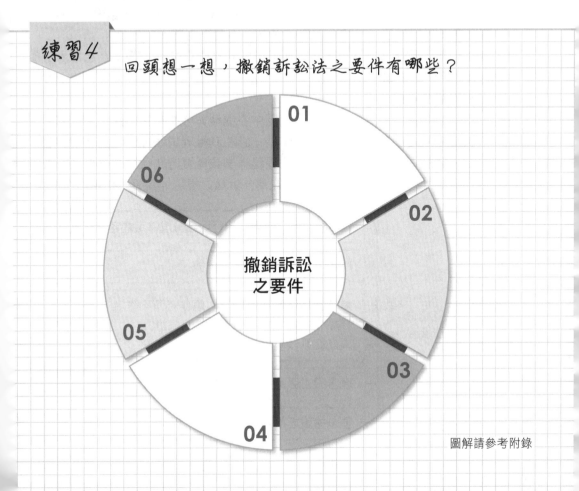

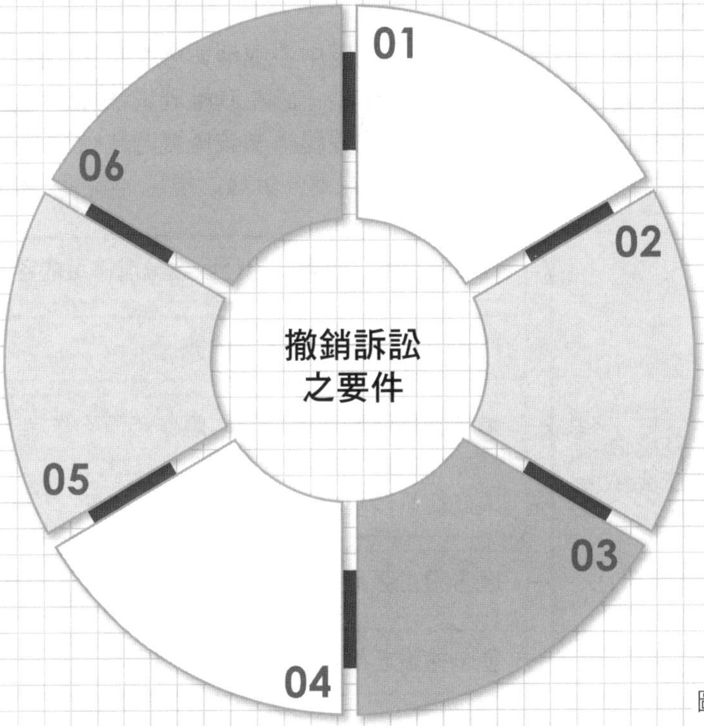

圖解請參考附錄

(二) 給付訴訟

給付訴訟主要又可分為「課予義務訴訟」與「一般給付訴訟」兩種，說明如下：

1. **課予義務之訴訟**【108高考三級、106關務四等、106高考三級】

行政訴訟法第5條規定：「人民因中央或地方機關對其依法申請之案件，於法令所定期間內應作為而不作為，認為其權利或法律上利益受損害者，經依訴願程序後，得向行政法院提起請求該機關應為行政處分或應為特定內容之行政處分之訴訟。人民因中央或地方機關對其依法申請之案件，予以駁回，認為其權利或法律上利益受違法損害者，經依訴願程序後，得向行政法院提起請求該機關應為行政處分或應為特定內容之行政處分之訴訟。」

本條特別係針對行政機關懈怠職務所設計之制度，也是行政訴訟制度的核心之一，因為透過課予義務之訴，才使得「國家為人民而存在」之意旨，能具體落實下來，也才使得人民與國家間之關係，從「恩惠式」的「倫理關係」，改變成「權利義務式」的「法律關係」，亦即，行政機關之作為，基本上不應只是一種「恩惠」，而是一種「義務」。預計課予義務之訴對戰後長期處於專制封建時代的台灣官僚體制，將會產生頗大的衝擊。

自上開條文規定可知課予義務訴訟又可細分為兩種類型，分別為怠為處分訴訟與拒絕申請訴訟，說明如下：

(1) **怠為處分訴訟**

行政訴訟法第5條第1項：「人民因中央或地方機關對其依法申請之案件，於法令所定期間內應作為而不作為，認為其權利或法律上利益受損害者，經依訴願程序後，得向行政法院提起請求該機關應為行政處分或應為特定內容之行政處分之訴訟。」為怠為處分訴訟之規定，其要件說明如下：

怠為處分訴訟要件

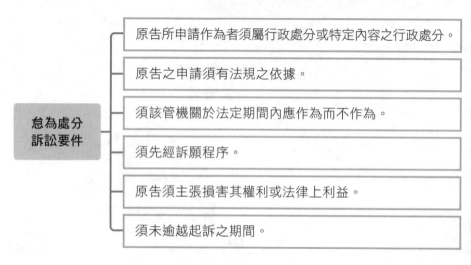

- 原告所申請作為者須屬行政處分或特定內容之行政處分。
- 原告之申請須有法規之依據。
- 須該管機關於法定期間內應作為而不作為。
- 須先經訴願程序。
- 原告須主張損害其權利或法律上利益。
- 須未逾越起訴之期間。

A.原告所申請作為者須屬行政處分或特定內容之行政處分

依本法所提起怠為處分訴訟，其通常情形為人民依法請求作成受益處分而遭行政機關置之不理或遲遲不為處分之事件，但不以請求作成羈束處分為限，裁量處分亦得為請求之標的，因為原告也有可能主張行政處分違反合義務性裁量、濫用決策裁量等違法情事而提起本訴。

至於條文所稱「應為行政處分或特定內容之行政處分，其差別舉例説明，假設原告申請主管機關發給房屋建築執照，該機關怠於處理，原告提起本訴其聲明有兩種可能：

(A) 請求判命被告機關應對原告之申請作成處分。

(B) 請求判命被告機關按原告申請之內容、工程圖樣發給建築執照。

(A)之情形乃請求為特定處分；(B)之情形屬於為特定內容之行政處分，當然以(B)之聲明對原告最為有利，惟實際上行政法院基於對行政機關權限之尊重，原告之訴縱有理由，通常為避免判命作成特定內容之行政處分，充其量為命作成行政處分而已。

B.原告之申請須有法規之依據

所謂「依法」，解釋上不限於法律，應包括各種行政命令在內，尤其向地方機關請求作為所依據者常屬地方自治規章而非法律（例如請求核發老人年金等社會救濟或社會福利之給付）。若請求之事項欠缺法規依據者，諸如土地所有權人請求對列為公共設施保留之土地，作成徵收處分，此種情形便屬不具請求之前提。例如釋字第400號解釋雖認為因既成道路等原因而成立公用地役關係，「形成因公益而特別犧牲其財產上之利益，國家自應依法律之規定辦理徵收給予補償。」因此於法律尚未制定前，土地所有權人無從據以申請，否則將遭敗訴判決，事實上此類案件已發生多起，行政法院皆以上述理由駁回原告之訴，例如最高行政法院93年度判字第1714號判決。

知識補給站

最高行政法院93年度判字第1714號判決

人民有無請求國家徵收其土地之實體法上權利，屬關於人民之權利義務事項，依中央法規標準法第5條規定，原應以法律定之，故司法院釋字第400號解釋亦特別揭示「國家應依『法律』之規定辦理徵收給予補償之旨」。原審謂「一般人民除法律別有規定外（如土地徵收條例第8條），並無請求國家徵收其所有土地之公法上請求權。」原係因上訴人主張之徵收補償請求權，缺乏法律規範基礎，故予否定。此項因缺乏法律規範基礎而為請求權不存在之認定，與限制或剝奪人民之請求權者有別，自非法律保留原則規範之內容。上訴人以原審徒依本院判例為依據，而否定人民請求國家徵收土地之請求權，乃違背法律保留原則云云，自不足採。

C. **須該管機關於法定期間內應作為而不作為**

法定期間之長短視個別法規之規定為斷，基於保障人民權益，法定期間解釋上應包括法律、法規命令及行政規則所定之期間。凡法令未規定者，訴願法第2條第2項規定為自機關受理申請之日起二個月。

D. **須先經訴願程序**

在提起怠為處分之訴亦採訴願前置，在起訴之前須先經訴願程序，以示尊重行政體系內部之救濟機制。提起訴願後若受理訴願機關亦置若罔聞，則應適用行政訴訟法第4條第1項後段，提起訴願逾三個月不為決定，或延長訴願決定於二個月不為決定，訴願人即得依同法第5條第1項提起本訴。

E. **原告須主張損害其權利或法律上利益**

原告只須主張權益受損即可，不必再強調其違法，蓋違反作為義務本身已有違法之意。

F. **須未逾越起訴之期間**

行政訴訴法對於兩種課予義務訴訟並未規定起訴之期限，在適用時可能發生爭議。法律既無期限之規定，主張無期限之限制者，並非全無理由，但起訴之前仍有訴願前置，與撤銷訴訟並無不同，宜**類推適用行政訴訟法第106條之定，即怠為處分之訴，自訴願決定書送達後二個月期間內提起，但已逾三年者不得提起**。

(2) **拒絕申請訴訟（否准訴訟／駁回處分訴訟）**

行政訴訟法第5條第2項：「人民因中央或地方機關對其依法申請之案件，予以駁回，認為其權利或法律上利益受違法損害者，經依訴願程序後，得向行政法院提起請求該機關應為行政處分或應為特定內容之行政處分之訴訟。」為拒絕申請訴訟之規定，亦有稱為「否准訴訟」或「駁回處分訴訟」。

拒絕申請訴訟與怠為處分訴訟實體判決要件所差別者，僅在**起訴前該管行政機關有無處分行為**而已，其餘要件並無不同，故不再贅述。

應注意者，提起拒絕申請訴訟，原則上原告應提出兩項訴之聲明：

A. **撤銷原處分與原決定（即遭拒絕之原處分及訴願決定）。**

B. **請求作成行政處分。**

但目前實務上認為，原告縱未就撤銷原處分原決定為聲明，法院仍得依職權一併作成撤銷判決，因為不予撤銷則法院無從命被告機關為行政處分即課予義務之判決。

臺大遴選案不算行政處分
公法學者：教育部強詞奪理

Date：2018/05/03

課予義務訴訟

教育部次長林騰蛟今表示，教育部針對臺大校長遴選案做出的處理「不算是一個行政處分」。**公法學者批評教育部說法強詞奪理，他認為臺大報請教育部聘任管中閔擔任校長，教育部准駁本身就是一個行政處分，臺大可以提課予義務訴訟，請求作成聘任，或同時提確認訴訟，釐清教育部有無消極不作為**。

北部一所大學的公法學者表示，臺大依據《大學法》規定，將遴選結果報請教育部聘任，而教育部駁回（拒絕聘任）或准許，本身就是一個行政處分。臺大和管中閔提訴願的對象是行政院，教育部說法僅供參考。但依教育部「不是一個行政處分」的邏輯下作討論，仍然可以提確認訴訟，以確認教育部有聘任管中閔擔任校長的公法上法律義務，教育部消極不作為是違法。

他分析，**循著教育部現在的邏輯，臺大不是人民而是下級機關，所以不是一個行政處分，但臺大及管中閔仍然可提確認訴訟，以確認教育部法律上（聘任）義務存在；至於另提課予義務訴訟，就是主張臺大有「大學自治權」，由學校遴選委員會所選出來的校長，教育部不能否認，也就是說「教育部有聘任義務」**。

他表示，由於「課予義務訴訟」依法必須先提訴願，而「確認訴訟」不用，可以直接向行政法院提起。不過，在可提起課予義務訴訟的情況下，必須先提起課予義務訴訟。他認為，訴願機關不一定會接受課予義務，所以保險一點作法就是雙管齊下，同時提出確認訴訟，讓行政院與行政法院作出認定。

（資料來源：聯合新聞網https://udn.com/news/story/7314/3122129）

問題思考

1. 課予義務訴訟是什麼？法律依據是？
2. 課予義務訴訟的提起要件？
3. 課予義務訴訟與確認訴訟有何不同？

2. **一般給付訴訟**【108關務四等、108移民四等、108司法三等、106地特三等】

行政訴訟法第8條規定：「人民與中央或地方機關間，因公法上原因發生財產上之給付或請求作成行政處分以外之其他非財產上之給付，得提起給付訴訟。因公法上契約發生之給付，亦同。前項給付訴訟之裁判，以行政處分應否撤銷為據者，應於依第4條第1項或第3項提起撤銷訴訟時，併為請求。原告未為請求者，審判長應告以得為請求。」有關一般給付訴訟之要件說明如後。

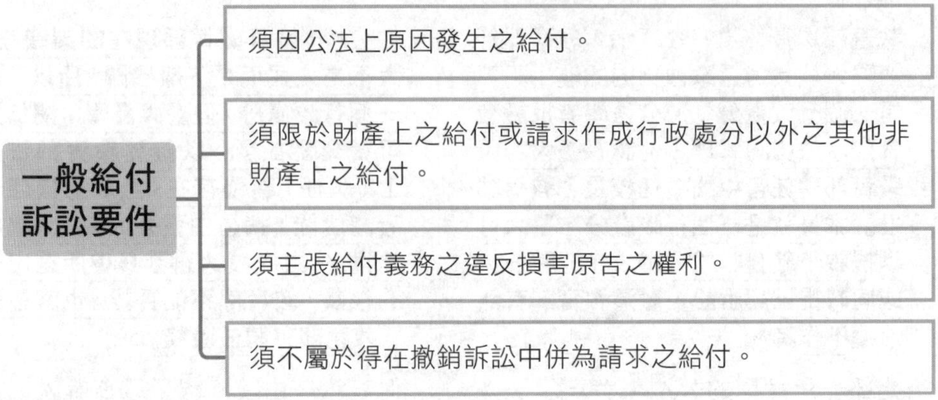

一般給付訴訟要件
須因公法上原因發生之給付。
須限於財產上之給付或請求作成行政處分以外之其他非財產上之給付。
須主張給付義務之違反損害原告之權利。
須不屬於得在撤銷訴訟中併為請求之給付。

(1) **須因公法上原因發生之給付**

公法上原因發生之給付有基於**法規**之規定、基於**公法契約**之約定或因**事實行為**而生者，其發生之原因不一而足。本條第1項後段稱：「因公法上契約發生之給付，亦同」，無非提醒注意之性質。倘給付之發生係基於司法上之原因者，當然不在本條規定之列。

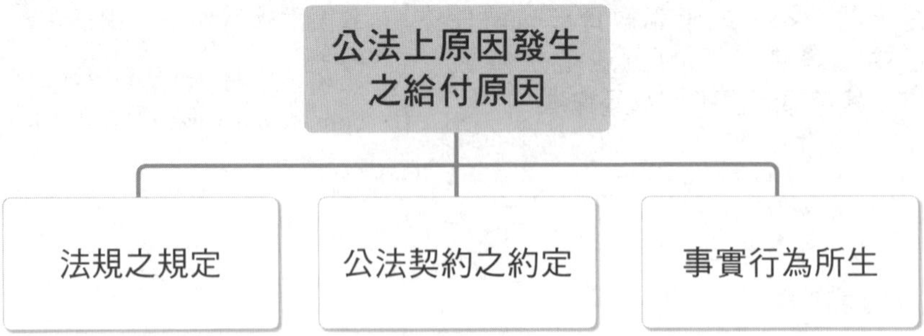

所謂給付包括作為、忍受及不作為等情形，故一般給付訴訟尚可細分為**作為給付之訴及不作為給付之訴**。作為給付之訴訴請者乃一定之作為，不作為給付之訴則訴請被告不為某種給付。

此外，法條雖稱「人民與中央或地方機關間」，但並**不限於僅人民得為給付訴訟之原告，就財產上之給付並不排除中央或地方機關亦得以原告之地位對人民起訴**，故與撤銷訴訟之情形不同。而行政主體與機關間因公法契約或其他公法上原因發生財產上之給付，隸屬於同一公法人下之兩個行政機關間，若提起一般給付訴訟，學理上稱為**自體訴訟**，遇此情形應援引本法第2條所設之概括條款，解釋為亦得提起本項之訴訟。

(2) **須限於財產上之給付或請求作成行政處分以外之其他非財產上之給付**

財產上給付包括金錢或物品之給付，例如公保、勞保等給付、因公法契約發生之給付或公法上不當得利之返還請求權等性質上屬之。

行政處分以外之其他非財產上給付，尤為一般給付訴訟之特色，蓋請求作成行政處分，無論處分內容之結果是否涉及財產抑或非財產事項，要屬課予義務訴訟之範圍，不得以一般給付訴訟為請求之手段。所謂「行政處分以外其他非財產上之給付」，係指不屬行政處分之其他高權性質之作為或不作為而言，若與課予義務訴訟之怠為處分訴訟比較，在怠為處分訴訟乃請求行政法院判命被告機關為行政處分或特定內容之行政處分，而本條之訴訟係請求行政法院判命被告機關為某種事實行為或單純行政作為，諸如人民訴請締結公法契約，請求有關機關提供資訊、服務紀錄之塗銷、忠誠資料之塗銷等。

	課予義務訴訟之怠為處分訴訟	一般給付訴訟
標的：行政處分以外之其他非財產上給付	行政處分或特定內容之行政處分	某種事實行為或單純行政作為（或稱單純之高權行為）

實務上認為，如依實體法之規定，尚須先由行政機關核定或確定其給付請求權者，則於提起一般給付之訴之前，應先提起課予義務之訴，請求作成該核定之行政處分。因此，「得直接提起一般給付訴訟者，應限於請求金額已獲准許可或已保證確定之金錢支付或返還。」（最高行政法院92年度判字第1429號判決參照）

知識補給站

最高行政法院92年度判字第1429號判決要旨

依行政訴訟法第8條所規定因公法上原因發生財產上之給付，而提起一般給付訴訟，其請求金錢給付者，必須以該訴訟可直接行使給付請求權時為限。**如依實體法之規定，尚須先由行政機關核定或確定其給付請求權者，則於提起一般給付訴訟之前，應先提起課予義務訴訟，請求作成核定之行政處分。**準此，得直接提起一般給付訴訟者，應限於請求金額已獲准許可或已保證確定之金錢支付或返還。

又公法上金錢給付義務，得由行政機關作成行政處分移送行政執行處強制執行即可達到目的者，不得提起一般給付之訴。然行政機關之意思表示，何者為行政處分？何者屬於起訴前之催告性質？有一原則可供參考，即行政機關依法有權核定給付之種類、數額者，其核定自屬有執行力之行政處分，反之則非行政處分，如欲請求給付，應提起本項訴訟。

(3)**須主張給付義務之違反損害原告之權利**

A.**財產上給付訴訟**：同民事訴訟給付法理－權利保護必要（行政訴訟法第115條準用民事訴訟）

行政訴訟上之給付訴訟如以財產上之給付為對象，則與民事訴訟上之給付訴訟同其法理。原告已屆清償期之給付請求權（尤其為依公法契約取得者），有請求行政法院作成裁判之權利保護必要。反之，對履行期未到前請求將來給付之訴，民事訴訟法第246條明定，以有預為請求之必要者，得提起之，若無到期不履行之虞，原告之權利即無保護之必要，依本法第115條上述民事訴訟法之規定，於行政訴訟亦應准用。至於原告毋須提起給付之訴，已有合法途徑實現其權利者，自無保護之必要，例如原告已取得有既判力之執行名義得為強制執行，竟不執行而提起訴訟者即是。

B.**非財產上給付訴訟**：預防性不作為訴訟？

非財產上之給付訴訟，常見之爭議類型為預防性不作為訴訟。所謂預防性不作為訴訟，係指人民訴請行政法院，判命被告行政機關未來不得對之作成可能損害其權益之行政處分或其他高權行為（職務行為）。各國對此種訴訟之態度各有不同。在德國，原則上多採肯定見解，但限於原告對嗣後無法期待其權益之損害，可以循現存行政訴訟程序訴訟種類獲得救濟時，始得許其提起本訴，學說稱此為**「無期待可能理論」**。

至於更為細緻之分類則以不作為之性質是否為行政處分區分，若為行政處分以外之其行政作為，則不妨類推適用民事訴訟之法理，於原告提起不作為請求之訴時，不能單憑過去違反義務之事實，必須被告將來有侵害之虞者，始認為有權利保護之必要。至於訴請不作為之性質為行政處分時，由於行政機關以行政處分作為行政上採取行措施之手段，在制度上已存在各種機制，例如訴願與撤銷訴訟、訴訟繫屬中或起訴前聲請裁定停止執行等，故原則上應認當事人不得任意聲請行政法院，預先判命行政機關不得作成某種行政處分，以免行政權之運作遭受過度之干預，但遇有特殊值得權利保護必要之情形，亦有例外允許之可能，德國學者認為須當事人無從期待循現行行政訴訟程序之其他訴訟類型，維護其權利保護之利益，始屬相當，故亦稱為無期待可能之條款理論。德國實務上出現之案例有：對具有罰鍰效果之行政處分、行政處分即將執行完成而解消或事後無從撤銷者、具有創設事實狀態之行政處分等。

簡單說就是：

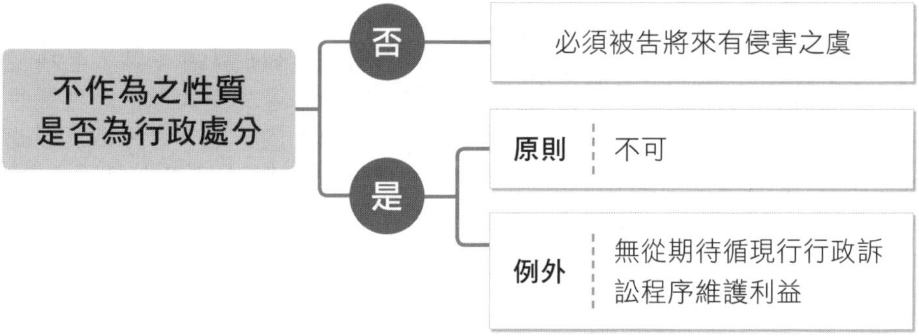

「預防性不作為訴訟」敗訴定讞！紅十字會：判決等同確認繼續合法存在事實

Date：2018/03/09

一般給付訴訟之預防性不作為訴訟

最高行政法院今(9)日以上訴人「難認有保護權利之必要」，「本得於處分作成後，聲請停止執行、依限提起訴願及撤銷訴訟救濟，已足達成有效之權利保護」，認定「紅十字」名稱及標誌使用的侵害，「非有直接且即將發生之虞」等事由，駁回中華民國紅十字會所提出的「預防性作為訴訟」，意味紅十字會因廢專法啟動的行政訴訟正式告一段落。

對此紅十字會下午發出新聞稿強調，該會雖敗訴，「但判決等同確認紅十字會合法繼續存在之事實」，希望各界支持紅十字會人道工作。

2016年7月，總統蔡英文公布廢止中華民國紅十字會法，完成紅十字會「廢專法」回應社會訴求，紅會回歸《人民團體法》及《公益勸募條例》納管。但紅十字會向台北高等行政法院提起「預防性不作為訴訟」，2017年5月25日遭高等行政法院駁回。對此結果，紅十字會表達遺憾與無奈。同時請38位立委連署聲請釋憲。

依照**《行政訴訟法》第8條等相關規定，「預防性不作為訴訟」屬於一般給付訴訟，指在行政機關將作成之行政處分或其他公權力行為，實際上會對人民權利義務造成影響或變動時，可提出預防性不作為訴訟，要求行政機關停止其行政處分或其他公權力行為，藉此達成保護人民權益之目的。**

因而在立院三讀、總統公佈廢專法後，紅十字會在2016年7月14日提出「預防性不作為訴訟」，要求內政部不得作成廢止紅十字會人民團體立案登記及廢棄紅十字會法人資格，亦不得許可紅十字會以外之人設立「中華民國紅十字會」、「中華民國紅十字會總會」、「紅十字會總會」、「紅十字會」，或其他含有或近似於「紅十字」之名稱及標誌之組織。

針對「預防性不作為訴訟」敗訴，紅十字會會長王清峰強調，因為廢法，該會擔心內政部廢止本會人民團體立案登記、作成廢棄法人資格或命解散的處分，以及許可紅十字會以外的人設立含有或近似於「紅十字」名稱及標誌的組織，恐產生重大損害，且嚴重違反日內瓦公約的一國一會原則，因此向台北高等行政法院提起預防性不作為訴訟。

王清峰表示，經過1年近8個月冗長的行政訴訟，該會固然敗訴，但總算透過此次最高行政法院判決，「確認內政部及法院都認同本會原本所主張的，紅十字會繼續合法存在、本會的法人資格亦存續」。

紅十字會強調，會依據人民團體法與公益勸募條例，恪遵國際紅十字運動相關公約及章程的規範，持續堅守人道工作，希望各界繼續支持。

最高行政法院判決重點：

一、中華民國紅十字會法（下稱紅十字會法）於民國43年10月18日制定，上訴人中華民國紅十字會總會依該法第2條規定取得法人資格。嗣紅十字會法於105年7月27日公告廢止，上訴人恐被上訴人內政部廢止其人民團體立案登記作成廢棄上訴人法人資格或命上訴人解散之處分、或許可上訴人以外之人設立含有或近似「紅十字」名稱及標誌之組織，致生重大損害，乃向臺北高等行政法院提起預防性不作為訴訟，請求判決禁止被上訴人廢止其人民團體立案登記等行政處分，經原審判決駁回後，提起本件上訴。

二、查法人人格必須經過解散與清算兩個階段，始歸於消滅，上訴人的法人人格，不會因為紅十字會法的廢止而當然消滅。上訴人既係以人為成立基礎之組織體而為社團法人，復係經被上訴人核准立案之人民團體，於紅十字會法廢止後，自應回歸適用民法、人民團體法、公益勸募條例等相關規定。上訴人依紅十字會法取得之法人資格，於未依法解散或撤銷前，不影響其法人格之存續。

三、主管機關得否依人民團體法第58條第1項第3款、第4款規定，對人民團體命廢止許可或解散，以該人民團體，是否違反法令、章程或妨礙公益情事，並經限期未改善或情節重大為要件；而法院是否得因主管機關之請求宣告解散法人，依民法第36條規定，亦以法人之目的或其行為，有違反法律、公共秩序或善良風俗之情形為要件，紅十字會法的廢止，並不會單純使上訴人合致上述主管機關命廢止許可或解散，及由法院宣告解散之要件。查紅十字會法廢止後，上訴人是否發生違反法令之結果尚有未明，在此階段提前給予上訴人司法救濟，禁止被上訴人得依個案之實際發展情形，依職權調查證據、判斷事實而作成適當處分，並非係具實效性之救濟，難認有權利保護必要。

四、預防性不作為訴訟具有事前審查性質，為免司法權過早介入行政權的決定空間，因此，只有在訴願及撤銷訴訟不能達成有效權利保護，如不許可人民預防地發動行政訴訟程序以阻止行政處分的作成，權利無從及時受到保護時，才例外的允許提起此類訴訟。本件被上訴人縱於日後作成如上訴人聲明所稱違法對上訴人廢止人民團體立案登記等行政處分，然上訴人本得於處分作成後，聲請停止執行、依限提起訴願及撤銷訴訟救濟，已足達成有效之權利保護。

五、綜上，無論是對上訴人法人格存續或「紅十字」名稱及標誌使用的侵害，非有直接且即將發生之虞，是以在處分未作成前，衡情難認有何應容許上訴人提起預防性不作為訴訟禁止被上訴人作成行政處分之必要。

（資料來源：民報https://www.peoplenews.tw/news/afe18987-4a2f-47e2-b112-3988e837a6a6）

問題思考

1. 預防性不作為訴訟為何？其法規依據？
2. 試分析預防性不作為訴訟之提起要件？

(4) **須不屬於得在撤銷訴訟中併為請求之給付**

行政訴訟法第8條第2項規定：「前項給付訴訟之裁判，以行政處分應否撤銷為據者，應於依第四條第一項或第三項提起撤銷訴訟時，併為請求。原告未為請求者，審判長應告以得為請求。」是凡給付請求權成立與否，以行政處分為據者，既應先由行政法院對行政處分合法性加以判斷，則給付部分亦應合併請求。例如公務員依規定請領福利互助金，遭該管機關拒絕，此拒絕之意思表示性質上為行政處分，得提起訴願及行政訴訟（釋字第312號參照），遇有此情形，原告應訴請撤銷原處分（即拒絕給付之公文書）且一併請求給付若干基數或一定數額之福利互助金。

因撤銷訴訟限於以行政機關為被告，故官署向人民提起給付訴訟自無本項規定之適用。

知識補給站

司法院釋字第312號解釋

公務人員之公法上財產請求權，遭受損害時，得依訴願或行政訴訟程序請求救濟。公務人員退休，依據法令規定請領福利互助金，乃為公法上財產請求權之行使，如有爭執，自應依此意旨辦理。本院釋字第187號、第201號及第266號解釋應予補充。

(三) **確認訴訟**【106地特三等】

行政訴訟法第6條第1項規定：「確認行政處分無效及確認公法上法律關係成立或不成立之訴訟，非原告有即受確認判決之法律上利益者，不得提起之。其確認已執行而無回復原狀可能之行政處分或已消滅之行政處分為違法之訴訟，亦同。」故確認訴訟之種類有兩種，分別為「確認行政處分無效或違法之訴」及「確認法律關係存否之訴」，分述如後。

1. **確認行政處分無效或違法之訴**

(1) **確認之對象須為行政處分之無效或違法**【110高考三級、107高考三級、106地特三等】

行政訴訟法第196條：「行政處分已執行者，行政法院為撤銷行政處分判決時，經原告聲請，並認為適當者，得於判決中命行政機關為回復原狀之必要處置。撤銷訴訟進行中，原處分已執行而無回復原狀可能或已消滅者，於原告有即受確認判決之法律上利益時，行政法院得依聲請，確認該行政處分為違法。」通說認為，凡有回復原狀之可能者，均應以上開規定為據，提起撤銷訴訟，故第6條第1項後段**確認已執行完畢之處分為違法之訴，僅適用於無回復原狀可能之情形**。

(2) **確認行政處分無效須先經行政程序**

行政程序法第113條規定：「行政處分之無效，行政機關得依職權確認之。行政處分之相對人或利害關係人有正當理由請求確認行政處分無效時，處分機關應確認其為有效或無效。」又依照行政訴訟法第6條第2項規定，確認行政處分無效之訴訟，須已向原處分機關請求確認其無效未被允許，或經請求後於三十日內不為確答者，始得提起之。故提起確認行政處分無效之訴，須先經行政程序請求確認行政處分無效未果後，始得為之。

(3) **須有即受確認判決之法律上利益**

此依要件之作用有二：一為提起確認訴訟之所以有所限制，是因為為防止當事人濫訴，理由與民事訴訟之確認之訴相同。二為作為權利保護要件之一環，提起確認訴訟者僅須有即受判決之法律上利益，毋庸再主張權利或法律上利益受損害之可能。

行政確認訴訟保護之利益**限於公法上利益**，私法上利益不得為本法確認訴訟之標的，其情形與撤銷訴訟不同，蓋撤銷訴訟僅須形式上有行政處分存在，至於行政處分所形成之權力或利益究屬公法或私法則在所不問。

條文所稱「即受判決之法律上利益」，亦為原告自己所處之不確定法律狀態，若不尋求判決確認即將受不利益之效果，因此**不確定之法律狀態必須現已存在或立即到來**，至於凡過去或未來之受害或有受害之虞者，皆不屬之。

對於**已解消之行政處分**允許其提起確認之者，則必須原告有可回復之法律上利益，否則即無保護之必要。例如認定原告所有房屋係違章建築之處分，因已執行拆除完畢而解消，但**原告仍有請求損害賠償之法律上利益**，因此即可視為有保護之必要而得提起確認之訴。

(4) **須已不得提起其他訴訟（確認訴訟之補充性）**

行政訴訟法第6條第3項規定：「確認訴訟，於原告得提起或可得提起撤銷訴訟、課予義務訴訟或一般給付訴訟者，不得提起之。但確認行政處分無效之訴訟，不在此限。」此項規定在學理上稱作「確認訴訟之補充性」。法律關係因行政處分而發生者，當事人如有爭執，本應以撤銷訴訟訴請撤銷原處分，則該法律關係自然失所附麗，隨之而變更或消滅。若願告怠於提起訴願或撤銷訴訟，聽任行政處分確定，然後再以無起訴期限限制之確認訴訟，主張因行政處分而生之法律關係存在或不存在，則行政處分之效力永遠處於不確定狀態，不為訴願及撤銷訴訟亦成為多餘之制度，且有害法律秩序之安定。同理遇有法律關係得以課予義務訴訟或一般給付訴訟解決之情形，自亦受確認訴訟補充性之限制。惟其中若涉及確認行政處分無效者，因為無效乃自始無效，故毋須先提起撤銷行政處分之訴。

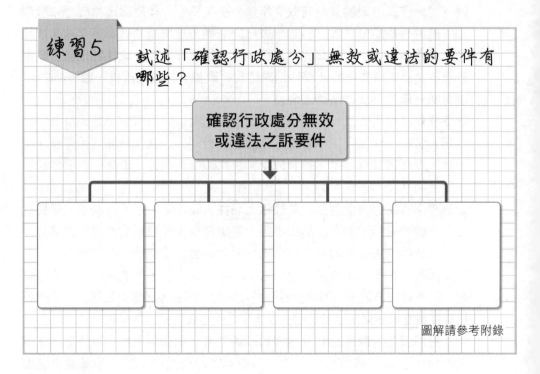

練習5

試述「確認行政處分」無效或違法的要件有哪些？

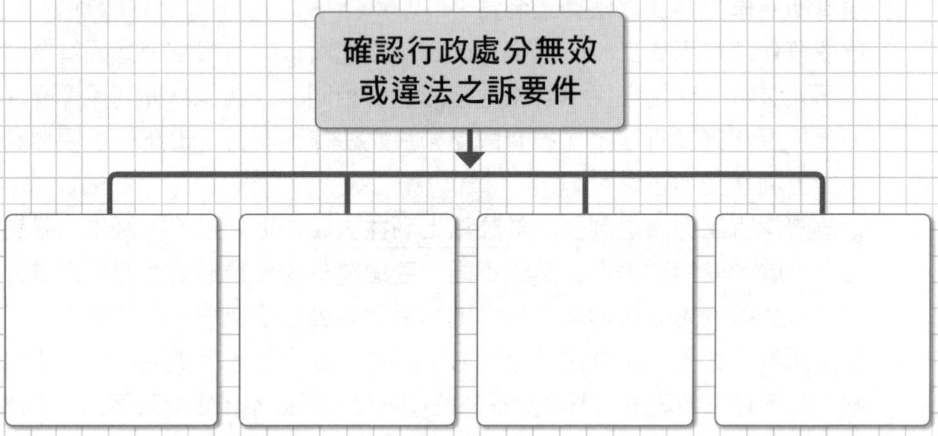

圖解請參考附錄

● 想一想

甲講師之升等申請遭乙大學否決後，提出行政爭訟獲得原否決升等處分之撤銷，另為合法決議之平反救濟，但乙大學重為決議時，再為駁回甲之升等處分，則甲不服，逕提確認行政處分無效之訴訟，行政法院應如何處理？ (A)將甲案事件移送於訴願管轄機關 (B)判甲勝訴 (C)判甲敗訴 (D)程序駁回。【地特三等】

解答與解析

A　行政訴訟法第6條第4項：應提起撤銷訴訟、課予義務訴訟，誤為提起確認行政處分無效之訴訟，其未經訴願程序者，行政法院應以裁定將該事件移送於訴願管轄機關，並以行政法院收受訴狀之時，視為提起訴願。

知識補給站

前訴訟與後訴訟之訴訟標的「不同」或「未包含」，即沒有一事不再理問題

最高行政法院111年度抗字第56號裁定

撤銷訴訟之訴訟標的，係「原告所訴請撤銷之行政處分違法且侵害其權利或法律上之利益之權利主張」，並不包含行政處分之有效性。撤銷訴訟判決之既判力及於確認「原告訴請撤銷之行政處分有無違法」「原告權利或法律上之利益是否因行政處分違法而受到侵害」。是以，**法院駁回原告所提撤銷訴訟之判決確定，其既判力僅及於確認「行政處分未違法」，或「未侵害原告權利或法律上之利益」，但不及於行政處分之有效性。**行政處分無效確認訴訟之訴訟標的係確認行政處分無效之訴訟上請求，行政處分之有效性為訴訟標的內容，行政處分之合法性並非其訴訟標的內容。由此可知，行政處分撤銷訴訟與行政處分無效確認訴訟，兩者訴訟標的並不相同，亦無包含關係。

2. **確認法律關係存否之訴**

行政訴訟法第6條第1項前段規定：「確認行政處分無效及確認公法上法律關係成立或不成立之訴訟，非原告有即受確認判決之法律上利益者，不得提起之。」公法上法律關係成立或不成立之訴與確認行政處分無效或違法之訴不盡相同，其要件說明如下：

確認法律關係存否之訴要件

- 確認之對象須為公法上法律關係之成立或不成立。
- 須有即受確認判決之法律上利益。
- 須已不得提起其他訴訟。

(1) **確認之對象須為公法上法律關係之成立或不成立**

所謂公法上法律關係實際上係指**行政法上法律關係**而言，所謂法律關係乃指特定生活事實之存在，因法規之規範效果，在兩個以上權利主體（人）間所產生之權利義務關係，或產生人對權利客體（物）之利用關係。行政法上法律關係之成立有直接基於法規規定者，亦有因行政處分、行政契約或事實行為而發生者，但法規、行政行為與事實行為均非法律關係之本身，故皆不得以其存否為確認訴訟之標的。例如配偶之一方如有即受判決之法律上利益時，並非不得訴請確認，配偶他方與行政主體間具有公務員關係。

(2) **須有即受確認判決之法律上利益**

參前揭說明，不再贅述。

(3) **須已不得提起其他訴訟**

參前揭說明，不再贅述。

素養小教室

機關爭議

訴願法第1條第2項規定：「各級地方自治團體或其他公法人對上級監督機關之行政處分，認為違法或不當，致損害其權利或利益者，亦同。」此種訴願基本上是一種「機關爭議」，亦即此些爭議基本上並不是以人民權益受損為條件，故此種訴願毋寧為一種合法（憲）秩序的維護的功能。此種機關爭議在德國、日本均有採行。而行政訴訟法僅於第2條規定，只要是「公法上爭議」，皆得提起行政訴訟，並無明文將機關爭議，獨立列為一種訴訟類型，然解釋上，自應包括在內。

機關爭議基本上涉及到各機關職權之行使，是否合乎法定秩序，不限於只有地方自治團體得為訴訟當事人，包括委任權限之範圍及責任的爭議；上級機關對下級機關（地方自治團體）的監督措施合法性的爭議，例如法規規定應予「備查」之事項，卻發生上級機關不予「核定」之問題；地方自治監督採行代行措施（地方制度法第76條）而有違法之爭議；中央與地方自治團體費用之分擔比例（地方制度法第70條）等。各種爭議皆可類推適用撤銷、給付或確認之訴之規定，以尋求解決。

(四) 其他類型訴訟

其他類型訴訟之型態繁多，故以下僅就常見類型及概括規定説明之。

1. 合併請求財產上給付訴訟

行政訴訟第7條：「提起行政訴訟，得於同一程序中，合併請求損害賠償或其他財產上給付。」得提出合併請求者，包含撤銷、確認及課予義務之各種訴訟。

有關撤銷訴訟之合併請求，例如遭免職之公務員訴請撤銷免職處分，且合併請求給付自免職生效起至行政法院為勝訴判決而復職止，應得之薪俸及其他給與；確認訴訟包括確認行政處分無效或確認法律關係存否，亦得合併請求，例如命為拆除違章建築之處分已執行完畢，原告訴請確認該處分無效得合併請求給付一定數額之金錢，以賠償其因拆屋所受之損害；課予義務訴訟亦可能發生損害賠償之問題，於提起不服怠為處分之訴或拒絕申請之訴的同時，自得合併請求；以一般給付訴訟請求履行公法契約，同時以備位聲明請求不履行之損害賠償，亦屬本條所謂之合併請求給付。

請求之時機於起訴同時提出或其後以追加方式提出，均無不可。

損害賠償請求權之成立，除行政實體法（國家賠償法即其中之一）另有規定，應從其規定外，民法相關規定，仍有適用之餘地。

2. 民眾訴訟

行政訴訟法第9條規定：「人民為維護公益，就無關自己權利及法律上利益之事項，對於行政機關之違法行為，得提起行政訴訟。但以法律有特別規定者為限。」此又稱之為「公眾訴訟」或「公益訴訟」。此種訴訟種類的採取，具有強烈的「法規維持説」及有「預防訴訟」之性質。所謂法律有特別規定者，現行法制中，多集中在環保法規上，例如空氣污染防制法第93條、廢棄物清理法第72條及土壤及地下水污染整治法第54條。

3. 其他概括類型訴訟

行政訴訟法第2條規定：「公法上之爭議，除法律別有規定外，得依本法提起行政訴訟。」係採「概括權利保護」之規定，是除本法所明定之訴訟類型外，應仍有所謂類型外之訴訟，而本條之規定，前述各種訴訟皆可能被類推適用。

(五) **判決之效力**

行政訴訟判決之效力，有拘束力與執行力，說明如下：

1. **拘束力**【108司法三等】

行政訴訟法第216條規定：「**撤銷或變更原處分或決定之判決，就其事件有拘束各關係機關之效力。原處分或決定經判決撤銷後，機關須重為處分或決定者，應依判決意旨為之。**前二項判決，如係指摘機關適用法律之見解有違誤時，該機關即應受判決之拘束，不得為相左或歧異之決定或處分。前三項之規定，於其他訴訟準用之。」是為行政法院判決之拘束力，各級行政機關及法院就同一事件不得為與行政法院判決不同之處理。但此僅為「個案拘束力」，其意義有二：第一，其他相類似的個人，無法援引前判決要求行政法院為相同結果之判決。第二，對行政機關亦只有個案受到拘束而已。

拘束力之本質，經行政法院於確定終局判決中經裁判者，係指於判決書「主文」中所判斷之事項，「判決理由」並不發生拘束力。

有關行政法院判決拘束力究何所指，學說有以下爭論：

既判力說	原行政處分既經判決撤銷，若原處分機關仍為同一之處分，自與原判決之既判力牴觸，而為法所不許。此之既判力包括「事實的認定」及「法律效果的形成」。
特殊效力說	此說認為既判力是指法院就該訴訟標的所為之判斷，不許再付爭執之效力，而拘束力則是對原處分機關重為處分之行為，予以拘束，故拘束力與既判力之性質不同，是一種特別效力，僅及於「法律效果」與「見解」的拘束力，對事實的確認，並無拘束力。

釋字368號解釋認為：「行政訴訟法第4條（舊法）：『行政法院之判決，就其事件有拘束各關係機關之效力』，乃本於憲法保障人民得依法定程序，對其爭議之權利義務關係，請求法院予以終局解決之規定。故行政法院所為撤銷原決定及原處分之判決，如係指摘事件之事實尚欠明瞭，應由被告機關調查事證另為處分時，該機關即應依判決意旨或本於職權調查事證。倘依重為調查結果認定之事實，認前處分適用法規並無錯誤，雖得維持已撤銷之前處分見解；若行政法院所為撤銷原決定及原處分之判決，係指摘其適用法律之見解有違誤時，該管機關即應受行政法院判決之拘束。」係採特殊效力說。

知識補給站

課予義務訴訟之訴訟標的與確定力（既判力）之範圍？

最高行政法院97年12月份第3次庭長法官聯席會議決議

課予義務訴訟之訴訟標的，依行政訴訟法第5條規定，應為「原告關於其權利或法律上利益，因行政機關違法駁回其依法申請之案件，或對其依法申請之案件不作為致受損害，並請求法院判命被告應為決定或應為特定內容行政處分之主張」。又依同法第213條規定，上開課予義務訴訟之訴訟標的，於確定之終局判決中經裁判者，有確定力。是原告提起課予義務訴訟如經判決駁回確定者，該**判決之確定力（既判力）不僅及於確認「原告對於請求作成其所申請行政處分依法並無請求權」，且及於「被告機關原不作為或否准處分為合法」、「不作為或否准處分並未侵害原告之權利或法律上利益」之確認**；若行政法院依行政訴訟法第200條第3款規定判決原告勝訴確定者，該判決之既判力，不僅及於確認原告對被告依法有作成所請求行政處分之權利，及命令被告機關作成特定內容之行政處分，且及於被告機關之否准處分為違法並侵害原告之權利或法律上利益之確認；如行政法院依行政訴訟法第200條第4款規定判決原告勝訴確定者，該判決就原告對被告是否有依法作成所請求行政處分之權利雖未加以確認，亦未命令被告機關作成特定內容之行政處分，惟該判決之既判力，仍及於系爭否准處分或不作為為違法並侵害原告之權利或法律上利益之確認。

2. **執行力**

為確保司法審查與保護人民權利的實效性，防止行政機關漠視判決之效力，故行政訴訟法透過「強制罰鍰」的制度，亦可透過監察院之糾正與彈劾權，以督促行政機關的確實履行。撤銷判決確定者，關係機關應即為實現判決內容之必要處置（行政訴訟法第304條）。公務員如果未依判決內容執行，亦屬違法之行為，得以違反公務員服務法之規定依有關違法失職規範，移付懲戒。

四 當事人

(一) 當事人

行政訴訟法23條規定：「訴訟當事人謂原告、被告及依第41條與第42條參加訴訟之人。」告訴訟當事人包含原告、被告及訴訟參加人。

1. **原告**

一般為人民，惟公法人或行政機關係立於與人民同一地位時，亦得為原告。

2. **被告**【108關務四等】

<table>
<tr><th>案件</th><th colspan="2">被告</th></tr>
<tr><td rowspan="2">經訴願程序之行政訴訟</td><td>駁回訴願時之原處分機關</td><td rowspan="2">被告機關經裁撤或改組者，以承受其業務之機關為被告機關；無承受其業務之機關者，以其直接上級機關為被告機關。</td></tr>
<tr><td>撤銷或變更原處分時，為撤銷或變更之機關。</td></tr>
<tr><td>人民與受委託行使公權力之團體或個人，因受託事件涉訟</td><td colspan="2">受託之團體或個人。</td></tr>
</table>

知識補給站

最高行政法院107年9月份第1次庭長法官聯席會議民國決議

法律問題

甲服務於A公務機關，其年終考績經該機關考列丙等，送經主管機關核定、銓敘部銓敘審定後，A機關以考績（成）通知書通知甲，甲不服丙等考績，循序提起行政訴訟，應以何機關為被告？

決議

公務人員之考績乃就其任職期間之工作、操行、學識及才能表現，本諸「綜覈名實、信賞必罰」之旨所為之考評，係為維持主管長官指揮監督權所必要，屬於服務機關人事高權之核心事項。又依公務人員考績法第14條第1項前段、第16條及同法施行細則第13條第4項、第20條第1項規定，公務人員考績案雖須送銓敘部銓敘審定，惟銓敘部縱發現有違反考績法規情事，應退還原考績機關另為適法之處分，而無權逕行變更；且公務人員之平時考核獎懲，無庸送銓敘部銓敘審定。再依**最適功能理論**，服務機關對於所屬公務人員之任職表現最為清楚，由其應訴最為適當。足徵公務人員之考績權限應歸屬於服務機關，銓敘部則有適法性監督之權限，其就公務人員考績案所為之銓敘審定，核屬法定生效要件，並於服務機關通知受考人時發生外部效力。從而，**公務人員如單就年終考績評定不服，原則上應以服務機關為被告；如對銓敘部基於掌理公務人員敘級、敘俸職權所為考績獎懲結果（晉級、獎金、留原俸級）之銓敘審定不服，則應以銓敘部為被告。**至主管之核定機關依公務人員考績法施行細則第22條後段規定，針對服務機關怠為或未依規定處理，基於上級機關指揮監督權逕予變更之例外情形，則非本議題討論範圍，併予敘明。

3. **訴訟參加人**【110普考】

所謂訴訟參加，係指行政法院依聲請或依職權以裁定命第三人，參與他人間已係屬之訴訟。行政訴訟法規定之參加種類共有四類：必要參加、獨立參加（普通參加）、輔助參加、告知參加，分別說明如下：

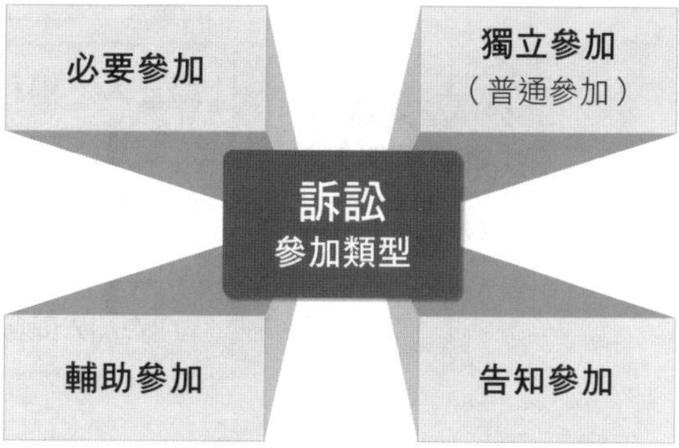

(1) **必要參加**

行政訴訟法第41條：「訴訟標的對於第三人及當事人一造必須合一確定者，行政法院應以裁定命該第三人參加訴訟。」故其參加要件可整理如下：

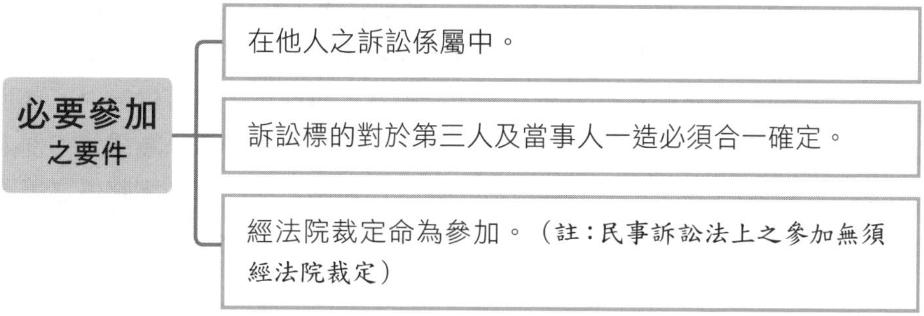

必要參加之訴訟實際上出現之機會不多，例如共有土地被徵收，他共有人參加訴訟，仍屬本法第42條之通常參加。共同繼承人就遺產稅涉訟之情形亦同。二人以上共同發明，並由一人申請專利且未具有約定代表身分者（專利法第12條），其他共同發明人方有適用必要參加可言。

(2)獨立參加（普通參加）

行政訴訟法第42條規定：「行政法院認為撤銷訴訟之結果，第三人之權利或法律上利益將受損害者，得依職權命其獨立參加訴訟，並得因該第三人之聲請，裁定允許其參加。前項參加，準用第39條第3款規定。參加人並得提出獨立之攻擊或防禦方法。前二項規定，於其他訴訟準用之。訴願人已向行政法院提起撤銷訴訟，利害關係人就同一事件再行起訴者，視為第一項之參加。」條文使用「獨立參加訴訟」之字樣，係有意與輔助參加區隔，但稱為「普通參加」亦無不妥，其要件如下：

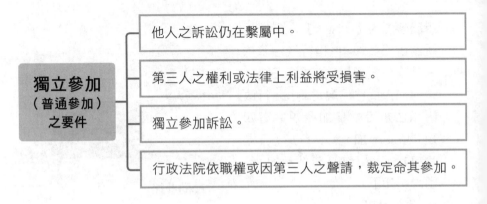

獨立參加（普通參加）之要件

- 他人之訴訟仍在繫屬中。
- 第三人之權利或法律上利益將受損害。
- 獨立參加訴訟。
- 行政法院依職權或因第三人之聲請，裁定命其參加。

A.他人之訴訟仍在繫屬中：

所謂「他人訴訟」即排除其在訴訟事件中法律上已視有當事人地位者參加。又所謂訴訟包括各種訴訟類型在內（參本法第42條第3項）。參加訴訟應在他人訴訟繫屬中，若已有確定終局判決則無參加之可能，至於繫屬於何一審級則不問，因為參加訴訟與上訴或抗告可合併為之。參加訴訟之第三人並不以對同一事件曾提起訴願之利害關係人為限，如他人因不服訴願決定，已向高等行政法院提起撤銷訴訟，有利害關係之第三人就同一事件再行起訴者，視為訴訟參加，參本條第4項之規定可知。

簡單說就是：

何謂「他人之訴訟仍在繫屬中」？

1. 排除其在訴訟事件中法律上已視有當事人地位者參加。
2. 包括各種訴訟類型。
3. 若已有確定終局判決則無參加之可能。
4. 不問審級。
5. 他人因不服訴願決定，已向高等行政法院提起撤銷訴訟，有利害關係之第三人就同一事件再行起訴者，視為訴訟參加。

B.第三人之權利或法律上利益將受損害

所謂第三人之權利或法律上利益將受損害，故經濟上、文化上、感情上之利益或反射利益皆不屬之。又行政機關並非權利主體，故通常情形，不得獨立參加訴訟。再撤銷訴訟其被告機關若屬原處分機關，則訴願決定機關不得參加訴訟；反之訴願決定機關為被告機關，原處分機關亦不得參加，否則將有違設置訴願制度之本旨。

C.獨立參加訴訟

所謂「獨立」主要係指同條第2項參加人得提出獨立之攻擊或防禦方法之意，換言之，參加人得交替或同時對抗原告及被告，故與同法第44條之輔助參加，不得違與受輔助當事人相牴觸之行為（本法第48條準用民事訴訟法第61條）者，大相其趣，與民事訴訟法第54條參加人以本訴之兩造當事人為共同告者，亦不相同。

D.行政法院依職權或因第三人之聲請，裁定命其參加

行政法院依職權或因第三人之聲請，裁定命其參加，故行政法院具有裁量權限。並依行政訴訟法第45條第2項：「行政法院為前項裁定前，應命當事人或第三人以書狀或言詞為陳述。」

知識補給站

最高行政法院103年11月份第1次庭長法官聯席會議民國決議

法律問題：行政法院認為撤銷訴訟之結果，第三人之權利或法律上利益將受損害者，得依職權命其獨立參加訴訟，行政訴訟法第42條第1項前段定有明文。**如依訴訟之法律關係，原告與其所請求撤銷或變更之行政處分之相對人（第三人）利害關係相反者，行政法院就依職權命該第三人獨立參加訴訟，是否有裁量權**？

決議：行政法院認為撤銷訴訟之結果，第三人之權利或法律上利益將受損害者，得依職權命其獨立參加訴訟，行政訴訟法第42條第1項前段定有明文。如依訴訟之法律關係，原告與其所請求撤銷或變更之行政處分之相對人（第三人）利害關係相反，該第三人因該行政處分而取得之權利或法律上利益，成為裁判對象，該行政處分經判決撤銷或變更者，對該第三人亦有效力（行政訴訟法第215條），其權利或法律上利益因撤銷或變更判決而消滅或變更。**為保障該第三人之訴訟防禦權，以踐行正當法律程序**（憲法第16條），**行政法院應依職權命該第三人獨立參加訴訟。於此情形，行政法院之裁量權限已限縮為零。**本院89年7月份第2次庭長法官聯席會議決議應予補充。

(3)**輔助參加**

行政訴訟法第44條規定：「行政法院認其他行政機關有輔助一造之必要者，得命其參加訴訟。前項行政機關或有利害關係之第三人亦得聲請參加。」故輔助參加與民事訴訟常序之從參加性質相當，得為輔助參加者，除利害關係人以外，尚包括行政機關，而行政機關除輔助參加外，不得於撤銷訴訟必要參加或獨立參加，已見前述。

輔助參加常見案例為，在多階段行政處分之情形，原則上以最後對外為准駁表示之機關為被告機關，但作成前一階段行為之機關對准駁之決策既有重大影響，則命該機關為輔助參加當有利於訴訟之進行。然行政機關之輔助參加並非毫無限制，蓋訴願決定機關仍不得輔助為被告之原處分機關而參加訴訟，反之，若訴願決定機關為被告機關，必屬原處分遭撤銷或變更，自亦不許下級機關（即原處分機關）輔助他造當事人與上級機關（即被告機關）相抗衡，縱然下級機關與上級機關分屬不同之公法人（例如一為中央機關，一為縣市機關）亦同。

(4) **告知參加（訴訟）**

告知訴訟於行政訴訟法無明文規定，故依行政訴訟法第48條準用民事訴訟法第65條告知訴訟之規定，所謂告知訴訟，係訴訟繫屬中，當事人之一造，就其訴訟告知於因自己敗訴而有法律上利害關係之第三人，使其參加訴訟之謂。第三人受告知後，並無參加訴訟之義務，但受告知而不參加或逾時參加訴訟者，時為於得為參加時，已參加訴訟，並有參加訴訟效力規定之適用。受告知者若參加訴訟，性質上屬於輔助參加（即民事訴訟法之從參加）。

告知之作用無非使有利害關係之第三人參加訴訟，故告知訴訟亦可視為參加之一種。

(二) **當事人能力**

行政訴訟法第22條規定：「自然人、法人、中央及地方機關、非法人之團體，有當事人能力。」當事人能力係指得為訴訟上當事人之一般資格，依行政訴訟法第28條準用民事訴訟法第48、49條，當事人能力之有無，法院應職權調查之，對無當事人能力者所提起之訴應以不合法駁回之。無當事人能力者，所為訴訟行為無效，法律許其補正者，當事人能力欠缺經取得能力者之承認，溯及於行為時發生效力，命其補正前，如恐久延當事人受損害時，得許其暫為訴訟行為。

關於當事人能力之問題，實務上深受民事訴訟之影響，諸如獨資商號、未經認許之外國公司、未完成登記之公司籌備處、宗教團體等，行政法院多仿民事訴訟之例，視為非法人團體承認其當事人能力。

(三) **訴訟能力**

行政訴訟法第27條規定：「能獨立以法律行為負義務者，有訴訟能力。法人、中央及地方機關、非法人之團體，應由其代表人或管理人為訴訟行為。前項規定於依法令得為訴訟上行為之代理人準用之。」外國人之訴訟能力則依其本國法之規定，而依我國法律有訴訟能力者，視為有訴訟能力（準用民事訴訟法第46條）。

(四) **當事人適格**

當事人適格是指於具體訴訟事件中可否為正當之原告或被告者而言。具有當事人能力者，在具體訴訟事件中，依法應具有之權利主體地位，始屬適格之當事人，**當事人適格乃行政法院為本案實體判決之要件，**故亦有「本案適格」之稱，其欠缺乃訴有無理由之問題。

下列整理「當事人能力」與「當事人適格」之相關比較：

	當事人能力	當事人適格
定義	得為訴訟上當事人之一般資格	於具體訴訟事件中可否為正當之原告或被告
欠缺之效果	裁定駁回	原告之訴無理由

(五) **共同訴訟**

有多數當事人之訴訟成為共同訴訟，直言之，原告或被告之一方或雙方有二人以上存在之訴訟，謂之共同訴訟，為方便共同訴訟之進行，行政訴訟法第29條規定：「多數有共同利益之人得由其中選定一人至五人為全體起訴或被訴。訴訟標的對於多數有共同利益之人，必須合一確定而未為前項選定者，行政法院得限期命為選定，逾期未選定者，行政法院得依職權指定之。訴訟繫屬後經選定或指定當事人者，其他當事人脫離訴訟。」設有選定及指定當事人之制度。行政訴訟法中有關共同訴訟之規定，詳見於第37～40條：

共同訴訟之要件	1. 二人以上於下列各款情形，得為共同訴訟人，一同起訴或一同被訴： (1) 為訴訟標的之行政處分係二以上機關共同為之者。 (2) 為訴訟標的之權利、義務或法律上利益，為其所共同者。 (3) 為訴訟標的之權利、義務或法律上利益，於事實上或法律上有同一或同種類之原因者。 2. 依前項第三款同種類之事實上或法律上原因行共同訴訟者，以被告之住居所、公務所、機關、主事務所或主營業所所在地在同一行政法院管轄區域內者為限。
通常共同訴訟人間之關係	共同訴訟中，一人之行為或他造對於共同訴訟人中一人之行為及關於其一人所生之事項，除別有規定外，其利害不及於他共同訴訟人。
必要共同訴訟人間之關係	訴訟標的對於共同訴訟之各人，必須合一確定者，適用下列各款之規定： 1. 共同訴訟人中一人之行為有利益於共同訴訟人者，其效力及於全體；不利益者，對於全體不生效力。

必要共同訴訟人間之關係	2. 他造對於共同訴訟人中一人之行為，其效力及於全體。 3. 共同訴訟人中之一人，生有訴訟當然停止或裁定停止之原因者，其當然停止或裁定停止之效力及於全體。
續行訴訟權	1. 共同訴訟人各有續行訴訟之權。 2. 行政法院指定期日者，應通知各共同訴訟人到場。

五　通常訴訟程序

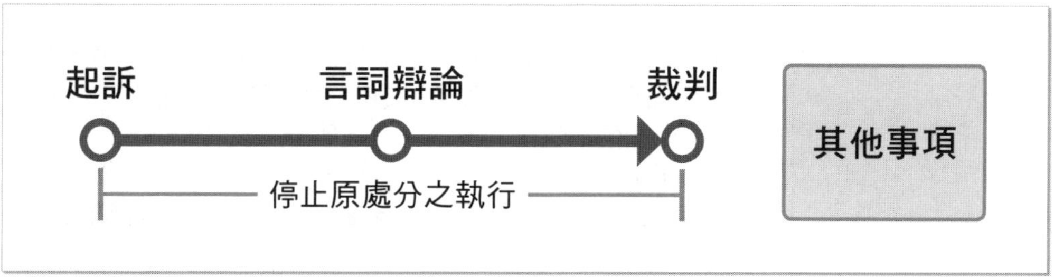

(一) 起訴

起訴之程式	1. 起訴，應以訴狀表明下列各款事項，提出於行政法院為之： (1) 當事人。 (2) 起訴之聲明。 (3) 訴訟標的及其原因事實。 2. 訴狀內宜記載適用程序上有關事項、證據方法及其他準備言詞辯論之事項；其經訴願程序者，並附具決定書。
訴訟之提起期間	1. 第4條及第5條訴訟之提起，除本法別有規定外，應於訴願決定書送達後二個月之不變期間內為之。但訴願人以外之利害關係人知悉在後者，自知悉時起算。 2. 第4條及第5條之訴訟，自訴願決定書送達後，已逾三年者，不得提起。 3. 不經訴願程序即得提起第4條或第5條第2項之訴訟者，應於行政處分達到或公告後二個月之不變期間內為之。 4. 不經訴願程序即得提起第5條第1項之訴訟者，於應作為期間屆滿後，始得為之。但於期間屆滿後，已逾三年者，不得提起。

訴訟要件之審查及補正	1. 原告之訴，有下列各款情形之一者，行政法院應以裁定駁回之。但其情形可以補正者，審判長應定期間先命補正： (1) 訴訟事件不屬行政訴訟審判之權限者。但本法別有規定者，從其規定。 (2) 訴訟事件不屬受訴行政法院管轄而不能請求指定管轄，亦不能為移送訴訟之裁定者。 (3) 原告或被告無當事人能力者。 (4) 原告或被告未由合法之法定代理人、代表人或管理人為訴訟行為者。 (5) 由訴訟代理人起訴，而其代理權有欠缺者。 (6) 起訴逾越法定期限者。 (7) 當事人就已起訴之事件，於訴訟繫屬中更行起訴者。 (8) 本案經終局判決後撤回其訴，復提起同一之訴者。 (9) 訴訟標的為確定判決或和解之效力所及者 (10) 起訴不合程式或不備其他要件者。 2. 撤銷訴訟及課予義務訴訟，原告於訴狀誤列被告機關者，準用第一項規定。 3. 原告之訴，依其所訴之事實，在法律上顯無理由者，行政法院得不經言詞辯論，逕以判決駁回之。
將訴狀送達被告並命答辯	1. 行政法院除依前條規定駁回原告之訴或移送者外，應將訴狀送達於被告。並得命被告以答辯狀陳述意見。 2. 原處分機關、被告機關或受理訴願機關經行政法院通知後，應於十日內將卷證送交行政法院。

合法之起訴發生下列效力：

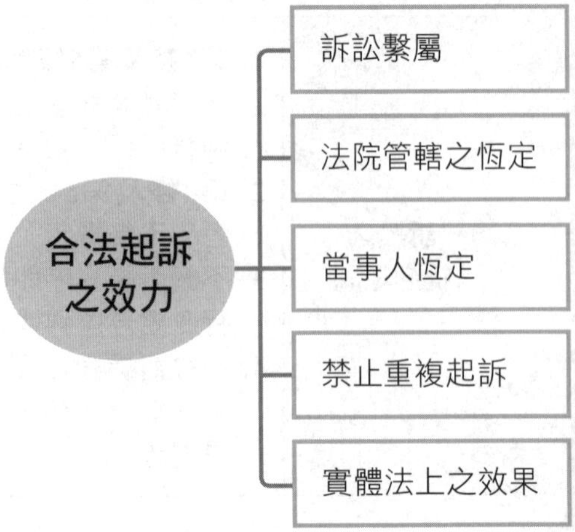

1. **訴訟繫屬**

所謂訴訟繫屬係指訴訟事件已「懸掛」於法院，有待法院解決之謂。訴訟繫屬以起訴為始，而以裁判、和解或撤回起訴為止。

合法提起之訴訟，法院即應進行後續之程序，以便作成實體判決；起訴不合法者，則應以裁定駁回之。

2. **法院管轄之恆定**

行政訴訟法第17條：「定行政法院之管轄以起訴時為準。」故起訴時法院有管轄權者，於訴訟繫屬中縱因法令變更或其他事故，均於管轄權不生影響。

3. **當事人恆定**

訴訟繫屬中，為訴訟標的之法律關係雖移轉於第三人，於訴訟無影響。此為行政訴訟法第110條第1項前段所明定。所謂移轉，只問事實，不問移轉之法律上原因，標的物或權利已移轉於第三人，原來當事人仍為正當當事人，並不喪失其實施訴訟之權能，例如商標專用權人於訴訟繫屬後，雖將商標移轉於他人，依舊可繼續進行訴訟。

4. **禁止重複起訴**

當事人不得就已起訴之事件於訴訟繫屬中，更行起訴（行政訴訟法第115條準用民事訴訟法第253條），此項規定旨在防止原告濫訴，並保障被告之利益。

5. **實體法上之效果**

起訴在民事實體法之效果，最明顯者為時效中斷。公法上之財產請求權時效，如法律未明文規定時，得類推適用民法之相關條文，為一向之通說，但行政程序法第131至134條對時效中斷已有規定，在其規制範圍內，已無民法適用之餘地（如法務部112年7月7日法律字第11203507840號函釋參照）。

(二) **言詞辯論**

行政訴訟法第188條明定：「行政訴訟除別有規定外，應本於言詞辯論而為裁判。法官非參與裁判基礎之辯論者，不得參與裁判。裁定得不經言詞辯論為之。裁定前不行言詞辯論者，除別有規定外，得命關係人以書狀或言詞為陳述。」所謂言詞辯論包括在其日內法院、當事人、其他訴訟關係人所為之一切行為而言，舉凡當事人之聲明、聲請、提出攻擊、防禦方法及其他陳述或主張，法院之指揮訴訟、調查證據，證人及鑑定人之陳述或各種報告等均屬之。另因言詞辯論可能一再延展，有礙案件之審結，因此有言詞辯論準備制度之設，此一制度包含準備書狀、準備程序及言詞辯論前其他行為等部分。高等行政法院採合議審判，以庭員一人（受命法官）行準備程序，先行蒐集訴訟資料，闡明訴訟關係，乃屬常態，準備程序亦為言詞辯論之一部分，凡言詞辯論中當事人得為行為，在準備程序時亦可為之。故行政訴訟法第121條規定：「行政法院因使辯論易於終結，認為必要時，得於言詞辯論前，為下列各款之處置：一、命當事人、法定代理人、代表人或管理人本人到場。二、命當事人提出圖案、表冊、外國文文書之譯本或其他文書、物件。三、行勘驗、鑑定或囑託機關、團體為調查。四、通知證人或鑑定人，及調取或命第三人提出文書、物件。五、使受命法官或受託法官調查證據。行政法院因闡明或確定訴訟關係，於言詞辯論時，得為前項第一款至第三款之處置，並得將當事人或第三人提出之文書、物件暫留置之。」

(三) **停止原處分之執行**

基於維護行政效率，行政訴訟法第116條第1項規定，原處分或決定之執行，除法律另有規定外，不因提起行政訴訟而停止。

1. **停止說與效果說**

所謂停止執行究指停止處分之執行（成為「停止說」）抑或停止處分之效力（稱為「效果說」）？（因為若是停止處分之執行，則僅有下命處分得停止之，蓋形成處分與確認處分均無執行力，若是停止效力，則形成處分與確認處分亦得停止之），在此認為應採**效果說**，即因處分而生之作為或不作為義務或為其實現處分內容之行為均暫不履行，所形成之權利義務關係或確認之法律關係，亦不生形成或確認應有之效果。故本法第116條第5項：「停止執行之裁定，得停止原處分或決定之效力、處分或決定之執行或程序之續行之全部或部份。」應解釋為立法原意亦在採取前述效果說。

2. **裁定停止執行**

行政訴訟法第116條第2至4項規定：「行政訴訟繫屬中，行政法院認為原處分或決定之執行，將發生難於回復之損害，且有急迫情事者，得依職權或依聲請裁定停止執行。但於公益有重大影響，或原告之訴在法律上顯無理由者，不得為之。於行政訴訟起訴前，如原處分或決定之執行將發生難於回復之損害，且有急迫情事者，行政法院亦得依受處分人或訴願人之聲請，裁定停止執行。但於公益有重大影響者，不在此限。行政法院為前二項裁定前，應先徵詢當事人之意見。如原處分或決定機關已依職權或依聲請停止執行者，應為駁回聲請之裁定。」行政法院無論依職權或依當事人之聲請，於行使行政裁量權限時，均應按照**比例原則，衡量當事人私益與公益孰為優先保護之對象**而作成裁定。

法條雖稱受處分人或訴願人，解釋上應兼指主張權利受侵害之第三人，換言之，遇有第三人效力處分時，雖非受處分人或訴願人，亦得逕行提出聲請，例如起造人所領得之執照，內容損及鄰地所有權人（即第三人）之權益，該鄰地所有權人為阻止房屋之起造，得聲請停止執行，此際行政法院應考量者，為第三人與行政處分相對人之利益均衡，公益反倒退居其次。

另行政訴訟法第118條規定：「停止執行之原因消滅，或有其他情事變更之情形，行政法院得依職權或依聲請撤銷停止執行之裁定。」第119條規定：「關於停止執行或撤銷停止執行之裁定，得為抗告。」

以下整理「訴願法第93條」與「行政訴訟法第116條」之內容：【108司法三等】

	訴願法第93條	行政訴訟法第116條
停止要件	原行政處分之合法性顯有疑義，或原行政處分之執行將發生難以回復之損害，且有急迫情事，並非為維護重大公共利益所必要。	1. **訴訟繫屬中**：原處分或決定之執行，將發生難於回復之損害，且有急迫情事；但於公益有重大影響，或原告之訴在法律上顯無理由者，不得為之。 2. **起訴前**：原處分或決定之執行將發生難於回復之損害，且有急迫情事；但於公益有重大影響者，不在此限。
申（聲）請機關	受理訴願機關、原行政處分機關、行政法院	行政法院

Q　若原處分相對人捨行政機關而逕向行政法院聲請停止執行，究應如何處理以避免人民規避訴願程序，任意向行政法院提起聲請？

第一說：應對行政訴訟法第116條「於行政訴訟起訴前」限縮界始為「訴願決定後起訴前」。

第二說：行政訴訟法第116條「於行政訴訟起訴前」雖不限於訴願決定後，但必須情況緊急，非即由行政法院予以處理，則難以救濟。

→因第一說明顯增加法條所無之限制，故宜採第二說。

(四) 裁判

1. 判決與裁定

判決應由行政法院為之，原則上並應經言詞辯論，且依法定方式作成判決書對外宣示，其內容係對實體上爭點之裁斷。裁定原則上不必經言詞辯論，係對當事人或關係人所為，其內容通常非實體上之爭點，且裁定不必經宣示，無一定格式，故批示、通知、命令等均屬裁定之一種，不限定必須以書面作成。又裁定除法院之外，審判長、受命及受託法官等均得為之。行政訴訟法第208條規定：「裁定經宣示後，為該裁定之行政法院、審判長、受命法官或受託法官受其羈束；不宣示者，經公告或送達後受其羈束。但關於指揮訴訟或別有規定者，不在此限。」又裁判，除依本法應用判決者外，以裁定行之。（行政訴訟法第187條參照）

	裁定	判決
是否應經言詞辯論	✗	原則上 ✓
內容是否為實體上之爭點	通常 ✗	實體上之爭點
是否應經宣示	✗	✓
是否應經法定方式作成	✗（作成無一定格式）	✓
作成主體	審判長、受命及受託法官等均得為之	法院

2. 自為判決與情況判決

(1) 自為判決

行政法院認為原告之訴有理由者，應將原處分或決定予以撤銷。行政訴訟法第197條之規定，撤銷訴訟，其訴訟標的之行政處分涉及金錢或其他代替物之給付或確認者，行政法院得以確定不同金額之給付或以不同之確認代替之。例如被告官署以原告為法律之規定，應受秩序罰之制裁，遂科以罰鍰，原告主張秩序罰之成立應以故意過失為要件，原告既無故意過失，即無責任可言，故行政法院審理結果倘認原告主張可採，應依上開條文之規定，於判決主文中撤銷原處分及原決定，並自行決定應科處原告罰鍰金額，始屬正辦。

(2) **情況判決**

違法之行政處分經相對人或關係人訴請撤銷者，行政法院即有作成撤銷判決之義務，否則依法行政原則無從貫徹。惟基於公益而允許違法處分存續，法院不予撤銷或變更，即所謂情況判決。行政訴訟法第198條規定：「行政法院受理撤銷訴訟，發現原處分或決定雖屬違法，但其撤銷或變更於公益有重大損害，經斟酌原告所受損害、賠償程度、防止方法及其他一切情事，認原處分或決定之撤銷或變更顯與公益相違背時，得駁回原告之訴。前項情形，應於判決主文中諭知原處分或決定違法。」即所謂情況判決。

情況判決之要件有三：

A.限於撤銷訴訟，發現原處分決定違法。

B.原處分或決定之撤銷或變更於公益有重大損害。

C.經斟酌原告所受損害、賠償程度、防止方法及其他一切情事，得駁回原告之訴，以免撤銷或變更原處分致顯與公益相違背。

完整的情況判決可能包括三部分：原告之訴駁回、原處分或決定係屬違法及被告機關應給予原告如何之賠償。情況判決可謂法律所允許之相互矛盾判決。

3. **各種訴訟之判決**

有關判決書應記載事項，規定於行政訴訟法第209條：「判決應作判決書記載下列各款事項：一、當事人姓名、性別、年齡、身分證明文件字號、住所或居所；當事人為法人、機關或其他團體者，其名稱及所在地、事務所或營業所。二、有法定代理人、代表人、管理人者，其姓名、住所或居所及其與法人、機關或團體之關係。三、有訴訟代理人者，其姓名、住所或居所。四、判決經言詞辯論者，其言詞辯論終結日期。五、主文。六、事實。七、理由。八、年、月、日。九、行政法院。事實項下，應記載言詞辯論時當事人之聲明及所提攻擊或防禦方法之要領；必要時，得以書狀、筆錄或其他文書作為附件。理由項下，應記載關於攻擊或防禦方法之意見及法律上之意見。」

而各種訴訟之判決說明如下：

(1) **撤銷訴訟**

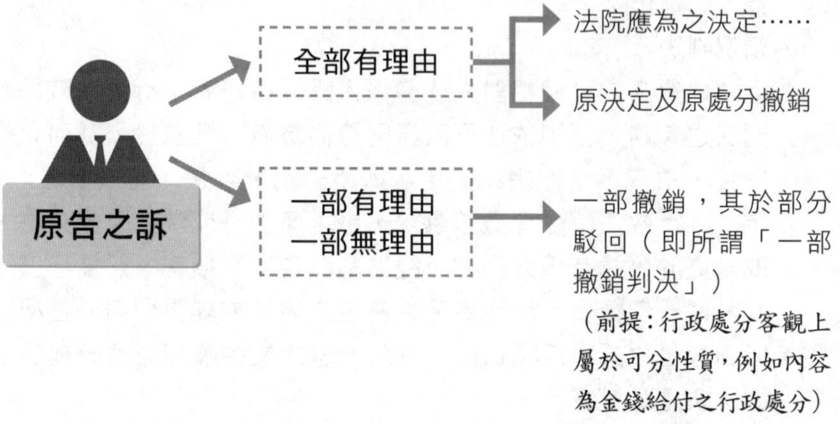

如應由原處分機關另為適當處分者，宜於主文中一併宣告。

並應注意行政訴訟法第195條第2項之規定，撤銷訴訟之判決，如係變更原處分或決定者，不得為較原處分或決定不利於原告之判決。

以下說明應特別討論之情形：

多階段處分之撤銷	主文應直接寫明被撤銷之處分（即某機關某一日其及文號公函所為之處分），有時且須撤銷兩個以上之處分始能達到效果，端視實際案情而定。
行政處分附款之撤銷	行政處分附加條件、期限或負擔等作為附款者，如行政處分遭訴請撤銷，附款自亦失所附麗；反之，如附款係可自行政處分分離者，如負擔，則可單獨訴請撤銷，例如外籍人士申請短期居留，主管機關核准時附加「不得從事新聞採訪報導工作」，該外籍人士得單獨訴請撤銷居留許可文件中之上述記載，行政法院若為原告勝訴判決。應於主文中寫明：被告某日期文號原處分附加如何內容之附款應予撤銷。行政法院作此判決後，原處分即如同無附款之處分。

涉及金錢或其他代替之撤銷訴訟	行政法院得以「確定不同金額之給付或以不同之確認代替之」，即前述之自為判決，行政法院如認為原告之訴有理由，應在其聲明範圍內自行變更，例如有關減輕稅額或罰鍰之事件，其主文得記載為：「原決定及原處分均撤銷，原告應繳營業稅改為新台幣若干元」或「原決定及原處分均撤銷，改處原告若干元」。

(2) **課予義務訴訟**

依行政訴訟法第200條第3、4款之規定，凡原告之訴有理由，且案件事證明確者，應判命行政機關作成原告所申請內容之行政處分；原告之訴雖有理由，惟案件事證尚未臻明確或涉及行政機關之行政裁量決定者，應判命行政機關遵照其判決之法律見解對於原告作成決定。（即行政處分）

(3) **確認訴訟**

訴訟種類	判決主文
確認行政處分無效	原告之訴有理由時→記載「原處分無效」或「被告機關某年月日某文號之處分確認無效」。
確認公法上法律關係存否	應視原告之聲明而為不同之記載。 例如： 私有公物之爭執，土地所有權人認為因地理環境改變，其私有土地已喪失既成道路之功能，自行認定公用地役關係消滅，不許他人通行，而主管機關加以過問，此際利害關係人以該土地所有權人為被告，提起確認公用地役關係存在之訴，若原告之訴有理由，主文得記載為「被告所有坐落於某地號土地確有供公眾通行之公用地役關係存在」。

(4) **給付訴訟**

民事法院對給付之訴製作主文之方式，於行政給付訴訟皆可援用。例如原告請求金錢給付而有理由者，行政法院即可判命被告為一定金額之給付並附加如何計算之利息。

(五) 其他事項

起訴後訴之變更、追加、撤回及對造提出之反訴，以及在訴訟進行中發生法定事由致該事件之訴訟程序不得進行時，行政法院應如何停止其審判程序，行政訴訟法均仿民事訴訟法之例加以規定，由於其在考試上並非重點，故就法條加以瀏覽即可，不必刻意著墨。

六 簡易訴訟程序

(一) 簡易事件之範圍

訴訟事件依其情節有輕重之別，應進行之程序應亦有難易之分，為使情節單純且本質上宜於迅速終結之事件，踐行較為簡便之程序，故自民國101年9月起在各地方法院設置行政訴訟庭為第一審管轄法院。

適用簡易程序之行政訴訟事件	1. 適用簡易訴訟程序之事件，以地方行政法院為第一審管轄法院。 2. 下列各款行政訴訟事件，除本法別有規定外，適用本章所定之簡易程序： (1) 關於稅捐課徵事件涉訟，所核課之稅額在新臺幣五十萬元以下者。 (2) 因不服行政機關所為新臺幣五十萬元以下罰鍰處分而涉訟者。 (3) 其他關於公法上財產關係之訴訟，其標的之金額或價額在新臺幣五十萬元以下者。 (4) 因不服行政機關所為告誡、警告、記點、記次、講習、輔導教育或其他相類之輕微處分而涉訟者。 (5) 關於內政部移民署（以下簡稱移民署）之行政收容事件涉訟，或合併請求損害賠償或其他財產上給付者。 (6) 依法律之規定應適用簡易訴訟程序者。 3. 前項所定數額，司法院得因情勢需要，以命令減為新臺幣二十五萬元或增至新臺幣七十五萬元。 4. 第二項第五款之事件，由受收容人受收容或曾受收容所在地之地方行政法院管轄，不適用第十三條之規定。但未曾受收容者，由被告機關所在地之地方行政法院管轄。 （行政訴訟法第229條）

簡易訴訟之變更、追加或反訴	前條第二項之訴，因訴之變更或一部撤回，致其訴屬於地方行政法院適用通常訴訟程序之事件或交通裁決事件者，應改依通常訴訟程序或交通裁決事件訴訟程序之規定審理。追加之新訴或反訴，以原訴與之合併辯論及裁判者，亦同。 前項情形，訴之全部或一部屬於高等行政法院管轄者，地方行政法院應裁定移送管轄之高等行政法院。 （行政訴訟法第230條）

(二) 簡易程序之特別規定

行政訴訟法第236條規定：「簡易訴訟程序除本章別有規定外，仍適用通常訴訟程序之規定。」所謂「特別規定」，列舉如下：

行政訴訟法	內容
第231條 起訴及聲明以言詞為之	1. 起訴及其他期日外之聲明或陳述，概得以言詞為之。 2. 以言詞起訴者，應將筆錄送達於他造。
第232條 簡易訴訟程序之實行	1. 簡易訴訟程序在獨任法官前行之。 2. 簡易訴訟程序之審理，當事人一造之住居所、公務所、機關、主事務所或主營業所所在地位於與法院相距過遠之地區者，行政法院應徵詢其意見，以遠距審理、巡迴法庭或其他便利之方式行之。 3. 前項與法院相距過遠地區之標準、審理方式及巡迴法庭臨時開庭辦法，由司法院定之。
第233條 通知書之送達	1. 言詞辯論期日之通知書，應與訴狀或第231條第2項之筆錄一併送達於他造。 2. 簡易訴訟程序事件行言詞辯論終結者，指定宣示判決之期日，自辯論終結時起，不得逾二星期。但案情繁雜或有特殊情形者，不在此限。
第234條 判決書之簡化	1. 判決書內之事實、理由，得不分項記載，並得僅記載其要領。 2. 地方行政法院亦得於宣示判決時，命將判決主文及其事實、理由之要領，記載於言詞辯論筆錄或宣示判決筆錄，不另作判決書。 前項筆錄正本或節本，應分別記明之，由書記官簽名並蓋法院印。 3. 第二項筆錄正本或節本之送達，與判決正本之送達，有同一之效力。

第235條 上訴或抗告	1. 對於簡易訴訟程序之裁判不服者，除本法別有規定外，得上訴或抗告於管轄之高等行政法院。 2. 前項上訴或抗告，非以原裁判違背法令為理由，不得為之。 3. 對於簡易訴訟程序之第二審裁判，不得上訴或抗告。
第237條 準用規定	民事訴訟法第430條、第431條及第433條之規定，於本章準用之。（即舉行言詞辯論時，其通知書應表明適用簡易程序、當事人提出準備書狀之任意性及證據調查之便宜方法適用民事訴訟法之上開規定）

對於簡易訴訟程序之裁判提起上訴或抗告，因此時高等行政法院既屬法律審之性質，對於上訴或抗告自應有互相配合之規定，故本法第236條之1特別予以規定：「對於簡易訴訟程序之裁判提起上訴或抗告，應於上訴或抗告理由中表明下列事由之一，提出於原地方法院行政訴訟庭為之：一、原裁判所違背之法令及其具體內容。二、依訴訟資料可認為原裁判有違背法令之具體事實。」至於違背法令之具體陳述，與通常訴訟程序之上訴並無不同。

七 交通裁決事件訴訟程序【105司法四等】

(一) 交通裁決事件之範圍

地方法院行政訴訟庭設立後，交通裁決事件之審理即應依行政訴訟程序進行。行政訴訟法第237條之1規定：「本法所稱交通裁決事件如下：一、不服道路交通管理處罰條例第8條及第37條第5項之裁決，而提起之撤銷訴訟、確認訴訟。二、合併請求返還與前款裁決相關之已繳納罰鍰或已繳送之駕駛執照、計程車駕駛人執業登記證、汽車牌照。合併提起前項以外之訴訟者，應適用簡易訴訟程序或通常訴訟程序之規定。第237-2條、第237-3條、第237-4條第1項及第2項規定，於前項情形準用之。」

知識補給站

道路交通管理處罰條例第8條

違反本條例之行為，由下列機關處罰之：
一、第12條至第68條及第92條第7項、第8項由公路主管機關處罰。
二、第69條至第84條由警察機關處罰。（第1項）
前項處罰於裁決前，應給予違規行為人陳述之機會。（第2項）
第一項第一款之處罰，公路主管機關應設置交通裁決單位辦理；其組織規程由交通部、直轄市政府定之。（第3項）

道路交通管理處罰條例第37條第5項

計程車駕駛人，受前二項吊扣執業登記證之處分，未將執業登記證送交發證警察機關者，廢止其執業登記。

（註：「前二項」是指「計程車駕駛人，犯第一項所列各罪之一，經第一審法院判決有罪後，吊扣其執業登記證。其經法院判處有罪判決確定者，廢止其執業登記。除符合前項規定之情形外，不得再辦理計程車駕駛人執業登記與執業。」（第3項）；「計程車駕駛人犯故意傷害、刑法第231-1條至第235條及第315-1條各罪之一，或利用職務上機會，犯竊盜、詐欺、妨害自由，經第一審法院判決有期徒刑以上之刑者，吊扣其執業登記證。其經法院判決有期徒刑逾六個月確定而未受緩刑之宣告者，廢止其執業登記，且三年內不得辦理。利用職務上機會犯侵占罪，經第一審法院判決有罪者，吊扣其執業登記證；其經法院判處有罪判決確定者，廢止其執業登記，且三年內不得辦理。」（第4項））

若合併提起前述以外之訴訟，例如請求警察機關返還其遭拖吊之車輛，同時請求拖吊過程中，因行政助手或警察人員之故意過失所造成車輛損壞之賠償。地方法院行政訴訟庭應視金額之多寡適用簡易訴訟程序或由高等行政法院依通常訴訟程序審理。

(二) 交通裁決事件之特別規定

交通裁決事件，原則上準用簡易訴訟程序之規定，諸如由法官一人獨立審判，並得不經言詞辯論行之（行政訴訟法第237-9條）。至於專對交通裁決事件所為特別規定，列舉如下：

行政訴訟法	內容
第237-2條 交通裁決事件之管轄法院	交通裁決事件，得由原告住所地、居所地、所在地或違規行為地之地方行政法院管轄。
第237-3條 撤銷訴訟起訴期間之限制	1. 交通裁決事件訴訟之提起，應以原處分機關為被告，逕向管轄之地方行政法院為之。 2. 交通裁決事件中撤銷訴訟之提起，應於裁決書送達後三十日之不變期間內為之。 3. 前項訴訟，因原處分機關未為告知或告知錯誤，致原告於裁決書送達三十日內誤向原處分機關遞送起訴狀者，視為已遵守起訴期間，原處分機關並應即將起訴狀移送管轄法院。

第237-4條 被告收受起訴狀繕本後之處置	1. 地方行政法院收受前條起訴狀後，應將起訴狀繕本送達被告。 2. 被告收受起訴狀繕本後，應於二十日內**重新審查**原裁決是否合法妥當，並分別為如下之處置： (1) 原告提起撤銷之訴，被告認原裁決違法或不當者，應自行撤銷或變更原裁決。但不得為更不利益之處分。 (2) 原告提起確認之訴，被告認原裁決無效或違法者，應為確認。 (3) 原告合併提起給付之訴，被告認原告請求有理由者，應即返還。 (4) 被告重新審查後，不依原告之請求處置者，應附具答辯狀，並將重新審查之紀錄及其他必要之關係文件，一併提出於管轄之地方行政法院。 3. 被告依前項第一款至第三款規定為處置者，應即陳報管轄之地方法院行政訴訟庭；被告於第一審終局裁判生效前已完全依原告之請求處置者，以其陳報管轄之地方法院行政訴訟庭時，視為原告撤回起訴。
第237-6條 非屬交通裁決事件範圍者改依其他程序審理	因訴之變更、追加，致其訴之全部或一部，不屬於交通裁決事件之範圍者，地方行政法院應改依簡易訴訟程序或通常訴訟程序審理；無通常訴訟程序管轄權者，應裁定移送管轄之高等行政法院。
第237-5條 各項裁判費之徵收標準	1. 交通裁決事件，按下列規定徵收裁判費： (1) 起訴，按件徵收新臺幣三百元。 (2) 上訴，按件徵收新臺幣七百五十元。 (3) 抗告，徵收新臺幣三百元。 (4) 再審之訴，按起訴法院之審級，依第一款、第二款徵收裁判費；對於確定之裁定聲請再審者，徵收新臺幣三百元。 (5) 本法第九十八條之五各款聲請，徵收新臺幣三百元。 2. 依前條第三項規定，視為撤回起訴者，法院應依職權退還已繳之裁判費。

上開條文（行政訴訟法第273-4條）創設「重新審查」程序，考其原因恐是代替訴願的設計。蓋我國現制提起行政訴訟多數情形應經前置之訴願程序，交通裁決事件既無訴願階段，乃設重新審查使原處分機關有再一次審酌原處分合法性及適當性之機會，俾受處分人獲得便捷之救濟，並減輕行政訴訟庭之負擔。

八 收容聲請事件程序【110地特四等】

(一) 收容聲請事件之範圍

本法所稱收容聲請事件如下：

1. 依入出國及移民法、臺灣地區與大陸地區人民關係條例及香港澳門關係條例提起收容異議、聲請續予收容及延長收容事件。
2. 依本法聲請停止收容事件。（行政訴訟法第237-10條參照）

(二) 收容聲請事件之特別規定

行政訴訟法	內容
第237-11條 收容聲請事件之管轄法院	1. 收容聲請事件，以地方行政法院為第一審管轄法院。 2. 前項事件，由受收容人所在地之地方行政法院管轄，不適用第13條之規定。
第237-12條 收容聲請事件之審理程序	1. 行政法院審理收容異議、續予收容及延長收容之聲請事件，應訊問受收容人；移民署並應到場陳述。 2. 行政法院審理前項聲請事件時，得徵詢移民署為其他收容替代處分之可能，以供審酌收容之必要性。
第237-13條 聲請法院停止收容	1. 行政法院裁定續予收容或延長收容後，受收容人及得提起收容異議之人，認為收容原因消滅、無收容必要或有得不予收容情形者，得聲請法院停止收容。 2. 行政法院審理前項事件，認有必要時，得訊問受收容人或徵詢移民署之意見，並準用前條第二項之規定。

行政訴訟法	內容
第237-14條 收容聲請事件 之裁定方式	1. 行政法院認收容異議、停止收容之聲請為無理由者，應以裁定駁回之。認有理由者，應為釋放受收容人之裁定。 2. 行政法院認續予收容、延長收容之聲請為無理由者，應以裁定駁回之。認有理由者，應為續予收容或延長收容之裁定。
第237-15條 裁定之宣示 及送達	行政法院所為續予收容或延長收容之裁定，應於收容期間屆滿前當庭宣示或以正本送達受收容人。未於收容期間屆滿前為之者，續予收容或延長收容之裁定，視為撤銷。
第237-16條 收容聲請事件 裁定之救濟程序	1. 聲請人、受裁定人或移民署對地方行政法院所為收容聲請事件之裁定不服者，應於裁定送達後五日內抗告於管轄之高等行政法院。對於抗告法院之裁定，不得再為抗告。 2. 抗告程序，除依前項規定外，準用第四編之規定。 3. 收容聲請事件之裁定已確定，而有第273條之情形者，得準用第五編之規定，聲請再審。
第237-17條 收容聲請事件 之訴訟費用 相關規定	1. 行政法院受理收容聲請事件，不適用第一編第四章第五節訴訟費用之規定。但依第98條之6第1項第1款之規定徵收者，不在此限。 2. 收容聲請事件，除本章別有規定外，準用簡易訴訟程序之規定。

九 上訴、抗告、再審、重新審理

(一) 上訴

1. 上訴要件

三級二審乃行政訴訟最主要之一特色，行政訴訟法第238條第1項規定，對於高等行政法院之終局判決，除本法或其他法律別有規定外，得上訴於最高行政法院。係指適用通常訴訟程序之判決而言，不包括對高等行政法院地方行政訴訟庭上訴案件之判決。

關於上訴之要件有六項，如下所示（於不服高等行政法院地方行政訴訟庭而上訴於高等行政法院高等行政訴訟庭者，亦有適用）：

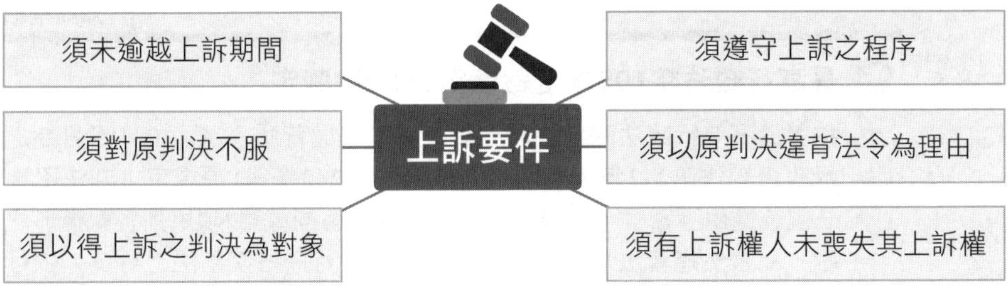

2. **原判決違背法令之事由**

上述之上訴要件，就「原判決違背法令」詳加說明如下。

行政訴訟法第242條規定：「對於高等行政法院判決之上訴，非以其違背法令為理由，不得為之。」又本法第254條第1項規定：「除別有規定外，最高行政法院應以高等行政法院判決確定之事實為判決基礎。」故最高行政法院所實施之上訴審，性質上屬於**法律審**。以違背法令以外之原因（例如審判過程遲緩、有受外界壓力之嫌、與其他審判廷就同類案件之判決有歧異等），作為上訴理由者即不應准許。

所謂違背法令，有所謂「相對上訴理由」與「絕對上訴理由」，分別規範於行政訴訟法第243條第1、2項：「判決不適用法規或適用不當者，為違背法令。」、「有下列各款情形之一者，其判決當然違背法令：一、判決法院之組織不合法。二、依法律或裁判應迴避之法官參與裁判。三、行政法院於權限之有無辨別不當或違背專屬管轄之規定。四、當事人於訴訟未經合法代理或代表。五、違背言詞辯論公開之規定。六、判決不備理由或理由矛盾。」

相對上訴理由 （第243條第1項）	判決不適用法規或適用不當者，為違背法令。（可參最高行政法院100年度裁字第1582號裁定）
絕對上訴理由 （第243條第2項）	有下列各款情形之一者，其判決當然違背法令： 1. 判決法院之組織不合法。 2. 依法律或裁判應迴避之法官參與裁判。 3. 行政法院於權限之有無辨別不當或違背專屬管轄之規定。 4. 當事人於訴訟未經合法代理或代表。 5. 違背言詞辯論公開之規定。 6. 判決不備理由或理由矛盾。

知識補給站

最高行政法院100年度裁字第1582號裁定

按對於高等行政法院判決之上訴，非以其違背法令為理由，不得為之，行政訴訟法第242條定有明文。依同法第243條第1項規定，判決不適用法規或適用不當者，為違背法令；而判決有同條第2項所列各款情形之一者，為當然違背法令。是當事人對於高等行政法院判決上訴，如依行政訴訟法第243條第1項規定，以高等行政法院判決有不適用法規或適用不當為理由時，其**上訴狀或理由書應有具體之指摘，並揭示該法規之條項或其內容**；若係**成文法以外之法則，應揭示該法則之旨趣**；倘為**司法院解釋或本院之判例，則應揭示該判解之字號或其內容**。如以行政訴訟法第243條第2項所列各款情形為理由時，其上訴狀或理由書，應揭示合於該條項各款之事實。上訴狀或理由書如未依此項方法表明，或其所表明者與上開法條規定不合時，即難認為已對高等行政法院判決之違背法令有具體之指摘，其上訴自難認為合法。

3. 上訴審之審理及裁判

書面審理原則	上訴審法院於收受案件後，應先就上訴合法與否審查故行政訴訟法第249條明定：「上訴不合法者，最高行政法院應以裁定駁回之。但其情形可以補正者，審判長應定期間先命補正。上訴不合法之情形，已經原高等行政法院命其補正而未補正者，得不行前項但書之程序。」 本法第253條規定：「最高行政法院之判決不經言詞辯論為之。但有下列情形之一者，得依職權或依聲請行言詞辯論：一、法律關係複雜或法律見解紛歧，有以言詞辯明之必要。二、涉及專門知識或特殊經驗法則，有以言詞說明之必要。三、涉及公益或影響當事人權利義務重大，有行言詞辯論之必要。前項言詞辯論實施之辦法由最高行政法院定之。」即為書面審理原則與例外得為言詞辯論之規定。

禁止提出新訴訟資料	按行政訴訟法第254條第1項，除別有規定外，最高行政法院應以高等行政法院判決確定之事實為判決基礎，此乃禁止提出新訴訟資料之原則。但仍有兩項例外： 1. 以違背訴訟程序之規定為上訴理由時，所舉違背之事實，上訴審得自行斟酌，例如上訴人指摘原審未參與言詞辯論之法官，參與判決之作成，有為本法第188條第2項之規定，或上訴人置摘依法應迴避之法官參與審判，此等事實，上訴法院自應加以確定。 2. 以違背訴訟程序之規定為上訴理由時，所舉違背之事實，及以違背法令確定事實或遺漏事實為上訴理由時，所舉之該事實，最高行政法院得斟酌之。（第254條第2項） 法律審程序限制提出新的訴訟資料，訴之變更或追加亦包括在內。至於訴訟參加除其中有必須合一確定者（本法第41條），宜解釋為得允許參加外，其餘之參加亦在禁止之列。
上訴審之裁判	最高行政法院對上訴事件之審判，有下列態樣： 1. 上訴不合法定要件而不能補正：裁定駁回上訴。 2. 上訴無理由：判決駁回上訴。 3. 上訴有理由：廢棄原判決並視情形發回更審或自為判決。

(二) 抗告

1. 抗告及準抗告

當事人或訴訟關係人（如參加人、證人、鑑定人等）對行政法院或審判長之裁定不服，聲請上級審行政法院廢棄或變更之訴訟行為，稱之為抗告。行政訴訟法第264條規定，對於裁定得為抗告。但別有不許抗告之規定者，不在此限。至於訴訟程序進行中所為之裁定，除別有規定外，不得抗告，為同法第265條所明定。

受命法官或受託法官之裁定，不得抗告。但其裁定如係受訴行政法院所為而依法得為抗告者，得向受訴行政法院提出異議。前項異議，準用對於行政法院同種裁定抗告之規定。（行政訴訟法第266條第1、2項）故異議也可稱為準抗告。

2. 抗告程序之各項規定

行政訴訟法	內容
第268條 抗告期間	提起抗告，應於裁定送達後十日之不變期間內為之。但送達前之抗告亦有效力。

第269條 **提起抗告之程序**	1. 提起抗告，應向為裁定之原行政法院或原審判長所屬行政法院提出抗告狀為之。 2. 關於訴訟救助提起抗告，及由證人、鑑定人或執有證物之第三人提起抗告者，得以言詞為之。
第270條 **抗告捨棄及撤回準用之規定**	關於捨棄上訴權及撤回上訴之規定，於抗告準用之。
第271條 **擬制抗告或異議**	依本編規定，應為抗告而誤為異議者，視為已提起抗告；應提出異議而誤為抗告者，視為已提出異議。
第272條 **準用之規定**	除本編別有規定外，第二百四十九條第三項至第五項、第二百五十六條之一、第二百六十一條之一、第二百六十三條之二至第二百六十三條之四規定，於抗告程序準用之。 第二百五十九條之一規定，於最高行政法院抗告程序準用之。 民事訴訟法第四百九十條至第四百九十二條及第三編第一章之規定，於本編準用之。

(三) 再審

再審乃對確定之終局判決的非常救濟手段，其功能有二，一為糾正確定終局判決程序上之重大瑕疵，二為可能與確定終局判決密切相關之基本事項已經動搖，致影響判決之正確性。

行政訴訟法之再審事由規定於第273條：「有下列各款情形之一者，得以再審之訴對於確定終局判決聲明不服。但當事人已依上訴主張其事由經判決為無理由，或知其事由而不為上訴主張者，不在此限：一、適用法規顯有錯誤。二、判決理由與主文顯有矛盾。三、判決法院之組織不合法。四、依法律或裁判應迴避之法官參與裁判。五、當事人於訴訟未經合法代理或代表。但當事人知訴訟代理權有欠缺而未於該訴訟言詞辯論終結前爭執者，不在此限。六、當事人知他造應為送達之處所，指為所在不明而與涉訟。但他造已承認其訴訟程序者，不在此限。七、參與裁判之法官關於該訴訟違背職務，犯刑事上之罪已經證明，或關於該訴訟違背職務受懲戒處分，足以影響原判決。八、當事人之代理人、代表人、管理人或他造或其代理人、代表人、管理人關於該訴訟有刑事上應罰之行為，影響於判決。九、為判決基礎之證物係偽造或變造。十、證人、鑑定人或通譯就為判決基礎之證言、鑑定或通譯為虛偽陳述。十一、為判決基礎之民事或刑事判決及其他裁判或行政處分，依其後之確定裁判或行政處分已變更。十二、當事人發現就同一訴訟標的在前已有確定判決、和解或調解或得使用該判決、和解或調解。十三、當事人發現未經斟酌之證物或得使用該證物。但以如經斟酌可受較有利益之判決為限。十四、原判決就足以影響於判決之重要證物漏未斟酌。確定終局判決所適用之法規範，經憲法法庭判決宣告違憲，或適用法規範所表示之見解，與憲法法庭統一見解之裁判有異者，其聲請人亦得提起再審之訴。第一項第七款至第十款情形之證明，以經判決確定，或其刑事、懲戒訴訟不能開始、續行或判決不受理、免議非因證據不足者為限，得提起再審之訴。第一項第十三款情形，以當事人非因可歸責於己之事由，不能於該訴訟言詞辯論終結前提出者為限，得提起再審之訴。」

下就再審相關規定列表説明：

行政訴訟法	內容
第274條 為判決基礎之裁判 有再審原因	為判決基礎之裁判，如有前條所定之情形者，得據以對於該判決提起再審之訴。
第274-1條 判決駁回後 不得提起再審之訴	再審之訴，行政法院認無再審理由，判決駁回後，不得以同一事由對於原確定判決或駁回再審之訴之確定判決，更行提起再審之訴。 （上開之立法目的在於減少再審之浮濫）
第275條 再審之專屬管轄法院	1. 再審之訴專屬為判決之原行政法院管轄。 2. 對於審級不同之行政法院就同一事件所為之判決提起再審之訴者，專屬上級行政法院合併管轄之。 3. 對於上訴審行政法院之判決，本於第273條第1項第9款至第14款事由聲明不服者，雖有前二項之情形，仍專屬原第一審行政法院管轄。

行政訴訟法	內容
第276條 再審之訴提起期間	1. 再審之訴應於三十日之不變期間內提起。 2. 前項期間自判決確定時起算，判決於送達前確定者，自送達時起算；其再審事由發生或知悉在後者，均自知悉時起算。 3. 依第273條第2項提起再審之訴者，第1項期間自裁判送達之翌日起算。 4. 再審之訴自判決確定時起，如已逾五年者，不得提起。但以第273條第1項第5款、第6款或第12款情形為再審事由者，不在此限。 5. 對於再審確定判決不服，復提起再審之訴者，前項所定期間，自原判決確定時起算。但再審之訴有理由者，自該再審判決確定時起算。 6. 第273條第2項之情形，自聲請案件繫屬之日起至裁判送達聲請人之日止，不計入第4項所定期間。
第277條 提起再審之程式	1. 再審之訴，應以訴狀表明下列各款事項，提出於管轄行政法院為之： (1)當事人。 (2)聲明不服之判決及提起再審之訴之陳述。 (3)應於如何程度廢棄原判決及就本案如何判決之聲明。 (4)再審理由及關於再審理由並遵守不變期間之證據。 2. 再審訴狀內，宜記載準備本案言詞辯論之事項，並添具確定終局判決繕本或影本。
第278條 駁回再審之訴	1. 再審之訴不合法者，行政法院應以裁定駁回之。 2. 再審之訴顯無再審理由者，得不經言詞辯論，以判決駁回之。
第280條 雖有再審理由 仍應以判決駁回	再審之訴雖有再審理由，行政法院如認原判決為正當者，應以判決駁回之。

行政訴訟法	內容
第281條 **各審程序之準用**	除本編別有規定外，再審之訴訟程序準用關於各該審級訴訟程序之規定。
第282條 **再審判決之效力**	再審之訴之判決，對第三人因信賴確定終局判決以善意取得之權利無影響。但顯於公益有重大妨害者，不在此限。
第283條 **準再審**	裁定已經確定，而有第273條之情形者，得準用本編之規定，聲請再審。

(四) **重新審理**

重新審理為行政訴訟法之特設制度，依第284條第1項規定，因撤銷或變更原處分或決定之判決，而權利受損害之第三人，如非可歸責於己之事由，未參加訴訟，致不能提出足以影響判決結果之攻擊或防禦方法者，得對於確定終局判決聲請重新審理。故重新審理與再審之區別如下：

	再審	重新審理
聲請人	原判決之原或被告	因撤銷或變更原處分或決定之原判決，權利受損害之第三人。 （因撤銷或變更原處分或原決定之判決，乃形成判決之一種，具對世效力，與確認或給付判決不同，故重新審理原則以撤銷訴訟為限）
聲請事由	參行政訴訟法第273條第1、2項	因確定終局判決權利受損害之第三人，如非可歸責於己之事由，未參加訴訟。
當事人地位之變換	再審之訴有理由者，聲請人即為再審原告，他造則為再審被告	重新審理由有理由者，聲請人於回復原訴訟程序後，當然參加訴訟（以參加人之身分參加訴訟，而非原、被告）。（參本法第290條第2項）

	再審	重新審理
回復原訴訟程序之處置	再審之訴不合法者，行政法院應以裁定駁回之；再審之訴顯無再審理由者，得不經言詞辯論，以判決駁回之；有理由者逕行開始本案審理程序。	聲請重新審理不合法者，應以裁定駁回之；聲請有理由者，應以裁定命為重新審理；認為無理由者，應以裁定駁回之。
提起聲請之審級	無論確定終局判決是事實審或法律審，均可提出再審。	原則上，限於事實審程序，蓋法律審以不提出新訴訟資料為常態，除非屬於言詞辯論程序之例外情形否則應無聲請重新審理之餘地。

十 暫時權利保護☆☆【111司律】

暫時權利之管轄法院為高等行政法院地方行政訴訟庭保護，計有假扣押、假處分、停止執行三種，說明如下：

(一) 假扣押

依行政訴訟法第293條第1項，為保全公法上金錢給付之強制執行，得聲請假扣押。但並非所有公法上金錢給付義務皆可依本法聲請假扣押，**必須以尚待循行政訴訟程序確定之公法上金錢給付義務為限**，因此性質上雖屬公法上金錢給付，但依法應由民事法院管轄者，自不得為本法假扣押之聲請。至於已經行政法院判決確定之金錢給付，已非保全問題，亦不得提出聲請。

假扣押之債務人限於私人，蓋依行政訴訟法第297條準用民事訴訟法第523條，假扣押應以債務人日後不能強制執行或有甚難執行之虞為必要，若債務人為國家或其他公法人（如地方自治團體），因國庫或其他公庫乃永續存在，且有稅收、公債或發行貨幣可供支應，故不會有執行不能或甚難執行之虞。

(二) 假處分【111高考三級】

行政訴訟法有關假處分之規定設於第298條：「公法上之權利因現狀變更，有不能實現或甚難實現之虞者，為保全強制執行，得聲請假處分。於爭執之公法上法律關係，為防止發生重大之損害或避免急迫之危險而有必要時，得聲請為定暫時狀態之處分。前項處分，得命先為一定之給付。行政法院為假處分裁定前，得訊問當事人、關係人或為其他必要之調查。」

1. **不能以本案訴訟達成目的者，不得為之：**
保全程序並無確定當事人間權利義務關係之功能，若不能提起本案訴訟，而許其聲請假處分，不啻以暫時性之處分取代訴訟上之審級救濟，自非法之所許。
2. **行政機關得依法採取行政措施達成目的者，不得為之：**
若行政機關得作成處分或採取事實行為保全強制執行，或避免損害或危難者，則其聲請假處分應認欠缺權利保護必要。
3. **得依第116條請求停止原處分或決定之執行者，不得聲請為前條之假處分：**
依行政訴訟法第299條，得依第116條請求停止原處分或決定之執行者，因已有停止執行之程序，毋庸再提供假處分之救濟手段，故不得聲請假處分。

練習6　試問申請假處分時之注意事項？

假處分 之適用應注意：

1. 不能以＿＿＿＿＿＿＿＿＿＿＿＿，不得為之。
2. 行政機關得依法＿＿＿＿＿＿＿＿＿＿＿＿者，不得為之。
3. 得＿＿＿＿＿＿＿＿＿＿＿＿之執行者，不得聲請為前條之假處分。

圖解請參考附錄

(三) **停止執行**

停止原處分之執行，性質上亦屬暫時權利保護之一環，詳細說明參前開說明，不再贅述。

十一 執行【108司法四等】

(一) **執行之種類**

撤銷判決之執行	撤銷判決確定者，關係機關應即為實現判決內容之必要處置。

給付裁判之執行	1. 行政訴訟之裁判命債務人為一定之給付，經裁判確定後，債務人不為給付者，債權人得以之為執行名義，聲請地方行政法院強制執行。 2. 地方行政法院先定相當期間通知債務人履行；逾期不履行者，強制執行。 3. 債務人為中央或地方機關或其他公法人者，並應通知其上級機關督促其如期履行。 4. 依本法成立之和解，及其他依本法所為之裁定得為強制執行者，或科處罰鍰之裁定，均得為執行名義。 ※依行政訴訟法第3-1條規定，所稱高等行政法院，指高等行政法院高等行政訴訟庭；所稱地方行政法院，指高等行政法院地方行政訴訟庭。其實在訴訟法上，地方行政訴訟庭即相當於地方行政法院，和高等行政訴訟庭的關係為不同審級之法院。地方行政訴訟庭集中辦理第104-1條第1項但書規定之第一審通常訴訟程序、簡易訴訟程序、交通裁決事件訴訟程序、收容聲請事件程序及其他法律規定之事件，提供人民均質的司法給付，條文目前稱呼高等和地方行政法院，是預為將來成立地方行政法院之準備。

知識補給站

課予義務訴訟之執行？

最高行政法院106年1月份第1次庭長法官聯席會議決議

按「行政訴訟之裁判命債務人為一定之給付，經裁判確定後，債務人不為給付者，債權人得以之為執行名義，聲請地方法院行政訴訟庭強制執行。」行政訴訟法第305條第1項定有明文。行政法院為「被告對於原告之申請，應依本院之法律見解另為適法之處分」之判決，為課予義務訴訟判決，然亦屬給付判決之一種，所為「命行政機關為處分」之內容，該當上述所謂「命債務人為一定之給付」，且非不能確定，自得聲請法院為強制執行。惟作成行政處分乃行使行政權，法院或第三人無從代替行政機關為之，行政機關怠於履行時，無法採取直接強制或代履行之執行手段，然**執行法院得依行政訴訟法第306條第2項準用強制執行法第128條第1項規定，對行政機關課處怠金及再處怠金，以促使其履行作成處分之給付義務。**

(二) 執行之其他規定

執行機關與執行程序	1. 地方行政法院為辦理行政訴訟強制執行事務，得囑託民事執行處或行政機關代為執行。 2. 執行程序，除本法別有規定外，應視執行機關為法院或行政機關而分別準用強制執行法或行政執行法之規定。 3. 債務人對第一項囑託代為執行之執行名義有異議者，由地方法院行政訴訟庭裁定之。
強制執行之訴訟之受理法院	債務人異議之訴，依其執行名義係適用簡易訴訟程序或通常訴訟程序，分別由地方行政法院或高等行政法院受理；其餘有關強制執行之訴訟，由普通法院受理。
準用之規定	民事訴訟法之規定，除本法已規定準用者外，與行政訴訟性質不相牴觸者，亦準用之。

知識補給站

最高行政法院107年10月份第2次庭長法官聯席會議決議

法律問題

行政處分之受處分人，於行政機關以該行政處分為執行名義之強制執行程序終結前，以有消滅或妨礙債權人請求之事由發生，向行政法院提起債務人異議之訴，其所得主張之異議事由是否以執行名義「成立後」之事由為限？

決議

現行行政訴訟體系下之債務人異議之訴，係由債務人於強制執行程序終結前向行政法院提起，旨在排除執行名義之執行力。至於作為執行名義之行政處分本身是否違法之爭議，則係由受處分人向行政法院提起撤銷訴訟，對未形式確定之行政處分，尚得依法聲請停止執行，以為救濟，二者之制度目的及規範功能均屬有別。在行政處分是否違法之爭議，已有撤銷訴訟及停止執行制度作為權利保護方式下，當無再許受處分人以行政處分之違法事由提起債務人異議之訴，以免混淆並破壞行政訴訟權利保護機制。從而，**行政處分之受處分人，於行政機關以該行政處分為執行名義之強制執行程序終結前，主張有消滅或妨礙債權人請求之事由發生，而向行政法院提起債務人異議之訴，其所得主張之異議事由應以執行名義「成立後」之事由為限**。本院97年5月份第1次庭長法官聯席會議(一)決議應予補充。

最高行政法院97年5月份第1次庭長法官聯席會議決議

法律問題

行政處分之受處分人，可否於行政機關以該行政處分為執行名義之強制執行程序終結前，以有消滅或妨礙債權人請求之實體事由發生，向高等行政法院提起債務人異議之訴？

決議

按行政執行名義成立後，如有消滅或妨礙債權人請求之事由發生，不論其執行名義為何，於強制執行程序終結前應許債務人提起異議之訴，以排除強制執行。行政訴訟法第307條前段規定：「債務人異議之訴，由高等行政法院受理」，應認其係屬行政訴訟法關於債務人異議訴訟類型之規定。雖該條係列於同法第8編，但**既未明定僅以同法第305條第1項或第4項規定之執行名義為強制執行者為限，始有其適用，則行政處分之受處分人，於行政機關以行政處分為執行名義行強制執行時，如於執行名義成立後有消滅或妨礙債權人請求之事由發生，亦得於強制執行程序終結前，向高等行政法院提起債務人異議之訴。**

111年憲判字第11號判決【公立大學就不續聘教師之再申訴決定提起行政訴訟案】

Date：2022/07/29

公立大學對於不續聘教師之法律效果為意思表示？還是行政處分？

判決主文摘要：

最高行政法院中華民國106年6月份第2次庭長法官聯席會議決議，關於公立大學就不予維持其不續聘教師措施之再申訴決定，不得循序提起行政訴訟部分，牴觸憲法第11條保障學術自由及第16條保障訴訟權之意旨，應自本判決公告之日起不再援用。

核心概念：

1. 最高行政法院中華民國106年6月份第2次庭長法官聯席會議決議認為，立法者係基於立法裁量而有意不將學校納入得對再申訴決定提起行政訴訟之範圍，並非立法上有所疏漏；大學自不得針對不予維持其不予續聘決定之再申訴決定循序提起行政訴訟。
2. 今公立大學對所屬教師之不續聘措施，其性質係公立大學所為「契約上意思表示」，而公立大學依法得提起再申訴，係為透過中央主管機關裁決雙方爭議，故各大學依聘約約定「不續聘教師」，其法律效果僅係不予聘任該教師，雖對教師之工作權益有重大影響，惟尚與大學受委託行使公權力為教師資格之審定，而具行政處分之性質情形有別。
3. 按憲法第11條定有關於講學自由之規定，係就學術自由之制度性保障，又依釋字第380號解釋，大學自治亦屬該條之保障範圍，大學對研究、教學與學習之事項，包括大學內部組織、教師聘任及資格評量，享有自治權。雖依憲法第162條，大學依法律受國家之監督，然而教育主管機關依法行使其行政監督權時，仍有可能侵害大學之自治權。
4. 教師法未明文大學不能提起行政訴訟，另大學基於憲法保障，依法享有自治權之權利主體地位，且其地位不應遜於教師。職是之故，本於有權利即有救濟之意旨，應允許大學循序提起訴訟，尋求司法救濟，以符合憲法要求之訴訟權保障。

問題思考

教育部中央教師申訴評議委員會所作「再申訴決定」之性質為何？

經典範題

選擇題攻略

( ) **1** 某專辦國外某特定地區旅遊之旅行社，獲知主管機關即將發布全國性警告，指出某嚴重傳染病疫情於該地區已日益升高。試問，該旅行社應聲請下列何種類型之暫時權利保護，始能及時阻止主管機關發布該警告，以避免造成消費者恐慌而打消前往該地區旅行之計畫？ (A)假扣押 (B)假處分 (C)假執行 (D)停止執行。 【111司律】

( ) **2** 市政府公告周末將利用河濱公有停車場舉辦端午節聯歡活動，要求停放於停車場的車主在周五前將愛車駛離。甲為車主之一，公告前即已出國，回國後得知其愛車遭移置保管，乃不服該公告內容，欲尋求救濟。下列敘述何者錯誤？ (A)依市政府公告內容及效力範圍，其性質屬於一般處分 (B)市政府公告自公告日起即發生效力，甲不得主張其不知悉而對其不生效 (C)甲欲主張該公告內容違法不當，其訴願期間自公告期滿之次日起算 (D)甲對該公告不服，於公告後3年內皆得提起訴願。 【111司律】

( ) **3** 甲參加國民年金保險為被保險人，不服勞工保險局關於其請領老年年金給付之核定，依司法實務之見解，下列敘述何者正確？ (A)受立法委託之勞工保險局為原處分機關，並以其上級機關勞動部為訴願機關 (B)受立法委託之勞工保險局為原處分機關，並以中央主管機關內政部為訴願機關 (C)受立法委託之勞工保險局為原處分機關，並以中央主管機關衛生福利部為訴願機關 (D)原委託機關衛生福利部為原處分機關，並以其上級機關行政院為訴願機關。 【111司律】

( ) **4** 甲有房屋一棟，主管機關乙縣政府於3月1日去函甲（A函），認定該屋為違建，限期命甲自行拆除該房屋。甲於3月2日接獲該公函，其雖然認為主管機關之認定錯誤，但甲既未對之提起行政爭訟，且逾期未履行。5月2日主管機關再度來函（B函），通知甲將於5月10日強制拆除該房屋。下列敘述何者正確？ (A)甲得於5月3日對A函向內政部提起訴願，以尋求救濟 (B)甲得於5月3日對B函向內政部提起訴願，以

尋求救濟　(C)甲得於5月3日對A函向行政法院提起確認處分違法之訴　(D)甲得於5月3日對B函依據行政執行法第9條之規定向乙縣政府聲明異議。【111司律】

(　　) **5** 有關行政訴訟法上訴訟類型之敘述，下列何者正確？　(A)課予義務訴訟為請求財產上給付或行政處分以外之非財產上給付之訴訟　(B)行政機關之財產上給付，應以行政處分為決定者，原告應提起課予義務訴訟　(C)提起一般給付訴訟，亦須經訴願程序　(D)撤銷訴訟之判決，得作為行政法院強制執行名義。【111司律】

(　　) **6** 下列何者，當事人提起行政訴訟前應經訴願程序？　(A)交通裁決事件之撤銷訴訟　(B)針對曾經聽證程序之行政處分提起撤銷訴訟　(C)行政處分違法確認訴訟　(D)不服課稅行政處分所提起之撤銷訴訟。【110司律】

(　　) **7** 有關國家賠償請求權實現程序之敘述，下列何者錯誤？　(A)被害人欲依國家賠償法之規定請求國家賠償時，應先以書面向賠償義務機關提出請求　(B)國家賠償訴訟之審判權原則上歸屬於地方法院行政訴訟庭　(C)被害人得於向行政法院提起撤銷訴訟時，合併請求與該事件有關之國家賠償　(D)賠償義務機關與被害人就賠償金額展開協議，自開始協議之日起逾60日協議不成立時，被害人得提起國家賠償訴訟。【110司律】

(　　) **8** 人民出於自己錯誤而多繳稅款時，國家成立下列何種責任？　(A)國家賠償責任　(B)公法上不當得利返還責任　(C)公法上無因管理責任　(D)損失補償責任。【110司律】

(　　) **9** 鄉公所因減編鄉民代表會預算，遭鄉民代表會大幅刪減總預算，鄉公所提請覆議遭維持原決議，報請縣政府協商未達共識，縣政府逕為決定增列鄉民代表會預算。如該筆預算已執行完畢，而鄉公所對該增列決定仍不服時，依司法實務見解，得為如何之法律救濟？　(A)就該決定提起確認行政處分違法訴訟　(B)提起一般給付訴訟，請求返還不當得利　(C)逕向司法院聲請解釋　(D)就該決定向內政部提起訴願。【110司律】

( ) **10** 建築主管機關下令強制拆除建築物，並執行完畢後，建築物所有權人認為該拆除處分違法，應提起何種行政訴訟？ (A)撤銷訴訟 (B)課予義務訴訟 (C)違法確認訴訟 (D)一般給付訴訟。 【110司律】

( ) **11** 有關行政訴訟簡易訴訟程序之敘述，下列何者正確？ (A)簡易訴訟之起訴，概得以言詞為之，且其第一審程序由地方法院行政訴訟庭管轄 (B)簡易訴訟程序之裁判，原則上不經言詞辯論為之 (C)高等行政法院受理簡易訴訟程序之上訴事件，認有確保裁判見解統一之必要者，應以裁定移送司法院大法官審理之 (D)對於適用簡易程序之裁判提起上訴或抗告，以訴訟事件所涉及之法律見解具有原則性者為限。 【110司律】

( ) **12** 關於行政訴訟法上之強制執行程序，何者正確？ (A)行政法院判決確定後，其強制執行程序有停止之必要者，債務人應依行政訴訟法第116條以下停止執行之規定聲請停止執行 (B)撤銷訴訟判決確定後，如原處分經行政法院維持者，債權人得以該行政處分為執行名義，聲請地方法院行政訴訟庭強制執行 (C)行政訴訟法規定之強制執行程序，許提起債務人異議之訴，並由執行法院即地方法院行政訴訟庭受理 (D)行政訴訟法規定之強制執行程序，亦許提起第三人異議之訴，並由普通法院受理。 【110司律】

( ) **13** 有關訴願案件合法要件之敘述，下列何者正確？ (A)公法人不得作為訴願人提起訴願 (B)人民不服課稅處分，得放棄復查程序，直接提起訴願 (C)人民提起訴願後，即使原處分機關自行撤銷系爭行政處分，訴願管轄機關仍得繼續就本案為實體之審理 (D)行政機關作出沒入並銷毀某產品之行政處分，若該產品已經銷毀完畢，當事人不得就本案提起撤銷訴願。 【110司律】

解答與解析

1 (B)。行政訴訟法第298條第1、2項，公法上之權利因現狀變更，有不能實現或甚難實現之虞者，為保全強制執行，得聲請假處分；於爭執之公法上法律關係，為防止發生重大之損害或避免急迫之危險而有必要時，得聲請為定暫時狀態之處分。

2 (D)。訴願法第14條第1項，訴願之提起，應自行政處分達到或公告期滿之次日起三十日內為之。

3 (C)。國民年金法第4條，本保險之業務由中央主管機關委託勞工保險局辦理，並為保險人。又訴願法第4條第6款，不服中央各部、會、行、處、局、署所屬機關之行政處分者，向各部、會、行、處、局、署提起訴願。

4 (D)。最高行政法院107年7月第1次庭長法官聯席會議決議，A函內容既係認定甲之違建構成拆除要件，並表示限期自行拆除，否則逕為強制執行之意思，自應認該函屬於確認及下命性質之行政處分；而B函僅為接續執行行為，屬於觀念通知，應依行政執行法第9條，義務人或利害關係人對執行命令、執行方法、應遵守之程序或其他侵害利益之情事，得於執行程序終結前，向執行機關聲明異議。

5 (B)。一般給付之訴之提起，須於原告所請求之內容「業經行政處分確定」，而行政機關仍未給付；或原告依法享有請求權，而該權利無須經行政處分予以確定者，始足當之。一般認為行政訴訟法第8條第2項亦應類推適用於一般給付之訴與課予義務訴訟間之關係，作為補充性原則。故一般給付之訴如需以「行政處分之作成」為據者，原告應先提課予義務之訴或於課予義務訴訟中併為請求。

6 (D)。訴願前置主義是行政訴訟程序特有的制度，如不服行政機關的行政處分，提起「撤銷訴訟」或「課予義務訴訟」前，原則上必須先向作出行政處分的上級機關提起「訴願」程序。此種制度目的是給予行政機關自行矯正其違法或不當處分之機會。如果再不服訴願結果，才可向行政法院起訴。但如果法律規定免經訴願程序，就例外可直接提起行政訴訟，例如：交通裁決事件訴訟。

7 (B)。國家賠償法第12條，損害賠償之訴，除依本法規定外，適用民事訴訟法之規定。國家賠償訴訟之審判權原則上歸屬於地方法院民事庭。

8 (B)。司法院大法官釋字第515號解釋，供作行政款項之法律上原因遂不復存在，便成為公法上之不當得利，則溢繳稅款為公法上之不當得利。

9 (A)。行政處分因執行完畢而無回復原狀之可能，應提起「確認行政處分違法之訴」，若執行完畢卻仍有回復原狀之可能者，則仍應提起撤銷訴訟。

10 (C)。行政處分因執行完畢而無回復原狀之可能，應提確認行政處分違法之訴。

11 (A)。現行行政訴訟法第二章簡易訴訟程序第229條第1項，適用簡易訴訟程序之事件，以地方行政法院為第一審管轄法院；同法第231條第1項，起訴及其他期日外之聲明或陳述，概得以言詞為之。

12 (D)。行政訴訟法第307條，債務人異議之訴，依作成執行名義之第一審行政法院，分別由地方行政法院或高等行政法院受理；其餘有關強制執行之訴訟，由普通法院受理。

13 (D)。當產品銷毀完畢時，行政處分已執行完畢，該處分已不存在（訴願法77條），提起撤銷訴願已無實益，但得提起確認處分違法之訴。

第2章 國家責任

國家公權力之行使，無論是否合法，皆可能使個別人民之自由權利受有不利益，因此在法治國家中，便產生如何以財產之給付彌補人民之問題。因公權力不法之行使，致個別人民受有不利益者，由國家以財產所為之彌補措施，謂「行政損害賠償」（國家賠償），反之，若因公權力之合法行使，使個別人民受有特別之不利益，而由國家以財產給付所為之填補措施，謂「行政損失補償」，兩者皆屬國家責任。

第一節 國家賠償法

一 依據

憲法第24條規定：「凡公務員違法侵害人民之自由或權利者，除依法律受懲戒外，應負刑事及民事責任。被害人民就其所受損害，並得依法律向國家請求賠償。」

有關國家賠償責任之本質，有所謂「國家無責任論」、「國家代位責任論」及「國家自己責任論」，如下圖：

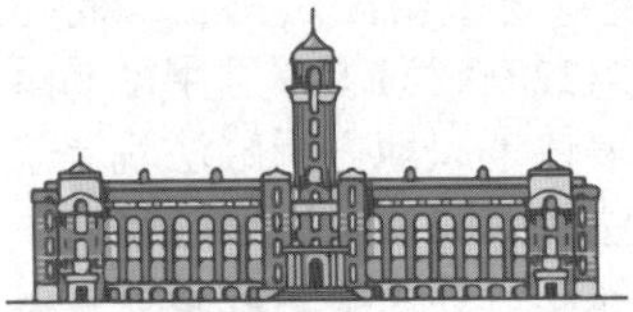

國家賠償責任之本質

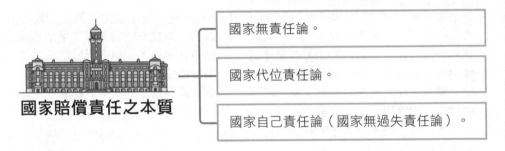

- 國家無責任論。
- 國家代位責任論。
- 國家自己責任論（國家無過失責任論）。

二 內容

(一) 國家無責任論

盛行於18世紀，公務員與國家之關係，被認為係「處理事務之授權關係」。受任之公務員本不得違反授權者之授權旨意，違法加害人民，若有，自亦應由公務員個人負責。然自19世紀末，因公務員行為究為私人行為抑或執行職務行為，於個案判斷區別不易，況相較國家，公務員個人財力有限，受害人民實際上未必皆能獲得如數賠償，故此種國家無責任說的論點，漸被摒棄，而以國家亦應就其不法行為負責之理論取代。

(二) 國家代位責任論

係指基於國家本身不能作成違法行為之立場，並避免公務員違法侵害人民時，國家置身事外，故公務員因故意或過失不法侵害人民權利，雖應由其本身負民法上侵權行為責任。但如前述，由於公務員資力通常不足，因此由國家先代替該公務員負賠償責任，再依情形對公務員求償。由於國家係代替公務員對人民負損害賠償責任，因此須待公務員本身負有賠償責任時，始隨之成立國家賠償責任。如公務員之責任依法受有限制或免除者，國家賠償責任亦相應受限制或免除。

(三) 國家自己責任論

「國家自己責任論」是認為，公務員本質上為國家之手足，其執行職務本身，即是「代表」國家執行職務，而非僅代理國家。故其因違法所造成之民事賠償責任，不以個別公務員之侵權行為責任成立為前提，國家亦應負賠償責任。換言之，公務員執行職務因故意或過失，不法造成人民權利損害，即應視同國家的侵權行為，故國家賠償責任，係國家自己本身責任，而非國家代替公務員負責之關係。採國家自己責任論者，因不以有故意過失為要，因此通常兼採「無過失責任」或「危險責任」。

我國國家賠償法第2條第2項規定，國家賠償責任之成立以公務員之違法有責任行為為要件，同條第3項國家對於具有故意或重大過失之公務員有求償權，故就公務員行使公權力之違法侵權行為所生之國賠責任，係採「國家代位責任論」。至於同法第3條，因公共設施之設置管理有欠缺，致人民受有損害所成立之國賠責任，並不以國家有過失為要件，國家亦不得主張已盡防止損害發生之注意義務而免責，可知係採「國家自己責任論」及「無過失責任論」。因此我國國家賠償法係採折衷之立法例。

而國家賠償依發生原因，可分為人（公務員、受託行使公權力之人或團體）的責任與物（公共設施）的責任兩大類型，細部說明詳後述。

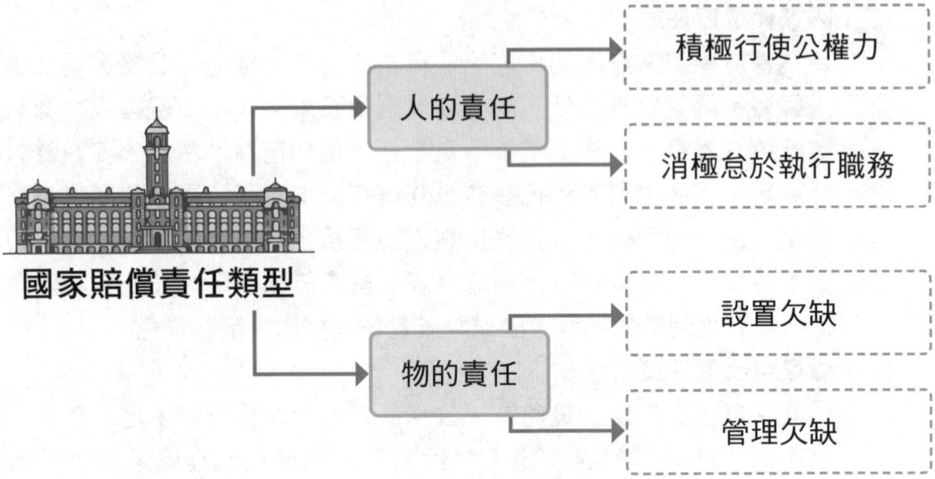

(四) **第一次權利保護與第二次權利保護**☆☆【107高考三級】

所謂「第一次權利保護」，係指公權力之侵害若是以行政處分之形態出現，則被害人民必須依行政爭訟或其他類似程序排除侵害之權利保護方式，以回復人民之權利，通常為提起訴願及行政訴訟，以請求審查該行政處分是否違法。

而所謂「第二次權利保護」，係指當第一次權利保護已無法滿足人民權利時，此時應透過賠償或補償之方式填補人民所生損害，即透過國家賠償及損失補償制度尋求救濟。

「第一次權利保護」相較於「第二次權利保護」是否具有優先性？有肯否兩說。肯定說認為，國家賠償法雖無第一次權利保護優先原則之明文，惟行政處分違法有無之判斷係專屬於行政法院，並參行政訴訟法第12條第1項：「民事或刑事訴訟之裁判，以行政處分是否無效或違法為據者，應依行政爭訟程序確定之。」故應肯定第一次權利保護具有其優先性。而否定說認為於國家賠償訴訟實務上，普通法院於審理國家賠償訴訟時，亦得就行政處分之違法性自為判斷，蓋普通法院並不受行政法院判決認定事實之拘束，而釋字第290號解釋即採否定說。

而較有利之見解係採「相對的第一次權利保護」，即第一次權利保護並非必然優先，倘當事人遲誤或未提出第一次權利保護以求救濟，第二次權利保護若對當事人有利，仍不排除其逕自向普通法院提起國家賠償訴訟，至多使當事人負擔與有過失之責，以減輕或免除賠償義務機關之賠償責任。

知識補給站

司法院釋字第290號解釋（節錄）

人民對於行政處分有所不服，應循訴願及行政訴訟程序請求救濟。惟**現行國家賠償法對於涉及前提要件之行政處分是否違法，其判斷應否先經行政訴訟程序，未設明文，致民事判決有就行政處分之違法性併為判斷者，本件既經民事確定終局判決，故仍予受理解釋**，併此說明。

想一想

何謂「第一次權利保護」與「第二次權利保護」？在我國，有無「第一次權利保護優先」原則之適用？試分述之。　【司法四等】

三 公務員違法行為之國家賠償責任☆☆☆【105地特三等】

國家賠償法第2條規定：「本法所稱公務員者，謂依法令從事於公務之人員。公務員於執行職務行使公權力時，因故意或過失不法侵害人民自由或權利者，國家應負損害賠償責任。公務員怠於執行職務，致人民自由或權利遭受損害者亦同。前項情形，公務員有故意或重大過失時，賠償義務機關對之有求償權。」其中第2項前段為積極行為責任，第2項後段為消極行為責任，其構成要件分述如下：

(一) 公務員積極違法行為之國家賠償責任構成要件

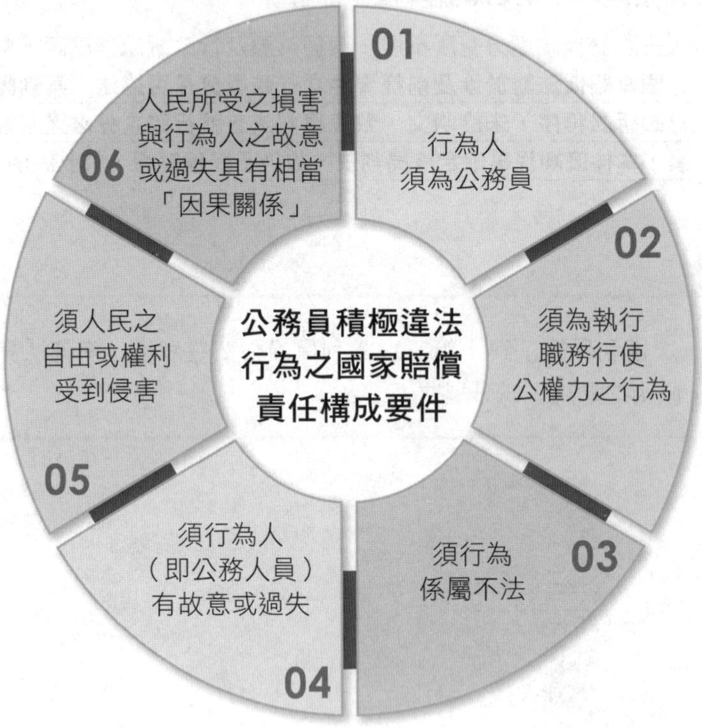

1. **行為人須為公務員**

   (1) **「公務員」的定義**

最狹義之公務員	此種意義之公務員指依**公務人員任用法第5條**所任命之依法考試取得公務員身分之人員，包括簡任、薦任及委任官等之公務員。
狹義之公務員	指**公務員懲戒法上**之公務人員，不僅包括事務官，即連政務官亦包括之。

廣義之公務員	指**公務員服務法**所稱之公務人員，包括受有俸給之文武職及其他公營事業機關服務之人員。
最廣義之公務員	指**依法令從事於公務**之人，故縱無公務員之資格，凡依法令從事於公務之人皆屬之，包括受委託行使公權力之個人或團體。

(2)**法律上定義的「公務員」**

國賠法第2條第1項明定：「本法所稱公務員者，謂依法令從事於公務之人員。」第4條第1項明定：「受委託行使公權力之團體，其執行職務之人於行使公權力時，視同委託機關之公務員。受委託行使公權力之個人，於執行職務行使公權力時亦同。」例如行政機關委託之合作社之職員在代收稅款時，或汽車修護廠就汽車作定期檢查，皆不失為國賠法上之公務員。準此以觀，國賠法公務員採上開「**最廣義公務員**」之認定。

特別注意的是，人民於請求國家賠償時，不以具體指出公務員之姓名為要。

2. **須為執行職務行使公權力之行為**

(1)**職務行為之定義**

有狹義與廣義兩說。狹義之執行職務係指與公務員履行職務有直接及內在關聯性之行為。廣義之執行職務係指除狹義之內容外，尚包含利用履行職務之機會、時間或處所所為有關之任何行為。

(2)**職務行為之判斷（會影響人民獲得賠償之機會）**

職務行為之判斷有採客觀說、主觀說。

客觀說 （職務外觀說）	係指凡自客觀上觀察為執行職務者即屬之，不問公務員主觀上之意願。亦即只要該項職務，在外觀上從客觀之第三人（通常為法院）看起來足以被認為係在執行職務即該當於國賠法上之執行職務。而執行職務，縱使不符「管轄法定原則」（行政程序法第11條），亦非其地域管轄之範圍，其執行仍該當於此之「職務」，且不以勤務時間內所為之行為為限。但冒充公務員執行職務（僭行職務），例如竊賊偷竊警裝，喬裝警察以取締交通違規行為並收取罰款之情事，則非執行職務。
主觀說	應以公務員主觀上之目的是否為執行職務判斷之，亦即，國家賠償法所稱之「執行職務」，須機關依組織法及個別行政法規具有該項法定職務（行政程序法第11條），且該公務員有以之為職務執行之意圖，若行為人僅有假藉職務機會之意思，公報私仇所為之行為，則並非執行職務。

主觀說會造成被害人民舉證上的困難，基於法律關係之明確及充分保障人民權利，應以客觀說為宜。

(3) **行使公權力之行為**

所謂「行使公權力之行為」，係指廣義之公法行為，包含公務員或受委託行使公權力之個人或團體，居於國家機關之地位，行使統治權作用之行為而言，如運用命令及強制手段，干預人民自由及權利之行政處分或行政事實行為，以及提供給付、服務、救濟、照顧等方法，增進公共及社會成員之利益，以達成國家任務之行為。（最高法院80年度台上字第525號判決參照）故「行使公權力之行為」包含公權力行政，並排除「私經濟行政」（國庫行為）。

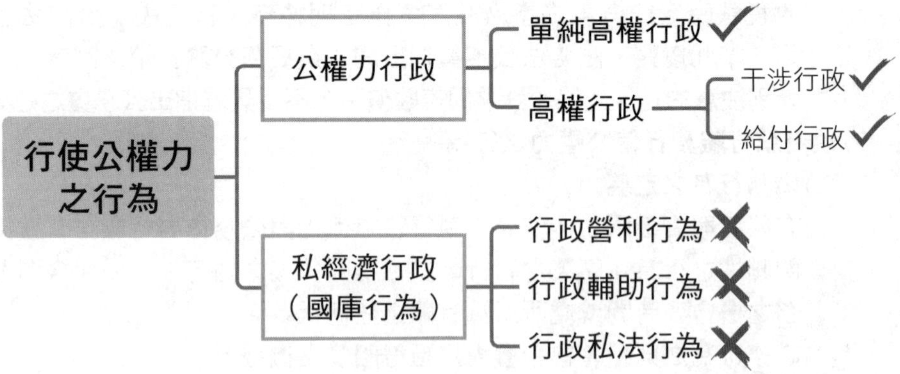

知識補給站

最高法院80年度台上字第525號判決

依國家賠償法第2條第2項前段規定，公務員於執行職務，行使公權力時，因故意或過失不法侵害人民自由或權利者，國家固應負損害賠償責任，所謂行使公權力，係指公務員居於國家機關之地位，行使統治權作用之行為而言。並包括運用命令及強制等手段干預人民自由及權利之行為，以及提供給付、服務、救濟、照顧等方法，增進公共及社會成員之利益，以達成國家任務之行為。如國家機關立於私法主體之地位，從事一般行政之補助行為，如購置行政業務所需之物品或處理行政業務相關之物品，自與公權力之行使有間，不生國家賠償法適用之問題。

3. **須行為係屬不法**

所謂「行為不法」，包含行為違反法律、法規命令、行政規則、有效之解釋與判例、上級長官合法之職務命令等，以及裁量濫用、裁量逾越、對法律之解釋與適用超出判斷餘地、認定之事實違背經驗或倫理法則等，皆屬行為不法。

4. **須行為人（即公務人員）有故意或過失**

本法所稱之故意過失，係採「過失責任主義」，亦即行為人主觀上必須有故意或過失，故應與民法第184條之故意過失作相同之理解。所謂「故意」，係指行為人對於構成不法侵害行為之事實，明知並有意使其發生；或預見其發生，而其發生並不違背其本意。所謂「過失」，則係指行為人雖非故意，但按其情節應注意並能注意而不注意者；或其對於構成不法侵害行為之事實，雖預見其發生，而確信其不發生者。至於過失之有無，應以是否違反善良管理人義務注意（即依交易上一般觀念認為有相當知識經驗及誠意之人應盡之注意）為斷。

惟基於行政一體，不應獨以作成行為之公務員有故意過失為限，倘上級長官如未善盡監督管理之責，則故意過失之認定亦非不得就行政機關之整體認定之。

5. **須人民之自由或權利受到侵害**

所謂「無損害即無賠償」，故國家賠償請求權，應以不法行為發生損害為必要，即須人民之自由或權利受到侵害。所謂「自由」及「權利」，包含憲法及法律上所定的一切自由與權利，如身體自由、居住遷徙自由、生命權、身體權、健康權、財產權、名譽權及隱私權等皆屬之。

6. **人民所受之損害與行為人之故意或過失具有相當「因果關係」**

所謂「相當因果關係」，係指依經驗法則，綜合行為當時所存在之一切事實，為客觀之事後審查，認為在一般情形下，有此環境、有此行為之同一條件，均可發生同一之結果者，則該條件即為發生結果之相當條件，行為與結果即有相當之困果關係。（最高法院23年上字第107號、33年上字第769號、48年台上字第481號判例參照）

(二) **公務員消極違法行為（公務員怠於職務）之國家賠償責任構成要件☆☆☆**

【107調查局】

1. 一般認為，須人民有公法上之請求權（即排除反射利益），且非屬公務員具有裁量權限之事項，即成立不作為之國賠責任：

(1) **須人民有公法上之請求權，排除反射利益：**

傳統上認為，國家賠償法第2條第2項後段所謂公務員怠於執行職務，係指公務員對於被害人有應執行之職務而怠於執行者而言。換言之，**被害人對於公務員為特定職務行為，有公法上請求權存在**，經請求其執行而怠於執行，致自由或權利遭受損害者，始得依上開規定，請求國家負損害賠償責任。若公務員對於職務之執行，雖可使一般人民享有反射利益，人民對於公務員仍不得請求為該職務之行為者，縱公務員怠於執行該職務，人民尚無公法上請求權可資行使，以資保護其利益，自不得依上開規定請求國家賠償損害。（最高法院72年度台上字第704號判決參照）

惟釋字第469號解釋人民有無公法上之請求權存在，進一步以保護規範理論判斷，提出「危險防止與危險管理」職務之概念作為判斷行政不作為違法性的基準，為人民請求權之存在提供了客觀性的判準。

知識補給站

司法院釋字第469號解釋理由書

憲法第24條規定公務員違法侵害人民之自由或權利，人民得依法律向國家請求賠償，係對國家損害賠償義務所作原則性之揭示，立法機關應本此意旨對國家責任制定適當之法律，且在法律規範之前提下，行政機關並得因職能擴大，為因應伴隨高度工業化或過度開發而產生對環境或衛生等之危害，以及科技設施所引發之危險，而採取危險防止或危險管理之措施，以增進國民生活之安全保障。倘國家責任成立之要件，從法律規定中已堪認定，則適用法律時不應限縮解釋，以免人民依法應享有之權利無從實現。國家賠償法第2條第2項規定：「公務員於執行職務行使公權力時，因故意或過失不法侵害人民自由或權利者，國家應負損害賠償責任。公務員怠於執行職務，致人民自由或權利遭受損害者亦同」，凡公務員職務上之行為符合：行使公權力、有故意或過失、行為違法、特定人自由或權利所受損害與違法行為間具相當因果關係之要件，而非純屬天然災害或其他不可抗力所致者，被害人即得分就積極作為或消極不作為，依上開法條前段或後段請求國家賠償，**該條規定之意旨甚為明顯，並不以被害人對於公務員怠於執

行之職務行為有公法上請求權存在，經請求其執行而怠於執行為必要。惟法律之種類繁多，其規範之目的亦各有不同，有僅屬賦予主管機關推行公共事務之權限者，亦有賦予主管機關作為或不作為之裁量權限者，對於上述各類法律之規定，該管機關之公務員縱有怠於執行職務之行為，或尚難認為人民之權利因而遭受直接之損害，或性質上仍屬適當與否之行政裁量問題，既未達違法之程度，亦無在個別事件中因各種情況之考量，例如：斟酌人民權益所受侵害之危險迫切程度、公務員對於損害之發生是否可得預見、侵害之防止是否須仰賴公權力之行使始可達成目的而非個人之努力可能避免等因素，已致無可裁量之情事者，自無成立國家賠償之餘地。**倘法律規範之目的係為保障人民生命、身體及財產等法益，且對主管機關應執行職務行使公權力之事項規定明確，該管機關公務員依此規定對可得特定之人負有作為義務已無不作為之裁量空間，猶因故意或過失怠於執行職務或拒不為職務上應為之行為，致特定人之自由或權利遭受損害，被害人自得向國家請求損害賠償。**至前開法律規範保障目的之探求，應就具體個案而定，如法律明確規定特定人得享有權利，或對符合法定條件而可得特定之人，授予向行政主體或國家機關為一定作為之請求權者，其規範目的在於保障個人權益，固無疑義；**如法律雖係為公共利益或一般國民福祉而設之規定，但就法律之整體結構、適用對象、所欲產生之規範效果及社會發展因素等綜合判斷，可得知亦有保障特定人之意旨時，則個人主張其權益因公務員怠於執行職務而受損害者，即應許其依法請求救濟。**

最高法院72年台上字第704號判例：「國家賠償法第2條第2項後段所謂公務員怠於執行職務，係指公務員對於被害人有應執行之職務而怠於執行者而言。換言之，被害人對於公務員為特定職務行為，有公法上請求權存在，經請求其執行而怠於執行，致自由或權利遭受損害者，始得依上開規定，請求國家負損害賠償責任。若公務員對於職務之執行，雖可使一般人民享有反射利益，人民對於公務員仍不得請求為該職務之行為者，縱公務員怠於執行該職務，人民尚無公法上請求權可資行使，以資保護其利益，自不得依上開規定請求國家賠償損害。」對於符合一定要件，而有公法上請求權，經由法定程序請求公務員作為而怠於執行職務者，自有其適用，惟與前開意旨不符部分，則係對人民請求國家賠償增列法律所無之限制，有違憲法保障人民權利之意旨，應不予援用。

依上述意旨應負賠償義務之機關，對故意或重大過失之公務員，自得依國家賠償法第2條第3項行使求償權，如就損害賠償有應負責任之人時，賠償義務機關對之亦有求償權，乃屬當然。

(2)**非屬公務員具有裁量權限**

行政權之行使原本具有自由性，質言之，公務員是否執行職務，常有裁量之餘地，此即所謂行政之便宜主義，例如拆除違建物或危樓固屬主管機關之作為義務，若城市中之違建、危樓甚多。則何者先拆、何者後拆，主其事者自可定其先後順序，除非某一樓房倒塌在即，應迅以排除，出現**「裁量收縮至零」**，否則第三人之損害縱因拆除違建所造成，亦難謂應成立公務員怠於執行職務之國家賠償責任。

2. 學說上有認為上開傳統見解（最高法院72年度台上字第704號判決）之認定過於嚴格，故提出以下四要件，凡符合以下四要件者，即應成立不作為之國賠責任：

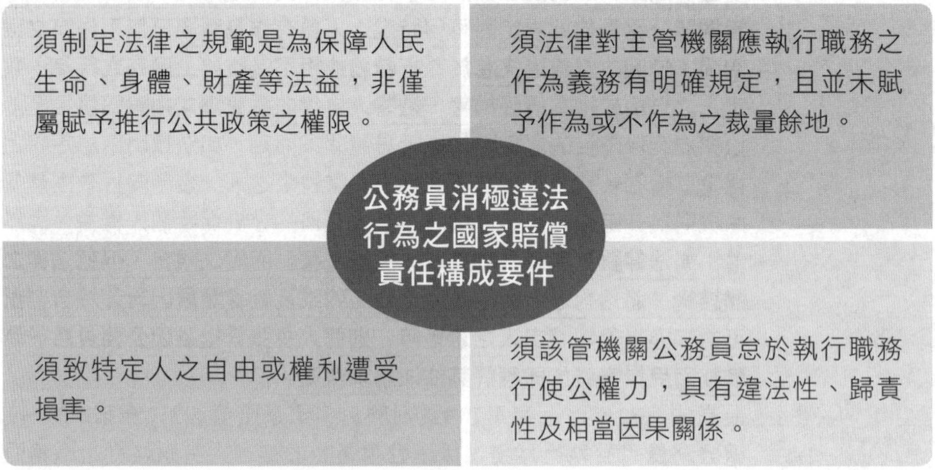
須制定法律之規範是為保障人民生命、身體、財產等法益，非僅屬賦予推行公共政策之權限。
須法律對主管機關應執行職務之作為義務有明確規定，且並未賦予作為或不作為之裁量餘地。
公務員消極違法行為之國家賠償責任構成要件
須致特定人之自由或權利遭受損害。
須該管機關公務員怠於執行職務行使公權力，具有違法性、歸責性及相當因果關係。

(三) **因偵審職務公務員行為所生之國家賠償責任**

國家賠償法第13條規定：「有審判或追訴職務之公務員，因執行職務侵害人民自由或權利，就其參與審判或追訴案件犯職務上之罪，經判決有罪確定者，適用本法規定。」係國家就有審判或追訴職務之公務員之侵權行為應負損害賠償責任之特別規定。其立法目的在於維護審判獨立及追訴不受外界干擾，以實現公平正義。至若執行此等職務之公務員，因參與審判或追訴案件犯職務上之罪，經判決有罪確定時，則其不法侵害人民自由或權利之事實，已甚明確，非僅心證或見解上之差誤而已，於此情形，國家自當予以賠償（司法院釋字第228號解釋參照），故於國家賠償法第13條為特別規定。

知識補給站

司法院釋字第228號解釋理由書

憲法第24條規定：「凡公務員違法侵害人民之自由或權利者，除依法律受懲戒外，應負刑事及民事責任。被害人民就其所受損害，並得依法律向國家請求賠償。」據此而有國家賠償之立法，此項立法，自得就人民請求國家賠償之要件為合理之立法裁量。國家賠償法第2條第2項前段：「公務員於執行職務行使公權力時，因故意或過失不法侵害人民自由或權利者，國家應負損害賠償責任。」係國家就公務員之侵權行為應負損害賠償責任之一般規定。而同法第13條：「有審判或追訴職務之公務員，因執行職務侵害人民自由或權利，就其參與審判或追訴案件犯職務上之罪，經判決有罪確定者，適用本法規定。」則係國家就有審判或追訴職務之公務員之侵權行為應負損害賠償責任之特別規定。

依現行訴訟制度，有審判或追訴職務之公務員，其執行職務，基於審理或偵查所得之證據及其他資料，為事實及法律上之判斷，係依其心證及自己確信之見解為之。各級有審判或追訴職務之公務員，就同一案件所形成之心證或見解，難免彼此有所不同，倘有心證或見解上之差誤，訴訟制度本身已有糾正機能。關於刑事案件，復有冤獄賠償制度，予以賠償。為維護審判獨立及追訴不受外界干擾，以實現公平正義，上述難於避免之差誤，在合理範圍內，應予容忍。不宜任由當事人逕行指為不法侵害人民之自由或權利，而請求國家賠償。唯其如此，執行審判或追訴職務之公務員方能無須瞻顧，保持超然立場，使審判及追訴之結果，臻於客觀公正，人民之合法權益，亦賴以確保。至若執行此等職務之公務員，因參與審判或追訴案件犯職務上之罪，經判決有罪確定時，則其不法侵害人民自由或權利之事實，已甚明確，非僅心證或見解上之差誤而已，於此情形，國家自當予以賠償，方符首開憲法規定之本旨。

按憲法所定平等之原則，並不禁止法律因國家機關功能之差別，而對國家賠償責任為合理之不同規定。國家賠償法針對審判及追訴職務之上述特性，而為前開第13條之特別規定，為維護審判獨立及追訴不受外界干擾所必要，尚未逾越立法裁量範圍，與憲法第7條、第16條、第23條及第24條並無牴觸。

四 公共設施瑕疵之國家賠償責任☆☆☆☆☆【105地特三等】

(一) 構成國家賠償責任之情形

國家賠償法第3條第1項及第2項規定：「公共設施因設置或管理有欠缺，致人民生命、身體、人身自由或財產受損害者，國家應負損害賠償責任。前項設施委託民間團體或個人管理時，因管理欠缺致人民生命、身體、人身自由或財產受損害者，國家應負損害賠償責任。」

國家賠償法第3條所定之國家賠償責任，係採無過失主義，即以該公共設施之設置或管理有欠缺，並因此欠缺致人民受有損害為其構成要件，非以管理或設置機關有過失為必要。（最高法院85年度台上字第2776號判決參照）

1. **須為公共設施**

從實務判決（最高法院96年度台上字第434號判決參照）來看，本條所稱「公共設施」，指國家或其他公法人管理並直接供公共或公務目的所使用之物，如：道路、橋樑、公園、港埠、學校、辦公大樓及其附屬設備等均屬之。

在108年12月修法前，第3條第1項有設施須為「公有」之要件。因法律設有此要件，故實務上認為，所謂「公有」，並非專指國家或其他公法人所有，凡公共設施**由國家或地方自治團體設置或事實上處於管理狀態即屬之**。如既成道路之土地雖屬私人所有，但既供公眾通行多年，已因時效完成而有公用地役關係之存在，此項道路之土地，即已成為他有公物中之公共用物，而屬於公有公共設施。如此一來，方得擴張過去國家賠償法第3條之適用範圍。但108年12月修法後，已把「公有」二字刪除，並明文擴張，將公共設施國家賠償責任之適用範圍擴張及於委託民間團體或個人管理之設施。

又公共設施，**限於已設置完成並開始供公眾使用之設施**而言，施工中之建築物或工作物，固非此之「公共設施」。然施工中不能認為公共設施者，應係指新建工程尚未完工開放供一般民眾使用，或舊有之公共設施因修繕或擴建暫時封閉不供公眾使用之情形而言。如舊有公共設施並未封閉，一面修繕或擴建，一面仍供使用者，則仍供使用部分，有國家賠償法之適用。

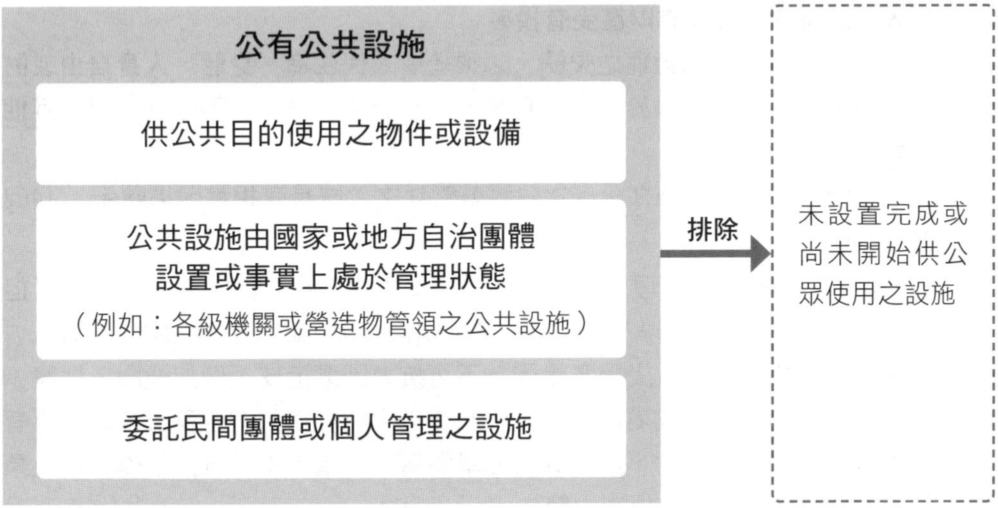

2. **須公共設施設置或管理有欠缺**

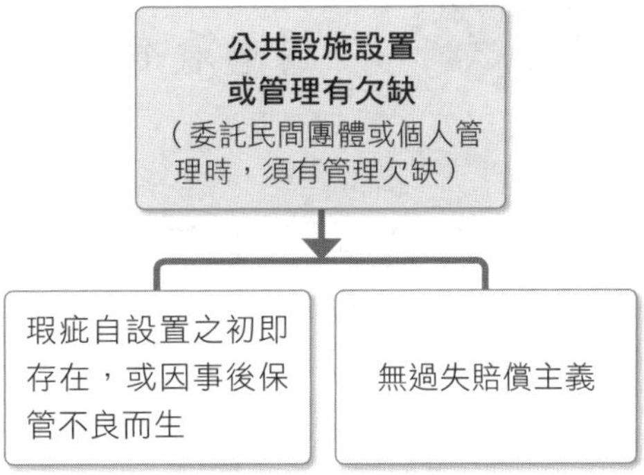

所謂「設置欠缺」係指公共設施設置之初即已欠缺其應有之品質或安全設備，例如由於防洪設備設計不完備、材料粗糙、偷工減料、設計或建造錯誤。

所謂「管理欠缺」係指於設置以後之保管方法有欠缺，致其物發生瑕疵。而所謂欠缺或瑕疵，係指該公共設施不具備通常應有之狀態作用或功能，以致缺乏安全性者。例如公共設施建造後沒有妥善保管，致不具備通常應有之狀態作用或功能。

此外，公共設施之瑕疵造成人民損失，不問管理機關或公務員有無過失，或是否已盡善良保管之責，一律不得免責（即無過失賠償主義）。

3. **須人民之生命、身體或財產受有損害**

公有公共設施設置或管理之欠缺，必須造成人民**生命、身體、人身自由**或**財產**之損害。（注意：限於生命、身體、人身自由、財產，**不**包含**名譽**等**其他權利**！）

4. 人民受到損害，須與公共設施之設置或管理之欠缺具有**相當因果關係**。【108關務三等】

即「公共設施設置或管理之欠缺」與「損害之發生」間須有相當因果關係。（但是在委託民間團體或個人管理之情形時，須與管理欠缺具有相當因果關係）

也就是說，如果人民所受損害是因為不可抗力因素造成，例如強颱、地震、海嘯等天災地變，造成堤防決堤、洪水漫淹，或在使用上違反公共設施原有規劃設計之方式或目的，則難認有因果關係。所謂「不可抗力」係指依人類經驗不能合理期待防止損害之發生。

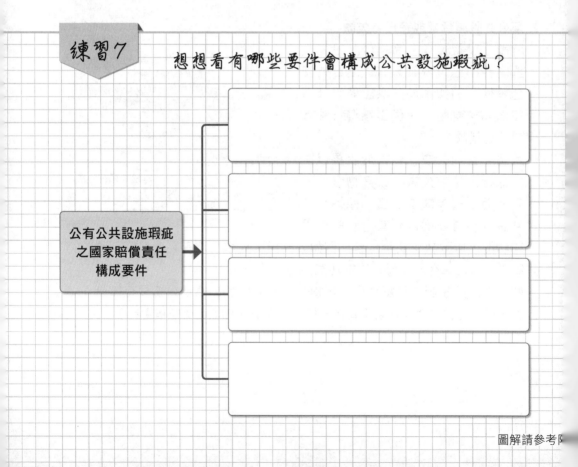

練習7 想想看有哪些要件會構成公共設施瑕疵？

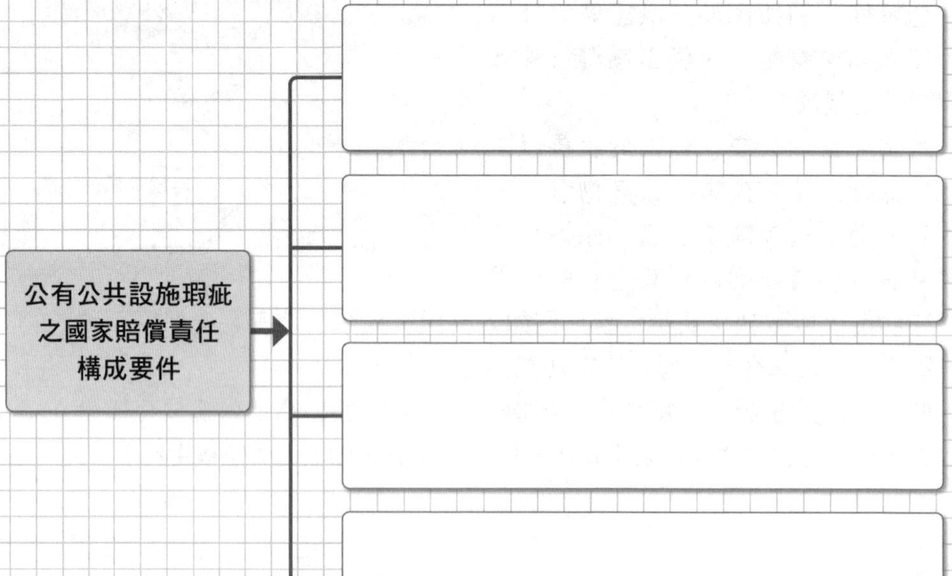

圖解請參考

(二) 減輕或免除國家賠償責任之情形

1. 國家賠償法第3條第3項規定：「前二項情形，於開放之山域、水域等自然公物，經管理機關、受委託管理之民間團體或個人已就使用該公物為適當之警告或標示，而人民仍從事冒險或具危險性活動，國家不負損害賠償責任。」第3條第4項規定：「第一項及第二項情形，於開放之山域、水域等自然公物內之設施，經管理機關、受委託管理之民間團體或個人已就使用該設施為適當之警告或標示，而人民仍從事冒險或具危險性活動，得減輕或免除國家應負之損害賠償責任。」
2. 因此，如果公共設施是**開放之山域、水域**等**自然公物**，而且已經**管理機關、受委託管理之民間團體或個人**已就使用該公物為**適當之警告或標示**，而人民**仍從事冒險或具危險性**活動，此時國家即例外**不負損害賠償責任**；如果公共設施是**開放之山域、水域**等**自然公物內**之設施，而且已**經管理機關、受委託管理之民間團體或個人**已就使用該設施為**適當之警告或標示**，而人民**仍從事冒險或具危險性活動**，得**減輕**或**免除**國家應負之**損害賠償責任**。

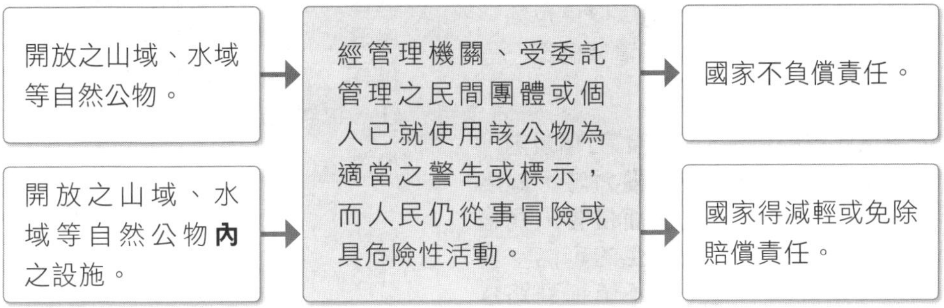

(三) 求償權之行使

國家賠償法第3條第5項規定：「第一項、第二項及前項情形，就損害原因有應負責任之人時，賠償義務機關對之有求償權。」因此如果公共設施瑕疵致人民有損害時，如損害原因有應負責任之人時，賠償義務機關對該應負責任之人有求償權。

「博硯『說』法」國家賠償對新北市政府的兩難

Date：2022/06/22

國家賠償，到底賠不賠？

人民對於國家進行國家賠償的請求，絕大多數是因為不幸的悲劇發生，倘若政府更能坦誠面對自己的問題，不幸的結果就不至於擴大成為傷害。若不能積極面對當事人的請求，而是找尋各種藉口迴避，最後已發生的悲劇將造成二次傷害，成為行政機關的公關危機，例如現在的新北市政府。

確診的兩歲小朋友恩恩因遭質疑送醫過程延誤而不幸病逝，隨著錄音檔曝光，引發議論。儘管晚了81分鐘送醫和最後恩恩的死亡是否有關，仍待進入司法程序再討論，或是否涉及國家賠償也須逐一探究各個構成要件，但這個個案已經讓新北市政府騎虎難下。

依據《國家賠償法》第2條第2項規定，公務員執行職務行使公權力時，倘若因疏忽違反法律規定進而侵害人民權利時，就有國家責任發生的可能。例如國軍演訓時，坦克車不慎撞到路邊的車輛，這種狀況所在多有，或是應該負擔的工作，行政機關卻沒有做，導致人民權利遭受侵害，稱為「怠於行使職務」，但構成此一要件並不容易，行政機關本就是為了公共利益而存在，正是因為要指控行政機關哪裡沒做好太容易了，因此，**只有當「沒有做好」這件事，是用來保障個別國民權利時，個別國民才有辦法進行請求**。

例如，2009年莫拉克風災導致高雄那瑪夏區南沙魯地區的居民死亡、多間房屋倒塌，災民提起國家賠償訴訟，最後由當地員警證明，當初通知撤離時有部分受災戶沒有被通知到，顯然國家該盡的責任沒有盡。依據《災害防救法》第24條第1項及當時行政院農委會《土石流防災疏散避難作業規定》可知，發佈土石流警戒區時，地方政府有以下作為義務：「由地方政府迅速運用村里鄰長、警察、消防人力、及巡邏車、廣播車傳遞土石流警戒通報等災害預報訊息，於災害發生前將災害資訊傳達至各單位與民眾、村里鄰社區住戶。」依前述規定可知，當時行政機關顯然沒有盡到責任，也就是怠於行使職務。

但真實的情況是，國家賠償案件在我國為數不多，也不易成立。我們絕大部分成立的案例是《國家賠償法》第3條的「公共設施設置管理不當」的情況，例如馬路上有洞，導致機車騎士摔倒受傷，或是公園路燈壞掉，導致民眾在公園裡跌倒受傷，以及之前高雄氣爆案，涉及當初地下管線設計與管理等。如今許多公共設施以投保商業的責任險來處理這個部分，對民眾而言也是一種保障。

不僅是新北市政府，對任何縣市政府或任何行政機關而言，國家賠償都是不可承受之重。例如高雄氣爆案件，雖然高市府希望以代償方式解決問題，最終也被部分災民告上法院，而法院也認為高雄市政府當年的工程設計確實有問題，必須要負擔國家賠償責任；當年辛樂克颱風導致南投豐丘明隧道活埋事故，交通部一開始也認為是天災，最終是靠著監察院的調查與糾正，才有了轉機。任何一件國家賠償案件，都不會有任何機關會爽快的在第一時間承認：就是我們錯了。

國家賠償對於行政機關之所以難解，正是因為只要賠了就代表錯在行政機關，既然有錯，之後就必須問責，而後續尚有行政責任，甚至首長必須承擔政治責任。即使很多的個案不見得是個別公務員的疏失，而是體制設置甚或是預算不足的問題。假設新北市政府在恩恩案上負有送醫的義務，卻因為人力物力限制無法派員送醫，就算國家負有這樣的義務，也無法避免悲劇發生，但責任卻也無法免除。當然，恩恩案不僅是這個問題，當恩恩爸依據《政府資訊公開法》要求調閱錄音記錄時，新北市政府卻以個資為由阻擋。事實上，我們確實有個高密度規範的個資保護規定，但政府資訊公開的原則也不是全然涉及到個資的資訊就不能公開，以此為藉口，當事人自然感受不到政府面對問題的誠意。

人民對於國家進行國家賠償的請求，絕大多數是因為不幸的悲劇發生，倘若政府更能坦誠面對自己的問題，不幸的結果就不至於擴大成為傷害。若不能積極面對當事人的請求，而是找尋各種藉口迴避，最後已發生的悲劇將造成二次傷害，成為行政機關的公關危機，例如現在的新北市政府。

（資料來源：自由時報https://talk.ltn.com.tw/article/breakingnews/3968251）

問題思考

1. 文中提到「只有當『沒有做好』這件事，是用來保障個別國民權利時，個別國民才有辦法進行請求」指的是通說對於國家賠償法第2條「怠於執行職務」的何種見解？試以法律用語解釋之。
2. 哪些情況下可以請求國家賠償？亦即國家賠償法所明文之國家賠償類型有哪些？

五 國家賠償請求權之行使

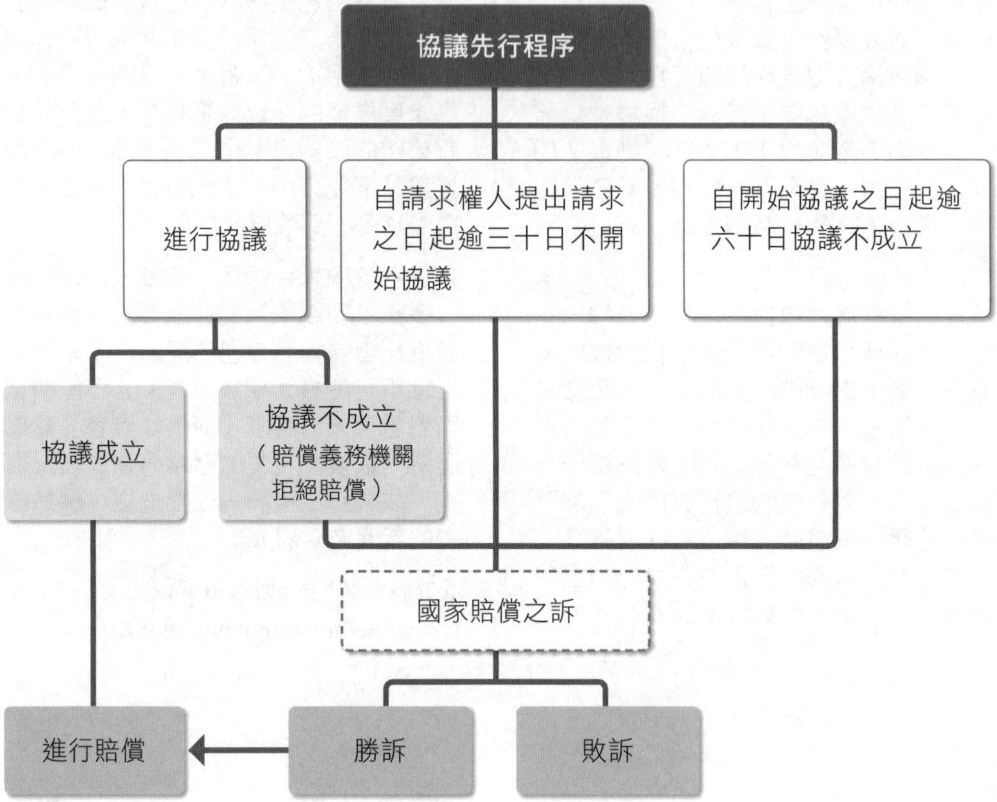

國家賠償請求權行使流程圖

(一) 行使程序

1. 如何申請國家賠償

依國家賠償法施行細則第17條規定，損害賠償之請求，應以書面載明左列各款事項，由請求權人或代理人簽名或蓋章，提出於賠償義務機關：

(1) 請求權人之姓名、性別、出生年月日、出生地、身分證統一編號、職業、住所或居所。請求權人為法人或其他團體者，其名稱、主事務所或主營業所及代表人之姓名、性別、住所或居所。

(2) 有代理人者，其姓名、性別、出生年月日、出生地、身分證統一編號、職業、住所或居所。

(3) 請求賠償之事實、理由及證據。

(4) 請求損害賠償之金額或回復原狀之內容。

(5) 賠償義務機關。

(6) 年、月、日。

2. **賠償方法與範圍**

依國家賠償法第7條，損害賠償之請求，應以書面載明左列各款事項，由請求權人或代理人簽名或蓋章，提出於賠償義務機關。但以回復原狀為適當者，得依請求，回復損害發生前原狀。所謂以回復原狀為適當，於名譽受侵害的情形，可以請求採取使名譽回復的適當措施，如採取登報公開道歉等方式。

國家損害賠償之範圍，國家賠償法未規定，故國家賠償法第5條之規定適用民法。而民法第216條規定，損害賠償，除法律另有規定或契約另有訂定外，應以填補債權人所受損害及所失利益為限。所謂「所受損害」係指積極損害，以被害人實際因侵權行為所致之財產損失或增加之債務始得請求賠償，又所謂「所失利益」係消極損害，指依通常情形，或依已定之計畫、設備或其他特別情事，可得預期之利益因侵權行為致未能獲得。

又民法第217條第1項（過失相抵），損害之發生或擴大，被害人與有過失者，法院得減輕賠償金額或免除之。此項基於過失相抵之責任減輕或免除，非僅視為抗辯之一種，亦可使請求權全部或一部為之消滅，法院對於賠償金額減至何程度，抑為完全免除，雖有裁量之自由，但應斟酌雙方原因力之強弱與過失之輕重以定之。（最高法院96年度台上字第2902號判決參照）

又依民法第192至194條，賠償範圍不以財產上損害為限，非財產上之損害亦得請求之。

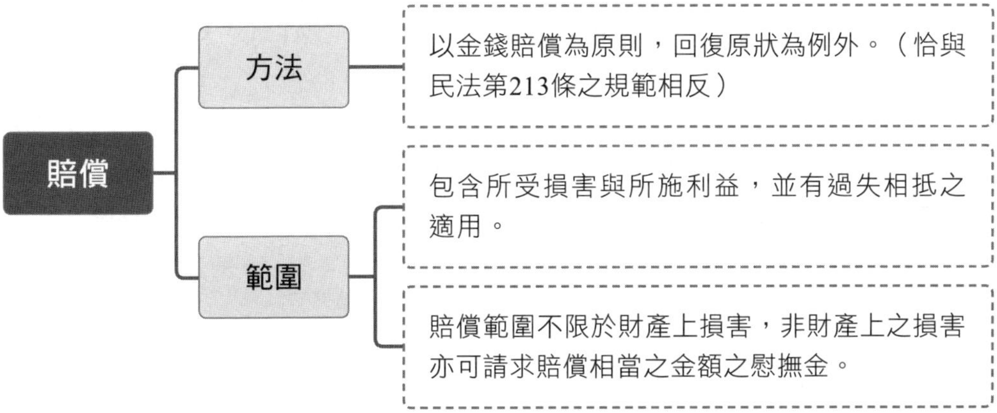

3. **賠償請求程序**

(1) **雙軌制**：國家賠償之請求可向普通法院提起國家賠償之訴，或依行政訴訟法第7條之規定向行政法院為附帶請求。惟無論採何種途徑，就同一原因事實，均不得再行起訴。

(2) **求償程序（協議先行）**：依國家賠償法請求損害賠償時，應先以書面向賠償義務機關請求之。而賠償義務機關應即與請求權人協議（國家賠償法第10條）。此乃國家賠償請求權行使之特別規定，目的在於便利人民，並使賠償義務機關有機會先作處理，簡化賠償程序，避免訟累，而疏減訟源。倘請求權人未先進行此一程序，逕向法院提起損害賠償訴訟，法院將會依民事訴訟法第249條第1項規定，以其訴為不合法，予以裁定駁回。

協議結果：

A. 協議成立時，應作成協議書，該項協議書得為執行名義。

B. 拒絕協議。

C. 自請求之日起逾三十日不開始協議。

D. 自請求之日起逾六十日協議不成立。

除協議成立外，其他三種情形，當事人均可提起民事訴訟請求國家賠償，而法院得依聲請為假處分，要求賠償義務機關暫先支付醫療或喪葬費用。

(二) **賠償請求權人**

1. **被害人（本國人）**

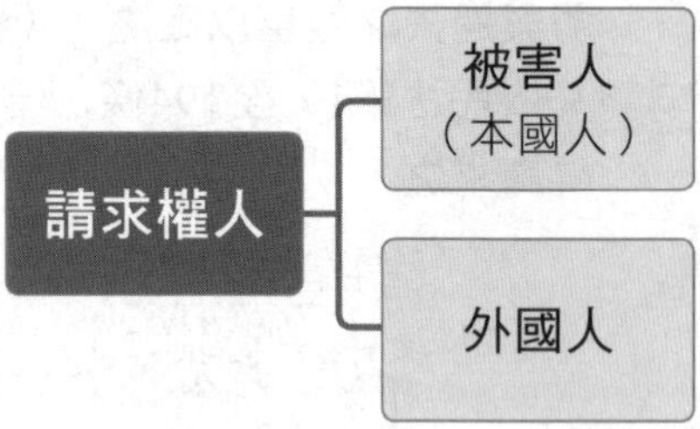

國家賠償請求權人，原則上為被害人（法益受損害之人）。惟如被害人死亡，依國家賠償法第5條適用民法之規定，則對於支出醫療及增加生活上需要之費用或殯葬費之人，被害人對之負有法定扶養義務之人（即扶養權利人），受有非財產上損害，及其身分法益受侵害而情節重大被害人之父、母、子、女及配偶，均得為請求權人。

被害人除自然人外，尚包括法人，但專屬自然人之法益如生命、身體、健康等之損害，法人不得請求。

2. **外國人**

國家賠償法第15條規定：「本法於外國人為被害人時，以依條約或其本國法令或慣例，中華民國人得在該國與該國人享受同等權利者為限，適用之。」係採相互保證主義之平等互惠原則，如依條約或該外國有關國家賠償法令或慣例，並無排除我國人民適用者，該外國人亦有本法之適用。

(三) **賠償義務機關**

1. **國家賠償義務機關**

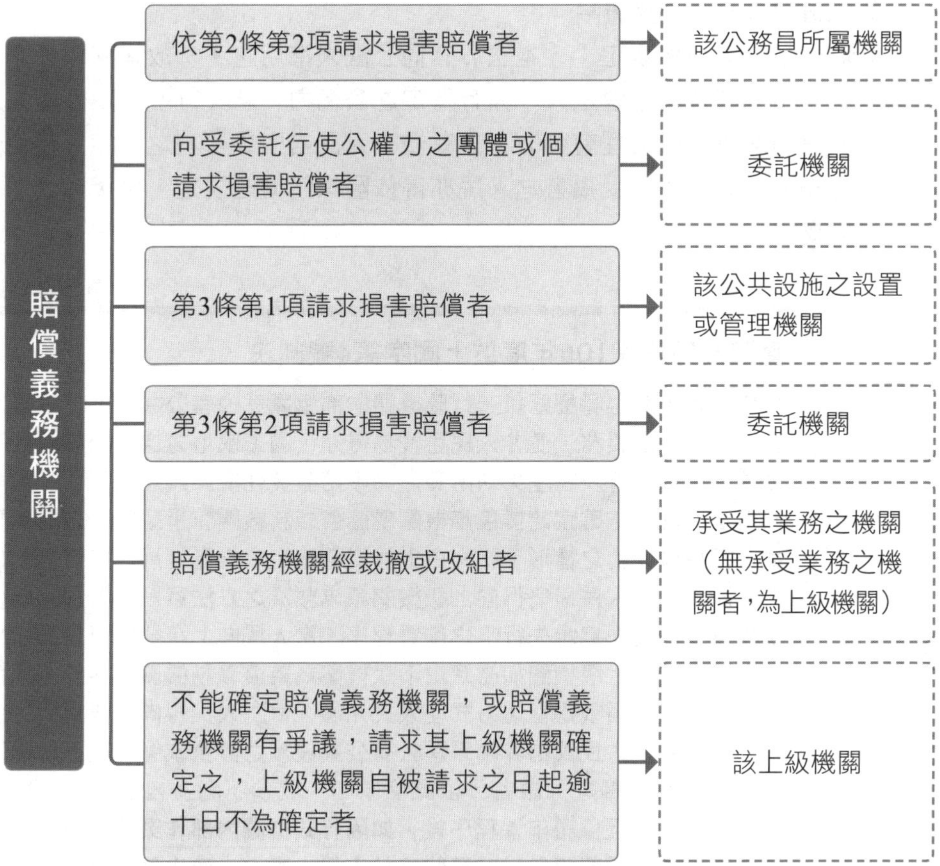
賠償義務機關
依第2條第2項請求損害賠償者
該公務員所屬機關
向受委託行使公權力之團體或個人請求損害賠償者
委託機關
第3條第1項請求損害賠償者
該公共設施之設置或管理機關
第3條第2項請求損害賠償者
委託機關
賠償義務機關經裁撤或改組者
承受其業務之機關（無承受業務之機關者，為上級機關）
不能確定賠償義務機關，或賠償義務機關有爭議，請求其上級機關確定之，上級機關自被請求之日起逾十日不為確定者
該上級機關

依國家賠償法第9條規定，依第2條第2項請求損害賠償者，以該公務員所屬機關為賠償義務機關。依第3條第1項請求損害賠償者，以該公共設施之設置或管理機關為賠償義務機關。上開賠償義務機關經裁撤或改組者，以承受其

業務之機關為賠償義務機關。無承受其業務之機關者，以其上級機關為賠償義務機關。若仍不能確定賠償義務機關，或於賠償義務機關有爭議時，得請求其上級機關確定之。其上級機關自被請求之日起逾二十日不為確定者，得逕以該上級機關為賠償義務機關。

另依國家賠償法第4條第1項，受委託行使公權力之團體或個人，其執行職務之人於行使公權力時，視同委託機關之公務員。故行使國家賠償時，應以該委託機關為賠償義務機關。

國家賠償法第14條規定：「本法於其他公法人準用之。」故國家以外之公法人如農田水利會或行政法人，亦有特定之公權力，若其行使此項公權力或就公共設施之設置或管理有欠缺，亦有侵害人民自由或權利之可能，為使人民權益獲得充分保障，受損害之人民亦得依國家賠償法規定，直接向公法人請求賠償。

知識補給站

臺灣高等法院105年度重上國字第4號判決

現代行政機關之職權龐雜，行政機關內部組織就公有公共設施之設置及管理如何分配職務，並非人民可輕易得知，國家或地方自治團體就公有公共設施之設置及管理欠缺所負之國家賠償責任屬於無過失責任，國家賠償法亦就無法確定賠償義務機關或賠償義務機關有爭議時，包括消極競合及積極競合之情形，明文由上級機關確定或作為終局之賠償義務機關，即寓有使人民最終得向上級機關請求救濟之立法意旨。且國家賠償訴訟既有「書面協議先行」之前置程序，當人民向上級機關以書面請求國家賠償時，上級機關如認應由下級機關為賠償義務機關，得於協議前置程序中以書面或適當之方式使人民知悉，俾利人民得向下級機關行使權利，如有使人民誤信非屬系爭公有公共設施之設置或管理之下級機關為賠償義務機關之外觀者，依誠信原則，此項不利益自無從由人民負擔。要言之，經協議前置程序後，**如因行政機關內部作業而由特定之下級機關以書面拒絕賠償，非可歸責於人民之事由，致人民起訴對象並非法定職權之賠償義務機關而有錯誤者，應以上級機關使人民誤信之下級機關作為賠償義務機關，以符上開規定保障人民權益之立法意旨。**

2. **國家之求償權（代位責任理論之展現）**

國家求償權是指執行職務行使公權力的公務員或受委託行使公權力的團體或個人，其執行職務之人，因「故意或重大過失」不法侵害人民自由或權利，及公有公共設施因設置或管理有欠缺，致人民受損害，就損害原因有應負責任的人時，賠償義務機關於賠償人民的損害後，可以依國家賠償法第2條第3項、第3條第2項或第4條第2項規定，向該公務員、應負責任之人、受委託之團體或個人，請求償還賠償的金額。

求償權行使之對象可視發生原因的不同，而有下列三種情形：

(1) 依本法第2條第3項規定，公務員有故意或重大過失時，賠償義務機關對之有求償權。如僅為一般過失，則不得向其求償，以期公務員得以勇於任事。

(2) 依本法第3條第2項規定，就損害原因有應負責任之人時，賠償義務機關對之有求償權。所謂就損害原因有應負責任的人，是指造成公共設施的設置或管理有欠缺，對於被害人應負一般侵權行為責任的第三人。其次，就損害原因應負責任的人，如果是公共設施設置或管理機關的公務員時，固也可作為賠償義務機關行使求償的對象，但解釋上應當以該公務員有故意或重大過失者為限。

(3) 依本法第4條第2項規定，執行職務之受託團體或個人，有故意或重大過失時，賠償義務機關對之有求償權。

(四) **請求權時效**

1. **人民之賠償請求權**

國家賠償法第8條第1項規定，賠償請求權，自請求權人知有損害時起，因2年間不行使而消滅。所稱知有損害，依國家賠償法施行細則第3-1條，係指須知有損害事實及國家賠償責任之原因事實。而所謂知有國家賠償責任之原因事實，指知悉所受損害，係由於公務員於執行職務行使公權力時，因故意或過失不法行為，或怠於執行職務，或由於公有公共設施因設置或管理有欠缺所致而言。

2. **國家之求償權時效**

國家之求償權時效，依國家賠償法第8條第2項規定，自支付賠償金或回復原狀之日起，因二年間不行使而消滅。

第二節 特別犧牲之損失補償【111普考】

一 損失補償之類型

(一) **徵收補償**：例如土地徵收補償。

(二) **徵收性質侵害之補償**：雖非公用徵收，但其造成之結果有如徵收而犧牲人民之權益。例如興建地下捷運工程，造成沿路商家長年營業額受損所為之損失補償。

(三) **因公益犧牲之補償（特別犧牲之損失補償）**

(四) **信賴利益之補償**

(五) **社會補償（衡平補償）**：雖非特別犧牲，但國家基於「衡平性」、「合目的性」，特別是社會國原則精神所主動給予之補償。例如因防止危險所生之損失補償，如撲殺口蹄疫豬隻；政治與戰爭受難之補償，如二二八事件處理及賠償條例、戰士授田憑據處理之補償；犯罪被害人之補償；公務員照顧制度之補償。

二 徵收補償原則

我國憲法除第108條第1項第14款將公用徵收列為中央立法並執行或交由省縣執行之事項外，未作其他規定。考其原因，制憲者或許認為公用徵收應給予補償以見諸制憲時之土地法及其他法規，故毋庸再加強調，但司法院大法官仍主張徵收補償應提昇至憲法層次，釋字第425號解釋文前段稱：「土地徵收，係國家因公共事業之需要，對人民受憲法保障之財產權，經由法定程序予以剝奪之謂。規定此項徵收及其程序之法律必須符合必要性原則，並應於相當期間內給予合理之補償。被徵收土地之所有權人於補償費發給或經合法提存前雖仍保有該土地之所有權，惟土地徵收對被徵收土地之所有權人而言，係為公共利益所受特別犧牲，是補償費之發給不宜遷延過久。」此段文字除確立有徵收即應盡速給予合理補償之原則外，尚有一項宣示作用，即徵收補償之理論基礎傾向於採**特別犧牲說**，以下說明之。

(一) **個別行為說**：徵收係公權力主體對特定人權利之侵害行為，特定人因公眾而受到他人所無之犧牲，自應獲得補償。

(二) **特別犧牲說**：特別犧牲係指徵收乃對財產之侵害，其形態無論剝奪或限制，亦不問對個別人或一群人，若與他人相比較顯失公平，且係被迫為公益而超過可忍受之犧牲。亦即對人民財產之保障雖難以期絕對公平，惟若少數人因公益而無法免於侵害，財產之存續保障既有所欠缺，則至少應以價值保障作為彌補。實務傾向採此說。

(三) **嚴重性理論**：利害關係人若因徵收而遭受嚴重之侵害且逾越其所能忍受之程度時，即應予補償；反之，則屬財產權人所能忍受之社會責任的範圍。

(四) **各種值得保護說**：包括可能忍受說、目的不符說，亦即要在建立實體上之衡量標準，俾能判斷財產權人所受侵害是否已超過其社會責任，若以逾可能忍受或已足使財產權人無從依財產性質作符合目的之使用收益，此時即產生國家之補償責任。

三　損失補償之共同成立要件（徵收與特別犧牲之共同成立要件）

（110普考）

(一) 須屬於行使公權力之行為

所謂行使公權力之行為，自然排除公權力主體適用民法之私法上之行為（即行政私法行為），至於公權力行為為行政處分（例如：徵收）或事實行為（例如：埋設地下管線），均在所不問。

(二) 須對財產或其他權利之侵害

徵收之效果為所有權之剝奪；而徵用及特別犧牲則以權利受限制而未達喪失為原則，其中特別犧牲不以非財產上權利受侵害為限，財產上之損害亦屬之。

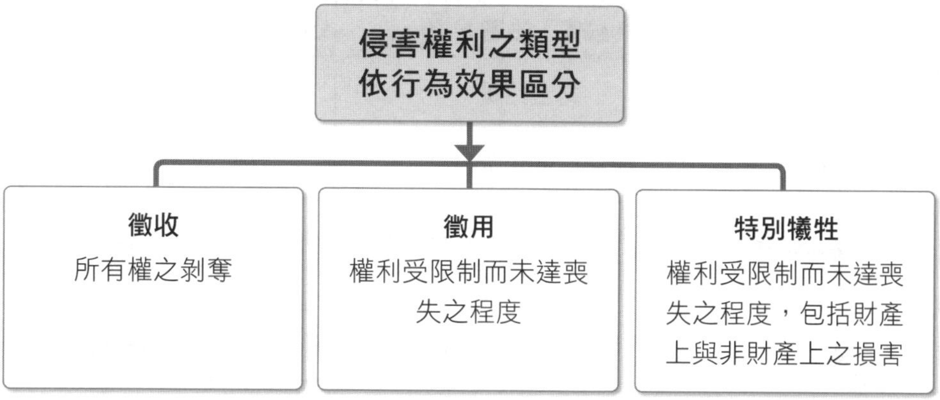

(三) 侵害須達嚴重程度或已構成特別犧牲（即當事人無義務遭受損害）

若財產所受之妨礙或限制屬於一般財產權人之社會責任，或其侵害輕微屬於可忍受之範圍，或雖有侵害但未妨礙財產權人正常之使用收益者，則尚難認國家有補償之責任，惟仍須就具體個案判斷是否已構成特別犧牲。

(四) 須相對人或利害關係人有值得保護之利益

所謂值得保護之利益，固然包含個人之生命、身體、自由等非財產上之利益，至於財產上之利益則有審究之必要，例如違章建築與造成重大污染裝置之拆除、飼養之狂犬與口蹄疫豬隻之撲殺等，並非值得保護之利益，故無必須補償之理。

至於請求權人並不限於公權力行為之相對人，在第三人效力處分之場合或因法規而遭受特別犧牲者，皆應視為利害關係人而承認其補償請求權。

(五) 須基於公益之目的或必要性

倘法律許可為私人興辦事業而徵收土地，若其目的仍屬增進公共利益，則應有徵收補償之必要。

至於所謂必要性，應與比例原則作同一解釋，即行使公權力措施均應選擇對相對人或利害關係人侵害最輕微或犧牲最少之處所及方式為之。

(六) 須為合法行為

徵收補償及特別犧牲補償均以合法行為為前提，否則應歸於違法行為賠償責任之列。若起初為合法行為，然其後行為變為違法者，仍一併適用損失補償之法理。

(七) 須有法規之依據（補償法定原則）

徵收係剝奪人民之財產，不僅徵收之要件應由法律明確規定（土地法第209條），財產權人應獲得之合理補償法律亦須同時訂定。

此處特將「損害賠償」與「損失補償」兩者比較如下：

	（國家）損害賠償	徵收補償
性質	司法性質	行政性質
原因	違法（不法）行為	合法（適法）行為
管轄機關	行政法院或普通法院 皆有管轄之可能	全屬行政範疇， 由行政法院管轄
適用範圍	兼含積極損害與消極損害	積極損害

練習8

請列出「損失補償成立之共同要件」有哪些？

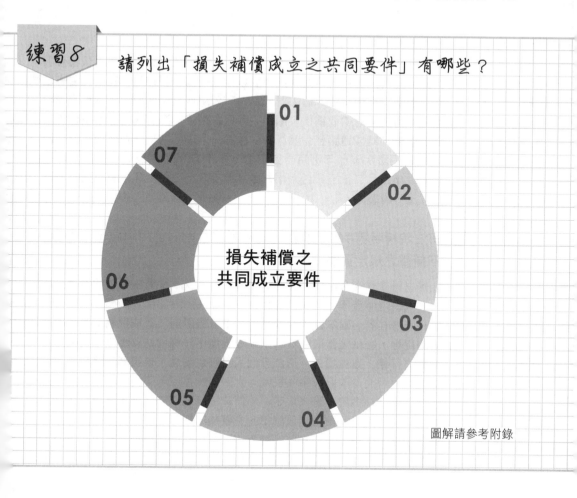

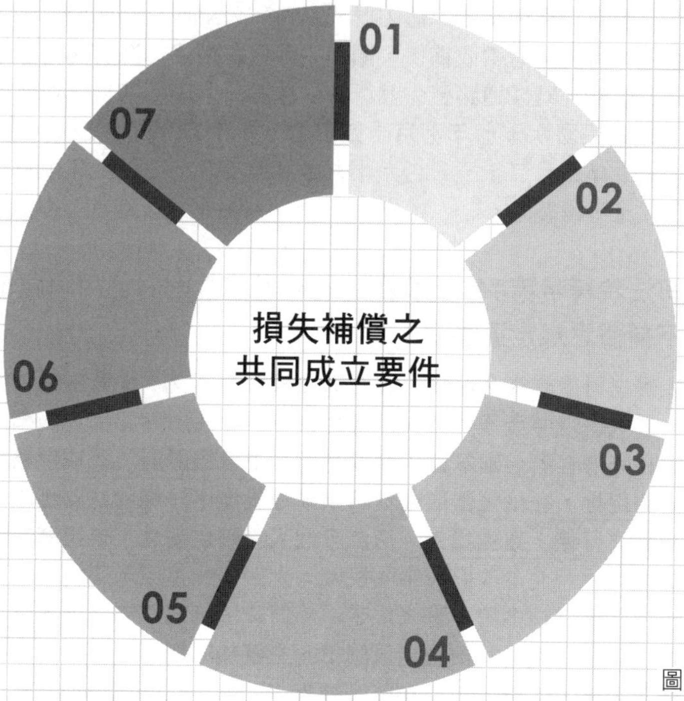

圖解請參考附錄

知識補給站

土地徵收請求範圍

司法院釋字第400號解釋（行政院就有公用地役關係既成道路不予徵收之函違憲？）

憲法第15條關於人民財產權應予保障之規定，旨在確保個人依財產之存續狀態行使其自由使用、收益及處分之權能，並免於遭受公權力或第三人之侵害，俾能實現個人自由、發展人格及維護尊嚴。如因公用或其他公益目的之必要，國家機關雖得依法徵收人民之財產，但應給予相當之補償，方符憲法保障財產權之意旨。**既成道路符合一定要件而成立公用地役關係者，其所有權人對土地既已無從自由使用收益，形成因公益而特別犧牲其財產上之利益，國家自應依法律之規定辦理徵收給予補**

償，各級政府如因經費困難，不能對上述道路全面徵收補償，有關機關亦應訂定期限籌措財源逐年辦理或以他法補償。若在某一道路範圍內之私有土地均辦理徵收，僅因既成道路有公用地役關係而以命令規定繼續使用，毋庸同時徵收補償，顯與平等原則相違。至於因地理環境或人文狀況改變，既成道路喪失其原有功能者，則應隨時檢討並予廢止。行政院中華民國六十七年七月十四日台六十七內字第六三0一號函及同院六十九年二月二十三日台六十九內字第二0七二號函與前述意旨不符部分，應不再援用。

司法院釋字第440號解釋（北市道路規則對使用道路地下部分不補償之規定違憲？）

人民之財產權應予保障，憲法第15條設有明文。國家機關依法行使公權力致人民之財產遭受損失，若逾其社會責任所應忍受之範圍，形成個人之特別犧牲者，國家應予合理補償。**主管機關對於既成道路或都市計畫道路用地，在依法徵收或價購以前埋設地下設施物妨礙土地權利人對其權利之行使，致生損失，形成其個人特別之犧牲，自應享有受相當補償之權利**。台北市政府於中華民國六十四年八月二十二日發布之台北市市區道路管理規則第十五條規定：「既成道路或都市計畫道路用地，在不妨礙其原有使用及安全之原則下，主管機關埋設地下設施物時，得不徵購其用地，但損壞地上物應予補償。」其中對使用該地下部分，既不徵購又未設補償規定，與上開意旨不符者，應不再援用。至既成道路或都市計畫道路用地之徵收或購買，應依本院釋字第400號解釋及都市計畫法第48條之規定辦理，併此指明。

司法院釋字第747號解釋（土地所有權人因公路穿越地下得請求徵收地上權案）

人民之財產權應予保障，憲法第15條定有明文。**需用土地人因興辦土地徵收條例第3條規定之事業，穿越私有土地之上空或地下，致逾越所有權人社會責任所應忍受範圍，形成個人之特別犧牲，而不依徵收規定向主管機關申請徵收地上權者，土地所有權人得請求需用土地人向主管機關申請徵收地上權**。中華民國89年2月2日制定公布之同條例第11條規定：「需用土地人申請徵收土地……前，應先與所有人協議價購或以其他方式取得；所有人拒絕參與協議或經開會未能達成協議者，始得依本條例申請徵收。」（101年1月4日修正公布之同條第1項主要意旨相同）第57條第1項規定：「需用土地人因興辦第3條規定之事業，需穿越私有土地之上空或地下，得就需用之空間範圍協議取得地上權，協議不成時，準用徵收規定取得地上權。……」未就土地所有權人得請求需用土地人向主管機關申請徵收地上權有所規定，與上開意旨不符。有關機關應自本解釋公布之日起一年內，基於本解釋意旨，修正土地徵收條例妥為規定。逾期未完成修法，土地所有權人得依本解釋意旨，請求需用土地人向主管機關申請徵收地上權。

司法院釋字767號解釋（常見且可預期之藥物不良反應不得申請藥害救濟案）

國家依憲法增修條文第10條第8項所採取保障人民健康與醫療保健之社會福利救濟措施原有多端，為使正當使用合法藥物而受害者，獲得及時救濟，爰設置藥害救濟制度，對於受藥害者，於合理範圍內給予適當補償，即其適例，亦與憲法保障人民生存權及健康權之意旨相符。

系爭規定所謂「常見且可預期之藥物不良反應」，係屬不確定法律概念。「常見」、「可預期」之意義，依據一般人民日常生活與語言經驗，尚非難以理解，而藥物「不良反應」於藥害救濟法第3條第4款亦已有明確定義。又一般受規範者（即病人及其家屬）依系爭規定縱無法完全確知其用藥行為是否符合請求藥害救濟之要件，惟應可合理期待其透過醫師之告知義務（即醫療機構、醫師於診治病人時，應向病人或其家屬等告知其病情、治療方針、處置、用藥、預後情形及藥物可能之不良反應等，醫療法第81條、醫師法第12條之1參照）、藥袋上標示或藥物仿單上記載，**就用藥之不良反應之可預期性、發生機會及請求藥害救濟之可能性等，可以有合理程度之預見**。另常見、可預期之意義，主管機關參照國際歸類定義，將不良反應發生率大於或等於百分之一者，定義為系爭規定所稱之「常見」（改制前行政院衛生署100年10月7日署授食字第1001404505號函參照）；且前揭標準業經藥害救濟法第15條所定之藥害救濟審議委員會所援用，於實務上已累積諸多案例可供參考。是其意義於個案中並非不能經由適當組成之機構依其專業知識加以認定及判斷，且最終可由司法審查予以確認。綜上，系爭規定**與法律明確性原則尚無不合**。

111年憲判字第15號判決【農田水利用地照舊使用案】

Date：2022/08/12

人民的土地長期被國家使用卻無租金補償，應貫徹土地正義。

判決主文摘要：

中華民國59年2月9日修正公布之農田水利會組織通則第11條第2項前段規定：「原提供為水利使用之土地，應照舊使用」（109年7月22日制定公布之農田水利法第11條第1項規定：「本法施行前提供農田水利會水利使用之土地，應照舊使用。」意旨相同）。其應照舊使用之土地，如屬人民所有，而未以租用、價購或其他方式取得權源，因其已形成個人之特別犧牲，即應依法徵收，給予相當之補償，並於3年內擬定徵收補償相關計畫，籌措財源，俾於合理期限內逐步完成徵收補償，始符憲法第15條保障人民財產權之意旨。

核心概念：依法徵收形成人民之特別犧牲，應給予相當補償。

問題思考

系爭規定有通過比例原則審查，沒有抵觸財產權之保障、沒有違憲疑慮，是否仍須建立徵收補償相關制度？

NOTE

經典範題

選擇題攻略

(　　) **1** 依司法院大法官解釋意旨，關於損失補償之敘述，下列何者錯誤？(A)國家為達成給付行政之功能，公用事業因經營而對人民所生之損失補償責任，不得加以限制　(B)國家機關依法行使公權力致人民之財產遭受之損失，若逾其社會責任所應忍受之範圍，應予合理補償　(C)人民財產因公權力之行使而遭受損失，若係為公共利益而遭受特別犧牲，應予合理補償　(D)對權利人所受損失，應給予何種程度之補償，得採給與相當之補償方式，以保護其財產上之利益。【111司律】

(　　) **2** 主管機關A委託民間團體B辦理貨物進口檢驗與許可業務，若甲申請貨物進口而遭B駁回時，下列敘述何者正確？　(A)B為A之行政助手，對於甲之申請並無准駁之權限　(B)甲對駁回申請不服，提起訴願時，訴願管轄機關為A之直接上級機關　(C)甲對駁回申請不服，提起行政訴訟時，應以A為被告　(D)甲因駁回申請而遭受損害，提起國家賠償訴訟時，應以A為被告。【111司律】

(　　) **3** 下列情形，何者不會發生國家賠償責任？　(A)如將協助執勤人員拖吊違規停車之業者，定性為行政助手，執勤人員會同業者在完成拖吊任務的過程中，因過失造成被拖吊車輛之損害　(B)法官辦理民事強制執行事件，書記官製作拍賣所得價金分配表時，將第一順位債權人甲誤列為第三順位，致使甲因而未能完全獲償　(C)某機關將閒置之空間無償出借私人甲，約定由甲全權管理，經營餐飲小吃，嗣有洽公民眾乙前來食用，因該空間地板突起而摔倒骨折　(D)某機關公務人員甲搭乘同機關司機乙所駕駛之公務車外出洽公，於甲下車而尚未完全離開汽車時，乙即啟動汽車，致甲摔落車外而骨折。【111司律】

(　　) **4** 有關我國國家賠償制度之敘述，下列何者正確？　(A)國家賠償之爭議係屬於私法爭議　(B)公務員不法行為所致之國家賠償責任，我國係採無過失責任　(C)公共設施瑕疵所致之國家賠償責任，我國係採無

過失責任　(D)人民為公益而遭受特別犧牲者，國家應負賠償責任。【110司律】

(　　) **5** 下列何者執行職務行使公權力，侵害人民自由或權利時，僅於因此犯職務上之罪，並經判決有罪確定時，始有國家賠償法之適用？　(A)立法委員　(B)檢察官　(C)監察委員　(D)受委託行使公權力之個人。【110司律】

(　　) **6** 機關所屬公務員辦理有隸屬關係之上級機關委任事件，而生人民請求國家賠償之爭議時，下列何者為賠償義務機關？　(A)委任機關　(B)受委任機關　(C)受委任機關之直接上級機關　(D)委任機關之直接上級機關。【110司律】

解答與解析

1 (A)。司法院大法官釋字第428號解釋，國家基於對人民生存照顧之義務、達成給付行政之功能，經營各類公用事業，期以合理之費率，普遍而穩定提供人民所需之各項服務，得對公用事業因經營所生之損失補償或損害賠償責任予以相當之限制，惟因涉及人民之權利，自須符合憲法第二十三條之規定。

2 (D)。國家賠償法第4條第1項，受委託行使公權力之團體，其執行職務之人於行使公權力時，視同委託機關之公務員。受委託行使公權力之個人，於執行職務行使公權力時亦同。

3 (C)。不論是國家或地方自治團體所有，或是私人所有，要是提供公共使用或供公務使用的設施，且事實上處於國家或地方自治團體管理的狀態，才是屬於國家賠償法第3條第1項規定的公共設施。

4 (C)。最高法院85年台上字第2776號民事判例要旨，國家賠償法第3條所定之國家賠償責任，係採無過失主義，即以該公共設施之設置或管理有欠缺，並因此欠缺致人民受有損害為其構成要件，非以管理或設置機關有過失為必要。

5 (B)。國家賠償法第13條，有審判或追訴職務之公務員，因執行職務侵害人民自由或權利，就其參與審判或追訴案件犯職務上之罪，經判決有罪確定者，適用本法規定。

6 (B)。國家賠償法第9條第1項，依第二條第二項請求損害賠償者，以該公務員所屬機關為賠償義務機關。

第5篇

近年試題及解析

112年 一般警察三等

甲、申論題

一、內政部就某警察特考三等考試錄取人員請求安排至警察大學接受訓練之請求，先函覆其除經免除教育訓練人員外，均在警察專科學校接受訓練等語。後來，內政部又另就該警察特考錄取人員申請之同一事件，重新審查，並再函文載明「查台端業已完成警察特考錄取人員訓練，其受訓權已獲滿足，自毋需再接受訓練。」等語。試問前、後函文的內容法律性質為何？並申論其理由。

解 本題前後函文皆屬行政處分性質，以下分別敘明：

(一)「除經免除教育訓練人員外，均在警察專科學校接受訓練」等前函內容，屬行政處分：

1. 依警察人員人事條例第11條第2項，警察官之任用，除具備前項各款資格之一外，職務等階最高列警正三階以上，應經警察大學或警官學校畢業或訓練合格；職務等階最高列警正四階以下，應經警察大學、警官學校、警察專科學校或警察學校畢業或訓練合格。可知是否完訓涉及職務升遷任用資格，確有涉及憲法第18條旨在保障人民有依法令經由公開競爭之考試程序，取得擔任公職之資格，進而參與國家治理之權利，所認人民有應考試服公職之權利。

2. 行政法上所稱行政處分，依行政程序法第92條第1項，係指行政機關就公法上具體事件所為之決定或其他公權力措施而對外直接發生法律效果之單方行政行為；另依司法院大法官釋字第423號解釋意旨，若行政機關以通知書名義製作，直接影響人民權利義務關係，且實際上已對外發生效力者，如以仍有後續處分行為，或載有不得提起訴願，而視其為非行政處分，自與憲法保障人民訴願及訴訟權利之意旨不符。故反之缺乏對於當事人申請事項並無准駁之表示、不生法律上任何效果，縱屬行政機關對外所為公法上之單方行為，仍純屬單純之意思通知，是為觀念通知。

3. 本題前函文經某警察（下稱申請人）申請至警察大學接受訓練，經內政部函覆「均在警察專科學校接受訓練」，係為就申請人基於其應考試服公職之權利相關申請事項，進行否准，其具直接影響特定具體之人民權利義務關係，且實際上已對外發生效力者，自屬行政處分無疑。

(二)「查台端業已完成警察特考錄取人員訓練，其受訓權已獲滿足，自毋需再接受訓練。」等後函內容，屬於經審查後有所處置之第二次裁決，亦屬行政處分：

1. 行政機關對人民程序再開之請求，依其是否重為行政程序進行後所作成之決定，可分為重覆處分及第二次裁決：
   (1) 重覆處分：指機關針對人民為第二次以上之請求，未做實質審查，僅單純再行解釋第一次決定，或是再援引原本已作成之決定。其性質因並未影響第一次裁決之形式存續力及實質存續力，未於實體上設定法律效果，故非行政處分，而屬觀念通知。
   (2) 第二次裁決：指行政機關對原處分重新為實體上審查，並有所處置，即第二次裁決，屬行政處分；依行政程序法第128條重開程序後所作成之處分，皆為第二次裁決。
   (3) 區別標準：原處分機關有無重新作實體審查、主文有無變更、理由或教示記載有無變更、內容在法律上是否為有意義之改變等。
2. 本題內政部就該申請人之同一事件，重新審查，並在函文載明與前函相異之主文，更針對性地告知申請人已滿足其受訓權，無需再安排其接受訓練，顯就已作出決定之同一事件，經重新為實體審查後所為第二次裁決，在實體與程序效力上皆取代先前處分。
3. 故申請人如不服第二次裁決，應針對第二次裁決起算救濟期間，並為救濟行為。

(三) 綜上所述，本題前、後函文的內容法律性質，皆為行政處分。

二、甲主張其所有之建物遭執行機關違法拆除，執行機關應負國家賠償責任，惟未提起行政救濟而逕提起國家賠償訴訟。反之，執行機關否認有何違法情事且主張甲就行政處分是否無效或違法，應先依行政爭訟程序確定之，以此置辯。試問：甲未先提起行政救濟，是否得選擇逕行向民事法院請求國家賠償？並申論其理由。

解 甲未先提起行政救濟，原則上不得選擇逕行向民事法院請求國家賠償：

(一) 依國家賠償法規定，目前關於國家賠償制度採雙軌制，舊法制時期有先後順序：

1. 所謂雙軌制度，指人民得藉由兩種不同制度向國家請求損害賠償，第一是依據國家賠償法提起損害賠償之訴，由於應向普通法院提起訴訟，故屬民事訴訟案件；第二是依據行政訴訟法提起行政訴訟，且於同一程序中合併提起損害賠償之訴，此應向普通法院行政訴訟庭提起，故屬於行政訴訟案件。
2. 早期舊法制設計，於當事人不服行政處分時，得依訴願法第1條第1項前段規定，人民對於中央或地方機關之行政處分，認為違法或不當，致損害其權利或利益者，得依本法提起訴願；以及行政訴訟法第4條第1項規定，人民因中央或地方機關之違法行政處分，認為損害其權利或法律上之利益，經依訴願法提起訴願而不服其決定，或提起訴願逾三個月不為決定，或延長訴願決定期間逾二個月不為決定者，得向高等行政法院提起撤銷訴訟。因此訴願及撤銷訴訟乃舊法制時期，人民不服行政處分本身之主要救濟方式，其中對於後者，學理上又稱為「第一次權利救濟」，其目的在於用以確認系爭行政行為是否違法。
3. 由於訴訟類型僅限於撤銷訴訟，當事人提起撤銷訴訟後將原處分撤銷，進一步再就其所受損害請求國家賠償，以滿足行政救濟目的，故請求國家賠償屬於「第二次權利救濟」，目的用以處理國家違法行為之賠償事宜。第一次權利救濟和第二次權利救濟，如順序倒錯，將導致提起行政訴訟之期間規定形同虛設，且會使民事法院負責審查行政處分之違法性，而有侵越行政法院審判權之虞，故於舊法制時期兩者有必然的先後順序。

(二)現行行政訴訟制度，已有容許合併提起撤銷訴訟、請求損害賠償訴訟為救濟方式：

1. 依行政訴訟法第12條規定，民事或刑事訴訟之裁判，以行政處分是否無效或違法為據者，應依行政爭訟程序確定之。前項行政爭訟程序已經開始者，於其程序確定前，民事或刑事法院應停止其審判程序。另同法第7條規定，提起行政訴訟，得於同一程序中，合併請求損害賠償或其他財產上給付。可知現行法原則上仍將「第二次權利救濟」以「第一次權利救濟」之結果作為準據，但為避免人民先後分別提起行政訴訟與國家賠償訴訟之不便及延宕，容許合併提起相關訴訟，行政訴訟現亦有金錢損失填補之功能。

2. 又司法院大法官釋字第290號解釋提及，人民對於行政處分有所不服，應循訴願及行政訴訟程序請求救濟。惟現行國家賠償法對於涉及前提要件之行政處分是否違法，其判斷應否先經行政訴訟程序，未設明文，致民事判決有就行政處分之違法性併為判斷者，本件既經民事確定終局判決，故仍予受理解釋。該號解釋迄今仍未失效，顯見行政訴訟之提起仍有優先於國賠訴訟之意旨。
3. 另依國家賠償法第10條規定，依本法請求損害賠償時，應先以書面向賠償義務機關請求之。賠償義務機關對於前項請求，應即與請求權人協議。協議成立時，應作成協議書，該項協議書得為執行名義。由此兩項規定可知，國家賠償程序需遵行協議先行主義，即賠償義務機關對於前項請求，應即與請求權人協議。而據同法第11條規定，如賠償義務機關拒絕賠償，或自提出請求之日起逾三十日不開始協議，或自開始協議之日起逾六十日協議不成立時，請求權人得提起損害賠償之訴。但已依行政訴訟法規定，附帶請求損害賠償者，就同一原因事實，不得更行起訴。

(三) 綜上所述，甲未先提起行政救濟，原則上不得選擇逕行向民事法院請求國家賠償：

1. 甲主張其所有之建物遭執行機關違法拆除，執行機關應負國家賠償責任，惟未提起行政救濟而逕提起國家賠償訴訟。此舉使普通法院須就行政處分有無違法進行審查，現行裁判管轄採二元主義，即為避免普通法院侵越行政法院之審判權，致行政爭訟制度之功能萎縮，故有關行政行為合法性之判斷，仍應專屬行政法院審理。
2. 是故執行機關否認有何違法情事，且主張甲就行政處分是否無效或違法，主張應先依行政爭訟程序確定之，以此置辯尚屬合理；再者甲基於人民立場享有之不作為請求權、妨害排除請求權、回復原狀請求權及損害賠償請求權等，如因其未能即時主張第一次權利救濟而使侵害續存且損害持續擴大，此亦為第一次權利保護具優先性之意義。
3. 綜上，甲對執行機關違法行政處分發生的損害，應優先以合併提起撤銷訴訟、請求損害賠償訴訟為救濟方式為宜，以符合「第一次權利救濟優先」之原則；僅在單純事實行為造成損害，且無法依行政訴訟管道救濟時，方得直接進行國家賠償訴訟。

乙、測驗題

( ) **1** 關於行政法法源之敘述，下列何者錯誤？ (A)施行慣例不能作為限制人民自由之處分依據 (B)如非與當時有效施行之成文法明文違背，行政先例得為行政措施之依據 (C)行政機關處理某類事物反覆之慣行，不生拘束行政機關之效力 (D)習慣法之成立要件需要具備主觀上法之確信。

( ) **2** 如行政機關對因流行性傳染病致經營遇困境之廠商提供無息紓困貸款，下列敘述何者正確？ (A)廠商如因未獲貸款而發生爭議，應向普通法院提起訴訟 (B)因為國家財政有限，行政機關得自行決定提供紓困貸款之對象 (C)行政機關對於提供紓困貸款之對象，無正當理由不得為差別待遇 (D)行政機關於拒絕貸款前，應適用行政程序法給予廠商陳述意見機會。

( ) **3** 臺北市樹木保護自治條例為保護市內老樹與維護生態而制定，並且規定有罰則，依地方制度法第26條規定，該自治條例的特點： (A)無須定以自治團體名稱 (B)得處以拘役 (C)必須先經過中央目的主管機關核定 (D)罰鍰得超過新臺幣10萬元。

( ) **4** 「集會遊行之不予許可、限制或命令解散，應公平合理考量人民集會、遊行權利與其他法益間之均衡維護，以適當之方法為之，不得逾越所欲達成目的之必要限度。」上述規定為下列何種原則之具體展現？ (A)法律優位原則 (B)比例原則 (C)授權明確性原則 (D)信賴保護原則。

( ) **5** 依我國現行法規定，下列何者非屬公法人？ (A)直轄市山地原住民區 (B)國家運動訓練中心 (C)國家圖書館 (D)國家表演藝術中心。

( ) **6** 屏東縣政府將原住民慶典活動委由該縣牡丹鄉辦理，此種情形屬於下列何者？ (A)權限委任 (B)權限委託 (C)委辦 (D)職務協助。

( ) **7** 依據現行有關規定及實務見解，關於公務人員之考績權之敘述，下列何者錯誤？ (A)公務人員年終考績被列為丙等者，由於未改變其身分不得提起行政訴訟 (B)公務人員年終考績被列為丙等者，將影響其陞任之權利 (C)公務人員年終考績被列為丙等者，將影響其參加升官等訓練之權益 (D)公務人員之考績評定，學理上認為是高度屬人性判斷之事項。

(　　) **8** 關於公務員懲戒法制之敘述，下列何者正確？　(A)行政院部會首長認為其所屬薦任第十職等之公務員有違法執行職務情事，得將該公務員逕送懲戒法院審理　(B)公務員懲戒處分之種類包括停職　(C)經監察院移送懲戒法院審理中之公務員，於懲戒法院審理確定前，仍得申請退休　(D)公務員因懲戒法庭裁定停止其職務，其於停職期間所為之職務行為，不生效力。

(　　) **9** 下列何種人事行政措施，可依公務人員保障法規定提起申訴及再申訴？　(A)他機關借調本機關現職人員，占他機關職缺工作　(B)本機關現職人員申請兼任他機關職務遭否准　(C)停職人員申請復職遭否准　(D)服務機關更動公務人員工作項目。

(　　) **10** 有關行政命令之敘述，下列何者錯誤？　(A)行政程序法規定行政命令之分類，為授權命令與職權命令　(B)授權命令即學理上所稱之委任命令　(C)法規命令發布後應即送立法機關　(D)行政機關訂定解釋性之行政規則，應由其首長簽署，並登載於政府公報發布之。

(　　) **11** 關於法律保留原則之敘述，下列何者錯誤？　(A)國會保留事項係指不得以行政命令規定之事項　(B)行政機關得以行政規則剝奪人民之自由、權利　(C)法律授權之法規命令，得規定細節性、技術性之事項　(D)應以法律規定之事項，不得以命令定之。

(　　) **12** 機關年度派遣人力勞務採購，以最低價招標公告後，甲、乙、丙三人投標，最後由丙最低價得標，該決標性質與效力，下列敘述何者正確？　(A)決標為私經濟契約行為　(B)決標為具第三人效力之行政處分　(C)決標後採購契約即為成立生效，無須簽約　(D)甲發現丙投標文件造假，應向民事法院提起訴訟。

(　　) **13** 市政府徵收私有土地整治河川，擬告知權利人領取補償金，下列何者非屬合法通知之方式？　(A)市政府只張貼函文在主管機關公布欄　(B)市政府以掛號郵寄函文至本人住居所　(C)郵寄送達函文由本人同居配偶簽收　(D)郵寄送達處所2次無人應答時，將函文寄存郵政機構，黏貼通知書於門首，並將另一通知書投入送達處所信箱。

(　　) **14** 下列何者為無效之行政處分？　(A)行政處分所依據之法規命令違反法律保留原則　(B)交通違規事件之裁罰單上記載之違規日期為200年1月1日　(C)行政處分之作成未依法定程序　(D)未記明處分理由。

(　　) **15** 關於行政契約之敘述，下列何者正確？ (A)以契約設定、變更或消滅公法上關係，須法律明文許可方得為之 (B)行政機關為除去對重大公益之危害而有必要調整契約內容時，須得相對人同意 (C)代替行政處分之行政契約，若與其內容相同之行政處分，有得撤銷之違法原因，並為締約雙方所明知者，契約無效 (D)行政契約約定自願接受執行，債務人不為給付時，準用強制執行法之規定執行。

(　　) **16** 關於行政指導之敘述，下列何者錯誤？ (A)中央銀行為避免每日匯率波動過大，邀請各公民營銀行之主管，善意規勸其外匯操作之模式 (B)公立國小校長見到家長希望進入校園，卻未經換證程序，即上前協助該家長先行換證 (C)新北市政府衛生局針對夏季市售涼麵之生菌數進行檢測，主動輔導不合格廠家進行作業區域消毒 (D)臺北市政府都市發展局約見再生能源業者，駁回業者其發電申請。

(　　) **17** 依行政罰法第2條規定，下列何者非屬裁罰性不利益處分？ (A)臺北市交通裁決所吊扣違規酒駕者之駕照 (B)衛生福利部因廠商規避檢驗而廢止其公司登記事項 (C)辦理政府採購機關通知查驗不合格且情節重大之廠商停權 (D)桃園市政府經濟發展局對違法工廠進行斷水斷電。

(　　) **18** 關於行政執行法規定即時強制所生之損失補償，下列敘述何者錯誤？(A)人民因機關依法實施即時強制，致其生命、身體或財產遭受特別損失時，得請求補償 (B)損失補償以實際所受之特別損失為限 (C)對於執行機關所為損失補償之決定不服時，當事人得聲明異議 (D)損失補償，應於知有損失後，2年內向執行機關請求之。

(　　) **19** 普通重型機車駕駛執照中，如附記「不得駕駛大型重型機車，違者依法論處」。則此一附記之法律性質為何？ (A)非屬附款 (B)附款之負擔 (C)附款之停止條件 (D)附款之解除條件。

(　　) **20** 依訴願法得申請再審之事由中，下列何者之再審期間一律自訴願決定確定時起算？ (A)依法令應迴避之委員參與決定 (B)訴願決定適用法規顯有錯誤 (C)為決定基礎之證物，係偽造或變造者 (D)訴願決定機關之組織不合法。

(　　) **21** 人民與臺北市政府締結行政契約，因臺北市政府拒絕履行該契約之新臺幣40萬元金錢給付義務而提起訴願，訴願管轄機關應如何處理？ (A)移送臺北地方法院審理，並通知訴願人 (B)移送臺北高等行政法院審理，並通知訴願人 (C)訴願無理由，以決定駁回之 (D)為不受理之決定。

(　　) **22** 關於行政訴訟「確認訴訟」類型之敘述，下列何者錯誤？ (A)行政處分已執行完畢而無法回復者，人民得提起確認行政處分違法之訴訟 (B)行政訴訟之原告提起撤銷訴訟，於審理程序中，認為系爭行政處分應屬無效，得主張將其訴之聲明轉換為確認系爭處分無效 (C)原告得提起撤銷訴訟、課予義務訴訟或一般給付訴訟者，不得提起確認訴訟，即使確認行政處分無效之訴訟亦同 (D)行政訴訟類型並無確認行政處分有效之訴訟。

(　　) **23** 關於交通裁決事件訴訟程序之敘述，下列何者錯誤？ (A)交通裁決事件訴訟之提起，應以原處分機關為被告，逕向管轄之地方法院行政訴訟庭為之 (B)交通裁決事件之裁判，得不經言詞辯論為之 (C)交通裁決事件中撤銷訴訟之提起，應於裁決書送達後40日之不變期間內為之 (D)因訴之變更致其訴之一部，不屬於交通裁決事件之範圍者，地方法院行政訴訟庭應改依簡易訴訟程序審理或移送管轄之高等行政法院。

(　　) **24** 經濟部之公務員甲，於借調至文化部期間，因執行職務致生國家賠償責任時，應以何機關為賠償義務機關？ (A)以甲之本職機關經濟部為賠償義務機關 (B)以甲之借調機關文化部為賠償義務機關 (C)以共同上級機關之行政院為賠償義務機關 (D)基於連帶責任，以經濟部與文化部為共同賠償義務機關。

(　　) **25** 有關損失補償與國家賠償制度之敘述，下列何者正確？ (A)損失補償與國家賠償均屬公法爭議，依法由普通法院民事庭管轄 (B)國家給付人民補償或賠償後，均得對故意或重大過失之公務員行使求償權 (C)人民因國家公權力合法行使而受有特別犧牲時，國家應負賠償責任 (D)國家之損失補償責任不以公務員有故意或過失為要件。

解答與解析 （答案標示為#者，表官方曾公告更正該題答案。）

1 (C)。行政機關對於某類事件反覆為相同處理時，將產生行政先例。而基於憲法平等原則的要求，行政程序法第6條規定，行政行為，非有正當理由，不得為差別待遇。是以，行政機關就同類事件行使裁量權時，如果沒有正當理由，即應受行政先例之拘束，不得為相異的處理，否則違反憲法平等原則，此即行政自我拘束原則。

2 (C)。(A)行政機關對因流行性傳染病致經營遇困境之廠商提供無息紓困貸款，屬於國家為達成行政上之任務，所採取之私法型態的行為，即私經濟行政；人民對於有無獲得貸款資格，屬於行政救濟範疇。(B)依行政程序法第4條規定，行政行為應受法律及一般法律原則之拘束，此為依法行政原則；故符合法定要件便應提供紓困貸款。(D)依行政程序法第102條前段規定，行政機關作成限制或剝奪人民自由或權利之行政處分前，除已依第三十九條規定，通知處分相對人陳述意見，或決定舉行聽證者外，應給予該處分相對人陳述意見之機會。本案行政處分不涉及限制或剝奪人民自由或權利。

3 (C)。依地方制度法第26條第4項前段規定，自治條例經各該地方立法機關議決後，如規定有罰則時，應分別報經行政院、中央各該主管機關核定後發布。

4 (B)。行政程序法的比例原則規範於第7條，行政行為，應依下列原則為之：一、採取之方法應有助於目的之達成。二、有多種同樣能達成目的之方法時，應選擇對人民權益損害最少者。三、採取之方法所造成之損害不得與欲達成目的之利益顯失均衡。

5 (C)。公法人是以公法規定為依據所成立的法人，包括國家、地方自治團體和行政法人三種；其中地方自治團體指依地方制度法第2條第1款所定義的實施地方自治的團體，行政法人則是依行政法人法第2條的定義，指由中央目的事業主管機關，為執行特定公共事務所設立的法人組織。(A)依地方制度法第83-2條第1項前段規定，直轄市之區由山地鄉改制者，稱直轄市山地原住民區（以下簡稱山地原住民區），為地方自治團體。(B)國家運動訓練中心設置條例第2條第1項規定，本中心為行政法人；其監督機關為教育部。(D)國家表演藝術中心設置條例第2條第1項規定，本中心為行政法人；其監督機關為文化部。

6 (C)。委託與委任發生在同一行政主體內部，不同行政主體間，尤其是國家與地方自治團體間或不同層級地方自治團體間的權限授予，稱為委辦；依地方制度法第2條第3款規定，委辦事項指地方自治團體依法律、上級法規或規章規定，在上級政府指揮監督下，執行上級政府交付辦理之非屬該團體事務，而負其行政執行責任之事項。

7 **(A)**。依最高行政法院104年8月份第2次庭長法官聯席會議決議，憲法第18條所保障人民服公職之權利，包括公務人員任職後依法律晉敘陞遷之權，此為司法院釋字第611號解釋所揭示。而公務員年終考績考列丙等之法律效果，除最近1年不得辦理陞任外（公務人員陞遷法第12條第1項第5款參照），未來3年亦不得參加委任升薦任或薦任升簡任之升官等訓練（公務人員任用法第17條參照），此對於晉敘陞遷等服公職之權利影響重大，爰基於憲法第16條有權利即有救濟之意旨，應無不許對之提起司法救濟之理。

8 **(D)**。依公務員懲戒法：
(A)第24條第1項但書規定，對於所屬薦任第九職等或相當於薦任第九職等以下之公務員，得逕送懲戒法院審理。(B)第9條第1項規定，公務員之懲戒處分如下：一、免除職務。二、撤職。三、剝奪、減少退休（職、伍）金。四、休職。五、降級。六、減俸。七、罰款。八、記過。九、申誡。(C)第8條第1項規定，公務員經依第二十三條、第二十四條移送懲戒，或經主管機關送請監察院審查者，在不受懲戒、免議、不受理判決確定、懲戒處分生效或審查結束前，不得資遣或申請退休、退伍。

9 **(D)**。依公務人員保障法第77條第1項規定，公務人員對於服務機關所為之管理措施或有關工作條件之處置認為不當，致影響其權益者，得依本法提起申訴、再申訴。

10 **(A)**。依中央法規標準法第3條規定，各機關發布之命令，得依其性質，稱規程、規則、細則、辦法、綱要、標準或準則。
則依行政程序法第150條第1項規定，本法所稱法規命令，係指行政機關基於法律授權，對多數不特定人民就一般事項所作抽象之對外發生法律效果之規定；並同法第159條第1項規定，本法所稱行政規則，係指上級機關對下級機關，或長官對屬官，依其權限或職權為規範機關內部秩序及運作，所為非直接對外發生法規範效力之一般、抽象之規定。
故行政程序法規定行政命令之分類，為法規命令與行政規則。

11 **(B)**。依中央法規標準法第6條規定，應以法律規定之事項，不得以命令定之。
又司法院大法官釋字第443號解釋，憲法所定人民之自由及權利範圍甚廣，凡不妨害社會秩序公共利益者，均受保障。惟並非一切自由及權利均無分軒輊受憲法毫無差別之保障：關於人民身體之自由，憲法第八條規定即較為詳盡，其中內容屬於憲法保留之事項者，縱令立法機關，亦不得制定法律加以限制，而憲法第七條、第九條至第十八條、第二十一條及第二十二條之各種自由及權利，則於符合憲法第二十三條之條件下，得以法律限制之。至何種事項應以法律直接規範或得委由命令予以規定，與所謂規範密度有關，應視規範對象、內容或法益本身及其所受限制之輕重而容許合理之差異：諸如剝奪人民生命或限制人民身體自由者，必須遵守罪刑法定主義，以制定法律之方式為之；涉及人民其他自由權利之限制者，亦應由法律加以規定，如以法律授權主管機關發布命令為補充規定時，其授權應符合具體明確之原則；若僅屬與執行法律之細節性、技術性次要事項，則得由主管機關發布命令為必要之規範，雖因而對人民產生不便或輕微影響，尚非憲法所不許。又關於給付行政措施，其受法律規範之密度，自較限制人民權益者寬鬆，倘涉及公共利益之重大事項者，應有法律或法律授權之命令為依據之必要，乃屬當然。

12 **(B)**。依法務部105年10月31日法律字第10503515540號行政函釋，現行司法實務多數見解則是援引政府採購法第83條規定：「審議判斷，視同訴願決定。」認為政府採購法立法政策係將機關之招標、審標、決標等訂約前之決定擬制視為行政處分。

13 **(A)**。依行政程序法第78條第1項規定，對於當事人之送達，有下列各款情形之一者，行政機關得依申請，准為公示送達：一、應為送達之處所不明者。二、於有治外法權人之住居所或事務所為送達而無效者。三、於外國或境外為送達，不能依第八十六條之規定辦理或預知雖依該規定辦理而無效者。可知公示送達並非可逕行優先採用之方式。

14 **(B)**。依行政程序法第111條規定，行政處分有下列各款情形之一者，無效：一、不能由書面處分中得知處分機關者。二、應以證書方式作成而未給予證書者。三、內容對任何人均屬不能實現者。四、所要求或許可之行為構成犯罪者。五、內容違背公共秩序、善良風俗者。六、未經授權而違背法規有關專屬管轄之規定或缺乏事務權限者。七、其他具有重大明顯之瑕疵者。

15 **(C)**。依行政程序法第148條規定：

Ⅰ行政契約約定自願接受執行時，債務人不為給付時，債權人得以該契約為強制執行之執行名義。

Ⅱ前項約定，締約之一方為中央行政機關時，應經主管院、部或同等級機關之認可；締約之一方為地方自治團體之行政機關時，應經該地方自治團體行政首長之認可；契約內容涉及委辦事項者，並應經委辦機關之認可，始生效力。

Ⅲ第一項強制執行，準用行政訴訟法有關強制執行之規定。

16 **(D)**。依行政程序法第165條規定，本法所稱行政指導，謂行政機關在其職權或所掌事務範圍內，為實現一定之行政目的，以輔導、協助、勸告、建議或其他不具法律上強制力之方法，促請特定人為一定作為或不作為之行為。

本題(A)至(C)選項，行政機關涉及之行為分別為善意規勸、協助換證、主動輔導等，皆不涉及公法上法律關係之效果，惟(D)之駁回申請，顯屬行政機關就公法上具體事件所為之決定或其他公權力措施而對外直接發生法律效果之單方行政行為，而為行政處分無疑。

17 **(D)**。依行政罰法第2條規定，本法所稱其他種類行政罰，指下列裁罰性之不利處分：

一、限制或禁止行為之處分：限制或停止營業、吊扣證照、命令停工或停止使用、禁止行駛、禁止出入港口、機場或特定場所、禁止製造、販賣、輸出入、禁止申請或其他限制或禁止為一定行為之處分。

二、剝奪或消滅資格、權利之處分：命令歇業、命令解散、撤銷或廢止許可或登記、吊銷證照、強制拆除或其他剝奪或消滅一定資格或權利之處分。

三、影響名譽之處分：公布姓名或名稱、公布照片或其他相類似之處分。

四、警告性處分：警告、告誡、記點、記次、講習、輔導教育或其他相類似之處分。

本題(D)選項之斷水斷電，屬依行政執行法第28條第2項第4款規定，前條所稱之直接強制方法如下：四、斷絕營業所必須之自來水、電力或其他能源。

18 **(C)**。依行政執行法第41條第3項規定，對於執行機關所為損失補償之決定不服者，得依法提起訴願及行政訴訟。

19 **(A)**。依行政程序法第93條第1項規定，行政機關作成行政處分有裁量權時，得為附款。無裁量權者，以法律有明文規定或為確保行政處分法定要件之履行而以該要件為附款內容者為限，始得為之。

是以行政處分附款是來自民法法律行為附款的概念，其作用在於補充或限制行政處分之效力，而「不得駕駛大型重型機車，違者依法論處」，並不涉及補充或限制「普通重型機車駕駛執照」之效果；且道路交通安全規則第61-1條第1項第3款規定，道路交通管理處罰條例第二十一條第四項所稱之持照條件係指駕駛人取得駕車之行車條件，除前條規定外，包括下列規定：三、領有重型機車駕駛執照者，不得駕駛大型重型機車。顯然此附記本為法所禁止事項，並無行政裁量餘地。

20 **(B)**。依訴願法第97條第3項規定，前項期間，自訴願決定確定時起算。但再審之事由發生在後或知悉在後者，自知悉時起算；是以「再審期間一律自訴願決定確定時起算」者，必然是排除再審之事由發生在後或知悉在後者。而所謂「適用法規顯有錯誤」係指該訴願決定所認知之事實適用法規顯有錯誤，不包含因事實認定錯誤所致適用法令錯誤之情形，故不存在得申請再審之事由發生在後或知悉在後之情形。

21 **(D)**。依訴願法第1條規定，人民對於中央或地方機關之行政處分，認為違法或不當，致損害其權利或利益者，得依本法提起訴願。但法律另有規定者，從其規定。各級地方自治團體或其他公法人對上級監督機關之行政處分，認為違法或不當，致損害其權利或利益者，亦同。

另依最高行政法院95年7月份庭長法官聯席會議(二)決議，中央健康保險署對特約療院所為停權，屬行政處分，非契約行為，惟特約醫療院所與該署間之給付爭議，仍屬契約行為。故行政契約不得作為訴願之標的。

綜上，訴願人與臺北市政府間基於契約關係衍生之給付爭執，係因公法上原因發生財產上之給付，依行政訴訟法第8條第1項規定，應直接向行政法院提起給付訴訟，而非訴願救濟範圍內之事項，訴願人逕向訴願管轄機關提起訴願，屬程序不合法，應不予受理。

22 **(C)**。依行政訴訟法第6條第3項規定，確認訴訟，於原告得提起或可得提起撤銷訴訟、課予義務訴訟或一般給付訴訟者，不得提起之。但確認行政處分無效之訴訟，不在此限。

23 **(C)**。依行政訴訟法第237-3條第2項規定，交通裁決事件中撤銷訴訟之提起，應於裁決書送達後三十日之不變期間內為之。

24 **(B)**。依法務部101年6月26日法律字第10103105190號行政函釋，借調人員於任職期間，擔任該機關職務所為之執行公權力行為，係居於機關內部承辦人身分所為，尚非基於個人身分而以個人名義為之……是以，借調教師縱未具公務人員身分，其居於機關地位所為執行公權力行為，揆諸上開說明，並參酌公務人員任用法上開規定意旨，其法律效果仍歸屬於機關，原則上不失其效力。

故公務員如係屬借調者，則係由借調期間之任職管理機關作為賠償義務機關。

25 **(D)**。(A)損失補償由行政機關管轄，採行政救濟程序處理；損害賠償，除在行政訴訟中合併請求賠償應由行政法院判決外，依國家賠償法第12條規定，損害賠償之訴，除依本法規定外，適用民事訴訟法之規定，而由普通法院管轄。(B)僅國家賠償法第2條第3項規定，公務員有故意或重大過失時，賠償義務機關對之有求償權；損失補償案件並未見相同求償權規定。(C)司法院大法官釋字第579號解釋意旨，國家因公用或其他公益目的之必要，得依法徵收人民之財產，對被徵收財產之權利人而言，係為公共利益所受之特別犧牲，國家應給予合理之補償，且補償與損失必須相當。

NOTE

112年 高考三級

甲、申論題

一、A市政府為管理市內攤販經營事業，制定攤販管理自治條例。其中規定，攤販經營許可申請，如涉及私人土地，而不違反現行法令規定者，應檢具所有權人同意書。市民丙申請經營攤販位於他人丁之所有土地上，於申請時檢附所有權人丁之同意書，市政府發給許可證。於證件背面註記注意事項：核准設攤地點涉及私人土地經所有權人提出異議時，應於一個月內提供所有權人同意書，逾期未補正者，本府得註銷許可證之效力。丙開始經營後，丁欲收回租地，向A市政府表示異議，市政府遂要求丙提出同意書，逾期將廢止許可證。一個月期間過後，丙未能提出同意書，故市政府以B函註銷許可證。請問：B函是否合法？

解 A市政府依行政程序法第123條第2款，原處分機關保留行政處分之廢止權規定，以B函註銷丙攤販經營許可證，是為依法進行授益處分之廢止，應屬合法：

(一)本題之證件背面註記注意事項，屬行政處分之附款：

1. 行政程序法第92條規定，行政處分乃行政機關就公法上具體事件，所為之決定或其他公權力措施，而對外直接發生法律效果之單方行政行為；A市政府依攤販管理自治條例，許可市民丙之攤販經營許可申請，是為在公法上具體事件（依自治條例管理室內攤販經營事業），為直接對外部發生法律效果之單方行政行為（做出許可丙經營攤販之決定），故屬合法授益之行政處分。
2. 行政程序法第93條規定，行政機關作成行政處分有裁量權時，得為附款，又附款種類包括期限、條件、負擔、保留行政處分之廢止權、保留負擔之事後附加或變更等。
3. 本題之證件背面註記注意事項，為核准設攤地點涉及私人土地經所有權人提出異議時，應於一個月內提供所有權人同意書，逾期未補正者，本府得註銷許可證之效力；此註記所述應提供之文件，為發生特定情形即所有權人提出異議時，方須提供同意書，未能於期限內提出機關方註銷該許可之效力，故為機關預先保留行政處分之廢止權。

(二)B函之性質為廢止授益處分：

1. 行政程序法第123條規定，授予利益之合法行政處分，於法規准許廢止者、原處分機關保留行政處分之廢止權者、附負擔之行政處分，受益人未履行該負擔者、行政處分所依據之法規或事實事後發生變更，致不廢止該處分對公益將有危害者、或其他為防止或除去對公益之重大危害者，有上述其中一種情形出現，便可由原處分機關依職權為全部或一部之廢止。
2. 本題因土地所有權人丁提出異議，縱使丙於前申請時有取得丁之同意書，惟依司法院大法官釋字第776號解釋，同意使用土地之關係消滅時（如依法終止土地使用關係等），主管機關亦得依職權或依鄰地所有人之申請，廢止原核可之變更使用執照，並解除套繪管制，始符憲法第15條保障人民財產權之意旨。故丙須因應丁於其開始經營後，始表示異議之新的意思表示，依許可證註記之附款，於一個月內提供所有權人丁之同意書。
3. 今丙未能於一個月內提供丁之同意書，構成註記中保留廢止權所指情狀，故A市政府依行政程序法第123條第2款之規定，得以B函廢止其許可證，該廢止之作成有其依據，實屬合法。

(三)由於丙於所有權人丁提出異議後，無法於一個月期限內提出丁之同意書，證明所有權人有同意其使用之情事，為合於憲法第15條保障所有權人之財產權意旨，A市政府得以依行政程序法第123條第2款規定，以B函廢止原處分。

二、甲檢具陳情書向某政府乙機關陳情，主張甲所有建物（下稱系爭建物）之相鄰建物違法施工裝潢，因其室內裝修廠商未具施工許可證，為保障系爭建物之安全，乃訴求乙禁止相鄰建物繼續施工。乙回復甲略以：經查系爭建物之相鄰建物，業已委託設計建築師及合格室內裝修廠商施工，其施工期間及竣工查驗之結構安全，併由設計建築師簽證負責；且該址業由審查機構之審查人員辦理竣工審查，並取得室內裝修合格證明在案等語。甲不服，循序提起行政訴訟。試問：甲有無請求乙對檢舉內容為事實調查予以裁罰之公法上請求權，並具提起行政訴訟之原告適格？

解 甲向乙機關陳情相鄰建物違法施工，該陳情不具請求行政機關為事實調查予以裁罰之公法上請求權，自無法作為提起課與義務訴訟之依據，故甲欠缺原告適格：

(一) 乙機關對甲陳情之回復，不屬於行政處分：

1. 行政程序法第92條規定，行政處分係指行政機關就公法上具體事件所為之決定或其他公權力措施而對外直接發生法律效果之單方行政行為；反之當行政行為不以發生法律效果為目的，而係以發生事實效果為目的，不會產生規制效力時，則屬於行政事實行為。
2. 而實務見解依最高行政法院91年裁字第1475號裁定，向主管機關檢舉他人違法，經主管機關調查結果，認為所檢舉事項不成立，而對檢舉人之函覆，是否為行政處分，端視法律是否賦與檢舉人向國家請求制止、處罰被檢舉人之權利或法律所保護之法益是否及於檢舉人之私益而定。
3. 本案甲之陳情檢舉僅促成乙機關進行調查、制止與處罰等公權力實施，然後續主管機關之函覆，僅係函復檢舉調查之結果，未對甲發生任何影響權利或義務之法律效果，而屬事實通知而非行政處分。

(二) 甲未有權利或法律上利益受損害，其請求欠缺公法上之請求權，不具訴訟權能，自非原告適格：

1. 依行政訴訟法第5條，人民因中央或地方機關對其依法申請之案件，於法令所定期間內應作為而不作為（或予以駁回），認為其權利或法律上利益受損害者，經依訴願程序後，得向行政法院提起請求該機關應為行政處分或應為特定內容之行政處分之訴訟。
2. 依最高行政法院99年度6月份庭長法官聯席會議，法律規範行政機關執行職務的目的在於保護「公共利益」，不涉及特定人生命、身體、重大財產，人民並沒有請求機關為裁處、制止之權，行政機關的答復性質為觀念通知，並未對外發生法律效果，陳情檢舉之人，未有權利或法律上利益有損害，不具有行政訴訟權能。
3. 本案甲之陳情檢舉，業經乙機關進行行政調查，並答覆無其陳情內容所述違法情形，於此機關未有行政怠惰情事，陳情人亦無生命、身體、財產危害等權益受損。故甲縱使不服乙機關答復，亦無請求行政機關為事實調查予以裁罰之公法上請求權，其當事人不適格。

(三) 綜上所述，該陳情不具請求行政機關為事實調查予以裁罰之公法上請求權，自無法作為提起課與義務訴訟之依據，故甲於本案欠缺行政訴訟之原告適格。

乙、測驗題

( ) **1** 下列何者為行政法之不成文法源？ (A)行政規則 (B)國際條約 (C)公益原則 (D)自治規章。

( ) **2** 供公眾使用之建築物，違反建築法第77條規定，未定期辦理公共安全檢查簽證及申報，行政機關違反先前先通知當事人補辦程序之慣例，即逕行採取裁罰措施，係違反何種行政法一般原理原則？ (A)平等原則 (B)比例原則 (C)禁止不當聯結原則 (D)法律優位原則。

( ) **3** 依據實務見解，納稅義務人因違反稅法規定而受罰鍰處分，惟納稅義務人於行政訴訟程序中死亡，則罰鍰處分應如何處置？ (A)因納稅義務人死亡，法律關係即告消滅，故無法執行該罰鍰處分 (B)由繼承人繼承被繼承人之義務人地位，並繳納罰鍰 (C)納稅義務人死亡後，法院應以欠缺當事人能力為由駁回訴訟 (D)由繼承人於被繼承人遺產範圍內代繳罰鍰。

( ) **4** 關於國家表演藝術中心在組織及任務上之特性，不包括下列何者？ (A)負執行公共事務之任務 (B)具有獨立之法律人格 (C)以企業化之方式營運 (D)所屬人員均具公務人員身分。

( ) **5** 依地方制度法規定，中央主管機關針對直轄市政府所辦理自治事項之監督，下列敘述何者錯誤？ (A)地方政府辦理自治事項得自為立法並執行而負其政策規劃及行政執行責任 (B)地方政府辦理自治事項有違憲法或法律規定時，仍得予以撤銷、變更、廢止或停止其執行 (C)直轄市政府辦理自治事項違法時，由中央主管機關報行政院予以撤銷、變更、廢止或停止其執行 (D)地方政府辦理自治事項若有違背憲法或法律之疑義時，於司法院解釋前，中央主管機關得先予以撤銷之。

( ) **6** 關於機關權限之敘述，下列何者錯誤？ (A)行政機關欲將部分權限委託不相隸屬之行政機關執行，係屬職權事項，故主管機關得依職權辦理權限之委託 (B)行政機關將作成行政處分權限移轉予他機關時，則撤銷權之行使，應於權限移轉後改由承受其業務機關為之 (C)行政處分無效事由之所謂「缺乏事務管轄權限」，應限縮於重大明顯之情事 (D)行政機關得依法規將部分權限委任相隸屬之行政機關執行。

(　　) **7** 下列何者係公務員服務法許可公務員從事之行為？　(A)取得職務上有直接管理權限營利事業10%之股份　(B)未經服務機關許可兼任教學職務　(C)未經服務機關許可兼任民間基金會董事長　(D)休假時間受邀出席研討會分享攝影技巧，並支領演講出席費。

(　　) **8** 下列公法上財產請求權，何者不因2年間不行使而消滅？　(A)經服務機關核准之加班費　(B)執行職務時，發生意外致受傷應發給之慰問金　(C)執行職務墊支之必要費用　(D)經服務機關核准實施公務人員一般健康檢查之費用。

(　　) **9** 關於公務員之懲戒程序，下列敘述何者錯誤？　(A)懲戒案件係由懲戒法院設懲戒法庭，合議審理並裁判之　(B)公務員懲戒案件之審理制度係採一級一審　(C)應受懲戒行為，自行為終了之日起，至案件繫屬懲戒法院之日止，已逾10年者，不得予以休職之懲戒　(D)公務員雖非執行職務，但其個人行為若致嚴重損害政府信譽，亦應受懲戒。

(　　) **10** 行政機關發布命令，禁止餐廳營業時間超過晚上9點。下列敘述何者錯誤？　(A)該命令須送立法院審查　(B)該命令之訂定須有法律授權　(C)該命令屬於行政規則　(D)該命令應刊登政府公報或新聞紙。

(　　) **11** 關於受託行使公權力之私人或團體，下列敘述何者錯誤？　(A)受委託者於受託範圍內得作出行政處分　(B)授權之法律有明定受託者得訂定法規命令者，受託之私人或團體不需委託機關特別授權，即得發布法規命令　(C)受委託者即使無法律授權，亦得將其受託之權限再委託其他私人或團體　(D)受委託者於受託範圍內得立於機關之地位作出事實行為。

(　　) **12** 財政部以營利事業欠稅為由，函請內政部移民署限制營利事業負責人出境，並通知營利事業負責人。下列敘述何者錯誤？　(A)限制出境之決定乃係行政處分　(B)限制出境之決定係內政部移民署所作成的行政處分　(C)內政部移民署所為限制出境之決定屬多階段行政處分　(D)營利事業負責人不得以不服財政部通知為由向行政院提起訴願。

(　) **13** 行政機關發現經其核准受領疫情紓困補助的受益人，有重複領取情形，於其撤銷原處分後，應採取何種方式追回溢發之款項？ (A)作成書面行政處分確認返還範圍，並限期命受益人返還 (B)向行政法院提起一般給付訴訟 (C)向民事法院提起請求返還不當得利訴訟 (D)直接移送法務部行政執行署所屬分署執行。

(　) **14** 行政處分於法定救濟期間經過後，當事人仍得於一定情形下申請撤銷、廢止或變更之。下列敘述何者錯誤？ (A)具有持續效力之行政處分，其依據之事實事後發生有利變更者，相對人或利害關係人得提出申請 (B)該項申請應自法定救濟期間經過後3個月內為之 (C)雖有重新開始程序之原因，行政機關如認為原處分為正當者，仍應駁回該申請 (D)相對人或利害關係人因過失未能在行政程序中主張其事由者，即不得提出該項申請。

(　) **15** 有關行政契約，下列敘述何者錯誤？ (A)行政程序法所規定的行政契約類型，有和解契約與雙務契約 (B)行政機關與人民締結行政契約後，為確保人民信賴利益，不得調整契約內容與終止契約 (C)行政契約之締結，原則上須以書面為之 (D)行政契約中，如行政機關與人民互負給付義務，雙方之給付應相當，且具備合理關聯。

(　) **16** 下列何者屬於行政事實行為？ (A)拆除違章建築 (B)行政院發布徵兵規則 (C)警察指揮交通 (D)行人穿越道之交通標線。

(　) **17** 藥事法規定不具藥商資格販賣藥品者，處新臺幣3萬元以上200萬元以下罰鍰。甲於網路上販售從國外買回的藥品，被查獲違反前述藥事法規定，其請求依據行政罰法第19條規定免予處罰，承辦此案之公務人員應如何處理？ (A)若甲販賣藥品之獲利低於3萬元，得免予處罰 (B)若甲為初次違規，得免予處罰 (C)若藥品尚未售出，得免予處罰 (D)甲之情形無法適用行政罰法第19條免予處罰之規定。

(　) **18** 18甲積欠交通違規罰單新臺幣18,000元，主管機關經催繳後仍未繳納，移送行政執行。依行政執行法之規定，下列敘述何者正確？ (A)如甲於執行程序終結前死亡，未留有遺產，執行機關應向甲之繼承人為執行 (B)如甲於執行程序終結前繳清罰鍰，其應以聲明異議之方式請求終止執行 (C)如執行機關發現甲顯有財產卻故意不繳納，且已出境1次，得限制甲之住居 (D)如甲對於執行機關限制住居之命令不服，經聲明異議遭駁回後，得直接提起撤銷訴訟。

(　　) **19** 依據政府資訊公開法，關於政府資訊公開，下列敘述何者錯誤？ (A)政府資訊可由政府機關主動公開，亦得應人民申請被動公開 (B)申請政府資訊之公開，不以主張或維護法律上利益有必要為前提 (C)對於政府資訊公開申請之決定不服者，得依法提起行政救濟 (D)經申請公開之政府資訊涉及第三人權益，經其明確表示不同意公開時，政府機關應即作成不予公開之決定。

(　　) **20** 下列何者非訴願審理機關審理訴願案件應遵循之原則？ (A)書面審查原則 (B)職權調查原則 (C)不利益變更禁止原則 (D)停止執行原則。

(　　) **21** 軍校生甲，因行為失當，遭學校開除學籍。學校擬對甲求償已領取之公費，應循何種方式？ (A)以行政處分令甲賠償 (B)直接依強制執行法聲請強制執行 (C)向行政法院提起一般給付之訴 (D)向民事法院提起訴訟。

(　　) **22** 多數當事人關於訴訟標的之權利義務關係，在事實上或法律上有同一或同類原因時，有關訴訟程序之敘述，下列何者錯誤？ (A)可以成立共同訴訟，一同擔任原告或被告 (B)如果當事人分別起訴，法院得命其合併辯論及合併裁判 (C)共同訴訟之訴訟標的有合一確定必要時，共同訴訟人中一人不利於全體之行為，效力不及於全體共同訴訟人 (D)共同訴訟之訴訟標的無論有無合一確定必要，當事人合意停止訴訟後，續行訴訟必須經全體同意。

(　　) **23** 依行政訴訟法規定之都市計畫審查程序，行政法院審查認定都市計畫違法時，下列何者非判決主文得宣告之內容？ (A)都市計畫違法者，宣告無效或違法 (B)都市計畫發布後始發生違法原因者，應宣告自違法原因發生時起失效 (C)同一都市計畫中未經原告請求，而與原告請求宣告無效之部分具不可分關係，經法院審查認定違法者，併宣告撤銷 (D)依法僅得為違法之宣告者，應宣告其違法。

(　　) **24** 某市政府自行興建設置之公立醫院委託私立醫學院經營，因原先所設置之手扶梯未定期保養而故障，導致病患摔傷。下列敘述何者正確？ (A)公共設施委託私人管理，因管理欠缺致人民身體受損害者，負國家賠償責任 (B)私立醫學院與病患間雖係私法關係，仍不得依民法向醫院求償 (C)委託屬公法關係，故病患不得依民法向醫院求償 (D)如病患為外國人者，則無法依國家賠償法求償。

( ) **25** 下列何者非屬政府應給予損失補償之適例？ (A)公務員死亡後，所屬機關收回配住之宿舍 (B)警察依法追捕逃犯，遭逃犯衝撞警車，不慎導致路人甲受重傷 (C)消防隊為進入火場救火，移除窄巷內之機車，致機車受損 (D)主管機關就都市計畫道路用地，在徵收之前埋設地下公用管線。

解答與解析 （答案標示為#者，表官方曾公告更正該題答案。）

1 (C)。產生法律之源頭，即法源依據，行政法之法源依是否由立法機關制訂通過，可分為：

(1)成文法源：A.憲法。B.法律。C.國際法。D.命令。E.自治規章。

(2)不成文法法源：A.習慣。B.法理。C.判例。D.學說。E.解釋。F.外國法。G.國際法。H.一般法律原則等。

不成文法非經由國內一定制定程序，無法直接於國內發生效力，而須經國家承認始能發生法的拘束力。

2 (A)。行政機關對於某類事件反覆為相同處理時，將產生行政先例，而基於憲法上平等原則的要求，行政程序法第6條規定：「行政行為，非有正當理由，不得為差別待遇。」是以，行政機關就同類事件行使裁量權時，如果沒有正當理由，即應受行政先例之拘束，不得為相異的處理，此即行政自我拘束原則。倘若行政機關對於同類事件，在欠缺正當理由的情況下，未遵循行政先例，反而作成不同的處理時，即屬違反平等原則。本題有提及「違反先前先通知當事人補辦程序之慣例，即逕行採取裁罰措施」此顯然違反平等原則。

3 (D)。依司法院大法官釋字第621號解釋文，行政執行法第十五條規定：「義務人死亡遺有財產者，行政執行處得逕對其遺產強制執行」，係就負有公法上金錢給付義務之人死亡後，行政執行處應如何強制執行，所為之特別規定。罰鍰乃公法上金錢給付義務之一種，罰鍰之處分作成而具執行力後，義務人死亡並遺有財產者，依上開行政執行法第十五條規定意旨，該基於罰鍰處分所發生之公法上金錢給付義務，得為強制執行，其執行標的限於義務人之遺產。

4 (D)。依國家表演藝術中心設置條例第2條規定，本中心為行政法人，監督機關為文化部；再依行政法人法第20條第1項規定，行政法人進用之人員，依其人事管理規章辦理，不具公務人員身分，其權利義務關係，應於契約中明定。

5 (D)。依地方制度法第75條第8項規定，直轄市政府、縣（市）政府或鄉（鎮、市）公所，辦理自治事項有無違背憲法、法律、中央法規、縣規章發生疑義時，得聲請司法院解釋之；在司法院解釋前，不得予以撤銷、變更、廢止或停止其執行。

6 **(A)**。依行政程序法第15條第2項規定，行政機關因業務上之需要，得依法規將其權限之一部分，委託不相隸屬之行政機關執行之。並非選項(A)依職權辦理。

7 **(D)**。依公務員法：
(A)第14條第4項，公務員所任職務對營利事業有直接監督或管理權限者，不得取得該營利事業之股份或出資額。(B)第15條第4項，公務員兼任教學或研究工作或非以營利為目的之事業或團體職務，應經服務機關（構）同意；機關（構）首長應經上級機關（構）同意。但兼任無報酬且未影響本職工作者，不在此限。(C)第14條第2項，前項經營商業，包括依公司法擔任公司發起人或公司負責人、依商業登記法擔任商業負責人，或依其他法令擔任以營利為目的之事業負責人、董事、監察人或相類似職務。但經公股股權管理機關（構）指派代表公股或遴薦兼任政府直接或間接投資事業之董事、監察人或相類似職務，並經服務機關（構）事先核准或機關（構）首長經上級機關（構）事先核准者，不受前項規定之限制。(D)第15條第6項，公務員得於法定工作時間以外，依個人才藝表現，獲取適當報酬，並得就其財產之處分、智慧財產權及肖像權之授權行使，獲取合理對價。

8 **(B)**。依公務人員保障法第24-1條第1款第1目，下列公務人員之公法上財產請求權，其消滅時效期間依本法行之：一、因十年間不行使而消滅者：(一)執行職務時，發生意外致受傷、失能或死亡應發給之慰問金。

9 **(B)**。依公務員懲戒法第82條第1項，懲戒法庭第二審判決，於宣示時確定；不宣示者，於公告主文時確定。
另立法院於109年5月22日三讀通過《公務員懲戒法修正草案》及《公務員懲戒委員會組織法修正草案》，改制懲戒法院，建立一級二審。

10 **(C)**。依行政程序法第159條第1項，本法所稱行政規則，係指上級機關對下級機關，或長官對屬官，依其權限或職權為規範機關內部秩序及運作，所為非直接對外發生法規範效力之一般、抽象之規定。
本題機關發布之命令，為禁止餐廳營業時間超過晚上9點，顯已對外直接發生法律效果，不屬於行政規則範疇。

11 **(C)**。依司法院大法官釋字第524號解釋，凡立法者透過法規授權特定機關發布命令，則該機關不得推諉卸責，將權限再度移轉給其他行政機關。例如法律指定衛生福利部發布命令，不能轉由下級機關健保署制定命令。因為行政機關的法規命令制定權是由國會所賦予，因此只有被指定的機關才能制定法規命令。學說上稱此為「轉委任之禁止」或「二度授權禁止」。

12 **(D)**。依最高行政法院91年判字第2319號判例要旨，行政處分之作成，須二個以上機關本於各自職權先後參與者，為多階段行政處分。此際具有行政處分性質者，原則上為最後階段之行政行為，即直接對外發生法律效果部分。人民對多階段行政處分如有不服，固不妨對最後作成行政處分之機關提起訴訟，惟行政法院審查之範圍，則包含各個階段行政行為是否適法。
本題最後作成就公法上具體事件所為之決定或其他公權力措施，而對外直接發生法律效果之單方行政行為，方屬行政處分者，為內政部移民署限制出境之處分，財政部之通知不屬之。

13 **(A)**。依行政程序法第127條第3項有關受益人不當得利返還義務之規定，行政機關依前二項規定請求返還時，應以書面行政處分確認返還範圍，並限期命受益人返還之。

14 **(D)**。依行政程序法第128條第1項但書規定，相對人或利害關係人因重大過失而未能在行政程序或救濟程序中主張其事由者，行政處分於法定救濟期間經過後，不得申請撤銷、廢止或變更處分。

15 **(B)**。依行政程序法第146條第1項，行政契約當事人之一方為人民者，行政機關為防止或除去對公益之重大危害，得於必要範圍內調整契約內容或終止契約。

16 **(A)**。行政事實行為是與行政法的法律行為相對之行為，其作用非為產生、變更或消滅行政法之權利與義務關係等法律效果，而是為產生事實效果之行為。參吳庚教授之分類，常見的有：內部行為、觀念通知、實施行為、強制措施等。

17 **(D)**。依行政罰法第19條第1項規定，違反行政法上義務應受法定最高額新臺幣三千元以下罰鍰之處罰，其情節輕微，認以不處罰為適當者，得免予處罰。本題甲違反之藥事法規為處罰3萬元以上200萬元以下罰鍰，無法適用行政罰法第19條免予處罰之規定。

18 **(D)**。參最高行政法院107年4月份第1次庭長法官聯席會議決議意旨，行政執行法第9條規定之聲明異議，並非向執行機關而是向其上級機關為之，此已有由處分機關之上級機關進行行政內部自我省察之功能。是以立法者應無將行政執行法第9條所規定之聲明異議作為訴願前置程序之意。因此，倘若聲明異議人已對於具有行政處分性質之執行命令不服，經依行政執行法第9條規定之聲明異議程序，應認相當於已經訴願程序，其應可直接提起撤銷訴訟。

19 **(D)**。依政府資訊公開法第12條第2項規定，前項政府資訊涉及特定個人、法人或團體之權益者，應先以書面通知該特定個人、法人或團體於十日內表示意見。但該特定個人、法人或團體已表示同意公開或提供者，不在此限。

20 **(D)**。依訴願法第93條第1項規定，原行政處分之執行，除法律另有規定外，不因提起訴願而停止。

21 **(C)**。依司法院大法官釋字第348號解釋之意旨，學生簽立志願書（家長出具保證書）給軍警學校，是雙方透過合意，將相關規定作為拘束雙方之內容。志願書或保證書之性質，應屬行政契約。故軍警學校在學生有違約情形發生時，自得依據契約約定，向學生或家長請求賠償。

而依行政訴訟法第8條第1項規定，人民與中央或地方機關間，因公法上原因發生財產上之給付或請求作成行政處分以外之其他非財產上之給付，得提起給付訴訟。因公法上契約發生之給付，亦同。

故本題軍校對學生之賠償請求權既是基於雙方簽訂之行政契約，則軍校擬對學生甲求償已領取之公費，依現行法應向行政法院提起一般給付訴訟。

22 **(D)**。依行政訴訟法第40條第1項規定，共同訴訟人各有續行訴訟之權。

23 **(C)**。依行政訴訟法第237-28條第1項後段規定，同一都市計畫中未經原告請求，而與原告請求宣告無效之部分具不可分關係，經法院審查認定違法者，併宣告無效。

24 **(A)**。依國家賠償法第3條第2項規定，公共設施委託民間團體或個人管理時，因管理欠缺致人民生命、身體、人身自由或財產受損害者，國家應負損害賠償責任。

25 **(A)**。

(1)依最高行政法院95年12月7日裁字第2730號行政裁定相關解釋，損失補償成立要件為：須屬於行使公權力之合法行為；須對財產或其他權利之侵害；侵害須達嚴重程度或已構成特別犧牲；須相對人或利害關係人有值得保護之利益；須基於公益之必要性；補償義務須有法規之依據始得請求。

(2)再依司法院大法官釋字第557號解釋文指出，行政機關、公立學校或公營事業機構，為安定現職人員生活，提供宿舍予其所屬人員任職期間居住，本屬其依組織法規管理財物之權限內行為；至因退休、調職等原因離職之人員，原應隨即歸還其所使用之宿舍，惟為兼顧此等人員生活，非不得於必要時酌情准其暫時續住以為權宜措施。

(3)可知機關配住之宿舍，係屬以私法形式所為之行政行為，在行政法上自可被定位為「私經濟性質的給付行政」應屬「使用借貸之法律關係」，自不屬於政府應給予損失補償之適例。

112年 普考

( ) **1** 下列何者非屬成文法法源？ (A)議會自律規則 (B)國際條約 (C)一般法律原則 (D)行政規則。

( ) **2** 關於法規命令之訂定與生效，下列敘述何者錯誤？ (A)法規命令依法應經上級機關核定者，於核定後始得發布 (B)法規命令之發布，應刊登於政府公報或新聞紙 (C)任何人得於公告期間內針對法規命令之草案提出意見 (D)法規命令乃行政權行使，受司法違憲之審查，惟不受立法權之審查。

( ) **3** 下列何者非屬行政程序法明定之一般法律原則？ (A)對等互惠原則 (B)誠實信用原則 (C)比例原則 (D)平等原則。

( ) **4** 行政機關對於法律構成要件之涵攝，除有明顯瑕疵外，行政法院應予尊重之情形，為下列何者？ (A)裁量收縮至零 (B)裁量瑕疵 (C)判斷餘地 (D)計畫裁量。

( ) **5** 關於給付行政之敘述，下列何者正確？ (A)給付行政全屬公權力之行使，均為公法事件 (B)農民健康保險之給付事項屬給付行政，為公法事件 (C)給付行政與干涉行政相同，均受嚴格之法律保留原則所拘束 (D)金融機構辦理清寒學生助學貸款，屬公法性質之給付行政。

( ) **6** 某公立高中學生無照騎乘機車，受記大過一次之處分。其不服時，依司法院大法官解釋，得提起何種之救濟？ (A)得依法提起相應之行政爭訟程序 (B)因非屬退學或類此之處分，故不得提起救濟 (C)只得依循校內救濟途徑提起救濟 (D)應依民事程序請求救濟。

( ) **7** 關於行政法人之概念，下列敘述何者錯誤？ (A)行政法人所涉及公權力程度較低 (B)係為執行特定公共事務，依法律設立之公法人 (C)行政法人之經費必須全數自籌 (D)人民對於行政法人所為行政處分不服，應向監督機關提起訴願。

( ) **8** 關於行政機關之敘述，下列何者錯誤？ (A)行政機關為具有單獨法定地位之組織 (B)國家設立之行政機關為實體法上權利主體 (C)地方行政機關代表地方自治團體為意思表示 (D)行政機關為從事公共事務之組織。

(　) 9 依地方制度法規定，下列何者為地方自治團體？ (A)臺灣省 (B)臺北市中正區建國里 (C)桃園市中壢區 (D)宜蘭市。

(　) 10 關於行政機關之管轄，下列敘述何者錯誤？ (A)同一事件，數行政機關依規定均有管轄權者，由受理在先之機關管轄 (B)數行政機關於管轄權有爭議時，由主張管轄之機關協議 (C)人民對指定管轄之決定，不得聲明不服 (D)行政機關應於其權限範圍內互相協助。

(　) 11 若衛生福利部將違反傳染病防治規定案件之裁罰委由該部疾病管制署辦理，此種情形屬於下列何者？ (A)權限委託 (B)權限委任 (C)委辦 (D)職務協助。

(　) 12 依據公務人員保障法，關於公務人員停職與復職之規定，下列敘述何者錯誤？ (A)停職期間不具公務人員身分，故不得執行職務 (B)公務人員非依法律，不得予以停職 (C)於停職事由消滅後3個月內得申請復職 (D)未於期間內申請復職者，服務機關或其上級機關人事單位應負責查催。

(　) 13 依據公務人員考績法之規定，曠職日數最低須符合下列何者得為一次記二大過處分？ (A)曠職繼續達2日，或1年累積達5日者 (B)曠職繼續達3日，或1年累積達7日者 (C)曠職繼續達4日，或1年累積達7日者 (D)曠職繼續達4日，或1年累積達10日者。

(　) 14 公務員年終考績考列丙等者，應循何種途徑提起救濟？ (A)向懲戒法院提起再審議 (B)向服務機關提起申訴 (C)向公務人員保障暨培訓委員會提起復審 (D)向上級機關提起訴願。

(　) 15 下列何者不適用公務員服務法？ (A)志願士兵 (B)公營事業機構服務人員 (C)直轄市、縣（市）長 (D)公立學校聘任之教師。

(　) 16 關於國家表演藝術中心於我國行政組織法之敘述，下列何者正確？ (A)該中心在行政組織法之定位為私法人 (B)該中心所需要之預算完全來自政府預算 (C)該中心所聘用的新進人員原則上不具有公務員身分 (D)依法該中心無法自行擬具營運計畫及目標。

( ) **17** 公務人員甲認為機關長官在職務監督時發布的命令，雖未涉及刑事法律，但有牴觸行政法規的疑義，甲應如何處置？ (A)甲依公務員服務法，負有服從義務，如發生違法責任，概由長官承擔 (B)甲應依公務員服務法向長官提出意見陳述，提出後仍應服從命令 (C)甲應依公務人員保障法先向長官報告，如長官認未違法並以書面署名下達指示時，即應服從 (D)甲應依職務忠誠原則自行判斷，如屬重大違法情事，得拒絕服從。

( ) **18** 關於公物之概念，下列敘述何者正確？ (A)公物為不融通物，故無私法所有權 (B)公物之標的限於有體物 (C)公物皆應以行政處分提供公用 (D)國有財產與公物概念不同。

( ) **19** 關於法規命令無效，下列敘述何者錯誤？ (A)牴觸上級機關之命令 (B)未經法律授權而限制人民權利 (C)同時使用不確定法律概念、裁量規定與概括條款 (D)其訂定依法應經其他機關核准，而未經核准。

( ) **20** 依中央法規標準法規定，各機關依其法定職權或基於法律授權訂定之行政命令，於下達或發布後，應如何處置？ (A)送行政院核定 (B)送立法院審查 (C)送司法院備查 (D)送監察院審核。

( ) **21** 關於行政程序法第128條規定，得申請重新開啟行政程序事由之敘述，下列何者錯誤？ (A)行政處分作成後始發現之有利證據 (B)作成行政處分之時，具有重要性之事實，其後不復存在 (C)行政處分主文與理由顯有矛盾 (D)行政處分教示救濟期間錯誤。

( ) **22** 關於附負擔之授益處分，下列何者非屬受益人未履行該負擔所生之法律效果？ (A)原處分機關得強制執行該負擔 (B)原處分機關得廢止該授益處分 (C)原處分機關得使該授益處分溯及既往失其效力 (D)原處分機關得因受益人未履行負擔而裁處行政罰。

( ) **23** 警察機關命令集會遊行群眾離開特定場所，其法律性質為何？ (A)對物的一般處分 (B)對人的一般處分 (C)法規命令 (D)行政規則。

( ) **24** 下列何者非屬國立大學所為之行政處分？ (A)發給畢業生畢業證書 (B)對違反獎懲辦法之學生記一大過 (C)通知學生繳納停車費用 (D)對於學生學期總成績之評定。

(　　) **25** 關於和解契約，下列敘述何者錯誤？　(A)須事實與法律關係主觀上不明，如客觀上不明則不得和解　(B)須該不明確之事實無法經由職權調查排除　(C)須當事人兩造相互退讓　(D)須為有效達成行政目的。

(　　) **26** 依實務見解，下列何者屬於行政契約？　(A)甲醫療院所與衛生福利部中央健康保險署締結全民健保特約　(B)乙與私立大學簽訂教師聘任契約　(C)丙向高雄市政府承租國民住宅　(D)丁向財政部國有財產署購買國有土地。

(　　) **27** 下列何者非屬行政事實行為？　(A)拆除違章建築　(B)興建道路　(C)公告某市立公園開放供民眾使用　(D)依集會遊行法，對不服解散命令之遊行者強制驅離。

(　　) **28** 裁罰所適用之法規中「公告」內容之變更，應如何適用行政罰法之規定？　(A)係屬事實上之變更，並非處罰法律有所變更，故無從新從輕原則適用　(B)係屬事實及處罰法律皆有所變更，故有從新從輕原則適用　(C)係屬處罰法律有所變更，故有從新從輕原則適用　(D)係屬事實及處罰法律皆未有變更，故無從新從輕原則適用。

(　　) **29** 行政罰法有關單一行為及數行為之處罰規定,下列敘述何者錯誤？　(A)數行為違反同一或不同行政法上義務之規定者,應為整體性評價處罰之　(B)一行為違反數個行政法上義務規定而應處罰鍰者,依法定罰鍰額最高之規定裁處　(C)一行為違反社會秩序維護法及其他行政法上義務規定而應受處罰,如已裁處拘留者,不再受罰鍰之處罰　(D)一行為同時觸犯刑事法律及違反行政法上義務規定者,原則上依刑事法律處罰之。

(　　) **30** 下列何者非屬行政罰法規定原則上不予處罰之情形？　(A)行為時因精神障礙，致欠缺依其辨識而行為之能力者　(B)行為人不知其行為違反行政法上義務　(C)未滿14歲人之行為　(D)緊急避難。

(　　) **31** 下列何者非屬行政罰法規定之處罰種類？　(A)拘留　(B)沒入　(C)公布照片　(D)輔導教育。

(　　) **32** 關於即時強制，下列敘述何者錯誤？　(A)即時強制扣留之物，以軍器、凶器及其他危險物為限　(B)即時強制以人民有違反行政法上義務為前提　(C)即時強制方法包括對於人之管束　(D)行政機關為阻止犯罪，而有即時處置之必要時，得為即時強制。

( ) **33** 關於怠金，下列敘述何者錯誤？ (A)適用於義務人不履行義務，而該義務不能由他人代為履行之強制執行方法 (B)得與罰金同時併科 (C)可連續科以怠金，但應注意比例原則 (D)逾期未繳納之怠金，得移送行政執行。

( ) **34** 依行政執行法規定，針對公法上金錢給付義務人顯有逃匿之虞時，下列何者不屬於執行機關得採取之措施？ (A)命其提供相當擔保，限期履行 (B)對其施以人之管束 (C)聲請法院裁定管收之 (D)限制其住居。

( ) **35** 依政府資訊公開法規定，下列敘述何者錯誤？ (A)受理申請提供政府資訊之行政機關，應於受理之日起15日內，為准駁之決定 (B)受理申請更正政府資訊內容之行政機關，應於受理之日起30日內，為准駁之決定 (C)申請提供之政府資訊涉及特定個人之權益者，得以書面通知該特定人，於10日內表達意見 (D)申請提供之政府資訊已在該政府機關官方網頁上公告者，得以告知查詢方式替代提供。

( ) **36** 遊民甲寒冬深夜於公園公廁地面鋪紙板睡覺，警察乙為防止其受凍，遂強行安置甲於派出所內，該行為法律性質為何？ (A)行政協助 (B)行政命令 (C)行政指導 (D)即時強制。

( ) **37** 關於行政送達，下列敘述何者正確？ (A)應為送達之處所不明者，得為公告送達 (B)於外國或境外為送達者，應為公示送達 (C)應受送達人無正當理由拒絕收領文書時，得為留置送達 (D)對於公務員為送達者，應囑託該管主管機關為之。

( ) **38** 關於一行為違反數個行政法上義務規定而應受處罰鍰，下列敘述何者錯誤？ (A)同一行為人做出不同之違法行為，適用一行為人不二罰原則 (B)行為人不同，應分別處罰 (C)依法定罰鍰額最高之規定裁處 (D)一行為不二罰原則為現代民主法治國家之基本原則。

( ) **39** 人民提起訴願時，誤向原處分機關或訴願管轄機關以外之他機關提起時，收受訴願書之他機關應如何處理？ (A)為不受理決定 (B)以決定駁回之 (C)將該事件移送於原行政處分機關，並通知訴願人 (D)通知訴願人取回其訴願書重新提出訴願。

(　　) **40** 某私立大學生甲遭受退學處分，在經過校內申訴程序後，擬再進行行政爭訟程序，下列敘述何者正確？ (A)甲不得提起行政爭訟 (B)甲應向該私立大學提起訴願 (C)甲應向教育部提起訴願 (D)甲可直接提起行政訴訟。

(　　) **41** 下列何者非屬合法之訴願類型？ (A)對於負擔處分之撤銷訴願 (B)自治團體對上級監督機關之行政處分之訴願 (C)確認已失效行政處分為違法之訴願 (D)怠為處分之課予義務訴願。

(　　) **42** 關於地方法院行政訴訟庭審理交通裁決事件，下列敘述何者錯誤？ (A)對於交通裁決書表示不服，應逕行提起行政訴訟，依法不須經訴願程序 (B)交通裁決事件的訴訟類型僅有撤銷訴訟及一般給付之訴 (C)交通裁決事件由獨任法官審理，其裁判得不經言詞辯論為之 (D)交通裁決事件徵收裁判費用，惟金額較簡易訴訟程序低。

(　　) **43** 下列何者不適用行政程序法公法上請求權時效之規定？ (A)行政機關對投標廠商追繳已發還之押標金 (B)人民對行政機關之不當得利返還請求權 (C)行政機關本於行政契約所生之請求權 (D)行政機關廢止授予利益之行政處分。

(　　) **44** 住家鄰近軍事機場之人民，因戰機夜間起降噪音過大，影響個人健康，擬請求行政法院判命戰機不得於夜間起降。人民應提起何種行政訴訟類型？ (A)撤銷訴訟 (B)課予義務訴訟 (C)違法確認訴訟 (D)一般給付訴訟。

(　　) **45** 關於行政訴訟之管轄，下列敘述何者正確？ (A)因不動產之物權或法律關係涉訟者，專屬不動產所在地之行政法院管轄 (B)因行政契約涉訟者，如經當事人定有債務履行地，得由該履行地之法院管轄 (C)因公法上之保險事件涉訟者，於投保單位為原告時，得由其主事務所所在地之行政法院管轄 (D)關於公務員職務關係之訴訟，得由公務員住居所地之行政法院管轄。

(　　) **46** 有關行政訴訟之都市計畫審查程序，下列敘述何者正確？ (A)都市計畫審查程序以審查法規性質之都市計畫為限 (B)不服都市計畫之變更，應先提起訴願，未獲救濟始得提起都市計畫審查訴訟 (C)為維護公共利益，人民得依都市計畫審查程序請求變更都市計畫 (D)都市計畫發布機關收受起訴狀後，應在2個月內重新自我審查是否合法。

( ) **47** 下列何者不得請求行政上之損失補償？ (A)既成道路之徵收 (B)捷運施工時造成民房龜裂之情形 (C)授予利益之合法行政處分，為除去對於公益之危害，而由原處分機關依職權廢止者 (D)土地徵收致土地上之違章建築改良物須拆除。

( ) **48** 關於國家賠償法，下列敘述何者正確？ (A)國家賠償法施行前公務員違法行為所生之損害，不適用國家賠償法 (B)公務員違法執行職務之行為，造成外國人產生損害時，不適用我國國家賠償法 (C)公務員違法執行職務之行為，造成民營公司損害時，應優先適用民法 (D)公務員違法執行職務之行為，對人民產生損害，無其他求償規定時，始適用國家賠償法。

( ) **49** 在經適當警告或標示的開放山域、水域，人民從事冒險或具危險性活動時，因公共設施設置或管理有欠缺而權利受損害，依據國家賠償法，下列何者為國家得減輕賠償責任之事由？ (A)主管機關未獲求援呼救致未及時援助 (B)人民須事前向主管機關申請許可 (C)人民受損害之地點須在自然公物內之設施 (D)人民所受之損害須非財產上之權利。

( ) **50** 下列造成人民權益受損之情形，何者不適用國家賠償法？ (A)環境保護局清潔隊清運垃圾時與民眾發生車禍 (B)電力公司設置之輸電塔傾倒壓毀農作物 (C)受監理機關委託檢驗汽車之車廠在檢驗時損毀民眾車輛 (D)臺鐵火車站月台座椅朽壞使旅客跌落受傷。

解答與解析 （答案標示為#者，表官方曾公告更正該題答案。）

1 (C)。產生法律之源頭即為法源，行政法之法源依是否由立法機關制訂通過，可分為：
(1) 成文法源：A.憲法。B.法律。C.國際法。D.命令。E.自治規章。
(2) 不成文法法源：A.習慣。B.法理。C.判例。D.學說。E.解釋。F.外國法。G.國際法。H.一般法律原則等。
其中一般法律原則，是指不限定於特別之事項，而得普遍適用於各行政法領域之法律原則，屬於不成文法；不成文法非經由國內一定制定程序，無法直接於國內發生效力，而須經國家承認始能發生法的拘束力，例如行政程序法第5條規定行政行為之內容應明確，即為法律明確性原則。

2 (D)。依行政程序法第150條規定，本法所稱法規命令，係指行政機關基於法律授權，對多數不特定人民就一般事項所作抽象之對外發生法律效果之規定。

故依中央法規標準法第7條規定，各機關依其法定職權或基於法律授權訂定之命令，應視其性質分別下達或發布，並即送立法院。以及立法院職權行使法第60條第1項規定，各機關依其法定職權或基於法律授權訂定之命令送達立法院後，應提報立法院會議。綜上可知法規命令仍受立法權之審查。

3 (A)。對等互惠原則，是指在國際關係和條約中，一個國家公民或法人從另一國處獲得的優惠、利益、懲罰等，應當以同樣的方式回報。另依行政程序法：(B)第8條規定，行政行為，應以誠實信用之方法為之，並應保護人民正當合理之信賴。(C)第7條規定，行政行為，應依下列原則為之：一、採取之方法應有助於目的之達成。二、有多種同樣能達成目的之方法時，應選擇對人民權益損害最少者。三、採取之方法所造成之損害不得與欲達成目的之利益顯失均衡。(D)第6條規定，行政行為，非有正當理由，不得為差別待遇。

4 (C)。一般認為「判斷餘地」理論，係指對於行政機關有判斷餘地之不確定法律概念，法院原則上應尊重行政機關之判斷而不加以審查。而依最高行政法院106年度判字第661號判決所認，法院對「適用判斷餘地理論之法律涵攝」事項，所得行使之有限度法律審查，其審查內容不外是「判斷基礎之資訊完足性與正確性是否具備」，以及「判斷過程中相關之程序規範（正當法律程序規範）是否曾被忠實踐履」以及「判斷有無附上可供專業論辯之必要判斷理由說明」。

5 (B)。給付行政是以「行政目的」而與秩序行政有所區別，前者目的是為照顧人民之各種授益性行政活動；後者則是為維持社會秩序。而私經濟行政則是由「法律形式」與公權力行政有所區隔，藉由該行政行為所適用的法律為公法或私法，來區分此行政行為的性質。(A)給付行政亦可透過私法為之，如司法院大法官釋字540號解釋，國宅申請人與主管機關訂立私法上買賣，租賃等契約，其間並無權力服從關係，乃屬於私經濟措施。(C)法律保留原則於給付行政措施，因未限制人民自由權利，其受法律規範密度，自較限制人民權益者之干涉行政寬鬆。(D)助學貸款屬金錢消費借貸契約，係經當事人間基於平等地位之合意所為，且內容與民法一般消費借貸契約無異，難謂具有公權力性質。但如於學校審查學生是否符合就學貸款申請資格，便屬單方高權行為而具有公法性質。

6 (A)。依司法院大法官釋字第784號解釋，本於憲法第16條保障人民訴訟權之意旨，各級學校學生認其權利因學校之教育或管理等公權力措施而遭受侵害時，即使非屬退學或類此之處分，亦得按相關措施之性質，依法提起相應之行政爭訟程序以為救濟，無特別限制之必要。

7 (C)。依行政法人法第33條規定，行政法人成立年度之政府核撥經費，得由原機關（構）或其上級機關在原預算範圍內調整因應，不受預算法第六十二條及第六十三條規定之限制。故行政法人之經費有國家核撥，並非全數自籌。

8 (B)。依行政程序法第2條第2項規定，本法所稱行政機關，係指代表國家、地方自治團體或其他行政主體表示意思，從事公共事務，具有單獨法定地位之組織。

9 (D)。依地方制度法第14條，直轄市、縣（市）、鄉（鎮、市）為地方自治團體，依本法辦理自治事項，並執行上級政府委辦事項。宜蘭市為鄉（鎮、市）之性質，故為地方自治團體公法人。

10 (B)。依行政程序法第13條第1項規定，同一事件，數行政機關依前二條之規定均有管轄權者，由受理在先之機關管轄，不能分別受理之先後者，由各該機關協議定之，不能協議或有統一管轄之必要時，由其共同上級機關指定管轄。無共同上級機關時，由各該上級機關協議定之。

11 (B)。依行政程序法第15條第1項規定，行政機關得依法規將其權限之一部分，委任所屬下級機關執行之。

12 (A)。依公務人員保障法第9-1條第2項規定，公務人員於停職、休職或留職停薪期間，仍具公務人員身分。但不得執行職務。

13 (D)。依公務人員考績法第12條第3項第8款規定，非有左列情形之一者，不得為一次記二大過處分：八、曠職繼續達四日，或一年累積達十日者。

14 (C)。依公務人員保障法第25條第1項規定，公務人員對於服務機關或人事主管機關（以下均簡稱原處分機關）所為之行政處分，認為違法或顯然不當，致損害其權利或利益者，得依本法提起復審。又同法第4條第2項規定，公務人員提起之復審、再申訴事件，由公務人員保障暨培訓委員會審議決定。

15 (D)。依司法院大法官釋字第308號解釋，公立學校聘任之教師不屬於公務員服務法第二十四條所稱之公務員。惟兼任學校行政職務之教師，就其兼任之行政職務，則有公務員服務法之適用。

16 (C)。依國家表演藝術中心設置條例：(A)第2條規定，本中心為行政法人；其監督機關為文化部。(B)第4條第1項規定，本中心經費來源如下：一、政府之核撥及捐（補）助。二、受託研究及提供服務之收入。三、國內外公私立機構、團體及個人之捐贈。四、營運及產品之收入。五、其他收入。(C)第25條第1項，本中心進用之人員，依本中心人事管理規章辦理，不具公務人員身分，其權利義務關係應於契約中明定。(D)第23條第2項規定，本中心應訂定年度營運計畫及預算，提經董事會通過後，報請監督機關備查。

17 (C)。依公務人員保障法第17條第1項規定，公務人員對於長官監督範圍內所發之命令有服從義務，如認為該命令違法，應負報告之義務；該管長官如認其命令並未違法，而以書面署名下達時，公務人員即應服從；其因此所生之責任，由該長官負之。但其命令有違反刑事法律者，公務人員無服從之義務。

18 **(D)**。(A)公物之融通性受到限制，其不融通性效果在於不得作為交易標的，而保障公有之物為能直接供公眾使用，故其所有或管理機關便不得將之私有化，但現實中多有「他有公物」之存在，此類公物所有權歸屬於私人，但事實上提供給不特定之大眾所使用，如私人所有之既成道路。(B)依司法院大法官釋字第678號解釋，非為有體物之無線電波頻率屬於全體國民之公共資源，為避免無線電波頻率之使用互相干擾、確保頻率和諧使用之效率，以維護使用電波之秩序及公共資源，增進重要之公共利益，政府自應妥慎管理。(C)依司法院大法官釋字第806號解釋，於公用公物之一般使用（Gemeingebrauch）範圍內，人民毋須另經許可，即可參與其使用。故非皆應以行政處分提供公用。(D)依國有財產法第4條第1項規定，國有財產區分為公用財產與非公用財產兩類；同條第3項規定，非公用財產，係指公用財產以外可供收益或處分之一切國有財產。

19 **(C)**。依行政程序法第158條第1項規定，法規命令，有下列情形之一者，無效：一、牴觸憲法、法律或上級機關之命令者。二、無法律之授權而剝奪或限制人民之自由、權利者。三、其訂定依法應經其他機關核准，而未經核准者。

20 **(B)**。依中央法規標準法第7條規定，各機關依其法定職權或基於法律授權訂定之命令，應視其性質分別下達或發布，並即送立法院。

21 **(D)**。行政程序法第128條規定，行政處分於法定救濟期間經過後，具有下列各款情形之一者，相對人或利害關係人得向行政機關申請撤銷、廢止或變更之。但相對人或利害關係人因重大過失而未能在行政程序或救濟程序中主張其事由者，不在此限：一、具有持續效力之行政處分所依據之事實事後發生有利於相對人或利害關係人之變更者。二、發生新事實或發現新證據者，但以如經斟酌可受較有利益之處分者為限。三、其他具有相當於行政訴訟法所定再審事由且足以影響行政處分者。

22 **(D)**。依行政執行法第27條第1項規定，依法令或本於法令之行政處分，負有行為或不行為義務，經於處分書或另以書面限定相當期間履行，逾期仍不履行者，由執行機關依間接強制或直接強制方法執行之。
另參最高行政法院97年度判字第541號判決要旨，授益處分附有負擔義務者，授益人應履行該負擔，如不履行者，行政機關得強制執行，因此，授益人不服該負擔者，得對於該負擔單獨提起行政爭訟。

23 **(B)**。依行政程序法第92條第2項規定，前項決定或措施之相對人雖非特定，而依一般性特徵可得確定其範圍者，為一般處分，適用本法有關行政處分之規定。有關公物之設定、變更、廢止或其一般使用者，亦同。

相對人若非特定，但可得特定時，即為本項前段所指之對人的一般處分。

24 **(C)**。依行政程序法第92條第1項規定，本法所稱行政處分，係指行政機關就公法上具體事件所為之決定或其他公權力措施而對外直接發生法律效果之單方行政行為。

通知學生繳納停車費用，僅係校方單就一定事實的認識而向相對人表示的事實行為，而以告知或通知的形式為之，該通知性質上屬於使用者付費之觀念通知，而非屬行政處分。

25 **(A)**。依行政程序法第136條規定，行政機關對於行政處分所依據之事實或法律關係，經依職權調查仍不能確定者，為有效達成行政目的，並解決爭執，得與人民和解，締結行政契約，以代替行政處分。

另參法務部99年12月30日法律字第0999055890號函説明，和解契約一般認為應具備下列要件始得為之：(1)須事實或法律關係不確定。兼指在主觀及客觀上不明。(2)須該不確定狀況無法經由職權調查排除。不明之狀況經行政機關依職權調查，仍不能確定時，始得締結和解契約。(3)締結和解契約符合行政目的，並解決爭執。(4)須雙方當事人互相退讓。所謂和解者，本質上即必須雙方當事人互相退讓妥協，如僅當事人一方向他方全面屈服，即非和解。

26 **(A)**。依司法院大法官釋字第533號解釋意旨，中央健康保險局依其組織法規係國家機關，為執行其法定之職權，就辦理全民健康保險醫療服務有關事項，與各醫事服務機構締結全民健康保險特約醫事服務機構合約，約定由特約醫事服務機構提供被保險人醫療保健服務，以達促進國民健康、增進公共利益之行政目的，故此項合約具有行政契約之性質。

27 **(C)**。依行政程序法第92條第2項規定，前項決定或措施之相對人雖非特定，而依一般性特徵可得確定其範圍者，為一般處分，適用本法有關行政處分之規定。有關公物之設定、變更、廢止或其一般使用者，亦同。

既公園公告開放民眾使用，係屬公物之設定，可知其為一般處分；另拆除、興建、強制驅離等，顯為執行範疇而屬行政事實行為。

28 **(A)**。依行政罰法第5條規定，行為後法律或自治條例有變更者，適用裁處時之法律或自治條例。但裁處前之法律或自治條例有利於受處罰者，適用最有利於受處罰者之規定。

而裁罰涉及之適用法規，如為公告內容之變更，該變更依最高行政法院92年度判字第1797號裁判要旨，管制物品重行公告，乃是行政上適應當時情形所為事實上之變更，並非處罰法律有所變更，自不得據為廢止處罰之認定，無論公告內容之如何變更，其效力皆僅及於以後之行為，殊無溯及既往而使公告以前之違法行為受何影響之理，即無從新輕原則之適用。

29 (A)。依行政罰法第25條規定，數行為違反同一或不同行政法上義務之規定者，分別處罰之。

30 (B)。依行政罰法第8條規定，不得因不知法規而免除行政處罰責任。但按其情節，得減輕或免除其處罰。

31 (A)。依行政罰法第2條規定，本法所稱其他種類行政罰，指下列裁罰性之不利處分：一、限制或禁止行為之處分：限制或停止營業、吊扣證照、命令停工或停止使用、禁止行駛、禁止出入港口、機場或特定場所、禁止製造、販賣、輸出入、禁止申請或其他限制或禁止為一定行為之處分。二、剝奪或消滅資格、權利之處分：命令歇業、命令解散、撤銷或廢止許可或登記、吊銷證照、強制拆除或其他剝奪或消滅一定資格或權利之處分。三、影響名譽之處分：公布姓名或名稱、公布照片或其他相類似之處分。四、警告性處分：警告、告誡、記點、記次、講習、輔導教育或其他相類似之處分。

32 (B)。依法務部107年2月14日法律字第10703502330號函釋要旨，即時強制並不以人民有違反行政法上義務為前提，然而因即時強制之方法對人民權益影響較大，除必須具備緊急性與必要性之一般要件外，行政執行法第37條至第40條更規定須具備特別要件，始得實施。

33 (B)。依行政執行法第30條規定，係依法令或本於法令之行政處分，負有行為義務而不為，其行為不能由他人代為履行者（或負有不行為義務而為之者），依其情節輕重處一定數額之怠金。
而罰金是構成刑法上的犯罪，經過法院判決後所受到的處罰；罰鍰則是違反行政義務後，經過行政機關的決定所受到的處罰。故怠金得與罰鍰併科（內政部97年11月24日內授中辦地字第0970053633號函同此意旨），卻不得與罰金同時併科。

34 (B)。依行政執行法第17條規定：(A)、(D)第1項第2款，義務人有下列情形之一者，行政執行處得命其提供相當擔保，限期履行，並得限制其住居：二、顯有逃匿之虞。(C)第6項第2款，行政執行官訊問義務人後，認有下列各款情形之一，而有管收必要者，行政執行處應自拘提時起二十四小時內，聲請法院裁定管收之：二、顯有逃匿之虞。

35 (C)。依政府資訊公開法第12條第2項，前項政府資訊涉及特定個人、法人或團體之權益者，「應」先以書面通知該特定個人、法人或團體於十日內表示意見。但該特定個人、法人或團體已表示同意公開或提供者，不在此限。

36 (D)。依行政執行法第36條第1項規定，行政機關為阻止犯罪、危害之發生或避免急迫危險，而有即時處置之必要時，得為即時強制。
同條第2項第1款，即時強制方法如下：一、對於人之管束。同法第37條第1項第4款，對於人之管束，以合於下列情形之一者為限：四、其他認為必須救護或有害公共安全之虞，非管束不能救護或不能預防危害者。

37 **(C)**。(A)、(B)依行政程序法第78條第1項規定，對於當事人之送達，有下列各款情形之一者，行政機關「得依申請，准為公示送達」：一、應為送達處所不明者。……三、於外國或境外為送達，不能依第86條之規定辦理或預知雖依該規定辦理而無效者。(D)另對於特殊身分之送達，規範於同法第87條至第90條，包括駐外人員、現役軍人、在監所人和有治外法權人等，並無公務員。

38 **(A)**。依行政罰法第24條第2項規定，前項違反行政法上義務行為，除應處罰鍰外，另有沒入或其他種類行政罰之處罰者，得依該規定併為裁處。但其處罰種類相同，如從一重處罰已足以達成行政目的者，不得重複裁處。並無適用一行為人不二罰原則情形。

39 **(C)**。依訴願法第61條規定，訴願人誤向訴願管轄機關或原行政處分機關以外之機關作不服原行政處分之表示者，視為自始向訴願管轄機關提起訴願。前項收受之機關應於十日內將該事件移送於原行政處分機關，並通知訴願人。

40 **(C)**。依司法院大法官釋字第382號解釋，各級學校依有關學籍規則或懲處規定，對學生所為退學或類此之處分行為，足以改變其學生身分並損及其受教育之機會，自屬對人民憲法上受教育之權利有重大影響，此種處分行為應為訴願法及行政訴訟法上之行政處分。受處分之學生於用盡校內申訴途徑，未獲救濟者，自得依法提起訴願及行政訴訟。再依訴願法第10條，依法受中央或地方機關委託行使公權力之團體或個人，以其團體或個人名義所為之行政處分，其訴願之管轄，向原委託機關提起訴願。則私立大學受教育部委託行使公權力所為之退學處分，自屬行政處分，故甲得依訴願法向原委託機關教育部提起訴願。

41 **(C)**。依司法院大法官釋字第213號解釋，撤銷行政處分為目的之訴訟，乃以行政處分之存在為前提，如在起訴時或訴訟進行中，該處分事實上已不存在時，自無提起或續行訴訟之必要；首開判例，於此範圍內，與憲法保障人民訴訟權之規定，自無牴觸。惟行政處分因期間之經過或其他事由而失效者，如當事人因該處分之撤銷而有可回復之法律上利益時，仍應許其提起或續行訴訟，前開判例於此情形，應不再援用。

42 **(B)**。依行政訴訟法第237-1條第1項規定，本法所稱交通裁決事件如下：一、不服道路交通管理處罰條例第八條及第三十七條第六項之裁決，而提起之撤銷訴訟、確認訴訟。二、合併請求返還與前款裁決相關之已繳納罰鍰或已繳送之駕駛執照、計程車駕駛人執業登記證、汽車牌照。
不服交通裁決之救濟，行政訴訟法第2編第3章「交通裁決事件訴訟程序」章允許提起之訴訟種類，並非僅限於撤銷訴訟，亦可提起確認訴訟或給付訴訟。

43 **(D)**。依行政程序法第117條第2款規定，違法行政處分於法定救濟期間經過後，原處分機關得依職權為全部或一部之撤銷；其上級機關，亦得為之。但有下列各款情形之一者，不得撤銷：二、受益人無第一百十九條所列信賴不值得保護之情形，而信賴授予利益之行政處分，其信賴利益顯然大於撤銷所欲維護之公益者。

44 **(D)**。依行政訴訟法第8條第1項規定，人民與中央或地方機關間，因公法上原因發生財產上之給付或請求作成行政處分以外之其他非財產上之給付，得提起給付訴訟。因公法上契約發生之給付，亦同。

另依最高行政法院107年度判字第698號判決內文，國家之侵害行為如屬行政事實行為，此項侵害事實即屬行政訴訟法第8條第1項所稱之「公法上原因」，受害人民得主張該行政事實行為違法，損害其權益，依行政訴訟法第8條第1項規定提起一般給付訴訟，請求行政機關作成行政處分以外之其他非財產上給付，以排除該侵害行為。

45 **(C)**。依行政訴訟法：(A)第15條規定，因不動產徵收、徵用或撥用之訴訟，專屬不動產所在地之行政法院管轄。除前項情形外，其他有關不動產之公法上權利或法律關係涉訟者，「得」由不動產所在地之行政法院管轄。(B)第13條第1項規定，對於公法人之訴訟，由其「公務所所在地」之行政法院管轄。其以公法人之機關為被告時，由「該機關所在地」之行政法院管轄。(C)第15-2條第2項規定，前項訴訟事件於投保單位為原告時，得由其主事務所或主營業所所在地之行政法院管轄。(D)第15-1條規定，關於公務員職務關係之訴訟，得由公務員「職務所在地」之行政法院管轄。

46 **(D)**。(A)依司法院大法官釋字第742號解釋意旨，增訂都市計畫審查程序的之相關規定後，未來不問都市計畫法律定性為何，一概均得循統一的救濟途徑提起行政訴訟，以方便人民起訴及實務操作，故將來人民提起都市計畫審查訴訟，無須再就系爭都市計畫加以定性，都市計畫審查訴訟的提起、程序、效力均依本法專章的規定，以避免因都市計畫法律定性的困難，造成人民提起行政訴訟時的困擾。(B)都市計畫審查訴訟，性質上為確認訴訟，但並非行政訴訟法第6條規定的類型。鑑於我國行政訴訟法第6條確認訴訟並不採訴願前置。因此都市計畫審查程序亦不採訴願先行，原告不須經訴願程序，即得提起都市計畫審查訴訟。(C)依行政訴訟法第237-18條第1項規定，人民、地方自治團體或其他公法人認為行政機關依都市計畫法發布之都市計畫違法，而直接損害、因適用而損害或在可預見之時間內將損害「其權利或法律上利益」者，得依本章規定，以核定都市計畫之行政機關為被告，逕向管轄之高等行政法院提起訴訟，請求宣告該都市計畫無效。(D)行政訴訟法第237-21條第2項前段規定，被告收受起訴狀繕本後，應於二個月內重新檢討原告請求宣告無效之都市計畫是否合法，並分別依下列規定辦理。

47 **(D)**。依最高行政法院98年度判字第433號判決意旨，違章建築改良物，依建築法令規定，本不許存在，應予拆除，該建築改良物之所有權人就建築改良物之本身，並無正當之繼續存在利益，並非憲法第15條保障之財產權，縱因土地之徵收致該建築改良物須拆除，只是回復其本然之狀態，無特別犧牲之可言。

48 **(A)**。依國家賠償法：(B)第15條規定，本法於外國人為被害人時，以依條約或其本國法令或慣例，中華民國人得在該國與該國人享受同等權利者為限，適用之。(C)、(D)第2條第2項前段規定，公務員於執行職務行使公權力時，因故意或過失不法侵害人民自由或權利者，國家應負損害賠償責任；又同法第5條規定，國家損害賠償，除依本法規定外，適用民法規定。原則上並無優先適用民法或其他法律，例外於同法第6條規定，國家損害賠償，本法及民法以外其他法律有特別規定者，適用其他法律。

49 **(C)**。依國家賠償法第3條第4項規定，於開放之山域、水域等自然公物內之設施，經管理機關、受委託管理之民間團體或個人已就使用該設施為適當之警告或標示，而人民仍從事冒險或具危險性活動，得減輕或免除國家應負之損害賠償責任。

50 **(B)**。台灣電力公司係公司組織之國營事業機關，依國有財產法第4條第1項第3款規定，僅其股份為公用財產，其餘之財產或設備，應屬私法人之公司所有，而非國有之公用財產（臺灣高等法院108年上國易字第5號民事判決及最高法院87年度台上字第1197號判決參照）。因此，電力公司造成之損失，仍應由該公司自行擔負，而與國家賠償法無關。

NOTE

112年 司法三等（書記官）

一、空氣污染防制法第85條第1項規定：「依本法處罰鍰者，其額度應依污染源種類、污染物項目、程度、特性及危害程度裁處，其違規情節對學校有影響者，應從重處罰。」第2項規定：「前項裁罰之準則，由中央主管機關定之。」中央主管機關據此訂定「移動污染源違反空氣污染防制法裁罰準則」。該準則第1條規定：「本準則依空氣污染防制法（以下簡稱本法）第八十五條第二項規定訂定之。」第7條規定：「汽車所有人違反本法第四十四條第一項規定，其罰鍰額度如下：一、機車：(一)逾規定期限未實施排放空氣污染物定期檢驗者，處新臺幣五百元。……」（空氣污染防制法第44條第1項規定：「汽車應實施排放空氣污染物定期檢驗，……。」第80條第1項規定：「未依第四十四條第一項規定實施排放空氣污染物定期檢驗者，處汽車所有人新臺幣五百元以上一萬五千元以下罰鍰。」）試問：

(一)「移動污染源違反空氣污染防制法裁罰準則」之法律性質為何？

(二)若主管機關A向來對於逾規定期限未實施排放空氣污染物定期檢驗之機車所有人，皆依該準則第7條第1款第1目規定裁處新臺幣（下同）5百元罰鍰，卻對違規之機車所有人甲裁處1千元罰鍰，則A對甲之裁處已違反行政法上之那一項原則？

解 (一)「移動污染源違反空氣污染防制法裁罰準則」之法律性質應為「裁量性行政規則」：

1. 依中央法規標準法第3條規定，各機關發布之命令，得依其性質，稱規程、規則、細則、辦法、綱要、標準或準則，故「移動污染源違反空氣污染防制法裁罰準則」屬於本條所指之命令範疇內；又我國行政命令體系上多採二分法，即由法律授權行政主管機關訂定者為法規命令、由行政機關依職權訂定者為行政規則，分別規範於行政程序法第150條及第159條。

2. 本題所示之「移動污染源違反空氣污染防制法裁罰準則」，其類型應屬於「行政規則」：

(1)依行政程序法第150條規定，法規命令，係指行政機關基於法律授權，對多數不特定人民就一般事項所作抽象之對外發生法律效果之規定；又司法院大法官釋字第367號解釋將進一步區分為「得涉及憲法上一般人民自由權利之法律具體明確授權之法規命令」及「僅得就細節性技術性事項規範之法律概括授權法規命令」。

(2)另依行政程序法第159條規定，行政規則，係指上級機關對下級機關，或長官對屬官，依其權限或職權為規範機關內部秩序及運作，所為非直接對外發生法規範效力之一般、抽象之規定；包括「關於機關內部之組織、事務之分配、業務處理方式、人事管理等一般性規定」和「為協助下級機關或屬官統一解釋法令、認定事實、及行使裁量權，而訂頒之解釋性規定及裁量基準。」

(3)今「移動污染源違反空氣污染防制法裁罰準則」並非直接對一般人民產生效力，而係供機關或屬關於行駛裁量權時進行參酌，對外產生之效力為「間接生效」，故應屬行政程序法第159條所指之行政規則。

3. 再者，該準則於第7條規定：「……逾規定期限未實施排放空氣污染物定期檢驗者，處新臺幣五百元。……」顯為配合空氣污染防制法第80條第1項規定：「未依第四十四條第一項規定實施排放空氣污染物定期檢驗者，處汽車所有人新臺幣五百元以上一萬五千元以下罰鍰。」進行裁量範圍之訂定，且亦合於空氣污染防制法第85條授權之裁罰範圍內，確符合行政程序法關於行政規則定義之為協助下級機關或屬官統一解釋法令、認定事實、及行使裁量權，而訂頒之解釋性規定及裁量基準。

(二)主管機關A對甲之裁處應係違反「平等原則」及其衍生之「行政自我拘束原則」：

1. 行政程序法第6條規定，行政行為，非有正當理由，不得為差別待遇。此即為平等原則之明文化規定。所謂平等原則，係指相同的事件應為相同的處理，不同的事件則應為不同的處理。更且平等原則在行政法上衍生出三個子原則，分別為禁止主張違法的平等、禁止恣意與行政自我拘束原則。

2. 行政自我拘束原則係指行政機關於作成行政行為時，如無正當的理由，則應受合法之行政先例或行政慣例之所拘束。行政自我拘束原則之適用應符合：(1)須有行政先例存在、(2)行政先例須合法、(3)行政機關本身具有裁量權等三要件。行政自我拘束原則常被用於具有間接外部效力之行政規則，是以行政規則雖僅於行政機關與公務員發生內部拘束力，而對於之一般人民並無外部效力，惟行政規則仍會因「行政自我拘束原則」而產生「事實上對外效力」。故行政機關所為之行政行為如違反該已有行政先例存在之行政規則，相對人或利害關係人得主張行政機關之作為違反「行政自我拘束原則」而提起行政救濟。

3. 今主管機關A依題示之準則進行裁處，必須考量該準則前業已反覆依法適用而產生之行政先例，若A對甲之裁處案件，並無正當理由可不依該準則裁處罰鍰額度，顯然違反行政法上平等原則衍生之「行政自我拘束原則」。

二、甲為某部會首長，購買A公司之股票，行政院以甲取得A公司股票違反公務員服務法為由，將其移送懲戒法院審理。經懲戒法院審理結果，認為甲確實取得A公司之股票但數量不多，而判決甲記過一次。試問：甲是否適用公務員服務法之規定？懲戒法院此一判決是否合法？請附具理由說明之。

解 (一)甲適用公務員服務法之規定：

1. 依公務員服務法第2條第1項規定，本法適用於受有俸給之文武職公務員及公營事業機構純勞工以外之人員。又俸給不僅指現行文官官等官俸表所定級俸而言，其他法令所定國家公務員之俸給亦屬之。
2. 依政務人員退職撫卹條例第2條第1項規定，政務人員指依憲法規定由總統任命、依憲法規定由總統提名，經立法院同意任命、依憲法規定由行政院院長提請總統任命等有給之人員，或前述以外之特任、特派人員，或其他依法律規定之中央或地方政府比照簡任第十二職等以上職務之人員，故部會首長屬於政務人員。
3. 本題甲雖非經考試合格銓敘進用之公務人員，惟其擔任部會首長時，確有受領國家給付之俸給薪資，故仍屬公務員服務法適用範圍內。

(二)本題懲戒法院此一判決未臻合法：

1. 依公務員服務法第14條第4項規定，公務員所任職務對營利事業有直接監督或管理權限者，不得取得該營利事業之股份或出資額；則甲是否違反本條規定，尚需釐清甲是否對A公司具直接監督或管理權限。

2. 惟依公務員懲戒法第2條規定，公務員有違法執行職務、怠於執行職務或其他失職行為，或非執行職務之違法行為，致嚴重損害政府之信譽等行為，有懲戒之必要者，應受懲戒；又同法第9條第4項規定，政務人員因係藉由任命取得公職身分，隨政黨進退、政策變更而定去留，而不適用休職、降級和記過等懲戒處分。
3. 故懲戒法院對其做成記過之判決，違反公務員懲戒法第9條第4項規定，此一懲戒判決難謂合法。

(三)綜上所述，甲雖然涉及違反公務員服務法第14條規定，而有可能受懲戒處分，惟其為政務人員之身分而不適用記過處分，故本題懲戒判決違背法令，甲可據此提出救濟。

三、甲居住於臺北市，原為位於新北市A幼兒園之教保服務人員。甲於110年5月間因體罰幼生乙致其身體受傷而遭人向新北市主管機關B檢舉，經B查證屬實而將甲移送法辦，並經地方法院刑事判決成立過失傷害罪，處拘役15日。判決之後B另依行為時法規規定，作成甲3年不得於教保服務機構服務之行政處分。甲主張該處分違法，因其居住於臺北市，B就本案並無管轄權；且地方法院已判處其拘役，該處分違反一事不二罰原則。試問：甲之主張是否有理由？請附具理由說明之。

解 (一)新北市主管機關B對本案具有管轄權：

1. 依行政罰法第29條第1項，違反行政法上義務之行為，由行為地、結果地、行為人之住所、居所或營業所、事務所或公務所所在地之主管機關管轄。
2. 對於本題甲所涉案件，具管轄權者包括行為人甲住所地之臺北市之事業主管機關、任職及案件行為地之新北市之事業主管機關，故甲為違法行為之行為地，即新北市之主管機關B，亦具有對該事物之土地管轄權限。
3. 故甲對於管轄權之主張無理由。

(二)本題系爭處分並無違反一事不二罰原則：

1. 依行政罰法第26條第1項，一行為同時觸犯刑事法律及違反行政法上義務規定者，依刑事法律處罰之。但其行為應處以其他種類行政罰或得沒入之物而未經法院宣告沒收者，亦得裁處之，此一規定便係行政法上一事不二罰之法理原則。

2. 一行為同時觸犯刑事法律及違反行政法上義務規定時，由於刑罰與行政罰同屬對不法行為之制裁，而刑罰之懲罰作用較強，故依刑事法律處罰，即足資警惕時，實無一事二罰再處行政罰之必要。且刑事法律處罰，由法院依法定程序為之，較符合正當法律程序，應予優先適用。但罰鍰以外之沒入或其他種類行政罰，因兼具維護公共秩序之作用，為達行政目的，行政機關仍得併予裁處，故為第一項但書規定。
3. 本題甲體罰乙致傷之行為，前經地方法院判處拘役，拘役指一日以上、六十日未滿之自由刑，屬人身自由限制之處罰；而新北市主管機關B依甲行為時法規，作成甲於一定期間不得於教保機構服務之行政處分，此種禁止效果除與前述限制人身自由有別，拘役之自由刑係就甲侵害乙之身體法益所為違反刑法之懲罰，而禁止任職於教保相關機構則係由執業及幼童安全角度出發，且係依據教保服務人員條例所為行政制裁，目的上明顯不同。

(三) 綜上所述，甲之主張皆無理由。

四、A縣為保護自然環境，避免光害對於野生動物與觀星活動之影響，特制定「A縣光害防治自治條例」。該條例規定A縣特定區域內之商家旅店於晚上10時後須熄燈，或使用防光害燈具；違反者，處新臺幣（下同）1萬元以上3萬元以下罰鍰。甲為位於該區域內之民宿，某日卻違反前揭規定，A縣政府遂裁處甲1萬2千元罰鍰。甲不服，向中央主管機關（即訴願管轄機關）B提起訴願。試問：若B認為原裁處不當，其得否撤銷原處分？請附具理由說明之。

解 本題中央主管機關（即訴願管轄機關）B，僅得對系爭處分進行合法性審查，不得對認原裁處不當進行處分撤銷：

(一) B機關為本案訴願管轄機關：

1. 依訴願法第1條第1項，人民對於中央或地方機關之行政處分，認為違法或不當，致損害其權利或利益者，得依本法提起訴願。但法律另有規定者，從其規定；又同法第81條第1項，訴願有理由者，受理訴願機關應以決定撤銷原行政處分之全部或一部，並得視事件之情節，逕為變更之決定或發回原行政處分機關另為處分。但於訴願人表示不服之範圍內，不得為更不利益之變更或處分。

2. 另關於具訴願管轄權機關，依訴願法第4條第3款，不服縣（市）政府之行政處分者，向中央主管部、會、行、處、局、署提起訴願；則對於縣政府裁處之行政處分，可受理訴願者為中央之主管機關。

3. 本案A縣政府對民宿業者甲裁處行政罰鍰之處分，甲不服該處分，得依法向中央主管機關提起訴願，請求撤銷原處分。

(二) 涉及地方自治事務之訴願案件，上級機關僅得審查原處分之合法性：

1. 依地方制度法第2條規定，指地方自治團體依憲法或本法規定，得自為立法並執行，或法律規定應由該團體辦理之事務，而負其政策規劃及行政執行責任之事項屬於自治事項；而地方自治團體依法律、上級法規或規章規定，在上級政府指揮監督下，執行上級政府交付辦理之非屬該團體事務，而負其行政執行責任之事項屬於委辦事項。

2. A縣為保護自然環境，避免光害對於野生動物與觀星活動之影響，此屬於該地方團體事務，故因此制定之「A縣光害防治自治條例」顯非委辦事項而屬於自治事項；又訴願法第79條第3項規定，訴願事件涉及地方自治團體之地方自治事務者，其受理訴願之上級機關僅就原行政處分之合法性進行審查決定。

3. 則本案中央主管機關即訴願管轄機關，雖得受理甲不服A縣政府裁處處分所提起之訴願，惟依訴願法第79條第3項規定，僅得就該處分為合法性審查，不得因認裁處目的不當而撤銷原處分。

(三) 綜上所述，本題B機關僅得對A縣政府裁處甲之罰鍰處分進行合法性審查，而不得認處分目的不當而進行撤銷。

112年 司法四等（書記官）

一、A國立大學教師甲於民國111年8月1日提出升等副教授之申請，經系教評委員會、院教評委員會、校教評委員會審議後，均決議該升等案不通過。在該評議程序中，系教評委員會及院教評委員會均僅通知甲師決議結果為不通過，得於一定期間內對決議結果提出申覆，但未有任何說明及理由，亦未附上會議紀錄。甲師主張系、院教評委員會應提出評議理由及會議紀錄，供其閱覽，否則無法提出對自己實質有利的申覆內容。該系、院教評委員會則認為其決議為行政內部擬稿，非行政處分，不必提供給甲師閱覽。試問：甲師之主張是否有理由？

解 (一)教評委員會之決議結果通知，性質屬於行政處分，該處分既以書面形式為之，依法應記明理由：

1. 依司法院大法官釋字第462號解釋，各大學校、院、系（所）教師評審委員會關於教師升等評審之權限，係屬法律在特定範圍內授予公權力之行使，其對教師升等通過與否之決定，與教育部學術審議委員會對教師升等資格所為之最後審定，於教師之資格等身分上之權益有重大影響，均應為訴願法及行政訴訟法上之行政處分。
2. 而依行政程序法第97條規定，書面之行政處分屬於未限制人民之權益、處分相對人或利害關係人無待處分機關之說明已知悉或可知悉作成處分之理由、大量作成之同種類行政處分或以自動機器作成之行政處分依其狀況無須說明理由、一般處分經公告或刊登政府公報或新聞紙、有關專門知識、技能或資格所為之考試、檢定或鑑定等程序、或依法律規定無須記明理由等其中一種情形者，始得不記明理由。
3. 本題教評委員會對甲所為升等決議結果通知，具行政處分性質，則以書面做成便應依行政程序法第96條規定記載主旨、事實、理由及其法令依據等，則今就評議結果未有任何說明及理由，與上開條文規定不符，有違正當法律程序原則。

(二)甲就系爭決議之會議紀錄，依資訊分離原則，僅涉及基礎事實部分可申請提供閱覽：

1. 依行政程序法第46條第1項規定，當事人或利害關係人得向行政機關申請閱覽、抄寫、複印或攝影有關資料或卷宗。但以主張或維護其法律上利益有必要者為限；同條第2項第1款，行政機關對前項之申請，除有下列情形之一者外，不得拒絕：一、行政決定前之擬稿或其他準備作業文件。另政府資訊公開法第18條第1項第3款，政府資訊屬於下列各款情形之一者，應限制公開或不予提供之：三、政府機關作成意思決定前，內部單位之擬稿或其他準備作業。但對公益有必要者，得公開或提供之。
2. 然111年度高等行政法院法律座談會第6號就政府資訊公開法相關規定持「部分肯定」說，認倘上開資料中係關於「基礎事實」（例如：關於公務員之工作、操行、學識、才能；教師之教學、訓輔、服務、品德生活、處理行政等具體事實），且可與辦理該考績而屬應保密（限制公開或不予提供）之內部單位擬稿、相關會議紀錄或其他準備作業等文件分開或遮蔽者，因該基礎事實或資訊文件並非（或等同）函稿、或簽呈意見本身，無涉洩漏決策過程之內部意見溝通或思辯資訊，依「資訊分離原則」仍應公開之。
3. 故本題教評委員會於甲申請升等之審議會議，倘該會議紀錄中涉及決議作成之基礎事實，則因不涉及內部之意見交流與思辯，自非屬內部單位之擬稿或其他準備作業資料，而不得拒絕提供予甲申請閱覽。

(三) 綜上所述，甲師認委員會應供其閱覽評議理由之主張有理由；而會議紀錄之主張，僅限於涉及基礎事實相關部分有理由。

二、甲為A大學之專任教師。A大學於民國105年9月接獲乙學生通報甲師疑似性騷擾行為後，組成調查小組進行調查，作成調查報告，經該校性平會調查後於105年12月20日作成決議：甲師多次碰觸乙生隱私部位並寄發色情圖片予乙生，該行為已達性騷擾情節重大，依教師法第14條第1項第5款及第4項規定，予以解聘，於甲師解聘尚未生效前，移送該校教師評審委員會（下稱學校教評會）予以停聘。A大學於106年1月20日以B函通知甲師並報請教育部同意。教育部以106年6月13日C函（下稱原處分）回復A大學，同意照辦。A大學以106年6月16日函通知甲師，自該函送達之次日起生效。甲師不服原處分，提起訴願遭到駁回。甲師仍不服，提起行政訴訟。試問：行政法院得否推翻A大學性平會調查報告中對事實部分的認定？

解 (一)原則上法院可以審查「不確定法律概念」，然若構成「判斷餘地」則除構成「判斷瑕疵」外，法院原則上仍須尊重：

1. 所謂不確定法律概念，係指法律之構成要件其用語可能因具一般性、普遍性或抽象性，而不夠明確，故只能從具體個案上判斷是否與該不確定法律概念合致。並且不確定法律概念係出現於法律構成要件中，針對事實如何涵攝於法律構成要件，本即屬法院認事用法的權限，因此針對行政機關適用不確定法律概念是否正確，法院原則上有審查之權限。
2. 依司法院大法官釋字第432號解釋，立法上適當運用不確定法律概念或概括條款而為相應之規定，雖立法使用抽象概念者，苟其意義非難以理解，且為受規範者所得預見，並可經由司法審查加以確認，即不得謂與前揭原則相違。
3. 又釋字第553號解釋，不確定法律概念經常涉及許多複雜的主客觀評價事實，雖法院原則上享有最終決定權，但於涉及高度專業性或屬人性事項時，法院應例外尊重行政機關「將該事實涵攝至不確定法律概念中」之「事實判斷」，此即所稱行政機關之「判斷餘地」，此際法院應降低審查密度，僅機關具違法之判斷瑕疵時，始得介入審查。

(二)若不屬於高度屬人性之評定、高度科技性之判斷、計畫性政策之決定或獨立專家委員會之判斷，自不構成「判斷餘地」：

1. 依行政訴訟法第189條第1項規定，行政法院為裁判時，應斟酌全辯論意旨及調查證據之結果，依論理及經驗法則判斷事實之真偽。但別有規定者，不在此限；以及同法第125條第1項規定，行政法院應依職權調查事實關係，不受當事人事實主張及證據聲明之拘束。故法院原則上應依職權查明為裁判基礎之事實關係，據以認定事實並進而為法律之涵攝，以審查處分之合法性及確保有效權利保護。
2. 承前，教師法第14條第1項第5款所稱「有性騷擾或性霸凌行為」，屬不確定法律概念之規範概念，而此不確定規範概念之解釋及涵攝，係對於具體個案事實所為之評價，尚非屬具有高度屬人性之評定、高度科技性之判斷、計畫性政策之決定或獨立專家委員會之判斷。故A大學性平會就該事件所為決定之合法性，並不構成判斷餘地，行政法院得為全面之審查。
3. 行政法院依其職權調查事實，如認A大學性平會有事實認定錯誤之情況時，自得推翻該調查報告中「對事實部分之認定」。

(三) 綜上所述，行政法院得推翻A大學性平會調查報告中，與不確定法律概念無涉之對事實部分的認定。

三、甲為A警察局轄下某分局之警員。甲擬報考中央警察大學（下稱警大）110學年度某研究所碩士班在職全時生，填具「報考在職全時生申請表」，請求A警察局審查其報考資格並選送其應試，經A警察局以民國110年2月5日B函（下稱系爭函）回復略以：A警察局援例採一致性限制報考在職全時進修碩士班，並退還甲上開申請表，不予個案審核。甲提起申訴，經A警察局作成申訴決定略以：「考量治安維護警力需求、員警身心照護及勤務合理正常化，A警察局採限制報考在職全時進修之行政管理措施，並依規定於110年1月29日函告周知，未有違誤。」甲不服提起再申訴，經公務人員保障暨培訓委員會再申訴決定駁回，甲繼而提起行政訴訟，聲明：確認系爭函違法。試問：行政法院應如何決定？

解 (一) 系爭B函性質屬「觀念通知」，又甲雖得依法提起申訴、再申訴，但難謂權益受限制甚鉅：

1. 依行政程序法第92條第1項規定，本法所稱行政處分，係指行政機關就公法上具體事件所為之決定或其他公權力措施而對外直接發生法律效果之單方行政行為。而今A警察局退還甲申請報考在職全時班表，不予個案審核，並相關回復之B函僅為前110年1月29日函告周知之單純事實敘述，並未對外直接發生法律上效果，自非行政處分。

2. 又機關基於業務需要選送公務人員進修，須經服務機關審查通過並有機關首長核定，公務人員本無請求服務機關選送其參加全時進修之公法上權利，服務機關對於是否選送公務人員參加全時進修所為決定，屬其內部之管理措施，未經核定選送之公務人員僅得提起申訴、再申訴，此有最高行政法院111年度抗字第42號裁定實務見解同此意旨。

3. 本案依提示，A警察局援例採一致性限制所屬警員報考在職全時進修碩士班，不涉及對人民提供給付、一致性限制對其所屬人員無差別對待，且110年1月29日函告周知之內容，亦僅針對限制報考在職全時進修而非一律禁止，難謂該行政管理措施影響權益甚鉅。

(二)系爭B函非屬行政處分且無影響甲之權益，已可循序提起申訴及再申訴，自不得再提起行政訴訟以為救濟：

1. 依行政訴訟法第6條第1項規定，提起確認行政處分違法訴訟，須請求確認違法之對象為行政處分，若對非行政處分提起確認違法訴訟，應認其起訴不備要件，且其情形無法補正，依行政訴訟法第107條第1項第10款規定，以裁定駁回之。

2. 雖依司法院大法官釋字第785號解釋，人民因其公務人員身分，與其服務機關或人事主管機關發生公法上爭議，認其權利遭受違法侵害，或有主張權利之必要，自得按相關措施與爭議之性質，依法提起相應之行政訴訟，並不因其公務人員身分而異其公法上爭議之訴訟救濟途徑之保障。是以公務人員認其權利受違法侵害或有主張其權利之必要時，原即得按相關措施之性質，依法提起相應之行政訴訟，請求救濟，與憲法第16條保障人民訴訟權之意旨均尚無違背。

3. 惟基於權力分立原則，行政機關內部之管理措施或有關工作條件之處置，如未涉違法性判斷，純屬妥當性爭議之範疇者，因對於公務人員權利之干預顯屬輕微，難謂構成侵害，司法權並不介入審查，干預行政權之運作，公務人員如有不服，依公務人員保障法相關規定提起申訴、再申訴為已足，不得再提起行政訴訟救濟。

(三)綜上所述，系爭B函既屬觀念通知，故其即屬同法第107條第1項第10款規定之起訴不備其他要件，且其情形又難謂影響權益甚鉅，是本案行政法院應以「裁定駁回」警員甲「聲明系爭函違法」所提之訴訟。

四、甲為私立高級商業職業學校，係於民國84年間經改制前臺灣省政府教育廳（改制後為教育部國民及學前教育署，下稱國教署）准予籌設創校。國教署於107年2月23日向甲學校發出A函，依私立學校法第70條第2項規定命甲學校停辦。嗣後甲學校未能依高級中等以下學校及其分校分部設立變更停辦辦法（下稱停辦辦法）所定期限，於111年1月16日前完成恢復辦理、新設私立學校，或與其他學校法人合併，而且未依規定主動陳報國教署核定解散，經國教署於111年6月8日以B函（下稱原處分）依私立學校法第72條第2項規定令甲學校即日起辦理解散。甲學校不服，對原處分提起訴願，並為本件停止執行之聲請，經行政法院以C裁定駁回。甲學校對C裁定不服，遂提起抗告。試問：本案有無停止執行之必要？

解 (一)行政法上有關暫時權利保護之停止執行制度，簡述如下：

1. 依訴願法第93條第2、3項規定，原行政處分之合法性顯有疑義者，或原行政處分之執行將發生難以回復之損害，且有急迫情事，並非為維護重大公共利益所必要者，受理訴願機關或原行政處分機關得依職權或依申請，就原行政處分之全部或一部，停止執行。前項情形，行政法院亦得依聲請，停止執行。另行政訴訟法第116條第3項規定，於行政訴訟起訴前，如原處分或決定之執行將發生難於回復之損害，且有急迫情事者，行政法院亦得依受處分人或訴願人之聲請，裁定停止執行。但於公益有重大影響者，不在此限。

2. 承前可知我國現行暫時權利保護之停止原處分執行制度，係基於前述法規分別將「行政處分之合法性顯有疑義」及「原告之訴在法律上顯無理由（或顯不合法）」列為「得停止執行」及「不得停止執行」之情形，以符合停止執行制度。原則上對獲得撤銷訴訟勝訴判決確定之受處分人或訴願人，可提供有效法律保護之基本精神；惟如聲請人之本案訴訟並無顯會勝訴或敗訴之情形，則應審究原處分之執行是否會發生難於回復之損害，且有急迫情事，以及停止執行對公益有無重大影響等要件，以決定之。

3. 故有關停止執行成立之要件，包括原處分或決定之執行將發生難以回復之損害、具有急迫情事、停止執行對公共利益無重大影響以及聲請人於該案件中非顯無理由（或顯不合法）者。

(二) 甲遲未依A函指示，始於數年後接獲B函而面臨即日解散之情形，可歸責於自身因素造成，難謂原處分顯無理由或顯不合法所致：

1. 國教署於107年2月23日向甲校發出A函命停辦，嗣後甲校未能依停辦辦法所定期限，於111年1月16日前完成恢復辦理、新設私立學校，或與其他學校法人合併，而且未依規定主動陳報國教署核定解散，經國教署於111年6月8日以B函令甲校即日起辦理解散。

2. 甲校對B函不服提起訴願，後經C裁定駁回，導致B函之處分執行，使甲校面臨即將解散之急迫情形，此實係因甲校於107年2月23日至111年1月16日間，未依A函指示依法辦理相關措施，而可歸責於自身因素造成。依最高行政法院111年度抗字第291號裁定之實務見解，不應准許停止執行，否則無異鼓勵過咎行為，殊與公平正義原則有違。

3. 是以抗告論旨如指摘C裁定違誤，請求廢棄，為無理由，應予駁回。

(三) 綜上所述，本案無停止執行之必要。

NOTE

112年 司法四等（法警、執行員）

( ) **1** 下列何者非屬行政法之法源？ (A)外國立法例 (B)自治規章 (C)法定預算 (D)司法院解釋。

( ) **2** 關於行政行為明確性原則之敘述，下列何者錯誤？ (A)明確性原則要求行政行為之內容必須明確，使人民知悉規制之內容 (B)明確性原則之目的，係為追求行政行為之可預見性 (C)行政機關作成沒入處分時，沒入之標的已滅失，係違反明確性原則 (D)行政機關之裁罰處分，未記載罰鍰數額，係違反明確性原則。

( ) **3** 有關法律保留之敘述，下列何者錯誤？ (A)執行法律之細節性、技術性次要事項，則得由主管機關發布命令為必要之規範 (B)以法律授權主管機關發布命令為補充規定時，其授權應符合具體明確之原則 (C)剝奪人民生命或限制人民身體自由者，得以制定命令之方式為之 (D)何種事項應以法律直接規範或得委由命令予以規定，與所謂規範密度有關。

( ) **4** 行政機關訂定裁罰基準，未考量違規行為之間距或其他因素，而單僅以違規次數之累計作為加重裁罰金額之原因。此舉最可能違反何種裁量原則？ (A)裁量逾越 (B)裁量怠惰 (C)裁量濫用 (D)裁量過當。

( ) **5** 下列何者屬於受委託行使公權力？ (A)義勇消防隊員於消防隊員指揮下進行消防救災 (B)義勇交通警察接受交通警察指揮操作交通號誌 (C)民間公司拖吊車受交通警察指揮拖吊違規車輛 (D)交通部委託汽車修理廠辦理定期汽車檢驗事務。

( ) **6** 關於行政法之法律關係，下列敘述何者錯誤？ (A)其當事人僅限於國家與人民，不包括國家與公務員 (B)人民主觀之公權利，包括消極防禦權與積極請求權 (C)國家作為公權力主體，得課人民作為、不作為義務 (D)地方自治團體亦得作為公權利主體，對國家主張給付請求。

( ) **7** 下列何者非屬公法人？ (A)國家表演藝術中心 (B)臺北市 (C)新竹縣 (D)農會。

(　　) **8** 依據中央行政機關組織基準法之規定，關於行政機關名稱之敘述，下列何者錯誤？　(A)稱部者，屬一級機關　(B)稱委員會者，屬二級機關　(C)稱署者，屬三級機關　(D)稱分局者，屬四級機關。

(　　) **9** 依地方制度法規定，自治條例與中央機關基於法律授權訂定之法規命令發生牴觸時，其效力為何？　(A)自治條例無效　(B)法規命令無效　(C)兩者均有效，依特別法優先於普通法，決定適用順序　(D)兩者均有效，依後法優先於前法，決定適用順序。

(　　) **10** 法規未規定行政機關之管轄權致無法定土地管轄者，應如何定之？(A)關於不動產之事件，依不動產所有人之戶籍地　(B)關於企業經營之事件，依經營企業之處所　(C)關於自然人之事件，依其指定之處所所在地　(D)關於法人之事件，依其負責人之住所地。

(　　) **11** 關於數行政機關對於管轄權有爭議時之處理，下列敘述何者正確？(A)由其共同上級機關決定之，無共同上級機關時，由行政院定之(B)由其共同上級機關決定之，無共同上級機關時，由法務部定之(C)人民對行政機關所為指定管轄之決定，得向其上級機關聲明異議(D)人民對行政機關所為指定管轄之決定，不得聲明不服。

(　　) **12** 公務人員如已敘年功俸最高俸級，其年終考績列乙等時，應給與多少俸給總額之一次獎金？　(A)半個月　(B)1個月　(C)1個半月　(D)2個月。

(　　) **13** 下列人員何者不適用公務人員保障法？　(A)法定機關依法任用之有給專任人員　(B)公立學校編制內職員　(C)外交領事人員　(D)政務人員。

(　　) **14** 關於公務員權利之敘述，下列何者錯誤？　(A)對於尚未請領之退休金依法不得強制執行　(B)公務員之身分非有法定原因並經法定程序不得剝奪　(C)公務員對於國家負有忠誠義務所以禁止結社與罷工　(D)公務員得因婚喪疾病分娩之原因依法請假。

(　　) **15** 下列何者非屬公務人員考績之類別？　(A)另予考績　(B)專案考績(C)年終考績　(D)平時考績。

(　　) **16** 關於現職政務人員懲戒處分之敘述，下列何者正確？　(A)得予以免除職務或休職　(B)得予以記過或申誡　(C)得予以罰款或減俸　(D)得予以剝奪或減少退休金。

( ) **17** 關於公務員公法上財產請求權之消滅時效，下列敘述何者錯誤？ (A)依法執行職務涉訟輔助之費用為10年 (B)執行職務墊支之必要費用為2年 (C)執行職務時，發生意外致受傷應發給之慰問金為10年 (D)經服務機關核准之加班費為5年。

( ) **18** 關於公物之敘述，下列何者錯誤？ (A)國家直接為公共目的提供人民使用之有體物為公物 (B)公物以提供公眾使用為前提，所以必屬國家所有 (C)道路橋樑等直接供公眾使用者，稱為公共用物 (D)僅供軍隊使用之戰車，稱為行政（公物）用物。

( ) **19** 下列何者非行政機關訂定之規範？ (A)臺北市各機關單位預算執行要點 (B)建築技術規則 (C)法務部辦理採購作業要點 (D)臺中市石虎保育自治條例。

( ) **20** 依司法院大法官解釋意旨，有關行政命令之敘述，下列何者正確？ (A)涉及人民自由權利之限制者，如時效制度，得以法律授權主管機關發布命令為補充規定時，其授權應符合具體明確之原則 (B)有關給付行政措施，為補充法律規定不足時，得發布規範行政體系內部事項之行政規則為之替代 (C)有關與執行法律之細節性、技術性次要事項，縱因而對人民產生不便或輕微影響，亦得由主管機關發布命令為必要之規範 (D)徵收土地之要件及程序，得以法律明確授權之命令予以規定，且須法有明示其授權之目的、範圍及內容並符合具體明確之要件。

( ) **21** 附加於授益處分之特定作為、不作為或忍受義務者，為下列何項附款？ (A)條件 (B)廢止保留 (C)期限 (D)負擔。

( ) **22** 具有持續效力之行政處分所依據之事實，事後發生有利於相對人之變更者，得依下列何項程序，向行政機關申請撤銷、廢止或變更原處分？ (A)行政程序之重新進行 (B)行政程序之再議 (C)行政程序之再審 (D)行政程序之覆審。

( ) **23** 關於行政處分效力之敘述，下列何者錯誤？ (A)相對人不自動履行行政處分規制之義務時，原則上行政機關不得對其行政執行 (B)下命處分一旦生效，即有執行力 (C)行政處分因其存續力而對後行政處分產生構成要件效力 (D)行政處分原則上受有效之推定。

(　　) **24** 依實務見解，下列人事行政行為，何者非屬行政處分？　(A)核定請假之決定　(B)核定先行停職之決定　(C)平時考核之不予敘獎決定　(D)年資部分不採計之決定。

(　　) **25** 依實務之見解，關於公立學校與其教師間之法律關係，下列敘述何者錯誤？　(A)公立學校與教師間，係以行政契約性質之聘約建立之公法法律關係　(B)公立學校與教師間，雖存在公法法律關係，惟仍可能在個別事件成立私法法律關係　(C)公立學校與教師間之關係，係透過契約而成立，停聘仍屬契約行為，非屬行政處分　(D)公立學校教師與學校間就解聘發生爭執，屬公法性質得提起行政訴訟。

(　　) **26** 關於行政契約之敘述，下列何者正確？　(A)行政契約非法律行為　(B)行政機關得單方決定契約之成立無須相對人同意　(C)行政契約屬於公權力行政　(D)行政契約成立後，原則上須經許可始生效力。

(　　) **27** 依行政程序法規定，關於行政機關處理陳情，下列敘述何者正確？　(A)受理機關認為人民之陳情有理由者，應採取適當之措施　(B)陳情之重要內容不明確者，受理機關應為不受理之決定　(C)依法得提起訴願之事項，受理機關得不予處理，無庸告知陳情人　(D)陳情僅得以書面為之。

(　　) **28** 有關行政罰法上之一行為不二罰原則，下列敘述何者錯誤？　(A)違法之事實是否為一行為，必須就具體個案之事實情節，依據行為人主觀之犯意、構成要件之實現等因素綜合判斷決定　(B)倘行為人不同，或雖行為人相同但非屬同一行為，而係數行為違反同一或不同行政法上義務之規定者，則應分別處罰　(C)乃為避免因法律規定之錯綜複雜，致人民之同一行為，遭受數個不同法律之處罰，而承受過度不利之後果　(D)違法之事實是否為一行為，係就法規與法規間之關連，或抽象事實予以抽象之判斷。

(　　) **29** 依行政罰法規定，關於沒入，下列敘述何者錯誤？　(A)沒入之物，除本法或其他法律另有規定者外，以屬於受處罰者所有為限　(B)不屬於受處罰者所有之物，因所有人之故意或重大過失，致使該物成為違反行政法上義務行為之工具者，不得裁處沒入　(C)得沒入之物，受處罰者於受裁處沒入前，予以處分、使用或以他法致不能裁處沒入者，得裁處沒入其物之價額　(D)得沒入之物，受處罰者於受裁處沒入後，予以處分、使用或以他法致不能執行沒入者，得追徵其物之價額。

( ) **30** 依司法院釋字第753號解釋意旨，違反全民健康保險醫事服務機構特約及管理辦法之違約記點，其法律性質為下列何者？ (A)事實行為 (B)警告性處分 (C)違約通知 (D)影響名譽之不利益處分。

( ) **31** 因正當防衛行為過當致違反行政法上之義務者，有關減輕罰鍰之處罰，下列何者正確？ (A)不得逾法定罰鍰最高額之1/2，亦不得低於法定罰鍰最低額之1/2 (B)不得逾法定罰鍰最高額之1/2，亦不得低於法定罰鍰最低額之1/3 (C)不得逾法定罰鍰最高額之1/3，亦不得低於法定罰鍰最低額之1/2 (D)不得逾法定罰鍰最高額之1/3，亦不得低於法定罰鍰最低額之1/3。

( ) **32** 關於行政執行，下列何者屬於間接強制之方法？ (A)扣留動產 (B)封閉住宅 (C)處以怠金 (D)斷水斷電。

( ) **33** 依實務見解，關於行政執行法規定之聲明異議制度，若聲明異議未獲救濟者，下列敘述何者正確？ (A)異議人得再聲明不服 (B)異議人得提起民事訴訟 (C)異議人應先提起訴願 (D)異議人得直接提起行政訴訟。

( ) **34** 關於行政執行法上之代履行，下列敘述何者錯誤？ (A)代履行為間接強制之一種強制方法 (B)適用於行為義務而不作為，其行為能由他人代為履行者 (C)義務人不為繳納代履行費用時，行政機關得連續處以怠金 (D)代履行費用屬公法上金錢給付義務。

( ) **35** 行政機關不得拒絕當事人申請閱覽關於下列何種事項之卷宗？ (A)依法規規定有保密必要之一般公務機密 (B)涉及職業秘密事項 (C)涉及營業秘密事項 (D)合議制機關之會議紀錄。

( ) **36** 依行政程序法規定，下列何者非屬公務員在行政程序中應自行迴避之事由？ (A)曾為該事件當事人之代理人 (B)曾參與該事件之前階段程序 (C)於該事件曾為鑑定人 (D)本人就該事件與當事人有共同義務人之關係。

( ) **37** 申請政府資訊公開之方式或要件不備，不能補正或屆期不補正者，得採取下列何項措施？ (A)移送法院簡易庭裁決 (B)駁回申請 (C)移請上級機關決定 (D)舉行聽證。

(　　) **38** 下列何種程序，應適用行政程序法？　(A)國家安全保障事項之行為　(B)外國人出、入境之行為　(C)教育機構為達成教育目的所為處分學生之行為　(D)犯罪矯正機關為達成收容目的所為之行為。

(　　) **39** 依我國現行法規定，下列何者為訴願之先行程序？　(A)教師法之再申訴程序　(B)全民健康保險之爭議審議程序　(C)公務人員對於人事行政處分之復審程序　(D)政府採購法之申訴程序。

(　　) **40** 依傳染病防治法規定，主管機關在中央為衛生福利部，在直轄市為直轄市政府。臺北市政府對於違反居家隔離者依法處6萬元罰鍰，如對於該裁罰處分不服時，訴願管轄機關為下列何者？　(A)行政院　(B)衛生福利部　(C)臺北市政府　(D)法務部。

(　　) **41** 甲對於某國立大學以其未繳交校園交通違規罰款為由扣留其畢業證書之行為向教育部提起訴願，惟在訴願決定前該大學同意並通知甲返校領取畢業證書，訴願委員會應為何種訴願決定？　(A)訴願有理由　(B)訴願無理由　(C)訴願不受理　(D)訴願暫時停止審理。

(　　) **42** 下列何者應提起課予義務訴訟？　(A)請求違約軍費生賠償所受領之公費待遇及津貼　(B)請求重新核發建物測量成果圖　(C)請求更正行政指導　(D)請求身心障礙者日間照顧費用補助。

(　　) **43** 甲欲參加國家考試，報名後考選部以其資格不符而拒絕其報考，甲若仍希望參加該次考試，依法應如何請求救濟？　(A)立即向行政法院提起確認無效之訴　(B)立即向行政法院聲請定暫時狀態之假處分　(C)立即向行政法院聲請停止執行之假處分　(D)立即向行政法院提起撤銷之訴。

(　　) **44** 關於收容聲請事件程序之敘述，下列何者正確？　(A)收容聲請事件，以高等行政法院為第一審管轄法院　(B)行政法院審理收容異議、續予收容及延長收容之聲請事件，應訊問受收容人　(C)行政法院認收容異議、停止收容之聲請為無理由者，應以判決駁回之　(D)收容聲請事件，除別有規定外，準用通常訴訟程序之規定。

(　　) **45** 不服依道路交通管理處罰條例所為之交通裁決，原則上應向下列何者尋求法律救濟？　(A)向裁決機關之上級機關提起訴願　(B)向地方法院簡易庭聲明異議　(C)向地方法院行政訴訟庭提起行政訴訟　(D)向高等行政法院提起行政訴訟。

( ) **46** 人民認為行政機關依都市計畫法發布之都市計畫違法而損害其權利，應如何提起救濟？ (A)向核定都市計畫機關之上級機關提起訴願，請求撤銷該都市計畫 (B)向管轄之地方法院行政訴訟庭提起訴訟，請求法院命核定計畫之行政機關發布特定內容之都市計畫 (C)向管轄之高等行政法院提起訴訟，請求法院命核定計畫之行政機關發布特定內容之都市計畫 (D)向管轄之高等行政法院提起訴訟，請求宣告該都市計畫無效。

( ) **47** 關於國家賠償法規定所稱執行職務之行為，下列敘述何者錯誤？(A)指公務員行使其職務上之權力且與其所掌之公務有關之行為 (B)須在公務員權限範圍內 (C)行為與職務在外觀、時間或處所具有密切關連 (D)行為應與職務內容具有密切關聯性。

( ) **48** 關於公益徵收概念之敘述，下列何者錯誤？ (A)徵收之標的僅限於土地 (B)徵收必須給予合理補償 (C)徵收之公益目的必須特定 (D)徵收原則上必須有法律依據。

( ) **49** 對於同一國家賠償事件，數機關均應負損害賠償責任時，下列敘述何者錯誤？ (A)被請求之賠償義務機關，應以書面通知未被請求之賠償義務機關參加協議 (B)未被請求之賠償義務機關未參加協議者，應自行與請求權人進行協議 (C)請求權人得對賠償義務機關中之一機關，或數機關，或其全體同時或先後，請求全部或一部之損害賠償 (D)請求權人如同時或先後向賠償義務機關請求全部或一部之賠償時，應載明其已向其他賠償義務機關請求賠償之金額或申請回復原狀之內容。

( ) **50** 下列何者非屬國家賠償法上所定之「公共設施」？ (A)臺北市凱達格蘭大道 (B)出租給私人企業經營之公有設施 (C)私人所有之既成道路 (D)公立學校之校舍。

解答與解析

（答案標示為#者，表官方曾公告更正該題答案。）

1 (A)。產生法律之源頭即為法源，行政法之法源依是否由立法機關制訂通過，可分為：

(1) 成文法源：A.憲法。B.法律。C.國際法。D.命令。E.自治規章。

(2) 不成文法法源：A.習慣。B.法理。C.判例。D.學說。E.解釋。F.外國法。G.國際法。H.一般法律原則等。

實務上，我國法院多有間接適用外國法之判決，亦有將外國立法例之原則直接或間接適用於判決；甚至於立法或修法時，亦有於立法理由中敘明其參考之立法例，以增強其論述。惟其仍非屬法源之一，如違反我國法律之強制或禁止規定，及違背公共秩序或善良風俗時，則不宜適用外國立法例。

2 (C)。行政行為明確性原則規範於行政程序法第5條規定，行政行為之內容應明確。意指行政行為之內容應明白確定，具有可理解性、可預見性及可審查性。沒入處分如執行標的為金錢者，應具有可替代性。

故沒入之標的財物如已花用一空者，自得就義務人其他財產執行沒收，並無行政行為不明確之問題。

3 (C)。司法院大法官釋字第443號解釋，至何種事項應以法律直接規範或得委由命令予以規定，與所謂規範密度有關，應視規範對象、內容或法益本身及其所受限制之輕重而容許合理之差異：諸如剝奪人民生命或限制人民身體自由者，必須遵守罪刑法定主義，以制定法律之方式為之；涉及人民其他自由權利之限制者，亦應由法律加以規定，如以法律授權主管機關發布命令為補充規定時，其授權應符合具體明確之原則；若僅屬與執行法律之細節性、技術性次要事項，則得由主管機關發布命令為必要之規範，雖因而對人民產生不便或輕微影響，尚非憲法所不許。

4 (#)。本題官方公告答(B)或(C)者均給分。以下參考翁岳生著，《行政法與現代法治國家》，第56頁：

行政裁量指行政機關基於法律的明示授權或消極默許，於適用法規時，本於行政目的，於數種可能之法律效果中，自行斟酌選擇一適當之行為為之即合目的性之選擇，而法院之審查則受限制，而未遵守相關限制即為裁量瑕疵，以下四種分別說明：

(1) 裁量逾越：指行政機關行使裁量權之結果，超越法律授權的範圍。如機關對人民最高科處1,000元罰鍰，實際上卻科處5,000元。

(2) 裁量濫用：指行政機關作成之裁量與法律授權之目的不符，或出於不相關之動機或違背一般法律原則。如營業稅法第51條規定逃漏營業稅者，應按所漏稅額科處1至10倍罰鍰，但為達成財政收入預算計畫目，不論個案情節輕重，一律課處最重10倍罰鍰。

(3) 裁量怠惰：指行政機關依法有裁量權，但因故意或過失而消極地不行使。例如：無照駕駛得科5千元以下罰鍰，但不論個案情節輕重，一律課5千元最高罰鍰。

(4)裁量過當：指行政機關違背基本權利及行政一般原則。如建築主管機關對於無關公共安全與他人權益之舊有違章建築，係採分期分區分階段進行拆除，在無其他特別正當理由情況下，惟獨對於某甲之違建，不按上述既定拆除方針處理，而單獨優先予以拆除，即可能違反行政自我拘束原則與平等原則，而有裁量瑕疵（參見47年判字第26號判例）。

5 **(D)**。依行政程序法第2條第3項規定，受託行使公權力之個人或團體，於委託範圍內，視為行政機關；同法第16條第1項規定，行政機關得依法規將其權限之一部分，委託民間團體或個人辦理。
今汽車修理廠辦理汽車之定期檢驗，該檢驗結果將決定車主是否能合法駕駛該車輛於道路上，則車主如逾期送驗或檢驗不合格，便會影響其合法駕駛權利，此已涉及公權力行使，又是將權限移轉予個人或團體，故屬委託行使公權力。

6 **(A)**。依行政程序法第20條規定，本法所稱之當事人如下：一、申請人及申請之相對人。二、行政機關所為行政處分之相對人。三、與行政機關締結行政契約之相對人。四、行政機關實施行政指導之相對人。五、對行政機關陳情之人。六、其他依本法規定參加行政程序之人。

7 **(D)**。公法人指的是以公法規定為依據所成立的法人，包括國家、地方自治團體和行政法人三種；而農會屬於公益性質的社團法人，並非公法人、行政法人或財團法人，在性質上屬於所謂的非政府組織。

8 **(A)**。依中央行政機關組織基準法第6條第1項，行政機關名稱定名如下：一、院：一級機關用之。二、部：二級機關用之。三、委員會：二級機關或獨立機關用之。四、署、局：三級機關用之。五、分署、分局：四級機關用之。

9 **(A)**。依地方制度法第30條第2項規定，自治規則與憲法、法律、基於法律授權之法規、上級自治團體自治條例或該自治團體自治條例牴觸者，無效。

10 **(B)**。依行政程序法第12條第2款規定，不能依前條第一項定土地管轄權者，依下列各款順序定之：二、關於企業之經營或其他繼續性事業之事件，依經營企業或從事事業之處所，或應經營或應從事之處所。

11 **(D)**。依行政程序法第14條第1項規定，數行政機關於管轄權有爭議時，由其共同上級機關決定之，無共同上級機關時，由各該上級機關協議定之。
同條第4項規定，人民對行政機關依本條所為指定管轄之決定，不得聲明不服。

12 **(C)**。依公務人員考績法第7條第2款規定，年終考績獎懲依左列規定：二、乙等：晉本俸一級，並給與半個月俸給總額之一次獎金；已達所敘職等本俸最高俸級或已敘年功俸級者，晉年功俸一級，並給與半個月俸給總額之一次獎金；已敘年功俸最高俸級者，給與一個半月俸給總額之一次獎金。

13 **(D)**。依公務人員保障法第3條規定，本法所稱公務人員，係指法定機關（構）及公立學校依公務人員任用法律任用之有給專任人員。

14 **(C)**。依公務人員協會法第1條第1項規定，公務人員為加強為民服務、提昇工作效率、維護其權益、改善工作條件並促進聯誼合作，得組織公務人員協會。

15 **(D)**。依公務人員考績法第3條規定，公務人員考績區分如左：
一、年終考績：係指各官等人員，於每年年終考核其當年一至十二月任職期間之成績。
二、另予考績：係指各官等人員，於同一考績年度內，任職不滿一年，而連續任職已達六個月者辦理之考績。
三、專案考績：係指各官等人員，平時有重大功過時，隨時辦理之考績。

16 **(C)**。依公務人員懲戒法第9條第1項規定，公務員之懲戒處分如下：一、免除職務。二、撤職。三、剝奪、減少退休（職、伍）金。四、休職。五、降級。六、減俸。七、罰款。八、記過。九、申誡。
又同條第4項規定，第一項第四款、第五款及第八款之處分於政務人員不適用之。故政務人員不適用休職、降級及記過等三種懲戒。

17 **(D)**。依公務人員保障法第24-1條第2款規定，下列公務人員之公法上財產請求權，其消滅時效期間依本法行之：二、因二年間不行使而消滅者：(一)經服務機關核准實施公務人員一般健康檢查之費用。(二)經服務機關核准之加班費。(三)執行職務墊支之必要費用。

18 **(B)**。公物原則上不得被公用徵收，公用徵收之對象僅為私人所有之物，故公物原則上不得被徵收；但於例外情況，例如私有之公物用土地，仍得依特定目的徵收，不過此時之公物所有權仍在私人。

19 **(D)**。依中央法規標準法第3條規定，各機關發布之命令，得依其性質，稱規程、規則、細則、辦法、綱要、標準或準則。

20 **(C)**。(A)依司法院大法官釋字第723號解釋，消滅時效制度之目的在於尊重既存之事實狀態，及維持法律秩序之安定，與公益有關，且與人民權利義務有重大關係，不論其係公法上或私法上之請求權消滅時效，均須逕由法律明定，自不得授權行政機關衡情以命令訂定或由行政機關依職權以命令訂之，始符憲法第二十三條法律保留原則之意旨。(B)依司法院大法官釋字第524號解釋，若法律就保險關係之內容授權以命令為補充規定者，其授權應具體明確，且須為被保險人所能預見。又法律授權主管機關依一定程序訂定法規命令以補充法律規定不足者，該機關即應予以遵守，不得捨法規命令不用，而發布規範行政體系內部事項之行政規則為之替代。(D)依司法院大法官釋字第409號解釋，徵收土地對人民財產權發生嚴重影響，舉凡徵收土地之各項要件及應踐行之程序，法律規定應不厭其詳。有關徵收目的及用途之明確具體、衡量公益之標準以及徵收急迫性因素等，均應由法律予以明定，俾行政主管機關處理徵收事件及司法機關為適法性審查有所依據。

21 (D)。依最高行政法院97年度判字第541號判決要旨，行政機關作成行政處分有裁量權時，得為附款，行政程序法第93條第1項前段定有明文。而附款者，乃行政機關以條件、負擔、期限或保留廢棄權等方式，附加於行政處分之主要內容的意思表示。又負擔係指附加於授益處分之特定作為、不作為或忍受的義務而言，就負擔之本質言之，原非不可單獨以行政處分之形態表現，但因附隨於授益處分而成為附款之一種。

22 (A)。依行政程序法第129條規定，行政機關認前條之申請為有理由者，應撤銷、廢止或變更原處分；認申請為無理由或雖有重新開始程序之原因，如認為原處分為正當者，應駁回之。

又同法第128條第1項第1款規定，行政處分於法定救濟期間經過後，具有下列各款情形之一者，相對人或利害關係人得向行政機關申請撤銷、廢止或變更之。但相對人或利害關係人因重大過失而未能在行政程序或救濟程序中主張其事由者，不在此限：一、具有持續效力之行政處分所依據之事實事後發生有利於相對人或利害關係人之變更者。

23 (A)。依行政執行法第27條第1項規定，依法令或本於法令之行政處分，負有行為或不行為義務，經於處分書或另以書面限定相當期間履行，逾期仍不履行者，由執行機關依間接強制或直接強制方法執行之。

24 (A)。依公務人員保障暨培訓委員會109年9月22日第12次委員會議通過人事行政行為一覽表，核定請假屬於管理措施。

25 (#)。本題考選部原公告之答案仍係以「最高行政法院98年7月份第1次庭長法官聯席會議」為依據，合先敘明。

該會議決議解聘、停聘、不續聘為行政處分：

「公立學校教師因具有教師法第14條第1項各款事由之一，經該校教評會依法定組織（教師法第29條第2項參照）及法定程序決議通過予以解聘、停聘或不續聘，並由該公立學校依法定程序通知當事人者，應係該公立學校依法律明文規定之要件、程序及法定方式，立於機關之地位，就公法上具體事件，所為得對外發生法律效果之單方行政行為，具有行政處分之性質。」

惟憲法法庭111年憲判字第11號判決，針對公立大學「解聘」教師改採「公法上契約意思表示」之見解，後續適用效果範圍是否會衍伸到其他公立高中職以下學校，仍待觀察。

後考選部公告一律給分。

26 (C)。依司法院大法官釋字第533號解釋，中央健康保險局與各醫事服務機構締結全民健康保險特約醫事服務機構合約，約定由特約醫事服務機構提供被保險人醫療保健服務，以達促進國民健康、增進公共利益之行政目的，故此項合約具有行政契約之性質。締約雙方如對契約內容發生爭議，屬於公法上爭訟事件，依行政訴訟法之規定，應循行政訴訟途徑尋求救濟。

27 **(A)**。依行政程序法第171條第1項規定，受理機關認為人民之陳情有理由者，應採取適當之措施；認為無理由者，應通知陳情人，並說明其意旨。

28 **(D)**。依法務部108年03月13日法律字第10803503320號行政函釋，違法之事實是否為「一行為」，乃個案判斷之問題，並非僅就法規與法規間之關連，或抽象事實予以抽象之判斷，而係必須就具體個案之事實情節，依據行為人主觀之犯意、構成要件之實現、受侵害法益及所侵害之法律效果，斟酌被違反行政法上義務條文之文義、立法意旨、制裁之意義、期待可能性與社會通念等因素綜合判斷決定之。

29 **(B)**。依行政罰法第22條第1項規定，不屬於受處罰者所有之物，因所有人之故意或重大過失，致使該物成為違反行政法上義務行為之工具者，仍得裁處沒入。

30 **(B)**。依行政罰法第2條第4款規定，本法所稱其他種類行政罰，指下列裁罰性之不利處分：四、警告性處分：警告、告誡、記點、記次、講習、輔導教育或其他相類似之處分。

31 **(D)**。依行政罰法第12條規定，對於現在不法之侵害，而出於防衛自己或他人權利之行為，不予處罰。但防衛行為過當者，得減輕或免除其處罰；又同法第18條第3項規定，依本法規定減輕處罰時，裁處之罰鍰不得逾法定罰鍰最高額之二分之一，亦不得低於法定罰鍰最低額之二分之一；同時有免除處罰之規定者，不得逾法定罰鍰最高額之三分之一，亦不得低於法定罰鍰最低額之三分之一。但法律或自治條例另有規定者，不在此限。

32 **(C)**。依行政執行法第28條第1項規定，前條所稱之間接強制方法如下：一、代履行。二、怠金。

33 **(D)**。依最高行政法院97年12月份第3次庭長法官聯席會議決議意旨，現行法並無禁止義務人或利害關係人於聲明異議而未獲救濟後向法院聲明不服之明文規定，是義務人或利害關係人如不服執行機關之直接上級主管機關所為異議決定者，仍得依法提起行政訴訟，至何種執行行為可以提起行政訴訟或提起何種類型之行政訴訟，應依執行行為之性質及行政訴訟法相關規定，個案認定。其具行政處分之性質者，應依法踐行訴願程序，自不待言。

34 **(C)**。依行政執行法第34條規定，代履行費用或怠金，逾期未繳納者，移送行政執行處依第二章之規定執行之。

35 **(D)**。依政府資訊公開法第7條第1項第10款規定，下列政府資訊，除依第十八條規定限制公開或不予提供者外，應主動公開：十、合議制機關之會議紀錄。

36 **(B)**。依行政程序法第32條規定，公務員在行政程序中，有下列各款情形之一者，應自行迴避：一、本人或其配偶、前配偶、四親等內之血親或三親等內之姻親或曾有此關係者為事件之當事人時。二、本人或其配偶、前配偶，就該事件與當事人有共同權利人或共同義務人之關係者。三、現為或曾為該事件當事人之代理人、輔佐人者。四、於該事件，曾為證人、鑑定人者。

37 **(B)**。依政府資訊公開法第11條規定，申請之方式或要件不備，其能補正者，政府機關應通知申請人於七日內補正。不能補正或屆期不補正者，得逕行駁回之。

38 **(C)**。依行政程序法第3條第3項規定，下列事項，不適用本法之程序規定：一、有關外交行為、軍事行為或國家安全保障事項之行為。二、外國人出、入境、難民認定及國籍變更之行為。三、刑事案件犯罪偵查程序。四、犯罪矯正機關或其他收容處所為達成收容目的所為之行為。五、有關私權爭執之行政裁決程序。六、學校或其他教育機構為達成教育目的之內部程序。七、對公務員所為之人事行政行為。八、考試院有關考選命題及評分之行為。

39 **(B)**。訴願先行程序指人民在提起訴願前，須先向原處分機關尋求行政救濟之制度，要否尚不得依訴願法提起訴願；常見訴願先行程序名稱包括有申訴（大學法）、申複（集會遊行法）、異議（海關緝私條例）、復查（稅捐稽徵法）、再審查（專利法）、複核（兵役施行法）、復核（藥事法）、審議（全民健康保險法）、聲明異議（貿易法）等。

40 **(B)**。依訴願法第4條第5款規定，訴願之管轄如左：五、不服直轄市政府之行政處分者，向中央主管部、會、行、處、局、署提起訴願。

41 **(C)**。依訴願法第77條第6款規定，訴願事件有左列各款情形之一者，應為不受理之決定：六、行政處分已不存在者。

42 **(D)**。依行政訴訟法第5條規定，人民因中央或地方機關對其依法申請之案件，於法令所定期間內應作為而不作為，認為其權利或法律上利益受損害者，經依訴願程序後，得向行政法院提起請求該機關應為行政處分或應為特定內容之行政處分之訴訟。人民因中央或地方機關對其依法申請之案件，予以駁回，認為其權利或法律上利益受違法損害者，經依訴願程序後，得向行政法院提起請求該機關應為行政處分或應為特定內容之行政處分之訴訟。

另其他選項可提起之訴訟，(A)為人民與中央或地方機關因公法上原因發生財產上給付之一般給付訴訟、(B)(C)為請求作成行政處分以外之其他非財產上給付之一般給付訴訟。

43 **(B)**。依行政訴訟法第298第2項規定，於爭執之公法上法律關係，為防止發生重大之損害或避免急迫之危險而有必要時，得聲請為定暫時狀態之處分。故甲向行政法院請求暫時給予考試資格，蓋若等到法院將本案訴訟審理完後，考試有可能已經辦理完畢，即使最後人民勝訴，仍無法獲得權利保護，故為防止發生重大損害，應請求行政法院予以定暫時狀態假處分，給予考試資格。

44 **(B)**。依行政訴訟法：(A)第237-11條第1項規定，收容聲請事件，以地方行政法院為第一審管轄法院。(C)第237-14條第1項規定，行政法院認收容異議、停止收容之聲請為無理由者，應以裁定駁回之。認有理由者，應為釋放受收容人之裁定。(D)第237-17條第2項規定，收容聲請事件，除本章別有規定外，準用簡易訴訟程序之規定。

45 **(C)**。依現行行政訴訟法第237-2條規定，交通裁決事件，得由原告住所地、居所地、所在地或違規行為地之地方行政法院管轄。

46 **(D)**。依行政訴訟法第237-18條第1項規定，人民、地方自治團體或其他公法人認為行政機關依都市計畫法發布之都市計畫違法，而直接損害、因適用而損害或在可預見之時間內將損害其權利或法律上利益者，得依本章規定，以核定都市計畫之行政機關為被告，逕向管轄之高等行政法院提起訴訟，請求宣告該都市計畫無效。

47 **(B)**。依國家賠償法第2條第2項規定，公務員於執行職務行使公權力時，因故意或過失不法侵害人民自由或權利者，國家應負損害賠償責任。公務員怠於執行職務，致人民自由或權利遭受損害者亦同。蓋因目前實務見解，並不以公務員主觀上有執行職務的意思為必要，只要客觀上、外觀上依社會觀念認為是公務員執行職務、行使公權力之行為即可。

48 **(A)**。依司法院大法官釋字第400號解釋，憲法第十五條關於人民財產權應予保障之規定，旨在確保個人依財產之存續狀態行使其自由使用、收益及處分之權能，並免於遭受公權力或第三人之侵害，俾能實現個人自由、發展人格及維護尊嚴。如因公用或其他公益目的之必要，國家機關雖得依法徵收人民之財產，但應給予相當之補償，方符憲法保障財產權之意旨。故可知，徵收之標的並未限於土地。

49 **(B)**。依國家賠償法施行細則第15條第2項規定，未被請求之賠償義務機關未參加協議者，被請求之賠償義務機關，應將協議結果通知之，以為處理之依據。

50 **(B)**。依臺灣高等法院107年重上國字第11號民事判決，國家賠償法所謂公共設施，需基於公眾共同之利益與需要，而提供與公眾使用之各類有體物或附屬該物之設備，事實上由國家或地方自治團體處於管理狀態，始足當之。出租給私人企業經營之公有設施，其管理狀態已然非屬由國家或地方自治團體進行，故不屬於國家賠償法第3條第1項、第9條所謂公共設施。

112年 地方特考三等

甲、申論題

一、某甲原係財政部國有財產署（下稱國產署）北區分署所屬秘書室書記，其於民國106年12月6日奉命赴臺北市大安區國有房屋現場履勘時，因後退轉身時踩空臺階摔跤，致受有右側足部挫傷、右側第五蹠骨非移位閉鎖性骨折等傷害。某甲於107年10月間，依107年6月27日修正發布之公務人員執行職務意外傷亡慰問金發給辦法（下稱慰問金發給辦法）第4條第1項第1款第6目規定，申請發給受傷慰問金新臺幣1萬元。國產署北區分署認慰問金發給辦法第3條第1項規定所稱意外，如係因當事人疏忽所致事故，且該事故非屬突發性外來危險引起者，即非屬意外事故，否准其申請。某甲不服該否准，經向公務人員保障暨培訓委員會提起復審遭駁回，擬續行司法救濟。試問：依據我國法制及實務，公務人員慰問金之發給的性質為何？某甲欲主張慰問金發給辦法違反法律保留原則是否有理由？

【參考法條】

107年6月27日修正發布之公務人員執行職務意外傷亡慰問金發給辦法

第1條：「本辦法依公務人員保障法（以下簡稱本法）第二十一條第三項規定訂定之。」

第3條第1項：「本辦法所稱意外，指非由疾病引起之突發性的外來危險事故。」

第4條第1項第1款第6目：「慰問金發給標準如下：一、受傷慰問金：(六)連續住院未滿十四日或未住院而須治療七次以上者，發給新臺幣一萬元。」公務人員保障法。

第19條：「公務人員執行職務之安全應予保障。各機關對於公務人員之執行職務，應提供安全及衛生之防護措施；其有關辦法，由考試院會同行政院定之。」

第21條第2、3項：「公務人員執行職務時，發生意外致受傷、失能或死亡者，應發給慰問金。但該公務人員有故意或重大過失情事者，得不發或減發慰問金。前項慰問金發給辦法，由考試院會同行政院定之。」

解 (一)公務人員慰問金之發給，為職災補償的性質：

1. 根據憲法第18條規定，人民享有服公職的權利，這條款旨在保障人民依法從事公務，並由此衍生享有的身分保障、俸給、退休金等權利。公務人員與國家之間的職務關係屬於公法範疇，國家對公務人員有提供俸給及退休金的義務，以保障其生活。同時，公務人員對國家負有執行職務及忠誠的責任；國家對於公務人員的照顧義務，不應僅限於俸給及退休金，還應擴展至因公務而造成的傷病照顧，這樣才能確保公務人員無後顧之憂地履行職責。這樣的照顧屬於公務人員職業安全保障的一部分，也是憲法第18條保護公職權利的內涵。

2. 而依憲法法庭112年憲判字第15號判決見解，無論政府採取何種方式支付，均是為了照護因執行職務而意外失能或死亡的公務人員，這種照護本質上屬於職災補償的範疇。

3. 綜上所述，慰問金的發給是因公務人員受傷、失能或死亡而對其或其遺屬的一種法定給予。雖然以「慰問金」為名，但其實質具有職災補償的性質，體現了國家照護公務人員的責任。

(二) 甲欲主張慰問金發給辦法違反法律保留原則，為有理由：

1. 有關「公務人員執行職務意外傷亡慰問金發給辦法」之法源依據為公務人員保障法第21條第3項規定，該條第2、3項載明：「公務人員執行職務時，發生意外致受傷、失能或死亡者，應發給慰問金。但該公務人員有故意或重大過失情事者，得不發或減發慰問金。前項慰問金發給辦法，由考試院會同行政院定之。」

2. 前揭規定係國家對公務人員執行職務發生意外所為保障，乃憲法保障人民服公職權之具體化，有關「公務人員執行職務時，發生意外……」，基於國家對人民服公職權之保障意旨，其所稱之「意外」，本不限於單純因外來危險源所致之事故，尚應包含因公務人員本身之疏忽所致者。

3. 是故，公務人員執行職務意外傷亡慰問金發給辦法第3條第1項：「本辦法所稱意外，指非由疾病引起之突發性的外來危險事故。」其中於「外來危險事故」等要件，係增加授權法源所無之限制，牴觸憲法第18條人民服公職權之保障意旨。

二、交通部觀光署（前為「交通部觀光局」）為協助各直轄市及縣（市）政府執行違法旅宿管理工作（包含稽查、取締、輔導等），保障合法業者及維護旅客權益，特訂定「交通部觀光局協助地方政府執行違法旅宿管理工作補助要點」，規範內容包含補助對象、得申請補助之辦理事項、申請作業、審查程序、補助數額上限及比例、核銷、執行績效考評等事項。請說明本要點之法律性質、意涵及效力。

解 (一)有關「交通部觀光局協助地方政府執行違法旅宿管理工作補助要點」（下稱要點）之法律性質為行政規則：

1. 行政程序法第159條第1項規定，本法所稱行政規則，係指上級機關對下級機關，或長官對屬官，依其權限或職權為規範機關內部秩序及運作，所為非直接對外發生法規範效力之一般、抽象之規定。
2. 而題揭之要點，係交通部觀光署為協助各地方政府，執行旅宿業管理之工作，規範內容包含補助對象、得申請補助之辦理事項、申請作業、審查程序、補助數額上限及比例、核銷、執行績效考評等事項。
3. 是以皆非直接對外發生法規範效力之規定，自屬機關依權限或職權為規範內部秩序及運作之行政規則。

(二)前揭要點意涵復依行政程序法第159條第2項規定說明，為作業性行政規則：

1. 行政程序法第159條第2項規定，行政規則包括下列各款之規定：
   (1)關於機關內部之組織、事務之分配、業務處理方式、人事管理等一般性規定。
   (2)為協助下級機關或屬官統一解釋法令、認定事實、及行使裁量權，而訂頒之解釋性規定及裁量基準。
2. 前揭要點訂定目的在於交通部觀光署為協助各地方政府，執行旅宿業管理之工作，規範內容包含補助對象、得申請補助之辦理事項、申請作業、審查程序、補助數額上限及比例、核銷、執行績效考評等事項，以保障合法業者及維護旅客權益。
3. 則地方政府需依據本要點的規定，提出補助申請及相關執行計畫，並由觀光署進行審查及補助核銷；該要點對地方政府具有指導性及參考性，但對外則無強制的法律效力。地方政府如未遵循本要點的程序辦理執行業務，可能影響人民補助的申請及審核結果，但並不會直接構成違法之情事。

(三)綜上所述，交通部觀光局協助地方政府執行違法旅宿管理工作補助要點，為直接對內發生法律效果之行政規則，但亦有可能間接對外部人民產生效力。

乙、測驗題

(　) 1 下列何者非屬行政法之法源？　(A)自治規則　(B)最高行政法院大法庭裁定　(C)所得稅法施行細則　(D)平等原則　(E)一律給分。

(　) 2 有關比例原則之敘述，下列何者錯誤？　(A)比例原則在於要求方法與目的之均衡，不得為達目的而不擇手段　(B)比例原則亦適用於是否違反平等原則之審查　(C)比例原則源於誠信原則，同屬帝王條款　(D)比例原則不僅拘束行政，亦拘束立法及司法。

(　) 3 依司法院解釋意旨，下列何者非屬公法事件？　(A)勞動部勞工保險局墊償雇主積欠工資後之代位求償　(B)私立大學勒令學生退學　(C)對於私立大學教師升等不通過決定　(D)人民依國有財產法規定，申請讓售國有非公用財產類之不動產經否准所生爭議。

(　) 4 關於中央選舉委員會之敘述，下列何者錯誤？　(A)為合議制機關　(B)超越黨派，獨立行使職權　(C)行政院院長提名委員後，即無人事監督權　(D)立法院對於委員之人選決定，享有制衡權力。

(　) 5 下列何者為行政法人法所稱之行政法人？　(A)國家表演藝術中心　(B)高雄市政府　(C)臺北市建築師公會　(D)財團法人海峽交流基金會。

(　) 6 行政機關之管轄權不得依下列何者定之？　(A)作業要點　(B)法律　(C)自治條例　(D)法規命令。

(　) 7 懲戒法院審理同一行為應受刑罰及懲戒處分之案件時，下列敘述何者正確？　(A)已受刑罰處罰者，應為免議之判決　(B)已受罰款處罰者，不得再為懲戒處分　(C)在刑事審判中者，原則上不停止懲戒審理程序　(D)已受自由刑判決確定者，不得再為懲戒處分。

(　) 8 關於公務員之定義與範圍，下列敘述何者錯誤？　(A)公務人員任用法所定之公務人員，包括定有官、職等之文職事務官，以及定有官等、官階之（武職）軍、士官　(B)機要人員屬於公務人員任用法所定義之公務人員，惟其機關長官得隨時將其免職，機關長官離職時亦應隨同離職　(C)公務員服務法所定之公務員，包括領有俸給之文武職公務員及公營事業純勞工以外之人員　(D)刑法所定之公務員，包括依法令行使職權或從事於公務者，及受託行使公權力之私人。

( ) **9** 關於公務員權利義務，下列敘述何者錯誤？ (A)公務員於任職期間，不得經營商業，但得兼任私人企業之監察人 (B)公務員即使依法令兼職，亦不得兼薪 (C)公務員於離職後3年內，不得擔任與其離職前5年內之職務直接相關之營利事業顧問 (D)公務員得經服務機關之同意，兼任非營利事業之職務。

( ) **10** 交通部發布發展觀光條例裁罰標準，屬於下列何種行政行為？ (A)行政處分 (B)行政規則 (C)法規命令 (D)行政指導。

( ) **11** 下列何者得以法規命令規範之？ (A)對於因全民健康保險所生之權利義務 (B)課予納稅之義務 (C)時效制度 (D)特別公課徵收之要件及程序。

( ) **12** 人民甲欲申請建築許可，經乙機關審查通過並發給執照。在該建築許可的法定救濟期間經過後，乙機關才發現該建築許可之作成具有瑕疵，欲加以撤銷。下列敘述何者正確？ (A)基於依法行政原則，該違法之建築許可不得作為甲的信賴基礎 (B)即使當初是因為甲提供錯誤之資料，致使乙作成該建築許可時，甲仍然可主張信賴保護 (C)縱使甲之信賴值得保護，但經權衡信賴利益與公益之後，乙仍然可以撤銷該建築許可，只是應給予補償 (D)若該建築許可經乙撤銷後，原則上自撤銷之日起失其效力。

( ) **13** 下列何者非屬行政處分？ (A)經濟部標準檢驗局於申請後，認定受檢驗商品為合格 (B)人民未經申請集會而集會，警察舉牌命令立即解散集會遊行 (C)衛生主管機關在官方網站上公告傳染病大流行，促請民眾於公眾聚集場所配戴口罩 (D)主管機關對於未履行拆除義務之違建行為人發出通知，告戒7日後將逕行拆除。

( ) **14** 甲因欠稅超過新臺幣1,000萬元，財政部因而依稅捐稽徵法第24條第3項規定函請內政部移民署限制甲出境，嗣經該署向甲核發限制出境之處分。下列敘述何者正確？ (A)該限制出境處分係屬根據機關間權限委託所作成之行政處分 (B)該限制出境處分係屬多階段之行政處分 (C)該限制出境處分係屬根據機關間權限委任所作成之行政處分 (D)該限制出境處分係屬對人之一般處分。

(　　) **15** 依行政程序法規定，關於雙務契約之締結，下列敘述何者錯誤？(A)行政機關與人民得締結雙務契約，互負給付義務　(B)雙務契約之締結，以行政機關有裁量權為限　(C)契約應載明人民給付之特定用途　(D)人民與機關之給付義務應相當，且有正當合理之關聯。

(　　) **16** 依行政程序法規定，行政機關擬訂法規命令時，應於政府公報或新聞紙公告。該公告之法律性質為何？　(A)行政處分　(B)行政契約　(C)行政事實行為　(D)行政命令。

(　　) **17** 下列何者屬裁罰性之不利處分？　(A)證券商自受領證券業務特許證照，逾3個月未開始營業，遭主管機關撤銷其特許　(B)外國船舶因違反海洋污染防治法所生之損害賠償責任，在未履行前，遭港口管理機關限制船舶及相關船員離境　(C)全民健康保險醫事服務機構因違反相關法令，遭衛生福利部中央健康保險署停止特約　(D)招標機關將廠商借用他人名義或證件之行為刊登於政府採購公報。

(　　) **18** 關於即時強制之損失補償，下列敘述何者正確？　(A)損失補償，應以回復原狀為原則，例外以金錢為之　(B)損失補償不以補償實際所受之特別損失為限　(C)因可歸責於該人民之事由，執行機關依法實施即時強制，致其生命、身體或財產遭受特別損失時，得請求補償　(D)損失補償，應於知有損失後，2年內向執行機關請求之。但自損失發生後，經過5年者，不得為之。

(　　) **19** 關於行政程序法聽證，下列敘述何者正確？　(A)須有法律規定作為舉行聽證之依據　(B)得為預備聽證，必要時亦得再為聽證　(C)經聽證程序作成之行政處分，無後續救濟管道　(D)聽證以不公開為原則。

(　　) **20** 依實務見解，人民甲依訴願法第2條規定提起訴願，受理訴願機關尚未作成決定前，應作為之乙機關已作成行政處分，而甲仍對於乙機關所作成之處分向訴願機關表示不服，此時受理訴願機關應如何處理？　(A)訴願機關應續行訴願程序，對嗣後所為之行政處分進行審查　(B)不論該處分有利或不利於訴願人，皆應依訴願法第82條第2項規定駁回訴願　(C)因乙機關已作成行政處分，甲之訴願無理由，應駁回其訴願　(D)因乙機關已作成行政處分，甲已無權利保護必要，應駁回其訴願。

( ) **21** 甲縣政府委由其所屬乙鄉公所辦理委辦事件所為之行政處分，處分相對人丙若要提起訴願，依法何機關為訴願管轄機關？ (A)甲縣政府 (B)乙鄉公所 (C)甲縣政府或乙鄉公所由丙擇一即可 (D)甲縣政府之直接上級機關。

( ) **22** 下列何者非屬一般給付訴訟所得請求之內容？ (A)稅捐稽徵機關辦理退稅，誤將退稅款匯入他人帳戶，向該他人請求返還 (B)行政契約之相對人因故不履行契約，行政機關請求其履行 (C)人民請求主管機關勿作成裁處沒入之處分 (D)人民請求主管機關作成營業補貼處分。

( ) **23** 有關行政訴訟審判權之敘述，下列何者正確？ (A)依道路交通管理處罰條例裁處罰鍰事件，歸屬地方法院刑事庭管轄 (B)地方議會侵害議員之質詢權，由行政法院審理 (C)受懲戒之律師對於律師懲戒委員會之決議不服者，由行政法院審理 (D)違法羈押事件，由行政法院審理。

( ) **24** 關於人民請求國家賠償，下列敘述何者錯誤？ (A)國家賠償請求權，自請求權人知有損害時起，因2年間不行使而消滅 (B)國家賠償法所稱知有損害，須知有損害事實及國家賠償責任之原因事實 (C)普通法院關於行政處分違法之認定，有拘束行政法院之效力 (D)公務員有故意或重大過失時，賠償機關對之有求償權。

( ) **25** 下列何者不可能成立損失補償責任？ (A)捷運施工，動用重機具開挖地下通道，造成附近民房發生龜裂傾斜 (B)陸軍砲兵實施實彈射擊演練，砲彈意外偏離靶區造成私有農地上之高價值水果作物遭到毀損 (C)為防治傳染病，管理人配合主管機關就已經證實媒介傳染病之動物予以撲殺、銷毀 (D)國家公園管理處已為僅供公務用之禁止通行標示與危險警告，民眾仍執意抄捷徑而行走無護欄之公務棧道，發生墜谷意外。

解答與解析

（答案標示為#者，表官方曾公告更正該題答案。）

1 (#)。本題經考選部公告，答案更正為一律給分。

(1) 產生法律之源頭即為法源，行政法之法源依是否由立法機關制訂通過，可分為：

A. 成文法源：a.憲法。b.法律。c.國際法。d.命令。e.自治規章。

B. 不成文法法源：a.習慣。b.法理。c.判例。d.學說。e.解釋。f.外國法。g.國際法。h.一般法律原則等。

(2) 而最高行政法院大法庭裁定，依法院組織法第51條之10、行政法院組織法第15條之10均規定，大法庭之裁定對提案庭提交之案件有拘束力，但不及於其他訴訟案件；亦即大法庭裁定後，提案庭就該提交案件，應依據大法庭裁定所表示的法律見解，作成本案終局裁判。核與判例選編、決議是最高法院在具體個案之外，以司法行政作用表示法律見解，且具有法規範般之通案之拘束力，有本質的不同。

2 (C)。比例原則是衡量手段是否過度的判斷標準，認為手段與目的之間必須適當，司法院大法官解釋多次引憲法第23條為比例原則之依據。而此與誠信原則概念之個人在行使權利或履行義務時，要公平衡量當事人雙方的利益與期望，且權利人及義務人同樣受誠實信用原則的規範，用以實現公平正義與維護法律秩序的原則有別。

3 (A)。司法院大法官釋字第595號解釋文略以：

……勞保局依法墊償勞工工資後，得以自己名義，代位行使最優先受清償權（以下簡稱工資債權）」，據此以觀，勞工保險局以墊償基金所墊償者，原係雇主對於勞工私法上之工資給付債務；其以墊償基金墊償後取得之代位求償權（即民法所稱之承受債權，下同），乃基於法律規定之債權移轉，其私法債權之性質，並不因由國家機關行使而改變。勞工保險局與雇主間因歸墊債權所生之私法爭執，自應由普通法院行使審判權。

4 (C)。中央選舉委員會依行政院組織法第2條，為行政院設下列相當中央二級獨立機關；再依中央行政機關組織基準法第21條第1項但書，相當二級機關之獨立機關，其合議制成員中屬專任者，應先經立法院同意後任命之。

另依中央選舉委員會組織法第3條第6項，本會主任委員、副主任委員及委員有下列情形之一者，得由行政院院長予以免職：一、因罹病致無法執行職務。二、違法、廢弛職務或其他失職行為。三、因案受羈押或經起訴。行政院院長仍有人事監督權。

5 (A)。行政法人法第2條，行政法人指國家及地方自治團體以外，由中央目的事業主管機關，為執行特定公共任務，依法律設立具人事及財務自主性之公法人。

國家表演藝術中心設置條例第2條第1項規定，本中心為行政法人；其監督機關為文化部。

6 (A)。行政程序法第11條第1項，行政機關之管轄權，依其組織法規或其他行政法規定之。

中央法規標準法第2、3條，法律得定名為法、律、條例或通則。各機關發布之命令，得依其性質，稱規程、規則、細則、辦法、綱要、標準或準則。作業要點不屬之。

7 (C)。公務員懲戒法：

(A)第56條，懲戒案件有下列情形之一者，應為免議之判決：一、同一行為，已受懲戒法院之判決確定。二、受褫奪公權之宣告確定，認已無受懲戒處分之必要。三、已逾第二十條規定之懲戒處分行使期間。

(B)(D)第22條第2項，同一行為已受刑罰或行政罰之處罰者，仍得予以懲戒。其同一行為不受刑罰或行政罰之處罰者，亦同。

(C)第39條，同一行為，在刑事偵查或審判中者，不停止審理程序。但懲戒處分牽涉犯罪是否成立者，懲戒法庭認有必要時，得裁定於第一審刑事判決前，停止審理程序。

8 (A)。公務人員任用法第9條，公務人員之任用，應具有左列資格之一：一、依法考試及格。二、依法銓敘合格。三、依法升等合格。特殊性質職務人員之任用，除應具有前項資格外，如法律另有其他特別遴用規定者，並應從其規定。

另陸海空軍軍官士官任官條例第1條，陸海空軍軍官、士官之任官，依本條例之規定。

9 (A)。公務員服務法第14條第1項及第2項前段，公務員不得經營商業。前項經營商業，包括依公司法擔任公司發起人或公司負責人、依商業登記法擔任商業負責人，或依其他法令擔任以營利為目的之事業負責人、董事、監察人或相類似職務。

10 (C)。行政程序法第150條第1項，本法所稱法規命令，係指行政機關基於法律授權，對多數不特定人民就一般事項所作抽象之對外發生法律效果之規定。

另中央法規標準法第3條，各機關發布之命令，得依其性質，稱規程、規則、細則、辦法、綱要、標準或準則。

11 (A)。司法院大法官釋字第524號解釋理由書略以：

……全民健康保險為強制性之社會保險，攸關全體國民之福祉至鉅，故對於因保險所生之權利義務應有明確之規範，並有法律保留原則之適用，與商業保險之內容主要由當事人以契約訂定者有別。若法律就保險關係之內容授權以命令為補充規定者，其授權應具體明確，且須為被保險人所能預見。

12 (C)。行政程序法第120條第1項，授予利益之違法行政處分經撤銷後，如受益人無前條所列信賴不值得保護之情形，其因信賴該處分致遭受財產上之損失者，為撤銷之機關應給予合理之補償。

13 (C)。行政程序法第165條，本法所稱行政指導，謂行政機關在其職權或所掌事務範圍內，為實現一定之行政目的，以輔導、協助、勸告、建議或其他不具法律上強制力之方法，促請特定人為一定作為或不作為之行為；今衛生主管機關對前往官方網站瀏覽之不特定民眾，所為因傳染病大流行、促請於公眾聚集場所配戴口罩之公開警示，係行政機關以公告方式或其他方式發布，對一般民眾提供資訊行為，不具有法律效果。

14 (B)。依最高行政法院91年判字第2319號判例要旨，行政處分之作成，須二個以上機關本於各自職權先後參與者，為多階段行政處分。此際具有行政處分性質者，原則上為最後階段之行政行為，即直接對外發生法律效果部分。人民對多階段行政處分如有不服，固不妨對最後作成行政處分之機關提起訴訟，惟行政法院審查之範圍，則包含各個階段行政行為是否適法。

本題最後作成就公法上具體事件所為之決定、或其他公權力措施，而對外直接發生法律效果之單方行政行為，方屬行政處分者，為內政部移民署限制出境之處分，財政部之通知不屬之。

15 **(B)**。行政程序法第137條第2項，行政處分之作成，行政機關無裁量權時，代替該行政處分之行政契約所約定之人民給付，以依第九十三條第一項規定得為附款者為限。雙務契約之締結，不以行政機關有裁量權為限。

16 **(C)**。行政院89年2月17日法規委員會第232次會議決議，法規命令發布之形式，如未踐行發布程序（即所謂「應刊登政府公報或新聞紙」），屬於未生效力狀態。故該公告屬於程序要件，並非對人民產生特定法律效果，而為行政事實行為。

17 **(D)**。

(1) 政府採購法第101條第1項第2款，機關辦理採購，發現廠商有下列情形之一，應將其事實、理由及依第一百零三條第一項所定期間通知廠商，並附記如未提出異議者，將刊登政府採購公報：二、借用或冒用他人名義或證件投標者。

(2) 又最高行政法院101年度6月份第1次庭長法官聯席會議決議：

機關因廠商有政府採購法第101條第1項各款情形，依同法第102條第3項規定刊登政府採購公報，即生同法第103條第1項所示於一定期間內不得參加投標或作為決標對象或分包廠商之停權效果，為不利之處分。

其中第3款、第7款至第12款事由，縱屬違反契約義務之行為，既與公法上不利處分相連結，即被賦予公法上之意涵，如同其中第1款、第2款、第4款至第6款為參與政府採購程序施用不正當手段，及其中第14款為違反禁止歧視之原則一般，均係違反行政法上義務之行為，予以不利處分，具有裁罰性，自屬行政罰，應適用行政罰法第27條第1項所定3年裁處權時效。

其餘第13款事由，乃因特定事實予以管制之考量，無違反義務之行為，其不利處分並無裁罰性，應類推適用行政罰裁處之3年時效期間。

18 **(D)**。行政執行法第41條：

(A)(B)第2項，前項損失補償，應以金錢為之，並以補償實際所受之特別損失為限。

(C)第1項，人民因執行機關依法實施即時強制，致其生命、身體或財產遭受特別損失時，得請求補償。但因可歸責於該人民之事由者，不在此限。

(D)第4項，損失補償，應於知有損失後，二年內向執行機關請求之。但自損失發生後，經過五年者，不得為之。

19 **(B)**。行政程序法：

(A)第107條，行政機關遇有下列各款情形之一者，舉行聽證：一、法規明文規定應舉行聽證者。二、行政機關認為有舉行聽證之必要者。

(B)第58條第1項，行政機關為使聽證順利進行，認為必要時，得於聽證期日前，舉行預備聽證。

(C)第109條，不服依前條（第108條經聽證之行政處分規定）作成之行政處分者，其行政救濟程序，免除訴願及其先行程序。

(D)第59條第1項，聽證，除法律另有規定外，應公開以言詞為之。

20 **(A)**。最高行政法院101年度2月份庭長法官聯席會決議：

如訴願係請求作成處分，則應作為之機關已為行政處分，應作為而不作為之情形已不存在，訴願無實益，受理訴願機關依訴願法第82條第2項規定駁回並無不法。

如訴願係請求為特定內容之行政處分，惟應作為機關所為處分不利於訴願人，應認訴願人已對該不利處分有不服之表示，受理訴願機關應續行訴願程序，就該不利之處分為實體審酌，如受理訴願機關依訴願法第82條第2項規定駁回，並非適法。

結論為應依訴願聲明為不同處理。

21 **(A)**。訴願法第9條，直轄市政府、縣（市）政府或其所屬機關及鄉（鎮、市）公所依法辦理上級政府或其所屬機關委辦事件所為之行政處分，為受委辦機關之行政處分，其訴願之管轄，比照第四條之規定，向受委辦機關之直接上級機關提起訴願。

又同法第4條第1款，訴願之管轄如左：一、不服鄉（鎮、市）公所之行政處分者，向縣（市）政府提起訴願。

22 **(D)**。一般給付訴訟之定義，規範於行政訴訟法第8條第1項，人民與中央或地方機關間，因公法上原因發生財產上之給付或請求作成行政處分以外之其他非財產上之給付，得提起給付訴訟。因公法上契約發生之給付，亦同。故請求作成行政處分者便非屬一般給付訴訟之範疇。

23 **(B)**。(A)行政訴訟法第237-2條，交通裁決事件，得由原告住所地、居所地、所在地或違規行為地之地方行政法院管轄。

(B)按地方議會由議員組成，由議員合議行使上開地方議會之職權；個別議員於議會定期會開會時，對地方首長及相對主管有施政總質詢及業務質詢之職權（地方制度法第48條規定參照）。議會之議會程序及議會紀律事項，如侵害議員基於地方制度法之質詢權，因此項爭議涉及法律規定賦與議員之職權行使及權利，行政法院自應進行審查。

(C)司法院大法官釋字第378號解釋理由書摘錄，受懲戒之律師對於律師懲戒委員會之決議不服者，得請求覆審，律師懲戒覆審委員會所為之決議，即屬法院之終審裁判，並非行政處分或訴願決定，自不得再行提起行政爭訟。

(D)違法羈押事件所涉為刑事訴訟法，故應屬普通法院審理。

24 **(C)**。行政訴訟法第12條，民事或刑事訴訟之裁判，以行政處分是否無效或違法為據者，應依行政爭訟程序確定之。前項行政爭訟程序已經開始者，於其程序確定前，民事或刑事法院應停止其審判程序。

25 **(D)**。

(1) 損失補償係國家基於公共利益的必要性，依法行使公權力，以致特定人權益受到某種程度的特別犧牲，為了彌補該特定人所受到損失，因此加以補償的措施。目的乃針對適法行政作用為之，也就是基於正當原因或公共利益。

(2) 另因國家賠償法第3條第1項規定，公共設施因設置或管理有欠缺，致人民生命、身體、人身自由或財產受損害者，國家應負損害賠償責任。故涉及公共設施之管理賠償屬無過失責任。

(3) 惟依同條第3項，前二項情形，於開放之山域、水域等自然公物，經管理機關、受委託管理之民間團體或個人已就使用該公物為適當之警告或標示，而人民仍從事冒險或具危險性活動，國家不負損害賠償責任。

NOTE

112年 地方特考四等

( ) **1** 下列何者非屬行政法之法源？ (A)憲法法庭之判決 (B)行政法院座談會之決議 (C)條約 (D)自治規章。

( ) **2** 關於私經濟行政，下列敘述何者錯誤？ (A)經濟部水利署委請民間業者裝設水位測量感應器，屬於私經濟行政 (B)臺北市市場處出租公有攤位予攤商，屬於私經濟行政 (C)財政部公開標售國有土地之地上權，收取權利金，屬於私經濟行政 (D)環境部對業者課徵回收清除處理費，屬於私經濟行政。

( ) **3** 有關依法行政原則，下列敘述何者錯誤？ (A)法律優位原則又稱消極依法行政原則 (B)法律保留原則又稱積極依法行政原則 (C)人民違反行政法上義務之處罰構成要件，得以施行細則定之 (D)干預行政行為，須有法律規定或授權方得為之。

( ) **4** 關於行政裁量，下列敘述何者錯誤？ (A)行政機關對法律效果之選擇屬於行政裁量 (B)法院原則上尊重行政裁量之決定 (C)行政裁量區分為決定裁量與選擇裁量 (D)行政裁量並無違法問題。

( ) **5** 下列何者並不具有公課的性質？ (A)租稅 (B)規費 (C)罰鍰 (D)社會保險費。

( ) **6** 下列何種情形不發生具體之行政法律關係？ (A)主管機關命營業人停止營業 (B)對公法上金錢給付義務人之管收 (C)人民向主管機關申請專利權 (D)立法院制定道路交通管理處罰條例。

( ) **7** 依行政法人法規定，有關行政法人之設置，下列敘述何者錯誤？ (A)係目的事業主管機關為執行特定公共事務所設置 (B)地方政府依法不得設置行政法人 (C)行政法人係依法律設置的公法人 (D)行政法人須具有專業需求或須強化成本效益。

( ) **8** 依地方制度法規定，地方自治團體係屬於下列何種行政主體？ (A)私法人 (B)公法人 (C)行政法人 (D)公法財團法人。

(　　) **9** 關於獨立機關之敘述，下列何者正確？　(A)相當二級機關之獨立機關，其合議制成員屬專任者，由一級機關首長任命之　(B)相當二級機關之獨立機關，其合議制成員屬專任者，應依政黨比例代表任命之　(C)相當三級獨立機關之合議制成員，由一級機關首長任命之　(D)相當三級獨立機關之合議制成員，應由總統提名，經立法院同意後任命之。

(　　) **10** 關於行政處分效力之敘述，下列何者錯誤？　(A)違法行政處分於法定救濟期間經過後，僅原處分機關之上級機關得撤銷該行政處分　(B)書面之行政處分自送達相對人及已知之利害關係人起發生效力　(C)一般處分除另訂不同日期者外，自公告日或刊登政府公報、新聞紙最後登載日起發生效力　(D)行政處分應以證書方式作成而未給予證書者，無效。

(　　) **11** 關於機關權限及管轄規定，下列敘述何者正確？　(A)上級機關依法規將特定事項委由所屬下級機關執行，稱為權限委託　(B)權限委任會造成機關管轄權移轉之效果　(C)行政機關依法規將其權限之一部分，委託不相隸屬之行政機關執行之，稱為權限委任　(D)不服受委任機關辦理委任事件所為之行政處分，應向委任機關或其直接上級機關提起訴願。

(　　) **12** 同一事件，當數行政機關均有管轄權，亦即發生管轄競合時，下列敘述何者正確？　(A)應優先由各機關協議定之　(B)不能分別受理之先後，由各該機關協議定之　(C)不能協議或有統一管轄之必要時，由行政院決定之　(D)無共同上級機關時，由行政院決定之。

(　　) **13** 下列何者並非公務人員保障法之保障對象？　(A)公營事業依法任用之人員　(B)行政院政務委員　(C)公務人員三級考試一般行政錄取，參加基礎訓練之學員　(D)私立科技大學改制為國立時，未具任用資格之留用人員。

(　　) **14** 依公務員服務法規定，公務員對於長官監督範圍內所發之命令有服從義務。下列敘述何者錯誤？　(A)公務員認為該命令違法時，應負報告義務　(B)公務員進行報告後，長官仍認為該命令未違法，並以書面署名下達時，公務員仍應服從之　(C)長官以書面署名下達後，即使該命令違反刑事法律規定，公務員亦應服從之　(D)公務員請求長官以書面署名下達遭拒後，即視為命令已撤回。

( ) **15** 下列何者屬於公務人員懲處之種類？ (A)休職 (B)免職 (C)撤職 (D)降級。

( ) **16** 不服下列何種行為應適用公務人員申訴之程序？ (A)機關評定試用人員成績不合格 (B)長官對下屬之曠職核定 (C)機關對下屬不予敘獎 (D)長官核定出差。

( ) **17** 關於公物，下列敘述何者正確？ (A)公共用公物係指直接供一般民眾通常利用之物 (B)國家使用地方自治團體之土地，須為徵收補償 (C)針對公有土地，可依民法時效取得制度，取得所有權 (D)私人所有之土地，不得成為公物。

( ) **18** 下列何者非屬行政機關？ (A)國家發展委員會 (B)行政院訴願審議委員會 (C)公平交易委員會 (D)考試院。

( ) **19** 關於法規命令之訂定程序，下列敘述何者正確？ (A)雖無法律授權，亦得由機關長官訂定、發布法規命令 (B)法規命令訂定專屬行政機關職權，一般人民團體不得提議 (C)雖無急迫情事但為行政效率，法規命令草案無須公告徵求意見 (D)數機關會同訂定法規命令經上級機關或共同上級機關核定後，應會銜發布。

( ) **20** 關於行政規則，下列敘述何者錯誤？ (A)行政規則得直接對外發生效力 (B)行政機關訂定裁量基準，應由其首長簽署，並登載於政府公報發布 (C)行政規則由行政機關依職權訂定，不須經法律授權 (D)行政規則具有拘束訂定機關、其下級機關及屬官之效力。

( ) **21** 關於行政處分，下列敘述何者錯誤？ (A)中央選舉委員會於選舉後為當選之公告，其性質係對選舉結果所為之確認，故該公告為確認處分 (B)依實務見解，對於違反道路交通管理處罰條例者開具之舉發通知，係為暫時性之行政處分 (C)基於行政處分之完整性，行政處分只要有一部分無效之情形，該行政處分當然全部無效 (D)附廢止保留之行政處分，除法律有明文規定者外，於行政機關廢止該行政處分時，人民不得請求信賴保護之損失補償。

(　　) **22** 關於行政處分無效，下列敘述何者錯誤？　(A)不能由書面處分中得知處分機關者　(B)內容對任何人均屬不能實現者　(C)所要求或許可之行為構成犯罪者　(D)有誤寫誤算之錯誤者。

(　　) **23** 下列何者非屬行政處分之附款？　(A)甲申請於某地經營觀光旅館，主管機關核發許可，並附記：夜間經營產生之噪音不得超過法定標準值　(B)乙公司申請與他公司為聯合行為，主管機關作成許可處分，並附記：限期1年　(C)丙申請於某地設置化學工廠，主管機關核發許可，並附記：工廠於0時至上午6時不得操作　(D)丁申請於某地經營餐廳，主管機關核發許可，並附記：將來有必要時，得命其加裝防止噪音之設備。

(　　) **24** 衛生福利部為因應新冠肺炎之全球大流行，發布下列公告：「於醫院服務之醫事人員及社工人員禁止前往第三級旅遊警告地區，因會議、公務或其他特殊原因欲前往者，應經所屬醫院報衛生福利部同意。」上述公告之行政行為性質為何？　(A)行政規則　(B)行政契約　(C)行政指導　(D)行政處分。

(　　) **25** 下列何者非屬行政契約？　(A)公立國民小學與廠商締結之工程採購契約　(B)全民健康保險特約醫事服務機構合約　(C)主管機關委託民間車廠辦理汽車定期檢驗契約　(D)公立學校與教師締結之聘任契約。

(　　) **26** 關於行政程序法規定之公法上請求權，下列敘述何者錯誤？　(A)公法上之請求權於請求權人為行政機關時，原則上因5年間不行使而消滅　(B)公法上請求權之時效，因行政機關為實現該權利所作成之行政處分而中斷　(C)公法上之請求權於請求權人為人民時，原則上因5年間不行使而消滅　(D)公法上請求權因時效完成而當然消滅。

(　　) **27** 關於行政指導，下列敘述何者錯誤？　(A)得對不特定人為之　(B)係為實現特定行政目的　(C)不具有法律上強制力　(D)得促請被指導之人不作為。

(　　) **28** 下列何者非屬裁罰性不利處分？　(A)甲違規停車，收到裁處新臺幣1,200元之罰鍰通知單　(B)乙欠稅達新臺幣1,500萬元，收到限制出境之通知單　(C)丙因酒後駕車，遭當場吊扣駕駛執照1年　(D)丁雇主因終止勞動契約而未發給勞工資遣費，遭主管機關公布其姓名。

( ) **29** 主管機關依傳染病防治法規定，對於曾與傳染病病人接觸之甲，命遷入指定之處所檢查並實施管制或隔離。該行政措施之法律性質為何？ (A)行政處分 (B)對物之一般處分 (C)行政命令 (D)觀念通知。

( ) **30** 依行政罰法規定，甲違反行政法上義務而應受處罰，依當時法律得處罰鍰3,000至6,000元，行政機關於第一次裁處時，裁處4,000元。甲不服，提起訴願後，訴願決定撤銷原處分命重為適法處分後，法律修正為得處罰鍰1,000至3,000元。行政機關之第二次裁處時，應如何適用法律？ (A)以第一次裁處時之法律為基準，且不得為更不利益之罰鍰 (B)以第一次裁處時之法律為基準，於法定裁量範圍內重為裁量 (C)以第二次裁處時之法律為基準，且不得為最高額度之罰鍰 (D)以第二次裁處時之法律為基準，於法定裁量範圍內重為裁量。

( ) **31** 依行政罰法規定，衛生福利部食品藥物管理署作成之扣留決定，相對人不服時，應向何機關聲明異議？ (A)衛生福利部 (B)衛生福利部食品藥物管理署 (C)高等行政法院 (D)行政院。

( ) **32** 下列何者非屬行政執行法規定之行為或不行為義務？ (A)自行拆除違建 (B)繳納罰鍰 (C)參加道安講習 (D)公司提交帳冊接受主管機關檢查。

( ) **33** 關於即時強制，下列敘述何者錯誤？ (A)人民因執行機關依法實施即時強制，致其生命、身體或財產遭受特別損失時，得請求補償 (B)對於住宅、建築物或其他處所之進入，以人民之生命、身體、財產有迫切之危害，非進入不能救護者為限 (C)行政機關為阻止犯罪、危害之發生或避免急迫危險，而有即時處置之必要時，得為即時強制 (D)即時強制行為之對人管束，得視情況延長至48小時。

( ) **34** 依行政執行法規定，下列何者非屬終止行政執行之原因？ (A)義務已全部履行或執行完畢者 (B)執行目的有難以實現之虞者 (C)行政處分或裁定經撤銷或變更確定者 (D)義務之履行經證明為不可能者。

( ) **35** 關於聽證，下列敘述何者正確？ (A)聽證之進行以不公開為原則 (B)當事人認為主持人於聽證程序進行中所為之處置不當者，不得聲明異議 (C)行政機關為使聽證順利進行，認為必要時，得於聽證期日前，舉行預備聽證 (D)當事人一部無故缺席者，主持人不得逕行終結聽證。

(　　) **36** 關於行政機關間請求協助，下列敘述何者錯誤？　(A)行政機關執行職務時，得向所屬之下級機關請求職務協助　(B)行政執行機關於必要時，得依法請求其他機關協助　(C)對於在軍隊服役之軍人為行政送達者，應囑託該管軍事機關或長官為之　(D)由被請求機關協助執行，顯較經濟者，得請求職務協助。

(　　) **37** 關於政府資訊公開，下列敘述何者錯誤？　(A)政府機關作成意思決定前，內部單位之擬稿，均不得公開　(B)依法核定為國家機密應秘密事項，應限制公開　(C)政府資訊例外不公開之規定，在要件解釋上應該從嚴　(D)政府資訊含有應限制公開之事項者，應將限制公開之部分移除後，僅就其他部分公開之。

(　　) **38** 下列何者非屬行政程序法所規定之陳情事由？　(A)行政法令之查詢　(B)行政違失之舉發　(C)行政上權益之維護　(D)向監察院請求提出彈劾案。

(　　) **39** 關於訴願制度，下列敘述何者錯誤？　(A)訴願決定亦屬行政處分　(B)訴願決定對於受委託行使公權力之團體有拘束力　(C)訴願決定因提起行政訴訟之期間經過而未起訴者，該訴願決定具有形式存續力　(D)訴願決定撤銷原行政處分，並命原處分機關作成適法之處分，原處分機關仍有自行認事用法之權限，不受訴願決定意旨之拘束。

(　　) **40** 有隸屬關係之下級機關依法辦理上級機關所委由處理事件所為之行政處分，其訴願管轄機關為何？　(A)受委託機關　(B)委託機關之直接上級機關　(C)委任機關指定之機關　(D)受委任機關之直接上級機關。

(　　) **41** 下列何者不得為訴願人？　(A)祭祀公業　(B)國家運動訓練中心　(C)經濟部經濟法制司　(D)未經認許之外國公司。

(　　) **42** 依行政訴訟法規定，關於撤銷訴訟，下列敘述何者正確？　(A)針對已消滅之行政處分，應提起撤銷訴訟　(B)人民之申請案遭受拒絕時，應提起撤銷訴訟　(C)針對僅屬不當之行政處分，亦可提起撤銷訴訟以資救濟　(D)撤銷訴訟進行中，原處分已執行且無回復原狀之可能時，原告如有即受確認判決之利益，法院得依其聲請，確認該行政處分違法。

( ) **43** 下列何者非屬行政法院為情況判決時得處理之方式？ (A)於判決主文中諭知原處分或決定違法 (B)依原告聲明命被告機關賠償因違法處分所受之損害 (C)駁回原告之訴 (D)撤銷原處分，由原處分機關另為適法之處分。

( ) **44** 下列何者得直接作為國家賠償之賠償義務機關？ (A)私立大學附設醫院 (B)中華郵政股份有限公司 (C)高雄捷運股份有限公司 (D)國家電影及視聽文化中心。

( ) **45** 關於行政訴訟，下列敘述何者正確？ (A)提起行政訴訟，得於同一程序中，合併請求損害賠償或其他財產上給付 (B)對於行政處分不服時，應直接向行政法院提起訴訟 (C)行政訴訟採三級三審制 (D)行政訴訟不徵收裁判費。

( ) **46** 行政機關徵收甲之土地，卻未於法定期間內發給補償金，致使徵收處分失其效力。若甲主張依該徵收處分所成立之法律關係因失效而不存在，則其應提起何種訴訟類型？ (A)撤銷訴訟 (B)課予義務訴訟 (C)一般給付訴訟 (D)確認訴訟。

( ) **47** 警察執勤中見爛醉之甲騎機車，未施以對人之即時強制管束任其離去，致甲隨後肇事身亡，下列敘述何者正確？ (A)警察機關於此情形屬於怠於執行職務，構成國家賠償責任 (B)甲之死亡屬於國家賠償法中之自願從事冒險或危險性活動，不構成國家賠償責任 (C)警察機關並未對甲有違法不當之攔檢，自不負國家賠償責任 (D)即時強制係為公共利益而設，無國家賠償法適用之餘地。

( ) **48** 關於國家賠償法上公共設施之國家賠償責任，下列敘述何者錯誤？ (A)損害係因公共設施之利用而產生 (B)該公共設施之設置或管理有欠缺 (C)賠償範圍限於生命、身體或財產之損害 (D)設置與管理之欠缺與損害間有相當因果關係。

( ) **49** 有關國家賠償制度，下列敘述何者錯誤？ (A)人民因國家機關違法行使公權力受損害者，不得請求所失之利益 (B)人民依國家賠償法規定以書面向賠償義務機關請求賠償，賠償義務機關應即與其協議 (C)國家賠償請求權之消滅時效，不適用行政程序法第131條第1項之規定 (D)國家賠償之訴，除國家賠償法另有規定外，適用民事訴訟法之規定。

(　　) **50** 下列何種情形，國家對於人民不負損失補償責任？ (A)臺中市為辦理都市更新須拆除或遷移土地改良物 (B)國家表演藝術中心之樓梯濕滑，致參觀民眾跌倒受傷 (C)高雄市政府基於公益之考量，廢止授益處分 (D)新北市政府為興建輕軌，在私人土地下方埋設管線。

解答與解析

（答案標示為#者，表官方曾公告更正該題答案。）

1 (B)。產生法律之源頭，即法源依據，行政法之法源依是否由立法機關制訂通過，可分為：

(1) 成文法源：A.憲法。B.法律。C.國際法。D.命令。E.自治規章。

(2) 不成文法法源：A.習慣。B.法理。C.判例。D.學說。E.解釋。F.外國法。G.國際法。H.一般法律原則等。

而111年1月4日施行之憲法訴訟新制，依憲法訴訟法第37條規定，憲法法庭之判決，有拘束各機關及人民之效力；各機關並有實現判決內容之義務。故憲法法庭之判決亦屬行政法之法源。

2 (D)。司法院大法官釋字第788號解釋理由書摘錄：

廢棄物清理法有關回收清除處理費，係基於環保公益目的，性質上可解為具有行為引導目的之其他非稅捐性質之管制性環境公課（環境引導公課）。

3 (C)。

(1) 行政罰法第4條，違反行政法上義務之處罰，以行為時之法律或自治條例有明文規定者為限。故本題選法規命令層級的施行細則選項(C)。

(2) 惟依司法院大法官釋字第619號解釋摘錄，對於人民違反行政法上義務之行為處以裁罰性之行政處分，涉及人民權利之限制，其處罰之構成要件及法律效果，應由法律定之，以命令為之者，應有法律明確授權，始符合憲法第二十三條法律保留原則之意旨。

(3)故行政罰法應不限定於法律，有明確授權之法規命令在法律所定之效果下，補充規定特定罰則之構成要件，亦不違反處罰法定主義；是以施行細則如經法律明確授權，亦符合依法行政原則。

4 (D)。行政程序法第10條，行政機關行使裁量權，不得逾越法定之裁量範圍，並應符合法規授權之目的。

5 (C)。司法院大法官釋字第426號解釋認為，國家為一定政策目標之需要，對於有特定關係之國民所課徵之公法上負擔，並限定其課徵所得之用途，在學理上稱為特別公課，乃現代工業先進國家常用之工具。

罰鍰的意義則是行政機關對於違反行政法規的人民所做的處罰，而與其他三者不同。

6 (D)。「具體之行政法律關係」係指針對特定人、事、物之行政行為（如行政處分）；而國會立法顯然是為具有拘束力之抽象法規範，而與前述具體之法律關係有別。

7 **(B)**。行政法人法第41條，本法於行政院以外之中央政府機關，設立行政法人時，準用之。經中央目的事業主管機關核可之特定公共事務，直轄市、縣（市）得準用本法之規定制定自治條例，設立行政法人。

8 **(B)**。地方制度法第2條第1款，本法用詞之定義如下：一、地方自治團體：指依本法實施地方自治，具公法人地位之團體。省政府為行政院派出機關，省為非地方自治團體。

9 **(C)**。中央行政機關組織基準法第21條第1項，獨立機關合議制之成員，均應明定其任職期限、任命程序、停職、免職之規定及程序。但相當二級機關之獨立機關，其合議制成員中屬專任者，應先經立法院同意後任命之；其他獨立機關合議制成員由一級機關首長任命之。

10 **(A)**。行政程序法第117條前段，違法行政處分於法定救濟期間經過後，原處分機關得依職權為全部或一部之撤銷；其上級機關，亦得為之。

11 **(B)**。行政程序法：

(A)(B)第15條第1項，行政機關得依法規將其權限之一部分，委任所屬下級機關執行之。

(C)第15條第2項，行政機關因業務上之需要，得依法規將其權限之一部分，委託不相隸屬之行政機關執行之。→應為委託而非委任。

(D)訴願法第8條，有隸屬關係之下級機關依法辦理上級機關委任事件所為之行政處分，為受委任機關之行政處分，其訴願之管轄，比照第四條之規定，向受委任機關或其直接上級機關提起訴願。

12 **(B)**。行政程序法第13條第1項，同一事件，數行政機關依前二條之規定均有管轄權者，由受理在先之機關管轄，不能分別受理之先後者，由各該機關協議定之，不能協議或有統一管轄之必要時，由其共同上級機關指定管轄。無共同上級機關時，由各該上級機關協議定之。

13 **(B)**。公務人員保障法第102條第1項，下列人員準用本法之規定：

一、教育人員任用條例公布施行前已進用未經銓敘合格之公立學校職員。

二、私立學校改制為公立學校未具任用資格之留用人員。→(D)

三、公營事業依法任用之人員。→(A)

四、各機關依法派用、聘用、聘任、僱用或留用人員。

五、應各種公務人員考試錄取參加訓練之人員，或訓練期滿成績及格未獲分發任用之人員。→(C)

14 **(C)**。公務員服務法第3條：

(A)(B)(C)第1項，公務員對於長官監督範圍內所發之命令有服從義務，如認為該命令違法，應負報告之義務；該管長官如認其命令並未違法，而以書面署名下達時，公務員即應服從；其因此所生之責任，由該長官負之。但其命令有違反刑事法律者，公務員無服從之義務。

(D)第2項，前項情形，該管長官非以書面署名下達命令者，公務員得請求其以書面署名為之，該管長官拒絕時，視為撤回其命令。

15 **(B)**。公務人員考績法第12條第1項，各機關辦理公務人員平時考核及專案考績，分別依左列規定：

一、平時考核：獎勵分嘉獎、記功、記大功；懲處分申誡、記過、記大過。於年終考績時，併計成績增減總分。平時考核獎懲得互相抵銷，無獎懲抵銷而累積達二大過者，年終考績應列丁等。

二、專案考績，於有重大功過時行之；其獎懲依左列規定：(二)一次記二大過者，免職。

16 **(D)**。公務人員保障法第77條第1項，公務人員對於服務機關所為之管理措施或有關工作條件之處置認為不當，致影響其權益者，得依本法提起申訴、再申訴。

另參酌公務人員保障暨培訓委員會發布「人事行政行為一覽表」：

(A)貳、任免銓審遷調/一、試用/(二)評定試用成績不及格，定性為行政處分。

(B)伍、服務差勤/八、曠職/(二)曠職核定／登記，定性改認為行政處分。

(C)陸、考核獎懲/三、平時考核敘獎/(二)不予敘獎，定性改認為行政處分。

(D)伍、服務差勤/三、國內出差審核登記及差旅費核發/(一)核定出差，定性為管理措施。

17 **(A)**。(A)公共公物指的是由行政主體所直接提供，供公眾可以自由在該物一般使用的範圍內，無需特別許可就可以使用的公物，例如：道路、橋梁、廣場等。

(B)國家徵收補償、徵用對象為人民，如為使用地方自治團體之土地，係依國有不動產撥用要點辦理。

(C)最高法院72年台上字第5040號裁判要旨略謂，公有公用物或公有公共用物（前者為國家或公共團體以公有物供自己用，後者提供公眾共同使用，以下統稱為公物），具有不融通性，不適用民法上取得時效之規定。

(D)最高法院94年台上字第2327號民事判例要旨略謂，既成道路的土地雖屬私有，但既供公眾通行，已因時效完成而有公用地役關係存在而取得該道路的管理權，倘因設置或管理的欠缺而造成人民的損害，即有本法第3條的適用。

18 **(B)**。行政院訴願審議委員會，其目的在發揮行政機關自我省察之行政監督功能，故雖屬機關內部設立之合議制組織，然於法制上，其向被認為係屬學理上所稱「獨立行使職權之委員會」。

19 **(D)**。行政程序法：

(A)第150條第2項，法規命令之內容應明列其法律授權之依據，並不得逾越法律授權之範圍與立法精神。

(B)第152條第1項，法規命令之訂定，除由行政機關自行草擬者外，並得由人民或團體提議為之。

(C)第154條第1項前段，行政機關擬訂法規命令時，除情況急迫，顯然無法事先公告周知者外，應於政府公報或新聞紙公告，載明下列事項……。

(D)第157條第2項，機關會同訂定之法規命令，依法應經上級機關或共同上級機關核定者，應於核定後始得會銜發布。

20 **(A)**。行政程序法第159條第1項，本法所稱行政規則，係指上級機關對下級機關，或長官對屬官，依其權限或職權為規範機關內部秩序及運作，所為非直接對外發生法規範效力之一般、抽象之規定。

21 **(C)**。行政程序法第112條，行政處分一部分無效者，其他部分仍為有效。但除去該無效部分，行政處分不能成立者，全部無效。

22 **(D)**。行政程序法第111條，行政處分有下列各款情形之一者，無效：

一、不能由書面處分中得知處分機關者。→(A)

二、應以證書方式作成而未給予證書者。

三、內容對任何人均屬不能實現者。→(B)

四、所要求或許可之行為構成犯罪者。→(C)

五、內容違背公共秩序、善良風俗者。

六、未經授權而違背法規有關專屬管轄之規定或缺乏事務權限者。

七、其他具有重大明顯之瑕疵者。

23 **(A)**。行政程序法第93條，行政機關作成行政處分有裁量權時，得為附款。無裁量權者，以法律有明文規定或為確保行政處分法定要件之履行而以該要件為附款內容者為限，始得為之。前項所稱之附款如下：

一、期限。→(B)

二、條件。

三、負擔。

四、保留行政處分之廢止權。→(C)

五、保留負擔之事後附加或變更。→(D)

24 **(D)**。

(1) 行政程序法第92條第2項，前項決定或措施之相對人雖非特定，而依一般性特徵可得確定其範圍者，為一般處分，適用本法有關行政處分之規定。有關公物之設定、變更、廢止或其一般使用者，亦同。

(2) 該禁令規範對象為「於醫院服務之醫事人員及社工人員」，屬於依一般性特徵可得確定其範圍者；亦為針對具體事件「因應新冠肺炎之全球大流行」所為「禁止前往第三級旅遊警告地區」管理措施。故該公告之禁令本身的性質較偏向為一般處分。

25 **(A)**。法務部（90）法律字第029825號函釋：

「政府採購法」則係以政府機關、公立學校、公營事業辦理工程之定作、財物之買受、定製、承租及勞務之委任或僱傭等私經濟行政為適用範圍（該法第二條、第三條及其立法説明參），有關等採購事項，應依政府採購法及其子法之規定判斷之，似不生行政程序法之適用問題。

26 **(C)**。行政程序法第131條第1項，公法上之請求權，於請求權人為行政機關時，除法律另有規定外，因五年間不行使而消滅；於請求權人為人民時，除法律另有規定外，因十年間不行使而消滅。

27 **(A)**。行政程序法第165條，本法所稱行政指導，謂行政機關在其職權或所掌事務範圍內，為實現一定之行政目的，以輔導、協助、勸告、建議或其他不具法律上強制力之方法，促請特定人為一定作為或不作為之行為。

28 **(B)**。最高行政法院96年度判字第1746號行政判決略以：行政機關依稅捐稽徵法第24條第3項、限制出境實施辦法第2條第1項規定，所為限制當事人出境之處分，雖會對當事人發生不利之結果，惟因該處分不具裁罰性，僅屬保全之措施，非屬行政罰。

29 **(A)**。司法院大法官釋字第690號解釋意見書提及：
主管機關對於採行隔離的公權力處置，可能作成行政處分、一般處分或是頒布行政命令的方式。採行行政處分者，主要是針對具體的感染病人或是疑似感染或高危險群者。這種對於個人所施予的公權力處分，是對個人產生最大、且最具體明確之拘束；採行一般處分者，則是對不特定，但可以確定的相對人所為之規範（行政程序法第九十二條第二項）。這在隔離處置上經常可見，例如：主管機關宣布某一地區為疫區，不准人民自由出入。則在疫區內人民，固然不得離開疫區，外人亦不得進入，此即為一般處分之隔離措施。反之，對少數染病者或感染之虞者，所為之隔離於一定處所之處分，即為行政處分。而主管機關同時宣布該一定處所為隔離區，即宣示不特定其他人民皆不可進入該隔離區，即具有一般處分之性質。

30 **(D)**。行政罰法第5條，行為後法律或自治條例有變更者，適用裁處時之法律或自治條例。但裁處前之法律或自治條例有利於受處罰者，適用最有利於受處罰者之規定。

31 **(B)**。行政罰法第41條第1項，物之所有人、持有人、保管人或利害關係人對扣留不服者，得向扣留機關聲明異議。

32 **(B)**。行政執行法施行細則第2條，本法第二條所稱公法上金錢給付義務如下：一、稅款、滯納金、滯報費、利息、滯報金、怠報金及短估金。二、罰鍰及怠金。三、代履行費用。四、其他公法上應給付金錢之義務。

33 **(D)**。行政執行法第37條，對於人之管束，以合於下列情形之一者為限：一、瘋狂或酗酒泥醉，非管束不能救護其生命、身體之危險，及預防他人生命、身體之危險者。二、意圖自殺，非管束不能救護其生命者。三、暴行或鬥毆，非管束不能預防其傷害者。四、其他認為必須救護或有害公共安全之虞，非管束不能救護或不能預防危害者。前項管束，不得逾二十四小時。

34 **(B)**。
(1) 行政執行法第8條第1項，行政執行有下列情形之一者，執行機關應依職權或因義務人、利害關係人之申請終止執行：一、義務已全部履行或執行完畢者。二、行政處分或裁定經撤銷或變更確定者。三、義務之履行經證明為不可能者。

(2) 另同法第6條第1項第4款，執行機關遇有下列情形之一者，得於必要時請求其他機關協助之：四、執行目的有難於實現之虞者。

35 (C)。行政程序法：

(A)第59條第1項，聽證，除法律另有規定外，應公開以言詞為之。

(B)第63條第1項，當事人認為主持人於聽證程序進行中所為之處置違法或不當者，得即時聲明異議。

(C)第58條第1項，行政機關為使聽證順利進行，認為必要時，得於聽證期日前，舉行預備聽證。

(D)第62條第2項第7款，主持人於聽證時，得行使下列職權：七、當事人一部或全部無故缺席者，逕行開始、延期或終結聽證。

36 (A)。行政程序法第19條第2項前段，行政機關執行職務時，有下列情形之一者，得向無隸屬關係之其他機關請求協助。

37 (A)。政府資訊公開法第18條第1項第3款，政府資訊屬於下列各款情形之一者，應限制公開或不予提供之：三、政府機關作成意思決定前，內部單位之擬稿或其他準備作業。但對公益有必要者，得公開或提供之。

38 (D)。行政程序法第168條，人民對於行政興革之建議、行政法令之查詢、行政違失之舉發或行政上權益之維護，得向主管機關陳情。

39 (D)。訴願法第95條，訴願之決定確定後，就其事件，有拘束各關係機關之效力；就其依第十條提起訴願之事件，對於受委託行使公權力之團體或個人，亦有拘束力。

40 (D)。訴願法第8條，有隸屬關係之下級機關依法辦理上級機關委任事件所為之行政處分，為受委任機關之行政處分，其訴願之管轄，比照第四條之規定，向受委任機關或其直接上級機關提起訴願。

41 (C)。訴願法第18條，自然人、法人、非法人之團體或其他受行政處分之相對人及利害關係人得提起訴願。另依中央行政機關組織基準法第25條第1項第1款第2目，機關之內部單位層級分為一級、二級，得定名如下：一、一級內部單位：(二)司：二級機關部之業務單位用之。

42 (D)。(A)針對已消滅之行政處分，應提起確認訴訟；依行政訴訟法第6條第1項，確認行政處分無效及確認公法上法律關係成立或不成立之訴訟，非原告有即受確認判決之法律上利益者，不得提起之。其確認已執行而無回復原狀可能之行政處分或已消滅之行政處分為違法之訴訟，亦同。

(B)人民之申請案遭受拒絕時，應提起課與義務訴訟；依行政訴訟法第5條第2項，人民因中央或地方機關對其依法申請之案件，予以駁回，認為其權利或法律上利益受違法損害者，經依訴願程序後，得向行政法院提起請求該機關應為行政處分或應為特定內容之行政處分之訴訟。

(C)撤銷訴訟係針對違法之行政處分；依行政訴訟法第4條第1項，人民因中央或地方機關之違法行政處分，認為損害其權利或法律上之利益，經依訴願法提起訴願而不服其決定，或提起訴願逾三個月不為決定，或延長訴願決定期間逾二個月不為決定者，得向行政法院提起撤銷訴訟。

43 **(D)**。行政訴訟法：

(A)第198條第2項，前項情形，應於判決主文中諭知原處分或決定違法。

(B)第199條第1項，行政法院為前條判決時，應依原告之聲明，將其因違法處分或決定所受之損害，於判決內命被告機關賠償。

(C)第198條第1項，行政法院受理撤銷訴訟，發現原處分或決定雖屬違法，但其撤銷或變更於公益有重大損害，經斟酌原告所受損害、賠償程度、防止方法及其他一切情事，認原處分或決定之撤銷或變更顯與公益相違背時，得駁回原告之訴。

44 **(D)**。依國家賠償法第14條，本法於其他公法人準用之。而依國家電影及視聽文化中心設置條例第2條，本中心為行政法人；其監督機關為文化部。

45 **(A)**。行政訴訟法：

(A)第7條，提起行政訴訟，得於同一程序中，合併請求損害賠償或其他財產上給付。

(B)第4條第1項，人民因中央或地方機關之違法行政處分，認為損害其權利或法律上之利益，經依訴願法提起訴願而不服其決定，或提起訴願逾三個月不為決定，或延長訴願決定期間逾二個月不為決定者，得向行政法院提起撤銷訴訟。

(C)行政訴訟原則採三級二審制。

(D)第98條第1項，訴訟費用指裁判費及其他進行訴訟之必要費用，由敗訴之當事人負擔。但為第一百九十八條之判決時，由被告負擔。

46 **(D)**。最高行政法院100年度1月份第1次庭長法官聯席會議決議：

民國89年7月1日行政訴訟法修正施行前，土地經徵收並完成所有權登記。嗣原所有權人主張該管地政機關未於法定期限內發給補償費致徵收失效，依修正後行政訴訟法第6條第1項規定，提起確認徵收法律關係不存在訴訟。

47 **(A)**。國家賠償法第2條第2項，公務員於執行職務行使公權力時，因故意或過失不法侵害人民自由或權利者，國家應負損害賠償責任。公務員怠於執行職務，致人民自由或權利遭受損害者亦同。

48 **(C)**。國家賠償法第3條第1項，公共設施因設置或管理有欠缺，致人民生命、身體、人身自由或財產受損害者，國家應負損害賠償責任。

49 **(A)**。國家賠償法第5條，國家損害賠償，除依本法規定外，適用民法規定；又民法第216條，損害賠償，除法律另有規定或契約另有訂定外，應以填補債權人所受損害及所失利益為限。依通常情形，或依已定之計劃、設備或其他特別情事，可得預期之利益，視為所失利益。

50 **(B)**。國家賠償法第3條第1項，公共設施因設置或管理有欠缺，致人民生命、身體、人身自由或財產受損害者，國家應負損害賠償責任。

113年 高考三級

甲、申論題

一、某甲因於臺北市工作，因此於文山區考試院附近，向房東某乙租賃頂樓加蓋房屋一間供居住，因屬違建不具房屋稅稅籍，111年8月1日向內政部線上申請3百億元中央擴大租金補貼專案計畫補貼，內政部審查通過並於111年9月1日起每月領有3600元租金補貼。但112年5月1日時內政部清查後發現，某甲所租的房屋未具房屋稅稅籍，因此不符合111年8月某甲申請時之「三百億元中央擴大租金補貼專案計畫補貼作業規定」的規定。就此，內政部可否撤銷該補貼，而當事人會申請補貼乃因為工作所得不佳，家庭環境不好，因此無法負擔臺北市高額房租，且已經領取之房租補貼已繳交給房東，無法返還，請問內政部有無可以解決的方式？

解 (一)內政部如認定甲具信賴保護基礎，且信賴利益大於欲維護之公益，自得不予撤銷受益人甲之租金補貼，反之則否：

1. 依行政程序法第117條，違法行政處分於法定救濟期間經過後，原處分機關得依職權為全部或一部之撤銷；其上級機關，亦得為之。但有下列各款情形之一者，不得撤銷：一、撤銷對公益有重大危害者。二、受益人無第一百十九條所列信賴不值得保護之情形，而信賴授予利益之行政處分，其信賴利益顯然大於撤銷所欲維護之公益者；又同法第119條規定，受益人有下列各款情形之一者，其信賴不值得保護：一、以詐欺、脅迫或賄賂方法，使行政機關作成行政處分者。二、對重要事項提供不正確資料或為不完全陳述，致使行政機關依該資料或陳述而作成行政處分者。三、明知行政處分違法或因重大過失而不知者。
2. 是以內政部審查通過對甲的租金補貼，屬於違法之授益處分，而違法的授益處分撤銷，會受到上述條文的限制，即相對人有信賴的表現，且其信賴利益值得保護，便具有信賴基礎；行政機關欲撤銷該違法授益處分，必須兼顧相對人的信賴利益，如未有不值得保護的法定情形，而信賴授予利益之行政處分，其信賴利益顯然大於撤銷所欲維護之公益者，便不得撤銷。行政機關基於信賴保護原則即不得撤銷該違法授益處分，此即信賴保護之「存續保護」。

3. 受益人甲的租金補貼申請，如未具有行政程序法第119條規定信賴利益不值得保護之情形，且甲已將該補貼繳交給房東，運用於申請之目的，顯具有信賴表現的事實。今如內政部審認甲的信賴利益顯然大於撤銷欲維護的公益，經衡酌公益與受益人的信賴利益，得採取存續保護，不撤銷對甲的補貼處分；反之如認甲知曉（或有重大過失而不知）其所租賃之房屋屬違建不具房屋稅稅籍，而不符申請資格，則構成上述信賴利益不值得保護之情形，或縱使認甲信賴利益值得保護、惟公益維護大於私益保護時，內政部自得依職權撤銷補助處分，並得依同法第127條規定，要求甲應返還因該處分所受領之給付，即返還不當得利。

(二) 承前，如內政部依職權撤銷補助，又甲已無法返還：

1. 依行政程序法第127條第1、2項，授予利益之行政處分，其內容係提供一次或連續之金錢或可分物之給付者，經撤銷、廢止或條件成就而有溯及既往失效之情形時，受益人應返還因該處分所受領之給付。其行政處分經確認無效者，亦同。前項返還範圍準用民法有關不當得利之規定。
2. 又民法第182條第1項，不當得利之受領人，不知無法律上之原因，而其所受之利益已不存在者，免負返還或償還價額之責任。
3. 是故如內政部如經審認，認甲之信賴利益雖值得保護，但為維護大於私益之公益而撤銷系爭授益行政處分時，亦可依上述規定準用民法條文，免除善意之甲返還不當得利價額之責任。

(三) 綜上所述，經衡量甲有無信賴利益和是否大於欲維護之公益，內政部得裁量是否撤銷；又如甲為善意無資力者，亦可依法免除其返還責任。

二、A長照機構與B直轄市政府衛生局（下稱B衛生局）簽有「B直轄市特約長期照顧家庭照顧者喘息服務行政契約書」（下稱行政契約），提供相關喘息服務，行政契約中有A長照機構依行政程序法第148條自願接受執行之約定。B衛生局發現A長照機構有虛報費用之情事，依行政契約之約定可處虛報費用金額10倍之違約金，合計新臺幣50萬元。B衛生局遂限期通知甲繳納，催繳函並有「若逾期不履行，本局依法移送行政執行分署強制執行」之記載。假設A長照機構甲逾期仍未繳還公費，B衛生局得否以催繳函為執行名義移送該管行政執行分署強制執行？

解 (一)行政契約得為強制執行之名義：

1. 行政程序法第148條第1項，行政契約約定自願接受執行時，債務人不為給付時，債權人得以該契約為強制執行之執行名義

2. 是以行政契約如雙方有約定自願接受執行者，於債務人不為給付時，債權人得以該契約為強制執行之執行名義，不經法院判決，即得以契約之約定為執行名義，向地方行政法院聲請強制執行；且依99年度高等行政法院法律座談會提案七決議見解，如僅人民一方自願接受執行者，不生公共利益考量之問題，不在行政程序法第148條第2項規範之內，毋庸地方自治團體行政首長之認可，即可作為執行名義。

3. A長照機構與B直轄市政府衛生局簽有「B直轄市特約長期照顧家庭照顧者喘息服務行政契約書」，契約中有A長照機構依行政程序法第148條自願接受執行之約定，是以本案行政契約不須經法院裁判確定，即可取得與行政處分類似之執行力。

(二)B衛生局毋庸以催繳函為執行名義，移送行政執行分署強制執行：

1. 承前，系爭行政契約中約定債務人不履約時自願接受強制執行，債權人便不必提起一般給付訴訟，得不經行政法院判決，即得以該行政契約為執行名義，向地方行政法院聲請強制執行。

2. 經查A長照機構與B衛生局雙方於系爭行政契約中，約定有行政程序法第148條自願接受執行之規定，則A長照機構不履約時自願接受強制執行，債權人B衛生局無須提起一般給付訴訟，且得不經行政法院判決，即逕以該行政契約為執行名義，向地方行政法院聲請強制執行。

(三)綜上所述，B衛生局對於A長照機構遲未繳納違約金50萬元，不得以催繳函為執行名義，亦不得移送行政執行分署強制執行。B衛生局應依行政程序法第148條規定，以該行政契約為強制執行名義，向地方行政法院聲請強制執行。

乙、測驗題

( ) **1** 關於依法行政之敘述，下列何者錯誤？ (A)執行法律之細節性、技術性次要事項，由行政機關發布命令為必要之規範，不違反法律保留原則 (B)法律優位原則又稱為消極的依法行政原則 (C)給付行政措施，只要預算允許，即無須適用法律保留原則 (D)對於人民違反行政法上義務之裁罰，其處罰之構成要件，應以法律或法律明確授權之命令定之。

( ) **2** 依司法院大法官解釋意旨，關於信賴保護原則所需衡酌之事項，不包括下列何者？ (A)法秩序變動所追求之政策目的 (B)國家財政負擔之能力 (C)修法過程中可決票數之多寡 (D)值得保護之信賴利益的輕重。

( ) **3** 依司法實務見解，下列事件所涉之爭議，何者應由普通法院審判？ (A)對大學教師所為教師升等不通過 (B)大學生必修科目成績不及格，以致於無法如期畢業 (C)依據國有林地濫墾地補辦清理作業要點申請訂立租地契約未受准許 (D)退役軍職人員與臺灣銀行訂立優惠存款契約所生之給付利息爭議。

( ) **4** 關於地方自治，下列敘述何者正確？ (A)基於地方自治，中央不得要求地方分擔全民健保保險費之補助 (B)關於自治事項，地方不得以自治法規另定較中央法規更高之限制標準 (C)地方自治條例與中央法規牴觸者，中央主管機關應起訴請求行政法院判決自治條例無效 (D)地方自治團體應作為而不作為而危害公益，中央機關於情形急迫時得代行處理。

( ) **5** 下列何者非屬公法人？ (A)新竹縣五峰鄉 (B)新北市新店區 (C)國家運動訓練中心 (D)國家表演藝術中心。

( ) **6** 關於行政管轄權之敘述，下列何者正確？ (A)同一事件二機關依法皆有管轄權，由受理在後之機關處理對人民較為便捷時，應由受理在後之機關管轄 (B)原行政機關因組織法規變更，合併至他機關時，有關機關管轄事務變更之公告，應由原行政機關辦理公告 (C)二行政機關發生管轄權爭議時，該爭議應由共同上級機關之上級機關決定之 (D)行政機關將其權限之一部分，委託民間團體辦理，應將其委託事項公告，並刊登政府公報或新聞紙。

( ) **7** 依現行法令規定，關於公務人員之任用，下列敘述何者正確？ (A)曾服公務有貪污行為，經緩刑判決確定，不得任用為公務人員 (B)現任公務人員因犯偽造文書罪，經有罪判決並已執行完畢，不得再任公務人員 (C)初任各官等之試用人員，基於業務需要，經指名商調，得於試用期間調任其他職系職務 (D)公務人員得經依法銓敘合格而取得任用資格。

( ) **8** 關於公務員之懲戒與懲處，下列敘述何者錯誤？ (A)得為公務員之懲戒者，係懲戒法院 (B)得為公務員之懲處者，係公務員服務之機關 (C)薦任第九職等或相當九職等以下之公務員，關於其懲戒，行政首長或其主管機關首長得逕送懲戒法院審理 (D)懲戒法庭就移送之懲戒案件，不得對被付懲戒人先行裁定停止職務。

( ) **9** 公務人員甲因執行公務屢有違失，年終獲乙等之考績評定，如甲欲提起行政救濟，下列敘述何者正確？ (A)甲不得對乙等考績評定提起任何救濟 (B)甲可依申訴、再申訴程序尋求救濟；針對再申訴決定，無法向行政法院提起行政訴訟 (C)甲可依申訴、再申訴程序尋求救濟；針對再申訴決定，可向行政法院提起行政訴訟 (D)甲可依復審程序尋求救濟；如對復審決定不服，可向行政法院提起行政訴訟。

( ) **10** 關於命令之合法性審查，下列敘述何者正確？ (A)立法院認定命令違法，得議決通知原訂定機關更正或廢止，逾期未為更正或廢止者，該命令失效 (B)法官對於命令無違憲審查權，自不得拒絕適用 (C)法官僅得審查具法規命令性質之都市計畫，對於其他法規命令均無違法審查權 (D)各法院就其審理之案件，對裁判上所應適用之命令，認有牴觸憲法，得聲請憲法法庭為宣告違憲之判決。

( ) **11** 關於行政函釋與行政規則之敘述，下列何者錯誤？ (A)國防部基於職權訂定執行兵役法第43條免除本次教育勤務點閱召集範圍基準表，其性質屬解釋性行政規則 (B)主管機關就行政法規所為之釋示，係闡明法規之原意，應自法規生效之日起有其適用 (C)行政程序法施行前，行政機關發布之解釋性函釋，嗣後未編入由該機關編撰之法律彙編中，即表示行政機關廢止該函釋 (D)性質屬於裁量基準之行政規則，應由機關首長簽署，並登載於政府公報發布之。

(　　) **12** 行政機關所為下列行為，何者直接對外發生法律效力？　(A)土地登記簿標示部其他登記事項欄中「本土地涉及違法地目變更，土地使用管制仍應受原『田』地目之限制」之註記　(B)人民團體經核准立案後，將選任職員簡歷冊報請主管機關核備　(C)戶政機關以催告函通知甲辦理戶籍撤銷登記，否則將依法逕為登記　(D)公務人員經評定年終考績考列丙等。

(　　) **13** 教育部對於私立大學停聘其教師之核准，其法律性質為何？　(A)形成私法效果之行政處分　(B)對人一般處分　(C)對物一般處分　(D)事實行為。

(　　) **14** 關於處分機關救濟期間之告知，下列敘述何者錯誤？　(A)處分機關未告知救濟期間，致相對人或利害關係人遲誤者，如自處分書送達後1年內聲明不服時，視為於法定期間內所為　(B)處分機關告知之救濟期間有錯誤時，應由該機關以通知更正之，並自通知送達之翌日起算法定期間　(C)處分機關告知之救濟期間較法定期間為長者，處分機關雖以通知更正，如相對人或利害關係人信賴原告知之救濟期間，致無法於法定期間內提起救濟，而於原告知之期間內為之者，視為於法定期間內所為　(D)處分機關告知之救濟期間錯誤未為更正，致相對人或利害關係人遲誤者，如自處分書送達後3年內聲明不服時，視為於法定期間內所為。

(　　) **15** 衛生福利部中央健康保險署與各醫事服務機構締結全民健康保險特約醫事服務機構合約，若雙方對於該合約內容有爭議時，應向下列何者尋求救濟？　(A)憲法法庭　(B)交通法庭　(C)行政法院　(D)地方法院。

(　　) **16** 關於給付行政與法律保留原則之關係，下列敘述何者正確？　(A)給付行政不適用法律保留原則　(B)給付行政一律適用法律保留原則　(C)給予中小學生成績優良獎勵，應經地方立法機關制定自治條例作為依據　(D)給付行政如涉及公共利益之重大事項者，應有法律或法律明確之授權為依據。

(　　) **17** 一行為同時違反三項行政法義務規定。A規定：罰鍰3,000元至6,000元，沒入實施違法行為的器械設備；B規定：罰鍰2,500元至4,000元；C規定：罰鍰1,500元至8,000元，並應參加6小時講習。主管機關所為裁罰，下列何者正確？　(A)裁處罰鍰不得超過6,000元，且一併裁處沒入及講習　(B)裁處罰鍰不得低於2,500元，且不得一併裁處其他種類處罰　(C)裁處罰鍰不得低於3,000元，且得一併裁處沒入及講習　(D)應就三項規定分別裁處罰鍰，且一併裁處沒入及講習。

( ) **18** 甲欠繳稅款，經稽徵機關催繳不理後移送該管行政執行分署執行。該管行政執行分署因而將甲名下之房屋予以查封。甲對該執行命令不服，而欲提起救濟，下列敘述何者正確？ (A)甲得依稅捐稽徵法第35條規定，對該執行命令申請復查 (B)甲得依行政執行法第9條規定，對該執行命令聲明異議，遭駁回後提起訴願 (C)甲得依行政執行法第9條規定，對該執行命令聲明異議，遭駁回後直接提起行政訴訟 (D)甲得依訴願法第1條第1項規定，直接對該執行命令提起訴願。

( ) **19** 依行政程序法規定，下列敘述何者錯誤？ (A)舉行聽證應預先公告者，行政機關應將法定相關事項，登載於政府公報或以其他適當方法公告之 (B)行政機關將其權限之一部分委任或委託，應將該事項及法規依據公告之，並刊登政府公報或新聞紙 (C)行政機關經裁併之公告事項，自公告之日起算至第3日起發生移轉管轄權之效力 (D)當事人或利害關係人得向行政機關申請閱覽有關資料或卷宗，但以主張其事實上利益有必要者為限。

( ) **20** 關於訴願決定，下列敘述何者錯誤？ (A)未經法定先行程序而逕行提起訴願之案件，嗣後亦未補正者，應作成不受理之決定 (B)訴願案件雖符合程式要件，惟實體上無理由，應作成駁回訴願之決定 (C)對於違法或不當行政處分提起訴願而有理由者，應作成撤銷原處分之決定，並視情形發回原處分機關另為處分或自為變更原處分 (D)對於行政機關怠為處分而提起訴願者，應作成確認原處分機關違法之決定，並自為一定之處分。

( ) **21** 臺東縣政府函成功鎮公所代為公告現有巷道，甲所有之土地屬於該現有巷道之一部分，下列敘述何者正確？ (A)認定現有巷道之主管機關為臺東縣成功鎮公所 (B)認定現有巷道之公告，自公告日起第3日生效 (C)現有巷道之認定，涉及人民財產權之限制，因行政處分未個別送達給相對人甲，故對甲不生效力 (D)甲不服該公告應向內政部提起訴願。

(　　) **22** 有關行政法院之管轄，下列敘述何者正確？　(A)於高等行政法院增設地方行政訴訟庭，專責部分之第一審通常訴訟程序事件、簡易訴訟程序、交通裁決、收容聲請等事件　(B)當事人不服由高等行政法院地方行政訴訟庭所作成之判決，而提出上訴由最高行政法院管轄　(C)以高等行政法院地方行政訴訟庭為第一審管轄法院之事件，高等行政法院高等行政訴訟庭依通常訴訟程序審理並為判決者，最高行政法院應以高等行政法院高等行政訴訟庭無管轄權而廢棄原判決　(D)聲請人、受裁定人或內政部移民署對高等行政法院地方行政訴訟庭所為收容聲請事件之裁定不服者，應向最高行政法院為抗告。

(　　) **23** 下列何者屬於行政秩序罰？　(A)工廠負責人不遵行主管機關依法所為之停工命令，被判處有期徒刑併科罰金　(B)人民不履行行政法上之義務，遭行政機關科處怠金　(C)律師違反律師法規定而受懲戒　(D)電信事業未經核准擅自架設電臺，依法沒入電臺之設備或器材。

(　　) **24** 關於國家賠償之敘述，下列何者正確？　(A)公共設施因設置或管理有欠缺，致人民受損害，如有其他應負責之人，國家不負賠償責任　(B)於開放之自然公物，經管理機關已就使用該公物為適當之警告，而人民仍從事冒險或具危險性活動，國家不負損害賠償責任　(C)國家因採購公務所需之文具造成之損害，亦屬國家賠償責任　(D)有審判職務之公務員，因執行職務侵害人民自由或權利，就其參與審判或追訴案件犯職務上之罪，經第一審判決有罪，負國家賠償責任。

(　　) **25** 人民因正當使用合法藥物所生之藥害，得依藥害救濟法請求救濟，此之所謂「救濟」，其法律上定性為何？　(A)民事損害賠償　(B)國家賠償　(C)刑事訴訟附帶民事賠償　(D)基於社會衡平所為之行政補償。

解答與解析

（答案標示為#者，表官方曾公告更正該題答案。）

1 (C)。司法院大法官釋字第443號解釋理由書略以：
關於給付行政措施，其受法律規範之密度，自較限制人民權益者寬鬆，倘涉及公共利益之重大事項者，應有法律或法律授權之命令為依據之必要，乃屬當然。

2 (C)。司法院大法官釋字第589號解釋文略以：
如何保障其信賴利益，究係採取減輕或避免其損害，或避免影響其依法所取得法律上地位等方法，則須衡酌法秩序變動所追求之政策目的、國家財政負擔能力等公益因素及信賴利益之輕重、信賴利益所依據之基礎法規所表現之意義與價值等為合理之規定。

3 (D)。司法院大法官釋字第787號解釋意旨略以：

退除役軍職人員與臺灣銀行股份有限公司訂立優惠存款契約，因該契約所生請求給付優惠存款利息之事件，性質上屬私法關係所生之爭議，其訴訟應由普通法院審判；具體理由為臺灣銀行固基於其與國防部之約定，辦理退除役軍職人員退伍金優存事務與利息之給付事宜。惟其內容不外涉及優存戶開戶存款後，雙方之存款、利息計算與給付等，與公權力之行使無關。

4 (D)。(A)司法院大法官釋字第550號解釋理由書提及，地方自治團體受憲法制度保障，其施政所需之經費負擔乃涉及財政自主權之事項，固有法律保留原則之適用，於不侵害其自主權核心領域之限度內，基於國家整體施政需要，中央依據法律使地方分擔保險費之補助，尚非憲法所不許。

(B)司法院大法官釋字第738號解釋理由書提及，地方自治團體就轄區內電子遊樂場業營業場所之距離限制，得訂定比中央法律規定更為嚴格之要求，該解釋亦認中央制定之電子遊戲場業管理條例第11條規定已明文賦予地方主管機關核發、撤銷及廢止電子遊戲場業營業級別證及辦理相關事項登記之權。故地方於不牴觸中央法規之範圍內，自得就法律所定自治事項，以自治條例為因地制宜之規範。

(C)地方制度法第30條第1項，自治條例與憲法、法律或基於法律授權之法規或上級自治團體自治條例牴觸者，無效；同條第4項前段，第一項及第二項發生牴觸無效者，分別由行政院、中央各該主管機關、縣政府予以函告。

(D)地方制度法第76條第1項，直轄市、縣（市）、鄉（鎮、市）依法應作為而不作為，致嚴重危害公益或妨礙地方政務正常運作，其適於代行處理者，得分別由行政院、中央各該主管機關、縣政府命其於一定期限內為之；逾期仍不作為者，得代行處理。但情況急迫時，得逕予代行處理。

5 (B)。公法人是以公法規定為依據所成立的法人，包括國家、地方自治團體和行政法人三種；其中地方自治團體指依地方制度法第2條第1款所定義的實施地方自治的團體，行政法人則是依行政法人法第2條的定義，指由中央目的事業主管機關，為執行特定公共事務所設立的法人組織。

(A)依地方制度法第14條，直轄市、縣（市）、鄉（鎮、市）為地方自治團體，依本法辦理自治事項，並執行上級政府委辦事項。

(C)國家運動訓練中心設置條例第2條第1項規定，本中心為行政法人；其監督機關為教育部。

(D)國家表演藝術中心設置條例第2條第1項規定，本中心為行政法人；其監督機關為文化部。

6 (D)。行政程序法：

(A)第13條第1項，同一事件，數行政機關依前二條之規定均有管轄權者，由受理在先之機關管轄，不能分別受理之先後者，由各該機關協議定之，不能協議或有統一管轄之必要時，由其共同上級機關指定管轄。無共同上級機關時，由各該上級機關協議定之。

(B)第11條第3項，行政機關經裁併者，前項公告得僅由組織法規變更後之管轄機關為之。

(C)第14條第1項，數行政機關於管轄權有爭議時，由其共同上級機關決定之，無共同上級機關時，由各該上級機關協議定之。

7 (D)。公務人員任用法：

(A)第28條第1項第4款，有下列情事之一者，不得任用為公務人員：四、曾服公務有貪污行為，經有罪判決確定或通緝有案尚未結案。→緩刑判決確定未在列。

(B)第28條第1項第5款，有下列情事之一者，不得任用為公務人員：五、犯前二款以外之罪，判處有期徒刑以上之刑確定，尚未執行或執行未畢。但受緩刑宣告者，不在此限。→已執行完畢不影響任用資格。

(C)第20條第8項，試用人員於試用期間不得調任其他職系職務。

8 (D)。公務員懲戒法第5條第1項，懲戒法庭對於移送之懲戒案件，認為情節重大，有先行停止職務之必要者，得裁定先行停止被付懲戒人之職務，並通知被付懲戒人所屬主管機關。

9 (D)。

(1) 司法院大法官釋字第785號解釋意旨，保訓會通盤檢討保障法所定復審及申訴、再申訴救濟範圍，並以109年10月5日公保字第1091060302號函所附人事行政行為一覽表函知中央及地方各主管機關人事機構，就公務人員對於考績（成）評定等次，不論甲、乙、丙或丁等評定，均認屬行政處分，對該等處分不服者，均改依保障法所定復審程序請求救濟。

(2) 另憲法法庭111年憲判字第11號判決指出，如果措施的性質屬於行政處分，再申訴的決定視同訴願決定，不服再申訴決定，可以提起行政訴訟。

10 (A)。(B)司法院大法官釋字第216號解釋意旨，各機關依其職掌就有關法規為釋示之行政命令，法官於審判案件時，固可予以引用，但仍得依據法律，表示適當之不同見解，並不受其拘束，本院釋字第一三七號解釋即係本此意旨；司法行政機關所發司法行政上之命令，如涉及審判上之法律見解，僅供法官參考，法官於審判案件時，亦不受其拘束。

(C)法官非僅審查具法規命令性質之都市計畫，對於其他法規命令亦有違法審查權。

(D)行政訴訟法第178-1條，行政法院就其受理事件，對所應適用之法律位階法規範，聲請憲法法庭判決宣告違憲者，應裁定停止訴訟程序。

11 **(C)**。行政程序法第174-1條，本法施行前，行政機關依中央法規標準法第七條訂定之命令，須以法律規定或以法律明列其授權依據者，應於本法施行後二年內，以法律規定或以法律明列其授權依據後修正或訂定；逾期失效。行政機關發布之解釋性函釋並不因嗣後是否編入由該機關編撰之法律彙編中影響其效力。

12 **(D)**。(A)最高行政法院99年度3月第1次庭長法官聯席會議決議見解，地政登記的「登記事項欄註記」，在實務認定由於註記並未有法律效果之產生，性質上應屬於「行政事實行為」，而非「行政處分」。

(B)最高行政法院105年1月份第2次庭長法官聯席會議決議見解，經主管機關核備時，僅係對資料作形式審查後，所為知悉送件之人民團體選任職員簡歷事項之觀念通知，對該等職員之選任，未賦予任何法律效果，並非行政處分。

(C)最高行政法院104年11月份第1次庭長法官聯席會議見解，於法定事由發生時人民即有申請登記之義務，並非因戶政機關催告始創設之新義務，尚難謂該催告對受催告者產生有容忍戶政機關逕為登記之義務，足見該催告函尚未發生獨立之法律規制效力，自難認為行政處分。

13 **(A)**。最高行政法院109年判字第312號判決要旨，私立大學與所聘任教師間乃私法契約關係，私立大學所為之停聘通知，係單方中止雙方私法上聘任契約之意思表示，核屬私法契約之行為，並非行政處分；教育部對於該停聘行為之核准，具有使該停聘行為發生法律效力之作用，方為形成私法效果之行政處分。

14 **(D)**。行政程序法第98條第3項，處分機關未告知救濟期間或告知錯誤未為更正，致相對人或利害關係人遲誤者，如自處分書送達後一年內聲明不服時，視為於法定期間內所為。

15 **(C)**。司法院大法官釋字第533號解釋文略以：

保險醫事服務機構與中央健康保險局締結前述合約，如因而發生履約爭議，經該醫事服務機構依全民健康保險法第五條第一項所定程序提請審議，對審議結果仍有不服，自得依法提起行政爭訟。

16 **(D)**。司法院大法官釋字第443號解釋理由書略以：

關於給付行政措施，其受法律規範之密度，自較限制人民權益者寬鬆，倘涉及公共利益之重大事項者，應有法律或法律授權之命令為依據之必要，乃屬當然。

17 **(C)**。行政罰法第24條第1、2項，一行為違反數個行政法上義務規定而應處罰鍰者，依法定罰鍰額最高之規定裁處。但裁處之額度，不得低於各該規定之罰鍰最低額。前項違反行政法上義務行為，除應處罰鍰外，另有沒入或其他種類行政罰之處罰者，得依該規定併為裁處。但其處罰種類相同，如從一重處罰已足以達成行政目的者，不得重複裁處。

本題規定罰鍰額度上限最高為8,000元、下限最高為3,000元，故裁處罰鍰額度為3,000～8,000元之間。

18 **(C)**。最高行政法院107年4月份第1次庭長法官聯席會議要旨，對具行政處分性質之執行命令不服，經依行政執行法第9條之聲明異議程序，應認相當於已經訴願程序，聲明異議人可直接提起撤銷訴訟。

19 **(D)**。行政程序法第46條第1項，當事人或利害關係人得向行政機關申請閱覽、抄寫、複印或攝影有關資料或卷宗。但以主張或維護其法律上利益有必要者為限。→非事實上利益。

20 **(D)**。訴願法第82條第1項，對於依第二條第一項提起之訴願，受理訴願機關認為有理由者，應指定相當期間，命應作為之機關速為一定之處分。

21 **(D)**。訴願法第4條第3款，訴願之管轄如左：三、不服縣（市）政府之行政處分者，向中央主管部、會、行、處、局、署提起訴願。

22 **(A)**。行政訴訟法第3-1條，本法所稱高等行政法院，指高等行政法院高等行政訴訟庭；所稱地方行政法院，指高等行政法院地方行政訴訟庭。

(B)同法第263-1條第1項，對於地方行政法院之終局判決，除法律別有規定外，得依本章規定上訴於管轄之高等行政法院。

(C)同法第256-1條第1項，以地方行政法院為第一審管轄法院之事件，高等行政法院依通常訴訟程序審理並為判決者，最高行政法院不得以高等行政法院無管轄權而廢棄原判決。

(D)同法第237-16條第1項，聲請人、受裁定人或移民署對地方行政法院所為收容聲請事件之裁定不服者，應於裁定送達後五日內抗告於管轄之高等行政法院。對於抗告法院之裁定，不得再為抗告。

23 **(D)**。行政秩序罰主要係對於過去的違法行為加以制裁為目的，依據行政罰法第1條，違反行政法上義務而受罰鍰、沒入或其他種類行政罰之處罰時，適用本法。但其他法律有特別規定者，從其規定。

24 **(B)**。國家賠償法：

(A)第3條第1項，公共設施因設置或管理有欠缺，致人民生命、身體、人身自由或財產受損害者，國家應負損害賠償責任；同條第5項，第一項、第二項及前項情形，就損害原因有應負責任之人時，賠償義務機關對之有求償權。

(C)國家因採購公務所需之文具造成之損害，核其性質為私經濟行政中之行政輔助行為，並無國家賠償法之適用。

(D)第13條，有審判或追訴職務之公務員，因執行職務侵害人民自由或權利，就其參與審判或追訴案件犯職務上之罪，經判決有罪確定者，適用本法規定。

25 **(D)**。司法院大法官釋字第767號解釋理由書意旨，有關藥害救濟、犯罪被害人之補償制度為社會補償，係基於社會衡平所為之行政補償，其性質為特別社會福利救濟措施；藥害救濟的立法目的是在「減少」人民在社會中所遭受「可能發生但是無可歸責的剩餘風險」，並非傳統意義的國家賠償責任或損失補償責任。

113年 普考

( ) 1 法律規定電子遊戲場業之營業場所應距離學校50公尺，但某直轄市自治條例卻規定為800公尺，依司法院解釋意旨，下列敘述何者正確？ (A)該自治條例無效，因違反法律優位原則 (B)該自治條例無效，因違反法律保留原則 (C)該自治條例有效，因後法優先於前法 (D)該自治條例有效，因地方有自治權限。

( ) 2 下列何者須以法律或法律明確授權之命令為依據始得為之？ (A)開放公共空間供街頭藝人展演 (B)命法定傳染病之確診者居家隔離 (C)興建橋樑並提供公用 (D)提供空氣品質預報。

( ) 3 有關溯及既往與信賴保護原則之敘述，下列何者正確？ (A)基於信賴保護原則，法規之適用均不得溯及既往 (B)真正溯及既往係指新制定之法規，適用於該法規生效前已完結之法律事實 (C)不真正溯及既往係指新制定之法規，僅適用於該法規生效後發生之法律事實 (D)不真正溯及既往之法規，不用考量人民對於舊法是否有值得保護之信賴。

( ) 4 教師及學校之教育或管理措施，即使構成權利之侵害，學生得據以提起行政爭訟請求救濟，但法院及其他行政爭訟機關應予教師及學校較高之尊重。此屬下列何種概念？ (A)行政保留 (B)裁量餘地 (C)專業判斷餘地 (D)法規制定裁量。

( ) 5 下列何者非屬私經濟行政行為？ (A)中央銀行為穩定匯市，購買黃金外幣 (B)行政機關與得標廠商締結採購契約 (C)自來水公司提供配水服務 (D)直轄市政府依自治條例規定，同意相對人利用下水道附掛有線電視纜線並收取使用費。

( ) 6 關於公、私法法律關係之敘述，下列何者錯誤？ (A)國宅之出租，屬私法關係 (B)政府發行公債，屬公法關係 (C)國立大學醫學系與其公費學生間，屬公法關係 (D)公立學校教師之聘任，屬公法關係。

( ) 7 關於直轄市山地原住民區之敘述，下列何者錯誤？ (A)為地方自治團體 (B)置區長1人，由市長依法任用 (C)區民代表會為該區之立法機關 (D)其自治除法律另有規定外，準用地方制度法關於鄉（鎮、市）之規定。

( ) **8** 依地方制度法規定，上級政府對於下級政府所陳報之事項加以審查，並作成決定，以完成該事項之法定效力。此種審查與決定稱為下列何者？ (A)核定 (B)通報 (C)備查 (D)知會。

( ) **9** 下列何者為獨立機關？ (A)教育部訴願審議委員會 (B)公平交易委員會 (C)國家科學及技術委員會 (D)金融監督管理委員會。

( ) **10** 關於行政機關管轄權之敘述，下列何者正確？ (A)數機關就同一事件均有管轄權者，即由共同上級機關指定管轄 (B)依據管轄法定原則，管轄權之更動應依法規或依行政契約為之 (C)依據管轄法定原則，管轄權僅能依據法律定之 (D)關於不動產事件，不能依行政程序法第11條定土地管轄時，依不動產所在地定之。

( ) **11** 國稅之稽徵屬財政部所屬國稅局之職務權限，學理上稱為何種管轄？ (A)事物管轄 (B)土地管轄 (C)層級管轄 (D)功能管轄。

( ) **12** 關於公務人員之年終考績獎懲，下列敘述何者錯誤？ (A)公務員考績受列甲等，晉本俸一級，並給與1個月俸給總額之一次獎金 (B)公務員考績受列乙等，晉本俸一級，並給與半個月俸給總額之一次獎金 (C)公務員考績受列丙等，晉本俸一級，無額外獎金 (D)公務員考績受列丁等，受免職處分。

( ) **13** 關於公務員懲戒之敘述，下列何者為錯誤？ (A)公務員懲戒程序為一級二審制 (B)公務員因同一行為已受懲戒，即不再受懲處 (C)同一違法行為經法院判決確定其刑事責任後，仍得再予以懲戒 (D)政務人員之懲戒處分，只適用撤職與申誡。

( ) **14** 關於公務人員服從義務之敘述，下列何者正確？ (A)主管長官與兼管長官同時所發命令不同時，公務人員應向共同上級長官報告 (B)公務人員對於長官所發命令之合法性如有疑義，得隨時陳述，但無報告義務 (C)公務人員對於長官所發之命令有絕對服從義務 (D)長官所發命令有違反刑事法律者，公務員無服從之義務。

( ) **15** 依行政執行法規定，義務人經命其提供相當擔保，限期履行，屆期不履行亦未提供相當擔保，於下列何種情形得聲請法院裁定拘提？ (A)顯有逃匿之虞 (B)顯有履行義務之可能，故意不履行 (C)就應供強制執行之財產有隱匿或處分之情事 (D)經命其報告財產狀況，不為報告或為虛偽之報告。

( ) **16** 關於公務人員保障法規定之調處程序，下列敘述何者正確？ (A)復審人、再申訴人之代理人應提出經特別委任之授權證明，始得參與調處 (B)復審人、再申訴人及有關機關，無正當理由，於指定期日不到場者，視為調處不成立，不得另定調處期日 (C)於多數人共同提起保障事件之調處，多數人之代表人須徵得全體復審人或再申訴人過半數之書面同意為之 (D)保障事件審理中，公務人員保障暨培訓委員會僅得依申請而進行調處。

( ) **17** 下列何者非屬公務員服務法適用之對象？ (A)未兼行政職之中央研究院研究員 (B)台糖公司資產營運處處長 (C)國防部軍醫局副局長 (D)新北市政府財政局主任秘書。

( ) **18** 依法應迴避之公務員而未迴避所作成之行政處分其效力為何？ (A)效力未定 (B)得廢止 (C)得撤銷 (D)無效。

( ) **19** 關於行政程序法法規命令之規定，下列敘述何者錯誤？ (A)法規命令之訂定，除由行政機關自行草擬外，亦得由人民或團體提議為之 (B)行政機關訂定法規命令，應舉行聽證 (C)法規命令依法應經上級機關核定者，應於核定後始得發布 (D)法規命令之發布，應刊登政府公報或新聞紙。

( ) **20** 關於地方制度法制定自治法規之規定，下列何者正確？ (A)自治法規、委辦規則依規定應經其他機關核定者，至遲應於核定文送達各該地方行政機關15日內公布或發布 (B)自治法規、委辦規則須經上級政府或委辦機關核定者，核定機關至遲應於2個月內為核定與否之決定 (C)自治條例經地方立法機關議決後，函送各該地方行政機關，地方行政機關收到後，至遲應於20日內公布 (D)地方立法機關得訂定自律規則，並報各該上級政府備查。

(　　) **21** 下列何者非屬行政處分？　(A)區公所公告公墓廢止使用　(B)鄉公所公告某公園開放使用　(C)稅捐稽徵機關送達之稅捐繳納通知書　(D)警察機關對交通違規檢舉人通知其檢舉不成立。

(　　) **22** 下列何者屬於行政處分無效之情形？　(A)主管機關對於未經申請者，逕核發營業許可　(B)主管機關要求特定工廠須於6個月內改善污染排放，並禁止日後不得排放污染物質　(C)主管機關對於任意丟棄廢棄物者處罰，而處分時該行為人已死亡　(D)新北市政府環境保護局針對於臺北市轄區內傾倒廢土者開立罰單。

(　　) **23** 主管機關因公益理由，使已核發之建築執照效力不復存在，此行為之法律性質為何？　(A)合法授益處分之廢止　(B)合法授益處分之撤銷　(C)違法授益處分之廢止　(D)違法授益處分之撤銷。

(　　) **24** 徵兵機關就役男兵役體位所為之判定，其法律性質為何？　(A)行政事實行為　(B)確認處分　(C)下命處分　(D)形成處分。

(　　) **25** 下列何者非行政程序法所規定之行政契約類型？　(A)雙務契約　(B)和解契約　(C)隸屬契約　(D)任務契約。

(　　) **26** 關於行政契約與行政處分之敘述，下列何者錯誤？　(A)兩者同屬行政機關對個別事件所為具有對外效力之行政行為　(B)行政契約之一部無效者，原則上其他部分仍為有效；行政處分一部分無效者，原則上全部無效　(C)除法令有特別規定者外，行政機關作成行政處分有形式選擇自由時，得締結行政契約以替代行政處分　(D)行政契約之締結，原則上應以書面為之；行政處分原則上得以書面、言詞或其他方式為之。

(　　) **27** 關於行政法上觀念通知之敘述，下列何者正確？　(A)不發生規制之法律效果　(B)屬於私經濟行政行為　(C)不受法規支配之行政行為　(D)其爭議由民事法院審理。

(　　) **28** 下列何種行政行為屬於行政罰？　(A)因受益人未履行負擔，主管機關廢止原先核發之營業許可　(B)因受益人提供錯誤資訊，主管機關撤銷先前作成之建築許可　(C)稅捐稽徵機關為保全稅捐，限制欠稅人民出境　(D)事業經營者因違反營業法規，遭主管機關勒令停業。

( ) **29** 關於行政罰法規定之敘述，下列何者正確？ (A)我國行政罰法採取法定原則，對所有違反行政法義務者皆予以處罰 (B)行為後法律有所變動時，行政罰法採取從新從輕原則 (C)基於公平及平等原則，行政罰法未規定阻卻違法事由 (D)違反行政法義務之處罰，得因時因地制宜由主管機關任意制定。

( ) **30** 汽車駕駛人違規行駛，受記點處分，該法律性質為何？ (A)剝奪資格之處分 (B)警告性處分 (C)下命處分 (D)影響名譽之處分。

( ) **31** 下列何者非屬行政執行方法中之直接強制？ (A)解除占有 (B)註銷證照 (C)代履行 (D)斷絕營業所必須之電力。

( ) **32** 關於行政執行不利處置之敘述，下列何者錯誤？ (A)怠金為間接強制方法 (B)不利處置非僅怠金一種 (C)怠金得連續裁處 (D)不服怠金裁處者得提起訴願。

( ) **33** 關於行政執行之限制住居，下列敘述何者正確？ (A)義務人滯欠金額合計未達新臺幣20萬元，不得限制住居。但義務人已出境達2次者，不在此限 (B)義務人經合法通知，無正當理由而不到場，得限制其住居 (C)執行機關得不命義務人提供相當擔保，限期履行，而僅限制其住居 (D)義務人已按法定應繼分繳納遺產稅款、罰鍰及加徵之滯納金、利息，仍得限制住居。

( ) **34** 行政程序法關於行政機關調查事實及證據之規定，下列敘述何者錯誤？ (A)行政機關實施勘驗時，應通知當事人到場。但不能通知者，不在此限 (B)當事人僅得向行政機關申請調查事實及證據，不得自行提出證據 (C)行政機關得要求當事人或第三人提供必要之文書、資料或物品 (D)行政機關得選定適當之人以書面為鑑定，必要時，得通知鑑定人到場說明。

( ) **35** 關於政府資訊公開之敘述，下列何者錯誤？ (A)政府資訊中若有含限制公開事項，因情事變更已無限制公開必要者，政府機關應受理申請提供 (B)政府機關就人民申請提供、更正或補充政府資訊所為之決定，其性質為行政處分 (C)政府資訊公開有侵害個人隱私者，為維護公益即得公開 (D)政府資訊之公開若足以妨害刑事被告受公正之裁判時，行政機關應限制公開。

(　　) **36** 下列何種行政處分之作成，得不給予相對人陳述意見之機會？　(A)因違反環保法規，對工廠開立罰單　(B)廢止加油站之設立許可　(C)撤銷餐廳之營業許可　(D)以電腦印製之大量稅單。

(　　) **37** 下列何種事項有行政程序法程序規定之適用？　(A)有關外交行為、軍事行為或國家安全保障事項之行為　(B)外國人出、入境、難民認定及國籍變更之行為　(C)犯罪矯正機關或其他收容處所為達成收容目的所為之行為　(D)學校對學生所為改變學生身分之行為。

(　　) **38** 環境部委託某機車行檢驗廢氣排放，甲之機車因檢驗員操作不當而受損，甲得依據下列何法請求賠償？　(A)國家賠償法　(B)行政程序法　(C)訴願法　(D)行政訴訟法。

(　　) **39** 關於訴願期間之敘述，下列何者錯誤？　(A)利害關係人知悉一般處分後，如該處分經公告生效已超過3年，不得提起訴願　(B)訴願人以掛號郵寄方式提起訴願，以交郵當日之郵戳為準　(C)訴願人委任事務所在臺北市之律師為代理人，向行政院提起訴願，訴願期間之計算不得扣除在途期間　(D)訴願人因天災而遲誤訴願期間超過1年者，不得向受理訴願機關申請回復原狀。

(　　) **40** 國立大學學生甲對學校所為之記過處分，經依法提出申訴，仍不服申訴評議決定時，應如何救濟？　(A)甲得以申訴決定違法或不當且侵害其權益，逕向教育部提起再申訴　(B)甲得以申訴決定違法且侵害其權利，逕向行政法院提起撤銷訴訟　(C)甲得以申訴決定違法或不當且侵害其權益，逕向教育部提起訴願　(D)甲得以申訴決定違法且侵害其權益，以該學校為被告，逕提起國家賠償訴訟。

(　　) **41** 關於訴願之管轄，下列敘述何者正確？　(A)不服鄉公所之行政處分者，向縣政府所屬各級機關提起訴願　(B)不服縣政府所屬各級機關之行政處分者，向中央主管部、會、行、處、局、署提起訴願　(C)不服中央各部、會、行、處、局、署所屬機關之行政處分者，向各部、會、行、處、局、署提起訴願　(D)不服中央各院之行政處分者，向總統府提起訴願。

( ) **42** 下列公法上爭議何者由行政法院所審理？ (A)政黨違憲解散案 (B)總統彈劾案 (C)選舉罷免事件 (D)收容聲請事件。

( ) **43** 主管機關命甲自行拆除違建，甲對此處分不服提起訴願，於訴願審議期間，主管機關已將該違建拆除完畢，若其訴願經駁回，甲仍不服，應提起何種訴訟以為救濟？ (A)撤銷訴訟 (B)課予義務訴訟 (C)違法確認訴訟 (D)一般給付訴訟。

( ) **44** 依行政程序法之規定，下列何者非屬法規命令無效情形？ (A)牴觸憲法或法律者 (B)無法律之授權而剝奪或限制人民之自由、權利者 (C)其訂定應經其他機關核准，而未經核准者 (D)尚未經立法院同意備查者。

( ) **45** 關於行政訴訟訴訟費用之敘述，下列何者正確？ (A)適用簡易訴訟程序之事件，徵收裁判費新臺幣4,000元 (B)依行政訴訟法第198條為情況判決時，其訴訟費用由被告負擔 (C)基於行政訴訟之公益性，行政訴訟由國家負擔訴訟費用 (D)當事人無資力支出訴訟費用者，行政法院得依職權以裁定准予訴訟救助。

( ) **46** 甲之外籍配偶乙向我國駐外使領館申請入臺簽證，但經調查甲、乙婚姻真實性尚有可疑之處，乃拒絕核發簽證。依憲法法庭裁判意旨，下列敘述何者正確？ (A)因入臺簽證僅外國人須申請，甲非申請人故無提起行政救濟之權利 (B)甲與乙僅具有事實上或情感上之利害關係，故甲不得提起行政救濟 (C)基於維護婚姻與家庭關係，甲得提起課予義務訴訟尋求救濟 (D)因配偶經營共同生活之婚姻自由受侵害，甲得對該拒絕處分提起撤銷訴訟尋求救濟。

( ) **47** 關於因公共設施設置或管理有欠缺，人民請求國家賠償之敘述，下列何者錯誤？ (A)賠償義務機關，係指公共設施之管理機關 (B)管理機關，係指法令所定之管理機關或依法代為管理之機關 (C)設施雖非由國家設置，但事實上由其管理，並直接供公共或公務目的使用，仍屬國家賠償法所稱之公共設施 (D)公共設施因設置或管理，致人民人身自由受損害者，國家不負損害賠償責任。

(　　) **48** 關於國家賠償之敘述，下列何者正確？　(A)國家賠償請求權人，只能請求所受損害，不得請求其所失利益　(B)國家負損害賠償責任者，應以金錢為之。但以回復原狀為適當者，得依請求，回復損害發生前原狀　(C)國家賠償之請求權，自損害發生時起，因2年間不行使而消滅　(D)外國人為被害人時，不得請求國家賠償。

(　　) **49** 關於國家賠償法所規定之公務員國家賠償責任，下列敘述何者正確？(A)給付行政措施，不生公務員國家賠償責任　(B)受委託行使公權力者，於行使公權力時，亦適用公務員國家賠償責任　(C)為求人民權利保障之完整性，縱使公務員並無故意或過失，亦構成公務員國家賠償責任　(D)為使人民權利獲得全面性之保障，故公務員之不法行為與損害發生間，不以具有因果關係為必要。

(　　) **50** 有關行政裁量，下列敘述何者正確？　(A)主管機關基於對外國人原國籍之厭惡，否准其歸化申請，乃裁量之濫用　(B)行政機關於訂定裁罰基準後，即不得於個案裁處時再為裁量　(C)法規授予行政機關裁量時，法院即不得審查該裁量決定　(D)法規授予行政機關裁量時，上級機關亦不得訂定統一之裁量基準。

解答與解析

（答案標示為#者，表官方曾公告更正該題答案。）

1 (D)。司法院大法官釋字第738號解釋理由書略以：
中央為管理電子遊戲場業制定電子遊戲場業管理條例，於該條例第十一條賦予地方主管機關核發、撤銷及廢止電子遊戲場業營業級別證及辦理相關事項登記之權，而地方倘於不牴觸中央法規之範圍內，就相關工商輔導及管理之自治事項（地方制度法第十八條第七款第三目、第十九條第七款第三目參照），以自治條例為因地制宜之規範，均為憲法有關中央與地方權限劃分之規範所許。

2 (B)。司法院大法官釋字第443號解釋文略以：
憲法第十條規定人民有居住及遷徙之自由，旨在保障人民有任意移居或旅行各地之權利。若欲對人民之自由權利加以限制，必須符合憲法第二十三條所定必要之程度，並以法律定之或經立法機關明確授權由行政機關以命令訂定。

3 (B)。法務部民國105年02月01日法律字第10503502670號行政函釋要旨：
法規原則上於法規生效後始有適用，是謂法規不溯既往原則，但溯及既往

之結果如係對受規範人有利，且對法安定性並無重大影響，則尚非不可，而是否回溯適用為政策考量，宜由主管機關決定

4 **(C)**。司法院大法官釋字第784號解釋理由書略以：

至學校基於教育目的或維持學校秩序，對學生所為之教育或管理等公權力措施（例如學習評量、其他管理、獎懲措施等），是否侵害學生之權利，則仍須根據行政訴訟法或其他相關法律之規定，依個案具體判斷，尤應整體考量學校所採取措施之目的、性質及干預之程度，如屬顯然輕微之干預，即難謂構成權利之侵害。又即使構成權利之侵害，學生得據以提起行政爭訟請求救濟，教師及學校之教育或管理措施，仍有其專業判斷餘地，法院及其他行政爭訟機關應予以較高之尊重，自不待言。

5 **(D)**。

(1) 最高行政法院91年7月份庭長法官聯席會議(一)要旨略以：

惟公物使用關係之性質，縱有收取費用之情事，亦非必然屬私經濟關係；凡地方政府機關核准公營事業使用公有土地，其核准行為究係基於公權力作用所為之行政行為，抑係本於雙方意思合致所為之私經濟行為，應視個案內容及所依據之法令而定。

(2) 是以直轄市政府依自治條例規定，同意相對人利用下水道附掛有線電視纜線之行為，性質上顯非基於與上訴人意思合致之私法上行為，而係本於行政主體之公權力所為決定之行政行為，自應屬公法性質，且其間所生之公物利用關係，應歸屬於公法關係。

6 **(B)**。司法院大法官釋字第386號解釋理由書略以：

國家為支應重大建設發行之無記名中央政府建設公債，係以發行債票方式籌集資金，國庫對公債債票持有人所負之給付義務，本質上與自然人或公私法人為發行人，對無記名證券持有人負擔以證券所載之內容而為給付之義務，並無不同。

7 **(B)**。地方制度法第83-2條，直轄市之區由山地鄉改制者，稱直轄市山地原住民區（以下簡稱山地原住民區），為地方自治團體，設區民代表會及區公所，分別為山地原住民區之立法機關及行政機關，依本法辦理自治事項，並執行上級政府委辦事項。山地原住民區之自治，除法律另有規定外，準用本法關於鄉（鎮、市）之規定；其與直轄市之關係，準用本法關於縣與鄉（鎮、市）關係之規定。

故地方制度法特別將改制為直轄市後山地鄉改制而成的區定為「直轄市山地原住民區」，且準用同法之鄉、鎮、縣轄市相關規定，使其得以擁有地方自治權限。直轄市山地原住民區區長為民選，並得由區民直接選舉「區民代表」組成「區民代表會」。

8 **(A)**。地方制度法第2條第4款，本法用詞之定義如下：

四、核定：指上級政府或主管機關，對於下級政府或機關所陳報之事項，加以審查，並作成決定，以完成該事項之法定效力之謂。

9 **(B)**。行政院組織法第9條，行政院設下列相當中央二級獨立機關：

一、中央選舉委員會。二、公平交易委員會。三、國家通訊傳播委員會。

10 **(D)**。行政程序法：

(A)第13條，同一事件，數行政機關依前二條之規定均有管轄權者，由受理在先之機關管轄，不能分別受理之先後者，由各該機關協議定之，不能協議或有統一管轄之必要時，由其共同上級機關指定管轄。無共同上級機關時，由各該上級機關協議定之。

(B)第11條第5項，管轄權非依法規不得設定或變更。

(C)第11條第1項，行政機關之管轄權，依其組織法規或其他行政法規定之。（此處法規包括法律、法律明確授權之法規命令、自治條例、自治規則及委辦規則等）

(D)第12條第1款，不能依前條第一項定土地管轄權者，依下列各款順序定之：一、關於不動產之事件，依不動產之所在地。

11 **(A)**。管轄權於行政法學理上可分為：

(1) 事物管轄：係指行政機關執行特定行政任務之權限，即以客觀事務類別來做區分標準。

(2) 土地管轄：係指行政機關可行使事物管轄的地域範圍，原則上應先確認特定行政機關享有事務管轄權後，方有劃分土地管轄之必要。

(3) 層級管轄：係指行政機關按其層級構造，分配由某一層級之行政機關掌理特定行政任務。

至選項(D)之功能管轄屬為行政訴訟之管轄權分類，而與本題較為無涉。

12 **(C)**。公務人員考績法第7條第1項，年終考績獎懲依左列規定：

一、甲等：晉本俸一級，並給與一個月俸給總額之一次獎金；已達所敘職等本俸最高俸級或已敘年功俸級者，晉年功俸一級，並給與一個月俸給總額之一次獎金；已敘年功俸最高俸級者，給與二個月俸給總額之一次獎金。

二、乙等：晉本俸一級，並給與半個月俸給總額之一次獎金；已達所敘職等本俸最高俸級或已敘年功俸級者，晉年功俸一級，並給與半個月俸給總額之一次獎金；已敘年功俸最高俸級者，給與一個半月俸給總額之一次獎金。

三、丙等：留原俸級。

四、丁等：免職。

13 **(D)**。公務員懲戒法第9條第4項，第一項第四款、第五款及第八款之處分於政務人員不適用之。

又同法條第1項，公務員之懲戒處分如下：一、免除職務。二、撤職。三、剝奪、減少退休（職、伍）金。四、休職。五、降級。六、減俸。七、罰款。八、記過。九、申誡。

14 **(D)**。公務員服務法：

(A)第4條，公務員對於兩級長官同時所發命令，以上級長官之命令為準；主管長官與兼管長官同時所發命令，以主管長官之命令為準。

(B)(C)(D)第3條第1項，公務員對於長官監督範圍內所發之命令有服從義務，如認為該命令違法，應負報告之義務；該管長官如認其命令並未違法，而以書面署名下達時，公務員即應服從；其因此所生之責任，由該長官負之。但其命令有違反刑事法律者，公務員無服從之義務。

15 **(A)**。行政執行法第17條第3項，義務人經行政執行處依第一項規定命其提供相當擔保，限期履行，屆期不履行亦未提供相當擔保，有下列情形之一，而有強制其到場之必要者，行政執行處得聲請法院裁定拘提之：

一、顯有逃匿之虞。二、經合法通知，無正當理由而不到場。

16 **(A)**。公務人員保障法：

(A)第86條第2項，前項之代理人，應提出經特別委任之授權證明，始得參與調處。

(B)第86條第3項，復審人、再申訴人，或其代表人、經特別委任之代理人及有關機關，無正當理由，於指定期日不到場者，視為調處不成立。但保訓會認為有成立調處之可能者，得另定調處期日。

(C)第85條第2項，前項調處，於多數人共同提起之保障事件，其代表人非徵得全體復審人或再申訴人之書面同意，不得為之。

(D)第85條第1項，保障事件審理中，保訓會得依職權或依申請，指定副主任委員或委員一人至三人，進行調處。

17 **(A)**。公務員服務法第2條，本法適用於受有俸給之文武職公務員及公營事業機構純勞工以外之人員。前項適用對象不包括中央研究院未兼任行政職務之研究人員、研究技術人員。

18 **(C)**。法務部民國107年7月3日法律字第10703509710號行政函釋說明二略以：至如行政處分之作成由應迴避之公務員參與作成行政處分，而未構成重大明顯之瑕疵時，屬於得撤銷之行政處分（陳敏著，行政法總論，100年9月7版，第382頁參照）。

19 **(B)**。行政程序法第155條，行政機關訂定法規命令，得依職權舉行聽證。

20 **(D)**。地方制度法：

(A)第32條第2項，自治法規、委辦規則依規定應經其他機關核定者，應於核定文送達各該地方行政機關三十日內公布或發布。

(B)第32條第3項，自治法規、委辦規則須經上級政府或委辦機關核定者，核定機關應於一個月內為核定與否之決定；逾期視為核定，由函報機關逕行公布或發布。但因內容複雜、關係重大，須較長時間之審查，經核定機關具明理由函告延長核定期限者，不在此限。

(C)第32條第1項，自治條例經地方立法機關議決後，函送各該地方行政機關，地方行政機關收到後，除法律另有規定，或依第三十九條規定提起覆議、第四十三條規定報請上級政府予以函告無效或聲請司法院解釋者外，應於三十日內公布。

(D)第31條第1項，地方立法機關得訂定自律規則。

21 **(D)**。

(1) 最高行政法院105年度裁字第441號裁定略以：
檢舉逃漏稅之規範目的乃為維護國家之稅收，並防止逃漏稅捐等公共利益，檢舉人之檢舉僅在促使主管稽徵機關依職權而介入並發動調查，且賦予主管稽徵機關作為或不作為之裁量權限，檢舉人並無請求主管稽徵機關為特定作為之法律上請求權。

(2) 並最高行政法院99年度6月份庭長法官聯席會議（四）決議理由略以：
對檢舉人依法檢舉事件，主管機關依該檢舉進行調查後，所為不予處分之復函，僅在通知檢舉人，主管機關就其檢舉事項所為調查之結果，其結果因個案檢舉事項不同而有不同，法律並未規定發生如何之法律效果。縱使主管機關所為不予處分之復函，可能影響檢舉人其他權利之行使，乃事實作用，而非法律作用。系爭復函既未對外直接發生法律效果，自非行政處分。

22 **(C)**。(A)行政程序法第114條第1項第1款，違反程序或方式規定之行政處分，除依第一百十一條規定而無效者外，因下列情形而補正：一、須經申請始得作成之行政處分，當事人已於事後提出者。

(B)通知限期改善之行政處分，依題意未見無效之處。

(C)司法院大法官釋字第621號解釋理由略以：
行政罰鍰係人民違反行政法上義務，經行政機關課予給付一定金錢之行政處分。行政罰鍰之科處，係對受處分人之違規行為加以處罰，若處分作成前，違規行為人死亡者，受處分之主體已不存在，喪失其負擔罰鍰義務之能力，且對已死亡者再作懲罰性處分，已無實質意義，自不應再行科處。

(D)行政程序法第115條，行政處分違反土地管轄之規定者，除依第一百十一條第六款規定而無效者外，有管轄權之機關如就該事件仍應為相同之處分時，原處分無須撤銷。

23 **(A)**。行政程序法第123條第4款，授予利益之合法行政處分，有下列各款情形之一者，得由原處分機關依職權為全部或一部之廢止：四、行政處分所依據之法規或事實事後發生變更，致不廢止該處分對公益將有危害者。

24 **(B)**。

(1) 司法院大法官釋字第459號解釋理由略以：
兵役體位之判定，係徵兵機關就役男應否服兵役及應服何種兵役所為之決定而對外直接發生法律效果之單方行政行為，此種決定行為，對役男在憲法上之權益有重大影響，應為訴願法及行政訴訟法上之行政處分。

(2) 確認處分是對於既存事實之法律關係存在與否確認，以及對人之地位或物之性質在法律上具有重要意義事項的認定。

25 (D)。行政程序法：

(A)雙務契約規範於第137條，第1項，行政機關與人民締結行政契約，互負給付義務者，應符合下列各款之規定：一、契約中應約定人民給付之特定用途。二、人民之給付有助於行政機關執行其職務。三、人民之給付與行政機關之給付應相當，並具有正當合理之關聯。

(B)和解契約規範於第136條，行政機關對於行政處分所依據之事實或法律關係，經依職權調查仍不能確定者，為有效達成行政目的，並解決爭執，得與人民和解，締結行政契約，以代替行政處分。

(C)行政契約當事人地位不平等之情形，即為隸屬契約。

(D)行政法學理上並無此種契約稱謂。

26 (B)。行政程序法第112條，行政處分一部分無效者，其他部分仍為有效。但除去該無效部分，行政處分不能成立者，全部無效；同法第143條，行政契約之一部無效者，全部無效。但如可認為欠缺該部分，締約雙方亦將締結契約者，其他部分仍為有效。

27 (A)。法務部108年9月4日法律字第10803513300號函釋略以：

行政程序法第92條第1項規定，所謂行政處分，係指中央或地方行政機關就公法上具體事件所為之決定或其他公權力措施而對外直接發生法律效果之單方行政行為而言；又所謂「觀念通知」，係指行政機關對外所為公法上之單方行為，純屬單純之意思通知，對於當事人申請事項並無准駁之表示，而不生法律上之任何效果（最高行政法院108年裁字第731號裁定參照）。

28 (D)。

(1) 行政罰法第2條，本法所稱其他種類行政罰，指下列裁罰性之不利處分：

一、限制或禁止行為之處分：限制或停止營業、吊扣證照、命令停工或停止使用、禁止行駛、禁止出入港口、機場或特定場所、禁止製造、販賣、輸出入、禁止申請或其他限制或禁止為一定行為之處分。

二、剝奪或消滅資格、權利之處分：命令歇業、命令解散、撤銷或廢止許可或登記、吊銷證照、強制拆除或其他剝奪或消滅一定資格或權利之處分。

三、影響名譽之處分：公布姓名或名稱、公布照片或其他相類似之處分。

四、警告性處分：警告、告誡、記點、記次、講習、輔導教育或其他相類似之處分。

(2) 選項(A)(B)所涉及之撤銷或廢止許可或登記情形，並非受益人違反行政法上義務而加以處罰，此時並不具裁罰性質；選項(C)最高行政法院98年1310號裁定，依稅捐稽徵法§24所為之限制財產移轉、設定他項權利登記、限制其減資或註銷登記及限制出境之處分，該處分不具裁罰性，僅屬保全措施，而非裁罰性不利處分。

29 (B)。行政罰法：

(A)(D)第4條，違反行政法上義務之處罰，以行為時之法律或自治條例有明文規定者為限。

(B)第5條，行為後法律或自治條例有變更者，適用裁處時之法律或自治條例。但裁處前之法律或自治條例有利於受處罰者，適用最有利於受處罰者之規定。

(C)第11~13條，分別規範依法令及依職務命令之行為、正當防衛和緊急避難等阻卻違法事由。

30 **(B)**。行政罰法第2條第4款，本法所稱其他種類行政罰，指下列裁罰性之不利處分：四、警告性處分：警告、告誡、記點、記次、講習、輔導教育或其他相類似之處分。

31 **(C)**。行政執行法第28條，前條所稱之間接強制方法如下：

一、代履行。二、怠金。

前條所稱之直接強制方法如下：

一、扣留、收取交付、解除占有、處置、使用或限制使用動產、不動產。二、進入、封閉、拆除住宅、建築物或其他處所。三、收繳、註銷證照。四、斷絕營業所必須之自來水、電力或其他能源。五、其他以實力直接實現與履行義務同一內容狀態之方法。

32 **(D)**。行政執行法第9條第1項，義務人或利害關係人對執行命令、執行方法、應遵守之程序或其他侵害利益之情事，得於執行程序終結前，向執行機關聲明異議。

33 **(B)**。行政執行法第17條：

(A)第2項第1款，前項義務人有下列情形之一者，不得限制住居：一、滯欠金額合計未達新臺幣十萬元。但義務人已出境達二次者，不在此限。

(B)(C)第1項第6款，義務人有下列情形之一者，行政執行處得命其提供相當擔保，限期履行，並得限制其住居：六、經合法通知，無正當理由而不到場。

(D)第2項第2款，前項義務人有下列情形之一者，不得限制住居：二、已按其法定應繼分繳納遺產稅款、罰鍰及加徵之滯納金、利息。但其繼承所得遺產超過法定應繼分，而未按所得遺產比例繳納者，不在此限。

34 **(B)**。行政程序法第37條，當事人於行政程序中，除得自行提出證據外，亦得向行政機關申請調查事實及證據。但行政機關認為無調查之必要者，得不為調查，並於第四十三條之理由中敘明之。

35 **(C)**。

(1) 政府資訊公開法第18條第1項第6款，政府資訊屬於下列各款情形之一者，應限制公開或不予提供之：六、公開或提供有侵害個人隱私、職業上秘密或著作權人之公開發表權者。但對公益有必要或為保護人民生命、身體、健康有必要或經當事人同意者，不在此限。

(2) 是否為維護公益而得公開，尚須審酌有無比要和經比例原則之檢視。

36 **(D)**。行政程序法第103條，有下列各款情形之一者，行政機關得不給予陳述意見之機會：

一、大量作成同種類之處分。

二、情況急迫，如予陳述意見之機會，顯然違背公益者。

三、受法定期間之限制，如予陳述意見之機會，顯然不能遵行者。

四、行政強制執行時所採取之各種處置。

五、行政處分所根據之事實，客觀上明白足以確認者。

六、限制自由或權利之內容及程度，顯屬輕微，而無事先聽取相對人意見之必要者。

七、相對人於提起訴願前依法律應向行政機關聲請再審查、異議、復查、重審或其他先行程序者。

八、為避免處分相對人隱匿、移轉財產或潛逃出境，依法律所為保全或限制出境之處分。

37 **(D)**。行政程序法第3條第3項，下列事項，不適用本法之程序規定：

一、有關外交行為、軍事行為或國家安全保障事項之行為。二、外國人出、入境、難民認定及國籍變更之行為。三、刑事案件犯罪偵查程序。四、犯罪矯正機關或其他收容處所為達成收容目的所為之行為。五、有關私權爭執之行政裁決程序。六、學校或其他教育機構為達成教育目的之內部程序。七、對公務員所為之人事行政行為。八、考試院有關考選命題及評分之行為。

38 **(A)**。國家賠償法第4條第1項，受委託行使公權力之團體，其執行職務之人於行使公權力時，視同委託機關之公務員。受委託行使公權力之個人，於執行職務行使公權力時亦同；再同法第2條第2項，公務員於執行職務行使公權力時，因故意或過失不法侵害人民自由或權利者，國家應負損害賠償責任。公務員怠於執行職務，致人民自由或權利遭受損害者亦同。

39 **(B)**。訴願法第14條第3項，訴願之提起，以原行政處分機關或受理訴願機關收受訴願書之日期為準。

此與行政程序法規定有別，第49條，基於法規之申請，以掛號郵寄方式向行政機關提出者，以交郵當日之郵戳為準。

40 **(C)**。

(1) 司法院大法官釋字第784號解釋文略以：

本於憲法第16條保障人民訴訟權之意旨，各級學校學生認其權利因學校之教育或管理等公權力措施而遭受侵害時，即使非屬退學或類此之處分，亦得按相關措施之性質，依法提起相應之行政爭訟程序以為救濟，無特別限制之必要。

(2) 則訴願法第4條第6款，訴願之管轄如左：六、不服中央各部、會、行、處、局、署所屬機關之行政處分者，向各部、會、行、處、局、署提起訴願。

(3) 爰本題國立大學學生甲，不服大學之記過處分，應向教育部提起訴願。

41 **(C)**。訴願法第4條，訴願之管轄如左：

一、不服鄉（鎮、市）公所之行政處分者，向縣（市）政府提起訴願。→(A)

二、不服縣（市）政府所屬各級機關之行政處分者，向縣（市）政府提起訴願。→(B)

三、不服縣（市）政府之行政處分者，向中央主管部、會、行、處、局、署提起訴願。

四、不服直轄市政府所屬各級機關之行政處分者，向直轄市政府提起訴願。
五、不服直轄市政府之行政處分者，向中央主管部、會、行、處、局、署提起訴願。
六、不服中央各部、會、行、處、局、署所屬機關之行政處分者，向各部、會、行、處、局、署提起訴願。→(C)
七、不服中央各部、會、行、處、局、署之行政處分者，向主管院提起訴願。
八、不服中央各院之行政處分者，向原院提起訴願。→(D)

42 **(D)**。(A)憲法訴訟法第77條，政黨之目的或行為，危害中華民國之存在或自由民主之憲政秩序者，主管機關得聲請憲法法庭為宣告政黨解散之判決。
(B)中華民國憲法增修條文第4條第7項，立法院對於總統、副總統之彈劾案，須經全體立法委員二分之一以上之提議，全體立法委員三分之二以上之決議，聲請司法院大法官審理，不適用憲法第九十條、第一百條及增修條文第七條第一項有關規定。
(C)公職人員選舉罷免法第126條，選舉、罷免訴訟之管轄法院，依下列之規定：
一、第一審選舉、罷免訴訟，由選舉、罷免行為地之該管地方法院或其分院管轄，其行為地跨連或散在數地方法院或分院管轄區域內者，各該管地方法院或分院俱有管轄權。二、不服地方法院或分院第一審判決而上訴之選舉、罷免訴訟事件，由該管高等法院或其分院管轄。
(D)行政訴訟法第237-11條，收容聲請事件，以地方行政法院為第一審管轄法院。前項事件，由受收容人所在地之地方行政法院管轄，不適用第十三條之規定。

43 **(C)**。該違建已被拆除，則訴願標的行政處分業已消滅，甲自不具訴願之一般合法性要件，該訴願自不受理。是以僅得依行政訴訟法第6條第1項改提起確認訴訟，即確認行政處分無效及確認公法上法律關係成立或不成立之訴訟，非原告有即受確認判決之法律上利益者，不得提起之。其確認已執行而無回復原狀可能之行政處分或已消滅之行政處分為違法之訴訟，亦同。

44 **(D)**。行政程序法第158條第1項，法規命令，有下列情形之一者，無效：一、牴觸憲法、法律或上級機關之命令者。二、無法律之授權而剝奪或限制人民之自由、權利者。三、其訂定依法應經其他機關核准，而未經核准者。
而各機關發布之行政命令則應送立法院備查，立法院得依法交付委員會審查，若發現其中有違反、變更或牴觸法律情形，或應以法律規定事項而以命令定之者，均得經院會議決通知原訂頒機關於2個月內更正或廢止；逾期未更正或廢止者，該命令始失效。

45 **(B)**。行政訴訟法：
(A)第98條第2項，起訴，按件徵收裁判費新臺幣四千元。適用簡易訴訟程序之事件，徵收裁判費新臺幣二千元
(B)(C)第98條第1項，訴訟費用指裁判費及其他進行訴訟之必要費用，由敗

訴之當事人負擔。但為第一百九十八條之判決時，由被告負擔。

(D)第101條，當事人無資力支出訴訟費用者，行政法院應依聲請，以裁定准予訴訟救助。但顯無勝訴之望者，不在此限。

46 **(D)**。111年憲判字第20號【請求准許發給外籍配偶居留簽證案】判決主文：

最高行政法院103年8月份第1次庭長法官聯席會議決議：「外籍配偶申請居留簽證經主管機關駁回，本國配偶……提起課予義務訴訟，行政法院應駁回其訴」，僅係就是否符合提起課予義務訴訟之要件所為決議，其固未承認本國（籍）配偶得以自己名義提起課予義務訴訟，惟並未排除本國（籍）配偶以其與外籍配偶共同經營婚姻生活之婚姻自由受限制為由，例外依行政訴訟法第4條規定提起撤銷訴訟之可能。於此範圍內，上開決議尚未牴觸憲法第22條保障本國（籍）配偶之婚姻自由與第16條保障訴訟權之意旨。

47 **(D)**。國家賠償法第3條第1項，公共設施因設置或管理有欠缺，致人民生命、身體、人身自由或財產受損害者，國家應負損害賠償責任。

48 **(B)**。國家賠償法：

(A)第5條，國家損害賠償，除依本法規定外，適用民法規定；又民法第216條，損害賠償，除法律另有規定或契約另有訂定外，應以填補債權人所受損害及所失利益為限。依通常情形，或依已定之計劃、設備或其他特別情事，可得預期之利益，視為所失利益。

(B)第7條第1項，國家負損害賠償責任者，應以金錢為之。但以回復原狀為適當者，得依請求，回復損害發生前原狀。

(C)第8條第1項，賠償請求權，自請求權人知有損害時起，因二年間不行使而消滅；自損害發生時起，逾五年者亦同。

(D)第15條，本法於外國人為被害人時，以依條約或其本國法令或慣例，中華民國人得在該國與該國人享受同等權利者為限，適用之。

49 **(B)**。(A)最高法院80年台上字第525號判決：「所謂行使公權力，係指公務員居於國家機關之地位，行使統治權作用之行為而言。並包括運用命令及強制等手段干預人民自由及權力之行為，以及提供給付、服務、救濟、照顧等方法，增進公共及社會成員利益，以達成國家任務之行為。如國家機關立於私法主體之地位，從事一般行政之補助行為，如購置行政業務所需之物品或處理行政業務相關之物品，自與公權力之行使無關，不生國家賠償之問題。」是以，除私經濟作用外之一切公法性質的行政活動即為公權力之行使，皆有國家賠償法之適用。

(B)國家賠償法第4條第1項，受委託行使公權力之團體，其執行職務之人於行使公權力時，視同委託機關之公務員。受委託行使公權力之個人，於執行職務行使公權力時亦同。

(C)國家賠償法第2條第2項，公務員於執行職務行使公權力時，因故意或過失不法侵害人民自由或權利者，國家應負損害賠償責任。公務員怠於執行職務，致人民自由或權利遭受損害者亦同。

(D)最高法院101年度台上字第1243號民事判決要旨，按國家賠償責任之成立，以公務員不法之行為，與損害之發生，有相當因果關係為要件。

50 **(A)**。行政裁量瑕疵可以分為「裁量逾越」、「裁量濫用」與「裁量怠惰」三種類型，其中裁量濫用指的是行政機關行使裁量權時，違反法律授予裁量的目的、疏漏沒有審酌應加以考量的觀點、或摻雜與事件無關的動機、違反平等原則、比例原則、信賴保護原則等一般法律原則或憲法保障的基本權利等。

NOTE

113年 司法三等（書記官）

一、行政程序法第4條規定：「行政行為應受法律及一般法律原則之拘束」，其中「一般法律原則」，是否包括「期待可能性」原則？此一原則應如何適用？

解 (一)行政法的一般法律原則：

1. 行政程序法第4條，行政行為應受法律及一般法律原則之拘束；且應不限於明文列舉之原理原則，蓋因行政法之一般法律原則，意指貫穿行政法全部領域的普遍法理，而可為隨時補充法律或命令之法源。
2. 關於行政法一般法律原則，如於行政程序法明文加以規定者，即包括第4至10條所規定之依法行政原則、明確性原則、平等原則、比例原則、誠信原則、信賴保護原則、平等原則、合義務性裁量原則，另尚有同法第94、137條禁止不當連結原則、第147條情事變更原則。
3. 是以一般法律原則具有作為行政機關行為規範之效力，如有違反，並生實體上違法之效果，因此亦得作為裁判規範，而具有法源效力。

(二)期待可能原則亦屬一般法律原則：

1. 所謂「期待可能原則」，指凡行政法律關係之相對人因行政法規、行政處分或行政契約等公權力行為而負有公法上之作為或不作為義務者，均須以有期待可能性為前提。是公權力行為課予人民義務者，依客觀情事勢並參酌義務人之特殊處境，在事實上或法律上無法期待人民遵守時，上開行政法上義務即應受到限制或歸於消滅，否則不啻強令人民於無法期待其遵守義務之情況下，為其不得已違背義務之行為，背負行政上之處罰或不利益，此即所謂行政法上之期待可能性原則，乃是人民對公眾事務負擔義之界限。
2. 復依行政程序法第111條第3款，行政處分有下列各款情形之一者，無效：三、內容對任何人均屬不能實現者；又依司法院大法官釋字第575號解釋意旨，法治國家比例原則要求國家行為應不得逾越期待可能性之範圍，行政機關的行為違反期待可能原則，實無期待人民履行或遵守的可能性。此皆屬期待可能原則之體現。

3. 故行政行為如違反期待可能性原則，如該行政行為屬行政處分，依行政程序法第111條規定當屬違法處分；若為行政義務將以行政罰處之時，則得為阻卻違法事由；又如為行政契約時，因難以期待相對人履行，構成阻卻責任事由。

(三)綜上所述，行政行為應該受到一般法律原則之拘束，其中包括了期待可能性原則。

二、行政執行是否得以受執行義務人已具有「保單價值準備金」之「人壽保險契約」為執行標的？若可以，行政執行分署應如何就該「人壽保險契約」執行？

解 (一)行政執行得以受執行義務人已具有保單價值準備金之人壽保險契約為執行標的：

1. 依行政執行法第11條第1項前段，義務人依法令或本於法令之行政處分或法院之裁定，負有公法上金錢給付義務，有下列情形之一，逾期不履行，經主管機關移送者，由行政執行處就義務人之財產執行之。
2. 而依最高法院108年度台抗大字第897號大法庭裁定見解，認為保單價值應歸屬於繳納保險費之「要保人」，蓋因要保人具有將保單價值轉變為金錢給付之請求權利，該請求權便為義務人之實質財產權，又無一身專屬性，而得由債權人聲請強制執行。再者，金錢債權執行扣押時並不限於執行時業已存在之債權，包括義務人將來可能發生之債權亦可為執行標的。
3. 故行政執行分署就義務人為受益人時之保險契約金錢債權、以及義務人為要保人之保單準備金，皆可納為應執行金額範圍內作為執行標的，因而聲請執行法院核發執行命令，於法有據。

(二)行政執行分署應依強制執行法規定，聲請執行法院應發扣押命令禁止義務人收取或為其他處分，並禁止保險公司向義務人：

1. 依行政執行法第26條規定，關於本章之執行，除本法另有規定外，準用強制執行法之規定；復依強制執行法第115條第1項，就債務人對於第三人之金錢債權為執行時，執行法院應發扣押命令禁止債務人收取或為其他處分，並禁止第三人向債務人清償。

2. 故行政執行分署可依行政執行法第26條準用強制執行法第115條規定，聲請執行法院核發扣押命令，禁止受執行義務人向保險公司收取或處分，其基於人壽保險契約所生對保險公司之金錢債權，保險公司亦不得對受執行義務人進行清償。
3. 另行政執行分署亦可準用前揭強制執行法條文第2項規定，聲請執行法院核發收取命令或將該債權移轉，使行政執行分署得代位終止受義務人之人壽保險契約後，請求給付解約金。

三、公務員對於其職務監督範圍內長官所下命令，有如何之服從義務？現行公務員服務法有如何規定？

解 (一)公務員服從義務係基於行政一體性：

1. 依司法院大法官釋字第613號解釋，所謂行政一體原則，係因行政旨在執行法律，處理公共事務，形成社會生活，追求全民福祉，進而實現國家目的，雖因任務繁雜、多元，而須分設不同部門，使依不同專業配置不同任務，分別執行，惟設官分職目的絕不在各自為政，而是著眼於分工合作，蓋行政必須有整體之考量，無論如何分工，最終仍須歸屬最高行政首長統籌指揮監督，方能促進合作，提昇效能，並使具有一體性之國家有效運作。
2. 並於憲法53條明定，行政院為國家最高行政機關，其目的在於維護行政一體，使所有國家之行政事務，除憲法別有規定外，均納入以行政院為金字塔頂端之層級式行政體制掌理，經由層級節制，最終並均歸由位階最高之行政院之指揮監督。
3. 是故公務員之服從義務，係基於行政一體性，公務員有上命下從之組織特性。

(二)公務員服務法相關規定：

1. 現行公務員服務法係於111年修正，參酌公務人員保障法第17條規定，修正公務員服從義務規定；公務員對於長官監督範圍內所發之命令有服從義務，如認為該命令違法，應負報告之義務；該管長官如認其命令並未違法，而以書面署名下達時，公務員即應服從；其因此所生之責任，由該長官負之。但其命令有違反刑事法律者，公務員無服從之義務。

2. 舊法之公務員服務法於相關規範內，僅就長官於其監督範圍內所發之命令，屬官有服從之義務，但如有意見得隨時陳述等規定文字，惟仍未明示公務員於有意見陳述時有無服從義務，相當於無論命令是否合法，公務員皆有服從義務之疑慮。
3. 另現行公務員服務法亦有規範，公務員對於長官監督範圍內所發之命令，如認為該命令違法，然該管長官非以書面署名下達命令者，公務員得請求其以書面署名為之，該管長官拒絕時，視為撤回其命令。

四、本國籍配偶對於其外籍配偶在臺灣居留簽證未能獲准，是否得提起訴訟？應提起何種訴訟？

解 (一)本國籍配偶對於其外籍配偶在臺灣居留簽證未能獲准，得提起訴訟救濟：

1. 依釋憲實務見解，所謂訴訟權之保障是指，基於有權利即有救濟之憲法原則，人民權利或法律上利益遭受侵害時，必須給予向法院提起訴訟，請求依正當法律程序公平審判，以獲及時有效救濟之機會。
2. 而於本國人與外國人成立婚姻關係之情形，若行政機關否准外籍配偶來臺簽證之申請，勢必影響本國（籍）與外籍配偶之共同經營婚姻生活，而限制其婚姻自由；且依司法院大法官釋字第791號解釋意旨，憲法第22條所保障之婚姻自由，除保障人民是否結婚與跟何人結婚外，還包括與配偶共同形成與經營其婚姻關係之權利。
3. 是故對於婚姻自由之限制，外籍配偶固得依法提起行政救濟，本國（籍）配偶亦應有適當之行政救濟途徑，始符合憲法第16條保障人民，有權利即有救濟之訴訟權意旨。

(二)本國籍配偶對於其外籍配偶在臺灣居留簽證未能獲准，得提起撤銷訴訟：

1. 依最高行政法院103年8月份第1次庭長法官聯席會議決議，法令上既未賦予第三人有申請之公法上請求權，第三人即不可能因主管機關之駁回該項申請而有權利或法律上利益受損害之情形，故該第三人對該駁回申請行政處分即不具備訴訟權能，其對該行政處分提起前開課予義務訴訟，亦屬當事人不適格，應認其訴為顯無理由而以判決駁回。
2. 然於憲法法庭111年憲判字第20號判決指出，該決議僅就得否提起「課予義務訴訟」進行討論，由於依課予義務訴訟請求相關機關核發簽證之權利，屬於持外國護照者「專屬之權利」，其固未承認本國（籍）配偶得以自己名義提起課予義務訴訟之權利，因此於此範圍內，該最高行政法院決議並未與憲法保障人民婚姻自由與訴訟權之意旨相牴觸。

3. 但並未排除本國（籍）配偶以其與外籍配偶共同經營婚姻生活之婚姻自由受限制為由，例外依行政訴訟法第4條規定提起撤銷訴訟之可能。故對於相關機關拒發簽證之處分，在法律性質上為具侵害人民權利或法律上利益之「不利處分」，因同時會影響本國籍配偶之婚姻自由，其自然可以依行政訴訟法第4條提起「撤銷訴訟」以保障其訴訟權。

NOTE

113年 司法四等（書記官）

一、科學園區某甲公司欲申請設立新製程之晶圓廠，因而向A市政府申請建照，該管機關之處分如下，其合法性如何？

(一) 申請案核准，但要求甲須於期限內做好污水回收處理設備。

(二) 甲須捐贈該市文化基金新臺幣2000萬元，方允許設立新廠房。

解 (一) A市政府核准甲公司申請設立晶圓廠之建照申請，但要求甲須於期限內做好污水回收處理設備，屬依行政目的需要所為之附款，該附款具合法性：

1. 依行政程序法第93條第1項規定，行政機關作成行政處分有裁量權時，得為附款。無裁量權者，以法律有明文規定或為確保行政處分法定要件之履行而以該要件為附款內容者為限，始得為之；又依同法第94條規定，行政處分之附款不得違背行政處分之目的，並應與該處分之目的有正當合理之關聯。
2. 本案甲公司係為建置晶圓工廠而向A市政府申請建照，經A市府核准其申請，但要求甲須於期限內做好污水回收處理設備，此為附加在一定期限內之作為義務，屬於行政程序法第93條第2項所指「負擔」之附款，而為核准建照之授益處分附加要件。
3. 承上，A市政府核准甲公司建置晶圓廠之申請，考量晶圓產業具有之用水高污染特性，作成授益性行政處分時，依其裁量權限附加負擔，在一定期限內做好處理污水設備，該附款負擔之內容與行政目的之需求具高度合理關聯，A市政府附加之附款屬具合法性。

(二) A市政府要求甲公司須捐贈該市文化基金新臺幣2000萬元，方允許設立新廠房，違反不當聯結禁止原則，而屬違法：

1. 依行政程序法第94條規定，行政處分之附款不得違背行政處分之目的，並應與該處分之目的有正當合理之關聯；又按行政法理之「不當聯結禁止原則」，係指行政機關行使公權力、從事行政活動，不得將不具事理上關聯的事項與其所欲採取的措施或決定相互結合，尤其行政機關對人民課以一定的義務或負擔，或造成人民其他的不利益時，其採取的手段與所欲追求的目的之間，必須存有合理的關係連結。

2. A市政府核准建照之授益處分，其附加要求甲公司須捐贈該市文化基金新臺幣2000萬元，方允許設立新廠房；惟文化基金與晶圓廠設置並無實質內在關聯或合理正當之連結關係，該A市政府的行政處分其所附加的負擔，將不具有事理上關聯的事項結合，對相對人不利之處置或課予義務，而有違「不當聯結禁止原則」。
3. 承上，A市政府核准甲公司建照之授益處分，附加須捐贈該市文化基金新臺幣2000萬元之要件，並不具合法性。

二、甲公司（以下簡稱甲）係外籍看護工之仲介業者，替乙女士辦理聘僱外籍看護工相關事宜。惟甲在該看護工受僱期間，於其薪資內以「本國所得稅」、「安家費貸款」等名目，超收規定標準以外的其他費用，合計新臺幣（下同）10萬元。該案經媒體揭露並引發社福團體關注，A縣政府（以下簡稱A）遂根據就業服務法第40條第1項第5款之規定，以甲所收受之不正利益10萬元為基礎，處以同法第66條第1項規定（10至20倍）的最高額度罰鍰，即200萬元罰鍰。甲以A於該處分中，未明白表示其處以最高20倍罰鍰之理由，有違「明確性原則」，並主張A未曾訂定相關裁罰基準，只為應付輿論壓力，對於初犯者處以最高罰鍰，不符裁量原則。甲之主張是否有理由？

解　(一)A縣政府裁處甲公司之處分中，未記明處以最高20倍罰鍰之理由，違反行政行為明確性原則：

1. 依行政程序法第5條，行政行為之內容應明確。是基於憲法法治國原則導出之明確性原則所制定，意指行政行為的內容，應該力求具體明確，使人民得以依循，對於人民重要的自由、權利法益之限制剝奪，該行政行為之內容應明確，使當事人得以事先預見及考量。
2. 又同法第5條及第96條第1項規定定有明文，行政處分以書面為之者，應記載如足以辨別受處分人之個資、處分主旨事實理由及其法令依據、處分機關和權利救濟途徑等，是為明確性原則之體現。
3. 今A縣政府對甲公司違反就業服務法之情事，以其所超收規定標準以外之10萬元費用，認定屬收受之不正利益，因而處以20倍之最高額度罰鍰200萬元；惟A縣政府於該處分書內，並未明白表示其處以最高20倍罰鍰之理由，該裁處行為屬欠缺前揭規定明文應記載之事項，甲無從得知機關衡量裁罰金額之依據，而有違明確性原則。

(二) 另A縣政府之裁罰具有裁量瑕疵，而欠缺合法性：

1. 依行政程序法第10條，行政機關行使裁量權，不得逾越法定之裁量範圍，並應符合法規授權之目的。

2. 是以行政機關於法律規定的構成要件該當時，基於法律授權得決定是否讓法律效果生效、或選擇不同的行為方式和效果，此即所謂行政裁量。惟裁量並非自由或任意，機關應為「合義務性裁量」，裁量之行使必須在法律授權範圍內，並合於法律授權的目的及一般法律原則的拘束，不得有裁量逾越及裁量濫用的情形。如有違反便係裁量瑕疵，而屬違法之行政處分。

3. 依題所示，A縣政府未曾訂定相關裁罰基準，承前所述於裁罰金額亦無具體衡量事由，逕對於初犯者(即甲公司)處以最高罰鍰；如不予裁量逕為處分，即為裁量之怠惰；而如係為輿論壓力所致，而加以裁處最高額罰鍰，則該裁量顯係受到不相關因素動機影響之裁量濫用。

(三) 綜上所述，A縣政府認甲公司有違反就業服務法情形，惟未就相關規定制定裁罰基準，而處以不正利益的最高20倍罰鍰計200萬元，又未敘明具體衡酌事由，而屬裁量瑕疵之情形，系爭處分違法，甲之主張有理由。

三、我國「行政執行法」對於行政法上「行為或不行為之義務」有其直接與間接的強制手段。請就相關規定由輕而重，分析行政執行之執行種類以及機關可採之執行方法。

解 (一) 干涉人民法益較輕者為間接強制執行：

1. 代履行：

(1) 代履行規範於行政執行法第29條，該條第1項規定，依法令或本於法令之行政處分，負有行為義務而不為，其行為能由他人代為履行者，執行機關得委託第三人或指定人員代履行之。

(2) 可知代履行是針對得由第三人代替履行之作為義務所規範，並不必以先有行政秩序罰為必要，只要有違反行政義務之存在便可代履行之。

(3)而代履行衍伸的費用，因費用之產生係可歸責於不法行為之人，而由違反行政義務之人負擔，故依該條第2項規定，由執行機關估計其數額，命義務人繳納；其繳納數額與實支不一致時，退還其餘額或追繳其差額。

2. 怠金：

(1)怠金規範於行政執行法第30條，依法令或本於法令之行政處分，負有行為義務而不為，其行為不能由他人代為履行者，依其情節輕重處新臺幣5,000元以上30萬元以下怠金；依法令或本於法令之行政處分，負有不行為義務而為之者，亦同。

(2)承上，同法第31條亦規定，經依前條規定處以怠金，仍不履行其義務者，執行機關得連續處以怠金；是故怠金性質屬「執行罰」而非「秩序罰」，可連續為之而不違反「一事不二罰原則」。

(3)惟裁處怠金對於原行政裁罰處分，亦為一獨立之行政處分，故仍須以書面為之。

(二)干涉人民法益較重者為直接強制執行：

1. 啟動直接強制之要件：

(1)依行政執行法第32條，經間接強制不能達成執行目的，或因情況急迫，如不及時執行，顯難達成執行目的時，執行機關得依直接強制方法執行之。

(2)蓋因直接強制係行政機關以直接實力加諸義務人之身體或財物，使其直接實現行政處分所命義務之內容，其手段措施影響人民的權利甚鉅，故須符合前述之要件，行政機關始得為之。

2. 直接強制執行之種類規範於行政執行法第28條第2項，直接強制方法包括：

(1)扣留、收取交付、解除占有、處置、使用或限制使用動產、不動產。

(2)進入、封閉、拆除住宅、建築物或其他處所。

(3)收繳、註銷證照。

(4)斷絕營業所必須之自來水、電力或其他能源。

(5)其他以實力直接實現與履行義務同一內容狀態之方法。

四、近年國人熱衷於郊山健走與溯溪等親近大自然的活動，對於自然環境設施之利用頻率增加。但也因山林、水域幅員廣大，加上自然保育之要求，整建不宜加諸過多的人工干預設施。今有甲自行沿野溪旁之步道健走，途中遇午後雷雨溪水上漲，因恐山洪暴發無法通行，遂強行渡過攔砂壩折返。惟甲於半渡之時失足滑落，且頭部撞擊溪石導致昏迷，其後又因溪水暴漲溺水死亡。甲之家屬認為該步道既然開放給公眾使用，即應具有足夠的安全設施，故對步道負有管理權責之鄉公所A（以下簡稱A）提出國家賠償請求。A認為攔砂壩乃水利機關所設，並非步道之附屬設施，鄉公所並非負責機關。且其設置目的在阻擋砂石，平日雖亦有民眾抄捷徑通行，但A已在兩端設置警告標誌。又甲於溪水暴漲時仍強行渡河，乃自陷危險，故主張國賠責任不成立。請問本案是否應成立國家賠償？

解 (一)有關鄉公所A認為攔砂壩乃水利機關所設，並非步道之附屬設施，鄉公所並非負責機關，此主張無理由：

1. 依地方制度法第20條第6款，下列各款為鄉（鎮、市）自治事項：六、關於營建、交通及觀光事項如下：(一)鄉（鎮、市）道路之建設及管理。(二)鄉（鎮、市）公園綠地之設立及管理。（三）鄉（鎮、市）交通之規劃、營運及管理。（四）鄉（鎮、市）觀光事業。
2. 是以鄉公所轄區範圍內之交通規劃、營運及管理和觀光事業，皆屬於鄉公所權責事項。
3. 又A主張攔砂壩其設置目的在阻擋砂石，平日雖亦有民眾抄捷徑通行，顯見A知曉攔砂壩可為民眾通行之用，但未加以禁止民進入，僅係設置警告標誌而非禁止通行標示，鄉公所A確係攔砂壩之安全管理角色，故主張非負責機關無理由。

(二)有關A認為攔沙壩兩端已設置警告標誌，又甲乃自陷危險，故國賠責任不成立，此主張無理由：

1. 依國家賠償法第3條第1項，公共設施因設置或管理有欠缺，致人民生命、身體、人身自由或財產受損害者，國家應負損害賠償責任；可知國家賠償係採無過失責任賠償主義，不以故意或過失為責任要件，祇須有公有公共設施因設置或管理有欠缺，致人民生命、身體或財產受損害，國家或其他公法人即應負賠償責任，至國家或其他公法人對該設置或管理之欠缺有無故意或過失，或於防止損害之發生已否善盡其注意義務，均非所問。

2. 又公共設施之設置或管理之欠缺所生之國家賠償責任，雖採無過失責任主義，惟仍須符合「設置或管理有欠缺」、「設置或管理之欠缺與人民受損害間具有相當因果關係」之構成要件，始足當之，非謂人民受有損害之結果係因公有公共設施所造成者，國家即需負賠償責任。亦即在公有公共設施因設置或管理有欠缺之情況下，依客觀之觀察，通常會發生損害者，即為有因果關係，如必不生該等損害或通常亦不生該等損害者，則不具有因果關係。

3. 是以A雖於攔砂壩之兩端設置警告標誌，如該警告標誌並非禁止通行或大雨時勿通行等內容，則A就攔砂壩之設置和管理便屬有所欠缺，而與甲之死亡間有相當因果關係存在，A應依國家賠償法第3條第1項之規定負損害賠償責任，自屬有據；反之A所設警告標誌如已載明禁止通行或切勿強行渡過之危險，則甲確為自陷危險之舉，此時A得以「得減輕或免除」國家應負之損害賠償責任。

(三) 綜上所述，A對系爭攔砂壩負管理之責，又相關警告標誌如未載明切勿強行渡過之危險，尚難認其已盡警告義務之責任，而無從解免國家賠償責任，反之則得「得減輕或免除」國家應負之損害賠償責任。

NOTE

113年 司法四等（法警、執行員）

( ) **1** 下列何者非屬應以法律或法規命令規定之事項？ (A)人民之權利、義務 (B)獨立機關之組織 (C)其他重要事項 (D)對人民僅產生不便或輕微影響之細節性、技術性次要事項。

( ) **2** 下列何者並非行政程序法明文規定的行政法一般原理原則？ (A)明確性原則 (B)平等原則 (C)誠信原則 (D)公私協力原則。

( ) **3** 關於依法行政與裁量，下列敘述何者正確？ (A)如法律規定「情節重大者，得令其停工或停業」，係指主管機關僅能在「停工或停業」中擇一處罰，並無不予處罰的權限 (B)法條中使用「得」字者，均可解為裁量之規定 (C)行政機關依裁量權所為罰鍰處分，違反最高科處5倍之罰鍰時，僅可由行政法院撤銷之 (D)受理訴願機關對於下級機關所為裁量處分之當否，無權進行審查。

( ) **4** 依身心障礙者權益保障法第43條第2項規定，民營事業員工總數達法定人數以上，而未進用有就業能力之身心障礙者達法定人數時，應定期向主管機關之身心障礙者就業基金繳納差額補助費，此差額補助費之性質為何？ (A)罰鍰 (B)規費 (C)稅捐 (D)代金。

( ) **5** 下列事項不適用行政程序法之程序規定，其中何者屬「特別法律關係」之典型類型？ (A)有關外交行為、軍事行為或國家安全保障事項之行為 (B)對公務員所為之人事行政行為 (C)外國人出、入境、難民認定及國籍變更之行為 (D)刑事案件犯罪偵查程序。

( ) **6** 依地方制度法規定，關於自治法規之敘述，下列何者正確？ (A)自治法規經地方立法機關通過，並由各該行政機關公布者，稱自治規則 (B)自治法規由地方行政機關訂定，並發布或下達者，稱自治條例 (C)關於地方自治團體及所營事業機構之組織，應以自治規則訂定之 (D)委辦規則應函報委辦機關核定後發布之。

( ) **7** 依中央行政機關組織基準法規定，關於行政機關之名稱，下列敘述何者正確？ (A)一級機關之名稱使用「部」 (B)二級機關之名稱使用「委員會」 (C)三級機關之名稱使用「分局」 (D)四級機關之名稱使用「署」。

( ) **8** 關於地方制度法中之用詞定義，下列敘述何者正確？ (A)委辦事項是指地方自治團體負政策規劃及行政執行責任之事項 (B)自治事項是指地方自治團體執行上級政府交付辦理之非屬該團體事務 (C)核定是指上級政府對於下級政府所陳報之事項，有權審查並作成決定，以完成該事項之法定效力 (D)備查是指下級政府得自為立法並執行，但無法自行完成法定效力，而應送上級政府審查。

( ) **9** 有關職務協助、委任與委託之敘述，下列何者錯誤？ (A)職務協助與權限委託無隸屬關係；權限委任則有隸屬關係 (B)職務協助無公告要求；委任與委託則應公告、並刊登在政府公報 (C)職務協助與權限委託可以拒絕；權限委任原則上不可拒絕 (D)職務協助所需費用由請求機關負擔；權限委託由受委託機關負擔。

( ) **10** 同一事件，數行政機關均有管轄權者，原則上由何機關管轄？ (A)由受理在先之機關管轄 (B)由受理在後之機關管轄 (C)由共同上級機關管轄 (D)由行政院管轄。

( ) **11** 懲戒法院為懲戒處分時，下列何者非屬公務員懲戒法規定應審酌之事項？ (A)行為人之品行 (B)行為人之學經歷 (C)行為所生之損害 (D)行為人之生活狀況。

( ) **12** 下列何者非屬公務員懲戒法所定之懲戒方式？ (A)停職 (B)免除職務 (C)休職 (D)撤職。

( ) **13** 依現行法規定，關於停職之敘述，下列何者正確？ (A)停職為懲戒處分之一種 (B)停職人員不具公務人員身分，亦不得執行職務 (C)停職人員於停職事由消滅後3個月內，得申請復職 (D)復職令送達停職人員後，即生復職之法律效果。

( ) **14** 下列何者應隨政黨輪替同進退？ (A)司法院大法官 (B)監察院審計長 (C)考試院考試委員 (D)經濟部部長。

(　　) **15** 依公務人員考績法規定，下列何者非屬得考列丁等之情形？ (A)品行不端或違反有關法令禁止事項，嚴重損害公務人員聲譽，有確實證據者 (B)怠忽職守，稽延公務，造成重大不良後果，有確實證據者 (C)挑撥離間或誣控濫告，情節重大，經疏導無效，有確實證據者 (D)不聽指揮，破壞紀律，情節重大，有確實證據者。

(　　) **16** 依現行法規定，關於公務員義務之敘述，下列何者正確？ (A)對於長官所為任何命令，只要違反法律規定，一律不須遵守 (B)為澄清吏治，現行法要求所有公務人員皆須申報其財產 (C)公務員必須專心其職務，完全不得兼職 (D)公務員無論何等職位，皆有利益衝突之迴避義務。

(　　) **17** 有關公營造物之利用關係，下列敘述何者錯誤？ (A)公營造物之利用，是否為公法關係，應從使用規則之內容判斷之 (B)公營造物係公法之組織型態時，營造物主體仍得自由決定其利用關係 (C)公營造物係公法之組織型態時，其利用關係須採公法關係 (D)公營造物用物之利用關係，可能是公法關係，亦可能是私法關係。

(　　) **18** 關於解釋性行政規則之敘述，下列何者正確？ (A)下達後對人民生效 (B)可於送達首長後，逕行刊載於新聞紙 (C)目的在協助下級機關或屬官統一解釋法令 (D)於對外發布後，始生對外之效力。

(　　) **19** 關於行政程序法所規定之法規命令，下列敘述何者正確？ (A)行政機關得依職權，自行訂定法規命令 (B)法規命令之訂定，除由行政機關自行草擬者外，亦得由人民或團體提議為之 (C)行政機關擬訂法規命令時，除有重大公益之需求外，毋庸於政府公報或新聞紙公告 (D)法規命令具有間接對外之法律效力。

(　　) **20** 甲為申請低收入戶之補助，而以書面向主管機關詢問應檢附之資料，主管機關函覆甲申請應檢附之資料。該函覆之法律性質為何？ (A)法規命令 (B)觀念通知 (C)行政處分 (D)公法契約。

(　　) **21** 下列何者不是一般處分？ (A)土地徵收處分 (B)將行道樹予以移除 (C)禁止停車標線之劃設 (D)警察機關對於違法集會遊行所為解散命令。

(　) **22** 關於行政處分附款之敘述，下列何者錯誤？ (A)行政處分附負擔之附款被撤銷，不影響行政處分之效力 (B)行政處分之附款無效，行政處分不當然無效 (C)行政處分附停止條件之附款，該條件具執行力 (D)行政處分經撤銷後，其附款隨之失效。

(　) **23** 民眾向行政機關申請核發租金補貼，經核定發放補貼後，發現其租賃契約係偽造，該機關撤銷核發補貼之行政處分時，依法應如何請求返還該租金補貼？ (A)向民事法院起訴請求返還 (B)依行政執行法逕予強制執行 (C)另行作成書面行政處分命受領人返還 (D)向行政法院聲請調解。

(　) **24** 依行政程序法規定，關於行政契約之效力，下列敘述何者錯誤？(A)行政契約之一部無效者，全部無效。但欠缺該部分，締約雙方亦將締結契約者，其他部分仍為有效 (B)代替行政處分之行政契約，行政處分應屬無效者，該契約亦屬無效 (C)代替行政處分之行政契約，行政處分有得撤銷之違法原因，並為締約雙方所明知者，其效力為無效 (D)行政契約準用民法規定之結果為無效者，其效力仍屬有效。

(　) **25** 關於行政契約之敘述，下列何者錯誤？ (A)行政機關原則上得締結行政契約以代替行政處分 (B)行政機關原則上得以行政處分，命人民履行行政契約上之金錢給付義務，移送行政執行 (C)不同於行政處分為單方行為，行政契約為雙方行為 (D)除依性質或法規規定不得締約外，公法上法律關係得以行政契約設定之。

(　) **26** 衛生福利部疾病管制署依據世界各國不同之疾病傳染狀況，發布「國際旅遊疫情建議等級」，該建議等級之性質為何？ (A)行政事實行為 (B)行政規則 (C)一般處分 (D)法規命令。

(　) **27** 依行政程序法規定，關於行政指導之敘述，下列何者錯誤？ (A)係指行政機關在其職權範圍內，為實現一定行政目的，以不具法律上強制力之方法，促請特定人為一定作為或不作為之行為 (B)行政機關為行政指導時，應注意有關法規規定之目的，不得濫用 (C)相對人明確拒絕指導時，行政機關仍得繼續為之，但應給予相對人陳述意見之機會 (D)行政機關對相對人為行政指導時，應明示行政指導之目的、內容及負責指導者等事項。

(　　) **28** 關於行政罰之管轄競合，下列敘述何者錯誤？　(A)一個違反行政法上義務之行為，數個機關依法均有管轄權者，由處理在先之機關管轄　(B)一個違反數個行政法上義務之行為而應處罰鍰，數個機關均有管轄權者，由法定罰鍰數額最高之機關管轄　(C)一個違反數個行政法上義務之行為而應處罰鍰，數個機關均有管轄權者，法定罰鍰相同時由處理在先之機關管轄　(D)一個違反數個行政法上義務之行為而應受沒入之處罰者，由處理在先之機關裁處。

(　　) **29** 下列何者非屬行政罰法之裁罰性不利處分？
(A)勒令違規營業之商店歇業
(B)公布違法添加食品添加物之食品業者商號名稱
(C)對違規之汽車駕駛人予以記點
(D)對欠稅之納稅義務人為拘提及管收。

(　　) **30** 甲竊取乙客運公司合法申請設置之加儲油設施後，甲即非法銷售油品，經主管機關查獲並予以裁罰。下列敘述何者正確？　(A)加儲油設施屬於乙所有，主管機關不得扣留、沒入之　(B)主管機關得扣留加儲油設施　(C)主管機關應沒入乙之加儲油設施　(D)若乙有過失，主管機關得沒入加儲油設施。

(　　) **31** 關於行政執行法即時強制方法之敘述，下列何者正確？
(A)得對人施以羈押
(B)對人之管束，應事先取得法官裁定
(C)為預防危害之必要，得逕行沒入危險物
(D)若人民之生命有迫切危害，非進入不能救護者，可進入住宅。

(　　) **32** 下列何者不適用行政執行法上拘提管收之規定？　(A)義務人為未成年人者，其法定代理人　(B)義務人死亡者，其繼承人　(C)義務人死亡者，其遺產管理人　(D)義務人破產者，其破產管理人。

(　　) **33** 關於怠金之敘述，下列何者錯誤？
(A)怠金為對不履行行政法上義務之人所為之強制手段
(B)就同一事件得連續處以怠金
(C)怠金之法定數額為新臺幣5千元以上30萬元以下
(D)對怠金之科處不服者，得直接提起行政訴訟。

( ) **34** 關於政府資訊公開法之敘述，下列何者正確？ (A)限於政府機關基於公權力行政而作成或取得之政府資訊，始有政府資訊公開法之適用 (B)人民向行政機關申請提供政府資訊遭拒絕時，不得提起行政救濟 (C)合議制機關之會議紀錄，原則上應主動公開 (D)內部單位之擬稿或其他準備作業，應不公開或提供。

( ) **35** 下列何者非屬行政程序當事人之程序權利？
(A)陳述意見 (B)參與聽證
(C)閱覽卷宗 (D)選定鑑定人。

( ) **36** 依行政程序法規定，下列何者非屬公務員應自行迴避之事由？ (A)於該事件曾為證人 (B)曾為該事件當事人之輔佐人 (C)其四親等姻親為事件當事人 (D)其前配偶為事件當事人。

( ) **37** 某行政處分記載：「如有不服該處分，應自處分書送達之次日起20日內，提起訴願」，關於該救濟期間記載錯誤之處理，下列何者不符行政程序法之規定？
(A)處分機關發現有誤，通知更正後，其相對人之訴願期間自該通知送達翌日起重新起算
(B)行政處分相對人如信賴該記載，於處分書送達翌日起之第50日始提起訴願，應視為於法定期間內提起訴願
(C)行政處分既已記載得提起訴願之救濟期間為20日，相對人之訴願期間即應遵守
(D)處分機關未更正，致相對人未能於處分書送達次日起30日內提起訴願；若相對人自處分書送達後1年內提起訴願，仍可視為於法定期間內所為。

( ) **38** 當事人就同一事件曾提起訴願經撤回後，又再次提起訴願，訴願管轄機關應為下列何種處置？ (A)命原處分機關先行重新審查 (B)不受理之決定 (C)無理由之決定 (D)轉送行政法院。

( ) **39** 依司法院解釋意旨，位處於臺北市之私立大學對大學生甲施以退學處分，甲不服，應向下列何者提起訴願？
(A)教育部 (B)臺北市政府
(C)行政院 (D)臺北市政府教育局。

(　　) **40** 關於訴願事件涉及地方自治團體地方自治事務時，受理訴願機關應如何處理？　(A)應就原處分之合法性及適當性進行審查　(B)若發現地方自治團體所為裁罰處分僅裁量不當時，得逕以訴願決定變更原處分之裁罰額度或處罰方法　(C)若發現地方自治團體所為原處分違法時，依法應撤銷原處分，或撤銷原處分並限期原處分機關另為適法之處分　(D)認地方自治團體所為違法處分之撤銷對公益有重大損害，仍應駁回其訴願。

(　　) **41** 訴願決定機關以寄存送達方式送達訴願決定書，下列敘述何者正確？　(A)訴願法就此指示訴願決定機關準用行政程序法送達之規定　(B)為求慎重應寄存於自治或警察機關，不得寄存於郵務機構　(C)自寄存完成時起即發生送達之效力　(D)寄存機關自收受寄存文書之日起，應保存2個月。

(　　) **42** 關於行政訴訟之停止執行規定，下列敘述何者錯誤？　(A)關於停止執行或撤銷停止執行之裁定，不得為抗告　(B)起訴前，如原處分或決定之執行將發生難於回復之損害，且有急迫情事者，行政法院原則上得依受處分人之聲請，裁定停止執行　(C)原處分或決定之執行，原則上不因提起行政訴訟而停止　(D)停止執行之裁定，得停止原處分或決定之效力、處分或決定之執行或程序之續行之全部或部分。

(　　) **43** 下列何者適用行政訴訟法之簡易訴訟程序？　(A)有關內政部移民署之行政收容事件涉訟　(B)學生不服私立高中對其所為記大過處分而涉訟　(C)不服行政機關所為新臺幣58萬元罰鍰處分而涉訟　(D)不服行政機關所為暫停營業處分而涉訟。

(　　) **44** 依實務見解，消防機關因撲滅火災導致附近民宅受損而予以補償，若受損屋主認為補償金過少時，應提起何種訴訟類型？　(A)確認訴訟　(B)國家賠償訴訟　(C)課予義務訴訟　(D)一般給付訴訟。

(　　) **45** 依司法院解釋意旨，如民眾向財政部國有財產署依國有財產法第52條之2申請讓售國有非公用財產類之不動產，經該署否准時，應向何法院請求救濟？　(A)行政法院　(B)民事法院　(C)懲戒法院　(D)憲法法庭。

( ) **46** 關於都市計畫審查訴訟之要件，下列敘述何者錯誤？
(A)鄉（鎮、市）層級之地方自治團體得起訴對都市計畫表示不服
(B)被告機關為都市計畫之核定機關，發布機關不具有被告適格
(C)以在未來將發生損害為要件，如已發生損害應循國家賠償救濟
(D)須向都市計畫區所在地高等行政法院高等行政訴訟庭起訴。

( ) **47** 依司法院解釋意旨，國家給予受無罪判決確定而受羈押之受害人金錢補償，其性質屬於下列何者？
(A)生活扶助 (B)特別犧牲
(C)社會救助 (D)刑事司法補助。

( ) **48** 下列何者非屬國家賠償法之公務員？
(A)公立學校教師 (B)市府垃圾車之駕駛
(C)台糖小火車之駕駛 (D)於上班途中公務車之駕駛。

( ) **49** 關於因公務員之作為所生之國家賠償責任，下列敘述何者正確？
(A)適用國家賠償法之公務員，僅限於依公務人員任用法所任命之公務員
(B)受委託行使公權力之個人於其執行職務行使公權力時，視同委託機關之公務員
(C)行使公權力之行為，僅限於運用命令及強制手段干預人民自由及權利之行為
(D)由於我國採取國家自己責任，故公務人員是否有故意或過失在所不問。

( ) **50** 管理機關於開放水域，已就使用該自然公物或人工設施為適當之警告或標示，人民仍從事具危險性活動者，依國家賠償法規定，下列敘述何者正確？
(A)使用人工設施所生之損害，國家不負損害賠償責任
(B)使用自然公物所生之損害，國家不負損害賠償責任
(C)無論係使用自然公物或人工設施所生之損害，國家皆應負損害賠償責任
(D)國家可主張減輕或免除損害賠償責任者，僅限於開放山域，不包括開放水域。

解答與解析　（答案標示為#者，表官方曾公告更正該題答案。）

1 (D)。中央法規標準法第5條，左列事項應以法律定之：
一、憲法或法律有明文規定，應以法律定之者。二、關於人民之權利、義務者。三、關於國家各機關之組織者。四、其他重要事項之應以法律定之者。
而對人民僅產生不便或輕微影響之細節性、技術性次要事項，依司法院大法官釋字第443號解釋理由書見解，得由主管機關發布命令為必要之規範。

2 (D)。行政程序法：
(A)第5條，行政行為之內容應明確。
(B)第6條，行政行為，非有正當理由，不得為差別待遇。
(C)第8條，行政行為，應以誠實信用之方法為之，並應保護人民正當合理之信賴。
(D)而公私協力原則指的是政府與非政府行為者之間的一種關係模式，並非行政程序法明文規定的行政法一般原理原則。

3 (A)。(A)「得令其停工或停業」為「授與裁量權」的條款，其使行政機關得在立法者所設定的法律效果中，視情形擇一課與當事人；如得不予處罰，須立法者明文「得不處罰」等語。
(B)「得」字並非皆表示得行使裁量權，也有「得為規定」(kannvorschrift)之法律授權的用法。
(C)行政程序法第117條前段，違法行政處分於法定救濟期間經過後，原處分機關得依職權為全部或一部之撤銷；其上級機關，亦得為之。
(D)訴願法第82條，對於依第二條第一項提起之訴願，受理訴願機關認為有理由者，應指定相當期間，命應作為之機關速為一定之處分。受理訴願機關未為前項決定前，應作為之機關已為行政處分者，受理訴願機關應認訴願為無理由，以決定駁回之。

4 (D)。依臺北高等行政法院94年訴字第3703號判決之見解，身心障礙者保護法第31條第2項及第3項法規範，係立法者先對特定範圍之企業課以僱用殘障者之法定義務，而對違反義務者不以行政罰來加以制裁，而改以特別公課之手段。
另身心障礙者保護法制定的目的在維護身心障礙者之合法權益及生活，保障其公平參與社會生活之機會，統合政府及民間資源，規劃並推行各項扶助及福利措施。差額補助費則針對違反法律所規定「定額僱用身心障礙者」的單位所課繳的一項公法上金錢給付義務。

5 (B)。特別法律關係亦名特別權力關係，係指國家基於特別的法律原因，對於該特定人民，如公務員、軍人或學生，享有概括的支配權，並使該特定人民立於服從的地位；此與國家基於行政權的作用，而與該特定人民發生一般的權力關係有所不同。

6 (D)。地方制度法：
(A)(B)第25條，直轄市、縣（市）、鄉（鎮、市）得就其自治事項或依法律及上級法規之授權，制定自治法規。自治法規經地方立法機關通過，並由各該行政機關公布者，稱自治條例；自治法規由地方行政機關訂定，並發布或下達者，稱自治規則。

(C)第28條第3款，下列事項以自治條例定之：三、關於地方自治團體及所營事業機構之組織者。

(D)第29條第2項，委辦規則應函報委辦機關核定後發布之；其名稱準用自治規則之規定。

7 **(B)**。中央行政機關組織基準法第6條第1項，行政機關名稱定名如下：

一、院：一級機關用之。二、部：二級機關用之。三、委員會：二級機關或獨立機關用之。四、署、局：三級機關用之。五、分署、分局：四級機關用之。

8 **(C)**。地方制度法第2條，本法用詞之定義如下：

(A)第3款：三、委辦事項：指地方自治團體依法律、上級法規或規章規定，在上級政府指揮監督下，執行上級政府交付辦理之非屬該團體事務，而負其行政執行責任之事項。

(B)第2款：二、自治事項：指地方自治團體依憲法或本法規定，得自為立法並執行，或法律規定應由該團體辦理之事務，而負其政策規劃及行政執行責任之事項。

(C)第4款：四、核定：指上級政府或主管機關，對於下級政府或機關所陳報之事項，加以審查，並作成決定，以完成該事項之法定效力之謂。

(D)第5款：五、備查：指下級政府或機關間就其得全權處理之業務，依法完成法定效力後，陳報上級政府或主管機關知悉之謂。

9 **(D)**。委任規範於行政程序法第15條第1項，行政機關得依法規將其權限之一部分，委任所屬下級機關執行之。委託規範於同法條第2項，行政機關因業務上之需要，得依法規將其權限之一部分，委託不相隸屬之行政機關執行之；以及第16條第1項，行政機關得依法規將其權限之一部分，委託民間團體或個人辦理；另有關費用部分，規範於同法條第3項，第一項委託所需費用，除另有約定外，由行政機關支付之。

職務協助則規範於同法第19條第2項，行政機關執行職務時，有下列情形之一者，得向無隸屬關係之其他機關請求協助；另同法條第7項，被請求機關得向請求協助機關要求負擔行政協助所需費用。其負擔金額及支付方式，由請求協助機關及被請求機關以協議定之；協議不成時，由其共同上級機關定之。

10 **(A)**。行政程序法第13條第1項，同一事件，數行政機關依前二條之規定均有管轄權者，由受理在先之機關管轄，不能分別受理之先後者，由各該機關協議定之，不能協議或有統一管轄之必要時，由其共同上級機關指定管轄。無共同上級機關時，由各該上級機關協議定之。

11 **(B)**。公務員懲戒法第10條，懲戒處分時，應審酌一切情狀，尤應注意下列事項，為處分輕重之標準：

一、行為之動機。二、行為之目的。三、行為時所受之刺激。四、行為之手段。五、行為人之生活狀況。六、行為人之品行。七、行為人違反義務之程度。八、行為所生之損害或影響。九、行為後之態度。

12 (A)。公務員懲戒法第9條第1項，公務員之懲戒處分如下：
一、免除職務。二、撤職。三、剝奪、減少退休（職、伍）金。四、休職。五、降級。六、減俸。七、罰款。八、記過。九、申誡。

13 (C)。(A)公務員懲戒法第9條第1項，公務員之懲戒處分如下：
一、免除職務。二、撤職。三、剝奪、減少退休（職、伍）金。四、休職。五、降級。六、減俸。七、罰款。八、記過。九、申誡。
(B)公務人員保障法第9-1條第2項，公務人員於停職、休職或留職停薪期間，仍具公務人員身分。但不得執行職務。
(C)公務人員保障法第10條第1項，經依法停職之公務人員，於停職事由消滅後三個月內，得申請復職；服務機關或其上級機關，除法律另有規定者外，應許其復職，並自受理之日起三十日內通知其復職。
(D)公務人員保障法第11條第2、3項，前項之公務人員於復職報到前，仍視為停職。依第一項應予復職之公務人員，於接獲復職令後，應於三十日內報到，並於復職報到後，回復其應有之權益；其未於期限內報到者，除經核准延長或有不可歸責於該公務人員之事由外，視為辭職。

14 (D)。政務官隨政黨之勢力消長同進退，並無身分上之保障；事務官非具法定原因、非依法定程序，不得免職，在法律上受有嚴格的身分保障。
(A)中華民國憲法增修條文第5條第2項前段，司法院大法官任期八年，不分屆次，個別計算，並不得連任。
(B)審計部組織法第3條，審計長之任期為六年。
(C)考試院組織法第3條第2項，考試院院長、副院長及考試委員之任期為四年。
(D)中華民國憲法第56條，行政院副院長，各部會首長及不管部會之政務委員，由行政院院長提請總統任命之。經濟部長並無固定任期，而為政務官應隨政黨輪替同進退。

15 (D)。公務人員考績法第6條第3項，除本法另有規定者外，受考人在考績年度內，非有左列情形之一者，不得考列丁等：
一、挑撥離間或誣控濫告，情節重大，經疏導無效，有確實證據者。→(C)
二、不聽指揮，破壞紀律，情節重大，經疏導無效，有確實證據者。→(B)
三、怠忽職守，稽延公務，造成重大不良後果，有確實證據者。
四、品行不端，或違反有關法令禁止事項，嚴重損害公務人員聲譽，有確實證據者。→(A)

16 (D)。(A)公務人員保障法第17條第1項但書，但其命令有違反刑事法律者，公務人員無服從之義務。
(B)公職人員財產申報法第2條第2項，前項各款公職人員，其職務係代理者，亦應申報財產。但代理未滿三個月者，毋庸申報。

(C)公務員服務法第15條第2項，公務員除法令規定外，不得兼任領證職業及其他反覆從事同種類行為之業務。但於法定工作時間以外，從事社會公益性質之活動或其他非經常性、持續性之工作，且未影響本職工作者，不在此限。

17 (C)。法務部民國107年1月8日法律字第10603515890號函釋主旨略以：

營造物係公法組織形態時，其使用關係可能是公法關係，也可能是私法關係，但並非就各個具體行為予以歸屬之問題，而是就整個利用關係予以歸屬之問題。

故如已為公營造物用物之利用關係，自屬於公法關係。

18 (C)。行政程序法：

(A)第161條，有效下達之行政規則，具有拘束訂定機關、其下級機關及屬官之效力。

(B)第160條第2項，行政機關訂定前條第二項第二款之行政規則，應由其首長簽署，並登載於政府公報發布之。

(C)第159條第2項第2款，行政規則包括下列各款之規定：二、為協助下級機關或屬官統一解釋法令、認定事實、及行使裁量權，而訂頒之解釋性規定及裁量基準。

(D)第159條第1項，本法所稱行政規則，係指上級機關對下級機關，或長官對屬官，依其權限或職權為規範機關內部秩序及運作，所為非直接對外發生法規範效力之一般、抽象之規定。

19 (B)。行政程序法：

(A)(D)第150條第1項，本法所稱法規命令，係指行政機關基於法律授權，對多數不特定人民就一般事項所作抽象之對外發生法律效果之規定。

(B)第152條第1項，法規命令之訂定，除由行政機關自行草擬者外，並得由人民或團體提議為之。

(C)第154條第1項前段，行政機關擬訂法規命令時，除情況急迫，顯然無法事先公告周知者外，應於政府公報或新聞紙公告，載明下列事項。

20 (B)。最高行政法院108年裁字第731號裁定略以：

觀念通知，係指行政機關對外所為公法上之單方行為，純屬單純之意思通知，對於當事人申請事項並無准駁之表示，而不生法律上之任何效果。

21 (#)。本題經考選部公布更正答案：第21題答(A)或(B)或(A)(B)者均給分。

行政程序法第92條，本法所稱行政處分，係指行政機關就公法上具體事件所為之決定或其他公權力措施而對外直接發生法律效果之單方行政行為。前項決定或措施之相對人雖非特定，而依一般性特徵可得確定其範圍者，為一般處分，適用本法有關行政處分之規定。有關公物之設定、變更、廢止或其一般使用者，亦同。

22 (C)。行政法上的執行力，是指行政處分的義務人，於處分生效但未履行處分所載之內容或義務時，行政機關即得採取強制執行手段，而無須等待救濟程序完畢。而停止條件為條件成就時，行政處分之內部效力才會因此開始發生，故行政處分附停止條件之附款，該附款條件並不具執行力。

23 **(C)**。行政程序法第127條第3項，行政機關依前二項規定請求返還時，應以書面行政處分確認返還範圍，並限期命受益人返還之。

24 **(D)**。行政程序法第141條第1項，行政契約準用民法規定之結果為無效者，無效。

25 **(B)**。行政程序法第148條第1項，行政契約約定自願接受執行時，債務人不為給付時，債權人得以該契約為強制執行之執行名義。
毋庸再以行政處分命人民履行契約，移送行政執行。

26 **(A)**。旅遊疫情建議等級為提供民眾進行國際旅遊之行前參考，以供國人了解旅遊目的地區之疫情風險及建議採取措施。
行政程序法第165條，本法所稱行政指導，謂行政機關在其職權或所掌事務範圍內，為實現一定之行政目的，以輔導、協助、勸告、建議或其他不具法律上強制力之方法，促請特定人為一定作為或不作為之行為。

27 **(C)**。行政程序法第166條第2項，相對人明確拒絕指導時，行政機關應即停止，並不得據此對相對人為不利之處置。

28 **(D)**。行政罰法第31條第3項，一行為違反數個行政法上義務，應受沒入或其他種類行政罰者，由各該主管機關分別裁處。但其處罰種類相同者，如從一重處罰已足以達成行政目的者，不得重複裁處。

29 **(D)**。行政罰法第2條，本法所稱其他種類行政罰，指下列裁罰性之不利處分：
一、限制或禁止行為之處分：限制或停止營業、吊扣證照、命令停工或停止使用、禁止行駛、禁止出入港口、機場或特定場所、禁止製造、販賣、輸出入、禁止申請或其他限制或禁止為一定行為之處分。
二、剝奪或消滅資格、權利之處分：命令歇業、命令解散、撤銷或廢止許可或登記、吊銷證照、強制拆除或其他剝奪或消滅一定資格或權利之處分。
三、影響名譽之處分：公布姓名或名稱、公布照片或其他相類似之處分。
四、警告性處分：警告、告誡、記點、記次、講習、輔導教育或其他相類似之處分。

30 **(B)**。行政罰法：
(A)(B)第36條第1項，得沒入或可為證據之物，得扣留之。
(C)第21條，沒入之物，除本法或其他法律另有規定者外，以屬於受處罰者所有為限。
(D)第22條第1項，不屬於受處罰者所有之物，因所有人之故意或重大過失，致使該物成為違反行政法上義務行為之工具者，仍得裁處沒入。

31 **(D)**。行政執行法：
(A)第36條第2項第1款，即時強制方法如下：一、對於人之管束。
(B)第36條第1項，行政機關為阻止犯罪、危害之發生或避免急迫危險，而有即時處置之必要時，得為即時強制。
(C)第38條第1項，軍器、凶器及其他危險物，為預防危害之必要，得扣留之。

32 (D)。行政執行法第24條，關於義務人拘提管收及應負義務之規定，於下列各款之人亦適用之：
一、義務人為未成年人或受監護宣告之人者，其法定代理人。
二、商號之經理人或清算人；合夥之執行業務合夥人。
三、非法人團體之代表人或管理人。
四、公司或其他法人之負責人。
五、義務人死亡者，其繼承人、遺產管理人或遺囑執行人。

33 (D)。法務部民國93年2月26日法律字第0930005319號函釋說明略以：
有關處怠金之處分，係屬間接強制之執行方法，依行政執行法第九條規定，其救濟方法為聲明異議。

34 (C)。政府資訊公開法：
(A)第6條，與人民權益攸關之施政、措施及其他有關之政府資訊，以主動公開為原則，並應適時為之。
(B)第20條，申請人對於政府機關就其申請提供、更正或補充政府資訊所為之決定不服者，得依法提起行政救濟。
(D)第18條第1項第3款，政府資訊屬於下列各款情形之一者，應限制公開或不予提供之：三、政府機關作成意思決定前，內部單位之擬稿或其他準備作業。但對公益有必要者，得公開或提供之。

35 (D)。行政程序法第41條第1項，行政機關得選定適當之人為鑑定。

36 (C)。行政程序法第32條，公務員在行政程序中，有下列各款情形之一者，應自行迴避：
一、本人或其配偶、前配偶、四親等內之血親或三親等內之姻親或曾有此關係者為事件之當事人時。→(C)
二、本人或其配偶、前配偶，就該事件與當事人有共同權利人或共同義務人之關係者。→(D)
三、現為或曾為該事件當事人之代理人、輔佐人者。→(B)
四、於該事件，曾為證人、鑑定人者。→(A)

37 (C)。訴願法第14條第1項，訴願之提起，應自行政處分達到或公告期滿之次日起三十日內為之。
另行政程序法第98條第1項，處分機關告知之救濟期間有錯誤時，應由該機關以通知更正之，並自通知送達之翌日起算法定期間。

38 (B)。訴願法第77條第7款，訴願事件有左列各款情形之一者，應為不受理之決定：七、對已決定或已撤回之訴願事件重行提起訴願者。

39 (A)。司法院大法官釋字第382號解釋文略以：
各級學校依有關學籍規則或懲處規定，對學生所為退學或類此之處分行為，足以改變其學生身分並損及其受教育之機會，自屬對人民憲法上受教育之權利有重大影響，此種處分行為應為訴願法及行政訴訟法上之行政處分。受處分之學生於用盡校內申訴途徑，未獲救濟者，自得依法提起訴願及行政訴訟。

則私立大學受中央教育主管機關委託行使教育權限，而學生退學處分既為行政處分，故依訴願法第10條，依法受中央或地方機關委託行使公權力之團體或個人，以其團體或個人名義所為之行政處分，其訴願之管轄，向原委託機關即教育部提起訴願。

40 **(C)**。訴願法：

(A)(B)第79條第3項，訴願事件涉及地方自治團體之地方自治事務者，其受理訴願之上級機關僅就原行政處分之合法性進行審查決定。→地方自治團體處理其自治事項，中央之監督僅能就適法性為之。

(C)第81條第1項，訴願有理由者，受理訴願機關應以決定撤銷原行政處分之全部或一部，並得視事件之情節，逕為變更之決定或發回原行政處分機關另為處分。但於訴願人表示不服之範圍內，不得為更不利益之變更或處分。

(D)第83條第1項，受理訴願機關發現原行政處分雖屬違法或不當，但其撤銷或變更於公益有重大損害，經斟酌訴願人所受損害、賠償程度、防止方法及其他一切情事，認原行政處分之撤銷或變更顯與公益相違背時，得駁回其訴願。

41 **(D)**。訴願法第47條：

(A)第3項，訴願文書之送達，除前二項規定外，準用行政訴訟法第六十七條至第六十九條、第七十一條至第八十三條之規定。

(B)第1項，訴願文書之送達，應註明訴願人、參加人或其代表人、訴願代理人住、居所、事務所或營業所，交付郵政機關以訴願文書郵務送達證書發送。

(C)第3項準用行政訴訟法第73條第3項，寄存送達，自寄存之日起，經十日發生效力。

(D)第3項準用行政訴訟法第73條第4項，寄存之文書自寄存之日起，寄存機關或機構應保存二個月。

42 **(A)**。行政訴訟法第119條，關於停止執行或撤銷停止執行之裁定，得為抗告。

43 **(A)**。行政訴訟法第229條第2項，下列各款行政訴訟事件，除本法別有規定外，適用本章所定之簡易程序：

一、關於稅捐課徵事件涉訟，所核課之稅額在新臺幣五十萬元以下者。

二、因不服行政機關所為新臺幣五十萬元以下罰鍰處分而涉訟者。

三、其他關於公法上財產關係之訴訟，其標的之金額或價額在新臺幣五十萬元以下者。

四、因不服行政機關所為告誡、警告、記點、記次、講習、輔導教育或其他相類之輕微處分而涉訟者。

五、關於內政部移民署（以下簡稱移民署）之行政收容事件涉訟，或合併請求損害賠償或其他財產上給付者。

六、依法律之規定應適用簡易訴訟程序者。

44 **(C)**。最高行政法大法庭109年度大字第1號裁定主文：

被徵收土地所有權人對徵收補償價額不服，依土地徵收條例第22條第2項規定以書面提出異議，經主管機關為維持原補償價額之查處，如有不服，循序提起行政訴訟，其訴訟種類應為行政訴訟法第5條第2項規定之課予義務訴訟。

45 **(A)**。司法院大法官釋字第772號解釋文：

財政部國有財產局（於中華民國102年1月1日起更名為財政部國有財產署）或所屬分支機構，就人民依國有財產法第52條之2規定，申請讓售國有非公用財產類不動產之准駁決定，屬公法性質，人民如有不服，應依法提起行政爭訟以為救濟，其訴訟應由行政法院審判。

46 **(C)**。行政訴訟法第237-18條第1項，人民、地方自治團體或其他公法人認為行政機關依都市計畫法發布之都市計畫違法，而直接損害、因適用而損害或在可預見之時間內將損害其權利或法律上利益者，得依本章規定，以核定都市計畫之行政機關為被告，逕向管轄之高等行政法院提起訴訟，請求宣告該都市計畫無效。

47 **(B)**。司法院大法官釋字第670號解釋理由書略以：

是特定人民身體之自由，因公共利益受公權力之合法限制，諸如羈押、收容或留置等，而有特別情形致超越人民一般情況下所應容忍之程度，構成其個人之特別犧牲者，自應有依法向國家請求合理補償之權利，以符合憲法保障人民身體自由及平等權之意旨。

48 **(C)**。法務部民國92年04月22日法律字第0920012472號函略以：

小火車載運乘客之行為，並非行使公權力之行為，而係屬私經濟行為；另小火車並非直接供公之目的使用之公共設施，而係基於私經濟目的使用之交通工具，與國家賠償法第三條第一項規定：「公有公共設施因設置或管理有欠缺，致人民生命、身體或財產受損害者，國家應負損害賠償責任。」所稱「公共設施」之要件不符。

49 **(B)**。國家賠償法：

(A)第2條第1項，本法所稱公務員者，謂依法令從事於公務之人員。

(B)第4條第1項，受委託行使公權力之團體，其執行職務之人於行使公權力時，視同委託機關之公務員。受委託行使公權力之個人，於執行職務行使公權力時亦同。

(C)第2條第2項，公務員於執行職務行使公權力時，因故意或過失不法侵害人民自由或權利者，國家應負損害賠償責任。公務員怠於執行職務，致人民自由或權利遭受損害者亦同。→並無種類限制。

(D)第2條第3項，前項情形，公務員有故意或重大過失時，賠償義務機關對之有求償權。

50 **(B)**。國家賠償法第3條：

(A)第1項，公共設施因設置或管理有欠缺，致人民生命、身體、人身自由或財產受損害者，國家應負損害賠償責任。

(B)(C)(D)第3項，前二項情形，於開放之山域、水域等自然公物，經管理機關、受委託管理之民間團體或個人已就使用該公物為適當之警告或標示，而人民仍從事冒險或具危險性活動，國家不負損害賠償責任。

練習1

試依據「審查密度」之大小依序排列3個「比例原則之實質要件」

①適當性原則
②必要性原則
③衡平性原則

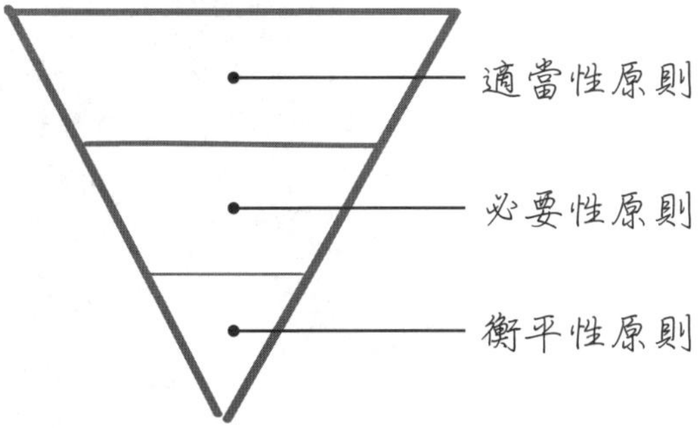

練習2

請依據信賴保護原則之要件內容，填寫下列空格！

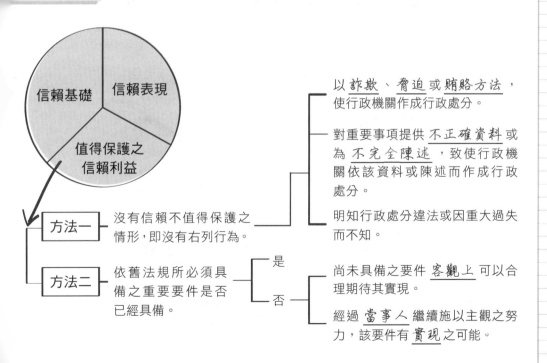

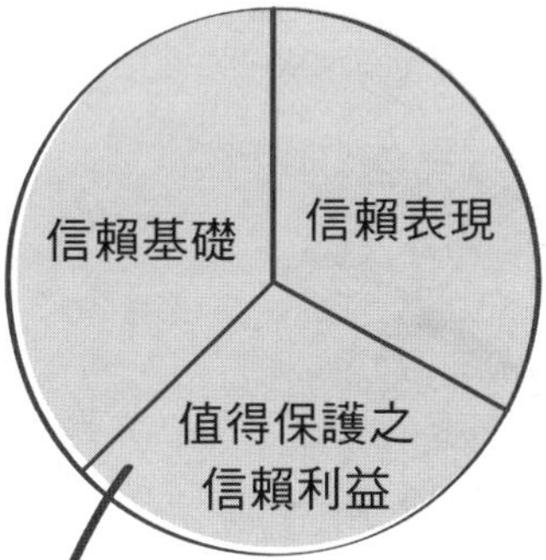

- **方法一**：沒有信賴不值得保護之情形，即沒有右列行為。
  - 以詐欺、脅迫或賄賂方法，使行政機關作成行政處分。
  - 對重要事項提供不正確資料或為不完全陳述，致使行政機關依該資料或陳述而作成行政處分。
  - 明知行政處分違法或因重大過失而不知。
- **方法二**：依舊法規所必須具備之重要要件是否已經具備。
  - 是
  - 否
    - 尚未具備之要件客觀上可以合理期待其實現。
    - 經過當事人繼續施以主觀之努力，該要件有實現之可能。

練習3 試填寫五項非由行政法院管轄之公法事件。

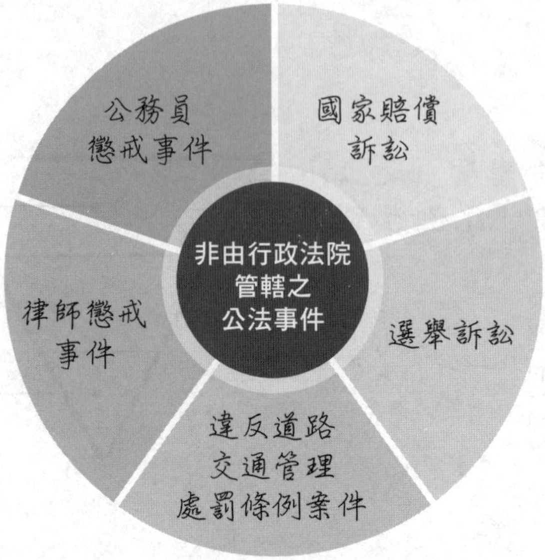

練習4 回頭想一想，撤銷訴訟法之要件有哪些？

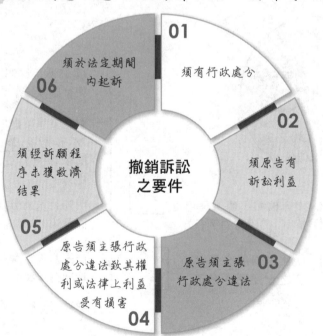

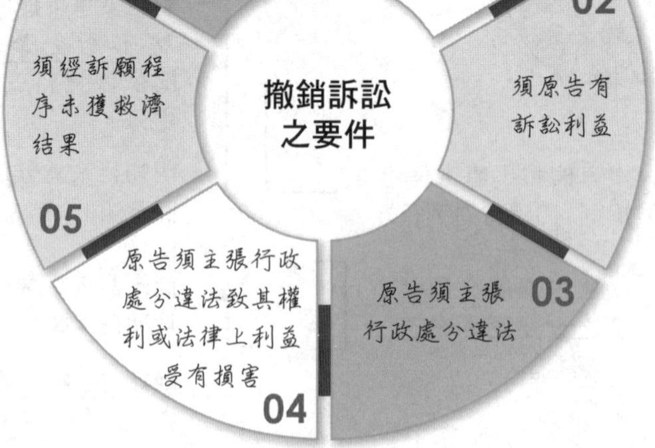

練習5　試述「確認行政處分」無效或違法的要件有哪些？

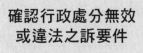

確認行政處分無效或違法之訴要件

- 確認之對象須為行政處分之無效或違法。
- 確認行政處分無效須先經行政程序。
- 須有即受確認判決之法律上利益。
- 須已不得提起其他訴訟。

練習6　試問申請假處分時之注意事項？

假處分之適用應注意：

1. 不能以本案訴訟達成目的者，不得為之。
2. 行政機關得依法採取行政措施達成目的者，不得為之。
3. 得請求停止原處分或決定之執行者，不得聲請為前條之假處分。

練習7 想想看有哪些要件會構成公共設施瑕疵？

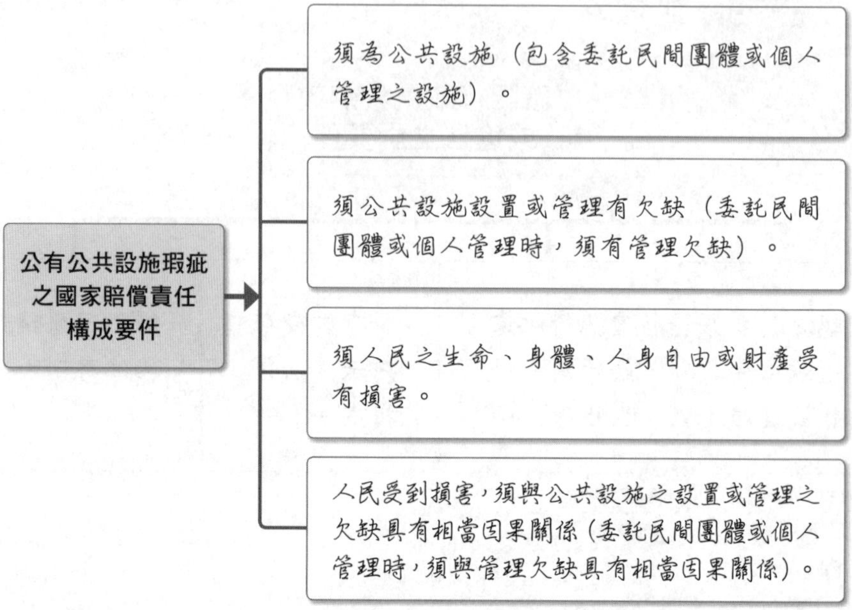
公有公共設施瑕疵之國家賠償責任構成要件
須為公共設施（包含委託民間團體或個人管理之設施）。
須公共設施設置或管理有欠缺（委託民間團體或個人管理時，須有管理欠缺）。
須人民之生命、身體、人身自由或財產受有損害。
人民受到損害，須與公共設施之設置或管理之欠缺具有相當因果關係（委託民間團體或個人管理時，須與管理欠缺具有相當因果關係）。

練習8 請列出「損失補償成立之共同要件」有哪些？

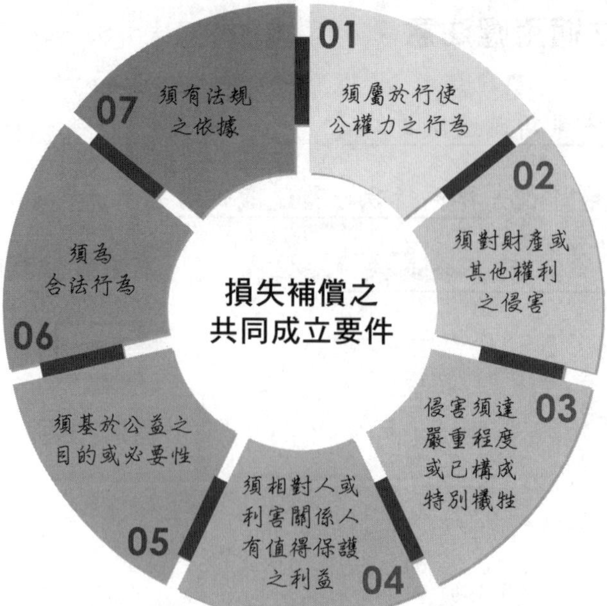

公務人員保障暨培訓委員會發布之「人事行政行為一覽表」

人事行政行為一覽表

公務人員保障暨培訓委員會109年9月22日109年第12次委員會議通過

機關行政行為類型定性

壹、考試分發	一、報到	核定延期報到	行政處分
貳、任免銓審遷調	一、試用	（一）核定免予試用	行政處分
		（二）評定試用成績不及格	
		（三）試用成績及格日期	
	二、提敘	銓敘部銓審結果－申請年資部分採計／不採計	行政處分
	三、借調	（一）他機關借調本機關現職人員，占他機關職缺工作	改認行政處分
		（二）他機關借調本機關現職人員，占本機關職缺工作	管理措施
	四、兼職	（一）本機關指派現職人員兼任他機關職務或工作	管理措施
		（二）本機關現職人員申請兼任他機關職務或工作	行政處分
	五、留職停薪	核定留職停薪	行政處分
	六、復職	核定復職	行政處分
	七、陞遷-內陞	（一）依積分高低順序或資格條件造列名冊	內部準備程序
		（二）排定陞遷候選人員之名次或遴用順序	
		（三）圈定人選	
		（四）發布人事命令	行政處分
		（五）銓敘審定	

貳、任免銓審遷調	八、陞遷-外補	（一）公開甄選	內部準備程序
		（二）依積分高低順序或資格條件造列名冊	
		（三）圈定人選	
		（四）核定指名商調	改認行政處分
		（五）新機關發布人事命令	行政處分
		（六）銓敘審定	
	九、陞遷-遷調相當職務	（一）發布人事命令	管理措施
		（二）銓敘審定	行政處分
	十、調任	（一）將主管人員調任同官等、官階（職等）及同一陞遷序列之非主管職務	管理措施
		（二）將所屬人員調任不同官等、官階（職等）或不同陞遷序列之職務	行政處分
		（三）銓敘審定	

書記官

2P271121	圖解式民法概要實例演練 榮登金石堂暢銷榜	程馨	690 元
2P741141	實務、案例一次整合！地表最強圖解刑法（含概要）	禾翔	近期出版
2P731141	刑事訴訟法焦點速成＋近年試題解析 榮登金石堂暢銷榜	溫陽、智摩	近期出版
2P761141	尹析老師的行政法觀念課 ---- 圖解、時事、思惟導引 榮登金石堂暢銷榜	尹析	690 元

法警

2P761141	尹析老師的行政法觀念課 -- 圖解、時事、思惟導引	尹析	近期出版
2P741141	實務、案例一次整合！地表最強圖解刑法（含概要）	禾翔	近期出版
2P731141	刑事訴訟法焦點速成＋近年試題解析 榮登金石堂暢銷榜	溫陽、智摩	近期出版

執達員

2P271121	圖解式民法概要實例演練 榮登金石堂暢銷榜	程馨	690 元
2P741141	實務、案例一次整合！地表最強圖解刑法（含概要）	禾翔	近期出版
2P731141	刑事訴訟法焦點速成＋近年試題解析 榮登金石堂暢銷榜	溫陽、智摩	近期出版

執行員

2P271121	圖解式民法概要實例演練 榮登金石堂暢銷榜	程馨	690 元
2P761141	尹析老師的行政法觀念課 ---- 圖解、時事、思惟導引	尹析	690 元
2P731141	刑事訴訟法焦點速成＋近年試題解析 榮登金石堂暢銷榜	溫陽、智摩	近期出版

以上定價，以正式出版書籍封底之標價為準

國家圖書館出版品預行編目 (CIP) 資料

尹析老師的行政法觀念課圖解、時事、思惟導引/尹析編著. -- 第四版. -- 新北市 : 千華數位文化股份有限公司, 2024.12
面； 公分
高普考
ISBN 978-626-380-893-5(平裝)

1.CST: 行政法

588 113019009

千華五十
築夢踏實

尹析老師的行政法觀念課
［高普考］圖解、時事、思惟導引

編 著 者：尹 析

發 行 人：廖 雪 鳳
登 記 證：行政院新聞局局版台業字第 3388 號
出 版 者：千華數位文化股份有限公司
地址：新北市中和區中山路三段 136 巷 10 弄 17 號
電話：(02)2228-9070 傳真：(02)2228-9076
客服信箱：chienhua@chienhua.com.tw

法律顧問：永然聯合法律事務所
編輯經理：甯開遠
主 編：甯開遠
執行編輯：尤家瑋
校 對：千華資深編輯群
設計主任：陳春花
編排設計：翁以倢

千華官網／購書　千華蝦皮

出版日期：2024 年 12 月 25 日　第四版／第一刷

本書如有勘誤或其他補充資料，
將刊於千華官網，歡迎前往下載。